中国社会科学院
社会学研究所
40周年庆
Institute of Sociology
CASS 40th Anniversary

迈向人民的社会学
TOWARDS PEOPLE'S SOCIOLOGY

中国社会科学院社会学研究所四十年学术集萃

Collected Works of the Institute of Sociology CASS

中国社会科学院社会学研究所 / 编

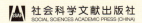

社会科学文献出版社
SOCIAL SCIENCES ACADEMIC PRESS (CHINA)

前　言

　　1979 年 3 月，邓小平同志在中央理论工作务虚会议上郑重指出，"实现四个现代化是一项复杂繁重的任务，思想理论工作者当然不能限于讨论它的一些基本原则。……政治学、法学、社会学以及世界政治的研究，我们过去多年忽视了，现在也需要赶快补课。"1952 年社会学因为种种原因在中国被取消，到此时已经过去 27 个年头，终于，社会学重新获得在中国生存发展的机遇，这是改革开放后中国社会学的第一个春天。世界知名社会学家、中国社会学界德高望重的费孝通先生，扛起恢复重建中国社会学的重担，南北奔走，国内外穿梭，联系相关学者，思考恢复重建社会学的当务之急，提出了"五脏六腑"方略，其中之一就是组建改革开放后第一个社会学研究所。1980 年 1 月 18 日，中国社会科学院社会学研究所正式挂牌成立。从此，中国社会科学院社会学研究所的整体发展与中国改革开放发展同步，社会学研究所的科研工作见证了改革开放以来中国社会发生的快速转型和巨大变迁，社会学研究所的科研成果努力反映着中国改革开放发展稳定的伟大实践、伟大经验和精彩故事。

　　在这 40 年里，社会学研究所从建所之初仅有的两个研究组，发展到今日有了 11 个研究室，2 个期刊编辑部，2 个职能部门，成为中国社会学界学科门类比较齐全、人员规模最大的社会学科研教学机构，发挥着新型智库的重要作用，在国内外社会学界具有重要的影响力。在这 40 年里，在党和国家以及中国社会科学院的关心、指导和支持下，费孝通等老一辈社会学家披肝沥胆，社会学研究所全体职工共同努力，牢记初心，不忘使命，以富民强国为职志，以构建人民的社会学为方向，致力于深入研究中国社会改革开放发展稳定的重大理论和现实问题，形成了一系列重大学术议题，产出了大量具有学术和社会价值的科研成果，积累了丰富的社会调研资料。

四十载砥砺奋进，四十载春华秋实。建所以来，社会学研究所秉承第一任所长费孝通先生制定的"从实求知，美美与共"的所训，弘扬"高尚的学术信誉，深厚的学术修养，端正的学术作风，高雅的学术品质"的学术理念，开风气，育人才。几代学人在理论和实践的结合上孜孜探索，在学科建设、人才培养、组织建设、思想建设等方面均取得了长足的发展和进步，特别是在社会学理论、历史与方法研究，社会分层与流动研究，社会组织与群体研究，文化、家庭与性别研究，青少年问题研究，社会心理学研究，社会保障、社会福利和社会政策研究，城乡社会变迁研究，社会发展与社会问题研究，廉政建设与社会评价等领域取得了丰硕的成果。

值此40年所庆之际，我们从众多成果中选取了1980年至2018年期间，社会学研究所几十位学者发表在《中国社会科学》《社会学研究》《社会》《民族研究》等四大期刊上的400余篇学术文章，按成果发表年份编排，集成此套《迈向人民的社会学——中国社会科学院社会学研究所四十年学术集萃》（十卷本）。此套文集是对社会学研究所40岁生日的献礼，是对40年发展历程的回顾与总结，我们希冀以此促进学科发展和学术进步，为中国的社会现代化建设提供更多的学术思想和智慧。

当前，进入"不惑之年"的中国社会科学院社会学研究所，同整个中国社会学一样，站在了新的历史起点，开始新的征程，迈向人民的社会学是新时代中国社会学的使命与方向。展望未来，中国社会科学院社会学研究所将坚持"推动社会学研究中国化，实现社会学所建设国际化"的办所理念，继续秉承历史责任和学者使命，为实现把我国建设成为富强民主文明和谐的社会主义现代化国家，为努力构建中国特色社会学的学科体系、学术体系和话语体系，不懈努力，继续开拓创新，再创新的辉煌！

编者

2020 年 1 月

凡　例

一　文集以时间为序编排，同一时间发表的文章顺序不分先后。

二　文集以学术性论文为主，保留著名学者的专题性学术讲话稿，学者的考察报告、出访报告、书的序言、参访记录不再编入文集。

三　参考文献原则上遵照《社会学研究》的体例，早年论文中文献标注项目有缺失的，遵原文。经典著作无法确认版本的，引文遵原文。

四　原则上正文中的数据应与图表中的数据对应，图表中的数据疑似有误但不能确认者，遵原文。

五　专业术语、人名、地名等不统一之处，遵原文。

目 录

1998 年

1999 年

2000 年

1998 年

社会变迁中的儿童食品与文化传承[*]

郭于华

摘　要：从饮食这一看似平常却是最基本的生活空间入手，观察与理解文化的变迁是一个重要而深刻的视角。本文通过对儿童食品与进食的调查分析，探讨当前社会代际文化传承的特点及变化。研究发现有以下几点。(1) 家庭中的三代人分别具有相对不同的关于食物的知识体系，他们在选择食品和安排进食过程中所考虑的因素、依据的标准和观念是不同的，孩子比其父辈、祖辈具有更明显的现代消费主义特征。(2) 代际文化传承的途径已经发生了从单一到多样的变化，文化传递的方向也发生了部分的改变。与传统社会中几代人分享大致相同的食物知识体系和主要依靠代际自上而下的口耳传递方式颇为不同，孩子得自于市场、广告、同龄人的食物信息和知识，有时甚至超过其长辈。食物作为具有象征意义的文化载体，其承载的文化意义以及围绕着食物的话语也发生了改变。(3) 家庭中关于吃什么、如何吃的决策反映出家庭地位关系的改变，孩子的中心化倾向和孩子独立空间的扩大都趋于明显。

一　研究背景与问题的提出

（一）食品作为透视社会与文化变迁的一个重要视角

中国作为一个有着灿烂饮食文明的大国而著称于世，食物在中国人生活世界里居于中心位置几乎是毋庸置疑的。而食物的中心地位还不仅仅在

---

　*　原文发表于《社会学研究》1998 年第 1 期。

于我们几乎无所不吃，也不仅仅是我们民族创造了难以匹敌的精美食品，以及把"吃"作为不可替代的一种生活享受乃至生活的艺术，更重要的还在于"吃"根本就是我们认识世界、把握世界的一种基本方式。汉语中表达"探索""试验""了解"等含义的词正是"尝试"一词，尝试是要通过舌尖去品味的。在传统中国，饮食之事与理家、治国等大事同出一理；食物多方面的社会、文化功能诸如建立关系、弥合冲突、整合群体、祭祖敬神、区隔身份地位以及儿童社会化等更是不胜枚举。正是在这一文化背景中，张光直（K. C. Chang）先生确信："到达一个文化的核心的最佳途径之一就是通过它的肚子。"（Chang，1977）食物与进食这一最为物质化的生活层面或许是理解一个民族精神气质最重要的角度，就中国文化而言尤其如此。

从变迁的角度来看，在诸类文化事项中，饮食文化的传承性或者说持续性也许是最强的。布罗代尔（Fernand Braudel）在其著名的《15 至 18 世纪的物质文明、经济和资本主义》一书中曾指出：在食物历史上，一千年时间也不一定出现什么变化。人的食物大体上发生过两次革命：第一次即在旧石器时代末，随着捕猎活动的发展，人由"杂食动物"转变为"食肉动物"；第二次即新石器时代的农业革命，越来越多的人转向植物型食物（布罗代尔，1992）。张光直在研究了中国的饮食文化史之后认为：在中国历史的这一个方面，延续性大大地超过了其变异性（Chang，1977）。我们民族的食物结构、配餐原则（饭菜原则）、烹饪方式和进餐方式，乃至关于食物的观念千百年来的变化的确是很有限的。特别是与其他文化事项诸如服饰、居住、交通、通信等相比较，饮食文化变迁的速度之慢就更显而易见了。

然而在今日，即使在这样一个传统性相对很强的领域中，引人注目的变化也在发生着。原来代代相传的关于食物的知识和观念现在发生了变异甚至断裂，作为孩子的这一代人与他们的前辈在饮食方面的差异实际是不同生活方式的表现。从这样一个变化相对较慢而在近十多年来却发生前所未有变化的文化传统入手，探讨社会与文化的变迁，当是一个具有独特意义的视角。正如华琛（James L. Watson）教授多次强调的，我们的研究是把食物作为一个透镜（lens）来追踪和观察社会与文化的变迁（Watson，1994）。

（二） 全球化趋势与消费主义对中国人生活方式的影响

饮食文化变迁的背景就中国而言意味着经济、政治的改革和国门的打开，就世界而言则是全球化过程和消费主义带来的巨大冲击。在时空极大延伸的现代社会，消费主义作为一种文化－意识形态通过先进的科学技术和现代传媒手段越来越多地引导和制约着大众的消费，商品的象征意义相对于其使用价值越来越重要，超越"使用需要"的"消费需要"即占有欲望被不断地生产出来（杭之，1991）。

伴随着中国社会日益步入现代社会的进程，中国的城乡居民也开始面临现代性所产生的种种问题。对中国的消费主义进行研究的学者指出，随着中国社会逐渐走向日益全球化的世界，消费主义作为一种全球性文化，伴随跨国公司的商品、广告、代理人和机构陆续进入中国，也或快或慢地被中国的民众不同程度地加以接受；其接受的程度，是与其同外部世界的接近程度成正比的，也就是说，消费主义正从沿海向内地、从大城市向小城镇乃至农村、从有钱有闲的阶层向普通的工薪大众阶层乃至农村人口蔓延（黄平，1995）。

论及全球化趋势和消费主义对中国人生活方式与生活观念的影响，年龄因素是个十分重要的考量维度。新一代比老一代、年轻者比年老者更少地固化传统的知识与观念，更多和更快地接触与接受所谓现代的生活方式，对于新的、外来的消费品及其携带的象征意义也更为敏感。

就饮食文化而言，吃什么、如何吃、与什么人一起吃，表现并造就一个人的身份与社会地位，这在中国文化传统中历来如此。因而，以重视象征超过实用、追逐基本需求之外的心理满足为标志的消费主义精神对中国人来说是并不陌生的。饮食文化这一领域可以作为观照消费主义影响和生活方式改变的重要视界。

（三） 家庭中孩子中心化取向的增强

本研究采用儿童食品作为核心对象，除上述两方面考虑，还顾及中国传统社会和当代社会儿童在家庭中的位置及其变化。中国人一贯是"爱幼"的，因为孩子，尤其儿子是祖先血脉的延续，是家、族"香火"的继承者，是父母生命的一部分。就此意义而言，"爱子"实为对放大了的自我的爱恋，孩子从未被作为独立的个体来对待，而是群体的一部分；因而除了少数的儿童游戏的场合，传统社会中孩子几乎没有属于自己的独立空间，他们与父兄长辈共享全部的物质和精神生活的空间，而这并非都来源于儿童对成人的生物性依赖。就食物而言，传统社会中幼儿在停止饮用母乳后，与成人消耗的食物是没有什么本质区别的，因而传统社会中儿童食品这一概念或许并不存在。

在当代中国社会，虽然小生产的自然经济基础和宗族制度的社会基础都已发生重大变化，但重子嗣、爱孩子的传统并没有改变，只是计划生育尤其是独生子女政策的实行使家庭对孩子的宠爱达到极端，有时甚至是非理性的程度。在城市地区出现的许多所谓"四二一"家庭结构使孩子成为众多成人关注和溺爱的中心，而在这种百般呵护簇拥中成长起来的一代"小皇帝"甚至会把自己视作世界的中心。此外，后代作为血缘世系接续人和前辈未竟事业继承者的古老传统并未改变，而这一代中青年父母中的许多人由于所处时代造成的坎坷经历，留下无法挽回的人生遗憾，因而他们唯一的孩子又担负起为父母"实现自我"的重任。由是"望子成龙"的古老期待在新时期成为又一轮流行的时尚。这些都导致孩子在家庭中心地位的明显增强趋向。

在生活世界最重要的内容之一"吃"这一领域中，一方面，市场上专为儿童设计和生产的食品以前所未有的面貌和速度出现和增加，品种繁多，而孩子在这一范围内的知识和信息甚至超过他们的父辈，更遑论其祖辈；另一方面，在家庭的食物种类、就餐方式等选择上，孩子也成为主要的考虑因素，甚至成为主要的决策者。这部分地反映出家庭生活重心和家庭权威关系的转变。由此可知，对孩子吃什么、如何吃的研究将有助于我们观察和认识代际文化传承的过程、特点及其演变，进而追踪和理解正在发生的社会与文化的转型。

二 研究方法与资料

本研究主要根据 1995 年夏季在北京市进行的 30 个儿童的家庭访谈和 1994 年秋冬季在部分农村地区搜集的有关儿童食品的资料进行分析和

讨论。① 资料的获得以入户访谈和对访谈对象的实际饮食状况进行观察为主，在苏南的 X 村，对该村小学五年级学生做了小型问卷调查以辅助了解当地儿童食品的一般状况。

全部的家庭访谈对象都包括孩子和他们的父母（或其中一个），部分访谈对象（视家庭具体情况而定）包括了祖辈、父辈和孩子三代人。

北京市的 30 个儿童访谈对象分布状况如下：崇文区（现为东城区）××小学二年级一个班男孩 5 名、女孩 5 名，五年级一个班男孩 6 名、女孩 4 名，共计 20 名；海淀区××小学二年级男孩 1 名、女孩 1 名，三年级男孩 1 名、女孩 1 名，四年级男孩 1 名、女孩 2 名，五年级男孩 2 名、女孩 1 名，共计 10 名。前一所小学位于北京城南一居民小区内，学生的家庭背景多为普通市民，家长职业多为工人、职员、一般干部和中小学教师，其文化程度以初、高中毕业或中专毕业居多，只有两个孩子的父母是大学文化程度；后一所小学位于院校、研究机构、国家机关比较集中的区域，学生家长的职业和知识背景都明显优于前一所小学的学生家长，80% 的被访谈家长都是大学以上文化程度。

与每一被访家庭的谈话时间为一个半小时到两个小时，同时（在对方愿意的前提下）对家中现有的儿童食品（主要是零食、饮料、营养品）做了观察和拍摄。此外请 7 位访谈对象（5 个女孩，2 个男孩）做了一周的食品日记。②

三　儿童食品与文化传承和变迁的讨论

食物与进食是生活世界最基本和最重要的内容之一，这当然不仅由于它们满足人的生存需求的果腹功能，还在于它们也是文化意义传递的方式。从文化的濡化过程来看，饮食是人的社会化的必要环节，是儿童掌握

----

① 本文所用资料主要来自 1995 年 6 月 20 日至 7 月 15 在北京市两个居民小区对 30 名 8～11 岁小学生的家庭访谈及 1994 年秋冬季和 1996 年春季分别对江苏、河北部分农村儿童食品的调查。入户访谈的 30 个个案留有完整的录音资料和文字记录，以备查考。

② 参与并协助北京调查的人员还有：中国社会科学院文学研究所贺学君副教授，北京大学社会学系研究生陈智霞、应三玉，北京师范大学中文系研究生赵丙祥。在北京市的调查安排、访谈提纲设计和调查的组织实施由 Bemadine Chee、贺学君和本人共同负责；本人研究思路的构成亦得益于与她们共同的探讨，在此特致谢意。

生活技能、学习行为规范、了解人际关系的重要方式。在此过程中，孩子是被教化者（费孝通，1985），他们从长辈那里接受的有关吃的各种知识不仅包括食物的种类、特性与适当选择，餐具的正确使用，餐桌礼仪，食物禁忌，座次排定及相关的仪式、信仰、规矩礼教，而且几乎可以由此出发逐渐掌握社会关系和为人处事准则的全部内容。若按照文化传承的传统逻辑，我们不难得出以下判断：孩子与他们的长辈分享大致相同的有关食物的知识体系和行为规范；孩子关于食物的知识主要来自长辈的传授，换言之，这一方面的文化传承主要是在家庭内实现的；传承的方向是从成人向孩子、从上一代向下一代顺延的。然而这样一种传统的文化继承方式在现代社会，尤其是城市社会（及部分乡村社会）中正在发生前所未有的改变，下面我们将着重讨论这一变迁的现实及其特点。

（一）代际关于饮食的不同知识体系

从家庭访谈所获资料来看，大致涉及三种不同的饮食知识体系。

一是中国传统的饮食文化观念即阴阳和谐、冷热搭配、顺其自然的观念。这样一种饮食观基本上属于传统的知识范畴，与中国人对于自然、社会和人生的传统看法遵循相同的逻辑，也是世代相承的生存知识。值得提出的是，这一传统观念并未因进入现代社会而中断，它与现代科学技术的发展相结合，或不断得到现代科学方法的证实。这在食品、补品、药品的广告中几乎是随处可见的。因而我们说以和谐为目标的传统饮食观主要是属于祖代的知识体系，但作为中青年一代的父母也多少分享这一知识体系，只是他们相信的程度可能与其上一代有所不同。

在关于孩子吃什么的问题上，传统观念之一是顺其自然。一些祖父母对此问题的回答是，"关于科学喂养我们知道得很少，大人吃什么就给孩子吃什么"，简言之就是"不过分讲究"；也有一些父母说，平时上班很忙，没有工夫顾及营养，做饭只注意花样、口味的变换和搭配，今天吃过的菜明天就别再吃了，老吃一种味道就有腻的时候。除了顺其口味安排饮食，按照自然节律的变化安排饮食也是顺其自然的一种方式，有的老人十分注意按照季节调整孩子的饮食，比如立秋时炖肉给孩子吃，叫作"贴秋膘"；春季的三、四、五月（还有一种说法是五、六、七月）被认为是孩子身体发育最快（长个儿）的时期，有些老人和父母会特别注意在这段时间给孩子提供充足的营养。

传统观念之二是注重冷热食物和各种不同食物与人的身体状况和环境变化的协调搭配。例如对热性的或上火的食物与清火去热食物的区分，大多数祖父母和父母都具备一些这方面的知识和经验，最典型的热性食物之一就是巧克力，有好几位祖父母和父母都专门提到：巧克力虽是好东西，但毕竟是热性的，孩子尤其是男孩子吃多了上火，会导致流鼻血，所以一定要限制吃的数量。再如天热时孩子放学回家给他熬绿豆汤，喝了解暑；荤腥、生冷食品和所谓的"发物"都应根据季节变化和孩子的身体状况合理地搭配。此外，多数老人都认为各种食物都吃才有益于营养和谐，也就是说什么都吃、不挑食的孩子身体才好。一个孩子的父母说："人吃五谷杂粮，只要不生病，就能长身体。"

传统观念之三是"药补不如食补"，老人们更看重有形有味的食物。有的祖父母说对营养类补品不大相信，"里面含什么就是那么一说，还是实际的、看得见的东西更可靠，比如鱼、虾是好东西，吃一口是一口，鱼脑精、鱼肝油再好，还不如多吃点鱼"。

对传统的节日食品，祖父母一代比父母一代更比孩子懂得多，也比较讲究。许多家庭仍保持过腊八、元宵、端午、中秋等传统节日的习惯，主要是在这一天吃特定的食品，但不少父母认为现在生活条件好了，各种节日食品平时只要想吃就能吃到，过节时图省事就买现成的节日食品来吃。但家里若有老人就会比较讲究，通常会自己制作特定的食品如元宵、粽子、春饼等。还有的老人一到过节就张罗，招呼儿女和孙子孙女去吃某种特定的食物。

二是科学世界观支配下的饮食文化观念，也就是根据科学知识安排饮食，注重营养全面和讲究卫生、有益于健康的饮食观念。这种观念主要是属于父母一代的知识体系，他们也经常向孩子传授、灌输这些知识，但并不排除部分祖父母，特别是受过教育和从事医疗保健等职业的老人也具备相当的科学饮食知识。

按照这一知识体系安排孩子饮食的父母经常考虑到食物的营养成分，如蛋白质（植物蛋白、动物蛋白）、维生素、脂肪、钙、铁、锌等微量元素；他们很重视各种营养的合理搭配，孩子每日饮食要有适量的淀粉、蛋白质、维生素；而对大鱼大肉要限量，防止脂肪过多蓄积；有些蔬菜要生吃，防止破坏维生素；还有吃排骨补钙，吃猪血、鸡血补铁等做法。再者就是卫生方面的考虑：一是食物要洁净，大多数父母坚决反对孩子在路边和学校门口的小摊小贩处买零食，原因是这些食品来路不明、包装简陋，孩子边玩边吃，不知会把多少病菌吃下去；二是避免让孩子食用含有害物质的食品，如糖精、色素、激素、防腐剂等，这都是父母限制孩子食用某些食品的原因。

出于对孩子营养健康的考虑，父母对一些有饮食问题的孩子，如不吃蔬菜或不吃肉的孩子表现出极大的焦虑。他们会想方设法让孩子把有营养的食物吃下去，例如有的孩子不爱喝牛奶，父母会强迫孩子每天早上喝，或者加入糖、高乐高等改变牛奶的味道；还有胡萝卜，被认为富含维生素A，但许多孩子不爱吃，父母就用水焯一下去味，再让孩子吃；再如把孩子不喜欢吃的鸡蛋弄碎拌上调料等。按照一些父母的话说就是"变着法让孩子吃下去"。

对孩子饮食营养和身体健康的关注程度与父母的职业有密切关系，一些从事医疗卫生、制药、体育和相关新闻出版业的父母在这方面的知识积累更多；当然受教育程度较高的父母也具有更多的饮食科学知识。这样的父母有时会抱怨上一代人在吃的方面特别不讲究，"做饭不讲营养，只讲可口，总认为：什么营养不营养，吃饱就行"。一些父母也提到，他们小的时候要讲科学营养也没有经济条件，而现在就有条件注意孩子食物结构的科学性了。

父母一代关于饮食知识的来源大致包括：①专业知识，主要指从事医疗、卫生、体育等行业的父母从职业中获得的食物知识；②有关的书籍报刊；③同事之间关于孩子的经常性讨论，许多父母谈到在工作单位常与同事谈论孩子吃什么好的问题，也会就某种食品如何制作相互交流；④各种广告与传媒；⑤上辈人的传授（主要是传统知识）。在访谈中我们发现，多数父母对孩子的饮食和健康十分关切，有些父母向访谈者询问有关饮食科学方面的各种问题并希望得到好的建议，例如有一对年轻的父母都是大学毕业，母亲从事卫生出版职业，非常注重从医学营养的角度安排孩子的饮食，而父亲自学过中医，经常针对具体情况如上火了、受寒了，给家人吃中药，他们对双方中西医结合育儿但孩子还是养不好感到奇怪，想不出是什么原因。他们希望我们把在调查中发现的好经验写成书给家长看，要求写的是家长真正感兴趣的问题而且是便于实际操作的。

三是市场与消费主义支配下的饮食文化观念，即以现代生活方式及其象征意义为追求目标的行为与观念。这种饮食观主要是属于孩子一代的知识体系，当然不排除一些青年父母也同样受消费主义的影响，追求新的、外来的、高档的食品。

应当说明的是，孩子关于食品的知识与信息在正餐和零食方面是有差别的，前者以成人的决定和影响为主，后者则以孩子的选择为主。在调查中我们发现，大多数孩子都比较熟悉当下流行的各类零食，能列举出许多名称和品牌，包括冷饮、快餐、方便食品、膨化食品、糖果、干果、糕饼和专为儿童生产的保健补品。对这些食物的味道、样式特别是名称、品牌等，孩子远比他们的父母和祖父母更为熟悉。

孩子选择食品的依据与成人很不相同，他们看重的往往不是食物的营养、卫生或食品的价格如何，而是该食物其他方面的属性。他们选择食品时关注的因素主要有以下几方面。

食品的包装漂亮有吸引力，食物包装内有玩具、贴画等。有的父母告诉我们，他们的孩子"要食品看包装，有时里面的糖根本不吃，就是为了外面包装好看或里面好玩的东西"。例如有一种方便面内装有小贴画，如果收集全八种不同颜色的贴画，就能换一件该厂家的儿童T恤衫，父母说这样的厂家很聪明，孩子吃了他们的面，还要穿他们的衣服，实际上是给他们做广告，可孩子就是愿意吃这种面，希望得到T恤衫。

熟悉并且喜欢的某种口味也是孩子挑选食品的依据之一，这使孩子重复地、经常性地要求购买某种食品。

某些外来的快餐食品，如麦当劳受到孩子的特别青睐是因为孩子喜欢那里特有的气氛。许多孩子只喜欢麦当劳的某种食品而拒绝其他种类，但他们还是盼望去，因为那里的"气氛好"。有位母亲说，她的女儿平时叫她妈妈，一进了麦当劳就会改口叫"妈咪"。

同龄者吃过、谈论过的食品也是孩子选择食品时重要的考虑因素。一个五年级的女孩用压岁钱尝遍各种方便面，她说凡是新的东西出来就马上买来尝，"要不然同学聊天的时候，人家都吃过的而你没吃过，就搭不上话"。由于存在同龄人之间的攀比，家庭经济条件比较拮据的孩子对零食会有很复杂的心理感受。一个五年级的男孩因家里生活条件有限几乎从不吃零食，父母也不给他零花钱。一次他与父亲出去，提出要吃"和路雪"（Wall's），父亲一看价钱说："你可真会挑。"他告诉父亲，在学校同学问他吃没吃过"和路雪"，他回答吃过而且说很好吃，他讲违心的话是怕人笑话，父亲听了这些心里很不是滋味，他说"就为这个我也得买给孩子尝尝"。叙述此事时，这个男孩子眼睛都红了，泪水直在眼眶里打转。

从上述这些孩子选择食品的依据中不难看出，新颖的、外来的、高档的、流行的食品常常是他们看中的对象，这些食品承载着某种现代生活方式的象征意义，而其物质性的品质如果腹、营养的作用倒在其次了。

上述三种关于食物的知识体系虽然互有区别和对立，但也不乏相互交融。毕竟三代人在食物与进食方面还是有部分共同分享的知识和文化观念的。例如关于孩子在某一季节发育最快、要加强营养的说法，就很难归纳为传统知识还是科学知识，而且对此，有的父母是从书中得知的，有的则是听老人说的。不同的知识体系当然并非完全一一对应于不同代的人，但毕竟在食物的营养、卫生、口味、时兴等因素之间，不同代人的侧重有明显的不同。

（二）儿童获得食品文化知识途径的多样化和文化传递方向的改变

1. 文化传播方式从单一向多样的变化

传统社会中的文化传承主要依靠代际的口耳传递方式，濡化过程主要在家庭、宗族内部完成；现代社会特别是现代都市社会中大部分知识和信息来自家庭以外，就食物而言，大众传媒、各类广告、同龄伙伴和直接在市场中获得等都是孩子得到知识与信息的重要途径。与传统社会相比，文化传递的方式大大增加了。

电视，对当今（文章发表时）中国家庭来说是首要的信息获取渠道。据《中国统计年鉴 1994》统计，至 1993 年底，平均每百户城镇居民家庭拥有彩色电视机 79.46 台，黑白电视机 35.92 台，北京市居民家庭平均每百户彩电拥有量为 107 台；每百户农村居民家庭拥有彩色电视机 10.86 台，黑白电视机 58.30 台。在中国城乡已相当普及的电视使孩子有可能直接了解各种新的或他们没有吃过的食品。虽然并非每个孩子都喜欢广告，但他们的确或自愿或被迫地接受广告，这实际上是厂商的宣传。而且确实有一些孩子喜欢多种或某种广告，一项调查显示，少年儿童模仿广告词、唱广告歌是很普遍的现象（王建刚，1989）。有的父母对我们说，他们的孩子特别爱看广告，"就是没什么节目可看时，也老看广告"。还有的孩子，特别是小学高年级的女孩，是典型的追星族，凡是有明星出现的广告就喜欢，也会按照这些广告去追逐一些商品，包括食品。

广告的影响当然不限于对孩子，虽然在访谈中许多父母都声称自己不相信广告，但实际上他们也时常根据广告选择给孩子的食品或营养保健品，如高乐高、娃哈哈、多灵多等，多是父母看了广告或应孩子根据广告提出要求而购买尝试的。他们说不相信广告是在经过尝试后感到没什么效果而得出的结论。

如前所述，同龄孩子之间关于食品存在相互攀比的现象，这表明同学、小朋友是食品文化传递的又一重要途径。调查显示，多数孩子在学校与同学分享食品，其中一部分只与同性朋友，即男孩和男孩、女孩和女孩共享一些食物。分享食品的主要场合包括在学校就餐（在学校吃午饭的学生被允许带少量零食），集体的外出活动，如春游、秋游、参观等，以及平时课间和放学后的时间。共食的过程当然也是交换和谈论有关食品的信息和知识的过程。

在商店里或街上的售卖摊点直接看到某种食品进而发生兴趣，也是孩子选择食品的一个重要途径。我们在调查中曾就近两年（调查时）上市的一种高档冰激凌制品"和路雪"进行询问，几乎所有的孩子都知道这种冷饮食品，而且大多是从街上售卖点的广告牌上看到的，他们觉得"那个大牌子挺招人的"，就会走近去看、去买。孩子自己或和父母一起逛商店时，也会发现新的食品而希望品尝，这种要求一般都会得到满足。

即使在农村地区，特别是一些比较发达的、生活水平较高的农村，孩子的食品信息来源也呈现多样化趋势。在苏南地区 X 村对当地五年级学生（11～12 岁）的调查显示，他们最初获知所喜爱食品的方式为：家长买来的占 41.38%；从电视广告中看到的占 6.90%；从小伙伴那里知道的占 10.34%；自己到商店看到的占 34.48%；其他人给予的占 3.44%；未做回答的占 3.44%。

2. 饮食文化传承内容和传递方向的变化

食物，在代际文化传承中不仅本身就是重要的传承内容，还作为一种携带多种意义的载体在文化传承中发生作用。现代社会中食物仍然是重要的物质性事物和重要的意义象征，但其内在意义已发生了变化。也就是说，食物原有的文化意义已经失落或发生变异，而同时新的食物和新的意义则层出不穷。

以传统节日和节日食品为例，城市里的孩子也大致知道有哪些传统节日，但只限于知道过什么节吃什么东西，如元宵节吃元宵，端午节吃粽子，中秋节吃月饼等，一些孩子还表示"喜欢吃这些东西"，而这些节日具体是哪一天，尤其是关于节日的解说他们已不甚了解。一些父母解释说，现在条件好了，各种节日食品平时想吃也能买到，不一定非得在过节时吃；此外有相当一部分孩子是到奶奶或姥姥家去过这些传统节日的。可以说许多孩子对节日食品的了解比对节日本身及其意义的了解要多，也就是说，在一定程度上食品所传达的传统文化信息已经失落。值得注意的是，孩子和他们的长辈对孩子的生日倒是十分重视，大多数家庭都给孩子过生日，一般方式是买生日蛋糕，在家做孩子爱吃的菜或带孩子到外面吃饭，送孩子玩具、书籍等作为生日礼物，带孩子到公园或游乐场玩，等等。苏南地区 X 村的五年级小学生在回答"一年当中你家过什么节"的问题时，72.4% 的孩子把自己的生日列为家庭必过的节日之一，而列出端午节和中秋节的孩子则只占总数的 58.62%。

通过食物对后代进行道德教育、人格培养是我们民族重要的文化传统。孝敬老人、谦让平辈、勤俭持家、爱惜粮食等是多少代人耳熟能详的与吃有关的训诫。我们这一代人仍然记忆犹新，食物曾经是重要的阶级教育和革命传统教育的工具，在我们上小学时经常进行的所谓"忆苦思甜"阶级教育，最重要的方式之一就是"吃忆苦饭"。实际上是通过口腔、味觉、口感去认识一种社会、一个制度和人与人的阶级区分，而这些对孩子已成为类似神话的东西。一位祖父（59 岁）在访谈中无限感慨地说："这一辈子就现在不挨饿，吃穿都不缺。小时候闹小日本，爹妈都是小日本扫荡时躲在山里饿死的。自己十多岁就跑到天津、张家口找饭吃。到自己有了孩子时又赶上三年困难时期，人都浮肿了，饿的那劲头可真难受。挨饿的感觉怎么能忘得了呢？刺激太深了。小时候爱好的东西，像萝卜缨、酸菜、棒子面放在一起，回想起来真香，但现在真做一回吃，就知道还是肉香。"一位父亲（约 44 岁）对我们提到，他对小时候的食物紧缺还记忆犹新："我小学三四年级时正是（三年）困难时期，记得有一次爷爷从农村老家来北京,当时是冬天,但他穿着很厚的棉衣棉裤,但进了屋还说冷,我感到很奇怪。后来让爷爷用热水洗洗上床躺下,他脱下衣裳一看,才知道棉衣里没有一点棉花,装的全是粮食。那时不允许从农村往城里带粮食,带了就是投机倒把,是违法。爷爷为了接济城里的儿孙,只能用这种方法。"当我们问到这些过去的事是否讲给孩子听时,回答是"跟小孩讲这些他们根本无法想象,就跟听天书似的,听不懂"。的确,现在的孩子无法想象和理解,甚至根本听不进父代、祖代的"忆苦思甜",他们对那些能使他们父母落泪的记忆无动于衷。上代人叙述的挨饿经历对孩子如同天方夜谭,他们从未有过食物匮乏的感受和焦虑,他们所感到焦虑的常常是因没吃过某种新食品而在同伴中低人一头。

我们在调查中还发现,父母通常不把食品作为奖励或惩罚孩子的手段。有的家长根本不主张用物质方法奖惩孩子。也有的家长说现在孩子在吃的方面什么也不缺,不必再用食品作为奖励,当然有时他们也会在孩子取得好成绩时应其要求去吃一次麦当劳。现在的父母更不会用不给或少给食物的方法惩戒孩子,因为他们绝不会以孩子的身体健康为代价而达到教育的目的。

与饮食有关的文化传承的另一变化是传递方向的部分改变,即由传统的从上一代向下一代传递变为部分地自下向上传递。

如前所述,儿童对于部分食品尤其是各类零食的认识与熟悉程度远远超过他们的父母和祖父母。父代、祖代对儿童食品的了解,特别是对消费主义支配下的食品的某种意义的认知,时常是从孩子那里获得的。许多老人说,"现在小孩吃的东西我们很不熟悉,不知道那些东西的名称,那些名也怪,而且价钱很贵"。一些父母也认为,"现在的孩子知道的事很多,不像我们小时候什么都不知道,上中学时才见过电视;现在孩子动不动就说,某某广告上讲啦,某某同学说的;等等"。笔者在河北农村的一次经历也很有意思,在一个普通农民家里笔者问孩子爱吃什么零食,回答是一种儿童食品的名称,笔者从未听说过这种食品,而且从名称上无法判断那是一种什么样的食品,而当地孩子却奇怪笔者居然连这个都不知道,"电视广告上天天有的嘛"。

在一定程度上,可以说,关于儿童食品,孩子们有一套属于他们自己的话语,大人如果不专门向孩子询问了解,就可能根本不知道他们在说些什么。

（三）关于吃什么、如何吃的决定与家庭地位关系的改变

1. 家庭关于饮食的决定是以孩子为考虑中心做出的

在对城市儿童及其家庭的访谈中，我们特别注意了家庭饮食的决策是如何做出的这一问题，答案十分明确，大多数家庭在决定吃什么、如何吃的时候，以孩子为考虑的中心。30 户访谈对象中有 20 户明确表示决定吃什么以孩子为主，或者先征求孩子的意见，孩子提出想吃什么就做什么。剩下的 10 户中两户是孩子跟爷爷奶奶一起吃饭，老人做饭，父母和孩子不提过多要求，有一户是胖孩子，父母对其饮食有一定限制，其余的未做明确答复或访谈员未明确提问。

在吃的问题上迁就孩子是比较常见的情况，不少家长的做法是孩子提出吃什么大人就做什么，如果当时家里没有这种食品，就赶紧到市场去买；有时孩子选中的食品价格很贵，例如里脊肉和鱼、虾等水产品，那就少买一些，只给孩子一个人吃（案例 11）。有的父母明确表示，一般孩子吃什么，大人就跟着吃什么，孩子说不吃，大人也跟着不吃，多数以孩子为中心。外出就餐也是同样，有的父母说："麦当劳、肯德基这些西式快餐好像不是饭，我们俩都吃不饱，可孩子说'我吃得饱'，那就依着孩子，出来不就是图个高兴吗？"（案例 3）还有的父母说：我们大人是拒绝肯德基和麦当劳的，我们不觉得好吃，每次带孩子去麦当劳，我都是先吃完饭再去（案例 23）。

2. 孩子独立空间的扩大

儿童专有食品和主要以儿童为对象的食品从基本没有到大量出现和增加，本身就意味着孩子独立空间的扩展。谈到这一独立空间，首先会涉及限定它的两个外在因素，即时间和金钱。

从时间来说，小学生白日活动时间主要是在课堂上和校园里度过的，上学、放学途中和课间休息是孩子们在一起互动或单独行动的时间。在校内，孩子与食物没有太多关联，学校对吃零食通常有比较严格的限定，部分中午在学校就餐的学生可带少量水果，还有一些学生带甜饮料到学校喝。放学后到回家之前通常是孩子们购买、交流以至交换食品的时间。有的父母下班较晚，怕晚饭以前孩子就饿了，于是给孩子一些钱让他们自己买东西吃（案例 19）。而多数父母最不放心的也是这段时间，因为离开校

园，学校的规定就不再起作用，父母担心孩子自己在小摊小贩那买一些不卫生的食品。虽然父母和学校都反复强调不要买小商贩的东西，但学校门外经常聚集着卖小食品、小玩具的摊子，孩子在放学后购买父母也看不见。他们抱怨说："问她在哪儿买的，也不说，反正书包里全是乱七八糟的东西。"（案例18）再者就是孩子看电视的时间，虽然多数家庭都对孩子看电视有所限制，以不影响其学习为准，但观看少儿节目、动画片和部分电视剧却是孩子专有的权力。

在金钱方面，虽然我们没有专门就孩子的零花钱进行调查，但我们在北京市的访谈中发现，大约2/3的孩子手中经常有零花钱，少则几元，多则十几元到几十元。有些父母和其他亲属定期或不定期地给孩子零花钱，比较多的为一天五元。这些孩子可以支配的钱主要用于购买冷饮、小食品和小玩具。那些不给孩子零花钱的父母对不给钱的解释是：孩子太小，还不知道正确地花钱，会买货不当价或不卫生的东西，给钱不放心；家里什么也不缺，要吃什么大人都买好了，没必要让孩子自己买；不愿让孩子养成吃零食的习惯。在苏南X村的调查显示，从父母那里得到零花钱的孩子占被调查者的86.21%，数额最少为一天0.5元，最多为3元，大多为1～2元。此外，还有过年时孩子从长辈、亲戚那里得到的压岁钱。在城市，压岁钱的数目有时很可观，可达数百上千元之多。当然许多父母不会让孩子完全自己支配这些钱，而是替其存起来，或给孩子入某种保险，但毕竟孩子会就这些钱提出一些要求，如购买比较贵的玩具或食品。由此可知，就时间和金钱的条件而言，孩子独立活动空间的存在是有可能的，而事实上在食物特别是零食消费方面，孩子是有相当的自主性的。

从以上分析可以看出，孩子在家庭中的地位呈上升趋势，换言之，孩子在家庭生活中的重要性增强了，孩子中心化的倾向既有中国人重视后代的文化传统的影响，又与计划生育的基本国策有密切关系。城市实施一对夫妇只生一个孩子的政策，更是孩子中心化趋势的重要背景。在访谈中，一个11岁的女孩对我们说："有十只眼睛看着我，姥姥、姥爷管我吃，小姨、小姨父管我穿，妈妈管接送我。"（案例22）一些父母离异的孩子在家庭中更成为中心人物，父方或母方的长辈和亲属都觉得缺爹少娘又是独生子女的孩子可怜，因而会对这样的孩子倾注更多的关爱（案例2、案例18、案例22）。

在批评、教育孩子的问题上，祖父母与父母两代人之间常有意见不一致甚至发生不愉快的时候，通常是祖父母不让父母批评孩子，也就是人们所说的"护着孩子"。访谈中不只一两位父母提到，老人不让批评孩子，一说他们就不乐意，不管说得对不对都不行，要管孩子也别在他们眼前，老人总是认为，孩子没毛病，那么小的人，整天学习那么辛苦，已经很不错了。这种情况在三代人共同生活的家庭或祖父母住得较近、孩子经常来往的家庭中是很普遍的。

四 结论

就儿童食品与代际文化传承来探讨当前中国社会正在发生的变迁及其特点，使我们得以从具体而微的生活内容观照社会与文化的深厚内涵。从我们有限的调查资料可以初步获知，代际文化传承的内容与形式发生了和正在发生着变化，与食物和进食有关的话语发生了转变，原来的道德教化和革命教育的内容正逐渐被市场导向的消费主义文化 – 意识形态所取代。这具体地表现为，三代人分别具有相对不同的关于食物的知识体系，他们在选择食品和安排进食的过程中所考虑的因素、依据的标准和观念是不同的，尤其是，这一代儿童比他们的祖辈和父辈带有更明显的现代消费主义特征；现代的儿童特别是城市中的儿童获取知识与信息的途径大大扩展了，传统社会生存知识在家系内的代代相沿已逐渐地被传媒、广告、学校、同龄人等多种方式的传播替代，而且单一的自上而下的代际传承也开始受到自下而上传递方式的挑战，即在某些知识信息领域中孩子所了解的超过他们的长辈；家庭生活的重心和地位关系向孩子倾斜是上述变化的又一明显特征，孩子尤其是城市里这一代独生子女拥有更大的独立空间，而且在家庭生活中拥有更大的决策权或者是家庭决策考虑的中心，这种地位关系的改变会对这一代人的成长、社会化过程和人格带来什么样的影响，会造就他们未来怎样的权威观念，都是有待思考和探索的新问题。

代际文化传承方式和方向发生改变，一些文化观念在代际出现变异甚至断裂，或许是社会发展中的普遍现象。然而我们所讨论的代际差异，并不仅仅是由于时过境迁所产生的代与代之间自然的变异，而是在世界一体化背景下的全球性的、前所未有的差异。正如玛格丽特·米德（Margaret

Mead）在她那本著名的讨论"代沟"的书中指出的，由于世界上的所有人突然都成了电子通信网络中的一部分，因而各地的青年人都共享着一种经验，"不管他们的父母在世界上的任何地方有过什么经历，他们的孩子却有共同之处"，因而这种代与代之间的沟壑是史无前例的（米德，1988）。就中国的国情而言，一方面是在很短的时间内面对一个全球化的世界打开了国门，另一方面是一代独生子女的出现，这种状况恐怕也是空前绝后的。在这样一个社会中，不同代的人们所面对的世界都是全新的，父母一代表现出的惊奇和诧异并不比孩子们少，因为除了对他们面前的世界感到陌生，他们亲手抚育长大的孩子也日益让他们感到困惑。在饮食这样一个看似平常但却是最基本的生活空间中发生的变化，正在对一代或许一代以上的人们产生着内在影响，在这一领域中的探索对观察和理解社会与文化的变迁无疑是重要和深刻的。

参考文献

布罗代尔，1992，《15 至 18 世纪的物质文明、经济和资本主义》（第一卷），顾良、施康强译，第二章"一日三餐的面包"、第三章"奢侈和普遍：饮食"，生活·读书·新知三联书店。

费孝通，1981，《生育制度》，天津人民出版社。

费孝通，1985，《乡土中国》，生活·读书·新知三联书店。

杭之，1991，《大众文化的流行透露了什么?》《评论是一种志业——有关学术、文化明星的一点反省》，载《一苇集》，生活·读书·新知三联书店。

黄平，1995，《消费主义在当代中国城市居民中的影响》，载《'94 中日"市场经济与文化"学术研讨会论文集》，中国经济出版社。

玛格丽特·米德，1988，《代沟》，曾胡译，光明日报出版社。

王建刚，1989，《电视广告的多重社会效应——对北京电视广告调查结果的分析》，《新闻广播电视研究》第 5～6 期。

王仁湘，1994，《饮食与中国文化》，人民出版社。

Anderson, Eugene N. Jr. 1988. *The Food of China*. New Haven and London: Yale University Press.

Bourdien, Pierre. 1984. "The Habitus and the Space of Life – Styles," in *Distinction*: *A Social Critique of the Judgement of Taste*. Havard University Press.

Chang, K. C. 1977. "Introduction," in *Food in Chinese Culture: Anthropological and Historical Perspectives*. Yale University Press.

Mennell, Stephen & Murcott, Anne & Otterloo, Anneke H. van, 1992. "The Sociology of Food: Eating, Diet and Culture," *Current Sociology*, Vol. 40. No. 2. Sage Publications.

Mintz, Sidney W. 1993. "The Changing Roles of Food in the Study of Consumption," in *Consumption and the World of Goods*, ed. by John Brewerand Roy Porter. Routledge.

Ritzer, George. 1993. "The McDonaldization of Society: An Introduction," in *The McDonaldization of Society*, ed. by Ritzer, George. Pine Forge Press.

Simoons, Frederick J. 1991. *Food in China: A Cultural and Historical Inquiry*. CRC Press, Inc.

Watson, James L. 1994. The Lectures on Chiang Ching – kuo Foundation Summer Institute: "China's Changing Diet: Food, Consumption, and Culture".

Watson, James, L. 1987. "From the Common Pot: Feasting with Equals in Chinese Society," *Anthropos* 82: 389 – 401.

Weismantel, M. J. 1989. "The Children Cry for Bread: Hegemony and the Transformation of Consumption," in *The Social Economy of Consumption*, ed. by Henry Rutz and Benjamin Orlove. University Press of America.

中国社会学的学术意识*

《社会学研究》评论员

中国社会学经过 18 年的恢复和重建，到现在已经具有相当的规模，可以说恢复和重建的任务基本完成了。今后当然还要扩大队伍，开辟新的领域，形成新的分支学科，但是主要任务、主要困难不在这里，而在于加强学术建设，而学术建设的灵魂是学术意识。

前 18 年的学科建设，是要解决这个学科要还是不要、有还是没有的问题。有了，还要解决它的规模大小问题。今后的学术建设，是要解决这个已经有了的学科在中国现代化过程中的定位问题，解决它的质量高低的问题。

学术建设和学科建设是有区别的两个概念。简言之，在学科建设中，有些是学术性的，有些不是学术性的。像分支学科的设置、研究手段的更新、组织机构的建设和管理等，都是学科建设的重要内容，但是不能说它们就是学术建设。学术建设的基本内容是：强化学术意识、确立问题意识、健全学术规范、承续学术传统、开展学术对话。

强化学术意识是近来许多社会学者的共同心声。他们指出"社会学不等于社会调查"，应当把"社会学的研究"与"社会（问题）评论"区别开来，如此等等，表明了大家都在思考社会学的学术建设问题，学术意识正在增强，这是非常可喜的现象。出现这种现象，一方面是社会学学科成长和发展的标志，另一方面也表明在客观上，中国社会现代化事业要求社会学确定它的地位和作用，社会学必须表明自己独立存在的价值，确认自己在社会上、在社会科学学科群中的恰当形象。

什么是社会学的学术意识？这是一个在中国社会学的发展中还需要不

---

* 原文发表于《社会学研究》1998 年第 1 期。

断提炼、不断澄清的问题，这里只能提出若干初始界定。一般来说，所谓社会学的学术意识，就是从社会学的学科视角出发，运用社会学的概念语言和方法工具，回答在社会学的学术体系上可以定位的有意义的问题这样一种自觉的意愿和要求。

这首先就要求把自发的社会思考与自觉的社会学研究区别开来。思考和回答社会问题并非社会学家的专利，每一门社会科学都在研究社会，甚至有的自然科学也在研究社会，极而言之，每一个生活在社会中的人，也都在思考社会问题。社会学家与非社会学家的区别何在？或如当代法国著名社会学家皮埃尔·布迪厄所说，自发的社会学家与自觉的社会学家的区别何在？社会学家的回答一定最高明的吗？不一定。许多人，运用他们的生活智慧、实践经验，或者其他学科的研究方法，很可能对社会问题作出十分高明的解答。事实上，绝大多数的社会问题也是由非社会学家去回答和化解的，真正由社会学家回答的问题恐怕只占少数。那么，社会学家挑选什么问题作为自己必须回答的问题呢？这首先就涉及学术定位。只有在社会学的学术系统中可以定位的问题，才具有学术意义。这就和实践家不一样。对于实践家来说，比如汽车已经生产了100台，再造第101台，只要市场上能够卖得出去，它就是有意义的，这叫实践意义。但是一个学术问题，不要说已经回答过100次了，严格地说，只要在学术上已经解决了的问题，再去重复一次，就无法定位了，那个位子已经被占住了。再做，就是重复劳动；重复多了，就导致低水平循环。这些一再重复的事情或许还有某种社会效益，如宣传效益，但是绝对没有学术价值。由此也就不难理解为什么规范的社会学论文，在提出问题以后一般都有一个文献综述或理论搜寻，说明关于这个问题别人已经做了什么，还有什么没有解决，或是没有解决好的。看起来比较烦琐，其实是给自己的研究定个座位。

其次是掌握和运用社会学的概念语言，而不是日常语言。日常语言也许很丰富、很生动，而且在任何一篇论文中也不能不使用，但是学术意识却要求必须有概念，并且把概念看成一门科学或学术的主要结晶。概念的成熟程度代表了这门学术的成熟程度，概念的解释能力标志着这一学术的解释能力。这就要求去做把日常词语转化为概念语言的工作。

最后，还有学科视角的问题。对我们来说，学科的视角不是由我们来定的，而是由公认的学科奠基人和主要代表者所给定的，并且是在学科发展的历史中积累和定型化的。我们既然入了这个学科的"门",就要自觉地从这个学科的角度来看问题。当然,我们或许可以进行一些创造性的发挥和丰富,但就根本而言,却不能改变基本的路径、基本的角度,否则就不是这一门学科了。这里就有一个学术传承的问题。为了掌握社会学的学科视角,自觉地从社会学的学科视角出发去观照和研究问题,我们就必须依据经典,了解社会学的奠基人和主要代表者是如何提出问题的。概括地说,社会学诞生和发展的 150 年的历史告诉我们,研究现代社会的产生、发展、结构化和再结构化(或解构),是古往今来的社会学大师们据以开展学术思考的轴心,这也就奠定了这门学科的基本的视角,形成了这门学科的浓重的问题意识。对这些问题的解答则构成社会学学术意识的基本内涵。

综上所述,我们认为,学科视角、概念语言和学术定位,是社会学的学术意识的几个基本要素。自觉地意识到这些要素,运用它们,遵循它们,在它们的引导下从事研究所取得的成果,才能被称作社会学的成果,才能具有在社会学学术系统内积累起来的可能性。

当然,我们是在中国的具体历史条件下建设社会学的,当代中国社会变迁的独特的时空条件,又必定使中国社会学的学术意识带有一定的复杂性。这种复杂性首先表现在我们所面对的社会,正在发生 2000 年以来亘古未有之巨变。在新中国成立初期,不过是那么几年、十几年的时间,我们业已观察到了一个文明、历史悠久的传统社会如何纳入社会主义计划体制的格局;而在当代,不过用在人类历史上可能也不算太长的时间,我们又能目击一个实行计划体制的社会如何进入世界性的市场经济。这就导致了当前中国社会所特有的复杂关系:在现代化先行者那里属于历时性的传统、现代和后现代的维度,在我们这个社会里却交织在一起,转变为共时性的关系。因此,对中国社会学来说,研究我们自己的社会如何转变为现代社会,如何进行结构化和再结构化,自然也就更为复杂一些,更具有多样化的特征。但是,无论如何复杂,如何具有多样性,中国的社会学也还是社会学,还是离不开社会学的学科视角、概念语言和学术定位。在社会转变时期,有趣的现象会层出不穷,但并非所有有趣的现象都具有学术意义。只有那些可以经由社会学的学术意识进行观照、解析和说明的现象,才是具有社会学的学术意义的现象。

确立中国社会学的学术意识，并且充分估计到它的复杂性，是今后中国社会学学术建设的灵魂。近来，越来越多的社会学者关注规范化问题。规范化并不仅仅是形式上的要求，它主要是实质性的要求，即要有学术意识和学者品格。这是前提。只有确立和强化学术意识，才可能建立起社会学的学术规范。在当前的阶段上，几乎在科研过程的每一个环节上，对学术意识都有适当加以强化的必要。目前则首先应当注意加强社会学学术研究的规范化。

同时，也只有确立和强化学术意识，才能形成社会学的独特学术价值。不论过去还是未来，社会学的发展都是密切相关于社会实践的。不应该将社会学的理论研究和经验研究、学术研究和对策研究、基础研究和应用研究截然对立起来。事实上，真正高水平的对策研究必定有其理论基础，而真正高水平的学术研究也必定会有它的应用价值。随着整个社会的进步，从中央到地方各级政策研究机构林立，研究队伍结构不断优化，研究力量陆续增强，决策科学化程度迅速提高，将来也还会进一步提高。在此种情况下，社会学如何表明自己独立存在的价值？我们唯一的优势就在于学术性，就是以扎实的学术研究为基础，而学术研究可能形成较强的连续性、积累性和传承性，如果我们经过努力能够形成这些特性，形成催化这些特性的学术意识和学术机制，就可以确立学术研究在某些方面相对于非学术研究的比较优势。我们必须发挥自己的这一优势，在与其他研究机构的比较中表明我们独立存在的价值，在与国外社会学的比较中表明中国社会学的特殊价值。

中国社会心理学九十年代前期历程[*]

石秀印

摘　要： 本文在分析大量社会心理学文献、资料的基础上，概述了中国大陆社会心理学在 20 世纪 90 年代前 5 年的发展。其中包括：专著、教科书的出版与论文、研究报告等的发表，新的研究机构、教学机构的建立和研究人员队伍的扩大，研究课题与内容的重点、特点、出发点及变化趋势，学科发展中存在的问题及解决方向。

—

20 世纪 90 年代前期是中国社会心理学迅速发展的 5 年，也是取得丰硕成果的 5 年。在此期间，据不完全统计，大陆共出版以"社会心理学"命名的著作和教科书 13 种，[①] 还翻译、撰写了社会心理学方面的十余种专著。国内学者撰写并出版本学科专著，这在前十年是为数不多的。[②] 这一新事物

---

[*] 原文发表于《社会学研究》1998 年第 1 期。

① 根据《全国新书目》的书目统计。其中，翻译著作是：威廉·S. 萨哈金著，周晓虹等译：《社会心理学的历史与体系》；S. 奥斯坎普著，乐国安等译：《应用社会心理学》；安倍淳吉著，罗大华等译：《犯罪社会心理学》。大陆学者编写的著作、教本是：赵国祥等主编：《社会心理学原理与应用》；周晓虹主编：《现代社会心理学：社会学、心理学和文化人类学的综合探索》；沙莲香主编：《社会心理学》；马广海主编：《应用社会心理学》；乔德群等主编：《社会心理学教程》；龚浩然等著：《青年社会心理学》；张大钧等主编：《青年社会心理学》；周晓虹主编：《现代社会心理学名著菁华》；吴江霖主编，戴健林等著：《民族社会心理学：民族文化和民族心理》；周晓虹著：《现代社会心理学史》。

② 根据《全国新书目》中的书目统计。其中，翻译著作是：M. H. 邦德主编，张世富等译：《中国人的心理》；Kaija Kalimo 等著，腺引林等译：《工作中的社会心理因素和健康》；川本胜著，郭云绵译：《流行的社会心理》；南博著，刘延州译：《日本人的心理》；南博著，王维平译：《日本的自我》；阿瑟·亨德森·史密斯著，吴湘州等译：《中国人的性格》。国内大陆学者编写的是：张大钧等著：《改革的社会心理研究》；乐正著：（转下页注）

的出现，表明我国社会心理学的研究迈上了一个新的台阶，也体现了研究者研究能力的提高、洞察层次的加深和理论知识的积累。另外，还翻译、编写、出版了400余种分支社会心理学、应用社会心理学方面的著作和读本（见表1）。

表1　1990～1994年出版的社会心理学著作和读本

单位：本

类别	年份					合计
	1990	1991	1992	1993	1994	
社会心理学基础理论、教科书	1	5	4	3		13
社会心理学某一方面的理论	16	6	8	11		41
心理学方面的社会心理学	9	10	5			24
人格心理学方面的社会心理学	5	10	3	5		23
民族学、文化人类学方面的社会心理学	3	8	12	5		28
教育心理学方面的社会心理学	4	7	7	9	2	29
发展心理学方面的社会心理学	9	14	5	3	1	32
领导、管理、经营方面的社会心理学	29	27	25	11	1	93
劳动、人事方面的社会心理学	2	4		1		7
情报、新闻、传播方面的社会心理学	3	4				7
消费、广告、销售方面的社会心理学	7	9	3	1		20
日常生活、交往方面的社会心理学	5	10	9	26		50
婚姻、家庭方面的社会心理学	2	5	4	7		18
改革、政治方面的社会心理学	2	3	3		8	16
心理健康、咨询方面的社会心理学	13	19	7	6	3	48
犯罪、劳改方面的社会心理学	1	6		2		17
某类某群的社会心理	1	1	3	3		8
社会心理学、心理学研究方法与技术	4	4	4	3	1	16
其他方面的社会心理学	4	1	1	3		9

资料来源：根据《全国新书目》1990～1994年的书名目录统计。

这一期间还有众多的研究成果或探索性文章发表，以及对国外社会心理学理论和研究动态的介绍。据对《报刊文献索引》中社会心理学文章[①]

（接上页注②）《近代上海人社会心态：1860—1910》；沙莲香：《中国民族性》（修订本）；张明儒等著：《官兵人际关系心理学》；许玉珍著：《企业人际关系心理学》；何显明著：《中国人的死亡心态》；刘豪兴等著：《人的社会化》。

① 某一文章是否属于社会心理学研究、探索范围，其性质认定根据两个标准：第一是社会心理的概念和社会心理学的研究对象；第二是具有研究、探索性质，不包括应用性和通俗性文章。

的不完全统计，5 年期间共发表研究性、探索性、评价性文章 4134 篇，平均每月约 70 篇（见表 2）。

表 2　1990~1994 年社会心理学的研究性、探索性文章

单位：篇

范畴分类	1990 年	1991 年	1992 年	1993 年	1994 年	合计
心理学	175	124	135	148	125	707
社会学	145	130	113	117	81	586
管理学、领导学	59	87	54	58	33	291
经济	57	108	70	70	21	326
政治	112	120	132	108	104	576
科学、文化	18	43	49	53	20	183
教育	169	310	249	296	183	1207
体育	2	9	16	9	35	71
犯罪	44	35	52	34	22	187
总计	781	966	870	893	624	4131
其中译文	28	30	29	19	10	116
平均每月	71	88	73	81	78	80

中国社会心理学会的活动同样比较活跃。1990 年 8 月，全国学会于天津市南开大学召开了第三次会员代表大会暨第四届学术年会。1992 年 6 月，中国社会心理学会理论与教学专业委员会、湖北省社会心理学会和《社会心理研究》编辑部三方联手，于湖北省神农架林区联合举办了首届"中国人社会心理研究"研究讨论会。1994 年 8 月，中国社会心理学会与内蒙古心理学会联手，于内蒙古呼和浩特市举办了第二届"中国人社会心理研究"研究讨论会。后二次会议均出版了论文集。自 20 世纪 80 年代至1990 年社会心理学的历次学术会议，均未出版论文集，这一方面是因为经费缺乏，另一更重要的方面是论文质量参差不齐。90 年代两本论文集的出版，标志着社会心理学的研究达到了较高的层次。

社会心理学的研究和教学机构有了较多增加。20 世纪 80 年代后期中国社会科学院社会学研究所组建社会心理学研究室，广州师范学院成立社会心理学研究室，中国人民大学社会学系、南开大学社会学系等成立社会心理学

教研室之后；天津市社会科学院于 1991 年 6 月成立了社会心理研究中心，南开大学成立了社会心理学研究所，华中师范大学也于 1994 年成立了社会心理研究中心，北京师范大学心理学系等单位则成立了社会心理学教研室。

20 世纪 90 年代后两个研究、教学组织的成立，在中国社会心理学发展史上具有"新标志"的意义。80 年代，社会心理学的研究与教学机构基本上隶属于社会学研究或教学系统，社会心理学的研究取向和研究人员的学科训练尽管事实上与心理学具有更多的联系，社会心理学的研究力量尽管主要分布于心理学系、所，但是这些系、所却不"情愿"成立"社会心理学"的专门机构。而社会心理学力量相对薄弱的社会学的系、所，则比较重视社会心理学的发展。

心理学系、所之所以不情愿建立社会心理学的研究或教学机构，有着深层的原因。一些心理学者将心理学视为纯粹的自然科学，主张采用自然科学的模式，使用自然科学的方法，对心理现象进行实验的、精密的研究，得出可以重复、验证的心理活动规律。而社会心理学由于将个人、群体与他人、群体、社会之间相互作用中的社会心理与社会行为作为研究对象，在社会环境与行为反应方面难以进行精确控制和测量，因而被认为是不科学的。这使得社会心理学在与心理学有关的单位被放在"另册"，或者是有"神"没"庙"。上述后两个机构在心理学地盘内的出现，表明了心理学对社会心理学态度的变化，表明了社会心理学学科力量的增强。

进入 20 世纪 90 年代，有越来越多的心理学者进入了社会心理学领域，传统的心理学中加入了越来越多的社会心理内容，心理学者的研究课题也越来越多地进入社会心理学范围。作为心理学核心学科的普通心理学，现在不但研究一般性的感觉、思维、信息加工，也研究社会活动对人的心理与行为的影响，考察不同文化背景中人的心理与行为的不同特点，介入社会心理学的中心课题。[1] 临床心理学、变态心理学、心理卫生学这些更富于"自然科学"色彩的学科，不但研究由心理因素导致的生理、心理疾

---

[1] 这方面的趋向可以下列研究报告或文章的发表为例：杨鑫辉：《心理科学应该面向社会生活》；程学超：《成功和失败对儿童分享行为的影响》；刘金花：《上海市中学生父母的教养态度及台湾父母教养态度的比较》；郭德俊：《四组中国被试的归因在维度上相对位置的评定》；庞丽娟：《幼儿不同交往类型的心理特征的比较研究》；王登峰：《心理控制源倾向对责备与辩解的影响：进一步的证据》。

病，还探讨社会心理特点与心理疾病的关系，社会环境因素对心理疾病的影响，社会心理环境和社会心理治疗方法对患者的影响及其治疗、干预效果。① 发展心理学不但研究个体自我意识、思维等的发展，而且探讨家庭环境、父母哺育方式、家庭教育方式等社会环境因素对个体心理发展的影响，社会制度、社会文化对不同国家个体心理发展的影响，社会交往倾向与交往对象的发展等。② 教育心理学不但研究知识的掌握、道德品质的培养，而且探讨社会关系、社会群体对被教育者社会心理的影响，教育者与被教育者之间的社会心理关系和相互作用。③ 这些现象不仅反映出心理学在传统课题的基础上向社会心理学领域的延伸，还反映出其研究重点在向社会心理领域偏移。

其他学科也有向社会心理学领域发展的类似趋势。尽管一些心理学者对社会心理学存在上面提到的否定看法和回避倾向，但是 20 世纪 70 年代末期首先提倡进行社会心理学研究的是心理学者。1982 年 4 月成立中国社会心理学研究会（中国社会心理学会的前身）时，会员绝大部分也是心理学者。在一些心理学者眼里，社会心理学是心理学的领地，只有心理学的社会心理学才是正统的社会心理学，而从其他学科出发的社会心理学研究则"更不科学"。④

---

① 这方面的趋向可以下列研究报告或文章的发表为例：罗增让：《中学生特质焦虑与家庭环境因素关系的研究》；姜乾金：《集体心理治疗在癌症和慢性病人中的应用》；郭晋武等：《大学生心理控制区及其心理健康的关系初步研究》；黄敏儿：《论社会心理学与临床心理学的结合》。

② 这方面的趋向可以下列研究报告或文章的发表为例：方富熹：《中澳两国儿童社会观点采择能力的跨文化研究》；郭淑琴等：《母乳喂养与人工喂养婴儿的心理 – 社会行为观察实验》；高月梅等：《4—6 岁离异家庭儿童心理特点研究》；陈权：《儿童青少年的交友需要和友伴群的研究》；张日：《关于青年期心理特征的中日比较研究》；李晓东：《关于目标结构对 6—9 岁儿童合作与竞争行为影响的实验研究》；林崇德：《离异家庭子女心理的特点》；林国彬：《北京农村 4—6 岁幼儿性格发展与家庭教育关系的调查研究》。

③ 这方面的趋向可以下列研究报告或文章的发表为例：沈祖樾等：《当前中学师生心目中好教师形象的比例研究》；张积家等：《学生口音给教师形象的比较研究》；张积家等：《学生口音给教师产生的印象》；周丹：《师生关系与初中生品德发展的相关性分析》；李济才：《集体促进青少年自我教育的社会心理机制》；李家永：《学校风气及其对学生成绩的影响》；何平：《不同家庭教育方式对小学生行为的影响》；董泽芒：《家庭教育方式对小学生成功的影响：对 1991 年中国数学奥林匹克竞赛选手家庭环境的调查与分析》。

④ 1984 年，中国社会心理学研究会在天津南开大学召开了一次讨论会，在讨论社会心理学的学科性质和研究方向时，有些学者的发言中就包含这样的观点，即认为社会心理学是心理学的一个分支，应该从心理学角度进行研究，社会心理学会应该重点吸收心理学者作为会员。

到了 90 年代，这类倾向已经明显改变。不论是心理学出身的社会心理学者，还是社会学、管理学等学科出身的社会心理学者，均达成了一种共识，即：一位学者不论是哪一学科出身，不论采取哪一研究取向，只要他研究的是社会心理现象、社会心理规律和与此相关的社会行为，都是在从事社会心理研究，都是社会心理学者，都欢迎加入中国社会心理学会。

当前，中国社会心理学研究队伍的状态是，心理学取向的社会心理学者依然占主流地位，社会学、教育学取向的在逐渐增加，其他学科取向的也在发展，各方面的队伍构成了一个"进攻"社会心理的"集团军"。

在研究队伍在数量增加的同时，质量也在提高。20 世纪 80 年代中期，一些院校陆续招收了社会心理学方向的研究生，他们在学校受过比较系统、严格的学科训练，专业基础扎实，研究思路敏锐，创新精神较强，成为社会心理学学科队伍中的一支生力军。分析学科研究报告中使用的统计方法可以发现，80 年代的很多研究报告不使用统计方法，即使使用统计方法也多是描述性统计。到了 90 年代，不但使用推论统计的学者和研究报告增加，而且一些学者还采用了高级统计，包括因素分析、多元回归、多变量变异数分析、聚类分析等。[1] 这些统计方法和技术是老一代学者较为生疏的，采用的多是中、青年学者。

学科队伍质量的提高在很大程度上得益于学科培训。与 20 世纪 80 年代的培训多属普及型、启蒙型不同，90 年代出现了对社会心理学者的再培训，培养专门的、高水平的教学与研究人才。这方面的一个典型例子，是由中国社会科学院社会学研究所与台湾大学心理学系杨国枢教授以及其他香港、台湾学者联合举办的社会心理学高级研讨班。该研讨班力图通过相当于博士课程的严格训练，实现社会心理学研究的学科规范化，培养出具有高水平的社会心理学教学与科研骨干队伍，推动大陆社会心理学的发展。研讨班学员几乎都来自高等院校和科研机构，其中 60% 左右具有中级职称，其余为正在攻读社会心理学硕士学位的研究生。这一被称为"杨国枢模式"的

---

① 使用这些统计方法的学者及其学术论文、研究报告，可以举例如下：黄合水等：《电视广告效果预测和评价方法的研究》；张建新等：《指向具体人物对象的人际信任：跨文化比较及其认知模型》；丁长江等：《小学儿童对他人道德行为归因的发展研究》；吴增强等：《学业不良学生类型特点的聚类分析》；范存仁等：《西安市小学生中独生和非独生子女个性品质的比较研究》。

高级研讨班，为大陆社会心理学高级人才的成长提供了很好的条件。

二

20 世纪 90 年代前期的社会心理学侧重于研究哪些内容呢？有哪些题目引起了研究者的更多关注呢？表 3 中每一类内容中文章的数量表明了研究者的关注点。其中，得到较多研究的内容分别为：价值观、激励、社会观念、群体心理、社会心理引导、人格、思想动态、需要、人际关系；研究较少的内容是：权利、满意度、人际内耗、印象管理、公平、脸面、从众、控制点、接受影响、人际感染。

一些内容或课题为什么会比其他的得到较多的关注和研究？分析研究者选择题目的着眼点，可以归纳为以下几种类型。

（一）从学科体系和理论出发的研究

这是从现有的，特别是西方社会心理学的理论、概念出发进行的研究。其一般"程式"是：根据文献考察前人的成果，分析前人研究中存在的问题，根据现有资料和逻辑分析形成研究假设，通过实验、测量、调查、文献档案分析等方法收集资料，检验或者修正假设，形成研究结论。这属于社会心理学最规范的研究。

这类研究可以分为从心理学的社会心理学出发的研究，从社会学的社会心理学出发的研究和从文化人类学的社会心理学出发的研究。从心理学出发的研究多集中于人格与社会心理特征，社会化，需要、动机与情绪，社会认知、归因与控制点，自我意识，社会态度等。其中，社会认知的学科倾向最为明显。从社会学出发的研究多集中于群体心理、人际关系、人际交往、人际沟通、人际内耗、社会角色、社会行为、行为方式、社会相互作用等。其中，对人际关系、社会角色、社会行为的社会心理的研究较为深入。从文化人类学出发的研究主要涉及跨文化研究、社会文化对社会心理的影响、国民性等。其中，跨文化研究和微观环境对社会心理影响的研究，理论色彩较为浓厚。

（二）对前人理论或思想的吸收性、评价性研究

这一角度上的研究者所关注的重点是已有理论、思想本身，以其为

研究对象，进行挖掘、理解、介绍和评价，或者以前人创造的理论知识为工具，分析社会现实。其研究对象可以分为两个方面，即中国社会思想家的思想和西方社会心理学家的理论、观点，以后者的范围更为广泛。究其原因，一是西方学者的理论被认为是正统的社会心理学，二是在开放环境下西方的东西更"吃香"，三是西方的一些理论在时间上更为"现代"。

（三）从社会问题出发，迎合社会需要的研究

一些社会心理学研究者发现社会生活中存在着一些问题，意识到社会心理学的研究能够为这些问题提供答案，因而开始了从社会心理学与社会问题结合点上出发的研究。这方面的题目是社会生活中所存在问题的晴雨表。

20世纪80年代以来，国有企业职工的工作积极性比较低落，降低了企业活力和经济效益，因而有关工作积极性的社会心理机制、社会影响因素等的研究占有很高比重。从80年代中期之后加速的经济与社会改革，打破了社会结构与社会心理之间的平衡和社会心理内部的平衡，社会成员在心理不平衡中感受到这种困惑，对于改革措施和社会变革本身产生心理的抵抗和阻碍，一些研究者就迎合改革的需要，探讨了社会心理平衡、公平感、公平心理机制等问题。社会变革时期也出现了许多新的社会问题，比如卖淫、嫖娼、吸毒、赌博、离婚、重婚、迷信等，因而研究这些行为背后的社会心理机制和特点的文章占有一定的比重。[①]

（四）社会刺激－学科反应性研究

这类研究的起源是社会生活对研究者产生刺激，研究者在较强烈的刺

---

① 仅探讨卖淫行为的研究性文章就有十余篇。其中包括，林绍春：《626名卖淫妇女的心理特征初探》；王金玲：《新生卖淫女构成、身心特征与行为之缘起：389名新生卖淫女性分析》；雷平宇：《卖淫妇女的人格特征：使用卡氏－16PF对卖淫妇女人格特征的初步分析》；杨晓岚等：《卖淫现象初探：社会造因和个人动机》；汪志华：《上海地区卖淫青年女性人格维度研究》；吴炽林等：《论内地来深圳卖淫妇女的社会心理因素》；宁东：《在卖淫妇女的心灵深处》；安金水等：《卖淫妇女心态浅析》；袁国华等：《探讨卖淫者的畸变心态》；王行娟：《卖淫少女的心理特征分析》；陈洪声：《知识型女青年卖淫心态透析：卖淫女青年的文化结构正在悄悄地向高层次发展》。

表3　20世纪90年代前期社会心理学的研究内容

内容	发表文章数量（篇）						位次	平均每月数量（篇）				
	1990年	1991年	1992年	1993年	1994年	合计		1990年	1991年	1992年	1993年	1994年
社会心理学对象、方向	8	5	5	5	8	31	53	0.8	0.5	0.4	0.5	1.0
方法论	9	7	9	8	6	39	47.5	0.9	0.6	0.8	0.7	0.8
方法	12	25	20	18	19	94	28	1.2	2.3	1.7	1.6	2.4
跨文化研究	13	14	14	16	12	69	34	1.3	1.3	1.2	1.5	1.5
国外理论评介	32	44	33	42	24	175	7	3.2	4.0	2.8	3.8	3.0
国人思想评介	13	4	5	7	5	34	50.5	1.3	0.4	0.4	0.6	0.6
基本概念	12	13	9	10	4	48	43	1.2	1.2	0.8	0.9	0.5
社会化	25	23	33	27	23	131	21	2.5	2.1	2.8	2.5	2.9
需要	30	46	36	34	26	172	9.5	3.0	4.2	3.0	3.1	3.3
动机	16	25	21	32	12	106	25.5	1.6	2.3	1.8	2.9	1.5
积极性	22	43	28	23	13	129	22.5	2.2	3.9	1.9	2.1	1.6
社会认知	23	25	20	28	22	118	24	2.3	2.3	1.7	2.5	2.8
归因	7	7	6	8	6	34	50.5	0.7	0.6	0.5	0.7	0.8
控制点	3	4	3	4	3	17	61	0.3	0.4	0.3	0.4	0.4
情绪	33	25	23	29	32	142	19	3.3	2.3	2.4	2.6	4.0
满意度	3	2	7	3	1	10	67	0.3	1.8	0.3	0.3	0.1
态度	11	17	7	17	14	66	35.5	1.1	1.5	1.4	1.5	1.8
社会心理状态	31	39	32	21	24	147	15	3.1	3.5	2.7	1.9	3.0
社会心理特征	40	42	29	32	19	162	11.5	4.0	3.8	2.7	2.9	2.4

续表

内容	发表文章数量（篇）					合计	位次	平均每月数量（篇）				
	1990年	1991年	1992年	1993年	1994年			1990年	1991年	1992年	1993年	1994年
思想	37	45	38	25	28	173	8	3.7	4.1	3.2	2.3	3.5
观念	37	45	47	60	49	238	3	3.7	4.1	5.0	5.5	6.1
意识	27	53	25	25	15	145	16.5	2.7	4.8	2.1	2.3	1.9
价值观	46	43	53	73	73	288	1	4.6	3.9	6.1	6.6	9.1
品德	24	18	16	25	23	106	25.5	2.4	1.6	2.1	2.3	2.9
人格	26	29	39	51	41	186	6	2.6	2.6	4.3	4.6	5.1
国民性	3	29	10	9	2	53	41	0.3	2.6	0.8	0.8	0.3
自我意识	29	31	21	18	30	129	22.5	2.9	2.8	1.5	1.6	3.8
社会角色	8	22	16	24	21	91	29	0.8	2.0	2.0	2.2	2.6
社会规范	1	7	6	9	1	24	55.5	0.1	0.6	0.8	0.8	0.1
犯罪心理	45	26	33	32	19	155	13	4.5	2.4	2.7	2.9	2.4
社会、心理压力	4	4	4	5	7	24	55.5	0.4	0.4	0.3	0.5	0.9
应付	4	4	4	5	6	23	57	0.4	0.4	0.3	0.5	0.8
挫折	2	8	11	7	5	33	52	0.2	0.7	0.9	0.6	0.6
从众	8		2	2	4	16	62	0.8		0.2	0.2	0.5
逆反	16	13	5	2	6	45	44.5	1.6	1.2	0.4	0.5	0.8
脸面	2	3	5	4	1	15	63	0.2	0.3	0.4	0.4	0.1
公平	3	4	4	2	1	13	64	0.3	0.4	0.3	0.2	
权利		1	1	1	1	3	68		0.1		0.1	0.1

续表

内容	发表文章数量（篇）						位次	平均每月数量（篇）				
	1990 年	1991 年	1992 年	1993 年	1994 年	合计		1990 年	1991 年	1992 年	1993 年	1994 年
心理平衡	9	10	7	8	11	45	44.5	0.9	0.9	0.6	0.7	1.4
心理困惑	5	4	4	7	2	22	58	0.5	0.4	0.3	0.6	0.3
心理阻力	10	10	15	15	5	55	40	1.0	0.9	1.3	1.4	0.6
心理障碍	21	23	16	35	41	136	20	2.1	2.1	1.3	3.2	5.1
性心理	6	5	6	6	4	27	54	0.6	0.5	0.5	0.5	0.5
人际关系	23	39	37	54	19	172	9.5	2.3	3.5	3.1	4.9	2.4
人际交往	14	15	11	13	13	66	35.5	1.4	1.4	0.9	1.2	1.6
人际沟通	2	18	6	15	9	50	42	0.2	1.6	0.5	1.4	1.1
人际感染	6	3	4	5	2	20	59	0.6	0.3	0.3	0.5	0.3
人际内耗	2	5	2	1	1	11	66	0.2	0.5	0.4	0.1	0.1
社会心理对社会心理影响	5	11	11	7	5	39	47.5	0.5	1.0	0.9	0.6	0.6
社会心理对社会行为影响	13	9	14	16	6	58	39	1.3	0.8	1.2	1.5	0.8
行为的社会心理	41	27	31	26	20	145	16.5	4.1	2.5	2.6	2.4	2.5
活动的社会心理	6	7	12	13	5	43	46	0.6	0.6	1.0	1.2	0.6
社会行为	13	13	15	15	8	64	37	1.3	1.2	1.3	1.4	1.0
行为方式	16	26	28	21	13	104	27	1.6	2.4	2.3	1.9	1.6
他人行为对社会心理的影响	14	23	12	17	14	80	30.5	1.4	2.1	1.0	1.5	1.8
宏观环境对社会心理的影响	18	23	25	42	54	162	11.5	1.8	2.1	2.1	3.8	6.8
微观环境对社会心理的影响	33	29	37	37	15	151	14	3.3	2.6	3.1	3.4	1.9
社会地位对社会心理的影响	10	12	15	19	14	70	33	1.0	1.1	1.3	1.7	1.8

续表

内容	发表文章数量（篇）							平均每月数量（篇）				
	1990 年	1991 年	1992 年	1993 年	1994 年	合计	位次	1990 年	1991 年	1992 年	1993 年	1994 年
社会活动对社会心理影响	8	1	7	11	11	38	49	0.8	0.1	0.6	1.0	1.4
相互作用	7	13	14	15	14	63	46	0.7	1.2	1.2	1.4	1.8
印象管理	2	5	1	2	2	12	45	0.2	0.5	0.1	0.2	0.3
影响力	16	17	12	16	17	78	32	1.6	1.5	1.0	1.5	2.1
激励	33	74	58	51	26	242	2	3.3	6.7	4.8	4.6	3.3
社会心理调节	20	32	26	36	29	143	18	2.0	2.9	2.2	3.3	3.6
社会心理引导	22	37	45	43	42	189	5	2.2	3.4	3.8	3.9	5.3
社会心理控制	7	14	20	20	19	80	30.5	0.7	1.3	1.7	1.8	2.4
接受影响心理	3	5	6	3	2	19	60	0.3	0.5	0.5	0.3	0.3
群体心理	47	44	52	42	21	206	4	4.7	4.0	4.3	3.8	2.6

* 本表根据论文、研究报告等的中心内容分类，某些文章的中心内容有两个以上，则分别归入两个以上分类。例如，"家庭教育方式与子女心理特征"，就分别归于"微观环境对社会心理影响"和"社会心理特征"两类。"需要、价值与行为方式"，则分别归于"需要"、"价值观"和"行为方式"三个类别。所以，表3中的文章总数和大于表2中的总数。

激下引起对某类社会现象的注意，当意识到这类现象可以进行社会心理学定向的研究，可能通过社会心理学的概念得到解释时，就确定其中感兴趣的现象作为课题加以研究。20世纪90年代前期对研究者产生较强烈刺激并且成为课题来源的社会现象基本有三个方面，这就是社会变化、新的社会现象的出现和所发生的重大社会事件。

20世纪70年代末以来，中国的社会生活迅速变化，社会结构、群体结构的某些方面与以前不同了，行为的方式也不同于往常了。它们对社会心理有没有影响呢？如果有影响，会是什么样的呢？行为方式变化的社会心理基础、社会心理机制和所引发的对他人的社会心理效应又是什么呢？根据这一思路，一些研究者对社会结构、群体结构变化的社会心理效应进行了研究。

社会变化引发了一些新的社会行为和社会心理问题，这些与以往不同的现象引起了研究者的注意和探讨。例如，社会变化导致了妇女追求的变化，也产生了对妇女的社会压力，这些因素引发了妇女的社会角色冲突。因之，在20世纪90年代前期的文章中，探讨妇女角色冲突的占有较高比重。同时，新出现的社会因素对社会心理的影响也成为研究选题。例如，对外开放中西方社会思潮逐渐涌入国内，对一些社会成员的社会心理发生了影响，受到这一刺激的作用，有较多的文章探讨了西方社会思潮、理论观点对人们，特别是对最先接触这些思潮的大学生的影响。

重大社会事件是又一类社会刺激。这些事件的社会心理根源、社会心理机制和所导致的社会心理效应，成为研究者的选题之一。一些研究者探讨了1989年政治风波中的群体行为、群体心理问题，以及风波过后的社会心理状态和社会心理变化。

（五）从学科本身的问题出发的研究

社会心理学的发展也引起了一些学科理论问题，包括研究对象问题、发展道路问题、方法论问题、研究方法和技术问题等。这些也成为一个缘起，得到了一定程度的研究。与20世纪80年代在初级层次上讨论社会心理学的对象、任务、方法不同，90年代这方面的研究更侧重于对理论问题的探讨，从较高的层次上提出见解。这方面研究的重点之一是社会心理学研究的本土化。

考察 5 年期间的发展变化，可以看到，社会认知、社会态度和社会观念，宏观环境、社会地位和社会活动对社会心理的影响，社会压力导致的社会心理问题及其调节等，越来越受到重视。而对基本概念、积极性、满意度、逆反、犯罪心理、人际内耗、激励，群体心理等的研究趋向减少。这些领域是中国社会心理学在 20 世纪 80 年代后期的研究重点，其减弱趋势不表明这些社会问题已经得到解决，而是研究者们感受到了困境的存在。

<h1 style="text-align:center">三</h1>

20 世纪 90 年代前期的中国大陆社会心理学有哪些不足之处呢？今后它应该向哪些方向努力呢？

在对 20 世纪 80 年代社会心理学发展的回顾性文章中，笔者曾经分析过当时的某些不足，即学习多，独创少；务虚多，务实少；应用多，理论少；对方法论与研究方法的研究不够重视。① 分析此后 5 年的研究，可以发现这些不足尽管有所改观，却依然存在。本文不拟重复这些看法，而是利用有限篇幅分析几个具体问题。

问题之一是照搬他人的观点，特别是照搬西方社会心理学的理论，较少进行独立性、创造性的探索。在书籍方面，表现为编写教材多，由中国学者写的、研究中国某一方面的社会心理现象的著作可以说是凤毛麟角。教材体系很多是跟随西方的社会心理学，列出的理论和材料绝大多数也来自西方，很少有作者自己的研究以及国内学者的研究。有些社会心理学论文是理论性的，但基本上是阐述和发挥西方学者的概念，例如西方精神分析学派的"潜意识"、"无意识"、"集体无意识"和"民族无意识"等，而较少创造性的发现和重大修正。有些研究报告可以算作上乘，但它们的出发点多来自西方的同类研究，是对西方研究的验证和引申，而不是"开创性"研究。②

在所发表的文章中，理论评价性的占有一定比例（见表4）。这些文章尽管加入了作者的评论和见解，其中不乏真知灼见之作，却也有不少文章给人以"隔靴搔痒"之感。从作者先后发表文章的题目和内容来看，他们

---

① 石秀印等：《中国社会心理学十年回顾与展望》，《社会学研究》1989 年第 4 期。
② 这方面的现象已经有学者指出，参见孙健敏《试论社会心理学研究课题的中国化》，载于李庆善主编《中国人社会心理研究论集》，香港时代文化出版公司，1993。

表4 90年代前期社会心理学文献的类型

单位：篇，%

内容	文献分类								所占百分比						
	研究报告	社会调查	理论探讨	文献综述	理论评介	翻译文章	感悟探讨	合计	研究报告	社会调查	理论探讨	文献综述	理论评介	翻译文章	感悟探讨
社会心理学对象、方向			17	2		2	10	31			54.8	6.5		6.5	32.3
方法论		2	19	2	7	3	8	39			48.7	5.1	17.9	7.7	20.5
方法	8	7	26	1	26	3	28	94	8.5	2.1	27.7	1.1	27.7	3.2	29.8
跨文化研究	32		16	4	1	7	2	69	46.4	10.1	23.2	5.8	1.4	10.1	2.9
国外理论评介			2	4	94	4	71	175			1.1	2.3	53.7	2.3	40.6
国人思想评介			1	2	26		5	34			2.9	5.9	76.5		14.7
基本概念			16	1	6	1	24	48			33.3	2.1	12.5	2.1	50.0
社会化	46	5	19	9	15	4	33	131	35.1	3.8	14.5	6.9	11.5	3.1	25.2
需要	16	30	7	4	13	2	100	172	9.3	17.4	4.1	2.3	7.6	1.2	58.1
动机	6	12	7	3	3	5	70	106	5.7	11.3	6.6	2.8	2.8	4.7	66.0
积极性	8	31	16		1	2	71	129	6.2	24.0	12.4		0.8	1.6	55.0
社会认知	44	4	3	10	13	5	34	113	38.9	3.5	2.7	8.8	11.5	4.4	30.1
归因	16	1	3	3	1		10	34	47.1	2.9	8.8	8.8	2.9		29.4
控制点	6		1	4			5	17	35.3		5.9	23.5	5.9		29.4
情绪	27	13	6	2	4	7	83	142	19.0	9.2	4.2	1.4	2.8	4.9	58.5
满意度	2	3				1	3	10	29.0	30.0		10.0		10.0	30.0
社会态度	11	17	4	3		3	28	66	16.7	25.0	6.1	4.5		4.5	42.4
社会心理状态	4	52	4			2	85	147	2.7	35.4	2.7			1.4	57.8

续表

内容	文献分类								所占百分比						
	研究报告	社会调查	理论探讨	文献综述	理论评介	翻译文章	感悟探讨	合计	研究报告	社会调查	理论探讨	文献综述	理论评介	翻译文章	感悟探讨
社会心理特征	20	16	9	2		2	113	162	12.3	9.9	5.6	1.2		1.2	69.8
思想	1	64	8				100	173	0.6	37.0	4.6				57.8
观念	10	40	16	1	1	3	167	238	4.2	16.8	6.7	0.4	0.4	1.3	70.2
意识	5	28	29	2		2	79	145	3.4	19.3	20.0	1.4		1.4	54.5
价值观	17	76	24	3	1	3	164	288	5.9	26.4	8.3	1.0	0.3	1.0	56.9
品德	22	19	12	3	7		43	106	20.8	17.9	11.3	2.8	6.6		40.6
人格	33	7	17	8	29	1	92	186	17.7	3.8	9.1	4.3	15.6		49.5
国民性			9				43	53			17.0			1.9	81.1
自我意识	18	7	16	5	4	5	74	129	14.0	5.4	12.4	3.9	3.1	3.9	57.4
社会角色	6	2	14		3	1	65	91	6.6	2.2	15.4		3.3	1.1	71.4
社会规范	2	2	6	1		1	13	24	8.3	8.3	25.0			4.2	54.2
犯罪心理	2	10	15	2	1	5	122	155	1.3	6.5	9.7		0.6	3.2	78.7
社会·心理压力	4	5	1	3		3	9	24	16.7	20.8	4.2	8.3		12.5	37.5
应付	1	2	7	3		1	9	23	4.3	8.7	30.4	13.0		4.3	39.1
挫折	1	4		1			27	33	3.0	12.1		3.0			81.8
从众	5		2			1	8	16	31.3		12.5			6.3	50.0
逆反		2					43	45		4.4					95.6
脸面			3				11	15			20.0			6.7	73.3
公平	1		2	1			8	13	7.7		15.4	7.7		7.7	61.6

续表

内容	文献分类							合计	所占百分比						
	研究报告	社会调查	理论探讨	文献综述	理论评介	翻译文章	感悟探讨		研究报告	社会调查	理论探讨	文献综述	理论评介	翻译文章	感悟探讨
权利	1	1					1	3	33.3	33.3					33.3
心理平衡	2	3	2			1	37	45	4.4	6.7	4.4			2.2	82.2
心理困惑		1	1				20	22		4.5	4.5				90.9
心理阻力							55	55							100.0
心理障碍	19	13	10	2	9	3	80	136	14.0	9.6	7.4	1.5	6.6	2.2	58.5
性心理	4	11	2	1		1	8	27	14.8	40.7	7.4	3.7		3.7	29.6
人际关系	21	6	13	4	2	9	117	172	12.2	3.5	7.6	2.3	1.2	5.2	68.0
人际交往	6	5	8	1	4	1	41	66	9.1	7.6	12.1	1.5	6.1	1.5	62.1
人际沟通	3		2			1	44	50	6.0		4.0			2.0	88.0
人际感染			3	1			15	20			15.0	5.0		5.0	75.0
人际内耗			9				2	11			81.8				18.2
社会心理对社会心理影响	7	2	5	2		5	23	39	17.9	5.1	12.8	5.1			59.0
社会心理对社会行为影响	10	1	3		1	3	42	58	17.2	1.7	5.2		1.7	1.7	72.4
行为的社会心理	8	19	5		1	2	110	145	5.5	13.1	3.4		0.7	1.4	75.9
活动的社会心理						1	42	43						2.3	97.7
社会行为	18	6	14	3	3	5	15	64	28.1	9.4	21.9	4.7	4.7	7.8	23.4
行为方式	17	7	14	4	6	3	53	104	16.3	6.7	13.5	3.8	5.8	2.9	51.0
他人行为对社会心理的影响	12	3	9	1	1	2	52	80	15.0	3.8	11.3	1.3	1.3	2.5	65.0
宏观环境对社会心理的影响	10	11	7	1	1		132	162	6.2	6.8	4.3	0.6	0.6		81.5

续表

内容	文献分类							合计	所占百分比						
	研究报告	社会调查	理论探讨	文献综述	理论评介	翻译文章	感悟探讨		研究报告	社会调查	理论探讨	文献综述	理论评介	翻译文章	感悟探讨
微观环境对社会心理的影响	36	24	10	2		1	78	151	23.8	15.9	6.6	1.3		0.7	51.7
社会地位对社会心理的影响	8	2	1			1	58	70	11.4	2.9	1.4			1.4	82.9
社会活动对社会心理的影响	7	1					30	38	18.4	2.6					78.9
相互作用	3	1	7			2	50	63	4.8	1.6	11.1			3.2	79.4
印象管理	1		4				7	12	8.3	35.3					58.3
影响力	1		5				72	78	1.3		6.4				92.3
激励	7	7	19	4	16	6	183	242	2.9	2.9	7.9	1.7	6.6	2.5	75.6
社会心理调节	3		2				138	143	2.1		1.4				96.5
社会心理引导	9	1	6	1	1	1	170	189	4.8	0.5	3.2	0.5	0.5	0.5	89.9
社会心理整制	3		3				74	80	3.8		0.8				92.5
接受影响心理	2		5				12	19	10.5		26.3				63.2
群体心理	5	3	19	1	4	3	171	206	2.4	1.5	9.2	0.5	1.9	1.5	83.0

没有或者较少有本领域的研究历史和资料积累，也没有在评论的基础上进一步研究的意向，评介只是"一次性"的活动，浅薄和随意性在所难免。作为评价者，他们不能理解被评论对象的完整内涵，缺乏对被评论者的文化背景、价值观念、研究思路的设身处地，往往是"以己之心，度人之腹"。在评价中，他们缺乏明确的评价标准和理论框架，经常是以被评论的对象为支点，提出一些关于意义、启发以及是非性的零散判断。评介者既应该"吃透"被评价对象的"精神"，又应该站在被评价对象之上，在这方面还应努力。

20世纪90年代研究的另一个特点是规范性研究少、感悟性研究多。规范性研究指通过客观、有效的方法收集资料，以这些资料为基础进行学科定向的描述乃至解释，获得接近于研究对象实际的知识或理论。感悟性研究的起点是研究者对研究对象的感觉或感受，这些感受与先前的经验等相联系，激发出某种感想或领悟，被记录下来就变成了研究成果。这种研究类型具有较强的主观性、个别性和随意性，所得出的结果既似非而是，又似是而非，较少对社会心理学的知识积累做出贡献。有些文章探讨社会观念、价值观念等的变化，然而变化的揭示不是根据资料的证明和纵向的比较，而是凭借研究者的感觉和感受；有些文章对社会观念等的未来发展做出预测，这种预测也较少是根据本质、规律的把握和理论模型，而是根据研究者的个人经验和灵感。社会心理学研究不排斥感悟，也需要经验和灵感，但只靠这样的感悟来发展社会心理学是困难的。

一位社会心理学家同时也应该是哲学家，应能够对社会心理现象进行理性的、深邃的思维，对现有成果进行批判性思考，对研究道路和朝向目标进行哲理的定向。然而，我们的研究者中哲学家太少。一些文献综述在论述前人的研究时，思想的历程和学理的碰撞变成了条条的罗列；一些研究报告在承继西方的概念和研究题目时，缺乏"母体"中所富有的神韵；一些挖掘性研究在探讨中国先人的社会心理学思想时，削减了其中的哲理和文化内涵。在某些研究选题中，较少哲学的宏观背景把握、长远战略思考和整体全景思维，而是想起什么课题就做什么，什么课题好做就去做什么。一个思想浅薄的民族是没有前途的，一个缺乏理性的学科也是没有前途的。

20世纪90年代前期的社会心理学存在着概念混乱的情况。学习西方时引进了西方概念，挖掘遗产时承继了传统概念，研究日常生活现象时借用了日常概念。这些概念混杂在一起，使人有混乱和无所适从之感。比如，价值观、人生观、人生价值观、道德观、观念、思想、意识、态度、信念等，这些概念的内涵都是什么？其间的区别、相同点或联系是什么？没有人对此作出回答。这尽管与社会心理学尚处于"初级阶段"有关，与多学科共同探讨同一对象有关，但毕竟是不正常的。没有人专门做概念界定、区分工作是不正常的，一些研究者在使用某一概念时，不事先界定它也是不正常的。一个充斥着多种多样概念的学科是不成熟的学科，也是难以迅速发展的学科。

理论的构建成为近年来社会心理学发展的薄弱环节。不少社会心理学研究可以称为"没有厚度"的研究。某些最具规范性的研究给人的印象是，通过引述多方面的资料和设计完善、操作精细的实验，证明了某种社会心理现象的存在和某些社会心理因素之间的相关性，至于内在的联系和运行的机制，似乎不在研究者关注的范围之内。一些社会调查限于罗列足够多的数据，将理论构建工作留给读者去做。大量感悟性文章缺乏对现象的客观描述，也缺乏对思想的提炼、抽象和概括。总之，20 世纪 90 年代前期的社会心理学缺乏理论，较少概念的创新和修正，较少模型、结构图或"流程图"。社会心理学的研究目的就是形成理论，积累知识，即使是应用也是理论的应用。[①] 如果没有新理论的不断出现，怎么谈得上发展？

这些年，学者围绕社会心理学本土化问题进行了一些讨论，也取得了较大的进展和某些共识。不过，真正"本土化"的高水平研究寥若晨星。在实际运作中，务虚多，务实少；论证意义多，具体操作少；讨论、提倡多，切实研究具体课题少。有些人大力提倡本土化，甚至提出了众多研究课题，然而没有实际的研究结果问世，或者在研究时所用的概念、方法、程式等都是美国的。我们既需要哲学家的头脑，又需要现在就实际地做起来。

世界上有两类学者。一类是开创型的，他们根据自己的敏锐感觉和深邃思维提出课题，开创这方面研究的新纪元。另一类是积累型、集成型的，他们执着于某一领域的研究，取得了一系列成果，建立了杰出的理

---

① 参见杨中芳《论发展社会心理学的基础研究》，《社会心理研究》1990 年第 1 期。

论。在我们的社会心理学领域，这两类学者都不多。分析所发表的文章发现，持续探讨某一方面课题的研究者至多不超过 10 名。[①] 多数情况是，研究者提出一个好的问题之后，自己没有接着研究，别人也没有因受到启发而跟随下去的意向。一些研究者运用游击队战略，"打一枪换一个地方"，缺乏对某一问题的浓厚的、稳定的兴趣。这种现象反映出敬业精神和科学精神的欠缺，以及研究的功利性和工具性色彩。

最后，近年来的社会心理学缺乏学术讨论，更没有学派的分化、形成和争论。某些研究者习惯于"自己做自己"的研究，不关心别人在做什么。某些研究者尽管引述他人的研究，但时常是作为一种历史的说明，而没有学理的分析和批判。有些人将"事"和"人"混在一起，认为争论"事"会伤害"人"，为顾脸面而"偃旗息鼓"。有些人则将国人追求"统一""一致"的倾向搬到学术会议上，对发表与自己观点不一致意见的人不无怨言。在这 5 年中，社会心理学界（实际上是与社会心理学相关的学科）发生的学术讨论只有两场，一场是关于"非智力因素"的讨论，教育心理学、发展心理学出身的数十位学者就此发表了文章。另一场是关于是否存在"犯罪心理结构"的讨论，撰文参加者不超过 5 个人。前一方面的讨论持续时间较长，后一问题的争论只进行了一两个回合，就不了了之。知识是在交流、讨论和批判中增长起来的，受中国自然经济影响的小生产者式的个别研究方式，有可能阻碍"本土"社会心理学的发展。

作为结语，本文希望中国社会心理学在今后的研究中，保持旺盛的发展势头，不断反省走过的道路，明确前进的方向。这是一个明智的选择，也是本文对中国社会心理学在 20 世纪最后几年发展的展望。

---

① 从文献中看到，持续某一方面课题研究的学者有王登峰、方富熹、翟学伟、葛鲁嘉、周晓虹等。其中，翟学伟集中研究了中国社会中的人际关系问题，王登峰集中探讨了心理控制源方面的问题，方富熹集中探讨了个体认知（社会认识）的发展问题，葛鲁嘉集中探讨了中西心理学的文化背景和文化蕴涵问题，周晓虹集中探讨了社会心理学的研究对象和发展道路问题。

社会心理领域的价值观研究述要[*]

杨宜音

　　价值观是多种人文、社会学科关注的一个问题,哲学、经济学、伦理学、教育学、人类学、社会学、社会心理学等学科都在这一领域进行过不同角度的探索(李德顺,1996)。其中,哲学关注价值观所反映的主体和客体之间的关系;伦理学关注价值观对人的行为的规范性;人类学关注价值观表达的文化特征;教育学关注影响价值观形成和改变的个体社会化过程及其教育干预;经济学关注人类经济行为的深层心理原因和类型;社会学关注社会结构及社会变迁对价值观的影响;社会心理学则关注价值观的心理结构、过程、功能及其测量。这些研究相互补充和拓展,使价值观的研究不断深入。

　　从社会心理学的角度看,价值观既是个体的选择倾向,又是个体态度、观念的深层结构,它主宰了个体对外在世界感知和反应的倾向,因此是重要的个体社会心理过程和特征;与此同时,价值观还是群体认同的重要根据——共享的符号系统,因此又是重要的群体社会心理现象。而在社会变迁的背景下,个体和群体的价值观都会表现出很大的变化。所以,它还是关注社会变迁的人文、社会科学家特别重视的社会心理标志。

　　改革开放以来,中国的社会变迁引起了人们价值观的明显变化,这些变化引起了不少学人的注意,有许多相关的社会心理研究成果问世,亦有更多的学者在自己的研究中涉及价值观的内容。但是,由于社会心理这门学科在我国中断了多年,目前这门学科还比较薄弱,研究的规范性和科学性还有待提高,所以,很需要对国外价值观的研究和我国的相关研究进行回顾和反思。

---

　　* 原文发表于《中国社会科学》1998 年第 2 期。本研究系国家社会科学"九五"重点课题"转型时期社会心态研究"的一部分。

一　价值观的定义

（一）价值观的个体系统：价值（观）、价值取向、价值体系

从社会心理学角度对价值观进行的研究可以追溯到 20 世纪二三十年代。例如，1926 年，Perry 就对价值观进行了分类。1931 年，Allport 和Vernon 出版了《一项价值观的研究》一书。但价值观是什么，曾一度众说纷纭、莫衷一是（Adler，1956）。直到 20 世纪 50 年代，研究者们才在价值观的基本定义上达成了共识，这就是在区分了"值得的"（the desirable）和"想要的"（the desired）这两个概念之后，将价值观定位于与"以人为中心的"、"值得的"有关的东西（Braithwaite & Scott，1990）。这一共识的经典表达就是著名的 Kluckhohn（1951）的价值观定义：

> 价值是一种外显的或内隐的，有关什么是"值得的"的看法，它是个人或群体的特征，它影响人们对行为方式、手段和目的的选择。

在一个个有关"值得的"看法的背后，是一整套具有普遍性的、有组织的构念系统，这套构念系统是有关对大自然的看法、对人在大自然中的位置的看法、对人与人的关系的看法以及在处理人与人、人与环境关系时对"值得做"及"不值得做"的看法，Kluckhohn（1951）称之为"价值取向"（value orientation）。

"价值（观）"和"价值取向"概念的使用使得"价值观"在概念结构上清晰了许多。研究者不再停留在将价值观理解为"人们的兴趣、爱好、喜好、偏好、职责、道德责任、欲望、需求、反感和吸引以及其他选择性取向"（selective orientation）（Williams，1968），而是将其理解为"一种影响选择的建构"（constructs）（Kluckhohn，1951）。

20 世纪 70 年代，Rokeach 开创性的工作将价值观研究推向了新的发展阶段。他将价值观定义为"一个持久的信念，认为一种具体的行为方式或存在的终极状态，对个人或社会而言，比与之相反的行为方式或存在的终极状态更可取"（Rokeach，1973）。他认为，价值观是一般性的

信念，它具有动机功能，它不仅是评价性的，还是规范性的和禁止性的，是行动和态度的指导，是个人的也是社会的现象（Braithwaite & Scott，1990）。

经历了差不多70年以后，社会心理学家大都认为，价值观是社会心理学一个独特的研究领域，它是比态度更抽象、更一般的具有评价性、选择性、规范性的深层心理建构，是文化成员合理的信念体系。

（二）价值观的分析层面：个体价值观、社会价值观、文化价值观

以上价值观定义的出发点或前提是将价值观看成个体的心理现象和个体的社会心理现象，而社会学家 Parsons（1951）则把价值观视为社会成员共享的符号系统（shared symbolic system），文化人类学家更是将价值观作为某一文化类型的特征加以研究。在跨文化心理学兴起以后，又有大量的文化心理学的成果问世，其中关于民族性、国民性格（national character）的研究成果就不乏关于价值观的内容（如本尼迪克特，1987；许光，1989）。这就把价值观的研究从个体层面扩展到了社会和文化的层面上，从而也引发了许多关于个体价值观、社会价值观与文化价值观之间关系的研究。

1. 个体价值观

个体价值观是指上面谈到的"价值体系"。杨中芳（1994）认为该体系包括：（1）对人及其与宇宙、自然、超自然等关系的构想，对社会及与其成员关系的构想（简称世界观）；（2）它也包括从文化所属的具体社会中，为了维系它的存在而必须具有的价值理念（简称社会观）；（3）成员个体所必须具有的价值理念（简称个人观）。这套价值体系给文化社会成员一个有意义的生活目标，以确保社会制度稳定及正常运作，并给予其成员一套行为准则。

2. 社会价值观

个体价值体系中关于个体与个体之间关系或个体与社会之间关系的架构，通常也被称作"社会价值观"（social values），但它主要是指价值体系中有关"社会性"的部分，如个体在小群体中与他人的合作、竞争等策略，而不是指社会层面的价值观（Beggan & Allison，1994）。社会价值观（societal values）是指"隐含在一套社会结构及制度之内的一套价值，这套价值的持有使现有的社会架构得以保持。社会制度在这里包括社会化、

社会控制、社会规范及社会奖惩等。它通过规范、价值、惩罚等，给个人带来外在压力，也通过社会价值的内化，给个人带来就范的压力"（杨中芳，1994）。为清楚起见，笔者把个体价值体系中的社会价值观称为"社会性价值观"（social values），而将隐含于社会制度中的价值观称为"社会价值观"（societal values）。这一区分是价值观研究从仅仅关注个体价值观层面走向同时关注社会价值观层面所必须进行的。

3. 文化价值观

杨中芳（1994）认为，文化价值观是一个文化中的成员在社会化过程中被教导的一套价值，大体上，这一套价值是共存于文化成员之中的。Schwartz（1994a）也指出：不同社会中的成员在有意无意的价值社会化（value socialization）中表露出来的共同性（commonalities），反映出支撑和保持这一社会（society）的社会、经济和政治系统的文化的显要性。他在这里所说的价值社会化中表露出来的"共同性"就是一个社会文化中的"文化价值观"。

二 价值观的内容分类

研究者基于不同的理论对价值观的内容分类有过许多探索。例如：Perry（1926）将价值观区分为 6 类，即认知的、道德的、经济的、政治的、审美的和宗教的；有人的分类是经济的、道德的、审美的、工艺的、仪式的和社团的；Allport、Vernon 和 Lindzey（1960）根据德国哲学家 E. Spranger（1928）《人的类型》一书对人的分类，将价值观分为经济的、理论的、审美的、社会性的、政治的和宗教的 6 类，并编制了"价值观研究"量表。其中经济型的人具有务实的特点，对有用的东西感兴趣；理论型的人具有智慧、兴趣，以发现真理为主要追求；审美型的人追求世界的形式和谐，以美的原则如对称、均衡、和谐等评价事物；社会性型的人尊重他人的价值，利他和注重人文精神；政治型的人追求权力、影响和声望；宗教型的人认为统一的价值高于一切，信神话或寻求天人合一（Britewaite & Scott，1990）。基于这一价值观分类而编制的量表"价值观研究"则在 1960 年修订以后被广泛使用，成为 20 世纪六七十年代在西方非常流行的价值观量表。

我国在 20 世纪 80 年代末和 90 年代也有类似的仿照研究问世（如彭凯平、陈仲庚，1989；张进辅、张蜀林，1989；孙健敏，1993）。还有的研究对此稍加改变，如黄希庭等人（1994）将价值观分为政治的、道德的、审美的、宗教的、职业的、人际的、婚恋的、自我的、人生的和幸福的 10 种类型。但其分类存在某些混乱，如"婚恋的"与"人际的"有某种程度的重合。而"职业的"价值观是比较工具性的，可以进一步透过对职业的看法和选择发现人们更深层的价值观，如经济的、道德的、审美的、社会性的等。"人生的"和"幸福的"价值观是终极性的，因此，也不是同一层次的概念。中国社会科学院社会学研究所"当代中国青年价值观念演变"课题组（1993）关于中国青年价值观的研究在价值观的分类上也出现了同样的问题，如他们的划分是生活价值观、自我价值观、政治价值观、道德价值观、职业价值观、婚姻和性价值观。

Rokeach（1973）的分类突破了上述分类的框架，他将价值观分为"行为方式"与"终极状态"两大类，即终极性价值观（terminal values）和工具性价值观（instrumental values），每一类由 18 项价值信念组成（见表1）。

表 1　Rokeach 价值观分类

终极性价值观	工具性价值观
舒适自在的生活	有抱负的
令人兴奋的生活	心胸开阔的
有成就感	有能力
和平的世界	欢愉的
美丽的世界	干净的
平等	有勇气的
家庭安全	宽容的
自由	愿助人
幸福	诚实的
内心的和谐	富于想象的
成人的爱	独立的
国家安全	智识的
快感	有逻辑
得救	有爱心的

终极性价值观	工具性价值观
自我尊重	服从的
社会认可	礼貌的
真正的友谊	负责的
智慧	有自制能力的

Rokeach 的这种划分体现了他对价值观具有层次性和有顺序的认识，并且，也真正表达了价值观作为"深层建构"和"信仰体系"与"行为选择"之间相互体现与依存的性质和关系。他的"价值观调查"量表使得价值观可进一步操作化，人们亦可使用排序的方法表达他们认为哪一种价值更值得和更为重要。

我国学者王新玲（1987）、寇（1993）曾使用 Rokeach 的量表（Rokeach Values Survey，RVS）对城市中学生进行过测查研究，探讨了道德判断及职业选择与价值观的关系。黄希庭、张进辅、张蜀林（1989）也使用这一量表对 2000 多名青少年进行过测查。

在 Rokeach 的基础上，Britewaite 和 Law（1990）发展出了"目标和方式价值观调查表"。他们的划分不同于 Rokeach 的量表之处在于测量了价值的绝对重要性而不是相对重要性，区分了社会目标和个人目标。

Kluckhohn（1953）则从所有人类都面临的 5 大问题来划分价值取向：（1）人与自然的关系；（2）理想人格类型；（3）人与他人的关系的形态；（4）关于时间评价和组织；（5）人的本性。Hofstede（1980）通过对 40 个国家 11.6 万个被调查者价值观的研究，确定了 4 个价值观的潜在维度，他认为这是任何社会都必须面对的人类基本问题。这 4 个维度是：权力距离、避免不确定性、集体主义 - 个体主义、男性气质 - 女性气质。从人类基本问题出发来进行价值观的分类反映了价值观作为"深层建构"和"信仰体系"的特性，并且细化了"终极性"价值观和整理了"工具性"价值观。但其在揭示心理结构方面显然是不够的。

许志超和 Traindis（1986）着眼于不同文化下的人们所持有的不同价值观。他们发展出了"个体主义 - 集体主义量表"（Individualism-Collectivism Scale，INDCOL），试图从这一维度概括价值观念的文化差异。他们的假设是东方人更具有集体主义的取向，而西方人则处于个体主义的一极。

许氏和 Traindis 的研究引发了大批文化价值观的研究，同时，他们的理论架构也受到了学者们（包括中国学者）的批评（如杨中芳，1994；翟学伟，1994）和新近研究的挑战（Schwartz，1992，1994a）。

20 世纪 90 年代初，我国学者对青少年亲社会行为（prosocial behavior）进行了比较系统的研究（章志光，1993；李伯黍，1992），其中，一些研究使用了许志超和 Traindis 的"个体主义－集体主义量表"（如杨宜音，1991；董婉月，1993；汤志群，1993；刘磊，1993）。他们发现青少年中的友人关系中"分享分担"规范、合作行为、合作中的分酬行为、社会公益活动的参与等亲社会行为与个体主义－集体主义价值取向有关。这方面的研究多得出中国人具有集体主义价值取向的结论。但一些学者发现，中国人的"集体主义"是以"家"为单位的（杨国枢，1993），超出"家"或"家族"的范围，中国人就变得没有什么集体主义可言了。中国人基于亲缘关系而形成的对于"自己人"的认同，具有范围上的伸缩性，不仅包含了"个体－集体"两极，而且赋予"个体""集体"以特殊的社会文化意义（杨宜音，1997）。尽管许志超和 Traindis 的分类受到了质疑和挑战，但"个体－集体"维度的划分对推进价值观研究仍然是很有意义的，因为它从若干个人类基本问题中找到了更加本质的一个问题。

Schwartz 和 Bilsky（1987）的分类依据了 3 条标准：（1）价值观可以是工具性的或终极性的目标；（2）价值观的中心可以是个人的、集体的或二者兼而有之；（3）价值观与 10 个动机领域有关，这些领域存在于任何一种文化之中，因为它们源于 3 种普遍的人类需求，即个人的生物需要、社会交往的需要以及群体生存与福利的需要（Britewaite & Scott，1990）。他们将价值观分为守旧、和谐、平等的义务、知识的自主、情感的自主、控制、阶序 7 类。

杨中芳（1994）将中国文化价值体系划分为 3 个大的层次：世界观（宇宙观、变迁观、人生兴趣、理想世界、社会/个人关系、社会的功能、理想社会结构、个人的地位、理想个人、理想人际关系）、社会观（组织制度、基本单位、社会阶层、人/群关系、社会规范、人际结构、人际规范、人际交往社会化、社会奖惩、社会维系、社会分配、社会公正）和个人观（与环境的关系、与社会的关系、人际关系、思维方式、行为准则、行为评价、自我发展目标、自我发展过程）。杨氏的分类受到了 Rokeach 的影响，世界观的部分与终极性价值观有较多的一致性，同时她显然注意到了 Rokeach 分类中西方文化的核心因素——个体主义，因此，她的分类强调了个体和社会的关系。

黄光国（1995）延续了 Rokeach 的分类框架，但是将人类社会中的价值观分为两大类：（1）关于个人行为方式的价值观，称作工具性价值观，分为道德价值观和能力价值观；（2）关于存在之目的状态的价值观，称作终极性价值观，分为个人性价值（personal value）和社会性价值（social value）。他的分类不仅注重了价值观的层级特性，划分了终极性和工具性，而且在工具性和终极性两个层面都抓住了社会与个体、情感与工具、道德与契约等分类所表达的两大价值分野，从而更有可能探索不同文化下人们的观念和行为选择。

朱谦（1995）进行了一般价值观与传统价值观的研究，旨在关注社会变迁对人们价值观念的影响程度。他比较了在家庭关系、工作精神、物质欲望、社会秩序、进取心、宗教信仰和处世哲学这几个方面中国人价值观念的变化，他的研究使价值观研究又增加了时间的向度。

综上所述，在 Rokeach、Schwartz、杨中芳和黄光国等的分类体系基础上，可以在对价值观进行"终极性"（目标）与"工具性"（手段、方式）维度划分的同时，再进行个体性与社会性维度的划分。这样，大部分价值观的研究都可以在这两个维度所构筑的 4 个象限中找到位置（见图 1）。

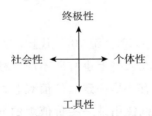

图 1　价值观分类的维度

我们可用一篇幅最短的价值观量表——Morris "生活方式量表"（Ways to live）为例，按照上述两个维度进行题目的分析。Morris "生活方式量表"共计 13 种生活方式（见表 2）。

这一两维坐标的确立对于明晰价值观内容的结构是有意义的。同时，在这个坐标上可以比较清楚地看到不同社会文化价值观的群体特征。

表 2　Morris "生活方式量表" 的内容及定位

生活方式	描述	在坐标上的位置
第 1 种方式	保存人类最好的成就	终极性、群体性
第 2 种方式	培养人与物的独立性	终极性、个体性
第 3 种方式	对他人表示同情的关怀	终极性或工具性、群体性
第 4 种方式	轮流体验欢乐与孤独	终极性或工具性、个体性
第 5 种方式	参加团体的活动来实践与享受人生	工具性、群体性
第 6 种方式	经常掌握变动不居的环境	终极性、个体性
第 7 种方式	将行动、享乐、沉思加以统合	工具性、个体性
第 8 种方式	在无忧而卫生的享乐中生活	终极性、个体性
第 9 种方式	在安静的接纳中等待	工具性、非个体性或群体性
第 10 种方式	坚忍地控制自己	工具性、群体性
第 11 种方式	静观内心的生活	工具性、个体性
第 12 种方式	从事冒险性的活动	工具性、个体性
第 13 种方式	服从宇宙的旨意	终极性、非个体性或群体性

三　社会/文化背景下的价值观研究

（一）跨文化研究

跨文化的价值观研究在 20 世纪 70 年代比较兴盛。起因是文化人类学者发现不同的文化类型，在人格上也有所不同。社会心理学研究者由此注意到不同文化中的人们具有不尽一致的价值观念，因而希望能够进行不同文化之间的比较研究。他们使用某一些价值观的分类和测量工具，眼光超越了在社会心理学研究中占据主流地位的西方国家，而在全世界不同的国家和地域进行测量。比如，前述 Hofstede 对 40 个国家 11.6 万个被试的资料进行分析，发现了 4 个价值观的维度。第 1 个维度是"权力距离"。他发现在这一维度上得分高的国家，个体容易接受专断的领导人和雇主，家长喜欢听话的孩子；而在得分低的国家，领导人或雇主比较愿意与下属商量，家长注意培养孩子的独立性。第 2 个维度是"避免不确定性"。他发现一些国家的人追求低风险和安全，拥有统一的国家宗教；而另一些国家的人却相反。第3个维度是"集体主义－个体主义"。个体主义是指个体独立自主、自负其责、根据自己的兴趣选择职业而不依赖群体和他人。第4个维度是"男性气质－女性气质"。他发现有些文化社会成员有较高的成就动机，这样的社会竞争激烈、社会压力较大。Hofstede认为，文化的价值渗透在社会成员生活的方方面面，比如儿童的教养方式、职业的选择等。当然，他的划分是两极性的，而更多的国家和地区处于这些维度两极之间的某一点上，而不是某一极端上。

Triandis等关于"个体主义－集体主义量表"试图从价值观内容中抽绎出最可能反映文化差异的维度进行文化比较。这一量表涉及6种人际关系（夫妻、父母、亲戚、邻里、朋友、同事/同学）和7种假设情境（对自己为他人所做的决定或对行为本质的考虑、分享物质财富、分享非物质财富、对社会影响的敏感性、自我表现与面子、分享成果、对他人生活的情感介入）。他们的研究表明东西方文化下人们的价值观存在明显的差异，在集体主义－个体主义这一维度上，东方人相对处于集体主义的一极，西方人处于另一极。

为了描绘出一个世界范围的价值观地形图（geography of values），将各个文化标识在相对的位置上（mapping cultural groups），Schwartz等（1992，1994，1995）发展出了"Schwartz价值观量表"（Schwartz Values Survey，SVS）。这一量表囊括了57项价值观，用以代表10个普遍的价值观动机类型（universal motivational types of values）。这10个动机类型如下。（1）权利。指社会地位与声望、对他人以及资源的控制和统治，例如社会权力、财富、权威。（2）成就。指根据社会的标准，通过实际的竞争所获得的个人成功，例如成功的、有能力的、有抱负的、有影响力的。（3）享乐主义。个人的快乐或感官上的满足，例如愉快、享受生活。（4）刺激。生活中的激动人心、新奇和挑战性，例如冒险、变化的和刺激的生活。（5）自我定向。指思想和行为的独立，即选择、创造、探索，例如创造性、好奇、自由、独立、选择自己的目标。（6）普遍性。指为了所有人类和自然的福祉而理解、欣赏、忍耐、保护，例如社会公正、心胸开阔、世界和平、智慧、美好的世界、与自然和谐一体、保护环境、公平。（7）慈善。指维护和提高那些自己熟识的人们的福利，例如帮助、原谅、忠诚、诚实、真诚的友谊。（8）传统。指尊重、赞成和接受文化或宗教的习俗和理念，例如接受生活中命运的安排、奉献、尊重传统、谦卑、节制。（9）遵从。对行为、喜好和伤害他人或违背社会期望的倾向加以限制，例如服从、自律、礼貌、给父母和他人带来荣耀。（10）安全。指安全、和谐、社会的稳定、关系的稳定和自我的稳定，例如家庭安全、国家安全、社会秩序、清洁、互惠互利。Schwartz（1997）对这10项价值观的动机类型之间的结构关系进行了如图2所示的阐释。

图2　价值观10种动机类型之间的结构关系

图2划分了4个维度，即自我超越、自我提高、保守、对变化的开放性态度。他特别指出，对立的价值观在图2中的方向上也是对立的，而互补的价值观则相互接近。Schwartz（1994a）研究发现，如果集体主义是指个体深深地融于集体而没有合理的自主意识的话，则中国并不是集体主义文化的原型社会（prototypical collectivist society）。

Bond（1996）在其主编的《中国人心理学手册》（*The Handbook of Chinese Psychology*）一书中专章撰文评介了有关中国人价值观的研究，但他的角度是跨文化比较而非本土的。对此，他本人也已有所意识。事实上，跨文化的研究基本上是站在西方文化的立场上看待非西方人，而不是站在非西方人的立场上看待非西方人。也就是说，价值观中所包含的文化合理性被忽视了，不同文化成员对某种价值观在理解上可能出现的差异也被忽视了。跨文化研究在价值观领域的这种遭遇说明，要找到一幅世界范围的价值观分布图，还有赖于本土化方面的研究。

（二）本土定向的研究

关于中国人价值观的研究最初源于使用外来的量表或理念进行的研究（杨国枢，1988）。但以后开始检讨这种研究的效度，从理论架构和方法上突破了对西方研究的照搬照抄，杨国枢指出应从强加式的通则性客位研究（imposed etic approach）转向本土化的特征性主位研究（indigenous emic approach）。在这种认识下，港台地区的社会心理学界自 20 世纪 70 年代末开始，推动了一场本土化的运动，取得了不少成果，这集中反映在《中国人的心理》（杨国枢，1988）、《中国人的性格》（李亦园、杨国枢，1988）、《中国人的价值观》（文崇一，1989）、《中国人的蜕变》（杨国枢，1988）、《中国人的心理与行为》（杨国枢、黄光国，1991）、《中国人、中国心——人格与社会篇》（杨中芳、高尚仁，1991）、《中国人：观念与行为》（文崇一、萧新煌，1988）、《中国人的价值观——社会科学观点》（杨国枢，1994）和《本土心理学研究》（杨国枢，1993～1996，第 1 期至第 6 期）等著作中。大陆的社会心理学家也从 90 年代开始进行了这方面的探讨（李庆善，1993）。在这一背景下，杨中芳（1994）回顾和分析了已有对中国人价值体系特征的研究，她将这些研究分为文化理念层次（包括人本主义论、"和合性"论、"内倾"文化论、道德价值论、儒家心态论）、社会制度层次（包括差序格局、传统导向论、个别/成就论、秩序情结论）和个人行为层次（包括社会取向论、情境中心论、关系取向论、权威性格论），进而分别从世界观、社会观和个人观 3 个层次提出了各 10 项具体内容，并在这 3 个层次 30 项具体内容上将中国人与西方人做了比照，以此作为中国人价值体系的分析框架。

黄光国（1995）的一项实证研究使用了自行编制的价值观量表，通过因素分析等统计方法处理数据，并在自己的理论架构下对数据进行了对比分析。他发现，传统价值观和现代价值观在知识精英的认知系统中，已经融合成一种崭新的价值系统。他认为，这是儒家思想实现创造性转换的心理动力所在。

李银河（1994）的研究则使用社会学和人类学的方法，研究了中国农民的生育观。此外，郑伯埙（1987）关于组织行为的研究、叶光辉（1992）关于中国人"孝道"的研究、余安邦和杨国枢（1991）关于"成就动机"的研究、翟学伟关于中国人的"脸面观"的研究（1995）等，都在一定程度上代表了本土研究的新进展。

但从整体上看，中国人的文化价值观和社会价值观的特征是什么，至今仍未有系统的回答。笔者认为，进一步的研究可以在价值观内容分类两维坐标的基础上进行。即从考察中国人处于"个体－社会"维度和"终极－工具"维度上的特征开始。从"自我概念"（self concept）的角度看，中国人的"自我"具有"家我""关系我""社会我""角色我""身份我"的特征（杨宜音，1995）。与西方人作为"在群体中的个体"（individual in the group）相比，中国人不够"个体化"；与西方人通过"自我类化"（self-categorization）建立对所属群体的归属感（sense of belonging）而成为"在个体中的群体"（group in the individual）（Hogg & Abrama，1988）相比，中国人又不够"群体化"。所以，既会表现出对以家为核心观念的凝聚力，又会表现出对集体的事情不热心，散漫而自私。事实上，关键的问题在于中国人有自己独特的"个体－群体"概念，有以"自己人"为特征的整合和协调两极的心理机制（杨宜音，1997）。因此，在"个体－社会"这一维度上，中国人的分布可能处于中间的位置，并具有扩张到两极和收缩到中间的能力。与此相应，与西方人相比，中国人的价值观不够"终极化"，而具有实用性、世俗性的倾向；同时，也不具有西方人意义上的"工具性"，而是通过对伦理价值的认同和遵奉将"终极性"和"工具性"统合起来。例如，"和为贵"这一价值观念深深地渗透在中国人的行为里面，在人际交往中，中国人摸索了许多切实有用的办法来减少冲突的产生。所以，在"终极－工具"这一维度上，中国人的分布也可能处于中间的位置。换言之，中国人在这样的维度上是没有完全分化的，因而使用试图在这样的维度上寻找差异或区别性的测量工具往往无法得出可靠的结论。

四　价值观的变迁

价值观的变迁是价值观研究在时间向度下的研究领域。与价值观的空间向度和文化类型向度的研究相比，这方面的研究较为薄弱。原因之一是西方社会的发展正处于相对稳定的阶段。不过，中国大地上半个世纪以来发生的急剧变化为这种研究提供了很好的条件。中国社会科学院社会学研究所"当代青年价值观念演变"课题组（1993）的研究尽管有一些构念上的混乱，但这项研究比较敏感地透过青年人的价值观触及价值观变迁的重要问题。遗憾的是这项研究所涉及的变迁时限不甚明确，即由于没有前一时点的测量资料（如 10 年前青年人的价值观或上一代人的价值观，本群体前一段时间的价值观及对价值观变迁的陈述测查等）而无法验证价值观是否发生了演变。杨国枢（1988）曾在 1965 年使用 Morris 编制的"生活方式量表"（Ways to Live）对台湾大学生进行了测查，并与 Morris 1948 年在北平等省市大学生和中学生中所做的测查做了对比，从而研究了价值观的变迁问题。20 年后，杨国枢与黄晒莉（1988）再次进行了纵贯式研究，他们对比了 1948 年、1964 年和 1984 年大学生价值观的研究结果，发现了其中的变化。谢惠灵（1987）也曾使用 Morris 的"生活方式量表"对北京和山东的大学生进行过测试，并与 Morris、杨国枢的研究结果进行了比较。林春等人（1991）修订了台湾学者黄国彦编制的"我国当前祖孙三代价值观念之差异研究"量表，并据此对大陆的 500 多名青年、中年和老年人进行了家庭价值、夫妻价值、亲子价值、法律价值、经济价值、教育价值的测量，发现了年龄变量的区辨性。朱谦（1995）的研究关注到中国 40 年的社会变迁所影响的文化价值变迁，他以人类学家、社会学家对中国传统文化价值观的概括作为比照的对象，对 1988 年的中国人的文化价值观做了测查。他发现这一时点中国人：（1）家庭关系相当稳固；（2）勤劳工作的美德未受"大锅饭"影响；（3）物质欲望升高；（4）人际关系趋向淡漠；（5）顺从尊长观念减弱；（6）中庸之道被排斥；（7）宗教信仰被存疑；（8）冒险进取精神不足。

　　时间变量所包含的意义是多重的，也就是说，影响社会价值观发生改变的刺激因素有很多。例如大众传媒、商品生产与流通、生活消费的商品化、文化教育程度的提高、交通和信息获取的日益灵便、城乡隔绝的削弱、职业的可选择和可流动性、传统人际关系的演变、政治权威的弱化、西方价值观念的侵入等。其中最容易看到的变化多浓缩在青年一代身上而体现在两代人的差异之中。因此，从代际差异的角度研究社会价值观的变迁是一个比较容易的入手处。这也是很多学者选择大学生等青年作为价值观变迁的研究样本的缘由。但是，我们也完全可以选择其他方面，如从对消费与商品的生产和流通构成的新型关系入手来研究这种变迁。

在价值多元化的时代，价值观也成为划分群体的一种根据（比如消费主义价值观群体），它表现出价值观是群体认同的一种标志，表明"心理群体"正在形成。这种情况在价值观变迁研究中也应该被注意到。

五　价值观的测量

价值观的测量是一项非常艰巨的工作。心理学家根据自己的理论构架，尝试使用单测题（如 Rokeach）和多测题、情景化、投射化、序列式或非序列式等多种量表编制技术，试图使价值观的测量具有良好的信度与效度。Robinson、Shaver 和 Wrightsman（1990）在主编的《性格与社会心理测量总览》（*Measures of Personality and Social Psychological Attitudes*）一书中，汇集了 15 个价值观测量工具（见表 3），并对每一项测量工具进行了评价和介绍。

这些量表已经获得了有关测量的信度（内部一致性、再测信度）和效度（聚敛效度和区辨效度）数据，可以成为我们价值观测量的参考。但由于这些量表大多是以西方人为研究对象发展出来的，故有关测量中存在的一些问题，如社会赞许性问题便需引起注意。因为中国人的"应然"与"实然"存在脱节问题，即"社会要求的"、"自己偏好的"和"自己实际选择的"往往有着很大的差异。这与中国人价值观所包含的规范性与选择性合一的特征有关。对于传统中国人来说，价值观不仅意味着个人的选择和个人的意愿，还包括个人对社会价值观和文化价值观的认同，以及从这种认同中间得到的自我肯定。因此，当个人价值观与社会价值观和文化价值观处于相互交融而不是相对独立的时候，价值观的测量就可能并没有测查出个体的选择，而只是测到了个体对规范的依从和认同。由于这个问题经常为研究者所忽略，即便以"应该如何""实际如何"的问法予以区分，也仍然会产生很大的偏误。所以，适当采用投射测验、较长期的行为观察、社会语言分析、作品分析等方法对已有量表和问卷进行补充是有必要进一步探索的问题。

表 3　15 个价值观量表目录

量表名称	编制者	年代
价值观研究（The Study of Values）	Allport et al.	1960
价值观调查（The Value Survey）	Rokeach	1967
目标和方式价值观调查量表（The Goal and Mode Values Inventory）	Braithwaite & Law	1985
生活方式量表（Ways to Live）	Morris	1956b
生活方式量表简版（Revised Ways to Live）	Dempsey & Dukes	1966
价值观测描（Value Profile）	Bales & Couch	1969
生活角色调查——价值量表（Life Role Inventory – Value Scales）	Fitzsimmons，Macnab & Casserly	1985
价值观念量表（Conception of Desirable）	Lorr，Suziedelis & Tonesk	1973
实证价值建构量表（Empirically Derived Value Constructions）	Gorlow & Noll	1967
东西价值观问卷（The East – West Questionaire）	Gilgen & Cho	1979a
价值取向量表（Value Orientations）	Kluckhohn & Strodtbeck	1961
个人价值量表（Personal Value Scales）	Scott	1965
人际价值观调查（Survey of Interpersonal Values）	Gordon	1960
道德行为量表（The Moral Behavior Scale）	Crissman	1942
	Rettig & Pasamanick	1959
争议性道德行为量表（The Morally Debatable Behaviors Scales）	Harding & Phillips	1986

参考文献

本尼迪克特，1987，《菊花与刀》，孙志民、马小鹤、朱理胜译，浙江人民出版社。

董婉月，1993，《青少年的个体－集体取向及其与合作行为关系的实验研究》，载章志光编著《学生品德形成新探》，北京师范大学出版社。

黄光国，1995，《儒家价值观的现代转化：理论分析与实证研究》，载乔健、潘乃谷主编《中国人的观念与行为》，天津人民出版社。

黄希庭、张进辅、李红等，1994，《当代中国青年价值观与教育》，四川教育出版社。

黄希庭、张进辅、张蜀林，1989，《我国 5 城市青少年学生价值观的调查》，《心理学报》第 3 期。

寇，1993，《关于中学生的职业价值观及其价值系统的调查研究》，载章志光编著《学生品德形成新探》，北京师范大学出版社。

李伯黍主编，1992，《品德心理研究》，华东工学院出版社。

李德顺，1996，《价值大辞典》，中国人民大学出版社。

李庆善，1993，《中国人社会心理研究论集·1992》，香港：香港时代文化图书公司。

李亦园、杨国枢主编，1988，《中国人的性格》，台北：桂冠图书公司。

李银河，1994，《生育与村落文化》，中国社会科学出版社。

林春，1991，《中国人价值观念差异的初步研究》，载《社会心理研究》第 1 期。

刘磊，1993，《个体－集体取向与合作行为中分酬规范关系的研究》，载章志光编著《学生品德形成新探》，北京师范大学出版社。

彭凯平、陈仲庚，1989，《北京大学学生价值观倾向的初步定量研究》，载《心理学报》第 2 期。

孙建敏，1993，《青少年价值类型与亲社会行为关系的研究》，载章志光编著《学生品德形成新探》，北京师范大学出版社。

汤志群，1993，《中学生的价值取向、自我监控性与亲社会行为的关系》，载章志光编著《学生品德形成新探》，北京师范大学出版社。

王新玲，1987，《关于北京市一所中学学生的价值系统与道德判断的调查报告》，载《心理学报》第 4 期。

文崇一，1989，《中国人的价值观》，台北：东天图书股份有限公司。

文崇一、萧新煌主编，1988，《中国人：观念与行为》，台北：巨流图书公司。

谢惠灵，1987，《中国大学生对生活方式的评价》，载《北京师范学院学报》（社科版）第 2 期。

许光，1989，《中国人与美国人：两种生活方式比较》，彭凯平、刘文静等译，华夏出版社。

许光，1990，《宗族、种姓、俱乐部》，薛刚译，华夏出版社。

杨国枢，1988，《中国大学生的人生观》，载杨国枢主编《中国人的蜕变》，台北：桂冠图书公司。

杨国枢，1988，《中国人的蜕变》，台北：桂冠图书公司。

杨国枢，1993，《中国人的社会取向》，载杨国枢、余安邦主编《中国人的心理与行为：理论与方法篇（一九九二）》，台北：桂冠图书公司。

杨国枢，1995，《中国人对现代化的反应：心理学的观点》，载乔健、潘乃谷主编《中国人的观念与行为》，天津人民出版社。

杨国枢、黄光国主编，1991，《中国人的心理与行为》，台北：桂冠图书公司。

杨国枢、黄晒莉，1988，《中国大学生人生观的变迁：20 年后》，载杨国枢主编《中国人的蜕变》，台北：桂冠图书公司。

杨国枢主编，1988，《中国人的心理》，台北：桂冠图书公司。

杨国枢主编，1993~1996，《本土心理学研究》（第1~6期），台北：桂冠图书公司。

杨国枢主编，1994，《中国人的价值观——社会科学观点》，台北：桂冠图书公司。

杨宜音，1991，《中学生友人间执行"分享分担"规范的研究》，载《心理学报》第3期。

杨宜音，1995，《试论人际关系及其分类》，载《社会学研究》第5期。

杨宜音，1997，《"自己人"及其边界》，博士学位论文，中国社会科学院研究生院（待发表）。

杨中芳，1994，《中国人真是集体主义的吗？——试论中国文化的价值体系》，载杨国枢主编《中国人的价值观——社会科学观点》，台北：桂冠图书公司。

杨中芳、高尚仁主编，1991，《中国人、中国心——人格与社会篇》，台北：远流图书公司。

叶光辉，1992，《孝道认知的类型、发展及其相关因素》，博士学位论文，台湾大学心理学研究所（待发表）。

余安邦、杨国枢，1991，《成就动机的本土化省思》，载杨中芳、高尚仁主编《中国人、中国心——人格与社会篇》，台北：远流书局。

翟学伟，1994，《中国人在社会行为上是什么取向——个人主义和集体主义的终结》，第2届中国人社会心理研究理论研讨会论文。

翟学伟，1995，《中国人的脸面观》，台北：桂冠图书公司。

张进辅、张蜀林，1989，《大学生的人生价值观和职业价值观及其相互关系的调查》，载《心理学杂志》第1期。

章志光编著，1993，《学生品德形成新探》，北京师范大学出版社。

郑伯埙，1987，《传统价值观、个人现代性及组织行为：后儒家假说的一项微观验证》，载台湾《中央研究院民族学研究所集刊》第24期。

中国社会科学院社会学研究所"当代中国青年价值观演变"课题组，1993，《中国青年大透视：关于一代人的价值观演变研究》，北京出版社。

朱谦，1995，《中国大陆当今文化价值观念之探索》，载乔健、潘乃谷主编《中国人的观念与行为》，天津人民出版社。

Adler, F. 1956. "The Value Concept in Sociology," *American Journal of Sociology* 62.

Allport, G. W., & Vernon, P. E. 1931. *A Study of Values*. Boston：Houghton Mifflin.

Allport, G. W., Vernon, P. E., & Lindzey, G. 1960. *A Study of Values*. Boston：Houghton Mifflin.

Beggan, J. K., & Allison, S. T. 1994. "Social Values," in Ramanchandran（ed.）*Ency-*

clopedia of Human Behavior Vol. 4. Academic Press.

Bond, M. N. 1996. "Chinese Values." in M. H. Bond (ed.) *The Handbook of Chinese Psychology*. Oxford: Oxford University Press.

Britewaite, V. A., & Law, H. G. 1990. "Goal and Mode Values Inventories," in Robinson, J. P., Shaver, P. R., & Wrightsman, L. S. (eds.) *Measures of Personality and Social Psychological Attitudes*. San Diego, CA: Academic Press, Inc.

Britewaite, V. A., & Scott, W. A. 1990. "Values." in Robinson, J. P., Shaver, P. R., & Wrightsman, L. S. (eds). *Measures of Personality and Social Psychological Attitudes*. San Diego, CA: Academic Press, Inc.

Hofstede, G. 1980. *Culture's Consequences: International Differences in Work – Related Values*. Beverly Hills, CA: Sage.

Hogg, M. A., & Abrama, D. 1988. *Social Identification*. London: Routledge.

Hui, H. C., (许志超) & Triandis, H. C. 1986. "Individualism – collectivism: A Study of Crosscultural Researcher." *Journal of Cross – Cultural Psychology*, 17.

Kluckhohn, C. K. M. 1951. "Value and Value Orientation in the Theory of Action: An Exploration in Definition and Classification." in T. Parsons & E. A. Shils (eds.) *Toward a General Theory of Action*. Cambridge, M. A.: Harvard University Press.

Kluckhohn, F. R., & Strodtbeck, F. L. 1953. "Dominent and Variant Value Orientations." in C. Kluckhohn, H. A. Murray, & D. M. Schneider (eds.) *Personality in Nature, Society, and Culture*. New York: Knopf.

Parsons, T. 1951. *The Social System*. N. Y.: Free Press.

Perry, B. R. 1926. *General Theory of Value*. Mass: Harvard University Press.

Rokeach, M. 1973. *The Nature of Human Values*. N. Y.: Free Press.

Schwartz, S. H., & Bilsky, W. 1987. "Tow ard a Universal Psychological Structure of Human Values." *Journal of Personality and Social Psychology* 53.

Schwartz, S. H., Verkasalo, M., Antonovsky, A., & Sagiv, L. 1997. "Value Priorities and Social Desirability: Much Substance, Some Style." *British Journal of Social Psychology* 36.

Schwartz, S. H. 1992. "Universal in the Content and Structure of Values: Theoretical Advances and Empirical Tests in 20 Counties." in M. Zanna (Ed.) *Advances in Experimental Social Psychology*, Vol. 25. San Diego, C. A.: Academic Press.

Schwartz, S. H. 1994a. "Beyond Individualism – collectivism: New Cultural Dimensions of Values." in Kim, U., Triandis, H. C., Kagitcibasi, C., Choi, S – C., & Yoon, G. (eds.) *Individualism and Collectivism: Teory, Method and Applications*. New bury

Park, C. A. : Sage.

Schwartz, S. H. 1994b. "Are There Universals in the Content and Structure of Values?" *Journal of Social Issues*, 50.

Smith, M. B. 1969. *Social Psychology and Human Values*. Chicago: Aldine.

Triandis, H. C. 1986. "Collectivism vs. Individualism: A Reconceptualization of Basic Concept in Cross – Cultural Psychology. " in Bagley, C. , & Berma, G. (eds.) *Personality, Cognition, and Values: Cross-Cultural Perceptives of Childhood and Adolescence*. London: Macmillan.

Williams, R. M. 1968. "Values. " in E. Sills (ed.) *International Encyclopedia of the Social Sciences*. New York: Macmillan.

试析'97 社会学学术态势[*]

遍 布[**]

一 总的特点：加强学术反思、总结和提升

社会学作为一门经世致用的学问，一向关注社会变迁和发展。1997年，我国的经济社会体制改革进一步深入，社会结构发生了显著变化，这就不能不激发广大社会学者的研究热情，促进学术事业的发展。学者们也确实投入了更大的努力，特别是致力于学术水平的提高。从1997年的学术动态来看，似乎出现了蛮有趣味的端倪。

一是对于伴随着重大社会变革而出现的热门话题，学者们的态度更趋理性，更显冷静，多了些许审视，少了几分"炒兴"。几年前，对于"民工潮"问题，仅北京一下子就会有八九个课题组同时在研究，各种会议、各种媒体一哄而上。现在，国企改革、下岗、就业等话题不谓不"热"，但社会学者的主要志趣却是在对这一类问题的回答中，如何增强理论的深刻性和对策的可操作性，而不是追求一时的轰动效应。许多人在思忖：对于这些经济学、法学、政治学也在研究的问题，社会学如何作出富有自己特点的回答，以显示本学科的独特价值。

二是一向以社会调查见长的社会学，却取得了"社会学不等于社会调查"的自觉认识，不少人都致力于在经验研究的基础上增强理论的穿透力。对理论的兴趣也有回升的兆头，表现之一就是北京大学的青年学者自办了《社会理论论坛》，而且势头甚为强劲。

---

　　[*]　原文发表于《社会学研究》1998 年第 2 期。

　[**]　本文为《社会学研究》编辑部成员集体撰写。

以上两点清楚地表明，中国社会学的学术意识开始趋于强化，而这一趋势的出现，又与一再出现的学术反思和总结相互关联。

就个人而言，学术反思非自 1997 年始。费孝通先生自 20 世纪 80 年代以来就不断在反思和总结，并于 1996 年出版（1997 年面世）了《学术自述与反思》一书。就群体而言，与社会学恢复和重建 18 年来的风风雨雨相伴随的中老年学者也深感有进行学术回顾的必要；年轻一代学人更以批评的目光和开拓未来的情怀分析社会学的现状。此一情景，在《中国社会科学》杂志适时召开的以"中国社会学的学科建设"为主题的学术讨论会上得到了集中反映，与会学者对社会学的发展契机、学术意识和学术积累等学科建设问题的见解（《中国社会科学》1997 年第 5 期），可以作为 1997 年社会学学术研究何以出现新动向的解释。在此前后，中国社会科学院建院 20 周年举行的社会学专题报告会——以"中国现代化进程中的社会学"为题（《中国社会科学》1997 年第 6 期）、在昆明召开的社会学年会和南开大学、中国人民大学等社会学系的系庆活动及其举办的讲座，亦对反思和总结之风有所推动。这本身也成为 1997 年学术动态的一个特点。

1997 年的社会学研究动态似可概括为进行学术反思、总结和致力于提升学术水准的一年。在这一年里，学术难点有所突破，热点并不燥热，学术研究是踏踏实实地走过来的。

二　学术前沿问题研究

对于"前沿"问题并没有明确的分界标准。社会学许许多多的分支学科和研究领域，以及理论、历史和方法研究的方方面面，都有"前沿"问题。并非每一个"前沿"问题研究在每一年度内都有"突破"或大的进展，即使有，也缺乏判断何为"突破"或"进展"的明确标准。因此，本报告不可能以"全面准确"地记述年度内的学术研究活动及其成果为目的。它的目的只能是：通过对了解到的一些有限情况的分析，描述出学术动态的大致走势。正如通过几个散布的点拟合成一条线一样。这里，只选择以下几个"点"。

（一）现代化和发展社会学

有关现代化的研究，多年来一直是社会学的重要课题，社会学在这一领域的成果已为许多其他相关学科所接受。但由于"现代化"一词自身的含义缺乏清晰性和确定性，人们往往是在不同的意义上使用它。"现代化"有时等于"工业化"，有时表示"社会转型"，有时又指"社会进步"或"理性的扩大"。因此，实际它并没有构造出一种普遍有效的理论背景，难免产生许多混乱和误解。要消除混乱和误解，就必须统一人们的认识，就必须不断地发问：什么是现代化？经过多年的讨论和探索，虽然取得了一些成绩，但远未达到使人满意的程度。

近年来，随着发展社会学在我国的兴起，现代化理论成了发展社会学的一部分，而"现代化是什么"的问题也就转化成了"发展是什么"的问题。按照发展社会学的新近看法，发展是社会在政治、经济、文化诸领域的全面进步，不仅包括经济增长和经济发展，也包括社会平等和民主参与、妇女地位的提高，等等。其中经济增长是发展的必要条件和基础，但它只有和社会变革结合起来，才能实现合理的发展。另外，社会指标体系的建立，也使"现代化"更具有可测量性。但由于"发展"概念本身包含价值因素，人们对发展的目标和方向等方面的认识不同必然产生对"发展"的不同理解。因此，如何揭示和澄清"发展"的意义是摆在社会学家面前的一项重要任务。

在过去的一年中，社会学界在对"发展"的理解和认识上，结合我国的具体国情，进行了更深入的探讨。

1. 发展不仅包含量的增长，也包含质的提高

王雅林、何明生提出了"发展质量"概念（《社会学研究》1997年第3期），并把它规定为：现代化进程的一定时点上，社会在其所有的资源总量满足其自身需要上所呈现的全部功能特性及其社会整体运行的优劣状态。提出中国现代化的发展应当以质取胜，做到质与量、速度和综合效益的统一。

2. 应把社会发展和社区发展结合起来

陈涛在《社会发展和社区发展》（《社会学研究》1997年第2期）一文中提出，以往的社会发展通常以牺牲社区为代价，使每一个社会成员日益直接成为一个更广大也更抽象的社会的一部分，而不是属于一个具体而亲近的生活共同体。其结果不但产生个人的疏离感，也会引起社会控制系统失灵、社会问题丛生。他提出应重视社区的发展，寻求一条既达到宏观

社会发展目标，又不损害微观团结基础的发展之路。

3. 发展是以人为中心的全面发展

不少社会学家认为，在发展中国家的现代化进程中，应扬弃过去那种以物为中心的发展观，要把人置于整个发展的中心。他们从发展的动力、价值取向和发展内容等方面，论证了以人为中心的发展观的合理性。

4. 发展是可持续发展

根据初步统计，在过去一年中所发表的有关发展的文章中，有约半数是涉及"可持续发展"的。所以它既是一个前沿问题，也是一个热点问题。

"可持续发展"是指发展在满足当代人的需要时，不对后代人的需要满足能力构成危害。它原本主要是针对生态环境而言的，以后扩展到社会、经济、人口、资源等方面。1994 年 3 月 25 日，国务院审议通过了世界上第一部国家级可持续发展战略规划——《21 世纪议程》。此后，我国学者一直在热烈地讨论和探索这一发展概念所包含的丰富含义。

从《21 世纪议程》的内容上看，可持续发展大体包含 4 个方面的内容：①可持续总体战略；②社会可持续发展；③经济可持续发展；④资源的可持续利用与环境保护。据此，有学者认为可持续发展的范围基本上由三大部分构成：生态——可持续发展的基础；经济——可持续发展的条件；社会——可持续发展的目的。但在进一步的讨论中，这一概念的内涵和外延不断地扩展，对这一概念的理解也产生了分歧。有人提出可持续发展除了包括系统观、效率观、人口观、资源观、经济观、技术观，还包括提倡适度消费、建立综合协调机制和建立可持续发展的全球观。

从"经济发展"到"社会发展"，再到"以人为中心的发展"和"可持续发展"，每一步都标志着对人类进步和发展认识的进一步深化。这无疑是可喜的事，但也应看到其中所隐含的某些问题。

首先，在上述过程中，每前进一步都是通过概念的扩大来实现的。社会发展概念的含义要比经济发展更丰富，而可持续发展又比社会发展更宽广。随着这种伸延，我们在描述和评价事物时，也就不断地把事物置于更广阔的背景中，与此同时，事物的确定性却在逐渐减退。当我们用经济增长来表示发展时，很容易确定事物及其变化的意义，而同样的事情在社会发展的各种指标体系中操作起来就困难多了，我们不仅要描述出事物在社会各层面的意义，还要将同一事物的不同意义加以综合，而人们的不同价值取向又会产生难以判定真假的不同综合。在可持续发展的背景下，要正确描述和评价事物就更困难了，若采用最宽广的可持续发展概念，我们必须首先弄清它与无数现存的和可能的事物之间的关系，然后才能确定它的意义，但这实在是太复杂了。

其次，在西方社会发展的进程中，发展概念的每一步深化都有其实践和理论上的充分准备。而对于我们这样的发展中国家，情形就大不相同了。无论在实践上还是在理论上，我们都缺乏必需的准备。从实践上看，我们甚至连经济发展的目标都尚未实现；从理论上看，虽然充分发挥了"后发展效应"，具有赶超性，但迄今未能建立起适合我国国情的、完善的指标体系来测量社会发展的水平和能力。

在发展社会学的前沿，还有许多基本的概念和理论问题需要进一步探讨和解决。已有的一些成果也将逐步引导前沿问题研究的深入。1997 年，国家计委社会发展研究所和云南人民出版社联合推出"社会发展丛书"，希望能对发展研究有所推动。

（二）村庄和城市化研究

社会学是最早关注村庄研究与城市化的学科之一。自 20 世纪 80 年代起，苏南地区、浙江温州地区及广东珠江三角洲被社会学界称作农村的三种发展"模式"，一直受到特别的重视。正是在对这些地区的一些村庄长期跟踪调查的基础上，产生了一批具有较高水平的专著与论文。诸如王颖著《新集体主义：乡村社会的再组织》（1996）、折晓叶著《村庄的再造——一个"超级村庄"的社会变迁》（1997），都在系统全面地总结农村十几年改革成功经验的基础上，提出了一些较新的分析视角。这些著作对于农村组织发生的合作取向，对于以家族、家庭等血缘关系为纽带的经营管理方式等都给予了新的分析。

在 1997 年出版的社会学专著中，折晓叶的上述著作被认为是学术取向的个案研究的代表。该书通过对深圳万丰村在引入外来加工业过程中发生的社会重组、运用股份合作制实现产权变革以及经济变革的社会基础的描述和分析，着力探讨了外来经济动力与村庄内在结构和传统之间的互动关系。该书认为，中国基层社会变迁并未按照西方现代化和发展理论的某些假设而进行，而是出现了种种新的动力、规则、关系和问题。有些专家认为这是一项对于深化城乡经济体制改革有积极意义的研究。

此外，在大量的论文中，研究者也都从不同角度对农村及城市化问题进行了社会学分析。一些学者从社会结构分析的角度出发，认为十几年来中国农村经过了社区分化、群体分化与组织分化，其基础或动因分别为产业结构的分化、职业结构与阶层结构的变化以及由行政归属向利益归属转变的群体重构。有的学者从文化的角度分析认为，从本质上讲，我国农村社会正经历着抛弃形形色色的神化，向着社会文化世俗化的方向转变。传统礼俗的规范作用已经降至次要地位，社会的法律规范与政治规范，亦即法理因素已经渗入社区共同体，谋求最大功效，懂得了以成就取向评价政府行为、选择基层领导。在如何认识农村阶层结构的变动这一问题上，学者们认为农村阶层结构变动的原因有：多种经济成分并存、非公有制经济加快发展，促进了社会发展总体水平的提高；农业产业结构优化、乡镇企业发展、第三产业兴起、小城镇建设加快的交互作用；市场因素的作用逐步增强、权力因素作用逐渐减弱的新机制的推动等。农村阶层结构的变动具有整体性与不平衡性的双重特点，阶层结构变动存在不稳定性，因而产生了边缘群体，而新的利益格局造成的结果之一是农村社会矛盾呈现更加复杂的趋势。

（三）社会结构和组织研究

在目前的中国社会中，对于绝大多数生活在国营和集体所有制社会组织中的人来说，单位对于他们的价值观念和行为规范起着举足轻重的作用。他们的行为通过组织功能多元化的特殊方式整合到一个个具体的社会组织之中，从而由这种单位组织代表他们的利益，满足他们的基本需求，给予他们社会行为的权利、身份和地位，他们在这种单位组织中实现人的社会化。李汉林、李路路等认为正是这种特殊的单位现象构成了现代中国社会独特的两极结构：一极是权力高度集中的国家和政府，另一极是大量相对分散的一个个单位组织，国家对社会的整合和控制不是直接面对一个个社会成员，而是通过单位来实现的。随着改革的深入，这种两极结构正在逐步松动，出现了单位体制与非单位体制并存的社会结构方式。但是，由于非单位体制的发育还处于初级阶段，单位体制尤其在城市社区中，仍然处于主导地位。也由于在中国，社会资源主要由单位占有和分配的基本状况没有根本转变，所以，在全国范围内，以单位组织为主要要素的社会结构没有根本改变。在相当长的时间内，单位体制与非单位体制并存，两种社会行为规范和价值观念并存，它们之间相互作用、相互影响的状况还会继续维持下去。从单位社会角度分析人与人之间的社会行为及行为互动，探讨单位社会中的权力、资源和交换，研究单位身份与社会身份、单位结构与社会结构、单位控制与社会控制、单位社会中的差序格局以及单位社会结构变迁中的失范现象，对于深入理解中国社会是很有意义的。同时，从社会变迁的过程中把握和理解失范，也有可能给失范理论带来新的生命力（李汉林，1996）。

（四）社会分层及利益关系研究

从社会利益群体关系角度看，需要注意的是：①"高收入阶层"；②"新贫困阶层"及与此相关的贫富差距问题；③权钱交换与暴富现象；④女性群体利益在社会格局中的状况。此外，对于白领阶层及中产阶级，广州市社会学所对广州社会分层的调查结果认为，当代中国社会不会产生中产阶级，因为不具备形成中产阶级意识的认同基础。天津社会科学院社会学所做的天津市白领阶层的调查认为，白领阶层已经形成，并在社会分层中占据一定的地位优势。

处于转型过程中的社会分层及其利益关系，一般而言，会不同程度地出现或具有"投机性"的特征（如"炒批文"、寻租现象、权力泛化现象、短期行为、炒作人际关系资源等）；而社会利益分配的制度安排则往往有限，疲弱乏力；非制度因素（如社会文化因素等）日趋活跃。处理不好，将可能导致对社会资源分配的制度调控无效甚至失败，从而引发社会利益分配的制度危机及其社会冲突。因此，必须尽快提高社会利益整合的制度化水平（陆学艺、李培林，1997）。

（五）社会公正

社会公正在人类的历史和社会思想史中是一个古老而常新的问题，亦是转型社会中时时困扰人们的难题。随着现代社会的演进、分化、重组，社会公正问题不仅引发了抽象的哲学思考，更迫近于人们的生活世界。在当今中国社会转向市场经济的过程中，社会分层和资源的重新配置、收入差距的拉大、垄断性经营和不正当竞争、权力带来的不公平交易等一系列社会成员感同身受的现象，都导致不公平感的产生和对于理想的公正社会的思索。

社会公正意味着什么？不同学科领域的研究者从各自的角度对此不乏探讨。法律学者关注社会公正与法律的关联，特别是"转型时期"法律的作用，即依靠立法、司法能否消除社会不公正现象。这里涉及交换的公正、分配的公正，特别是矫正的公正等概念。正如这方面的研究所指出的，通过立法合理分配社会资源、确立公平的交换尺度和规定合理程序有助于实现社会公正，这一点无可置疑，但是，即使是"完美"的法律也无法保证法律秩序的实现，法律和政治不可能完全解决社会不公正的问题。经济－社会研究领域对于公正的研究主要集中在交换、分配和竞争的公平等问题上，尤其关注公平与效率的关系。在公平与效率孰为先后、建立公平加效率的社会主义市场经济等论题上多有讨论与争辩。

不言而喻，社会公正关涉效率，关涉法律，也离不开社会的道德伦理，但是社会公正并不仅是法律、道德或效率层面的问题，或者应该说它本质上是超越于这些层面的。社会公正是有关社会构成和社会思想的本质问题，即人类社会的存在何以可能、不同群体或个人之间的共识和共同行动何以达成、社会交换与互动的规则与制度性安排如何建立等带有根本性的问题。因而社会公正是社会理论和社会学家倾注极大关注的研究论题。

探讨社会公正所使用的概念是一个首先需要厘清的问题。公正（justice）、公平（equity，fairness）、平等（equality）等概念在西方和中国的语词中都有着含义上的区别和复杂交错的语义关系，然而在研究中这些概念的使用却常常含糊混淆，以致许多解释、讨论和争辩有如隔靴搔痒，于认识和解释实际的社会问题无补。例如经济－社会研究中常常提到公平与效率的问题。公平与效率的矛盾似乎是"鱼与熊掌不可兼得"的两难选择，而实际上此处的"公平"带有结果均等的含义，"公平"优先还是效率优先也就成了人们争执不休的焦点。而社会公正（social justice）却是超越其上的社会价值，正如有学者明确指出的，市场经济需要竞争，无竞争则无效率，而竞争需有同一起点，遵守同一规则，所以无公正则无竞争，因此维护公正与提高效率非但不是矛盾对立的，而且前者正是后者的保证。从理论概念上看，公正与公平、平等、均等并不是同一层面的论题，而在现实的社会生活中，弊病与症结往往是公正遭到践踏与摒弃，表现为机会均等和起点平等的公正无复存在，其结果是既不公平，也无效率。而此种社会则处于不良运作状态，社会生活的环境变得十分险恶，人们满足每一需求的代价都极高，不公平感当然也日渐高涨。

（六）文化人类学研究的进展

目前，国内文化人类学（社会人类学）关注的主要问题有以下几个。

1. 文化变迁

其中包括都市化、企业文化和由于开发造成的文化变迁。这种研究与目前国内的形势结合得比较紧密，应用研究的色彩较浓。这一研究关注的主要目标是外在的大众传媒或自上而下的结构性产物，而对被研究的对象本身的想象力和创造力缺乏探讨。

2. 社区研究

这一研究与社会学的命题比较合拍，它在一定程度上超越了以村落或单位为分析单位的传统，强调村落或单位之间的有机联系，功能主义色彩比较浓厚。中国社区研究主要在农村地区，后来逐渐发展到了城市社区。但是在中国，"社区"的基本含义一开始就不包含西方的那种具有"地方自治"、俱乐部、民间团体等相对独立于国家的特征，这也给中国的社区研究提供了一个新的视角。

3. 人与社会的关系

这一研究的主要焦点在于代表个体利益的个人如何建构属于他们自己的社会，又如何被该社会所制约。文化人类学研究的出发点不是既定的社会，而是从个人行为层面出发，诸如礼仪活动、交换、言说活动、消费行为等，从中把握行为者可参与和可塑造的社会。这一研究的特点在于首先尊重研究对象的想象力和创造精神，并不把他们简单地理解为既定模式下的结构性产物，这在讨论社会变迁和重建结构方面摆脱了以往结构主义和功能主义只相信既定模式的局限性。

4. 信仰

这一领域的研究涉及面比较广，大到对民族或国家意识形态的社会仪式，小到对宗教、祖先崇拜、婚丧嫁娶等各种礼仪活动的研究。它强调文化的特殊性，同时，这一领域的研究始终面临着一个大传统和小传统如何衔接的问题。

5. 乡土社会

这一研究可以说是国内外文化人类学家非常关注的一个领域。这里面包含了地方精英、地方政治和文化的符号体系、社会等级与地位、人情与文化网络等方面的研究。

6. 家庭与宗族

这一研究在国内拥有大量的积累，也是人类学国际学术对话比较频繁的一个领域。传统上，这一领域的研究主要涉及的是家庭结构和婚姻制度等，在讨论社会的基本结构时有着积极的意义。目前国内的家庭研究主要关注家庭与社会之间的问题。诸如血缘、亲缘、地缘、婚姻以及生儿育女所透视出来的社会都是这一领域的研究对象。在应用层面，它所涉及的问题是家庭经济中对理性经济提出的众多挑战、人口政策给家庭结构带来的变化、这种变化给社会福利等国家二次分配带来的变化等。

7. 国家与民族

这一研究来自国内民族学的传统，与以往的民族学研究有一种共同的话题，但所关注的对象不是历史素材和政策前提下的民族问题，而是现在的当事人的生活世界。这里面包含了文化"摩擦"与"融合"的探讨。

此外，诸如文化与人性、文化与政治、女性、跨文化的比较研究相对比较薄弱，我们真正走出国门（而不是留学）研究那些不属于我国意识形态下的社会与文化，提出中国人自己的研究视角，这种研究还处于初始阶段，这一点还远远赶不上站在西方知识体系的立场（包括一些中国学者在内）研究东方的学术成果。作为东方大国，中国学者如何提出一种反映自己知识体系的研究，当前正面临一个很好的机遇，那就是中国正处于变革时期，他将给人类社会带来什么样的理论，人们拭目以待。而且就研究田野本身来讲，"一国两制""具有中国特色的社会主义"等已经显示出，它不是制度的力量，而是文化的力量。这种文化的力量是否能用西方社会学来解释，或反过来说中国的这种知识体系如何反馈到西方知识体系都将面临新的挑战。

基于上述国内文化人类学所关注的问题，北京大学的社会人类学在费孝通"小城镇大问题"的理论背景下开展了长期的社区研究，尤其在少数民族以及边疆地区的社会发展研究上有了许多新的进展，也提出了诸如"差序格局""多元一体"等理论。中央民族大学人类学系自 1997 年开始投入了大量的人力和财力进行三峡工程所涉及的村落的文化研究。他们采用了大规模的影视人类学手法，这在国内尚属首次。该研究主要采用了影视人类学的方法，大量地记录和采集将被淹没的当地村民的生活智慧和文化结晶，它为今后探讨影视人类学的方法，分析素材本身的文化价值以及通过素材透视作者的动机等都将产生可供考证的价值。云南着重开展了少数民族地区的文化研究，特别是目前开展的汉人和少数民族杂居区域的研究别具一格。以往的研究与苏联的民族学理论比较接近，注重在统一的分析模式下进行单一族群的分类研究，然而云南在同一大社会背景下的跨族群、跨文化研究无疑为今后研究中国文化开拓了一条新的思路，同时在文化互动以及比较文化理论方面也许会有新的突破。云南由于地处少数民族地区，所以云、贵、川、藏的文化人类学研究构成了他们的学术田野。除此之外，云南开始走出国门，除了有计划地接收和培养国外研究生以外，还主动开展对泰国的研究，这些跨文化研究以及扩大中国人类学在国际上的影响都将产生深远的意义。中国社会科学院社会学所在陕北建立了长期参与观察的田野基地（榆林的黑龙潭和米脂的杨家沟村），主要从事民间习俗和信仰的研究。这一研究有两个起点：其一，构成中国划分阶级阶层理论的原始研究（张闻天、马洪、于光远等）始于这里，这对讨论古典经济学和现代制度学有极其重要的意义；其二，西方学术界的"东方学"对马克思、韦伯以及东方制度学专家魏特夫（Kar Wittfogel）都有较大的影响，这三位巨星对东方学也有自己独到的分析，并且他们对后来研究东方的政治、经济、文化、宗教都产生了巨大的影响。陕北黑龙潭的研究试图通过研究民间信仰来解决阶级阶层或国家权力机构这种世俗力量关系无法解决的一个命题，即国家最高权力与民间百姓的权威意识之间如何沟通的问题。这些研究也填补了文化人类学研究在中国北方的空白。最后，我们还应当强调的一点是，中国早期人类学研究的田野工作均在南方，它可以说构成了中国人类学的传统，这其中也离不开香港和台湾人类学界对大陆的影响。中国香港在世界版图上只能表现为一个"点"，但是它在超越意识形态，研究文化与社会的特殊性和普遍性问题上一直是文化人类学家关注的一块田野。这里我们不排除另一个客观原因，在中国大陆实行闭关政策的时期，国外人类学家研究大陆文化的条件不成熟，只能通过香港或台湾来窥探中国大陆的文化。这样也就构成了香港、台湾、福建、广东一带研究中国文化的一大田野。另外，香港和台湾并没有出现学术断代的情况，这样，福建和广东一带的文化研究无论主动或被动，都与北方不同，已经形成了一个丰富的知识宝库，有关家庭、社区以及文化变迁（都市化）等方面的研究构成了它的基本特色。

三 社会热点难点研究

1997年，社会学在对策研究方面，继续对若干热点难点问题给予了较大关注。有些方面的研究，如住房体制改革，提出了选择恰当时机，果断中止福利分房，加速住房商品化、社会化进程的政策建议（陆学艺，李培林，1997），受到了中央领导和决策部门的重视。对其他一些重要问题，社会学界也开展了深入的调查研究，有些已经取得了有价值的研究成果，但对多数问题还正在进行跟踪调查中，预计在1998年内，社会学在几个热点和难点问题研究上将有较大的进展。

（一）社会保障制度改革研究

1997年7月16日，国务院发布了《关于建立统一的企业职工基本养老保险制度的决定》（以下简称《决定》）。《决定》公布的养老保险目标是：适用城镇各类企业职工和个体劳动者；资金来源多渠道；保障方式多层次；社会统筹与个人账户相结合、权利与义务相对应；管理服务社会化。其原则为社会保障与自我保障相结合、行政管理与基金管理分开、保障水平要与社会生产力发展水平及各方面承受能力相适应。《决定》的出台，必将推动其他类型社会保险事业的发展，也将把社会保障制度研究向前推进一步，特别是在农村社会保障制度、城镇医疗制度改革、军人保障制度方面有新进展。

1997年2月23~25日由国务院退伍军人和军队离休退休干部安置小组办公室和中国社会科学院社会学研究所联合举办的"首届全国退役军人安置保障理论研讨会"的召开，标志着对军人保障问题研究的全面开展。在这次研讨会上，与会者围绕"新时期安置保障体制的基本框架"问题展开讨论。此外，6月5~6日由劳动部和英国塞奇维克保险与风险管理咨询有限公司在北京共同举办的"中国补充保障体制的发展——重要的议题和选择国际研讨会"，其主题是企业补充保险；7月31日至8月2日由共青团中央委员会、国家体改委、全国青年联合会在哈尔滨联合召开的"完善社会保障体系研讨会"，以及劳动部8月15~16日在北京召开的"全国社会保险工作会议"等会议使学术研讨呈现空前活跃的态势。

在社会保障研究中，如何选择和设计社会保障体系的目标模式问题始终是一个难点。要解决这个问题就必须界定和形成概念，进行理论上的探索和创新。孙炳耀等人在关于企业保障社会化改革的一项研究报告中，运用分化整合的研究框架，以发挥社会学综合性研究的特点。报告中提出"整合型社会保障"这一中心概念，力图较全面地把握社会保险制度的各个方面以及社会保险与经济社会背景之间的整合关系，集中体现了当前中国社会保险的特点（孙炳耀等，1997）。

（二）失业问题与再就业工程研究

失业问题牵动着千家万户，关系到许多人的切身利益和生存问题，并严重影响到改革、发展和社会稳定，因此，1997年它们是社会学关注的一个热点。目前的研究主要集中在怎样看待失业这种社会现象、什么是与市场经济相适应的就业观、近期解决就业问题的前提和对策等问题。

研究表明失业人口剧增是由多种因素造成的。其中，经济体制转轨是一个重要原因。随着企业改制改组步伐的加快，这一问题还会更加突出。1996年下岗职工达891.6万人，占全部城镇职工总数的6%，国家企业富余人员达2000万人（有的研究认为达3000万人）。我国当前的失业问题固然与长期计划经济积累下来的种种矛盾有关，但不能仅仅把失业看作一种在体制转轨过程中特有的暂时现象。在市场经济体制下，所谓"消灭失业"实际上是不可能的。我国经济所提供的新的就业岗位，也不可能满足再就业和初次就业的全部需求。

牛仁亮认为，在目前我国的实际情况下，不能离开总就业去孤立地研究和解决再就业问题。同时，仅仅用经济扩张解决摩擦失业的办法，或用技术培训解决结构性失业的办法来解决体制转轨型失业是不够的。解决国企富余人员的办法：离业、失业和再就业。这就需要解决好"离业者"的经济补偿以及庞大的离业补偿费的筹措问题，解决好失业人员的生活保障问题（牛仁亮，1997）。

（三）城镇贫困问题研究

与农村贫困人口大幅度减少（由占世界贫困人口的 1/4 下降到 1/20）相反，进入 20 世纪 90 年代以来，我国城镇贫困人口却迅速增加。据统计，到 1995 年底，城镇贫困居民占全部城镇非农业居民家庭人口的 8.6%，约为 2428 万人，并且还有继续增加的趋势。社会学对贫困的研究还处于摸清情况、分析原因的阶段，在确立最低生活保障线等几个问题的研究上有所进展，但总的来看，可操作的对策建议还不多。

城镇贫困人口的分布，约一半是国有企业职工家庭，其次为离退休人员和集体企业职工，直接原因是企业经济效益低下。但研究者们对这一问题进一步的分析指出，中国的城镇贫困问题更多的是与体制相关联的，它不仅仅是经济效益问题，更多的是体制的矛盾与障碍。首先是收入分配领域中的矛盾和问题。收入差距的日益扩大化，与改革前的居民收入高度均等化形成强烈的反差。另外，由于存在突出的单位制问题，许多城镇贫困人口具有先赋的特点。此外，在分配领域中，分配形式的多元化、竞争条件与起点的不公平、腐败问题、企业经营利润再分配过程中利益的过度损失等问题更加重了收入分配不公的程度。探讨解困扶贫的措施是目前研究的重点。近期目标首先应该建立贫困的监测系统，其职能是确定全国和各地区的贫困线，测定贫困人口的数量及生活水平，评估扶贫工作的效率及进展，提供科学、可靠、完整、连续的贫困统计信息，为政府对最困难群体的救济、补助提供标准依据。截至 1997 年 7 月 15 日，全国已有 206 个城市建立了居民最低生活保障制度，约占全国城市总数的 33.3%，这在一定程度上缓解了这些城市贫困居民的贫困程度。其次要加强宏观调控，促进区域经济协调发展，逐步缩小行业之间收入分配差距。最后，逐步增强贫困人口的整体素质，提高贫困人口自救能力。通过开展在职培训和再就业培训，增强其竞争能力，依靠自身力量摆脱贫困。从长远的目标来看，解除城镇贫困问题是与体制改革相关联的，要通过消除体制矛盾与障碍，全面提高企业经济效益，扩大再就业渠道，促进社会保障事业的进一步发展。

（四） 企业改制研究

1997 年，企业改制不仅在国有大型企业、国有中小型企业、集体企业、乡镇企业甚为盛行，而且波及了个体私营企业。

国企改革仍然是热点和难点。许多学者把注意力集中在产权制度上，目标是构筑与市场经济相适应的产权制度。国有企业面临的其他困难，诸如历史包袱沉重，负债率高、退休人员负担重、富余员工多等，也需要通过鼓励兼并、规范破产、下岗分流、减员增效等措施予以解决。在这些方面，学者们也积极地提出了对策建议。

乡镇企业进入了第二次创业阶段，成功与否取决于企业改制。乡镇企业存在的主要问题是自身的有效经营机制正在退化，政企不分、产权不清的弊端日显严重；规模小，设备陈旧，产品档次低；亲属裙带关系严重；等等。要解决这些问题，改制势在必行。不能将乡镇企业改制简单地理解为"抓大放小"或"留大卖小"；不能利用改制简单地拼凑大企业；不能低估企业资产，例如对占用的土地少计成本，少估或不估基础设施及其配套设施的价值；股权不能过于集中或过于分散；政府官员不能兼任企业领导职务。企业改制要符合规范，不能换汤不换药。

1996 年，我国私营企业首次出现增长速度大幅度下降态势。学者们认为，这除了宏观经济环境的影响外，私营企业的自身障碍不容忽视。诸如，私营企业的家族经营出现了危机，离心离德，不能适应市场经济进一步发展的要求；企业组织建设落后，缺乏组织创新；一些私营企业规模的扩张与资源有限供给形成了难以克服的矛盾；一部分企业主只具备创业时期的冲动，其自身素质和能力不能适应企业进一步发展的要求。因此，一些私营企业也意识到制度改革和创新的必要性。

总的来看，社会学对于企业改制的研究明显落后于经济学，甚至在对企业制度变迁的个案研究方面，经济学都比擅长于个案研究的社会学做得好些。社会学只有找到研究企业组织和制度的新的视角和切入点，才有希望摆脱这种被动局面。

（五） 犯罪问题的社会学研究

对社会稳定最直接的威胁，是被现行法律和司法机关认定为犯罪的现象。1997 年的有关研究主要有公众对社会稳定的感受、社会发展与犯罪的关系、现阶段犯罪的特点和热点问题。

1. 公众的感受

近年对公众对有关社会稳定的感受主要从两个方面调查，一是公众的自身安全感，这可从公众对社会治安状况的满意度来了解；再一个是公众对社会生活中重大问题的评价。

据国家体改委系统连续 5 年对 40 个城市的跟踪调查，1991 年公众对社会治安的满意度是 30.0%，1995 年是 20.9%，与 1991 年比下降了 9.1 个百分点。1993 年是最为不满的一年，满意度仅为 14.5%，1994 年、1995 年满意度有所提升。但总的来说治安状况恶化导致公众的社会安全感降低。

而在公众最不满的社会生活的重大方面中，社会风气 1991 年排第一位，1992 年排第二，1993 年又升至首位，1994 年排第三位，1995 再升至第二位。其中"贪污腐败"是焦点之一。91.9% 的公众对腐败现象深恶痛绝，54.0% 的公众对政府反腐败缺乏信心。

2. 社会发展与犯罪的关系

曹凤的研究认为，新中国成立后，共有过两个阶段的五次犯罪高峰：第一次发生在新中国成立初期的新旧社会交替时期；第二次发生在三年困难时期；第三次发生在"文革"时期；第四次发生在改革初期，改革加上社会控制力减弱，在 1983 年"严打"后出现短暂好转；第五次发生在紧接着的 1985 年后，出现强力反弹，如 1985 年发案率是 1979 年前的 4 倍，而 20 世纪 90 年代中期，发案率是 80 年代前半期的 8 倍。

现阶段犯罪数量增大、种类增多、人员结构复杂，作者认为与社会转型期新旧制度、新旧社会结构之间的矛盾和对抗有关，同时，也与社会失范（立法滞后、人口管理失控、社会整合力下降）有关。

李盾的研究则认为，仅从犯罪发案率数字（公安部门的立案数 + 检察机关自侦案件的受案数）来看，1949 年以后中国出现了七次犯罪高峰：第一次为 1950～1952 年，发案率为万人 9.3 起；第二次为 1954～1955 年，发案率为万人 6.5 起，5.3 起；第三次为 1957 年，发案率为万人 4.6 起；第四次为 1961 年，发案率为万人 6.4 起；第五次为 1966～1969 年，发案率为万人 2.3 到万人 2.4 起；第六次为 1973～1981 年，发案率为从万人 6

起到万人 8.9 起；第七次为 1988~1991 年，发案率为从万人 7.6 起到万人 20.4 起。

中国的七次犯罪高峰，前 4 次可算作一个阶段，由于国家对几乎全部社会生活实行严格而全面的控制，国家所认定和打击的犯罪往往与国家主动进行的社会整合有关。比如 1950~1952 年，镇反运动、"三反"和"五反"运动中，惩治的刑事犯罪分子主要有土匪、恶霸、特务、反动党团骨干和反动会道门头子等；1954 和 1955 年，惩治的主要有破坏统购统销的犯罪、破坏合作化的犯罪和破坏工商业社会主义改造的犯罪。20 世纪 70 年代末至 80 年代中，中国历史进入一个新时期，突出的犯罪现象是青少年犯罪、经济犯罪和严重危害社会治安的犯罪。而 80 年代中期至今，中国最严重的犯罪现象依然是严重危害社会治安的犯罪和经济犯罪。但是开放已经带来了社会结构性的变化，旧体制控制力弱化但是还没有发生根本性改变，以权力为基础的各种利益集团，以及在体制外形成的与世界市场规则不同的"市场"中致富的暴发户，利用新旧体制并存的条件吃相互交易的"差价"，这可以说是这一时期经济犯罪的一大特点。这一特点同时影响到其他类型犯罪，物欲膨胀和相对被剥夺感在利益冲突和控制失灵中成为犯罪的重要诱因。

3. 现阶段犯罪的特点

根据政法机关的总结，近年来，严重影响社会治安的犯罪主要是涉抢犯罪，制贩毒品犯罪，流氓恶势力和带黑社会性质的团伙犯罪，卖淫嫖娼，拐卖妇女儿童，吸毒，赌博，制售淫秽、非法书刊、音像制品等。趋势是，刑案、大案下降，但是抢劫银行、储蓄所、运钞车的案件增加。同时，经济诈骗特别是金融财税领域的诈骗及走私、制造假币案件突出；查处的卖淫嫖娼案件也呈增势。

当前犯罪有关的热点问题，主要从吸毒和腐败问题展开。张潘仕的研究指出，目前全国有吸毒问题的县市已占全国县市总数的 70%，毒品消费市场已形成。

杜晓泉对兰州戒毒所 253 名戒毒者调查的结果是，从吸毒的人群特征来看，其以年轻男性为主；受教育程度低；未婚者居多，已婚者中分居和离婚的占近一半；吸毒者收入普遍不高，而平均每日耗毒资 100~400 元，支出与收入有巨大的矛盾，以刑事犯罪获得毒资的占 30%。

陈烽将滋生腐败现象的干部群体作为一个阶层，从腐败行为主体的利益动因角度指出，干部阶层的利益补偿、转换与保护，是转型初期腐败广泛萌生的利益根源，它以"赎买"方式实现着一种畸形的社会整合。但是，腐败的破坏作用使它在腐蚀旧要素的同时也腐蚀新要素，特别是随着新体制的逐渐生成，腐败的破坏作用就不再是主要指向旧体制，而是主要指向了新体制。

进入转型中期以后，干部队伍中的腐败行为屡禁不止的利益根源已经演变成对转型期畸形既得利益的维护和扩张。越来越成为改革和社会转型的巨大障碍。腐败的恶性膨胀会破坏民众对政府的信赖，引起人们对腐败现象的不满和愤怒，很可能在政府要求民众进一步忍受必要的改革"阵痛"时爆发出来。

对于腐败的治理，作者认为一般性地谈论对权力的制约和监督并不能解决转型期的特殊问题，从而提出治理转型期腐败的根本途径是制度创新，而制度创新的核心问题是使行政权退出一切不应介入的经济和社会领域。

（六）修改婚姻法和重建家庭伦理道德

鉴于近年在婚姻家庭领域中出现的社会问题，如离婚率升高、非婚同居、重婚、婚外恋、遗弃虐待老人、家庭暴力等，以往行之有效的行政干预越来越弱化。要不要干预、如何干预、成为一个社会讨论的热点。有人提出，加强婚姻家庭法制建设，以法来处理道德问题。比如，修改《中华人民共和国婚姻法》（以下简称《婚姻法》），增加配偶同居义务、忠贞义务、扶养义务，制裁无效婚姻，等等。1997 年 3 ～ 6 月，《中国妇女报》就《婚姻法》的修改开展了系列讨论。

关于离婚，一些法律工作者和研究者认为，离婚理由上的"破裂主义"不符合中国的国情，提出"有责离婚"、以"列举"方式使离婚理由"具体化"来限制离婚。反对者认为，限制离婚并不见得对无辜方有利，反而可能引发更多的恶性案件。至于制定离婚的"法定理由"在实践中很难实行。关于法律该不该干涉婚外情？《中国妇女报》用电话调查了 100 人，其中有 52 人认为对妨害他人家庭者仅道德谴责已无济于事，因而支持以法律制裁方式控制婚外性行为。怎样制裁？有研究者不同意设立"妨害婚姻家庭罪",以刑事责任追究所有"第三者",认为以国家强制手段达到整齐划一是根本不可能的。而主张为当事人的权利提出赔偿要求。(《中国妇女报》1997 年 3 月 29 日、4 月 5 日、5 月 3 日、6 月 7 日)

四　1998 年社会学可能的走势

1997 年社会学界的研究兴趣和课题进展情况,凸显出 1998 年社会学学科发展的若干可能的走势。

(一)在社会学理论研究领域中,将会形成三个明显的焦点

①对古典社会学理论研究兴趣的复苏。康德曾经说过:人类不止一次地将已经建好的"思维之塔"拆掉,看一看地基是否牢固。他在这里主要指的是需要不断对学术思维的基本问题进行反省。国内社会学经过 18 年的发展,现已经进入了"成年期",因此不仅有必要,而且也具备了深刻反省学科根基的能力。在这里,最为基本的反省就是要"返回古典理论",对马克思、韦伯和迪尔凯姆这些"学科之父"的理论体系及其所提出的问题进行再思考和再解读。不过,这一次"返回古典理论"将会与学科初建时期有所不同,国内学界将会自觉地把这些理论与中国社会变迁的实际状况结合起来,进行重新理解,因此实际上是一次依据中国经验,重建基础理论的过程。可以预见,马克思的社会发展理论和阶级结构理论、韦伯的社会分层和统治类型的学说,以及迪尔凯姆关于"迷乱"的理论将会成为这一重建过程中的焦点问题。②随着福柯、德里达、利奥塔、德勒茨、布迪厄的著作越来越多地引进国内,"后现代的社会文化理论"对于国内社会学界将不再是陌生的。但在这里,重要的不是"炒作",即生硬地抄袭这些后现代社会文化理论家的只言片语,而是要深刻地理解他们所提出的问题,改进或借用他们所锻造的概念工具,用来分析中国的实际社会生活。大致上可以看到,福柯的"权力"学说、德勒茨的"小事件因果性"思想、利奥塔"叙事系统转换"学说和布迪厄的"文化资本""象征权力"理论等,都有可能成为我们开展个案研究的理论视角。③由于改革进入新阶段,西方学术界关于社会主义社会经济体制改革的理论有可能再次成为新热点。在这方面,比方说科尔内有关"社会主义政治经济学"的论

著，以及大卫·斯塔克等人对东欧社会主义社会改革过程中显示出来的"路径依赖"问题的分析，也许会成为国内学界的一个关注点。

（二） 在方法论和定量研究方面的走向

①已有越来越多的社会学者认识到，一个学科之所以迟迟不能达到规范化，其研究成果的水平之所以很难提高，至为关键的问题是作为学科基础的方法论落后。在这方面，丹尼尔·利特尔比附"自然科学的哲学"而提出的"社会科学的哲学"概念日益引起社会学者的关注，这就决定了对社会学方法论的研究将成为新的焦点。预计将有探讨社会学家所使用的概念、判断和推论的特性与类型的研究成果出现，可能会引起争论。②定量研究方法在新年度内将会获得长足进展。通过 1995 年、1997 年举办的"社会学研究方法高级研讨班"，学界从业人员进一步弄清了统计学在社会研究中的地位、作用和局限，引进和掌握了主流社会学所使用的定量方法，其中包括前沿的"结构方程"等技术、方法，特别是掌握了与这些方法相配套的统计分析软件。同时，社会学界还加强了与统计学界的交流。所有这些都预示着将会有若干比较规范的定量研究成果问世。

（三） 中国社会学的传统研究领域：分层、流动、社区和家庭

①自中国社会学恢复重建以来，社会分层与流动、社区研究和家庭研究就成为长期、反复研究的领域。这些研究虽然取得过相当的成果，但许多课题陷入低水平循环的陷阱，却也是一个不容争辩的事实。目前出现了若干打破此种循环的苗头。在社会分层与流动方面，研究将不再仅仅集中在对基本情况的掌握上，而是更为注重对与适应于当代中国社会变迁状况的分层标准等理论与方法论问题的探讨，如政治分层与经济分层的关系，以及对改革后出现的"新富阶层"的研究。此外，对于乡村人口从中西部向东部、从乡村向都市流动的社会学研究仍将是一个重点。不过，与以往的不同之处在于，这些研究将更为注重理论上的概括。②社区研究将会出现一些新的特点。其一，从对策导向的"典型调查"转向学术问题导向的"个案研究"；其二，从偏重调查规模转向强调调查的长时段和深入性。体现这两个转变的若干社区研究成果，如有关乡村选举和基层政权建设的某些课题，将于年度内完成，它们将代表社区研究的一个重要的发展阶段。

③对城乡家庭的研究将取得新的进展。城乡家庭研究的优势之一，就是历年来积累了大批的数据资料。大规模数据库的建设和即将开放将为从一定的理论观点出发，运用标准统计分析程序，分析这些数据并建立相应模型提供基础。④从家庭社会学研究中成长并日渐分化出来的女性研究，将逐渐成为一个引人注目的研究领域。

（四） 新的研究领域

1. 若干新的研究方向

新年度内将会出现一些新的研究领域。三个新研究领域尤其值得关注。

（1） 口述社会史研究

近年来国际社会科学前沿的一个重要的发展趋势，就是宏伟叙事逻辑的式微和私人生活叙事的凸显。口述社会史研究遂成为社会学研究的一个重要领域，并且成为与历史学、政治学、经济学等相关学科的交融点。对国内学界来说，口述社会史研究尚是全新的领域，目前集中于根据所搜集的私人话语文本建立数据资料库，以研究 20 世纪的农村社会生活。随着研究工作的展开，这一研究领域将逐步扩大到对城市居民的研究，并将陆续有一批较高质量的论文问世。

（2） 社会网络研究

网络分析这一最初在社会心理学和人类学中发展起来的研究方法，现在已深入社会学的研究领域。有学者甚至推测：网络分析的成熟意味着社会学中"新古典革命"的开始。从国内学界来看，这一分析方法主要在两个方面得到运用。其一，用于个人之间的一般社会关系的研究，以"讨论网""协力网" 等为焦点；其二，用于经济活动与社会框架之间关系的研究。社会学工作者久已认识到，在研究经济与社会的关系时，抽象地谈论"社会资本" 概念是于事无补的，而必须具体地、历史地研究人们之间的社会网是如何建构的，以及这些社会网是如何在配置经济资源、建构市场优势上发挥作用的。年度内围绕这两个方面都将会有一些研究成果问世，对于深化社会网分析方法将有重要的意义。

（3） 生活周期研究

将纵向的、长时段的分析路径引入定量研究，借以探求宏观历史事件对于个体的作用和影响是生活周期研究独具的长处。这一理论和方法正在被引入国内学界。年度内将在两个方面展开生活周期研究。一个方面是对于家庭生活周期的研究，在这里分析的单位是中国的城乡家庭，而不是个人。可以预见这一研究如获成功，将会对生活周期的理论和方法作出重要的贡献。另一个方面是对于在某个重大历史事件中成长起来的一代儿童的研究，探讨这些当年的儿童现在的行为方式、思维方式和心理结构等方面的特征。这两项研究对于将生活周期研究引入国内学界都具有重要的意义。

　　2. 对策研究领域

对策研究历来是国内学界广为关注的领域，在经济发展和社会变迁的重大问题上要有社会学的声音，是学界早已达成的共识。新年度内，在对策研究领域内，将有三个问题成为引人注目的热点。

　　（1）国有企业改革问题

随着国有企业股份制改革的开展，如何在市场经济条件下搞活国有企业，成为举国上下关注的中心。学界将在长期积累的基础上，对搞好国有企业改革提出一系列对策性建议。

　　（2）乡镇企业转制问题

以往以集体所有制为主要产权形式的乡镇企业，现在正处于"转制"过程中。预计对于乡镇企业转制中出现的一系列学术问题的研究将形成一个新热点。在这一过程中产生的产权的社会建构问题、产权与社会认知的关系等问题，将会成为讨论的中心。由此也说明此种转制过程不仅具有重大的现实意义，而且具有重要的理论意义。

　　（3）社会保障研究

对于我国现行社会保障制度及其可能的改革方案，学界近年来进行了较多的研究。但从总体上看，大多还停留在调查基本状况、分门别类地对各项现有保障制度进行局部研究的范围内。新年度内出现的社会保障研究将会更进一步，力求把社会保障制度的改革看作重建国家、社会、企业、个人之间关系的渠道或杠杆，把社会保障研究与更为广阔的社会理论联系起来思考，从而试图从总体上形成具有社会学特点的改革方案。

五　结论

总的来说，新年度的社会学将会继续沿着学术研究和对策研究两个方向前进。正在形成的三个明显的特征如下。

一是跨学科，即由于所研究问题的广泛性和深刻性而不断引入其他相关学科的视角，促进社会学和相关学科的交流；

二是历史感，即在研究中更多地引入历史的眼光，而不仅侧重于横断面的研究；

三是在重大问题上突出社会学学科的声音，即在经济改革和社会变迁的重大问题上，从社会学的角度提出可能的化解方案。

参考文献

陈烽，1997，《转型期干部阶层的地位变动和腐败的利益根源及治理》，《社会学研究》第 5 期。

冯小双、李海富，1997，《加强学科建设 回应伟大时代——中国社会学的学科建设学术讨论会综述》，《中国社会科学》第 5 期。

李汉林，1996，《中国单位社会研究》，彼得朗出版社。

刘世定、丁元竹主编，1997，《走向 21 世纪的中国社会问题》，四川人民出版社。

陆学艺、李培林主编，1997，《中国新时期社会发展报告（1991—1995）》，辽宁人民出版社。

牛仁亮，《论再就业》，《光明日报》1997 年 11 月 24 日。

孙炳耀等，1997，《寻求新的整合：企业保险社会化改革的现状、问题与对策》（研究报告）。

王雅林、何明升，1997，《论现代化的发展质量》，《社会学研究》第 3 期。

张秉铎、唐钧，1997，《城市居民最低生活保障线制度研究》，江苏人民出版社。

Soloman, Robert., C., & Murphy, Mark, C. 1990. *What is Justice? Classic and Contemporary Readings.* New York：Oxford University Press.

社会学方法论新探（上）

——科学哲学与语言哲学的理论视角[*]

覃方明

摘　要： 本文试图通过科学哲学和语言哲学的理论视角，对于社会学方法论的二元对立状况作出澄清。本文首先指出，社会学方法论的二元对立实质上是整个社会科学领域内方法论分裂状态的反映。本文借助科学哲学的理论成果对于社会学方法论的诸二元对立进行了分析。指出，传统上被认为构成了社会学方法论之根本对立的方法论个体主义与整体主义间的对立只在发现的程序层面上存在，而在验证的逻辑层面上消失。因此，两者间不存在本质的对立。而理解的方法与实证的方法则在验证的逻辑上分别对应于本质上不同的方式，它们之间的对立才是根本性的。最后，本文试图通过语言哲学的意义理论来指出社会科学及其方法论的本质特征。

一　导言

"方法论"（methodology）这个字眼是容易使人产生误解、产生歧义的。根据《韦伯斯特百科词典》上的解释，它有时指的是"任一专门学科中（所使用的）方法的体系"，这只不过是方法（method）的较为动听的同义词而已；而它更经常地是指"研究方法或有序程序的科学，特别是有关科学与哲学探究中推理原则应用的学科分支"。换言之，在这一意义上，它指的是对一门学科的概念、理论，特别是基本推理原则的研究。当"方法论"这个字眼分别被使用于自然科学与社会科学时，它的含义是十分不同的。在自然科学中，它指的基本上是后者，而在社会科学中，至少在社

---

　*　原文发表于《社会学研究》1998 年第 2 期。

会学中，它所指的东西更加贴近前者。因此，在本文中，我将采取一种综合变通的方式来定义"方法论"概念，即认为方法论研究应由上述两个部分组成，我称前者为"发现的程序"（因为"方法"这个字眼十分含混，难以凸显我想强调的理论特征），而借用科学哲学的术语，称后者为"验证的逻辑"，它们的具体含义将在下文加以阐释。这一定义绝不仅仅是一种权宜之计，而是有着理论上的深刻考虑，意在揭示上述两者之间不可分割的关联。

一方面，在科学研究中，方法论研究作为对于"实质的"科学理论所做的"形式"的或"逻辑"的探索，必须以"实质的"科学理论作为自己的研究对象，因此，在研究程序的逻辑上，它后于"实质的"理论。但是，另一方面，所有以科学为名的学科，无一例外地都不能不关注如何获得研究结论的问题（发现的程序问题）和这一结论何以为真的问题（验证的逻辑问题），即方法论的问题。而方法论探索的成果在这种关注之下表现为科学理论所必须满足的"形式"或"逻辑"的标准规范或前提预设。在此意义上说，方法论研究又在理论推理的逻辑上先于"实质"的科学理论。上述这种似乎自相悖谬的状况，实际上向我们提示着真正合理的科学研究进程是如何进行的。从这一意义上说，科学研究势必应当循着实质理论—方法论—实质理论—方法论……的模式循环往复地行进。所以，方法论研究作为实质性理论探索之间的关键环节，在科学研究中占有着毋庸置疑的重要地位。

在社会学学科的奠基时代，社会学的创始者们，从孔德（A. Comte）、斯宾塞（H. Speucer）到马克思（K. Marx），全都致力于创建自己的"实质性"科学理论，而漠视方法论的探究。从上文所指出的科学研究程序的逻辑之视角来看，这种状况是很自然的。但与此同时，孔德、斯宾塞与马克思全都受到了当时自然科学的理论成果与研究方法的重大影响，在他们构建自己的"实质性"科学理论的时候，这些理论与方法潜移默化地将自然科学的方法论标准与前提预设渗透融合进了他们的思想理论之中。虽然在他们的思想理论中，这种渗透融合的侧重点、程序与表现方式等都各不相同。

社会学学科中自觉的方法论探索始于第二代经典作家们，特别是迪尔凯姆（E. Durkheim）与韦伯（M. Weber）。然而伴随着这一自觉的方法论探索的开始，有关社会学方法论的论争与对立也产生了。众所周知，迪尔凯姆大力提倡整体主义的（holistic）、实证的（positive）方法论，而韦伯与之针锋相对地坚持个体主义的（individualistic）、理解的（understanding）方法论主张。在社会学的理论脉络中，这两种方法论主张分别与迪尔凯姆和韦伯所秉持的彼此对立的社会本体论见解——社会唯实论对社会唯名论——密不可分，甚至可以说是这两种社会本体论立场在方法论领域中逻辑推衍的结果。然而，从当时更广阔的知识背景来看，这两种方法论之间的对立，实质上反映着整个社会科学领域方法论状况上的两种主要倾向之间的对立。第一种倾向是方法论一元论的主张，即认为自然科学的方法论是普适的准则，既适合于自然科学，也同样适合于社会科学。社会科学与自然科学之间的差异只是研究对象、研究工具与研究精度的差异，而在基本的理论推理原则上并无差别。第二种倾向是方法论的二元论乃至多元论，这种主张认为，相对于自然科学而言，社会科学有着自己独特的、不可替代的方法论特质，因此，社会科学不可能也不应当在方法论上效法自然科学。社会科学与自然科学的差异涉及方法论的根本性质，这一差异无法在一个统一的方法论之内得到弥合。自 19 世纪末以来，就整个社会科学领域而言，上述两大方法论倾向之间的对立一直延续到今天。在此期间，这两种彼此对立的倾向在不断的论争中砥砺自己的理论武器，但时至今日，在难以达成理论共识的情形下，这两种倾向间的对立已在很大程度上被束之高阁，存而不论。

然而，一般来说，就各个单独的社会科学学科而言，它们的社会科学研究并未因这种搁置所造成的方法论上不统一的局面而受到多少伤害。这是因为，就每一单独的社会科学学科而言，它实际上已经在上述两种倾向中作出了符合自己学科根本性质的方法论抉择。它要么选择接受方法论一元论的基本立场，在方法论上效仿自然科学的特征，追求描述现象之规律性的普适科学（如经济学），要么选择接受方法论多元论的主张，坚持认为在方法论上社会科学自有其独特的不同于自然科学的性质，致力于描述独一无二的、不可重复的甚至是不可观察的进程与情境（如史学与人类学）。因此，尽管在整个社会科学领域内方法论上的分裂局面与整个自然科学领域内方法论的基本统一形成鲜明的对照，但是，对于每一单独的、具体的社会科学学科而言，在学科内部，其方法论立场基本上仍是统一的，尽管可能有局部的、暂时的例外。唯独社会学这一后发的综合性学科，由于其研究领域涉及以上两类社会科学学科的领域，也由于其学术抱负是试图以统一的方式来刻画整个人类社会体系的状况，所以，不得不单独面对在基本方法论立场上分裂的状况所造成的困境。在社会学学科内部，从韦伯与迪尔凯姆的时代开始，在方法论主题上的对立与论争贯穿了社会学学科发展的整个历程。方法论上的这一长期存在的对立局面业已造成了社会学领域内在"实质的"理论建构、具体的研究程序乃至学术共同体从业人员中潜在的或明显的分裂。在当代，这一局面又与社会学知识的本土化和国际化的论题纠缠在一起，形成了更为错综复杂的情势。长期以来，虽然大多数社会学家默认了这一分裂状况，甚至自觉不自觉地在自己的研究中对于彼此对立的方法论立场作出了选择，但是，这一分裂局面仍然引起了关注本学科统一性与学术规范之基础的社会学家们的忧虑，他们力图通过自己的理论研究来弥合这种分裂。然而，由于这类弥合分裂的努力大都囿于实质性理论与具体研究程序的范围之内，而并未涉及方法论的层面，因此，不夸张地说，收效甚微。

另外，如前所述，社会学方法论上分裂的局面产生于迪尔凯姆与韦伯的理论观点之间的对立，并且，在我看来，多年来，尽管在社会学的实质性理论的领域内风云变幻，气象万千，但是社会学方法论的基本理论格局仍然是上述两者之间的对立，并无明显的变化。这就引出了一个问题。在迪尔凯姆与韦伯的时代，得到公认的、占有统治地位的科学方法论理论乃是由培根（Francis Bacon）于 17 世纪前叶奠定其基础，而由穆勒（John Stuart Mill）于 19 世纪中叶予以完善的归纳论，这种主张尽管早在 18 世纪中叶就已遭到休谟（David Hume）的严厉质疑，并在当时也已开始受到马赫（Ernst Mach）等人的思想的猛烈冲击，但仍然是当时科学方法论领域的头号权威。我们不难在诸如迪尔凯姆的方法论主张中看到它的影响。然而，就在迪尔凯姆与韦伯分别确立自己的方法论主张前后，20 世纪初叶，物理学革命的爆发彻底改变了自然科学方法论的理论面貌，归纳论被摒弃了，由此开始了自然科学方法论领域的一个深入探索、不断创新的蓬勃发展的新时代，科学方法论研究也由此一变而成为显学。19 世纪末叶以来，人们在科学方法论（以及科学史）领域内的理论探索便构成了现代科学哲学。我们的问题是，尽管社会学方法论二元对立状况的形成涉及当时的自然科学方法论的权威理论——归纳论，但是，这一状况与归纳论之后的自然科学方法论新的理论探索——现代科学哲学之间的关系究竟如何？现代科学哲学摒弃了归纳论，那么它是否能够消解在某种意义上由于引入了归纳论才得以形成的社会学方法论的二元对立状况呢？对此，我们将在下文利用科学哲学的理论成果来分析研究社会学方法论领域中主要的二元对立。但在进行这一分析之前，我们首先必须解决有关将科学哲学理论应用于社会科学领域时的适用范围的问题——论域问题。

二　科学哲学的理论脉络与论域问题

要解决科学哲学的论域问题，即哪些科学哲学的理论成果能够适用于社会科学领域的问题，我们首先必须对科学哲学理论上的传承关系予以澄清，对于科学方法论的主题、概念、理论等在历史脉络中的承袭嬗变、更替扬弃的过程有所了解。

如前所述，近代科学方法论探索的源头应当追溯到培根的归纳论，就我们所关注的与论域问题有关的层面来说，归纳论有一个显著的特点（虽然培根本人也未必自觉地注意到了这一点），那就是，归纳论既是科学研究实际程序的模式方法（发现的程序），又是科学理论得到验证的逻辑标准（验证的逻辑）。而后来休谟从逻辑角度对归纳论所做的严厉批判，并未否认归纳论作为发现的程序的地位（虽然在今天的科学史研究看来，这一地位也是深可怀疑的），而是质疑归纳论作为验证的逻辑的资格。

物理学革命的爆发这一事实本身就证明了归纳论的破产。因为在归纳论的知识直线累积模式中根本就没有科学革命发生的可能。由物理学革命所孕育产生的现代科学哲学，面对着牛顿力学这一在几个世纪中被奉为真理的科学体系几乎在一夜之间就被摧垮的残酷历史事实，不能不从一开始就将其全部注意力集中于验证的逻辑问题之上。因此，从逻辑实证主义到波普尔（Karl Popper）的证伪主义，现代科学哲学的早期研究探索几乎都围绕着验证的逻辑这一主题进行。逻辑实证主义甚至不无偏激地将科学方法论等同于对验证的逻辑的研究，而将有关发现的程序的研究称为"发现的心理学"，认为这一领域充斥着不确定的偶然因素，无法用理性来加以把握，因此应当将其摒除于科学方法论之外。波普尔的理论思想诚然没有这么偏激，他所提出的猜想——反驳的理论图式实际上就属于发现的程序范围。但是，即使是他的证伪主义方法论，也同样将验证的逻辑置于理论的根本基础的地位，而将发现的程序建筑于验证的逻辑之上。在他的理论中，验证的逻辑就是对科学理论的可证伪性要求，猜想——反驳的科学发展图式是奠基于科学理论的可证伪性之上的。所有这些围绕着验证的逻辑主题进行的方法论研究，都致力于解答"科学应当是什么"的问题，因而这些研究所获得的理论结论，都表现为从外在于科学研究领域的立场对于科学研究活动进行方法论上的规范。

在 20 世纪中叶，由库恩（Thomas Kuhn）、费耶阿本德（Paul Feyerabend）、汉森（N. R. Hanson）等人所创立的科学哲学中的社会历史学派造成了科学哲学中所谓的"历史主义转向"。这一转向使得科学哲学的主要理论兴趣发生了至关重要的转变。简要说来，这一转向使得科学哲学的理论兴趣从验证的逻辑转向发现的程序，从科学方法论转向科学史，从规范转向事实。在库恩们看来，前者虽然在逻辑上是合理的，但在实践中却是虚假的、空洞无效的；后者虽然在逻辑上是不合理的，但却是真实的、实际发生的。需要指出的是，历史主义所谓的"发现的程序"并不是波普尔意义上的、建立在验证的逻辑基础上的那种"理性重建"，而是通过对科学史事实进行经验研究而概括获得的描述性模式，这不是合乎逻辑的"发现的程序"，而是实际发生的"发现的程序"。正因如此，对于历史主义通过科学史研究而获致的理论模式，例如，库恩关于科学革命与常规科学的理论概括，都应作如是观。因此，历史主义学派的一切理论研究努力就根本不是用来解答"科学应当是什么"这类属于方法论范畴的问题的，而是旨在回答"科学实际是什么"这类属于科学史范畴的问题的。所以，历史主义从研究中所获得的一切理论模式乃是从内在于科学研究的立场对于科学研究活动的描述，这种描述根本不含有对科学研究活动加以规范的方法论意味。

以上在理论脉络上对于科学哲学理论类型所作出的区分对于我们将在下文予以探讨的论域问题具有重大的意义，实际上，这一区分构成了论域问题的逻辑前提。然而，许多社会科学家并未意识到上述区分的逻辑优先性，在尚未搞清形形色色的科学哲学理论的来龙去脉的情况下就仓促地将它们移植到自己的领域中，作为对社会科学理论进行方法论分析的逻辑框架。在我看来，这种误用尤为明显地表现在对科学哲学的历史主义的理论观点的盲目移植上。这种盲目移植甚至已经引起了这些理论的创立者的大声抗议。

在上述区分的基础上，我们可以来探讨一下将科学哲学的理论成果应用于社会科学领域时所产生的论域问题了。首先需要指出的是，科学哲学理论中所谈到的所谓"科学"，不论是历史主义学派还是非历史主义流派，无一例外地指的都是自然科学，有时所指的范围可能更为狭窄，指的只是物理学、化学等少数抽象化程度较高的自然科学基础学科。但是，注意到以上所作出的区分，可以看到，对于从逻辑实证主义到证伪主义的非历史主义科学哲学理论［也许在某种意义上还可以包括拉卡托斯（Imre Laka-tos）的科学研究纲领方法论］来说，它们的理论宗旨在于用它们的方法论理论来"改进"科学研究，使得科学研究的进程符合它们为"科学"所设定的规范与标准。而此种方法论的规范与标准是通过外在于科学研究的方式，对于科学理论之逻辑结构以及理论与世界之认识论关系进行抽象探索而获得的。因此，它们所谈论的"科学"乃是它们对于科学的理想，是符合于此种规范与标准的、如此这般地构成的命题体系。而对于历史主义学派来说，它们的宗旨就在于对实际的科学研究进程进行如实的描绘，它们以内在于科学研究领域的方式，对于实际发生的科学事实（科学史）进行概括而得到的理论模式，并没有对科学研究进程施加规范与标准的意思。如果它们所获得的理论模式与实际发生的科学研究进程不相符合，那么毫无疑义地要摒弃这一模式。所以，历史主义所谈论的"科学"乃是历史上实际发生的科学研究过程，甚至还包括这些过程的社会、文化、历史、心理等的情境，总之，是由实际科学研究活动及其相关环境所构成的总体。

因此，对于社会科学来说，从非历史主义的科学哲学的观点来看，尽管它们的方法论探索是围绕着自然科学领域进行的；尽管它们的方法论理论概括得到的是自然科学应当遵循的规范与标准，这些规范与标准是针对自然科学的特征的；尽管这些科学哲学流派的主要代表人物都认为，绝大多数社会科学学科并不符合他们为"科学"设定的方法论规范与标准。然而，在一个主要的方面，非历史主义科学哲学的方法论所具有的根本性质，使我们有可能将这些方法论的理论成果应用于社会科学领域，那就是，从根本上说，非历史主义科学哲学将"科学"视为由描述经验事实的科学理论所构成的命题体系。如前所述，非历史主义科学哲学的方法论研究所具有的外在性质（外在于科学研究领域）与抽象性质（只对科学理论之逻辑结构和理论与世界之认识论关系作形式探索），使得所得到的方法论理论超脱于具体科学理论与程序方法的范围之外。正是在这一意义上，如果某个社会科学学科能够被视为描述经验事实的科学理论构成的命题体系（许多社会科学学科自诩是这样的体系或者近似是这样的体系），那么，我们就有理由问这样的问题：通过形式的抽象逻辑探索而得到的科学方法论规范与标准是否适用于这些体系？这样，非历史主义科学哲学的方法论理论就可以被引用来对于这些社会科学学科的理论与方法进行分析研究。换言之，这也就意味着，非历史主义科学哲学的论域在上述对于"科学"的定义下可以包括社会科学领域在内。

而从历史主义学派的观点来看，情形完全不同。如前所述，历史主义的学术立场是内在于科学研究活动的，它的研究探索是从具体的科学研究活动及其情境入手的。因此，它的一切理论模式都依赖于具体的、实际存在的科学研究过程的状况，实际存在的科学研究过程的状况乃是这些理论模式立论的逻辑基础。所以，在考虑将这些理论模式应用于社会科学领域的论域问题时，首先必须要考虑社会科学研究活动与自然科学研究活动在具体的历史脉络上的相似性问题，这种相似性乃是这些模式能够应用于或移植到相应的社会科学领域之中的先决条件。遗憾的是，在我看来，就大多数社会科学学科而言，特别是就社会学而言，这种相似性条件并不具备。社会科学学科，无论是在学科的具体的主题、理论、方法上，还是在学科的具体的社会、历史、心理、文化的情境上，都与自然科学有着本质的差异。因此，不能将历史主义通过研究探索自然科学史而获得的理论模式，例如，库恩的范式概念、科学革命与常规科学的发展模式等，直接应用于对社会科学学科领域的方法论研究。历史主义学派的代表人物自己也曾明确否认了这种直接移植的可能性。例如，库恩就曾经指出："如果某些社会科学家以为从我这里能得到一种可以改进他们领域的观点和方法，即，先要在基本原则上取得一致，然后再转入解疑难活动，那他们就十分糟糕地曲解了我的意思。"（拉卡托斯，1987：330）其次，退一步说，即使在某一社会科学学科与自然科学之间存在着上述历史脉络上的相似性，这也只不过说明，历史主义的科学史理论模式可以被移植过来描述该社会科学学科的历史状况。然而，正如我们已经一再强调指出的，历史主义的理论模式是科学史性质的描述，而不是科学方法论性质的规范与标准。因此，即使在自然科学领域内，它也根本不含有对科学研究活动加以规范的方法论意味，更不用说在社会科学领域内了。综合上述，很显然，历史主义的科学史理论模式不能将社会科学领域包括在它们的论域之内。

在对现代科学哲学的论域问题进行上述澄清后，下文就可以引用适宜的科学哲学理论——非历史主义的科学哲学方法论的理论成果来对社会学方法论的状况进行分析。

三 从科学哲学的观点看社会学方法论的二元对立

正如前文所指出的，社会学方法论中的二元对立起源于迪尔凯姆与韦伯的彼此对立的方法论主张，并且主要地与他们所秉持的彼此对立的社会本体论观念密切相关。然而，需要特别强调指出的是，从韦伯和迪尔凯姆开始，社会学家们似乎总是从发现的程序层面上来考虑自己方法论立场的正当与否。换言之，他们总是从某一方法论程序是否能够保障获得由他们的本体论观念所决定的那种类型的科学理论这一方面来对方法论立场作出判断与抉择。一般而言，除个别例外，社会学家们都没有从验证的逻辑层面来考虑他们坚持自己的方法论立场的理由，换言之，他们没有从彼此对立的方法论程序所获致的科学理论何以为真，或如何得到验证这一方面来考虑自己的方法论立场是否正当。与此同时，如前所述，非历史主义科学哲学却总是将验证的逻辑置于它们的方法论理论的中心的、基础的地位，而使发现的程序从属于或建筑于验证的逻辑之上。因此，以科学哲学的观点——超脱于本体论观念对立的角度，从验证的逻辑层面来分析探讨彼此对立的方法论主张，对于澄清社会学方法论的二元对立将是大有裨益的。

为了分析与论证的方便，我们将迪尔凯姆与韦伯的彼此对立的方法论主张分解成方法论的整体主义与个体主义之间的对立和实证的方法与理解的方法之间的对立这样两个层面。这一分解纯粹是形式的、逻辑的，并不涉及对他们的方法论理论主张的任何实质性的改变。

就方法论的整体主义与个体主义之间的对立来说，迪尔凯姆从社会唯实论的社会本体论观念出发，认为社会学分析的基本单位是超越个人的、具有群体特征的社会事实，因此，他坚持方法论的整体主义是自然而然的；韦伯则从社会唯名论的本体论观念出发，认为社会学分析的基本单位是个人的社会行动，因此，他主张方法论的个体主义也是顺理成章的。很显然，由于他们各自的本体论观念彼此对立、不可调和，所以这一方法论上的二元对立不能在社会学理论的脉络自身之中得到解决。那么，从验证的逻辑角度来看，情形又如何呢？如前所述，验证的逻辑考察的焦点是科学理论如何为真或者如何得到验证的问题。因此，让我们循着这一途径来考察一下由这两种彼此对立的发现程序所获致的科学理论的验证问题。

就方法论的个体主义而言，在社会学理论中，所谓个体是指处于社会环境之中，实施社会行动的个人。所谓方法论的个体主义是指通过对于作为社会行动者的个人的思维与行为过程进行研究，来获得对于社会现象的解释的方法论途径。通过对作为社会行动者的个人的思维与行为过程进行研究，我们可能获得两种形式的结果：其一，可能获得描述个人独特社会经历的私人传记（biog raphy）；其二，可能通过对个人行为与思维过程进行研究的启示，建立普遍的、能够概括多数个人和/或情境的行为与思维模式的理论假说。很显然，前者也可能引起人们的某种兴趣，但是，如果不能对后者有所帮助或启示的话，这种兴趣就绝不是学术性的，更不用说是科学性的了。另外，对于个人的思维与行为过程进行研究的目的在于解释社会现象。可以想象，即使通过研究获得了大量前者类型的成果，由于它们都是对单独个体的描述，很显然，它们将难以构成对社会现象的解释，除非对它们进行某种整理。而这种整理的过程，在我看来，就是将前者转化为后者的过程。因此，从科学方法论的立场判断，我们可以将前者摒除于我们所研究的方法论个体主义的领域之外，而集中注意后者的性质特征。

从验证的逻辑角度来看，循着方法论个体主义的途径，可以从对单独或少数个体的行为与思维过程的研究获得有关多数个体的行为与思维模式的理论假说，但是这样的推演是根本没有逻辑的根据的。这是一步思想上的飞跃。在暂且不考虑科学理论的经验验证的前提下，这一步骤恰恰与波普尔的证伪主义方法论中的猜想——反驳图式中的猜想阶段在形式上等价。这两者都是从时空上的局域特性外推到普适特性的过程，都是从单称陈述（描述单独个体或情境的陈述）外推到全称陈述（描述多数个体或情境的陈述）的过程，都是缺少逻辑根据而主要依赖人类思想自由发挥的过程。这样的过程也是受到时空局限的人类想对无限悠久、无限浩瀚、无限精微的外在世界有所言说时所不得不历经的过程。正是深谙上述等价性的存在，所以波普尔在提出他对社会科学方法论的理论设想时，才大力主张应当在社会科学的研究中采用方法论个体主义的研究策略。

但是，如前所述，像其他非历史主义科学哲学的方法论理论一样，波普尔的整个证伪主义方法论理论体系建立在验证的逻辑基础上，具体来说，建立在科学理论的"可证伪性"这一关键概念的基础上。在波普尔的体系中，科学理论假说作为全称命题仍然要受到经验事实的检验：虽然这些命题不能被证实，但却可以被证伪。至少在原则上是如此。那么，就社会学研究而言，方法论的个体主义途径应当如何建立它自身的验证的逻辑呢？换言之，循着这种途径所获得的理论假说如何才能得到验证呢？

首先，让我们来看一下"可证伪性"概念有无直接移植到社会学（社会科学）领域中的可能。波普尔在他的科学方法论理论中引入"可证伪性"来取代"可证实性"，是因为科学理论命题在逻辑上的全称性质以及全称命题的涵盖范围的无限性质所使然。正如休谟对归纳论的质疑所表明的，在归纳与演绎之间、证实与证伪之间存在着根本的不对称性。不管单称陈述有多少，都不能合乎逻辑地从中推论出或建立起任何全称陈述。也就是说，归纳法并不是一种逻辑上有根据的推理方法。而借助于演绎逻辑，仅仅一个单称陈述就能合乎逻辑地否定或驳倒任何全称陈述。正因为在自然科学领域中理论命题是全称命题，所以它们涵盖的范围，无论是在个体的数量上，还是在时空的范围上，往往都是无限的，于是，"可证伪性"标准才能合乎逻辑地取代在此种情况下业已失效的"可证实性"标准的地位。

然而，对社会学理论来说，一般而言，其理论命题并不具有全称陈述的性质，绝大多数表面上具有全称陈述外貌的社会学理论命题，如果稍微深入地探究一下的话，就会发现它们不过是对大多数个体或情境作出概括性描述或预测的命题。因此，从根本上说，对于社会学理论命题，不能仅仅由于否定性单称陈述为真就去证伪它，换言之，不能引入波普尔意义上的可证伪性作为社会学理论是否有意义的标准。很显然，就对大多数个体或情境作出论断的社会学理论命题而言，如果这些个体与情境的数量是无限的，那么，从验证的逻辑角度来看，这些命题将既不能被证实，也不能被证伪，从而不能被验证。然而，如果命题所论断的个体与情境的数量是有限的（在我看来，在社会学理论中存在着大量这类命题），那么，从逻辑上说，就存在着从整体上对命题进行检验（证实或证伪）的可能性，虽然不一定存在着操作上的可能性，即我们可以逐个地对命题所论断的所有个体或情境进行检验，从而达到对理论命题在数量上进行严格的检验（操作上一般是不可能的），或者在上述个体或情境的范围内进行抽样检验，从而达到对理论命题的概率性检验（操作上一般是可能的）。

因此，很显然，上述纯形式的、不涉及实质性理论内容的逻辑分析，表明了方法论个体主义在（波普尔图式的）自然科学领域与社会学领域中的两种不同的境况。在波普尔的图式中，无论是在发现的程序（猜想阶段）中，还是在验证的逻辑（反驳阶段）中，都可以首尾一贯地坚持方法论的个体主义。我们受到单独个体的启示去建立全称陈述性质的理论假说（猜想），我们同样借助单独个体的反例去否证这一理论假说（反驳）。而在社会学理论中，我们诚然仍然可以借助单独个体的启示去建立描述多数个体的理论假说。然而，由于这类理论假说命题的非全称性质，我们不能引入可证伪性作为判断理论有意义的标准，因此，也就不能以单独个体的反例去证伪这类理论假说。虽然，如前所述，论断无限多数个体或情境的理论命题是不能验证的，然而，论断有限数量的个体或情境的理论命题却可以通过诉诸被论断的个体或情境的整体或样本来得到验证。总而言之，方法论的个体主义在社会学研究中似乎只能充当发现的程序的角色，在验证的逻辑层面上，我们似乎不得不诉诸理论所论断的个体或情境的整体（严格检验）或整体的样本（概率检验）。

下面我们来看一下方法论的整体主义。使人感到遗憾的是方法论的整体主义这一概念并不清晰，并且令人厌烦地与社会唯实论这一本体论的整体主义观念纠缠在一起，难以分拆得开。按照社会学中方法论整体主义的首倡者迪尔凯姆的看法，社会学应当加以研究的对象是社会事实，它应当满足三个要求：①社会事实外在于个人；②社会事实具有迫使个人服从的强制作用；③社会事实普遍地贯穿于一个社会之中。那么具体来说，满足这些要求的社会事实是什么呢？在迪尔凯姆看来有以下三类。

第一类是法典性的准则，例如法律、政治、教义、金融制度等制度性规范，这些东西是社会规范的官方明示的表述，涉及整个社会的基本价值。

第二类是迪尔凯姆称之为"集体表象"而我们也许更愿意称之为"文化"的大量不属于第一类法典性准则范畴的习俗、道德、情感、舆论、思维、规范等的模式与现象。

第三类是由个别事实所构成的而以统计比例表现出来的、描述社会或社会群体特征的综合性事实，例如自杀率、结婚率、流动率等。

上述三类社会事实就是迪尔凯姆为社会学研究所设定的研究对象。但这类设定仍然属于本体论范畴，在方法论的意义上，即在发现的程序与验证的逻辑的意义上，整体主义究竟何指仍需我们进行研究。

具体审视一下迪尔凯姆所定义的这三类社会事实很容易发现，第一、二两类社会事实在迪尔凯姆的用法上——例如，只考虑文化模式对个人的思维与行为过程的影响，而不考虑文化模式作为人的创造物而发生的过程——大致能够符合他所提出的三个要求。但是，第三类社会事实如果勉强可以说是外在于个人的（实际上个人的贡献参与到了统计结果之中，虽然份额微乎其微），但却很难说它对个人具有强制作用。另外，说这样的统计性事实贯穿于整个社会，其意义也是含混不清的，至少，这不同于说第一、二类事实贯穿于整个社会那样的意义。

但是稍微深入地考察一下迪尔凯姆的本意，就会发现，在这种表面的含混不清之下恰恰潜藏着方法论整体主义的真义。迪尔凯姆认为，社会事实与所谓的社会事实在个人身上的具体表现常常被人们混为一谈，但这两个类别是泾渭分明、不容混淆的。有时人们能够轻易地将两者分离开来，有时则难以进行这一分离。在后者的情况下，当不能直接观察到这种分离状况时，我们就往往需要借助于某种人为的方法使"分离"呈现出来。在迪尔凯姆看来，统计学正好就是这样一种方法。他举例说明，某些社会思潮在不同的时间和国家，不同程度地迫使人们结婚、自杀、多生育或少生育等，这些现象显然是社会事实。乍一看来，它们似乎是与它们在个人身上的表现形式分不开的，但借助于统计学方法，我们可以通过结婚率、自杀率、出生率等统计量将这些现象精确地表现出来，同时又消除了由于个人偶然因素所导致的偏差。

因此，很清楚，迪尔凯姆利用统计学的方法来综合众多个体状况的事实，其目的并不在于以少数统计结果来概括这众多状况的总体特征，而在于通过这些统计结果来刻意凸显这众多个体所受到的某种普遍影响，用迪尔凯姆的术语来说，即某种普遍的强制作用（迪尔凯姆，1995）。

经过上述说明，我们就可以明了，上文有关第三类社会事实的疑问将不复存在。第三类社会事实并不是统计结果本身，也不是众多的个体状况的总和，而是只有通过对众多状况的统计结果才能表现出来的某种外在的强制作用。

由此，我们可以将上述三类社会事实视为一个统一体，它们三者之间的差别不过是对社会事实与个人具体表现进行分离时难易程度不同而已。第一类最容易进行这一分离，第二类较难，第三类最难。

借助于上述说明，我们便可以将迪尔凯姆意义上的方法论整体主义概念归纳如下：方法论的整体主义就是通过对于（如上述定义的）社会事实及其彼此关系的研究，来获得对于社会现象的解释的方法论途径。首先，让我们从发现的程序层面来分析一下方法论整体主义。在这里存在着两个层次。第一个层次是社会事实的发现，对于能够直接观察到上述分离或容易进行上述分离的社会事实，如法典性准则或某些类型的文化模式，我们可以通过直接观察或文献研究等方法很容易得到它们；然而，对于难以进行上述分离的社会事实，如上所述，我们就必须通过统计学方法才能发现它们。第二个层次是社会事实间关系的发现，迪尔凯姆指出，社会事实只能由社会事实来解释，这是他的方法论基本准则之一。他又指出，当我们试图解释一种社会现象时，必须分别研究产生该现象的原因和它所具有的功能。这样，循着方法论整体主义的途径所发现的理论假说就必定是有关社会事实间的关系（因果关系或功能关系）的。要发现社会事实间的关系，一般需要在占有相关社会事实的丰富资料的基础上，诉诸统计学方法的分析研究手段。

从验证的逻辑角度来看，要验证方法论整体主义所发现的理论假说，不论所发现的是社会事实本身，还是社会事实间的关系，都需要从考察这些理论假说所论断的事实或关系所涉及的个体或情境的数量入手。如果这些数量是无限的，那么这些理论假说同样是不可能得到验证的。对于这些数量有限的情形，则相应的理论假说在理论上有可能获得严格的检验（一般在操作上是不可能的）或概率性检验（一般在操作上是可能的）。所有这一切逻辑分析的结论都与方法论个体主义的情形完全相同。因此，我们可以得出以下结论：方法论的个体主义与整体主义间的对立只存在于发现的程序层面，而在验证的逻辑层面上消失。

然而，方法论整体主义与方法论个体主义在一个方面存在着重大差异。对方法论个体主义来说，发现或提出理论假说的过程（猜想阶段）与验证或检验理论假说的过程（验证或反驳阶段）是前后相继、彼此分立的。前者只涉及单独或少数的个体或情境对研究者的启示，后者则需要诉诸众多个体或情境的检验。而对于方法论的整体主义来说，在实际研究中，发现的过程与验证的过程常常是合而为一的：我们通过对众多个体或情境的研究发现论断社会事实及其关系的理论假说，而这些个体或情境又反过来证实有关这些社会事实及其关系的理论假说。这在需要诉诸统计学方法的研究中表现得尤为明显。当然，这是就发现的过程与验证的过程中理论假说所论断的个体或情境的范围与论断的概率精度没有发生变化的情形而言的。如果理论假说所断言的范围大于研究资料所支持的范围，那么整个情形将与方法论个体主义的情况类似，对理论假说的验证要诉诸更多的个体或情境。但在我看来，这已经不是方法论的整体主义，而应归类于方法论的个体主义范围了。虽然在实际研究中，上述两个过程常常是合而为一的，但是我们仍然可以从逻辑上将这两个过程分割开来。因此，这并不影响我们有关在验证的逻辑层面上，方法论的个体主义与整体主义之间不存在对立的结论。

总结上述，依照非历史主义科学哲学的见解，验证的逻辑构成了方法论的基础，上述结论表明方法论的个体主义与整体主义之间并不存在本质上的对立。要验证循着这两者的方法论途径所发现的理论假说，就操作上可能的范围而言，都需要借助于统计学方法诉诸众多个体或情境。虽然统计学方法对于两者的意义大不相同：对于方法论个体主义来说，统计学方法被用于揭示众多个体状况的总体特征，其统计结果不过是对众多个体状况的简化描述或度量；而对于整体主义方法论来说，统计学方法则具有某种认识论的意味，它能够凸显原来淹没在众多形形色色的状况中的某种外在而普遍的重大影响。客观地说来，上述两种看法是从不同理论预设出发，对统计学方法作出的不同诠释，而统计学方法本身作为一种纯粹的数学工具，对于这些不同的诠释无法作出孰真孰伪的裁判。

参考文献

A. C. 格雷林，1992，《哲学逻辑导论》，邓生庆译，四川人民出版社。

A. R. 拉德克利夫－布朗，1988，《社会人类学方法》，夏建中译，山东人民出版社。

E. 迪尔凯姆，1995，《社会学方法的准则》，狄玉明译，商务印书馆。

G. 墨菲，J. K. 柯瓦奇，1980，《近代心理学历史导引》，林方等译，商务印书馆。

H. 李凯尔特，1991，《文化科学与自然科学》，涂纪亮译，商务印书馆。

I. 拉卡托斯等编，1987，《批判与知识的增长》，周寄中译，华夏出版社。

J. 托波尔斯基，1990，《历史学方法论》，张家哲等译，华夏出版社。

K. 波普尔，1986，《科学发现的逻辑》，查汝强等译，科学出版社。

K. 波普尔，1986，《猜想与反驳——科学知识的增长》，傅季重等译，上海译文出版社。

K. 波普尔，1987，《客观知识——一个进化论的研究》，舒炜光等译，上海译文出版社。

K. 波普尔，1988，《开放社会及其敌人》，庄文瑞等译，台北：桂冠图书公司。

L. 维特根斯坦，1996，《哲学研究》，李步楼译，商务印书馆。

M. 布劳格，1992，《经济学方法论》，石士钧译，商务印书馆。

苏国勋，1986，《理性化及其限制——韦伯思想引论》，上海人民出版社。

S. 雅各布斯，1993，《波普尔、韦伯与社会解释的理性主义途径》，覃方明译，《国外社会学》第 5 期。

W. 阿尔斯顿，1988，《语言哲学》，牟博、刘鸿辉译，生活·读书·新知三联书店。

Harbermas，J. 1972. *Knowledge and Human Interests*，tr. by J. J. Shapiro. Boston：Beacon Press.

社会学方法论新探（下）

——科学哲学与语言哲学的理论视角*

覃方明

下面我们来分析一下理解的方法与实证的方法之间的对立。

就所谓"理解"的方法而言，按照社会学中主流观点的诠释，由韦伯（Max Weber）所首倡的理解的方法乃是这样一种研究程序，即通过研究者的某种移情作用（empathy），或者类似于移情的其他参与行为而获得对被研究者的思维与行为过程的认识。这种程序要求研究者设身处地地将自身置入那些他想解释其思想行为的人们的精神状态之中，并从这个角度来了解他们所处的情境，来解释他们所采取的行动。很显然，从科学方法论的观点来看，理解的方法乃是一种发现的程序，循这种途径所发现的理论假说是描述作为社会行动者的人们的精神状况，特别是他们的社会行动背后的精神根据的。对照证伪主义的科学图式，这一发现理论假说的过程大致相当于证伪主义图式中的猜想阶段。然而，猜想所获得的理论假说终究还是属于科学范畴，必须要付诸验证。但是，当我们考虑经由理解的方法所发现的理论假说的验证问题时，我们就会发现自己面对着完全不同于自然科学的境况，那就是，无法通过诉诸经验事实来检验这类理论假说的命题，因为从根本上说，这类理论假说描述的重点是人们的精神状态，而不是经验事实。

但是，对于社会科学来说，理解的方法却常常是自然而然的，甚至是首选的方法（试将理解的方法与实证的方法对比）。运用理解的方法的社会科学家们似乎从未对理论的验证问题感到忧虑，这是因为他们知道，他们掌握着自然科学家们所不具备的、与研究对象进行直接沟通的渠道——语言。正是借助于语言，研究者可以将对理论假说的验证直接诉诸被研究

---

* 原文发表于《社会学研究》1998 年第 3 期。

者。然而，也正是在这里，社会科学家在享受着语言带来的全部恩惠的同时，也不得不承受着语言所固有的所有缺陷：含混、歧义、误解、抽象等。尤其在描述人们的内在精神过程时，这些缺陷表现得更为明显。

让我们从形式上考察对通过理解的方法所获得的理论进行验证的过程。首先，研究者需将他通过理解的方法所获得的对被研究者之内在精神过程的理论认识以语言陈述的形式表达出来，随后，被研究者需将这些陈述与自己的内在过程，更精确地说，是与对自己过去的内在过程的回忆和对自己未来的内在过程的预期进行比较对照。很显然，在这里，语言陈述是沟通研究者与研究对象（被研究者）的中介，然而，从认识论上看，上述的验证过程也使研究者与被研究者之间的相互关系与发现过程相比发生了重大变化，在发现过程中，研究者与被研究者之间的关系是认识主体与认识客体的认知关系；而在这一验证过程中，这一关系却转变成了两个平等的认识主体之间的意义沟通关系。由此，我们便可以得到理论假说得以被验证的前提预设，从验证的逻辑角度来看，这也是理解的方法赖以成立的逻辑基础：

> 人们可以通过公共的交流工具——语言来表达与理解，来彼此沟通各自私人的精神状态。

乍一看来，这一前提预设是天经地义的，人类社会难道不是建筑在这一前提的逻辑基础之上的吗？但是，如果稍微深入地思索一下这一前提，我们就会发现所涉及的问题深不可测：由于我们不能将两个人的精神状态直接进行比较对照，所以上述验证就不得不求助于语言，将语言表达式分别与各自的精神状态进行比较。但从逻辑上看，我们完全可以设想，同一个语言表达式所对应的研究者与被研究者的精神状态完全不同，而这一情形在上述验证过程中却恰恰对应于通过理解方法而获得的理论成果得到了证实。由于这一悖谬在理解的方法的理论脉络之中无法被根本消除，所以，在此我们可以清晰地看到社会科学中行为主义思想的主要论据之一。

以上对理解的方法的分析探讨都是围绕着社会学的主流观点，即认为理解的方法主要是一种移情的方法这样一种论点展开的。但是，除了这种主流观点，也有论者指出，在韦伯的"理解"的方法与波普尔（K. R. Popper）

的"境况逻辑"（situational logic）方法之间存在着思想上的继承关系与学理上的相似性（雅各布斯，1993）。波普尔所倡导的"境况逻辑"是他在社会科学方法论领域的主要理论主张。简要说来，他的这一主张是实证主义与个体主义的结合。所谓"境况逻辑"方法始于波普尔将人类行动（包括社会行动）视为正在解决问题这一前提预设，波普尔认为，行动只有作为解决问题或排除困难的尝试才是合理的（也许用理解的方法的术语来说，才是可以理解的）。基于这一前提，波普尔推论说，作为行动者的个人所面对的不仅是问题或困难，还有问题发生的境况，要理解个人的行动就必须全面考察这一问题–境况复合体。但这种考察只是境况逻辑方法的一个基础性组成部分，另一个组成部分是下述这样一个理性原理在具体境况中的应用：人们对于自己置身于其中的境况能够作出理性的、适宜的反应。很显然，"境况逻辑"方法乃是一种将内在的、主观的精神状态外化为客观的、可检验的因素的方法，正如波普尔自己所说，境况逻辑"不是一种心理学的方法，而是一种逻辑的方法"。人在进行社会行动过程中的主体作用被简化为综合考虑与权衡他所面临的所有重大因素，即整个问题–境况，然后采取合理的、适宜的行动。"境况逻辑"方法的实证主义性质恰恰表现在这里。它用上述有关人的社会行动的理性原理来概括形形色色社会行动背后的人的精神状态，而将社会行动的形形色色归诸问题–境况的千变万化。在这里，波普尔要求，必须从观察者的，而不是参与者的立场去探索与解释社会现象。很显然，从实证主义之验证的逻辑角度来看，问题–境况是可以观察的，相关的理论命题从而是可以付诸检验的；而人的精神状态或主观过程则是不可观察的，相关的理论命题从而也是不可付诸检验的。

境况逻辑方法是波普尔从他有关客观知识的"三个世界"的理论思想中生发、引申出来的。因此，他所谓的"境况"概念与字面上的含义差异甚大，正由于此，境况逻辑方法能否如波普尔所期望的那样，彻底排除社会科学理论中的心理还原论（在这种方法看来，对理解的方法的主流阐释也应被纳入这类还原论主张之中），[①]仍然是一个疑问。诚如波普尔自己所

---

① 心理还原论这一概念有含混之处，此处波普尔指的是将其他社会科学理论还原到通过内省方法所达到的心理学认识，而不是还原到心理学的行为主义。

指出的，行动者的境况包括"所有有关的目标和所有用得着的有关知识，特别是那些有关实现这些目标的可能手段的知识"（Popper，Rational Principle，转引自雅各布斯，1993：359），但很显然，对目标的选择与对目标和知识的相关性的判定都不能不诉诸行动者的价值观与主观偏好，而这些东西一般来说属于心理因素。另外，波普尔的"三个世界"理论强调知识的客观性，即知识是外在记录的，而知识要能够构成行动者的"境况"似乎也必须仰仗这种客观性，但对于行动者自身行动的需要来说，无论这种知识是外在的、客观的，还是内在的、只有他自己领悟的，都是等价的。而我们要是在分析其行动时将他个人所独具的知识排除在外，则似乎是逻辑上所不允许的。更加糟糕的是，境况逻辑方法所假设的有关个人行动的理性原理，业已超出了方法论的范畴，而进入了实质理论的领域。一方面，如上所述，这一理性原理是为了满足实证主义的经验验证的方法论要求而提出的；另一方面，这一原理的提出又违背了实证主义完全摒弃形而上学的严厉禁令。很显然，这一原理是作为一个形而上学预设而进入实质理论的，波普尔自己也承认，这一原理是"几乎没有"经验内容的、不可反驳的，它是对真理的一个良好近似（描述了大多数行动），但严格说来是伪的。这一原理的近乎悖谬的处境似乎表明，实证主义在社会科学中除了退化为行为主义之外别无出路。

总结上述，我们可以看到，境况逻辑方法显然并不能将心理还原论，从而也不能将移情意义上的理解方法，完全从社会科学领域中驱逐出去。因此，即使韦伯的理解的方法与境况逻辑方法有相似之处，这也并不能改变移情意义上的理解方法在社会学方法论领域中的地位，换言之，它作为与实证的方法相对立的一元不会因为上述相似性的存在而消失。

下面我们来分析研究一下"实证"的方法。从广义上说，正如"实证"（positive）这个术语所表明的，实证的方法或实证主义都强调以下重点：首先，强调现象即实在的观点，将经验事实当作一切认识的出发点；其次，强调验证对于科学理论的极端重要性。在这一意义上，可以说所有的非历史主义科学哲学主张，从逻辑实证主义到证伪主义，甚至在某种意义上包括古典的归纳论，或者科学研究纲领方法论，都属于广义的实证主义范畴。

在社会学方法论领域内，实证的方法的倡导者迪尔凯姆（Émile

Durkheim）倡导的是实证的方法与方法论的整体主义的结合。而上文所分析的境况逻辑方法则是实证的方法与方法论个体主义的结合。然而，在上述两种情形中，实证的方法作为发现的程序是不完全的，它必须依赖于实质性理论中的形而上学预设才能发挥发现的程序的作用。在迪尔凯姆那里，这一预设就是有关如此这般地定义的社会事实构成了社会学的研究对象这一本体论前提。而在波普尔那里，这一预设就是上述有关人的行动的理性原理。而理解的方法则无须任何这类实质性理论的预设就可以自足地构成发现的程序。因此，在发现的程序层面上，纯粹的实证方法似乎不可能与理解的方法构成二元对立，因为纯粹的实证方法似乎只是一种验证的手段。

下面我们来看一下另一种在社会学（社会科学）中影响甚大的实证方法——行为主义的方法的情形是否也是如此。众所周知，行为主义思想最初起源于心理学领域，其思想渊源可以追溯到霍布斯（Thomas Hobbes）、拉梅特利（Julien La Mettrie）和海克尔（E. H. Haeckel）等人的机械论的生命观念，而这种思想的直接起源则应归诸 19 世纪末叶巴甫洛夫（I. Pavlov）、别赫捷列夫（V. Bekhterev）和华生（J. B. Watson）等人的生理学—心理学的实验研究（墨菲、柯瓦奇，1980）。行为主义的心理学派受到这些实验研究的启示，特别是巴甫洛夫的条件反射反应原理的启示，提出了以下理论主张：完全根据刺激—反应模式来研究动物与人类的行为，从心理学中完全排除用内省的方法对意识的分析。在社会科学中的行为主义主张与此类似，它同样主张在社会科学学科中摒除一切以内省的（包括移情的）手段来认识意识过程的企图，只借助于观察、实验等客观手段来研究人的外在行为。但是，要将行为主义方法作为发现的程序应用于社会学（社会科学）领域之中，仍然存在着与其他类型的实证方法相类似的问题。

心理学的行为主义不仅仅是一种方法论的主张，更是实质性理论的假说——刺激—反应模式构成了心理学研究的普遍前提。只有在这一前提的逻辑基础上，我们才能得到上述行为主义方法。将行为主义方法移植到社会学方法论领域之中是否意味着社会学的实质性理论也必须接受刺激—反应模式作为自己的前提呢？在社会学理论中，除了个别理论，如以霍曼斯（G. C. Homans）与布劳（P. Blau）为代表的交换理论，其他理论都难以接受刺激—反应模式作为自己的普遍前提。对于不接受这一前提的社会学理论来说，行为主义方法将不可能成为有效的发现程序。因为仅凭行为主义方法无法将与所研究的主题或境况相关的少数因素从个人的、社会的、文化的、生活的整个脉络中，从他的所有行为中分离出来，换句话说，在社会学中，行为主义方法自身无法就观察人的哪些行为作出选择。在行为主义心理学中，刺激—反应情境较易设定，因为心理学所涉及的模式较为简单，所以情境的设定较易通过实验控制之类的手段实现。在接受了刺激—反应模式这一前提的社会学理论，例如交换理论中，情况也是如此。交换理论将注意力集中在一种刺激—反应情境——交换之上。这一理论认为交换构成了社会互动的主要模式，从而能够将这一模式从人的所有行为之中剥离、孤立出来。

因此，总结上述，行为主义方法与迪尔凯姆的实证主义方法和波普尔的境况逻辑方法一样，只有在实质性理论的前提预设的指引下，才能成为有效的发现程序。这样，综合对这三种类型的实证方法在社会科学（社会学）中的应用的考察，我们似乎可以得到以下结论：从方法论的角度来看，纯粹的实证方法只能作为验证的手段而存在，而不是有效的发现程序。它只有在实质性理论的形而上学预设的指引下，才能有效地作为发现的程序发挥作用，这类形而上学预设需要对实证方法的应用范围作出限定。

总结上文的分析，可以看到，理解的方法与实证的方法之间的对立完全不同于方法论的个体主义与整体主义之间的对立。首先，理解的方法与实证的方法之间的对立并不是发现的程序层面上的对立。虽然理解的方法是一种发现的程序，但是上述的分析却表明纯粹的实证方法并不是这样的程序。而在验证的逻辑层面上，虽然实证的方法作为验证的手段符合科学哲学的经验主义标准，但是理解的方法作为验证的手段则是与科学方法论的前提预设相违背的，因为它需要诉诸主体间的意义沟通，而不是对经验事实的观察。正如我们一再强调指出的，由于非历史主义科学哲学的一切主张都是奠基于验证的逻辑之上的，因此，理解的方法与实证的方法之间的对立不可能在科学哲学的理论框架之内得到解决。

当然我们还可以设想其他的消除这一二元对立的方法，例如，只将理解的方法作为发现的程序来使用，而只将实证的方法作为验证的手段来使用。这种解决方案初看之下似乎是可行的。但深入思索一下就会发现，由于理解的方法所发现的是人们社会行动背后的精神依据，而实证的方法所验证的却是人们的社会行动本身，并且我们完全可以想象，同样的主观精神状态能够导致不同的社会行动，而同样的社会行动背后的主观精神状态可能各不相同，因此，在上述解决办法之下，我们完全有理由怀疑所验证的东西并不是所发现的东西。在我看来，许多社会科学研究推理上的谬误就发生在这一环节上。

总结以上对于方法论的个体主义与整体主义之间、理解的方法与实证的方法之间的这两大二元对立的分析，可以看到，就前者而言，这种二元对立只是在发现的程序层面上的，具体来说，只是在发现科学理论假说时所涉及的个体或情境的数量上的不同，而这种对立在对科学理论进行验证时消失了，因为要验证循着两种程序所发现的科学理论，都必须诉诸数量上的多数或所有个体或情境。因此，从科学哲学的立场来看，这两种发现的程序之间的对立不过是表面上的。从根本上说，它们仍然是一致的，从科学方法论的角度来说，它们是同样合理适用的。但是，就后者而言，如上所述，这一二元对立并不处于发现的程序层面，而是处于验证的逻辑层面，所以，这一对立在科学哲学的立场看来是根本性的，而由于对立的一方——理解的方法作为验证的手段与科学方法论的前提预设不相符合，因此，这一对立不可能在科学哲学的理论框架内得到解决。在我看来，正是在这里，社会科学表现出了根本不同于自然科学的方法论的本质特征。

从社会学的历史脉络来看，由于韦伯与迪尔凯姆这两位奠基者的倡导，似乎理解的方法与方法论的个体主义、实证的方法与方法论的整体主义分别两两形成了固定的结合，泾渭分明，不容混淆。但上述有关境况逻辑方法与行为主义方法的分析讨论说明，其他的组合方式也是可能的，至少实证的方法可以与个体主义相结合（产生的结果就是境况逻辑方法与行为主义方法）。顺便来说，由于上述固定的结合所造成的长期印象，在社会学的实际研究中，人们常常将诸如抽样问卷调查、统计分析之类的具体研究程序称为"实证主义方法"，而将诸如田野调查、深入访谈等另一些具体程序称为"理解的方法"，从方法论的角度来看，这些称谓都是不确切的，容易引起混乱。很显然，一般而言，无论是前一类具体程序，还是后一类具体程序，其中都既包括（前面方法论意义上的）实证的方法，也包括（这一意义上的）理解的方法。问卷调查往往需要诉诸意义沟通来了解个人的主观精神过程，而田野调查也常常需要利用实际发生的事实来验证自己的发现。如果说这两类具体程序有什么本质不同的话，在我看来，主要的不同就在于它们所涉及的社会现象的广度与社会脉络的深度不同，而不在"理解"的方法与实证的方法对立的层面上。

四　社会科学及其方法论的本质特征

本文的开头曾经指出，社会学作为社会科学领域中的综合或剩余学科，其方法论特征反映着整个社会科学领域在方法论上分裂、对立的状况，并指出这种分裂、对立又是方法论一元论的主张所导致的自然科学方法论向社会科学领域的扩张，与坚持方法论二元论的信念，即认为社会科学有其独特的方法论特征，这样两种倾向彼此冲突的结果。在上文的分析中，在验证逻辑的层面上，我们将社会学方法论的二元对立从本质上归结为理解的方法与实证的方法之间的对立。对照上述两种彼此冲突的倾向，可以认为实证的方法代表着自然科学方法论向社会科学领域的扩张，而理解的方法则代表着社会科学独特的方法论特征。

众所周知，韦伯所倡导的理解的方法源起于新康德主义对于自然科学方法论一元论主张的深刻不满。狄尔泰（W. Dilthey）、文德尔班（W. Windelband）、李凯尔特（H. Rickert）等新康德主义者力图彰显社会科学与自然科学的本质差异以及这种差异所由之产生的根本来源。李凯尔特认为，一切现实之物都表现出一种渐进的、连续的转化，即连续的差异性。正是异质性与连续性的这种结合在现实上打上了它所固有的"非理性"烙印。这里所谓的"非理性"指的是人无法通过概念来把握这种结合，换言之，现实不能如实地包摄在概念之中。人类面对这种境况，只能退而求其次，在科学中采取两种彼此相反的形成概念的方法来局部地把握这种现实。一种方法是排除或忽略现实的异质性而保持其连续性，这就是所谓数学的方法；另一种方法则是一般科学（包括在他的意义上的自然科学与历史的文化科学）所使用的方法，即牢牢把握质以及与其相连的现实，保持现实的异质性，而分开其连续性。这两种方法都只把握了现实的一部分，但这是理性的本质局限所在。尽管所有科学都是对质的把握，但自然科学与历史的文化科学在把握现实的哪一部分质的问题上是迥异其趣的。就自然科学而言，其概念的构成排斥了现实中的哪些单一的与个别的现象，自然科学只致力于从现实的普遍因素中形成普遍概念，在此基础上，如果可能的话，再形成关于现实的绝对普遍的判断，即发现自然规律。而历史的文化科学则与此截然不同，它所把握的是现实中那些个别的、独特的、不可重复的因素，这些因素恰恰是在形成普遍概念时不予考虑而予以摒弃的东西。但是，由于这些因素是无穷众多、不可计量的，所以在对它们进行把握以构成历史的或个别化的概念时就必须借助于某种标准来进行选择。就此，李凯尔特引入了文化价值这一概念作为进行选择的标准。他认为，只有依赖这一标准，才能从无限众多的、个别的即异质的对象中，将那些在其个别特性中或者体现出文化价值本身，或者与文化价值有联系的对象挑选出来，也才能从任何一个单一对象的无限众多的异质性成分之中，将那些作为文化意义的依据、构成历史的个别性并与纯粹异质性不同的成分挑选出来。从方法论的层面来看，尤为重要的是，李凯尔特就价值问题明确区分了所谓的价值联系方法与评价方法，李凯尔特明确指出，历史的文化科学绝不是评价的科学，他写道："……实践的评价和理论的价值联系是两种就其逻辑实质而言有原则性区别的活动，对于它们的区别，人们以前没有给予足够的注意。理论的价值联系处于确定事实的领域之内，反之，实践的评价则不处于这一领域之内。"（李凯尔特，1991）。李凯尔特举例说明，作为历史学家来说可以不必对法国大革命对于法国或欧洲有利或者有害这一点作出决定，这是一种评价。但是，任何历史学家都不会怀疑，法国大革命对于法国或欧洲的文化发展来说是有意义的和重要的。这是理论的价值联系。

李凯尔特的上述区分在韦伯构建其理解的社会学时成为他的社会科学方法论的重要基础。像李凯尔特一样，韦伯一方面要求社会科学家在进行研究时保持价值中立性，不对所研究的现象进行实践评价（价值判断），另一方面又强调社会科学的研究对象是有文化价值附着于其上的对象，应当采用与价值相联系的方法对其进行研究，而不能将研究领域仅仅局限于行为或经验事实的范围之内。正是这后一方面的理论立场决定了理解方法的本质特征。在韦伯看来，理解的方法正是一种与价值相联系的研究方法。它包括两方面的因素：其一是说明"原因"，这主要涉及对社会现象作因果性考察；其二是解释"意义"，亦即探寻动机、意图对诱发社会行动的重要性。对照前面有关移情的理解方法与境况逻辑方法的讨论，可以明显看到韦伯理解社会学的思想中既包含对问题境况的客观把握（在说明"原因"时），也包含对社会行动主体的移情理解（在解释"意义"时）。并且正是通过后者这样的移情理解过程，理解的社会学才能实现为一种与价值相联系的研究方法。因此从这一意义上说，将理解的方法归结为移情的过程也不无合理之处（苏国勋，1986）。

按照上述分析，似乎理解的方法的前提预设应当追溯到李凯尔特所认定的历史的文化科学的研究对象，即历史的文化科学研究的是现实的个别的、独特的、不可重复的因素。然而，值得指出的是，正如前文的论述所表明的，我们在对理解的方法从科学方法论的角度进行形式分析时，并未诉诸李凯尔特这一意义上的研究对象性质，而只从验证的逻辑角度入手，同样获得了理解的方法（历史的文化科学方法）与实证的方法（自然科学方法）之间存在根本差异的结论。虽然李凯尔特的历史文化科学的概念并不完全等于社会科学概念，但是这一状况仍然提示我们，在对社会科学方法的本质特征进行考察时，可以选取彼此不同的层面或视角，得到不同层面或角度的结论，再将这些结论加以比较印证，以期获得对这一问题的更深刻的认识。

例如，哈贝马斯（J. Habermas）从人类知识的认知旨趣的角度出发，将科学知识，包括自然科学与社会科学，分成了以下三类。第一类是以控制外在客观化世界为自己旨趣的科学知识，这类知识的目标在于寻求普遍的因果准则，对外在客观化世界作出适当的因果解释（causal explanation）。这一类知识是哈贝马斯所谓"经验/分析科学"，包括自然科学以及实证取向的社会科学。第二类是以通过沟通与理解从而达成人际协议与共识为旨趣的知识。这类知识的目标在于在历史的、文化的、情境的脉络之中，通过互动沟通与意义诠释达到自我理解与相互理解，这一类知识是哈贝马斯所谓"历史/解释科学"（hermeneutic sciences）。在我看来，所包括的正好是前述理解取向的社会科学。第三类是以从现有的不合理限制之下的解放为旨趣的知识，这类知识的目标在于通过人类的自我反思能力，对于现存的意识形态及其所造成的约束进行批判，以从劳动的支配与互动的扭曲下解放出来。这类知识就是哈贝马斯所谓的"批判科学"或"批判理论"。

这种对知识的三分法可以列表概括如下（见表1）。

表1 科学知识的三种分类

	涵盖范围	知识旨趣	获得的知识类型
经验/分析科学	自然科学 实证取向的社会科学	控制	因果法则
历史/解释科学	理解取向的社会科学	沟通	意义诠释
批判科学	批判理论	解放	对不合理现状的认识与解放的途径

需要指出的是，由于哈贝马斯是从人类的知识旨趣，换言之，从人类活动的意向性上进行这一分类的，所以他并未将这三种知识类型在社会科学领域内彼此对立起来，而是强调它们彼此之间具有互补性（complementarity）——特别是"经验/分析科学"与"历史/解释科学"之间的互补性——以及"批判科学"包括经验的、解释的、批判反思的三个组成部分的理论观点（Harbermas，1972）。

我们可以从前述李凯尔特与韦伯关于价值联系与评价概念的区分上来看一下上述知识的三分法：很显然"经验/分析科学"是与价值无涉的，"历史/解释科学"是与价值相联系的，而"批判科学"则势必是一种评价。因此，在李凯尔特的意义上，批判理论不是历史的文化科学的组成部分，从而不属于科学范畴。

我们也可以从研究主体（研究者）与研究客体（研究对象）之间位格关系的特征入手，来探讨社会科学与自然科学之间，各类可能的社会科学之间的本质差异，请参见归纳概括而成的表2。

很显然，虽然自然科学研究的是物质的运动，而行为科学研究的是人的行为，两者的研究对象不同，但这两者有一个重大的共同点，即研究主体与研究客体之间不存在（不能或无须）意义的沟通。在我看来，这一意义沟通的阻断使得科学理论的建构与变迁过程限定在研究者（研究主体）的范围内进行。正是这一点才是保证能够形成库恩（T. Kuhn）意义上的科学家（研究者）共同体的前提条件。而对于理解的社会科学与批判理论来说，情况完全不同。在这两者的领域里，由于研究者（研究主体）能够借助语言与被研究者（研究客体）进行意义的沟通，并且这两类科学理论的"理解"与"批判"的性质要求必须进行这一沟通，所以，理论从构建到修正乃至反驳的过程都将有被研究者自觉或不自觉的参与，从这一意义上说，这些类型的理论是处于平等地位的研究主体与研究客体进行符号互动的结果。因此，在这两个领域内，库恩所谓的科学家共同体将不再限定在研究者的范围内，而势必扩张到广大的被研究者，扩张范围视研究与理论论断的范围而定，甚至会包括整个人类。表2特别将批判理论的研究者（研究主体）标示为"思想且行动的人"，以与其他研究主体仅仅作为"思想的人"相区别，这是为了表明以下在我看来意义重大的差异：就前两种类型的科学知识而言，研究者只是作为"观察者"参与到研究主体－客体的关系之中，由于在这一关系中不存在意义沟通，所以他们的研究是与价值无关的。对于理解的社会科学来说，虽然在主客体之间存在着意义沟通，但由于研究者秉持着价值中立的立场，仍然只作为"观察者"参与到主客体的关系中，所以，虽然他的研究是与价值相联系的，但不是评价。因此研究主客体之间的联系也就限于意义的沟通，完全不涉及社会行动的层次。而批判理论则不然，就批判理论而言，研究者不仅仅是"观察者"，更是"批判者"乃至"行动者"，他在主客体之间意义沟通的基础上作出了自己的评价。因此，批判理论——不仅仅是对现状的描述，更是对现状不合理性的揭示与对解放途径的探寻——势必不仅在意义沟通的层面上，而且在社会行动的层面上直接对被研究者（研究客体）产生影响，至少研究者期望发生这种影响。正是在这一意义上，我们说批判理论的研究者不仅是"思想者"，而且是"行动者"。

表2　自然科学与社会科学研究主体和研究客体的差异

		研究主体	研究客体
自然科学		思想的人	运动的物
社会科学	行为或实证科学	思想的人	行动的人
	理解的社会科学	思想的人	思想且行动的人
	批判理论	思想且行动的人	思想且行动的人

此外，还可以从不同类型科学知识的理论内容的层面上来分析社会科学的本质特征。首先，就自然科学而言，其理论论断的是经验事实之间的因果关系。对行为或实证科学来说，由于这些学科在方法论取向上对自然科学的效法，所以他们也将自己学科的科学研究领域限定在经验事实的范

围之内，从而将人的内在精神过程视为无法了解的"黑箱"，束之高阁，存而不论。这样，它们的理论也像自然科学理论一样，论断的是经验事实之间的因果关系。对理解的社会科学来说，它既研究外在的经验事实或人的行为与境况，也研究人的行为背后的精神依据——人的内在精神过程。因此，它的理论论断应当是包括这两者的一种混合过程或状况。从实际状况来看，更精细地说，它所面对的是外在经验事实（个人的行为与境况）过程（或序列）与内在精神状态过程（或序列）的并置局面。就个人来说，这两个过程并不是彼此孤立的，而是相互交织绕在一起的。因此，从因果关系的角度来看，理解的社会科学理论所论断的因果关系势必不能如行为或实证科学那样，只限定在外在经验事实这一过程之中，而必然要同时涉及这两个过程。理解的社会科学所论断的因果关系在这两个过程之间往复穿插，由于其中一个过程不能在实证的意义上进行检验，所以在方法论层面上，它要比仅仅局限在经验事实中的因果关系复杂得多。对批判理论来说，情况更加复杂。它不仅包括对上述两类过程的历史与现状的因果分析，更为重要的是，由于它的解放的知识旨趣，它还试图通过指出历史与现状的不合理性与变革的途径，而在未来经由它本身的传播，通过改变人们的内在精神状态，达到改变人们行为的目标，即这一理论有着改造上述两类过程的意图。可以将上述分析用表3归纳。

表3　自然科学与社会科学理论对象与理论内容的差异

		理论对象	理论内容
自然科学		经验事实	因果联系
社会科学	行为或实证科学	经验事实	因果联系
	理解的社会科学	经验事实过程 内在精神过程	意义诠释基础上的因果联系
	批判理论	经验事实过程 内在精神过程	因果联系基础上的解放途径

综合以上所列举的不同层面的分析，可以清楚地看到，无论从哪个层面来看，自然科学都是统一的，发生分裂的只是社会科学。而在社会科学领域内，最深刻的裂隙仍然是在实证倾向的社会科学与理解倾向的社会科学之间；批判理论虽然试图在这两者之外构筑超乎这两者的第三层次的科学知识，但是从认识论的角度来看，它的认识途径也不外乎实证的社会科

学方法与理解的社会科学方法这两条，即解放的知识旨趣是建立在通过这两条途径所获得的知识基础上的。

总结前文对于理解的方法与实证的方法的方法论分析与上述各类分析的结果，这些结论的不谋而合使人们自然而然地想到，在这些表面看来各不相同的分析层面的背后，似乎分明有着一种共同的深层基础存在，在我看来，这一深层基础恰好位于语言哲学之语义学分析的层面上。

众所周知，尽管对语言问题的哲学探究可以上溯到古代希腊，但语言哲学仍然是现代哲学从探索认识本身转而探索认识的工具——语言这一所谓"语言学转向"的产物。严格来说，语言哲学是一门学科，一个领域，而不是一种理论，一个学派。到目前为止，当代语言哲学领域内的理论建构主要是由分析哲学所奠定的，所以粗略地说，语言哲学与分析哲学是一回事也不为过。因此，分析哲学便将它所关注的研究主题与它所使用的研究方法带入了语言哲学。语义学的研究便是分析哲学持续关注的最重要的中心主题。

语义学（semantics）乃是对语言的意义（meaning）进行探究的学科。由于分析哲学将哲学的目标限定在对概念进行分析，而要对概念进行分析就不能离开对作为概念载体之语言的意义的探讨，所以分析哲学不能不极端关注语言的意义问题。迄今为止，语言哲学对语义学的探讨已经产生了形形色色的意义理论。这些意义理论虽然有着共同或相似的旨趣——通过对意义的把握达到对语言与世界和思想关系的认识，进而认识世界与思想——但却是从不同出发点出发，处于不同分析层面上的，因此，它们彼此间的关系并不清晰。更有甚者，它们中的每一个都有着自己无法克服的理论上的缺点，虽然这些缺点的层面也各不相同。探索与评价这些理论的优劣短长不在本文的主旨范围之内，本文只试图借助于已有的意义理论来澄清社会科学及其方法论的本质特征。

无论什么科学理论，不论是自然科学还是社会科学，都是由（至少自命为）有意义的语言命题构成的。这是我们能够从意义理论的角度对它们进行分析探讨的根据。在我看来，上述三类社会科学知识分别对应于彼此不同的意义理论，换言之，这些意义理论对于语言意义的不同阐释分别适合这三类社会科学理论中对于语言的本质上不同的用法。

首先，就社会科学理论中与自然科学最为接近的实证科学或行为科学而言，它们所对应的、所适用的意义理论是意义指称理论（又称指示理论）。意义的指称论认为一个语言表达式的意义等同于它所指称的东西，或等同于它与所指称的东西之间的指称性关系。为了避免将意义当作实体将会导致的矛盾悖谬，语言哲学家阿尔斯顿（W. Alston）建议将上述指称论的主张表述为：两个语言表达式具有相同的用法，当且仅当它们指称相同的对象或以相同的方式指称相同的对象时（阿尔斯顿，1988）。虽然，出于分析哲学拒斥形而上学的认识论原则，意义的指称论作为语义学理论并不对语言表达式所指称的东西或对象作出本体论上的判断。它可以是具体的、可观察的事物，也可能是事物的种类、性质、事态、关系等。但是，正如阿尔斯顿所说，"有这样一个假定：对于任何一个有意义的表达式来说，我们能够通过注意到存在有该表达式所指称的某个东西而理解这个表达式具有某种意义这一点意味着什么"（阿尔斯顿，1988）。因此，这意味着，虽然意义的指称论并不对指称的对象作出本体论判断，但是，语言的使用者却必须从本体论上就指称的对象是否存在达成一致。因为这构成了语言交流之所以可能的逻辑基础。在我们所论述的实证科学或行为科学的理论中业已从本体论上将语言表达式指称的对象限定在可观察的事物范围之内，因此，在此意义上"存在"与否的判据就是是否"可以观察得到"，于是，实证科学或行为科学的理论便只对经验事实下论断了。

其次，就理解的科学而言，情形较为复杂。如前所述，理解的科学之理论陈述中既包含对经验事实序列的描述，也包含对主观精神过程的描述（毋宁说是猜测与推想）。就前者而言，诚然可以如以上对实证科学或行为科学所言的那样，认为意义的指称理论也适用于这个范围内的语言表达式。但是，我们却不能在与前者同样的意义上说意义的指称理论也适用于后者。因为如上所述，就意义的指称理论来说，语言的使用者必须就语言表达式所指称的对象存在与否达成本体论上的一致，而实证科学或行为科学理论业已从本体论上将这些对象限定在可观察的事物范围内。但是，对于个人主观精神过程的描述却势必要使其中语言表达式的指称对象越出这一范围。因此，对于这一类描述，意义的指称理论不能在与前一类描述同样的意义上适用。在我看来，这一类描述适用或对应于另一种意义理论——意义的观念理论，观念论认为一个语言表达式的意义等同于它与之相结合的观念，或者用非实体定义的方式来说，两个表达式具有相同的用

119

法，并且仅当它们与同一个（或同一些）观念相关联时。很显然，正如阿尔斯顿所言，"每当人们把语言看作是一种'交流思想的手段或工具'，或看作是一种'对内在状态的外在的有形表现'的时候，或者当人们把一个语句定义为一条'表达完整思想的语词之链'的时候，这种理论便在背后若隐若现"（阿尔斯顿，1988）。

最后，对于批判理论来说，情况与上述理解的科学有类似之处，对于批判理论中与实证的社会科学和理解的社会科学相互重合的内容，可以分别适用上述两种不同的意义理论。但对于批判理论独特的理论内容，即哈贝马斯所谓的具有"解放旨趣"的批判反思的部分，则势必要涉及另外一种意义理论。在我看来，这就是意义的"行为"理论。但是这不是建立在刺激—反应模式基础上的意义行为论（这种行为论将语言表达式的意义等同于引起说出这一表达式的刺激和说出表达式所引起的反应这二者或这二者之一），而是奥斯汀（John Austin）、塞尔（John Searle）等人在维特根斯坦（Ludwig Wittgenstein）后期哲学的基础上发展出来的言语行为理论（theory of speech acts）。这种理论使得意义的行为理论的关注焦点，从语言表达式在听者那里引起的行为后果与反应，转移到有关说话者在语境中借语言表达式所从事的事情上来。它将语言表达式的意义归结为说话者使用这一表达式的方式的功能。

很显然，在语言表达式的意义是一种使用功能这一含义上，就批判理论的独特内容来说，批判理论的意义与实证的或理解的社会科学的意义截然不同。在社会科学家看来，他们是在用实证的或理解的社会科学来完成认识（描述或阐释）社会世界的功能，而在批判理论家看来，他们除了是在用批判理论完成上述认识功能之外，还在用批判理论来完成改造社会世界的功能。所谓解放的知识旨趣所指明的正是通过对不合理现状的批判来改变人们的思想进而达到改变人们的社会行为的目的。对照奥斯汀后期归纳得到的言语行为的不同类型，显然可以看到，批判理论与实证的或理解的社会科学，在奥斯汀所谓的"以言行事"（illocutionary）的言语行为和"以言取效"（perlocutionary）的言语行为上彼此大相径庭。

细心的读者可能已经看出，言语行为理论作为意义理论与前面谈到的指称论或观念论大不相同，它并不以排他的方式将语言的意义等同于某种外于语言的实体，而是将语言表达式的意义与这一表达式的具体使用联系起来加以考察，从中凸显语言表达式在不同的具体使用中所具有的不同意义。这并不是言语行为理论的独创，而是从维特根斯坦的后期哲学那里继承来的。

如果说，意义的指称论是建立在语言被用来谈论事物这一基本见解的基础之上的，那么，观念论和行为论便建立在这样一个同样也是基本的见解之上，即语言之所以具有它们的意义，仅仅是因为人使用语言时所做的事情（阿尔斯顿，1988）。可以将不同的意义理论分别对应于语言的不同的、但同样基本的功能这一事实，提示哲学家从语言表达式的用法这一角度来探索解决意义的问题。这种探索的结晶就是维特根斯坦在他的后期哲学中加以阐发的意义的用法理论。

维特根斯坦将意义归结为语言在社会生活中的实际使用，他指出："在我们使用'意义'这个词的各种情况中有数量极大的一类——虽然不是全部——对之我们可以这样来说明它：一个词的意义就是它在语言中的使用。而一个名称的意义有时是通过指向它的承担者来说明的。"（维特根斯坦，1996）维特根斯坦自己在他的早期哲学中曾是意义的指称理论的坚定主张者，我们可以从上文所引用的文字中的最后一句话看出，即使在他的后期哲学中，他也仍然在某种意义上坚持着他的早期主张。但是，从整体上说，他后来逐渐认识到了这一理论的局限性和语言活动的多样性特征，于是他转而去深入研究这种多样性，由此提出了他那独具特色的语言哲学观点——意义的用法理论。维特根斯坦用"用法"和"语言游戏"这两个关键概念来概括意义的用法理论的本质。"用法"这个概念并没有什么字面之外的特殊含义，维特根斯坦只不过用它来固定语言表达式在语言中所起的作用。他认为，对于语言的掌握就在于能在不同的语境（陈述、描述、疑问、命令、允诺、评价、否定等）中使用其表达式。每一种这样的活动都构成一个语言游戏。维特根斯坦用所谓语言游戏的概念精确地指出了语言的两个重要特征。第一，就上述每种语境中语言的使用来说，这些使用都必须受到某种"游戏"规则的规定与限制。第二，就不同语境中语言的不同用法来说，就整体而言，所有这些不同的用法并没有什么共同之处。换言之，对于所有这些语言游戏来说，并不存在什么共同的游戏规则。存在的只是维特根斯坦所谓的不同游戏之间的"家族相似性"。

因此，在维特根斯坦看来，探寻对于所有的语言表达式都成立的意义理论，就等于是在探寻所有语言游戏的共同规则，这种努力注定是徒劳的。因此，他认为，给出一个语言表达式的"意义"就是说明如何把该表达式用于既不相同却又彼此相关的各种语境构成的"游戏"之中。

维特根斯坦的以意义的用法理论为代表的后期哲学对于分析哲学后来的发展以及一般而言，对于整个社会科学领域，都有着重大而深远的影响。而我在上文对于各类社会科学知识分别对应于或适用于不同的语义理论的分析结论，似乎也从一个侧面表明了维特根斯坦的语义学主张的正确性。此外，意义的用法理论还提示我们，可以从对理论概念在不同语境中的不同用法的分析之中来把握它所具有的不同意义。例如，试从这一视角来考虑对于方法论研究，特别是对于验证的逻辑的研究至关重要的"真伪"概念。我们可以看到，对于上述三类社会科学知识或理论来说，由于它们分别对应或适用于不同的意义理论，所以，在它们分别对真伪概念的使用中，真伪概念被赋予了不同的意义。对于行为实证社会科学来说，可以通过将语言命题与经验事实进行对照比较来确定命题的真伪；而对于理解的社会科学来说，就其相对于行为实证社会科学独具特色的那部分内容而言，则需通过将语言命题与内在精神过程进行对照比较的过程来确定其真伪，虽然在语言哲学看来，这一过程能否真正实施仍存在许多疑问。最后，对于批判理论的独特内容来说，正如上文从语言的使用功能角度所做的分析所显示的，由于这部分内容的语言表达式并不具有认识（描述或阐释）的功能，而是具有改造的功能，所以，严格说来，真伪概念并不适用于这部分内容。如果勉强来说的话，在我看来，只有从这些话言表达式能否完成奥斯汀所谓"以言取效"的语言行为方面来判断其真伪，也就是将真伪概念与这些理论内容能否如其作者所预期的那样改变人们的思想乃至社会行为这一点等同起来。

总结上述，在我看来，社会学或社会科学中方法论二元对立（或者说多元并立）的状况在根本上源于下述事实：在社会科学领域内，由于语言表达式的使用分别对应于或适用于各不相同的意义理论，所以社会科学理论在语义学的层面上被分解成不同的类型。与此相对应，对验证过程具有关键重要性的真伪概念也具有了各不相同的含义，所以，对于这些不同类型的社会科学理论进行验证就必须诉诸本质上各不相同的方法论途径。对照自然科学方法论的一元状况，并考虑到自然科学理论中，语言表达式的使用，可以在语义学上统一到意义的指称理论这一事实，以及相应的真伪概念的确定性，我们可以对上述根源认识得更加清楚。用维特根斯坦的术语简单说来，如果说语言在自然科学领域中只有一种用法的话，那么语言在社会科学领域中至少有三种用法（包括自然科学中的那一种）。

然而，在我看来，在社会科学领域中不能仅仅出于方法论的（验证的逻辑）或者真伪概念的统一性要求就强行压缩社会科学的研究领域与研究主题，如行为主义者或实证主义者所做的那样，将不合乎他们的理想标准的东西排除在"科学"之外。这是因为，从本质上说，社会生活（或者说人类社会）本身的发生、出现与存在、绵延就是人类有意识活动的结果，或者毋宁说，就是人类有意识活动的总体本身。而行为主义者或实证主义者的所作所为，恰恰是将人类的意识排除在人类的行为之外，这将会瓦解社会科学赖以生存的根本基础，按照这种模式发展起来的"社会"科学将无法达到人们所期望的认识目标。正如维特根斯坦所言："这里的基本事实是，我们为一种游戏定下了规则，制订了一种技术，然后，当我们遵循这些规则行事时，结果并不像我们所设想的那样。因此，我们似乎可以说是被我们自己的规则绊住了。"（维特根斯坦，1996）因此，社会学或者社会科学理论在语义学上的多元状况，以及由此导致的社会学或社会科学方法论的多元状况，都会长久地存在下去，因为这些各不相同的组成部分都是社会学或社会科学的认识目标所必需的。

参考文献

拉卡托斯等编，1987，《批判与知识的增长》，周寄中译，华夏出版社。

苏国勋，1986，《理性化及其限制——韦伯思想引论》，上海人民出版社。

E. 迪尔凯姆，1995，《社会学方法的准则》，狄玉明译，商务印书馆。

G. 墨菲，J. K. 柯瓦奇，1980，《近代心理学历史导引》，林方等译，商务印书馆。

H. 李凯尔特，1991，《文化科学与自然科学》，涂纪亮译，商务印书馆。

S. 雅各布斯，1993，《波普尔、韦伯与社会解释的理性主义途径》，覃方明译，《国外社会学》第 5 期。

W. 阿尔斯顿，1988，《语言哲学》，牟博、刘鸿辉译，生活·读书·新知三联书店。

X. 维特根斯坦，1996，《哲学研究》，李步楼译，商务印书馆。

Harbermas，J. 1972. *Knowledge and Human Interests*，tr. by J. J. Shapiro. Boston：Beacon Press.

对农业的促进或冲击：中国农民
外出务工的村级研究[*]

黄　平　E. 克莱尔

摘　要： 本文通过对四省八村的调查，认为土地的缺乏是促使农民外出务工的一个重要因素，但不是一个充分甚至必要的条件；农村剩余劳动力也不是外出务工的必要条件；是农业收入的相对低下，使农民日益倾向于非农职业，自愿放弃农业、外出务工以挣得高于农业的收入。

本文提出的问题是建立在一系列以农村移民的起源为中心的微观田野调查的基础上的。这些微观田野调查研究是联合国粮农组织 1994 年进行的一个较大研究项目的一部分。当时联合国委托组织了大量的研究，包括在国家和区域范围内的移民调查，这些调查特别关注在市场经济和农村发展的条件下的移民情况。这些研究的第一种类型集中于在国家范围内对已有的移民调查的概述，移民的性质和动机，现存的移民政策、流动和中国未

---

* 原文发表于《社会学研究》1998 年第 3 期。本文是根据 1994～1995 年对分布在中国四个省的八个村庄所做的入户访谈研究的部分成果写成的，载于伦敦《中国季刊》（*China Quarterly*）1997 年 3 月号。该研究是受联合国粮农组织的委托和资助，由中国社会科学院社会学研究所负责实施的，项目负责人是黄平。学术顾问有联合国粮农组织 Erozer，伦敦大学 E. Croll，中国社会科学院陆学艺、景天魁。本文作者特别要感谢中国社会科学院郭于华、杨宜音、景天魁，北京大学程为敏，四川大学谢圣赞，四川省妇女联合会许平，甘肃省社会科学院冯世平等，他们参与了这个项目的驻村入户访谈调查，并做了大量前期研究工作。中国社会科学院博士研究生陈昕，北京外国语学院林莉在数据分析和翻译方面也提供了有益的帮助。我们也非常感谢委托和资助这次研究的联合国粮农组织及其驻京办事处，以及所有参与了调查的人员和对调查提供了方便的省、市、县、乡、村的负责人和村民。本文原文是英文，由田禾翻译成中文，一并在此致谢。

来的现代化和发展政策的意义。① 第二种研究类型即本文的主要依据，其由对中国四省八村调查组成，该调查也关注移民的数量、性质和去向，用第一手材料极为详尽地证实了第一类宏观研究所得出的一般性结论。但是，同时，在调查各种规模的移民对农业和乡村发展的影响的过程中，参与该调查的研究者们还特别注意了移民和农业发展之间的关系，而且它构成了其报告②更为主要的内容。实际上，这一村级田野调查研究表明，区分不同的发展条件是完全可能的，在不同条件下作为向非农行业转移的移民活动逐渐成了对乡村农业的补充、补偿甚至是替代。可以说，农村人口向外移民对富裕或发达地区的农业和非农业活动只是一种补充，对中等收入地区的农业和非农业活动则是一种补偿，而对贫穷和偏远地区来说它则成了农业的替代。

一　概况

对四省八村的研究包括江苏（第 1、2 村）、安徽（第 3、4 村）、四川

---

① 三个宏观研究是由中国农村人口信息和研究中心的人口流动研究小组和中国社会科学院农村发展研究所的陈吉元、胡必亮和庾德昌进行的。在大量的国内调查和研究的基础上，这些研究报告得出结论说，农村移民的人数已经接近 1 亿人，占农村总人口 15% 以上的农村劳动力短期或长期地离开了他们出生的村庄，而且其数量还在增加，离开家乡的时间也越来越长。尽管人们估计有少部分人（10%～20%）从自己的家乡移到别的农村定居，中国的移民仍然主要是农村人口从乡村向城镇的迈进。90% 是从农业转向非农业，非农业人口在 1979～1993 年增加了 108.38 百万人。80%～90% 的流动是从农村指向城市目的地的，粗略可以划分如下：大城市吸收了 30% 的流动人口，中等城市和小城市接受了 40% 的流动人口，乡镇则只容纳了 20% 的流动人口。流动的高比例是从不发达的西北、西南地区和中部省份向经济较为发达的南部和东部沿海地区。走出村庄的大多数移民，不论是长期的还是短期的，都是以男性为主，男性移民与女性移民的比例在过去的十年间一直在上升；25% 以上向城市长期移民的人年龄都不到 30 岁，流动人口的 55%～70% 都在 30 岁以下。文章中引用的调查表明，如果用表格来显示 40 岁以下的人数，所有类型的流动人口中，高达 88% 的移民都将归入年龄在 18 岁至 40 岁的范围。而且不管长期流动还是短期流动的，移民总是农村中受过较好教育的人，常常是一半以上的移民受过初级中学以上的教育。鼓励移民的推动因素包括土地短缺、剩余劳动力、农业收入微薄、农民地位低下和政府鼓励移民的政策。就推力而论，经济因素是鼓励向新定居地流动的决定性因素。拉力则包括城市工业日渐增长的劳动力需求、服务部门的需要、较高的城市收入、富有诱惑力的城市生活方式以及电视和其他新闻媒介描绘的可能的移民定居地的吸引力的影响。

② 指由黄平等完成并递交给联合国粮农组织的英文研究报告。见 Ping, et al., 1995。另外，请参见黄平、郭于华、杨宜音等，1997。

（第 5、6 村）、甘肃（第 7、8 村）。它描绘了在区域、规模和趋势方面变化着的移民的条件和移民的经验范围。尽管在每一个乡村，外出农民的比例、情况和目的地都不同，但研究者们由此有机会对三方面——移民、农业和非农业活动——的关系进行实地考察。乡村在这里被置于依赖于农业、非农业活动和向外移民之间平衡的近期飘移的统一体上。在一端是农业仍然占据着多数劳动力的主要工作时间，并且持续性地在家庭收入中占有重要比例的乡村。尽管在这些乡村中，来自非农活动的收入也在逐渐增加，但它主要是来自外出的家人的汇款。在另一端是那些乡村，其经济活动大多是非农业活动，收入几乎无例外地来源于当地乡镇企业和服务业。在这些乡村中，农业或者是外出人口寄回或带回的现款仅仅是一种补充而已。如图 1 所显示的，对这八个村的研究可以分成依赖于在乡村内或在乡村外进行的经济活动的质量、范围和平衡的三种类型。

分类：

A	B	C
农业 + 移民的乡村	移民 + 工业 + 农业的乡村	工业 + 农业的乡村
第 5、6、7、8 村	第 1、3、4 村	第 2 村

图 1　按经济活动类型分类的乡村

A 类：农业 + 移民的乡村

在本项研究中，没有一个村庄完全依赖工业或者没有人外出打工的农业，虽然有其他的调查报告表明，在遥远的西南和西北的某些山村，农民还没有完全意识到利用机会在村里建立非农产业，或者外出打工（World Bank，1992）。在资源普遍贫乏和自然条件普遍恶劣的情况下，当地人几乎只为自己的消费而耕作、收获，无法考虑得到现金收入以及各种服务、福利。在缺乏必要的农业投入的情况下，许多农户发现，他们在自己小块土地上辛苦劳作，微薄的收成难以提供全年的家庭消费。在这种情况下，那些贫困的和处于劣势的农户就会决定出租自己的可耕地，或依赖于政府和亲戚的各种形式的救助。然而就是在那些贫困和遥远的地区仍然存在一种从事当地可能的新经济活动的倾向，但是如果水资源缺乏、交通不发达、原材料不足阻碍当地农村经济发展，这时村民就开始对向外移民感兴趣了，而向外移民正逐渐增加并受到官方的鼓励。

在本项研究中，半数的村庄（第 5、6、7、8 村）中的劳动力要么从事农业劳动，要么离村打工。那里几乎没有或者根本没有地方乡镇工业，以致村民几乎没有机会在当地实现向非农行业的转移。例如第 5 村，位于一个国家级贫困县内，那里不仅缺乏水资源，土地也少得可怜，且易受干旱影响，村里或村附近都没有非农产业或乡镇工业，因此近些年来，出现了大规模的外出务工移民，这几乎占了全村劳动力的一半。剩下来的人从事粮食和经济作物（棉花和油菜籽）的耕作，喂猪和养蚕。农用生产资料的不断涨价，同时，农民还要支付各种摊派和提留，以致大多数农家如果没有外出打工的人寄回现金，就无力应付这些费用。

在第 6 村，更多的是旱地而不是水田，由于常年缺水，农业耕作需要有更高的投入和服务，以保证维持住小麦、玉米、棉花和油菜籽的起码收成。在这里，1990 年以前，外出务工的人不像第 5 村那样多，原因是村里发展了一些副业，如养鹅和种植榨菜，而关键在于该村所在的县、镇开办了榨菜加工厂和板鸭（板鹅）加工厂。近年来农民利用分给各家各户的荒坡饲养鹅群（当地人甚至还不知道如何称谓这种家禽，索性叫作"大鸭子"），不仅大大增加了收入，而且没多占耕地。由于愿意养鹅的人多了，授精的鹅蛋也很卖钱。县城里兴办了榨菜加工厂，这促使村民在责任田里多种榨菜：一举两得，根部卖给榨菜厂，叶茎留作鹅饲料。这样，这些农副产业在村里为农户创造了现金收入新来源。但近几年来，农业受到干旱的严重影响，加之缺乏乡镇工业，外出移民的人数还是急剧上升了。到1994 年，30% 的劳动力走出了村庄（仍然低于第 5 村的移民数，部分原因是上述新型副业的作用），以致尽管来自外出非农活动的汇款补贴着农业日益增长的投入成本，逐渐增强的大批移民倾向却导致了村里农业劳动力的短缺。

第 7 村位于黄土高原地区西北方向的山坡上，该地区长期以来一直经受着土壤退化和水资源缺乏的痛苦。村里没有乡办企业，但是由于乡政府所在地正好在其境内，村民们或到乡政府找一份差事，或在乡办企业找一份工作，或者在集市上做点生意。该村总共有 25% 的农村劳动力从事非农活动，其中包括 11% 移民在外的人。建立在主要种植小麦、豆类植物、玉米和土豆以及饲养牲畜基础上的农业，仍然提供着村里一半的收入。但是近年来，移民的汇款成为农户现金收入的重要来源，它们被用于农业的投入、税收、摊派和各种提留。由于近年来的严重干旱，"为生存"而外出的移民比例更高了，而且外出务工在村、乡甚至县里受到鼓励，被看作挣得现金和消灭贫困的捷径。

第 8 村则具有相当有利的自然条件，就这个向来干旱的西北省份的标准而言，这里的气候温和，土质较好。主要的农作物是冬小麦和其他粮食产品，然而其产量难以满足人口消费的需要。除了粮食、油料作物、蔬菜、水果和饲养牲畜——它们总共占年收入的 30% ~ 40%，村里还有少量的非农活动。在这个村里，大约有 1/4 的劳动力外出，其中绝大多数是在省外长期打工。这些外出的劳动力大都在离村较远的森林工地打工，在农忙季节定期返回村里帮助家人播种或收获。有趣的是，这些人的外出定居和定期返回有利于在村民和移民之间建立密切的联系。他们的汇款对村里日益增多的农业生产投入逐渐成了必不可少的来源。

B 类：移民 + 工业 + 农业的乡村

在第 1、3、4 村中，村民们大多从事非农职业，他们要么在本地的乡镇企业中工作，要么在离本村本乡有一定距离而不得不重新定居的工厂中工作。在每个村子里，土地都分成了口粮田和责任田，前者的耕种由农户自己耕种，村里的农业小组提供一定的技术或劳力帮助。责任田或者由一些种田专业户承担、村民小组给予适当帮助，或者由村里的所有农户分别耕种。除了种田专业户外，农业几乎成了一种半日制的职业，或者是一种副业。与更为重要的非农经济活动相比较而言，它现在仅仅提供了少量的补充性收入，而且常常是用实物形式来支付的。在这些村里，向外流出的劳动力的多少主要取决于当地非农活动所提供的职业数量和范围。

第 1 村幸运地处于若干交通路线的交汇处，靠近镇、县，离上海、苏州两大城市也不远，这就使得人们能够比较容易地从乡村所及的范围中的各种职业中找到差事，包括在附近县城的大量国营企业在镇和邻近的村里建立的许多工厂中工作。1994 年以来，90% 以上的农村劳动力从事非农工作，其中只有不到 25% 的人外出打工。由于本地就提供了这类在非农行业里就业的机会，75% 的农村劳动力也能够继续耕种自己所分得的小块口粮田和用于种蔬菜的自留地。这些土地基本能够提供养活自己的粮食和养家畜的饲料。大多数人在工余自己耕种土地，在农忙季节甚至还可以得到村机耕组的帮助，有的也雇用短工。村里的责任田则承包给了来自外省的三户人家，上交国家收购的粮食定额。村农业服务小组为所有农户提供必需的农业投入，安排由村办企业收入支撑的灌溉、机械设施和技术服务。

第 3 村具有优越的农业条件，通向邻近城镇和上海的交通便利，该村在上海还拥有两家机械修理厂。这两家工厂是劳动力脱离农村的主要渠道，也是村里收入的主要来源，这些收入用于各种事业，包括福利、教育、道路、水利和灌溉。村子里有三家企业，雇用了少量的村民，但是 40% 的农村劳动力都移民在外从事非农职业，包括在上海的机械修理厂工作。村里的农用土地分给了农户，由农民自己耕种，土地所要求的大量投入、服务和杂费从家庭成员的现金收入中得到补贴，大部分是外出务工者寄回来的现款。

第 4 村也具有方便的交通条件和有利的农业条件，它的劳动力分为：农业人口占 50%，服务和工业村内占 32%、村外占 18%。农业土地得到全面灌溉，适宜种植水稻，而且被全部分给了村里的农户，由家里的劳动力耕种，农忙季节则雇用临时工帮忙。由于时常发生干旱，农业产量波动不定，村里花了它的许多收入（其主要来源于它的村办企业）在水利、教育、道路和其他公共设施上。几乎所有的家庭都有一个成员外出打工，其带来的现金或汇款，在帮助支付农户的现金花费包括昂贵的农业投入方面起着重要的作用。

C 类：工业 + 农业的乡村

第 2 村具有先进的信息和自然条件，它们使农业生产和工业增长都获益匪浅。由于靠近大城市和乡镇，村民们有许多在本地就业的机会，95% 以上的农村劳动力现在从事非农工作，大多数都在本地的村办企业中工作。实际上更多的人是在村里就地转移，因为大量的劳动力被吸收进了村办企业，而不是流到了村外，对此人们自豪地认为村里的服务和经济活动的范围不亚于任何一个小城镇或小城市。尽管仍然在继续耕种自己的口粮田，在自留地上种蔬菜，并且依靠来自非农产业的现金收入去补贴对农业生产的投入，农业几乎完全变成了副业，提供着日渐减少的收入。村里的责任田承包给了四个农户，由他们上交国家的定额收购粮，同时村里有一个由九人组成的农业服务队，他们既为普通农户也为专业户提供技术服务，包括机械、种子和水利灌溉。这些支持农业的服务费用也来自村办企业的收入。每户的口粮田都由农户家庭自己承担，当然农忙季节时，亲戚或临时工会短期帮帮忙。而且，在大忙的时候，村办企业也特地让雇员放假几天回家帮忙。但是，村民们逐渐发现来自农业的微薄收入不值得他们回家帮忙，因为放假回家几天，在厂里的工资就要相应扣掉几天。村委会的主要成员认为，他们要尽快使本村脱离农业，用现金来代替粮食税和国家的订购粮。

本项研究所涉及的村没有一个实现了完全的工业化以取代农业，也没有一个没有外出打工的人，虽然别的文献中提到过一些这样的例子。例如，在沿海省份浙江号称"中国第一农民城市"的某个村就免除了粮食生产，他们把土地卖给了外来的投资者后，投资者在村里建立工厂，雇用本地的劳动力（李浩然，1991）。随后，这些乡办企业不仅吸收了所有的本地劳动力，而且为其他农村地区的剩余劳动力提供了工作机会。然而作为一种发展模式，该村的状况是有争议的，因为放弃农业生产是对政府的农业政策提出挑战：政策依然强调粮食生产是农业发展的一个必要组成部分。

在本项研究所涉及的这些村子里，一个愈益明显的趋势是人们普遍地倾向于向非农职业转移。八个村中的每一个村新近都在农业和非农活动之间保持平衡方面发生了变化：农户数量的增加，村劳动力从事村里或村外的非农职业的增加，以及来源于非农活动的收入（户收入或村收入）的增加。在每个村里，外出打工者的规模与在村里可获得就地从事非农职业的机会数量成反比：在有大量的在本地从事非农职业机会的地方，外出移民的人就较少；缺乏在本地从事非农职业机会的地方，就有大规模的移民外出，或移民数量的逐渐增加。然而如果是非农职业的数量和地理位置决定了离开村庄打工的规模，那么农业生产日益弱化的条件，包括耕地、劳动力和利润等，直接鼓励和促成人们放弃农业，进入本地的乡镇企业或加入外地寻求非农职业的流动大军。

二 土地和移民

许多宏观层次上的研究表明，外出人口的规模与农用耕地的多少直接相关。土地的稀少被认为是一个主要的限制性因素，对日益增长的农村人口来说土地越来越不够耕种，不仅不能提供必要的现金收入，而且在某些地区也不足以提供全年的口粮。除了第 7 和第 8 村平均耕地超过了每人 1.5 亩外，在其他六个村里可耕地的比例只有每人 0.68～1.18 亩。在所有的村里，因为农村人口增加和耕地面积减少两方面的原因，人均耕地都在减少。耕地面积的减少主要是由于大量的土地被用于非农目的的活动，包括兴办工厂、增加服务设施和增盖新房。在第 1 村，肥沃的优质土地逐渐被租了出去，用以吸引外国投资。该村自 1993 年以来耕地减少了 1/3，共计 545 亩，其中国营企业 332 亩，镇办企业 41 亩，村办企业 37.5 亩，兴修水利和道路 115 亩，建房 19.5 亩。有一个村民小组，原有 140 亩耕地，减少到不足 20 亩，而全村棉花和油菜籽等经济作物种植率一直下降。田间耕作既不能满足用于自己消费的粮食，也不能完成国家的粮食任务。第 2 村也存在可耕地逐年减少的问题。自 1990 年以来，全村优质耕地的 25% 被用来建工厂、盖房屋和修马路。每人拥有的土地只够保证口粮消费，而国家的粮食任务则只好用村非农收入中的现金去以资代粮。

在第 3、4 村，平均每人拥有的土地面积并不比第 1、2 村多多少。而且在这两个村，问题不在于土地的数量而在于土地的质量。这里的土质要求村民只有通过大量投资于灌溉，才能确保自己的口粮、国家的任务，以及一定的现金收入和稳定的粮食产量。在第 5、6 村，由于人口的增加，每人可得到的土地也在减少。在第 5 村，每人拥有的土地从 1981 年的 0.81 亩减少到 1994 年的 0.76 亩；在第 6 村，人均耕地稍微多一些（1.3 亩），但其质量要差一些。在第 7 村，由于村里人口增加，土壤退化，以及更重要的，由于地方镇政府以该村作为其所在地，它的土地被用来修建公路、铁路、镇办企业和加盖新房，人均拥有的耕地面积也在减少。在第 8 村，1981 年每人拥有的可耕地数量是 2.04 亩，但是随着人口的增长，用土地来修建学校、公路和增盖房屋，每人拥有的土地数量减少到 1994 年的 1.51 亩。根据现有的自然条件和土壤质量，这 1.51 亩土地不足以提供家庭的口粮，更不用说完成国家任务和从中获得现金收入了。

所有这些村里都存在着影响维持耕地面积和增加作物种类与产量的负面的因素。甚至在土壤质量很肥沃的第 1 村和第 2 村，由河流和水塘构成的自然灌溉体系也在减少。在第 2 村，地方工业严重地污染了水质，并因此影响了产量。在第 1 村，由于镇政府征地准备建"开发区"（实际上是准备出让给外商），村里一年前用 20 余万元巨资兴建的永久性灌溉系统遭到严重破坏。在第3、4、5、6村，频发的干旱减少了对土地的自然灌溉，这就使得维持和提高粮食产量的成本越来越高。第7、8村也同样面临问题，同其他六个村相比，虽然其人均拥有较多的土地，然而，土地质量如此之差，粮食产量远远不能满足家庭的消费需求。这八个村子所种植的作物种类也在减少：在第1、2村，除了水稻和小麦，农民并不再种植其他种类的粮食作物和经济作物；在第3、4村，人们也不再种玉米和土豆。在其他村里，土地或是太少或是质量太次，不适宜种植多种农作物。棉花的种植情况体现了这种带有普遍性的倾向。按理所有的村庄都必须向国家上交一定的棉花，但第1、2、3、4村宁可用付现金的办法来代替棉花任务，第5、6、7、8村则由于缺乏土地、土地的质量不好或耕种的代价太高而干脆拒绝种植棉花。

从一般意义上说，每人平均的土地都在减少，但是对有家庭成员出生、死亡和结婚的农户影响却更大。如其他研究所展示的一样，每个村的土地分布逐渐出现了一些值得注意的现象：有些农户（特别是由年轻人组成的新农户）缺乏土地。通常结了婚并有了孩子的年轻人依然是靠原初分给他们的那份土地养活自己的新家庭。"增人不增地，减人不减地"正在成为各地的实践，经常提到的理由之一是：土地分配不能随着农户规模的改变而不断重新分配，否则农民不愿意对土地增加投资以改良土质，这只有在农民们认为分得的土地能够长期或永久地成为自己的财产时才有可能。这样，大多数农用土地的再分配被"冻结了"，而没有考虑农户规模的变化。有的村委会在处理这一问题时采用了变通做法，如村委会自己负责村里的责任地（第1村和第2村），或者过一段时间在农户之间对土地作重新调整，尽管这样的调整也存在着缺陷（第8村）。其他的村委会不愿意采取大规模的机械化耕种方式，一方面是由于村里的土地不适宜大规模的机械化耕种，另一方面则是如果这样的话，农民就将退出所分得的质量最低劣的土地。本项研究表明，一些村委会不对土地进行再分配，不只是因为怕农民不愿意对土地追加投资，而是因为他们担心，某些村民想放弃务农，如果村委会为了维持和改良土壤而对耕地作重新调整，一些村民们宁愿交回他们的承包合同，把土地退给村委会。

在第1村，就曾经有过"罢种"事件。某一个村民小组里的许多农户，认为种田不划算，要求村委会收回他们的承包地。在第3村中，村领导明确表示，他们不敢重新分配责任田，害怕村民会接二连三地交回他们的承包地。村委会非常担心这种倾向会开创一个先例，或者造成一种他们不知道怎样加以控制的局面。有些村民已经表示，他们对再耕种别人放弃的承包土地不感兴趣。在第 4 村，40% 的村民表示他们愿意把所承包的土地退还给村委会，而且已经有许多人在没有解决办法时，让他们的土地处于闲置（撂荒）状态。在第 5 村和第 6 村，在土地短缺已经非常明显的情况下，农民们甚至也不愿意耕种更多的土地，因为耕种土地所要求的投入以及地方收取的各种费用使他们感到"实在是不值得去干"。第 8 村在本研究中也许是一个例外，这里有规定，允许对土地作短期的调整：在农户规模变化的条件下，每户每增加两个人或减少两个人，该户的土地都将按一个人的份额加以调整，或增加或减少。即使在第 8 村（以及第 7 村），只有在原有的土地不足以提供家庭的基本口粮时，农民才表示希望耕种追加的土地。对其他六个不愿意耕种追加土地的村的调查则表明，土地的日渐缺乏可以是鼓励村民外出打工的一个重要"推力"因素，但它却不是一个充分甚至必要条件。其他的因素，包括劳力的剩余、农业的高成本投入（或曰"低比较效益"）以及更愿意从事非农活动等，在促使村民外出务工方面都起着同等重要甚至更为重要的作用。

三 农业劳动力和移民

在中国关于劳动力和移民之间的关系的任何研究都有两个重要的方面：一是与增长的剩余劳动力和在本村内外找一个可选择的工作问题相关；二是与移民后那些仍然留在村里进行农作的劳动力的质量和数量有关。许多对移民感兴趣的研究关注的是剩余劳动力的规模，劳动力的流动和与移民相关的职业，很少有研究关心劳动力资源对支撑乡村农业生产的必要性。假定移民外出的是年轻人和男性劳动力，在大量移民以后，留下来的都是老人和妇女，由他们完成全部以前由更多的农户和村民负责的农活。对八个村的研究表明，正在增长的向外移民倾向可能引起农村劳动力的大量短缺，并对农村劳动力供应有着长期影响。

在第 1、2 村中，在农业服务小组的帮助下，责任田由三四家农户耕种，农业服务小组以建议、投资、机械和在农忙季节追加劳动力的形式，为这些专业户提供技术上的支持。村里的其余农户中，主要是由剩下的一些老人和中老年妇女耕种每家的口粮田和蔬菜自留地，其他在本地从事非农职业的家庭成员，主要是利用业余时间，或作为一个副业或是在农忙季节帮助家庭干活。在第 1 村，据说只有 42 个人，或者说是全村劳动力的 6.7% 主要从事农业和农副业生产，其中有 37 人是中年和老年妇女，人们通常认为她们不适宜在乡镇企业中工作。虽然家庭中的年轻成员既没有农业经验也没干过农活，但大多数从事非农职业的家庭成员都在本地工作，村里仍然有足够的农业劳动力资源。

在第 3 村，土地完全分给了各农户耕种，但是由于在本地从事非农职业的机会很少，总数超过 38% 的劳动力都外出打工了，其中绝大多数都是男性劳力和年轻劳力。从而，农业劳动主要由老人、妇女和儿童承担，他们不得不从事包括耕地、播种和收获这样的繁重劳动，而这以前是由家里的男人和妇女共同负担的。在农忙季节也有一些男劳力回家来帮忙。妇女们发现农活过于繁重，她们不可能完成所有要求的任务，有许多人已经要么让土地空闲不种，要么想把土地退还给村里。在第 4 村，也没有什么在本地从事非农职业的机会，许多人外出打工。像第 3 村一样，主要是由老年妇女耕种土地，家庭男性成员在农忙季节回来帮忙，或者是雇用劳力帮忙。据估计在 90% 的农户中，都是中老年妇女从事农业劳动，或者是出租劳力，而且在那些农户家中可以得到男劳力从事这类劳作的地方，现象依然如此。在第 5 村，有 65 名劳动力（以前是 129 名）从事仍然是村里的主要生产活动的农业劳动，由于缺乏在本地从事非农工作的机会，其余的 64 名劳动力中的大多数都外出打工了。估计总共有 1/3 以上的家庭成员（大多数是年轻的男性，占村里劳动力数量的 40%）移民外出了，留下来的多数农村劳动力是中老年妇女，她们不仅从事农业劳动，也从事副业生产，同时还要做家务。留在村里干农活的人被戏称为 "386199 部队"①。由于缺乏劳动力，村里的一些基本的农业任务无法圆满顺利完成。

在第 6 村，由于缺乏男性和年轻劳动力，人们发现大多数农活由中老年妇女承担，女儿和媳妇在农忙季节来帮忙。由于该村的农活要求重体力劳动，如施肥、耕地和灌溉，中老年妇女发现她们无力都干下来。缺乏劳

---

① "38" 指妇女，"61" 指儿童，"99" 指老人。

动力就意味着荒废土地，或是种出的粮食不足以满足需要。妇女倾向于放弃栽种水稻、棉花和油菜籽，因为这些要求更多的劳力和技术投入。在第7村，大多数外出的人都是受过教育的男性年轻人。已婚妇女、未受过什么教育的人和年龄在38～45岁的人成了干农活的主力，他们既种庄稼也干家务。如果家中没有父母，年轻成员就只能留在村里或者在外短期打工，而按他们的本意，是更愿意外出打工的。在第8村，也是年轻人特别是男性村民外出，留下中老年人从事农业劳动。据估计在该村70%的农户中，妇女是主要的农业劳动力，虽然男人大多是在附近的林场，在农忙季节还经常回家帮忙。因此村民委员会不得不放弃原定改种烟草的计划，因为如果种植这种新型的经济作物的话，就需要新的技术投入和夜间劳动，而妇女不可能做到这一点。

对所有八个村的研究表明，在村里出现了一种新的劳动分工，使得留在村里的中老年妇女从事农业劳动，妇女构成了主要的农业劳动力。虽然不应该假定这是一个不利条件，因为妇女具有丰富的农业经验和知识，然而无论是村民，还是地方政府以及专家总是对妇女的体力和技能持怀疑态度，不相信她们能够独立承担起乡村农业发展的重任。在没有村民服务小组或耕种责任田得不到帮助的地方，留下来的老年人和妇女发现，从事农业生产和干家务活要求长时间并且是艰苦的劳动，这常常使她们筋疲力尽。在这种情况下，人们更愿意废耕罢种，不种植对劳动力有特殊要求的经济作物，不愿意引进新的农作物品种。而在本地从事非农劳动的人可以提供足够的村收入资助村民服务小组——帮助减轻个体农业劳动者的劳动强度，或是在外出劳力能够在业余时间从事农业劳动的村里，情况便好得多。在有更多的劳动力外出打工而不是在本地从事非农职业的村里，村里的收入并不富裕，农户和村庄由劳动力剩余转变为劳动力短缺便逐渐成了常见现象，这种劳动力短缺使得人们既不能像以前一样耕种他们的土地，也不能改种新的农业作物。同时，这种倾向表明，剩余劳动力并不是移民的必要条件，因为村民不论对家庭或村里来说是不是剩余劳动力，他们都外出了。实际上许多农户逐渐面临两种选择，要么是留下足够的劳动力从事农业生产，要么是让劳动力外出打工，挣得足够的现金去补贴日益增长的农业生产投入。

四 农业收入和移民

在所有的村里，不管农业是否为地方经济的支柱产业，来源于农业的现金收入相对都要低于来源于非农职业的收入，前者在单个农户和村庄的现金收入中所占的份额正在减少。由于近来出现的干旱气候，许多村里的农业收入不稳定。此外，农业本身更多被看成无利可图的活动，因为投入的成本，如昂贵的化肥和维持粮食产量的灌溉，以及其他各种各样的开销在增加，同时农产品销售价格却在下跌。不断增加的投入和微薄的利润收入是村民常常评论和抱怨的话题，甚至在村民委员会自己承担了许多耕种责任田的情况下也是如此。同他们对农业的财政责任相反，事实是，几乎没有什么村收入来源于农业。在第 1 村和第 2 村，分别只有 2% 和 0.04%的村收入来源于农业，因为对个体农户来说，来源于农业的收入，实质上几乎都被排除在外。在第 1 村，村民委员会承担着从事大多数农业生产以及提供口粮的责任。村干部指出，耕种责任田的收入和支出需求——如灌溉、农业机械购买和维修、农用道路修建、农业服务小组的工资、农业税和上交国家的粮食定量——之间存在着差距，人们对所有这些投入都逐渐开始怨声载道。由于许多投入都由村里支付，各个农户估计，同其非农职业收入相比，他们主要用于购买化肥的花费（每亩地 136 元）并不高。此外，大多数农户只利用空余时间种口粮用于消费，因此投入和回报是平衡的，所以农户们对这种安排不是不能忍受。在第 2 村，农户们说，除了村里支付的用于生产的必要开支外，他们自己还得每亩地支付 100 元以上的现金，用来购买化肥、农药，交机耕费、水电费和农业税。可是如果他们将种子和劳动力——劳动力和种子都是自己的——的价值计入在内的话，那么耕种的价值就达到每亩地 300 元，利润仅 100 元，他们认为这正是劳动和投资的代价。

在第 3、4、5、6、7、8 村里，在本地从事非农活动的机会少，现金收入也少，农业收入占村和农户收入的比重较高，但是尽管如此，这里的农业也具有减少所占份额的倾向——它们分别在村和农户现金收入中所占份额为 17% ~50% 和 30% ~50%。在第 3 村，每亩地需要的农业投入和费用为 333 元左右，尽管每亩地的总收入还不到 500 元，扣除他们消费的粮食后，农民估计每亩地带给他们的收入不到 100 元，这使他们发现实在是不值得去投资和辛苦劳作。在第 4 村，农户们说，"农业净收入几乎为零"。他们每种一亩地需要投资 300 元，但是每亩地包括口粮在内的毛收入为 460 元，这样，农户很少能从耕作中获得现金收入。在第 5 村，耕种一亩水浇地的纯收入不到 350 元（一天不足一元钱）。在第 6 村，微薄的纯收入也总是受到由于接踵而至的干旱导致的低产量的影响。在第 7 村，每亩地生产的投入和费用不到 100 元，但是这个数目不包括种子、劳力、灌溉和其他的费用。在第 8 村，每亩小麦的收入为 280 元，同每亩投入 205 元相比，估计利润 75 元左右，还不包括劳动力投入的成本。在所有八个村庄所做的调查显示，不只是农业投入的成本，如化肥、服务、机械和基础设施由于价格上涨而持续增加，也显示出较高的投入并没有得到相应的回报。

在农村研究中，人们已经多次讨论过这种市场和计划之间的脱节。在第 1 村，农民反映，当水稻的价格每斤上升 40% 的时候，氨碳化肥的价格就上升 60%。在第 6 村，1989～1992 年农产品的销售价上升 15%，而农业投入的价格则上升了 34%。就四川全省来说，农民反映，在 1993 年的前 9 个月，农民每人的现金收入增加到 38 元，但是由于通货膨胀，每个人头的农业投入价值增加了 48 元，结果每人的收入还倒贴 7.2 元。1993 年，在前 6 个月，投入的价值上升了 14.8%；1994 年，农业投入继续上升 13.5%，而且化肥价格月月上升，1994 年上升了 38%。投入价值的上升和农产品收益之间的差异，以及现金收入的水平，不仅反映了农民支付农产品价值的能力和愿望，也反映了其他的要求，如日常开销、学费、医疗支出和地方政府收取的费用。众所周知，这些费用也都上涨了。甚至在最穷的村里，村民也逐渐进入给他们带来现金收入的经济活动中，这些现金收入不仅能逐渐和普遍地影响他们的福利和生存，也能够补助农业生产的特殊需要。此外，不管有没有可选择的地方收入资源，这些补助都是必需的。实际上，通过进入非农职业和目的在于挣得现金的外出打工以补贴农业生产，村民逐渐地放弃了农业。

没有地方充实的非农收入来源，村民委员会不可能像村里有乡镇企业的地方那样为村民提供服务和对服务给以补贴。可是甚至在一个村具有可选择的收入来源，而且土地质量优良的地方，所需要的补助对这个地方的村民委员会也不是一件容易的事，所以他们更愿意交付现金支付等量的农业税和国家的订购粮，并且在市场上买口粮。对农户来说也是如此，除了第 6 村，农副业如饲养和加工牲畜起着同样的作用外，非农业收入逐渐成了补贴农业投入的必然来源。所出现的重要问题是，随着农业收入的减少，如果农户和村里没有其他的现金收入来源的话，就意味着缺乏补助农业的必要来源或来源不足。此外，在不可能从本地获得上述现金来源的村里，外出打工必然就不只是一种有吸引力的选择，也是为了获得维持农业生产投入，保证家庭消费、饲料，上交农业税及国家义务定购粮的必要步骤。如果说是移民的数量和地理位置影响每个村移民外出的规模的话，那么缺乏来自本地非农企业的收入，使得外出打工成了愿意继续务农的农户们唯一可行的选择，更是村里农业发展的条件。实际上在某些情况下，移民的汇款逐渐成了支撑和扩大村里农业生产的现金补贴的手段之一，甚至是唯一的手段。

在维持农业方面，如果来源于本地和外地的非农业活动的津贴对贫穷地区和富裕地区都重要的话，那么在中国最贫穷的地区它可能甚至更关键，因为除了农业外，在本地不可能有任何非农职业选择机会。在这些乡村，外出打工不仅成了补贴农业最重要的来源，而且在某种条件下，它有可能取代农业。实际上，外出打工一直受到最贫困地区地方政府特别的鼓励，主要是为了减少村里农业负担的人口和家中吃饭人口的数目，他们一直被引证为外出打工的充分条件。在最穷的第 7 村和第 8 村中，村干部在计算人均土地数时，常常不把外出打工的人算入村民总数之中，以体现移民前后的区别。此外，在最穷的村和农户中，移民仅仅只是离开家和村庄，无论他们是否给家里寄钱，农户和村里的收入都在增加。在移民经常寄钱回来的村里，它们总是可得到的支助农业的唯一手段，以致外出打工成了政府减少贫困战略的最重要组成部分。

在十分贫困和边远的地区，移民的步伐较慢，主要是由于缺乏相应的知识和机会，作为一种快速减少人口和增加收入的手段，移民受到当地政府的特别鼓励，因为这种手段不需要任何投资，或在那些地区，发展可能特别困难，代价也特别高。例如，第 6 村坐落在四川省的一个县里，当地干部做了这样一个计算：在县里 760000 名农业劳动力中，估计有 300000 名劳动力是县里不需要的剩余劳动力；到目前为止，有 113000 名劳动力在本县的乡镇企业中找到了工作，26000 名在本地从事商业活动，至少有

200000 名劳动力需要移民外出打工；其中，110000 人在 1994 年已经外出了，要解决剩下的劳动力就业问题，需要至少投资 12 亿元以上，然而县里并没有这笔钱。正是这样的计算，鼓励着地方政府领导决定，"把我们的人送出去，让他们在外挣钱，然后利用这些钱推动自己的发展"。他们建立了劳务输出服务办公室，提供诸如信息、培训，照料家中有人外出打工者的经济利益。近来这个县里的移民人数上升，1994 年全县的移民纯收入从前一年的 0.8 亿元增加到 2.5 亿元。第 7 村劳动力外出也是县里计划减轻贫困和增加收入的最重要手段，"因为它具有显著的成效，几乎不要求投资，就能促进农业和提高文化教育水平"。因而，县里认为劳动力外出应该是县"减轻贫困和促进全县农业计划"的主要渠道。他们建立了县、镇和村三级劳动力输出信息和组织网络，鼓励村民外出。

外出打工究竟好在哪里？这个乡村研究表明，移民的汇款可能使各个家庭受益，而不太可能对村的收入，以及对建立和维持促进农业生产的村级服务组织做出更多贡献。此外，在移民成为支助农业的重要来源的地方，人们也不难预测，在那里移民不仅像其他地方一样对农业发展提供必要的补助，而且成了村里农业活动和发展的替代物。即是说，在自然条件恶劣、农业投入昂贵而收益不高的地方，如果移民逐渐依赖于汇款生活，特别是如果那些留下来的人，通常是老人、妇女和儿童，发现从事土地耕种、副业和家务劳动劳累不堪的时候，农业就可能被荒废。这样，村里就可能变得完全依赖移民汇款，以致移民连续不断地汇款成为较长时期的农业和福利的最重要支柱基础。由于许多非正式移民的工作不稳定，镇和村里的企业的多变性，以及有时候移民和村之间联系并不牢固，汇款来源得不到保证。调查表明，维持汇款的长期来源和稳定性可能会是一个问题，因为年轻移民结了婚，在远离村庄的地方组成了新的家庭，汇款的数量似乎就会下降（世界银行，1994）。

本项研究所要说明的是，在富裕地区，移民对农业和非农活动可能是一种补充；在中等富裕地区，移民对农业和非农活动是一种补贴；在贫穷和边远地区，移民则是对农业和农业经济活动的替代。无论是补充、补贴或替代，本项研究中所调查的所有农户或村庄中，这都是共同现象，也无论这些农户或村庄是否处在富裕或贫穷地区，还是在中部或边远地区，调查表明，农业生产获利不仅逐渐减少，而且变成一种没有吸引力或者甚至多余的经济活动。在所研究的村中，最重要的倾向是愿意从事农业生产的人在减少，而且人们逐渐变得只是勉强地应付农业生产，不管是在自然条件优越的地区还是在恶劣的地区，抑或在农业还是村里的主要经济活动或者已经是副业活动的地区，情况均如此。在每个村，人们都自然而然地表露出对农业生产无兴趣甚至是厌恶的情绪。

在第 1 村，那里自然条件最为优越，因为村里的投资和服务，它现在几乎不要求家庭作什么投资，耕种被视为一种"家庭副业"或"家务劳动"，"庭院经济"或"农民家务"联系在一起。农业的兴趣仅在于它能提供家庭消费的粮食和蔬菜，而且甚至为了达到这些目的的生产也被某些农户看成是一个日益增加的负担，他们当中的有些人已经宣称不再种地。在工业较发达的第 2 村，他们除了生产自己消费所需要的粮食和蔬菜外，对农业生产也非常不感兴趣，许多人要求罢种。甚至那些负责耕种责任田的村干部也认为，"搞农业既浪费时间也浪费金钱"，他们宁愿用非农企业的现金收入购买粮食用于消费和上交国家定购粮。在第 3 村和第 4 村，村民们认为"种地最不划算"，许多人厌恶农业，宁愿离开土地，认为"到城里去拾荒也比种地强"。在第 5 村和第 6 村，在移民受到政府的推动和鼓励之前，村民们对种地有很高的热情，而现在许多人开始表示不愿种地，并且已经开始离开村庄。在四川省做的一个调查表明，村现在有2/3以上的村民不想当农民从事农业生产。在第 7 村和第 8 村，越来越多的村民（主要是年轻人）说他们"不想从事农业劳动"，而且如果他们一旦有机会选择，他们就会离开村庄。在第 8 村，每个劳动力月农业收入为42.86 元，而外出打工的人月收入为 250～400 元。这就足以表明，同农业相比，移民是一个具有多么大的吸引力的选择。

由于普遍倾向于从事非农职业，村里的农业地位受到了影响。在务农和从事非农职业之间有选择的村，不管是在附近还是在远方从事非农工作，务农家庭的成员都选择离开村庄。由于投入的增加、收益的减少，在农业效益相对低下的村，农业生产都被认为没有价值，农民倾向于弃种而不是继续补贴农业。而在农民有机会增加耕种土地的村，只有少数的村民愿意承包更多的土地。农业生产都被贬低为副业、家务劳动或庭院劳动。人们认为，只有那些"不能从事"其他农业或非农职业的人留下来种地，认为这不需要什么技术或教育，农业劳动力也不需要培训或接受进一步的教育。这种影响和年轻人移民外出的影响，意味着所接受的任何教育都不会进入农业，而且由于年青一代本身不愿意掌握农业技术知识和经验，未来就可能出现全村人都缺乏农业技术的现象。

本项乡村研究的结构表明，在农户很难在农业和非农业或农业和移民之间做出经济上的选择的村里，假如土地耕种条件相当不利，农户就觉得，如果他们要继续从事农业生产，那么除了从事非农职业或外出打工挣得现金补贴农业外，就没有其他的选择，而在某种条件下，农业本身都快成了一种补充性的副业，或者被移民的汇款所取代。虽然从长期来看，在贫穷地区，移民作为一种代替农业为家庭提供食品和支持的资源，反而不如农业更稳定。从短时期来看，移民仍然被看成一种"捷径"，能够为农业和非农经济活动进行快速和便利投资提供新资源。从中长时期来看，对所有的村民来说，不论他们是贫穷还是富裕，蔓延开来的取代农业的倾向可能会对中国短期和长期的食品充足供应具有严重的影响。虽然政府政策不断强调"尽管农村发展还有其他形式，但粮食生产仍然是农业的基础"（何康，1990）。在中国，人们日渐关切国民经济中最薄弱的农业，有时它甚至被描述成"值得警惕的"，如果农业出现停滞和衰退，则将对经济团体作进一步的限制，并将导致社会不稳定（《人民日报》，1994 年 12 月 8 日；1995 年 1 月 15 日）。国际上也对过去所发生的事情表示关注，"中国从一个主要的粮食出口国变成一个粮食进口国，对全球的粮食储量造成了未预期到的紧张"（《亚洲华尔街周刊》，1995 年 8 月 16 日）。出于同样的原因，一系列关于移民对农业发展的一般性影响的宏观研究，也开始关注乡村农业的支柱，并且指出，未来的研究将进一步在具有各种不同的自然和经济条件的中国村庄中，调查移民、农业和非农业活动之间，以及移民、家庭和村庄之间的关系。

参考文献

何康，1990，《中国粮食生产的发展战略和政策》，农业出版社。

黄平、郭于华、杨宜音，1997，《寻求生存》，云南人民出版社。

李浩然，1991，《龙岗发展模式》，上海社会科学出版社，转引自钱文保，1995，《农村—城市移民和它对经济发展的影响：中国个案研究》，博士学位论文，城市大学，伦敦。

《人民日报》，1994 年 12 月 8 日；1995 年 1 月 15 日。参阅安西·罗伯特·F. 《大陆中国寻求粮食自给》（即将出版）。

世界银行，1994 年 12 月，《重新定居和发展（农村研究附录）》，华盛顿。

《亚洲华尔街周刊》，1995 年 8 月 16 日，参阅安西·罗伯特·F. 《大陆中国寻求粮食自给》（即将出版）。

Ping, Huang, et al. 1995. *Rural Migration and Rural Development.* FAO, Rome.

World Bank, 1992, *China：Strategies for Reducing Poverty in the 1990s（Appendix of Village Studies）*, Washington, D. C.

老工业基地的失业治理：后工业化和市场化

——东北地区 9 家大型国有企业的调查[*]

李培林

摘　要：由于经济体制的转轨和社会结构的变迁，当前伴随银根紧缩和产业结构调整再次出现严重的失业问题。通过对东北地区老工业基地的调查，作者认为，城市职工下岗引起的失业，是结构性失业和转轨性失业的问题，带有某些"后工业化"的特征，而后工业化过程的开始意味着劳动力市场供大于求可能是一种长期的局面。对此，作者提出"扩大教育、推迟就业"的缓解失业举措。

一　制度变迁：中国五次失业问题严重时期的治理方式

中国五次失业问题严重时期的相关数据及治理如表 1 所示。

表 1　五次失业问题严重时期的相关数据和治理方式

	失业或精减人数	失业率	增长指数	价格指数	工资指数	治理特征
第一次的 1953 年	失业 376 万人	13.2%	114.0	105.1	131.8	单位化
第二次的 1961 年	精简 873 万名职工		70.3	116.1	94.6	逆工业化
第三次的 1970 年	下乡 270 万名知青		123.3	100.0	103.6	逆工业化
第四次的 1978 年	失业 530 万人	5.3%	111.7	100.7	110.5	单位化
第五次的 1996 年	失业 553 万人	3.0%	109.7	108.8	112.1	市场化
	下岗 815 万名职工					

注：表中 1953 年一行的失业人数和失业率是 1952 年的数据。增长指数一栏中，1953 年、

---

[*]　原文发表于《社会学研究》1998 年第 4 期。

1961 年和 1970 年是国民收入增长指数，1978 和 1996 年是国民生产总值增长指数。价格指数指城市居民消费价格指数。工资指数指职工工资总额指数。各指数均以上年为 100 计算。

资料来源：国家统计局《1991 年统计年鉴》，《1997 年统计提要》；Berstein，1997。

第一次失业问题严重的时期是 1950～1952 年。当时为了平抑战后的通货膨胀，政府实行紧缩银根的政策。1950 年春夏出现市场萧条，私营工商业经营困难，很多企业关门倒闭，全国 14 个较大城市工厂倒闭 2945 家，16 个较大城市半停业的商店 9345 家，失业工人逾百万人，人心浮动，"失望和不满的情绪在一部分工人和城市贫民中迅速蔓延"（薄一波，1991：94～95）。到 1952 年，全国城镇失业人数达到 376.6 万人，失业率高达 13.2%，是 1949 年以来登记记录的最高失业率。造成这次失业高峰的原因，除了紧缩银根力度过大带来的经济萧条，另一个重要原因似乎是过快的城市化。1949～1953 年，中国城镇人口从 5768 万人增加到 7826 万人，年均增加 524.5 万人，城镇人口占总人口的比重从 10.6% 增加到 13.3%。城镇人口的增加，除自然增长的外，绝大部分来自农村。处理第一次严重失业问题的主要办法是"单位化"，[①] 即主要由政府统一安排失业者的生活和工作，由此而演变出与此相配套的"国家包下来安排劳动就业的制度"、"处理愈来愈多的城镇人口吃饭的这个大问题"的对粮食等主要农产品的统购统销制度以及城乡分离的户籍制度，这都是从 1953 年开始的（薄一波，1991：107、255）。[②] 这一时期控制农村"盲流"进城的"逆工业化"措施也首次被作为控制城镇失业的辅助措施。

第二次失业问题严重的时期是 1961～1962 年。1958 年开始的 3 年"大跃进"，搞违反经济规律的经济群众运动和泡沫经济，不仅造成经济严重困难，也使城市人口增长过快而产生过大压力。1957～1959 年，全国城镇人口从 9949 万人增加到 12371 万人，年均增加 1200 多万人，城市化水平从 15.4% 提高到 18.4%，速度是空前的，于是又不得不进行经济调整和紧缩。国有企业在 1961 年减少 2.5 万个的基础上，1962 年又减少了 1.8 万

[①] 本文中的"单位化"的概念，是指把处理经济和社会事务的权力和责任集中到国家和政府直接管理的"单位"手中的过程，与此相反的概念是"市场化"和"社会化"。

[②] 根据 1953 年 11 月 19 日政务院命令，粮食统购统销政策，包括计划收购、计划供应、由国家严格控制粮食市场和对粮食实行统一管理四个组成部分。

个；基本建设投资 1960 年为 384 亿元，1961 年减少到 124 亿元，1962 年进而减少到 68 亿元。粮食大幅度减产，吃饭都出现困难，城镇失业问题非常严重。用减少城镇职工和城镇人口的"逆工业化"措施来克服经济严重困难成为"非常时期的非常措施"，政府大规模地动员"大跃进"时进城的农民返回农村务农，同时动员部分家在农村的城镇职工回农村，1961 年减少城镇人口 1000 多万人，其中精减职工 873 万人，1962 年又减少城镇人口 1000 多万人，其中精减职工 850 万人。

第三次失业问题严重时期是 1968～1975 年。早在"文革"以前，由于人口的快速增长，城镇就业压力越来越大，作为解决就业问题的一种方式，就已经鼓励城镇知识青年参加边远地区半军事化的农业生产建设兵团或到农村插队落户，1962～1966 年已有 100 多万名城镇知识青年到农村落户。1966 年"文革"开始后，经济受到极大破坏，工商业处于停滞状态，工厂停止招工，大学停止招生，城市初高中毕业生既不能升学，也无法获得分配的工作。城市失业及相关问题急剧严重起来。于是作为解决失业问题的"逆工业化"措施又一次被启用。从 1968 年底开始，在公开号召下，全国开展了持续 7 年之久的城镇知识青年"上山下乡"运动，这场运动名义上是出于"反修防修"和"缩小三大差别"（城乡、工农、脑体）的政治目标，实际更直接的是解决失业问题的经济目标（Berstein，1997：42－78）。在这一时期共有 1600 多万名城镇知识青年通过"反城市化"的"上山下乡"，到农村去"安家落户"，年均 200 多万人（胡绳，1991：432）。

第四次失业问题严重时期是 1978～1980 年。[①]"文革"结束以后，百废待兴，经济处于恢复过程，尽管大学恢复招生，工厂恢复招工，吸纳一部分劳动力或推迟了一部分劳动力的就业时间，但比较集中的知识青年回城仍然使城镇失业问题骤然严重起来。这三年每年的城镇登记失业率都在 5.5% 左右，每年的城镇失业人数在 530 万～540 万人。这次解决失业问

---

① 冯兰瑞 1996 年曾撰文，认为 1995 年以后，改革以来的第三个失业高峰已经到来，前两次失业高峰分别是 1979 年和 1989 年。不过，从 1949 年以来的大跨度来看，1978～1980 年的失业高峰是拙文中所述五次失业问题严重时期中严重程度最低的一次，而 1989 年 2.9% 的城镇失业率以及实际失业情况，其严重程度也难与文中所述的并列。参见冯兰瑞《中国第三次失业高峰的情况及对策》一文和该文第 10 页注⑥，载《社会学研究》1996 年第 5 期。

题，基本上仍是沿用国家安排的"单位化"措施，流行的做法是父母退休子女顶替岗位，或者是到由国有企业、机关、事业单位和街道办安置工作性质的家属集体企业上班。

第五次失业问题严重时期是 1996 年至今，情况仍在发展。1993 年出现经济过热和房地产泡沫经济现象以后，国家又一次连续多年实行收紧银根的宏观紧缩政策，经济软着陆，但企业普遍不景气，产业结构转变的要求使传统产业萎缩，停产倒闭的企业增多，加快国有企业改革的要求也使多年存在的隐性冗员问题暴露出来。结构调整和体制转变的关键时期的汇合，加剧了失业问题。1997 年城镇登记失业人数为 570 万人左右，企业下岗人员（指因企业经营等原因离岗回家，但仍与原企业保留名义劳动关系的人员）大量增加，虽然目前各有关部门（劳动部、统计局、国务院研究室、总工会）的调查和统计结果有一定出入，但是这一问题达到改革以来最严重的程度却是一致的判断。1997 年多项大范围抽样调查的结果显示，下岗人员的规模为城镇从业总人数的 7% 左右，据此推算全国下岗人员为 1028 万人，约一半集中在制造业，约 60% 是女职工（女职工占全部职工的 39%），约 70% 是 25～44 岁的中青年职工，约 50% 已不同程度地再就业。这样，登记的失业人员和下岗无业人员的总数约为 1500 万人，实际城镇失业率（失业人数占劳动力的比例，1997 年中国劳动力参与率为 82%）为 6.2%。另外，许多国有部门，特别是国家机关和事业单位的冗员过多的问题目前还没有显化，随着机构改革的深入，失业问题还会进一步加剧。但这次解决失业问题的"下岗分流、实施再就业"办法，强调失业和下岗人员"自谋职业"，并向第三产业和非国有经济部门转移，而不再把国家统一安排、堵截进城民工或工人返乡务农作为解决失业的主导措施，因此在仍具有"单位化"约束的同时，也开始具有了"后工业化"和"市场化"的特点，与过去传统的"逆工业化"和"单位化"的办法有所不同，显示出重要的制度变迁。

二　利益格局变动：东北老工业基地成为失业问题最严重的地区

由辽宁、吉林和黑龙江三省构成的中国东北地区是中国的老工业基地。1949 年以前，中国薄弱的工业设施 70% 集中在沿海地区，改变这种工业布局的是 1949 年以后苏联援建的奠定中国基础工业体系和国防工业体系的 "156 项工程"，主要是煤炭、电力、石油等能源工业，机械、有色金属、钢铁、化学等制造业以及国防军事工业，这些大型工业工程中的 1/3以上（59 项）建立在东北地区，这种配置的理由主要是 "资源产地"、"改变落后地区面貌" 和 "军事上的需要" 三方面的考虑。[1] 由于这笔历史的遗产，人口占全国 8.6% 的东北老工业基地，在经济结构上至今仍具有以下特征：（1）传统产业和原材料生产集中的地区，东北地区集中了全国 1/4 钢铁、1/2 原油、1/6 以上煤炭的生产；（2）国有经济比重较高的地区，到 1996 年，全国工业总产值中国有工业的比重为 28%，而东北地区仍为 44%，其中黑龙江省为 58%；（3）老企业多、离退休人员多，东北地区多数企业都具有 30~40 年的历史，很多厂房和设备陈旧，人员众多，历史包袱重。

东北地区曾是中国资源丰富、工业基础雄厚、技术人才和知识人才集中的地区，号称 "东北老大"，至今仍是中国城市化水平最高的地区，1996 年全国城镇从业人员占全部从业人员的比重为 29%，而东北地区为57%。然而，在经济结构的重大调整中，东北地区像其他国家走向后工业化过程中老工业基地的命运一样，随着传统工业、夕阳工业的衰落而失去了往日的辉煌，大量的工人需要转业。国有企业的重大改组，无疑又加速和加剧了这一过程，使东北地区成为中国失业最严重的地区，到 1997 年底，下岗人员已有 259 万多人，约占全国下岗人员的 22%，很多企业下岗人员的比例都高达 20%~30%。1997 年 9 月，我们对沈阳、鞍山、哈尔滨、齐齐哈尔 4 城市的 9 家大型国有企业进行了为期一个月的访谈调查，除收集各种原始资料外，还个别访谈了各种类型企业职工 100 余人。表 2是这 9 家国有企业的下岗及相关情况。

---

① 苏联援建的 "156 项工程"，实际进行施工 150 项，其构成是：民用工业企业 106 个，其中钢铁工业 7 个，有色金属工业 13 个，化学工业 7 个，机械加工业 24 个，煤炭工业 25个，电力工业 25 个，石油工业 2 个，轻工业和医药工业 3 个；国防军事工业 44 个，其中航空工业 12 个，电子工业 10 个，兵器工业 16 个，航天工业 2 个，船舶工业 4 个。参见薄一波，1991：296~298。

表 2　东北地区 9 家国有企业职工下岗及相关情况

企业	在职职工（人）	下岗人数（人）	下岗率（%）	离退休人员（人）	年平均工资（元）	经营状况	建企时间
哈动力	26400	5618	21	12800	9500	微利	1952 年
建华机械	10007	3300	33	2800	欠发工资	巨亏	1946 年
华安机械	12000	2972	25	4581	欠发工资	巨亏	1951 年
和平机器	9800	3000	31	4433	欠发工资	巨亏	1950 年
哈飞	18100	871	5	6300	8420	盈利	1952 年
哈发动机	12000	500	4	5200	9000	盈利	1948 年
鞍钢	19.7 万	2 万	10	94000	难测算	微利	1918 年
沈飞	18000	无	0	9000 人	8000	盈利	1931 年
建设机械	1380	无	0	800	6900	盈利	1964 年

　　注：表中的数据除下岗人数是截至 1997 年 9 月的数据，其他是 1996 年底的数据。欠发工资的企业，工资发放的时间和数额都不稳定，数额一般不到年平均工资的 50%。鞍钢下属部门很多是独立核算，主体的炼钢、炼铁工人的工资相比较来说是高的，一般在每月 1000 元左右。表中的企业全称如下，哈动力：哈尔滨动力设备股份有限公司；建华机械：齐齐哈尔建华机械厂；华安机械：齐齐哈尔华安机械厂；和平机器：齐齐哈尔和平机器厂；哈飞：哈尔滨飞机制造公司；哈发动机：哈尔滨东安发动机制造公司；鞍钢：鞍钢集团公司；沈飞：沈阳飞机工业（集团）有限公司；建设机械：沈阳建设机械总公司。

　　下岗的实质是失业，但它之所以表现为下岗而不是失业，是因为其有就业制度和失业保险制度。职工下岗现象实际上是国有企业和城市集体企业"单位制"的遗产，非公有制企业和乡镇企业并不存在这个问题。在单位制的情况下，过去企业和职工有一种事实上的相互承诺，职工承诺把一生交给单位安排（包括工作岗位、工作性质和工作地点的调动），而单位承诺负责职工一生的生活保障。改革开放以来，随着鼓励人才流动，允许辞职和停薪留职，部分职工对单位的承诺可以随时解除，但单位对职工的承诺却一直难以主动解除（如辞退）。单位对职工的承诺之所以难以主动解除，从形式上看是一个制度建设问题，如目前按工资总额 1% 提取的失业保险费，远不足以安排所有的失业人员，因过去没有这方面的储备金，目前政府的财政也拨不出这方面的专款，但实质上是利益格局的调整中利益如何妥协和平衡的问题。现在解决下岗问题的实际过程就是通过分散的谈判来达到局部的利益妥协和平衡。

三 利益制衡：不同协议下的下岗形式

解决失业问题的方式，涉及如何处理平等与效率的关系。然而，我们在现实中可以达到的并不是相对于效率的平等，即用收入和财富的均等化来衡量的社会平等（social equality），既然二者不可兼得；也不是作为理想追求的具有价值判断意义的社会公平（social justice），因为它过于理想化而且因人而异；实际可以达到的是承认差别的可以为各利益群体接受的社会利益均衡（social equity）。在职工下岗这个问题上，这种协议达成的途径从规模上可分为"集体的""分散的"两种，从性质上可以分为"单位化的"（单位安排的）和"市场化的"（自谋出路的）两种（"单位化的"一般都是"集体的"，而"市场化的"一般都是"分散的"）。

1. "单位化的"下岗形式

从我们调查的情况来看，由单位安排的下岗，形式也非常多样，但基本上可以分成"内退下岗"、"待业下岗"和"精简分流"。

——"内退下岗"实际上是国家养起来的办法，也是最容易为职工所接受的下岗形式，通过在企业内部放宽退休的条件而形成了各种内退的形式：（1）经政府劳动管理部门同意，提前5年退休并可以从工资总额里提取的养老金中支付退休金的，称为"内退"；（2）不符合上述条件，提前5年以上退休并从工资总额支付其"退休金"的，称为"企业内退"；（3）身体有病，达不到国家的因病退休标准，但符合企业自己制定的放松了的病退标准，按病退处理，称为"内病退"；（4）既达不到企业内部退休的年龄，也达不到企业内部病退的标准，按退职处理，称为"内退职"。以上人员仍享受企业的各种退休福利，退休收入根据工龄的长短和内退的形式一般为原工资的60%~90%。由于内退下岗不仅使下岗者有了稳定的收入来源，并且不妨碍下岗者去寻找另外的工作，所以很容易让下岗者接受，但对企业职工的积极性往往会产生不利的影响，甚至会产生技术骨干争取内退下岗的现象。内退下岗通常是经营状况还比较好的企业采取的方式，是通过集体协议和单位安排对原有利益格局的维护。我们调查的哈尔滨动力设备股份有限公司的5618名下岗职工中，"内退"的1574人，占28%；"企业内退"的1276人，占23%；"内病退"的976人，占17%；"内退职"的 169 人,占 3%。这 4 种形式内退下岗的占全部下岗人数的 71%。

——"待业下岗"是每月领取少量津贴(一般为 100~300 元),回家待业,又称"放长假"。一般是职工最难以接受的,也是最通常的下岗形式。但是对于那些严重亏损、濒临倒闭、处境非常困难的企业来说,也没有其他的更容易为职工接受的选择。有的企业甚至连 100 多元的下岗津贴也难以发放,职工的工资发不出来欠着,下岗津贴也只能欠着,如齐齐哈尔建华机械厂已累计欠在职职工 16 个月的工资,待业下岗者的每月 100 元工资也只能两个月发一次,剩下的欠着。待业下岗的职工一年当中可能只有几个月的工作可干,其他的时间就只能另谋兼业了,但他们往往是非常难以谋得具有稳定收入的兼业的。

——"精简分流"是指通过划出一块资产或资金,把原企业从事各种服务性的非主体产业的人员分离出去,解除与原企业的隶属关系,成立具有独立法人代表的经济实体,然后进一步通过精简安置和分流从企业主体分离出来的人员。如鞍钢集团公司把原来所属的 34 个服务性的经营单位、约 15000 人从企业主体分离出来,实行集体的自谋职业,成立了独立的鞍钢实业发展总公司,专门负责针对不同的情况进行分散性的谈判,以便通过各种协议形式、各种补偿的方式,安置和分流已经从企业主体下岗的人员。就特大型企业来说,这种分散的协议比集体的协议似乎更容易操作。

2. "市场化"的下岗形式

"市场化"的下岗形式可以大体上分为"主动性自谋职业"、"被迫性自谋职业"和"买断工龄"等几种形式。

——"主动性自谋职业"是指已经主动离开企业去寻找其他职业的职工,他们并没有与企业办理解除劳动合同的手续,在名义上仍列入企业职工的花名册,但他们不再依靠原企业,企业也不再找他们,俗称"两不找"。这样的职工一般有一定年龄优势或技术水平,他们的自谋职业就像干部和知识分子的"下海"一样,其生活水平往往会比以前更高。

——"被动性自谋职业"是指企业实际上严重亏损,停产半停产,甚至发不出工资和生活津贴,职工只好自谋职业。齐齐哈尔市的建华机械、华安机械和和平机器三家万人规模的企业,每家企业都有 3000 人左右的下岗人员,其中 50% 以上是迫于无奈、自谋职业的。有的企业已经倒闭关门,但并未经过破产清算的法律程序,职工也就从此没有了单位,也无法获得任何补偿，只能各显神通，另谋出路，这样的企业多半是城市集体企业，下岗的职工可能连原来的企业法人也根本找不到了。他们是下岗职工中最不幸的一部分。

——"买断工龄"就是按职工的工龄和原工资水平，一次性支付给下岗职工补偿费，从而解除原单位与职工的劳动聘用合同，企业对该职工也不再承担任何生活保障和工作安置的义务。

黑龙江省 1996 年分流安置 47.8 万名下岗职工，其中通过工业企业采取发展第三产业的"后工业化"措施、"单位化"措施安置了 11 万人，占分流安置人数的 23%，通过"市场化"的自谋职业分流 18 万人，占分流安置人数的 37%。另据哈尔滨市城市社会经济调查队 1997 年 6 月对该市所辖 7 个区 1000 名下岗职工的随机抽样问卷调查（974 份有效问卷），88% 的下岗职工没有经过"单位化"的再就业安排，但已有 40% 的下岗人员不同程度地就业（哈尔滨市城市社会经济调查队，1997）。

从以上的调查情况可以看到，由于经济体制的转轨和社会结构的变迁，这次同样伴随银根紧缩和产业结构调整而出现的严重失业问题，并没有完全重复过去的治理方式，特别重要的是，即使是计划经济占比较高的东北老工业基地的大型国有企业，也部分地出现市场化治理形式。我们在调查中有两点发现。一是国有企业下岗的形式与企业福利的存量和增量有关，越是福利存量和增量少的企业，越容易采取市场化的下岗形式。我们在调查前曾经假设国有企业下岗形式的不同，可能主要受外部经济环境市场化程度和企业内部机制市场化程度的影响，比如在东南沿海地区的国有企业可能比在东北地区的国有企业更容易采取市场化的失业下岗形式。但通过调查发现，国有企业的福利存量和增量状况以及由此决定的利益格局可能是更重要的影响因素。在企业福利存量和增量状况还可以的情况下，原有利益格局的惯性很强，很难改变，单位组织中的利益均衡法则使得下岗也只能采取"包下来"和"内部消化"这种成本很高的单位化形式；而在企业福利状况发生危机的情况下，原有利益格局就失去了平衡，在原有单位内部也无法实现过去的平衡，因此一部分人（特别是年轻、有技术的、有关系的等竞争能力较强的职工）自动地或被动地采取市场化下岗形式，到原单位外去寻找新的利益均衡。二是目前市场化的下岗形式，由于缺乏规范的制度安排，采取了分散的谈判和交涉途径，操作过程中产生的摩擦和冲突很多。我们原来认为，一般来说，市场化的措施要比单位化的措施交易成本低，实际上在制度安排不规范的情况下，每个下岗职工都要与企业领导进行单独的交涉，企业领导天天穷于应付，摩擦和冲突难免，效果也不尽如人意。

四 下岗职工的生活：访谈记录

建华机械的 Y 先生，48 岁，已有 30 年工龄，工厂发不出工资，无法向社会保险部门缴纳按工资总额 1% 提取的失业保险金，自然也无法被接受为"登记的失业人员"，他显然属于下岗人员中最贫困的部分，自认为是属于一个群体——"我们"：

我们是下岗自谋职业的，工厂不再管我们，工资不发，福利待遇也没有，与企业的关系就是以后退休企业要管，以前不要交钱，从 1997 年开始每年交 170 元养老统筹的个人账户的钱。1994 年我就下岗了，不稳定地在各处当守夜人，一年干五六个月，每月 200 多元，我以前在厂里干车工，一刀活，没什么手艺，我们一起下岗的蹬三轮的多，收入也不稳定，好的卖服装，（但这）要有点本钱。我爱人在纺织厂，48 岁就内退，除去年（1997 年）春节开给 200 元，别的没发钱，她前一段（时间）在饭店当服务员，老板也苛刻，早 7 点干到晚 9 点，每月 200 元。现在靠儿子，他在邮电局开车，每月 400~500 元，在我们这儿就算好的了，儿子每月给我们 100 元。媳妇在建华厂（机械）电控分厂，也是下岗，每月开支不多。我们两人每天生活开支控制在 7 元钱。再就业，也没有业可就。我们这样的可能属于下岗中最差的，没本事也没本钱。一开始对现实接受不了，现在也没别的办法。准备卖鱼，有几百元本钱，据说一天可挣 10~20 元。

和平机器的 L 先生，49 岁，29 年工龄，据别人介绍，他属于脑子够用的，有一定技术，他自认为在下岗职工中生活情况属于中等的：

我下岗后在外面打零工，一年也就是干 5 个月，厂里平均每两个月给我开支 120 元，我爱人原来在市二商局下属的食品商店工作，属于地方国营企业，但企业倒闭关门了，什么也没有了，失业金、公费医疗、退休金都没有了，连原来管事的人都找不到了，开始还骂，现在也懒得骂了。她现在摆地摊，也挣不着什么钱，这里下岗的这么多，卖货的比买货的多，拿枪打都打不着客，每天还要交两元钱的地摊管理费。我一家 4 口人，将就着吃饭还可以，在下岗中属中等的。我不是特困户，市里虽然有扶持下岗特困户的政策，实际上很难落实。说是成立再就业培训中心，实际都是空的，管什么用？到处都是人多，上哪再就业？年轻的还可以到外地闯闯，我们拖家带口的，走一步看一步吧。

华安机械的 C 先生，54 岁，29 年工龄，原黑龙江工学院（现哈尔滨科技大学）毕业，任工程师，他自认为属于半下岗的，是下岗人员中生活较好的：

> 我们厂长期亏损，资金严重缺乏，生产形不成规模，成本降不下来，产品卖不出去，造成恶性循环。最近三四年恶化，一年不如一年，最近换了厂长。由于没有生产任务，一年也就是干三四个月，其余的时间下岗放长假。我月收入现在只有 370 元，还不是每月发，老欠着，看病也不报销，都各找出路，没心思干了。我一家 5 口人，老伴在区医院，已退休，但比厂里强，（医院）基本不欠退休金。大女儿 28 岁，原在华安厂（机械）的钢材加工厂，1995 年下岗。她是高中毕业，是（20 世纪）80 年代末期照顾知识分子子女进厂的，下岗后通过成人教育学外语，现在北京给外企打工。二女儿也在区医院工作，工资还能正常发，小儿子上初三。像我这样的家庭，在厂里属于生活好的，吃饭没有问题。

华安机械的 CH 先生，53 岁，35 年工龄，初中毕业进厂当合同工，现在总厂的工会生产委员会工作，是劳动模范，没有下岗，自认为属于厂里生活最好的，但对目前的状况很不理解，心理很不平衡：

　　我从（20世纪）60年代末开始搞技术革新，对老设备进行自动化改造，1972年当上市劳模，1980年当上省劳模，1986年当上部劳模，1989年当上全国劳模，1993年当上（选）八届全国人大代表。我爱人在区机关工委工作，月收入600元，两个孩子一个在厂工学院学习，另一个从厂技校毕业后待业了3年，后来自费上电视大学财会专业，现在厂里新上马的卫生洁具厂工作，每月能开支80%的工资。我们厂的工学院、技校每年毕业100多人，都是厂职工的子弟，是厂里的技术骨干了，厂里职工还有四五百子弟初中、高中毕业后进不了厂，只能待业，外面几乎没有人到厂里来。我算过，工作从1962年到1997年，不吃不喝，工资总收入也就是5万元，现在家里存款也就是几千元。现在退休金、医疗费都成了问题，靠工厂怎么行？国家就不管了？我这样的在厂里就算最好的了，但也在为将来发愁，孩子上学就要7000元。现在厂里最困难的家庭每月人均30元生活费，这样的有几百人，每月人均生活费不到60元的大概有上千人。这改革今后怎么个改法？从我们这儿看，几年内不会有大的好转。

　　CH先生的心理不平衡显然不是个别的现象，根据中国社会科学院"社会形势分析与预测"课题组1997年11月对全国24个省区市的38个城市的市民进行的问卷抽样调查和1997年10月对中央党校220名地厅级以上领导干部学员的问卷调查，"国有企业工人"均被认为是近几年改革中受益最少的群体（汝信、陆学艺、单天伦，1998：171、136）。

　　从以上的访谈记录可以看到，目前的社会保障体制对下岗人员并没有根本的制度化保障措施，下岗人员与原工作单位的联系也是视情况而定，当单位经营情况很差甚至倒闭时，这种联系是脆弱的、没有实际保障的；企业自己的再就业培训中心，多数是为了应付上级的检查，真正能发挥再就业作用的不多；下岗职工的谋职基本上是"市场化"的，是在劳动力市场上自我选择，也可以说是"后工业化"的，因为多数是从事劳动服务业和小商业，就像20世纪80年代初城市个体户出现时的情况，重复过去为解决家属就业办工厂的做法已不再是主流。下岗职工目前生活的实际状况，一方面，说明目前按职工工资总额1%提取失业保险费制度的进退维谷的窘境，提取比例低的话，则是杯水车薪，难以向所有的失业者提供一定的基本社会保障；而提取比率高的话，则可能鞭打快车，并造成企业劳动成本增长过快。另一方面，也说明在解决职工失业下岗问题上，政府方面还没有能够及时推出针对产业结构变化的新举措。

五　下岗的根本原因：城市经济"后工业化"过程的开始

关于中国当前职工失业下岗问题的原因，经济学家们已经做过很多的宏观分析，原因也是多方面的。如有经济体制转轨的原因，市场化改革的力度加大暴露出原国有部门积累的隐性失业问题或冗员过多问题；有市场竞争的原因，竞争的加剧使部分企业破产倒闭和职工失业下岗成为不可避免的结果；有产业结构变化的原因，产业结构在从劳动密集型向资本、技术密集型转变，传统产业开始萎缩；有城市化过程长期滞后的原因，大量农村剩余劳动力集中涌入城市，带来新的就业问题；有消费市场的因素，多数消费品从卖方市场向买方市场的转变，暴露出盲目投资和粗放经营问题，迫使部分企业调整和关闭；有经济周期的原因，经济增长速度的放慢、有效需求不足带来企业开工不足和就业机会减少；等等（董辅，1998；刘国光，1997；厉以宁，1997）。

但是，从东北地区国有企业的情况来看，中国城市经济开始的"后工业化"过程所带来的产业结构和就业结构的巨大转变，是失业下岗问题之所以异常严峻起来的最根本、最深刻的原因。在过去相当长的一段时间里，东北地区是我国工业最发达的地区，其工业化水平和由此而带动的城市化水平，都比全国的平均水平要高得多。直到1996年，全国的近7亿从业人口中，非农业从业人员的比重是47.1%，城镇从业人员的比重是28.8%，但东北三省的非农业从业人员的比重是64.1%，城镇从业人员比重是56.8%。也就是说，在全国尚未完成"工业化"（从农业社会向工业社会转变）的时候，东北地区已经早走一步，率先实现了。所以，在全国出现工业化和城市化加速过程中由农村剩余劳动力进城引发的"民工潮"问题时，东北地区的这一问题并不突出。从东北的情况来看，"进城民工待业"问题与"职工下岗"问题是完全不同的两种失业：前者是属于工业化的问题，带有自我职业选择的特征，是农业周期生产的季节性失业和职业转换过程中的摩擦性失业，其劳动收入和社会地位是往上走的；而城市"职工下岗"在东北地区是属于后工业化的问题，带有国有工业制度安排的特征，是产业结构调整过程中的结构性失业和国有经济重组转型过程中的转轨性失业，平均收入水平也往往是下降的（斯蒂格利茨，1997：8~9页）。①

到20世纪90年代中期，东北地区工业产值在国内生产总值中的比重达到了有史以来的最高峰，从此步入工业调整、工业产值比重减少和传统产业萎缩的过程。特别是一些传统的产业由于市场的萎缩和产业结构的升级不可避免地大大地压缩规模，如煤炭、钢铁、森工、军工、纺织和低技术水平的机械制造业等。这种转变是必然的，也是痛苦的，其他国家在现代化的后工业化过程中也曾产生过类似的失业问题。如英国的曼彻斯特是英国的老工业基地，那里曾是英国工业革命的中心和第一个工厂的诞生地，也是英国煤铁主产区和棉纺织业集散地，直到20世纪60年代初，制造业在整个经济销售额中的比重仍占70%左右，但现在只占20%左右了，传统的航运、钢铁和纺织等工业都悲壮地衰退了，现在的主导产业是金融和体育，伴随这一转变过程的也有一个痛苦的失业率长期较高的问题。德国的鲁尔地区也是德国的煤钢老工业基地，至今仍是欧洲最大的工业地区和德国的能源中心，拥有750万居民和30多个发电厂。那里从60年代初开始，煤钢领域的就业人员就开始被大幅度裁员。鲁尔地区所属的北莱茵-威斯特法伦州的煤钢职工，从当时占全部就业人员的1/8减少到现在的1/25，60年代提出的"鲁尔河上空蔚蓝色的天"的期盼已经实现，大众传媒和文化业已成为该地区就业人员最多的产业部门。但伴随这一过程的也有一个煤钢产业持续裁员、失业率居高不下的时期。德国全国的煤钢企业从二战后的134家减少到现在的32家。转轨经济也会使后工业化带来的失业问题更加凸显，1995~1998年，原西德地区失业率从8.3%上升到9.3%，但原东德地区的失业率从14.1%上升到惊人的18.4%。②

---

① 美国经济学家斯蒂格利茨曾把失业类型分成4种：季节性失业、摩擦性失业、结构性失业和周期性失业，他没有提到转轨性失业，但是无论在转轨国家还是市场发达国家，国有企业资产重组过程中的裁员，似乎已经是一种必然的和带有规律性的现象，因此也可以概括为一种普遍的类型。

② 1997年11月，我随中国社会科学院课题组赴德国和英国，调查新技术条件下社会结构的变化，其中曾把老工业基地产业结构的变化作为调查的重点之一。

后工业化过程的开始意味着依靠工业扩张实现高增长、高就业时期的结束。中国曾在一个较长时期在经济上实行高投入的外延扩张，而且投资行为的行政化特征明显，造成大量重复建设和生产能力过剩，经济效益下滑，在这种情况下单纯依靠投资扩张增加就业，只能是造成恶性循环。

后工业化过程的开始也意味着劳动力市场供大于求可能是一种长期的局面。从一般的意义上讲，任何一种失业，都是劳动力市场供求关系的不平衡，从而导致劳动力供给大于劳动力需求的结果。伴随后工业化过程的，是产业结构的升级和技术结构的进步，是企业组织从劳动密集型向资本－技术密集型的转变，近几年乡镇企业技术水平的提高也使其吸纳劳动力的能力下降。因此短时间内，第三产业和非国有经济都还没有足够的能力吸纳城市剩余劳动力，城市劳动力供大于求在较长时期内将是一种恒常现象。

后工业化过程的开始还意味着出现工资刚性，难以靠降低工资来增加就业。古典的自由竞争经济学理论一般认为，在完全竞争的市场上，不可能有大规模的就业不足和生产过剩，从经济发展的长周期来看，自由竞争会使劳动力市场通过工资率的波动达到自动的平衡。也就是说，当劳动力市场供大于求时，就会出现失业，但随着实际工资水平的下降，失业就会消失；而当劳动力市场供不应求时，就会出现劳动力短缺，但随着实际工资水平的上升，短缺会得到补充；因此价格和工资率的自由浮动是劳动力市场供求平衡的基础和保证。实际上，就工资而言，还没有哪个国家劳动力市场的价格，会像股票市场或期货市场的价格一样是自由浮动的。在一定的利益格局下，工资和福利的刚性增长似乎已是一个公认的规则，无论这种利益格局是靠什么力量来维持的。后工业化过程的开始意味着降低工资标准的结果可能并不是增加就业，而是出现大量自愿失业者。实际上许多城市失业者不但脏、累、差的工作不考虑，工资低于一定水平的话也是宁可失业的。

后工业化过程的开始意味着通胀与失业不一定是此消彼长的。英国经济学家菲利浦斯在对英国1861～1957年的失业率和名义货币工资增长率的长期变动情况进行深入的分析和研究以后，得出结论说，失业与通货膨胀之间存在此消彼长的相互替代的关系，这就是著名的"菲利浦斯曲线"

（Phillips Curves）（Phillips，1958）。这种理论似乎给政府对经济的宏观调控提供了一种政策上的选择：两害相比取其轻。换句话说，在通货膨胀严重的情况下，政府可以通过紧缩银根、控制公共投资等措施，并不惜以减少就业机会为代价，抑制需求，降低通货膨胀率；而在失业问题严重的情况下，可以通过放松银根，加大公共投资力度、刺激消费需求等措施，并不惜以通货膨胀为代价，降低失业率。从表面上看，近一两年中国失业率的上升恰恰是与通货膨胀的下降同步的，失业率的最高点也正是近几年通货膨胀率的最低点。然而，从中国的经济增长周期和发展过程来看，通货膨胀率的高低与经济增长的周期是同步的。在增长的高峰，通货膨胀率也较高；在增长的低谷，通货膨胀率也较低。而失业率与增长周期和通货膨胀率并没有这种相关关系，在通货膨胀率高的时候，失业率并不一定就低；在通货膨胀率低的时候，失业率也并不一定就高。相反，就中国目前的经济状况来看，存在着发生经济增长率低、失业率高、通货膨胀率高的"滞胀"的潜在危险。

六　扩大教育、推迟就业：后工业化的缓解失业举措

从对老工业基地的调查来看，下列几点可能是具有普遍意义的需要说明的情况。首先应当说明的是，老工业基地的城市经济在进入后工业化阶段以后，劳动力市场上供大于求的局面可能会持续相当长一个时期。换句话说，在今后相当长的一段时间内，保持5%以上的失业率很可能会成为一种常态，因此要从长远的考虑来对待这个问题。其次要说明的是，影响老工业基地就业的那些主要的经济参数，如经济增长率、通货膨胀率、工资增长率等，由于宏观经济稳定的政策要求、降低劳动成本的效率要求和利益格局平衡的社会要求，最终都可能在一段时期内表现为一个常数。再次要说明的是，在老工业基地，完善社会保障体制的关键是"钱从哪里来"的问题，在财政上拨不出大量专款、利益格局也难以实现省际统筹、不能把失业金提取率定得过高的情况下，只能靠长期的积累和量入为出。最后要说明的是，我们可以设想的那些最基本的解决失业问题的措施，如刺激有效需求，加大基础设施建设投资力度，通过发展住宅产业培育经济新的增长点，大力发展已经成为吸纳劳动力主渠道的非国有经济，采取在

时间、地点和工作方式上都灵活的就业方式等。实际上由于城市经济今后发展的后工业化特征和趋势，其创造的新的就业机会和产生的劳动力需求都是有限的，并不足以解决目前的失业下岗问题，因此要有适应后工业化发展趋势的其他的重要举措。这里要提出的就是扩大以教育科技、医疗保健、传媒出版和文化体育为主体的第三产业。

解决失业问题，无非是扩大劳动力需求或者压缩劳动力供给。扩大劳动力需求根本是要刺激最终消费的有效需求，在后工业化阶段，刺激消费需求的有效办法，就是在大额消费方面（住房、汽车、教育等）发展分期付款消费。这里要强调的是人们容易忽视的另一个方面，即如何通过扩大教育压缩劳动力供给。

在我国，教育一直没有被视为一种产业，而是被单纯视为一种政府的支出和消费。我国长期实行国家办教育的计划体制，虽然由于教育经费的不足为学校创收打开绿灯，但在招生人数方面一直实行比较严格的配额制度。在高等教育就学机会严重供不应求的情况下，只好采取大学和专科学校淘汰率极高的入学考试制度，人为地抑制对高等教育的需求，而这种抑制据说主要是由于教育经费的不足。在大学设立高门槛的情况下，小学教育和中学教育都跟随着实行以升学率为主旨的应试教育，弄得学生和家长为了应付考试都疲惫不堪，计划外的教育费用也因教育公共产品供给的短缺而价格奇高。与这种情况同时存在的是，直到20世纪90年代中期，中国的高等教育入学人数占该年龄组别人口的比重还只有4%，低于世界低收入国家的平均水平和同期印度的水平，世界上同期中等国家这一指标的平均水平则是24%（世界银行，1996），我国平均每万人口中的大学生才25人，整体高教普及水平差距甚大，与我国悠久的教育传统和科教兴国的国家战略很不相称。

这种差距的形成，并不完全是由于我们教育的"生产能力"差，而主要是由于"产出能力"低。1996年，全国高等教育平均每个教师负担学生数是7.5人，这也不过是20世纪50年代初期的水平，高等教育生产能力闲置的现象普遍存在。关键还是一个教育体制的问题，要放宽高等教育社会办学、民间办学、私人办学的限制，给现有的大学以招生的自主权。

不能把教育仅仅看成一种消费或一种完全需要政府支出的事业，要把教育看成一种产业，而且是后工业社会中的主导产业之一。从就业结构上看，进入后工业社会发展过程以后，教育科研、医疗保健、传媒出版和文化体育是就业人数和就业比重增长最快的部分，而且它们是信息技术最普遍的、应用性最广的载体。

目前我国每年普通高等院校招生 100 多万人，中等专业学校招生约 150 万人，如果能将招生人数以不管食宿的形式扩大一倍，并连续实行三四年，那就会推迟近千万人进入劳动力市场的时间和年龄，并提高劳动力的素质，这几乎相当于目前全国下岗人员的总数。如果考虑到还可以发挥各方面的办学力量，包括目前在机关、事业单位具有高等学历和高级职称的富余人员，兴办成人再就业的专业技术课程，那么还可以把相当一部分闲置的劳动力吸纳到学习和培训的过程中。

发展教育对缓解失业问题的意义目前被明显地低估了，应当意识到，在缓解失业方面，扩大一个成人在校生与创造一个新的就业机会具有同样的意义。对招生人数的限制主要是在国家经费方面和毕业分配制度方面，只要扩大自费上学的渠道和在分配上实行自选职业，一般的大学生学校不负责住宿，在高等院校和专科职业学校在校学习的人数会大量增加，这样就会推迟这些青年人进入劳动力市场的时间，从而减少目前失业高峰期的劳动力市场的压力。

这里只是以教育为例，说明在我国城市经济市场化和后工业化的过程中，治理失业的方式不仅要符合市场化的趋势，也要适应后工业化的要求。从工业化外延扩张的高增长时期到后工业化产业结构调整时期的转变，也是为了实现劳动力供需平衡，解决失业问题的方式从主要是扩大劳动力需求转变到主要是减少和延缓劳动力供给。老工业基地的情况，不过是更加典型地显示了这一过程。

参考文献

薄一波，1991，《若干重大决策与事件的回顾》（上卷），中共中央党校出版社。

常凯，1995，《公有制企业中女职工的失业及再就业问题的调查与研究》，《社会学研究》第 3 期。

陈东琪，1995，《未来 15 年中国就业的困境与战略选择》，《经济研究》第 1 期。

"城镇企业下岗职工再就业状况调查"课题组，1997，《困境与出路——关于我国城镇企业下岗职工再就业调查》，《社会学研究》第 6 期。

董辅，1998，《推进再就业五大对策》，《经济日报》3 月 4 日。

哈尔滨市城市社会经济调查队，1997，《我市下岗职工情况调查》，载哈尔滨市城市社
　　会经济调查队《城市经济调查》第 9 期。

胡春力，1997，《产业结构调整：我国经济发展道路的反思与选择》，《战略与管理》
　　第 1 期。

胡绳主编，1991，《中国共产党的七十年》，中共党史出版社。

厉以宁，1997，《中国经济六大热点问题》，《中国改革报》4 月 28 日。

刘国光，1997，《当前我国面临的就业问题》，《经济参考报》5 月 6 日。

卢汉龙，1996，《劳动力市场的形成和就业渠道的转变：从求职过程看职工市场化变化
　　的特征》，《社会学研究》第 4 期。

鲁士海执笔，1995，《东北三省困难企业及富余职工分流安置问题的调查报告》，《经济
　　研究参考》第 173 期。

全国总工会保障工作部，1996，《失业职工、企业下岗待业人员及其再就业状况的调查
　　与建议》，《经济研究参考》第 18 期。

世界银行，1996，《从计划到市场：1996 年世界发展报告》，中国财政经济出版社。

斯蒂格利茨（Stiglitz, J. E.），1997，《经济学》（下册），中国人民大学出版社。

王爱文，1995，《中国就业结构问题研究》，《管理世界》第 4 期。

王诚，1996，《中国就业转型：从隐蔽失业、就业不足到效率型就业》，《经济研究》
　　第 5 期。

袁志刚，1997，《失业经济学》，上海三联书店/上海人民出版社。

曾昭宁，1996，《从高级理论与经验看我国 90 年代劳动就业发展战略》，《经济研究参
　　考》第 12 期。

Bernstein, T. P. 1997. *Up to the Mountains and Down to the Villages*. New Haven/London：
　　Yale University Press. 参见此书 1993 年警官教育出版社（北京）的中文版第 42 ～
　　78 页。

Philips, A. W. 1958. "The Relation between Unemployment and the Rate of Change in Money
　　Wage Rates in the United Kingdom, 1861 – 1957," *Economica* 25, Nov. , 283 – 299.

从三项国际评估看中国经济社会
发展水平的提高[*]

朱庆芳

摘　要："以人的发展为中心，以提高生活质量为目标"的"全面发展"已成为世界各国追求的经济社会发展方向。近年来国际社会又普遍将"可持续发展"作为重要目标，摒弃了传统的单纯追求经济增长的发展观。本文利用社会指标确立了我国的社会发展水平、现代化水平及特大城市社会发展水平，并进行了国际比较。

20 世纪 60 年代末，世界各国的发展观已从单纯追求经济增长转变到追求"以人的发展为中心，以提高生活质量为目标"的社会全面发展。发展的含义不仅要有物质生产数量的增长，而且要包含社会状况改善和生活质量提高。80 年代又提出"可持续发展"战略，其目标是：既满足当代人的需要，又不对后代人的生存和发展构成危害。为实现这一目标，必须消除贫困和实现适度的经济增长，控制人口，合理开发人力资源和自然资源，保护环境和维护生态平衡，建立公平的分配原则。可持续发展战略体现了人口、资源、环境、经济、社会必须协调发展，是人类对于人与社会、人与自然关系认识的进步和飞跃。各国在工业化过程中的实践证明，高速经济增长并不能自然而然地促进社会发展，相反的还会带来诸如环境破坏、犯罪率提高、贫富两极分化等社会问题。因此，新的社会发展观已成为世界各国的共识。可持续发展战略已成为世界高级会议的中心议题，1992 年联合国里约热内卢"环境与发展大会"通过了《里约环境与发展宣言》，1995 年哥本哈根"世界社会发展首脑会议"再次强调要消灭贫

---

　　*　原文发表于《社会学研究》1998 年第 5 期。

困、促进全面就业、人人享有教育和基本保健服务，有效利用社会发展资源，以促进社会进步和发展。

发展观的转变也使衡量发展的指标有了相应改变，早在 20 世纪七八十年代各国就探索用社会发展指标体系来替代以反映经济发展为主的人均国内生产总值作为衡量标准。由于社会包罗万象，它包括经济、社会、科技、政治、文化、道德、精神等各个方面，指标复杂繁多，因此必须选择有代表性的重要指标组成社会指标体系，并用科学方法进行综合，这就叫综合评价指标体系。它既可用作国际、地区间的对比，也可用作某一部门或专题性比较研究。这种评价方法已被社会指标建立较早的美国、联合国等各种世界组织广泛使用。它已逐渐成为反映社会进步与差距以及作为现代化社会管理和科学决策的重要工具。

国外近年来有哪些社会指标的综合评价？这些国际评价对中国的评价如何？是否符合实际？现介绍几种有代表性的综合评价指标体系。

美国宾州大学社会工作系教授艾斯特斯选择了 36 个社会指标，计算了120 多个国家（地区）的"社会进步指数"，在 1983 年，中国被评为 77位，1990 年提高到第 67 位。1990 年第 1 位为丹麦。

美国海外开发署大卫·莫里斯（M. D. Morris）博士从 1975 年就研究计算了"生活质量指数"，他仅用平均预期寿命、婴儿死亡率、识字率三个指标，在 1977 年对 161 个国家和地区，进行的评价中，中国居第 73 位。

联合国开发计划署（UNDP）每年计算一次"人文发展指数"。人文发展指数也采用三个指标，即平均预期寿命、成人识字率和人均国民生产总值（按平价购买力计算），在 1990 年的 130 个国家（地区）的排序中，中国居第 64 位，但在 1992 年以同样指标和口径计算的 173 个国家（地区）的排序中，中国的位次却降至第 94 位。

日内瓦世界经济论坛和瑞士洛桑国际管理发展研究所，1995 年根据对3000 位企业管理人员 225 个指标的问卷调查，排出 48 个国家（地区）经济竞争力的名次，中国被评为第 34 位，处于中下水平，第一位是美国，新加坡、中国香港地区分别居第二位和第三位，末位是俄罗斯。1997 年中国上升至第 29 位。瑞士洛桑国际管理发展研究所对 1500 家企业家的预测调查表明，到 2030 年，全球经济最具竞争力的前 10 个国家（地区）中，中国得 580 票，排名第三，仅居美、日之后。其他 7 名依次是：德国、新加坡、韩国、印度、中国台湾省、马来西亚和瑞士。

世界银行根据自然资本、产出资本、人力资本和社会资本得出每个国家（地区）的实际资产价值，作为衡量国家（地区）财富的新标准，在1990年的排序中，中国人均财富为6600美元，居170多个国家（地区）的第162位，比世界平均8.6万美元还低92.3%。澳大利亚居首位，人均达83.5万美元；日本居第五位，为56.5万美元；美国为42.1万美元，居第12位。

英国海外就业机构研究了全球67个国家的生活成本，以居住国的商品及劳务价格作为衡量标准，以新加坡的生活成本指数为100，中国由1993年的第11位上升到第24位，指数为91.6（逆指标，位次越低越好）；新加坡为20位；日本最高，居第一位，指数为213.7；印度最低，居末位。

国际组织还对某一方面发展情况进行了国际比较，如瑞士一研究所对1995年世界投资环境进行了排序，最佳国家（地区）为新加坡，居首位；瑞士、日本为第二、三名；比利时、中国台湾、美国、德国、法国均居前八名。此外，还有痛苦指数的排序和信用度的排序等，至于单项指标的国际评价更是名目繁多，不一一列举。

从以上几项国际评价来看，虽然研究目的、衡量标准不一，但评价的结果均突出了以人为中心的社会发展，以可持续发展和提高生活质量为目标的衡量标准，如生活质量指数和人文发展指数等，虽用的指标不多，但反映了收入水平、营养、教育、卫生、环境、分配等内涵，它与人均国民生产总值的排序有较大差异，如阿联酋虽然人均国民生产总值居世界前列，但由于社会发展滞后，因而生活质量指数却居第116位，而中国人均国内生产总值虽然居第80位左右，但由于社会发展较快，因而生活质量指数、人文指数均居第60~70位，这就体现了以人的发展作为衡量标准的特点。另一特点是评价方法都用人均数、比例等相对数，这样在国与国之间具有可比性，不受国家大小的影响。中国有12亿人口，有不少指标在总量上都居于优势，但按人口平均计算就居于劣势了，如中国1995年国内生产总值达6989亿美元，居世界第七位，而人均GNP只有620美元，居第81位。又如中国自然资源、人力资源都较丰富，但人均财富只有6600美元，居第162位。

　　国外的国际评价大多比较符合实际，但由于国情不同，各国指标的内涵不尽相同，因此有的评价可信度并不高，如某国际组织评价各国"政府的透明度"，中国被评为第三名，又如联合国计划开发署的人文发展报告中计算的"人权指数"，中国被评为倒数第二名，这就是因为评价标准不同和不了解中国实际情况，致使评价结果不是偏高就是偏低。还有前面提到的社会进步指数，1983 年将美国评在东欧各国后面而居世界第 28 位，也是不够准确的。此外，外国的评价在年度之间差距过大，如人文发展指数，1990 年中国被评为第 64 位，而 1992 年以同样方法计算，中国的位次却降到第 94 位，反映了某些国际评价不太符合实际。因此，如果我们自己不建立社会指标体系，则只能人云亦云，也找不到具体指标来反映我国与世界各国在发展方面的差距。

　　我国是一个在世界上有举足轻重地位的大国，要准确了解中国在世界中的位次，就应当建立一套适宜于国际比较的社会指标体系。世界评我国，我国为什么不能评世界呢？基于这一出发点，中国社会科学院社会学研究所"社会指标课题组"（国家重点课题）破除迷信，解放思想，在1987 年首先用 16 个社会指标对世界 120 个国家（地区）进行了社会发展水平的综合评价。1993 年又进行了世界各国现代化水平的国际比较。1997年又与香港城市大学合作，对世界百万人口以上的特大城市的主要社会指标进行了国际比较。这三项国际比较向社会公布后，受到了社会各界的广泛关注和好评，认为评价结果符合实际，并得到了广泛的应用。1987 年的社会发展水平国际比较的论文被中国社会科学院评为优秀论文。

　　社会指标国际评价的重要意义，不仅仅是其能反映中国居世界的位次，更在于各项社会指标能反映出中国与世界各国（地区）的差别，能反映出我国经济与社会的协调状况，从而为决策部门提供科学的依据，以便采取对策加强薄弱环节，使中国的现代化建设稳步健康发展，缩小与发达国家之间的差距。

　　经过多年的实践，笔者体会到，要使国际综合评价符合实际，必须使评价方法具有科学性、可行性和可操作性。首先是指标的选择，我们参考了国外各种指标体系，采用了经验和专家咨询相结合的方法，根据不同目的，确定了适合各国社会发展情况的指标体系。其次是收集的资料要尽可能做到准确、可靠，要易于收集，统计口径和包括范围要一致。最后是综合评价方法要科学，我们使用了简便易行又能准确反映实际情况的综合评分法和综合指数法，通过各种办法验算，其结果基本一致。

现将三项最新的国际评价结果简要介绍如下。

一 1995 年世界 120 个国家（地区）社会发展水平国际比较

社会发展水平国际比较指标体系的建构理论依据是，参考学习国外指标体系的理论框架，结合中国国情，坚持了以人的发展为中心的衡量标准，共选择了 16 个社会指标，其中 10 个指标是根据美国社会学家英格尔斯（Alex Inkeles）确定的现代化指标，它基本概括了现代化过程中的社会结构和生活质量的主要方面，在此基础上增加了出口比例、教育经费比例、婴儿死亡率、人均摄取热量、人均能源消费量和通货膨胀率等 6 个指标，更全面地反映了生活质量的各个方面。评价的资料根据是世界银行世界发展报告中 120 个百万人口以上的国家的数据。评价的方法是采用综合评分法。

由于改革开放以来，经济社会发展迅速，因此在 1987 年以来的 9 次评价结果中，中国居世界的位次不断上升：1987 年第一次评价居第 70 位，1989 年降为第 71 位，1990 年又恢复到第 70 位，1991 年上升为第 68 位，1992 年为第 67 位，1993 年为第 66 位，1994 年为第 65 位，1995 年为第 63 位，大致处于中等偏下水平。现对 1995 年的评价结果做简要分析。

分国别看，中国综合得分为 81 分，比世界 120 个国家（地区）平均 96 分低 15 分，比 46 个低收入国家（地区）平均 63 分高 18 分，比 49 个中等收入国家（地区）平均 90 分低 9 分，比 25 个高收入国家（地区）139 分低 58 分。居世界前列的 10 个国家是：比利时、丹麦、挪威、瑞典、荷兰、法国、芬兰、美国、爱尔兰和英国，综合得分在 147～138 分。列百位以后的大多是亚非国家（地区），居后列的 10 个国家是马达加斯加、马里、埃塞俄比亚、尼泊尔、布隆迪、坦桑尼亚、马拉维、几内亚比绍、塞拉利昂和乌干达，得分在 41～27 分。

与周边国家（地区）相比，我国处于中上位置，高于我国的是日本、中国香港（地区）、新加坡、韩国、俄罗斯、马来西亚、泰国，分别居世界第 19～58 位；位于我国之后的有菲律宾、印度尼西亚、蒙古国、印度、巴基斯坦、越南、孟加拉国、缅甸、老挝和尼泊尔等 10 个国家，分别居世界第 64～114 位。

从各子系统看，大体上是，我国经济发展水平和社会结构居于后列，分别居世界第 81 位和第 92 位，人口素质和生活质量居中等偏上水平，分别居第 49 位和第 38 位。从 16 个指标来看，有 7 个指标相当于或超过了世界平均水平，它们是：出口占 GDP 比重、人口净增率、平均预期寿命、婴儿死亡率、人均医生数、人均日摄取热量和通货膨胀率，分别居世界第 62、36、45、53、32、50 和 56 位；居于后列的 9 个指标是：人均 GDP、农业占 GDP 比重、第三产业占 GDP 比重、城市人口比重、非农业就业人口比重、教育经费占 GDP 比重、中学生入学率、大学生入学率和人均能源消费量，分别居世界第 81、71、111、96、76、96、54、80 和 54 位。

今后社会发展中需加强的薄弱环节是：要优化社会结构，特别是第三产业比重和城市人口比重偏低，居世界第 111 位和第 96 位，教育经费占 GDP 比重和大学生入学率也居世界第 96 位和第 80 位，人均 GDP 也属于世界低水平，按汇率计算，1995 年只有 580 美元，世界银行按三年平均汇率计算，调整为 620 美元，居世界第 81 位。今后要使经济社会协调发展，应加大社会发展力度、严格控制通货膨胀和人口的增长，这也是今后长期的任务。

二　1995 年世界 120 个国家（地区）现代化水平的国际比较

1993 年，我们又推出了一项新的国际比较研究。我国和世界各国现代化水平的国际比较，目的是反映我国现代化建设的进程，而能否加快现代化的进程，将决定我国 21 世纪的国际地位和前途。这就需要有量化标准。课题组在上述国际比较研究的基础上，根据英格尔斯确定的 10 个现代化标准，用世界银行的世界发展报告及联合国教科文组织《统计年鉴》、国际劳工组织《劳工统计年鉴》等收集了百万人口以上 120 个国家（地区）1995 年的数据，用综合指数法计算出各国（地区）现代化实现的程度，亦即各国的现代化水平。由于英格尔斯提出的现代化标准是在 20 世纪 60 年代调查了六国以后确定的，标准偏低，因此计算出来的现代化水平偏高，但各国之间的横向比较仍可反映出现代化水平的高低状况。1995 年各国现代化水平评价的结果如下。

根据 10 项指标的综合计算，1995 年中国实现现代化标准达 79.0%，居世界第 67 位，比上年上升了 2 位，在世界上属中等偏下水平，比低收入国家（地区）的 57.1% 高 21.9 个百分点，比中等收入国家（地区）的 100.3% 低 21.3 个百分点，比高收入国家（地区）的 244% 低 165 个百分点。

分国别来看，现代化水平较高的国家是：日本、丹麦、美国、意大利、挪威、瑞士、奥地利、比利时、加拿大和法国，而居后 10 位的均为亚非国家（地区）。

与周边国家（地区）相比，现代化水平高于我国的是日本、俄罗斯、中国香港、新加坡、韩国、泰国、菲律宾、马来西亚，分别居于第 1 位至第 61 位；现代化水平低于我国的是：蒙古国、印度尼西亚、巴基斯坦、印度、越南、孟加拉、缅甸、老挝和尼泊尔，分别居第 70 位至第 114 位。

我国实现现代化水平较高的指标是，每一医生服务人口为 637 人，已实现现代化标准 1000 人的 157%，居世界第 32 位；平均预期寿命 70 岁，已实现现代化标准，居第 45 位；人口净增率（1990～1995 年平均为 1.1%）在发展中国家属人口控制较好的国家，已接近现代化标准 1.0% 的 91%，居第 36 位；成人识字率为 81%，也已基本达到现代化标准，居世界第 62 位。处于现代化较低水平的指标是：第三产业产值占 GDP 的比重为 31%，仅实现现代化标准的 69%，居世界第 111 位；大学生入学率只有 4%，相当于低收入国家的平均水平，为现代化标准 12.5% 的 32%，居第 80 位；城市人口比重只有 29%，为现代化标准 50% 的 58%，居第 96 位；人均 GDP 只有 620 美元，仅为标准 3000 美元的 20.7%，居第 81 位。

按照邓小平提出的"三步走"战略目标，第三步是基本实现现代化，要到 21 世纪中叶，达到中等发达国家水平。目前我国正处于第二步的中间阶段。我国在现代化进程中虽经历了曲折道路，但现代化的速度是很快的，美英等发达国家实现现代化用了一二百年，而我国只用几十年即可基本实现。从历年 10 个指标的综合评价来看，1978 年实现现代化标准的 60%，1990 年实现 70%，1995 年已上升到 79%。18 年间提高了 19 个百分点，即提高了近 1/3。如果保持现在的速度，可期望早日实现现代化的目标。

要加快现代化步伐，就必须加强经济社会发展中的薄弱环节，其关键在于持续稳定地增强经济效益，尽快提高人均国民生产总值水平，缩小与发达国家的差距；要优化社会结构，大力发展第三产业，有序地使富余人员向第三产业转移；加速城市化的进程；增加教育投入和加快教育体制改革，在普及教育的基础上，大力提高大学入学率，加速高素质专业技术人才的培养，以适应现代化的需要。此外，要进一步严格控制人口增长。12亿人口是各项人均指标的巨大分母，降低和稳定人口增长率和提高人口素质是提高现代化水平的前提条件。

三 世界大城市社会指标比较

1996 年，中国社科院社会指标课题组与香港城市大学合作，对世界 85个特大城市的社会指标进行了国际比较，此项评价难度较大，因为收集世界大城市的统计指标比收集各国的资料的难度大得多，一是指标收集不全，年份不同，二是城市包括范围和统计指标口径不一。经过我们两年多的不懈努力，现已将世界百万人口以上的特大城市的 50 多项主要社会经济指标收集到，对其中 10 项重要社会指标进行了综合评价和排序，还对 85个特大城市的概况进行了分析，并列出了每个城市的社会指标，《世界大城市社会指标比较》一书，已由中国城市出版社于 1997 年 10 月出版。这本书是国内首创，尤其对世界大城市的排序是第一次，它对我国各市走向现代化、国际化很有参考价值，从各项指标的比较中，可以找到本市的进步和差距。选择 10 项指标的原则也反映了社会的全面进步和以人的发展为中心的衡量标准。10 项指标是：第三产业就业人员比重、食品支出比例（恩格尔系数）、平均预期寿命、每千人口医生数、婴儿死亡率、中学入学率、每户居民拥有的住房、每百人拥有电话数、人均生活用电量和人口自然增长率。

根据 10 项社会指标通过综合评分法得出每市的综合得分并进行排序，居前 15 位的市是：蒙特利尔、东京、巴黎、大阪、费城、汉堡、芝加哥、柏林、伦敦、马德里、旧金山、纽约、悉尼、洛杉矶和罗马。居 20 位以前的亚洲城市共有 5 个，除东京、大阪外，中国台北居第 17 位，中国香港居第 18 位，新加坡居第 20 位。居最后几位的市是：胡志明市、德里、马德拉斯、孟买、卡拉奇、加尔各答、达卡，中国大陆 34 个城市大多居中下水平，其中：北京、上海分别居第 26 位和第 27 位，广州、杭州、南京、昆明、深圳、长沙、沈阳、珠海、天津、郑州等 10 市在第 30～43 位，其他 22 个市在第 44～72 位。

居于后列的市，大多是生活质量偏低的亚洲、非洲的城市，主要原因是经济基础薄弱，人口多；另一个原因是城市发展过快，城市功能不健全。据联合国统计，1991～1995 年，亚洲特大城市人口年均增长 3%，而欧美城市仅增长 1.3%。目前全世界各国人口在千万人左右的特大城市共有 14 个，其中有 9 个在亚洲。到 2000 年，亚洲特大城市将上升到 13 个。中国城市也发展过快，城市个数从 1980 年的 223 个增加到 1995 年的 640 个，其中非农业人口在 100 万人以上的特大城市从 15 个增加到 32 个。1991～1995 年，城市中的非农业人口每年以 5.9% 的速度递增，中小城市人口每年递增 7.9%。为了提高发展中国家的社会发展水平，需严格控制城市人口的急剧膨胀，限制大城市的过快发展，使城市发展与基础设施相配套，以提高人的素质和生活质量的持续发展战略为目标，提高城市的整体水平。

以上是我国开创性、探索性的三项国际比较研究，公开发表后，已获得了社会的公认和好评，在国内外均引起了较大反响。国际比较是一项较复杂、理论性和实用性较强的比较研究，随着现代化进程的加快，今后需要比较的项目、待开发的领域还有很多，为了提高比较研究的可信度，还需在指标的选择、计算方法的科学性方面加强研究，学习国内外好的经验，开创我国国际比较的新领域。

参考文献

艾斯特斯，1989，《各国社会进程》，何天祥等译，华夏出版社。
国家统计局编，《中国统计年鉴（1996）》，中国统计出版社。
世界银行，1997，《1997 年世界发展报告》，中国财经出版社。
朱庆芳，1992，《社会指标的应用》，中国统计出版社。
朱庆芳等编，1997，《世界大城市社会指标比较》，中国城市出版社。

从住房市场的特点看政府对住房市场的
干预和作用[*]

陈　星

摘　要：本文通过对住房商品和住房市场的分析，剖析了住房市场构架以及市场主体的行为特点，并进一步分析了政府干预行为对住房市场的影响及作用。作者认为住房商品的特殊性决定了住房市场的特点为有限开放性、地域性、层次性和价格的差别性，市场交易的非物流性以及住房市场上的投机性和投资性。住房商品的社会属性表明人们对住房的需求不仅与收入相关，而且低收入家庭和人群的住房需求的满足需要政府的支持和帮助。政府干预住房市场的出发点应该是纠正市场失灵、提高住房资源的使用效率、增强社会分配的公允性，从而维护社会的稳定，促进社会经济的发展。作者还指出，政府干预住房市场的作用在于调节供求差距、规范市场运作、弥补市场不足、优化社会资源和显示社会公平。

一　问题的提出

近年来，随着我国住房制度改革的不断深入，住房问题越来越成为百姓关注的热点话题之一。在住房制度由实物福利分配体制向商品化、社会化体制转型的过程中，许多专家、学者已就住房商品的性质、住房市场的发展、市场模式和住房政策的主要特征等问题，从理论和实践的意义上进行了广泛的探讨。本人认为，分析住房市场有利于认识住房商品的特殊性，认识供求双方的市场行为特点和市场运行的主要特点，进而认识政府

---

*　原文发表于《社会学研究》1998 年第 6 期。

在住房市场发展中的地位和作用，这是当前讨论中尚且论及不多的话题。

本文通过对住房商品和住房市场的分析，深入剖析住房市场构架和市场主体的行为特点，从而进一步分析政府行为对住房市场的影响。日本社会学家富永健一指出："在现代社会中，市场是联系共同社会（家庭、亲族群体）和利益社会（企业、组织）的纽带。"（富永健一，1988）毫无疑问，任何社会生产活动的最终产品都要在市场上实现其价值和使用价值的转换，任何家庭、企业组织都无法脱离市场环境而独立生存。市场是现代社会再生产过程中各种经济关系运行和社会生活情况的指示器，也是现代城市化和文明程度的重要标识。可见市场对社会生活的作用日益加强。

住房市场是房地产市场的一个重要组成部分。在许多发达国家中，房地产业在国民经济中占有重要地位。以美国为例，"美国房地产生产总值占国民生产总值的比例高达10%～15%，全国2/3的有形资产是房地产"（一言，1996）。由此可以看出，住房市场在社会生活及经济发展中的重要地位。本文对住房市场的分析，不是从狭义的角度分析房产市场，即已竣工商品住宅的交易场所，而是从广义的角度，分析住房市场的机制和特点，即分析市场结构、市场价格、市场资金运作和市场调节这四个系统之间的相互作用和影响，进而分析市场上各利益主体的行为特点，以及政府的角色和作用。希望通过这样的讨论进一步认识住房市场发展对社会及经济发展的意义和作用。

二　住房与住房市场的特点

世界上大多数国家或地区都先后实行了住房商品化政策，各类住房主要是通过住房市场流通的（田东海，1997），我国当前正在进行的住房制度改革也将住房商品化作为改革的基本任务和目标。应该看到住房不同于一般意义上的商品，它比其他商品有着更加深刻、丰富的内涵。

（一）住房商品的特点

首先，住房和其他商品一样具有基本的物质属性，然而与其他商品不同的是，这一属性是以住房对土地资源和空间的占用为基础的，即住房是占用一定土地和空间资源而建成的不动产。由这一点可以看出，住房市场与地产市场是密切相关、不可分割的统一体，它是整个房地产市场的重要组成部分。其次，住房是具有消费属性的不动产。资源稀缺，生产过程中资本、劳动投入较多，使得住房具有价值高、生产周期长以及使用寿命长等特点。另外，住房具有明显区别于其他商品的重要社会属性。（1）住房是社会初级群体——家庭的基本物质生活条件。它反映出家庭中不同成员之间共同的社会经济文化关系，也反映出家庭与社会的种种联系。（2）保持适宜的居住条件是家庭成员健康发展的必要条件，也是社会文明和文化发展的必要条件。新加坡社会学家拉兹·哈桑曾经应用实证的方法证明，住宅过分狭窄和过分密集是青少年犯罪的因素之一（董寿昆，1988）。其他国家在城市化发展过程中的经历也同样证明，不良的居住条件会带来疾病、犯罪等一系列社会问题。（3）由房价及其他因素造成的社区居民成分的区别也会给社区文化以及社会文化的发展带来很大影响。一些北欧国家，例如瑞典政府的住房政策规定："享有良好的居住环境和宽敞的住房条件是国民的社会权利。"（高佩义，1993）这一政策使得各收入阶层的人们可以在同一社区内居住，减少了种族间的隔离和不同阶层间的距离，杜绝了贫民居住区的产生。（4）住房建设是城市发展规划不可忽视的因素之一。房屋建筑的外观和布局直接构成了城市面貌的核心部分。（5）社会上各阶层人士居住环境的差别还从另一个侧面反映了社会的公允性。住房商品的这些特点决定了住房市场有其独特之处。

（二）住房市场的特点

住房市场的特点与住房商品的特点密切相关，住房市场上的价格构成、交易手段以及供求平衡的实现条件比一般市场要复杂得多。

1. 住房市场的有限开放性

住房市场是非完全开放的市场，政府对市场的控制是市场发展不可忽视的因素。即使是美国这样高度市场化的国家，政府也要以行政法规和财政金融手段对住房市场的运行加以控制和调节。其原因有以下几点。第一，由土地资源的稀缺性造成的。一般来讲，土地资源的使用是由政府严格控制的。在西方国家，土地的使用主要是通过城市规划条例、建筑条例以及住房法令来管理的；在中国及其他一些国家，土地资源归国家所有，土地的市场投放量是根据国家的宏观经济状况确定的。土地资源是住房商品得以生产的先决条件，所以，住房市场的供给量首先要受到政府土地政策和土地投放量的影响。第二，住房商品价值高、生产周期长、交易过程复杂等特点决定了供求双方交易成本高，自由出入市场相对困难。再加之市场上信息的非安全性和竞争的外部效应等问题，使得住房市场机制难以自发地调节市场供求，实现社会资源的有效利用。因此，政府对市场的介入和干预就成为消除市场失灵的必要手段。第三，住房不可忽视的社会属性表明，人们对住房的需求不仅仅与收入相关，即使不具备住房支付能力的低收入人群也有相应的住房需求。这就要求作为社会生活规划者的政府采取必要的住房政策使这部分人群获得住房，保证居者有其屋。无论这种住房政策是否偏向市场导向，都会对住房市场的发展产生重大影响。第四，住房建设规划要纳入当地政府的城市规划范畴，因此住房市场的发展还要受到当地城市发展规划、经济发展水平的制约。

2. 住房市场的地域性、层次性和价格差别性

从住房的不可移动性可以看出住房市场供求具有显著的地域特征：即使在同一个国家中，各地区经济发展水平、城市化水平的差异使住房商品价格及基本建筑标准有很大的差别。这从另一个侧面反映出住房市场的发展与当地经济文化发展水平有必然的联系。一般的市场分层概念是企业根据消费者收入层次、性别、年龄等消费属性自行确定的，分层的目的是生产出面对不同消费群体或市场层次的产品系列。它纯粹是企业的自身行为。然而在住房市场上，除了这种一般的分层外，还有政府住房政策规定的、针对低收入住房消费者的市场层次。与之相对应的市场价格也具有明显的差别性。世界各国由于住房政策干预和调节的范围和方法不同，市场层次的运行方式和范围各不相同。我国目前采用多层次的市场模式，在住房供应上，对不同收入家庭实行不同的住房供应政策：最低收入家庭租赁由政府或单位提供的廉租住房；中、低收入家庭购买经济适用住房；其他收入高的家庭购买、租赁市场价格的商品住房。建设部原部长侯捷曾指出："应建立福利住宅、微利住宅、市场价商品住宅这样三种价格体系，以满足不同收入水平的居民住房需求。"（侯捷，1992）若抛开一般意义上的市场分层，可将住房市场分为一般住房商品市场和优惠住房商品市场，这里优惠住房商品指的是在政府政策调节下，对中、低收入家庭提供的价格优惠的部分住房商品，从中可以看出政府干预和调节对市场的影响是不

可避免的。因为在同一市场环境下如果同时存在两种以上不同价格的同类商品，其中一种产品价格的波动必然会引起另一种产品价格的波动。

3. 住房市场交易是非物流的交易

在一般商品市场上，交易的结果是以产品的流动为标志的。然而，住房商品的不可移动性使得住房商品的交易成为其所有权、使用权等契约、证件的界定和交换。这表明，住房市场的交易行为不仅仅是经济行为，同时还以法律的行为表现出来。它要求住房交易过程应该具有严格的法律规则，并且住房商品应具有明晰的产权以对应交易双方各自的权利。

4. 住房市场上投资性和投机性同时存在

由于住房建设资源的稀缺性以及住房商品价值高，生产、使用周期长等特点，住房市场投资即房地产投资的风险大于一般的商品市场，因而就有可能获得更高的风险收益。因此，在市场运作中会吸引一些投机者利用市场信息的非完全性进行楼盘、楼花的炒作，赚取高额利润。在这种情况下，政府制定的有关法律、法规就显得尤为重要，它不仅可以保护消费者的利益，而且可以规范市场运作，促使市场健康发展。

从以上分析可以看到，住房市场最为突出的特点是政府对市场的关注和调节大于一般市场。政府对市场的干预必然会对供求双方产生重要的影响，从而影响市场的发展。

（三）住房市场的供求特点

1. 供给特点

第一，从整体上讲，住房市场的住房供给首先取决于该地区的建房能力：建房生产力水平、建材供应以及建房投资能力。这些都是住房供给的物质决定因素。其次，国家的土地政策、年度土地批租量以及土地批租价格也是重要的决定因素。土地批租量决定今后几年潜在的住房上市量，而土地批租价格则直接影响到商品住房的价格。

第二，由于住房市场受政府干预较强，商家和消费者都会根据干预因素来调节自己的行为。作为商家，当政府政策不明朗或不稳定时，会持币观望；当市场环境宽松、明朗时，商家更容易作出投资抉择。商家还会利用政府干预造成的市场薄弱环节争取超额利润，甚至会产生寻租行为。而对于消费者来说，其则会利用政府对中、低收入者的住房优惠政策，最大限度地争取获得优惠价格的住房。

第三，住房市场的发展变化与宏观经济形势密切相关。一方面，住房供给要受到国民经济发展的制约，特别是全社会投资规模、建设速度和社会经济发展水平的约束；另一方面，住房市场的发展（确切地说，是房地产业的发展）又对宏观经济的发展有不可忽视的影响。一般而言，当宏观经济扩张时，社会上投资需求与消费需求同时扩张，投资增多，促使住房建设速度加快；消费增长又使得资金周转加快，市场回报率提高，又进一步促进投资的增长。在宏观经济收缩阶段，社会投资压缩，使得住房建设速度减慢，投资性住房购买者持币观望，社会购买力下降又使得住房销售不畅，造成市场回落和低迷。

有必要指出的是，宏观经济的扩张与收缩往往与政府的宏观经济调节直接相关，政府干预对市场上供求双方的影响往往会持续几年。我国1992~1993年出现的房地产过热现象就是一个例证。1992年政府放宽了房地产开发政策，土地批租量大增，超过1991年以前出让土地总面积的11倍，实际开发土地比1991年增长175%。1992年利用外资总数比前一年增长228%，房地产公司迅速发展，比1991年增长2倍。全国各类开发区激增至1951个，是前4年设立开发区的15倍（梁运彬，1996）。1992年房地产市场异常活跃，经营收入1992年比1991年增长86.1%，1993年比1992年增长了114.9%（详见表1），住宅销售额1992年比1991年增长了83%，1993年同比增长92%（详见表2）。当时我国住房市场刚刚兴起，市场机制很不完善，政策调整带来的大变化使得投机者有机可乘，于是，市场上炒家异常活跃，地价迅速上扬，再加上建材、人工成本价格及搭车收费的大幅提高，住房价格迅速攀升，远远超出普通居民的支付承受能力。从1993年7月起，在中央紧缩的宏观政策下，房地产投资增长量大幅度下降。1994年住房销售额的增幅仅为0.2%。1994年7月5日《中华人民共和国城市房地产管理法》正式出台，从此，住房市场的发展逐步走上正轨。然而，1992年的投资膨胀却使得许多地区的房地产市场处于低迷的消化盘整期，直到1998年才出现回升。

第四，住房市场的供给还与金融、保险业的发展水平相关。房地产业是投资多、风险大的行业，因此金融、保险业发达可以为住房市场提供更多的资金保障、更好的投资环境，降低投资风险，促进市场的发展。

2. 需求特点

住房市场需求指的是人们有支付能力的住房购买力。在现阶段,住房的市场需求是以家庭为消费单位所表现出来的与家庭收入水平相关的住房需求量。然而,根据当地住房基本条件,家庭模式的变化趋势和地区人口数量的变化趋势可以基本上反映出住房的自然需求量及其变化趋势。人们自然需求量和市场需求量的差距构成了市场的潜在需求量。这种潜在需求量的实现主要依赖于家庭收入的提高。可以说,由于住房是人们的生活必需品,住房的市场需求量首先与人们的家庭收入相关。

表1　1989~1994年房地产开发经营情况

单位:万元,%

年份	经营总收入				本年缴纳税费	比上年增长(%)	本年实现利润	本年实现利润增长
	金额	比上年增长	商品房销售收入	房屋出租收入				
1989	1795114	10.7	1637541	10970			78598	-39.7
1990	2187081	21.8	2018263	22610			179252	128.1
1991	2840325	29.9	2378597	39221	205551		275239	53.5
1992	5285565	86.1	4265938	59617	414435	101.6	635196	130.8
1993	11359074	114.9	8637141	106348	965917	133.1	1559223	145.5
1994	12881866	13.4	10184950	172817	951029	-1.5	1674350	7.4

资料来源:《中国统计年鉴(1995)》,中国统计出版社,第185页。

表2　1989~1994年全国商品房销售情况

年份	实际销售商品房面积(万平方米)	其中住宅销售面积(万平方米)(1)	住宅销售面积比上年增长(%)	个人购买商品房面积(万平方米)(2)	(2)/(1)(%)	商品房销售额(万元)	其中住宅销售额(万元)	住宅销售比上年增长(%)
1989	2855.36	2491.38	-2.3	805.49	32.3	1637542		
1990	2871.54	2544.61	2.1	730.85	28.7	2018263		
1991	3025.46	2745.17	7.9	926.55	33.8	2378597	2075979	
1992	4288.86	3812.21	38.9	1456.01	38.2	4265983	3798493	83.0
1993	6687.91	6035.19	58.3	2943.39	48.8	8637141	7291913	92.0
1994	7230.35	6118.03	1.4	3344.53	54.7	10184950	7305208	0.2

资料来源:《中国统计年鉴(1995)》,中国统计出版社,第186页。

　　低收入家庭住房需求的实现包含政府投入的各种住房补贴，因此，在住房的市场需求量中除了百姓的支付能力外显然还应该包括政府为解决低收入家庭住房问题所做的投入。由于各国政府的住房政策不同、对市场干预的方式不同，因此这种干预和投入对市场需求的影响也不同。一般来讲，政府对消费者的补贴必然会使市场需求增加。但是在一定条件下，它也会产生"溢出效应"或"淹没效应"（刘玉录，1996），使补贴无法产生预期的效果。所谓"溢出效应"指的是在居民住房收入弹性小的市场环境下，居民收入的增长并不能带来相应的住房需求的增长。若受补贴居民将增加的收入用于非住房商品，就会引起非住房商品价格的提高，并导致房价上涨，使住房现金补贴的效益溢出。美国在20世纪70年代曾进行了"住房补贴需求实验"，对低收入家庭在一段较长的时间内给予住房补贴凭单。研究表明，住房需求的收入弹性在当时的市场环境下为5%～8%，也就是说，收入增长10%，可以预期家庭住房需求会提高5%～8%。所谓"淹没效应"指的是在市场住房供给弹性为零时，接受补贴后，居民住房支付能力的增长会由于房价上升而被淹没（见图1）。

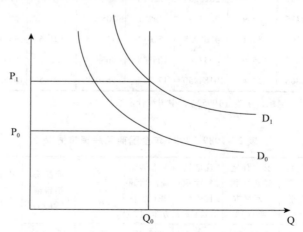

图1　居民住房支付能力与房价的关系

说明：图中曲线 D_1 为供给弹性为0时的供给曲线，D_0 为接受补贴前的需求曲线。

　　从图1中可以看出，当时的市场价格为 P_0，在 P_0 价格下得到的供给量为 Q_0。接受补贴后，市场需求扩大，曲线 D_0 上移到 D_1 的位置。由于供给曲线缺少弹性，需求增长使房价上涨至 P_1，但上涨的房价并没有使供应量增加，仍然在 Q_0 的位置上。也就是说，住房支付能力的增长被价格的上涨所淹没。在这种情况下，需要政府对市场采取其他调控措施。例如，要求住房消费者将收入的一定比例用于住房消费，或者将住房补贴的现金形式改为代用券形式，等等。

我们在前面已经提到，政府对住房价格进行的调节，使住房市场上一部分商品的价格低于另一部分商品的价格。假如这些商品在质量上不存在很大的差异，那么人们会想方设法用较少的钱买到适用的商品，即消费者会采取各种措施争取得到政府给予的优惠。因此，假如在市场的实际操作中无法区分消费者的收入标准，也就是说政府规定的市场分层标准无法实现，则会出现高收入者容易买到优惠房（他们具有足够的住房支付能力），而中、低收入者仍会望房兴叹（缺少住房支付能力）的局面，从而造成新的分配不公。近年来我国房改售房过程中这种现象并非罕见。人们受利益驱使努力获得廉价住房的情景在我国以及在其他社会主义国家进行住房改革之前的历史时期，即在住房福利化的制度下，已经表现得十分明显：由于住房分配不受支付能力和经济规律的制约，出现了按权力、地位、人缘等非经济因素分配住房的现象。从某种意义上说，住房成为人们显示社会地位、权利和个人能力的重要标志之一，这又进一步加剧了住房分配的不平等。

另外，地区经济发展水平、发展速度以及文化背景、居住习惯等都是住房需求的影响因素。经济发展水平决定了人们收入水平和收入增长趋势，文化背景、居住习惯则从另一个侧面反映了人们对居住环境的要求。

金融、保险业的发展也会对住房需求产生不可忽视的影响。在金融手段的支持下，消费者可以预期未来收入，用未来的钱做今日的消费，而保险业的投入可以减少消费者的投资风险，从而使消费者的需求增加。值得指出的是，房地产金融恰好是政府对房地产业，同时，也是对住房市场进行干预的有力工具。

通过上述分析我们可以得出如下结论。①住房问题不仅仅是经济问题，而且是关系到国家安定、人民幸福的社会问题，因此保障居者有其屋是政府不可推卸的责任。②住房是具有特殊意义的商品，它决定了住房市场的特殊运行机制，可以说，在整个市场体系中，住房市场是相对独立的、专门化的、在政府各项法规严格控制下运行的、有限开放的市场体系。③政府对住房市场的干预是市场发展的必要条件，同时又对市场发展产生不可忽视的影响。

三 政府干预对住房市场的影响

（一）政府干预住房市场的手段

政府对住房市场的干预指的是政府对住房市场的管理和调控，是政府根据本国社会经济的宏观目标，通过行政、法律、经济等手段对整个住房市场的供求状况进行控制和调节的方法，也是国家住房政策在住房市场中的具体实施过程。由于各国经济发展水平、文化背景各不相同，政府对住房市场进行干预的方向、目标和手段各不相同。例如，美国是市场经济相当发达的国家，目前，政府对住房市场的干预主要是在住房政策和相关法律的约束下利用金融手段"刺激和支持民众的住房需求。调节重点是稳定和支持住宅抵押信贷系统，并形成国家调节住宅抵押贷款系统的机制"（董寿昆，1988）。英国政府对住房市场的调整重点在于利用财政、税收杠杆，促进住房自有化，降低公有住房在市场上的比例，从而影响市场长期供求趋势和价格。日本政府对住房市场的干预主要是通过产业政策、融资、税收等手段诱导市场向政府的住房目标靠拢。政府的作用主要是弥补市场运作的缺欠，市场仍然是住房发展最基本的推动力量（赴日本、新加坡住房体制考察组，1996）。世界上大多数市场经济国家对住房市场干预的一个共同点是为解决好中低收入家庭的住房问题建立了相关的住房政策和住房保障制度。政府的这种政策一般包括"住宅用地供应的保障和地价优惠，进行房租补贴和租赁保障，建立住房金融体系，提供住房抵押贷款，实行减免税，低息长期抵押以及政府担保等"（顾云昌，1995）。也就是说，国家干预市场的目的在于指导市场行为，一方面，刺激住房建设的发展和居民消费的增加；另一方面，要帮助中低收入者在各种优惠的政策指导下获得自己的住房，从而体现社会的公平性并实现住房资源的有效利用。归纳起来政府干预住房市场的手段可以从以下几个方面加以分析。

（1）通过土地政策、城市规划等行政、法律手段控制土地投放量。在土地所有权归属国家的地区还可根据经济形势控制土地投放量，从而直接干预住房建设资料的供给。如香港回归前的港英政府在经济过热、房地产需求过旺、地价和房价过度攀升时，就增大土地拍卖量，缓解供需矛盾；当经济不景气、房地产市场呆滞无力时则减少土地拍卖量，以保持市价的稳定和市场的平衡。

（2）通过行政规划、住房政策或法律手段调节公有住房的投资额度，以及政府对机构、个人建房的资助额度，从而改变住房市场的结构，间接地影响市场价格。近年来，我国实施的安居工程就属此类。国家对安居工程建造商提供土地使用等方面的政策优惠，并对安居住宅实行限价。安居房的上市对于平抑普通商品房价格的攀升起到了很好的作用。

（3）通过住房政策、建筑控制等行政手段控制住房的售价或出租价，从而影响市场供求的方向，并使得市场结构逐渐改变，英国对私房出租的限价就是一个例子。第二次世界大战前的英国，住房紧缺，私房出租价格攀升到很高，使租房者怨声载道。为解决这一问题，英国政府一方面投资建设大量公房以缓解供求矛盾，另一方面则对私房出租实行限价。这一政策的实施使得私房出租率从 1914 年占存量住房的 90% 下降至 1978 年的 12.4%，而公有住宅则上升至 31.7%（《英国的住房制度及其改革》，1998）。政府对住房价格的直接调整主要有三种方法。①国家直接调整公房价格或限制政府资助住房的租售价格。②依据租房者的收入层次规定不同的交易价格，以便使中、低收入者得到政府的帮助。③对低收入者提供住房补贴，改变买方价格，影响市场供求。

（4）通过金融手段调节住房市场的筹资、投资渠道，从而影响住房市场的发展。其主要措施有以下几个方面。①政府成立专门机构参与市场活动。例如，联邦住宅贷款银行是美国政府管理住房金融市场的主要机构，它由政府充当保证人，吸收各种渠道的资金，并为住房建设和购买融通资金，是住房抵押机构的储备中心（严清华，1994）。联邦住宅管理局和联邦退伍军人管理局是美国政府在初级市场上为个人住房抵押提供保险或保证的机构，而联邦全国抵押协会则经管着全国性的二级市场，通过促进住房抵押刺激住房需求的增长。②提供抵押贷款保险，政府在初级市场上为个人住房抵押提供保险或保证，当购房者违约时又充当放款机构的保险者，承担金融机构的损失。这样做既稳定了初级市场，也提高了低收入家庭的购房能力。当然，政府的这种行为与国家财政能力有直接的联系。③为不同收入水平的家庭提供不同的住房贷款。例如，日本的政府金融机构——日本金融公库的抵押贷款采取低息的方式，不以营利为目的，贷款利率的高低依据借款人收入水平高低和所购房屋大小来决定。1982年，贷款利率最低与最高的差距为1.8%（殷红、张卫东，1996）。④通过政府影响，调整抵押贷款比例和抵押贷款利率，从而调节住房市场的供求关系。

（5）利用税收杠杆对市场供求双方提供不同的税费优惠政策，从而刺激高收入者的住房更新需求，提高中、低收入者的住房支付能力。美、英、法、德等许多国家对自住房家庭都实行自住房减免税政策。其内容主要包括扣除转移租金的收入税、贷款利息税和财产税。这一政策有助于刺激自住房的消费，扩大住房资金的供给以增加住房存量（严清华，1994）。

（6）利用财政补贴支持中、低收入者的住房需求。大部分市场经济国家对中、低收入者的住房需求都给予一定的财政补贴。这种补贴有时是双方面的，即一方面对住房供应商在购买土地或其他税费方面提供一定优惠，并要求他们为中、低收入者提供低于市场价格的微利商品房，另一方面又对中、低收入家庭给予住房补贴（所得转移）或房租补贴和租赁保障，前者是指对低收入家庭给予定额的补贴，后者则是对低收入家庭房租支出占家庭收入的比例超过国家规定标准的部分给予直接的房租补贴。

总之，政府采取各种措施干预住房市场的出发点是为了纠正市场失灵、提高住房资源的使用效率，并且增强社会分配的公允性，以维护社会的稳定，促进社会经济的发展。

（二） 政府干预对住房市场发展的作用

1. 调节供求差距

政府干预住房市场有利于缩小供求双方的差距，使市场供求趋于平衡。在市场环境中，追求利润最大是房产商的首选目标。然而由于住房商品的特殊性——土地稀缺、价格昂贵和生活必备性，市场会出现供应短缺和有效需求的严重不足。但同时存在的却是大量中、低收入家庭无房可住的现象。这一现象曾在西方国家城市化进程初期普遍出现，并引起中、低收入阶层的不满，造成社会动荡。西方国家住房法、住房政策的制定和发展正是政府针对此问题干预住房市场、矫正社会偏差、维护社会安定而实施的法律、行政措施。

2. 规范市场运作

政府干预住房市场有利于规范市场运作、减少投机行为对市场的干扰、为供求双方提供良好的市场环境。住房商品价格高、交易周期长、手续复杂，政府对市场运作规定的各项规章、法律是市场正常运作的必要条件，也是维护生产者和消费者权益的必要保障。

3. 弥补市场不足

政府对住房市场的干预有利于弥补市场不足，帮助市场运行得更加稳健，以避免由于市场过冷或过热而造成的资源浪费。如前所述，住房市场的兴衰与宏观经济状况有比较密切的联系。在经济繁荣时期，住房市场供销两旺，而在经济衰退时则会出现房市的低迷。若政府在经济运行的过程中对过热或过冷的经济现象实施反向调节，则可以帮助供求双方认识市场的形势，减少盲目性，从而避免市场运行的大起大落以及由此造成的经济损失。

4. 优化社会资源

政府对住房市场的干预能够优化社会资源的合理使用。由于住房建设与城市规划、环境保护规划有密切的联系，住房又是公益性很强的公共物品。"即使是个人所有或占有的住房在许多方面也是共同消费的，住宅外观、建筑艺术以及市场设施和交通设施都是公共共同受益的。因此完全自由竞争的市场会忽略或至少会削弱住宅的公益性。"（田东海，1997）政府干预不仅能从市场运作方面减少对社会资源的浪费，而且还可以通过城市规划、环境保护规划等措施，从中、长期的角度规划该地区的发展，从而提高社会资源的有效利用率。

5. 显示社会公平

政府对住房市场的干预能够调节收入分配，帮助中、低收入者获得住房，以显示社会的公允性。由于住房商品价格超出多数中、低收入家庭的支付能力，因此政府有责任通过对住房市场的干预，扩大市场供求，使中、低收入家庭得到各种补贴，提高它们的住房支付能力，并且建立社会性的住房保障体系。

综上所述，住房商品的特征决定了住房商品在社会生活中的特殊地位，而住房市场运行与国民经济发展的重要关系使政府不得不关注住房市场，并利用政府职权来规范市场运作，指导市场走向，实现政府规定的住房目标。

（三）政府干预的局限性

政府对住房市场的干预是市场发展的必要条件。但是政府干预有时并不是万能的，它也有一定的局限性。

首先，政府干预住房市场是有一定代价的。这种代价是指政府干预对市场运作带来的不良影响。政府干预最普遍的代价是实施各项方针政策、法律规章所带来的拖延成本。美国普林斯顿大学在 20 世纪 70 年代做的一项调查表明，一项建房开发项目从土地申请到批准的过程，在 1970 年平均周期为 5 个月，而在 1975 年平均周期已延长到 13 个月。据估算，批准时间每延长一个月，就可能使建筑成本增长 1 ~ 2 个百分点。另外，90 年代初期美国密苏里州圣路易斯城的调查数据显示，在 10000 平方英尺的土地上建造一幢 1600 平方英尺的房屋，由于政府管制而使得其成本增加了 2039 美元（严清华，1994）。

政府干预不仅造成拖延，而且还会增加企业运行的成本，例如，企业必须应付各级主管部门的监督，填写各种报表，出席各种会议，支付各种费用，等等。

其次，政府决策的实施结果往往有一定的不确定性。这是政策调节的时滞性带来的结果。也就是说，当市场上出现问题时，在初期往往难以确定问题的性质，要到问题定性后才能确定解决问题的办法。从政府决心进行调节到政策的实施又要经过一段时间，而市场在此阶段可能已经发生了新的变化。或者，如果受调节者看穿了政府实施政策的真正意图，就有可能作出相应的对策，从而减弱政府调节的作用。

最后，政府对市场的干预会影响市场机制的运行。在市场经济中，市场机制的作用在于利用价格信号自发地、及时地传递市场经济信息，引导并激励人们各自作出适宜的有效反应，从而协调供求、优化资源配置。政府对市场的干预并不是去限制市场机制的发挥，而是要在市场机制无法发挥作用或无法充分发挥作用的情况下去指导市场行为。如果政府对市场景气状况认识不清，或者不顾市场机制的调节作用，用行政命令去替代市场运行机制，那么就有可能导致市场失灵，使市场无法及时传递市场信息，或者发出失实的信号，从而无法指导和激励人们作出适当的市场决策。许多经济学家都曾指出，政府干预经济的各种方式都会产生代价。所以政府对住房市场的干预应该采取十分慎重的态度。

四　结论

住房商品的特殊性决定了住房市场的特殊性，也决定了住房市场在整个市场体系中是相对独立的，是在政府各项法规严格控制下运行的、有限开放的市场体系。在对住房商品市场的分析中我们可以看到如下几点。（1）政府干预是住房市场发展的必要条件，同时又对市场发展产生不可忽视的影响，其中包括直接或间接地改变市场结构、投资渠道、市场价格、住房信贷方式和住房金融体制。市场供求双方也会根据政府干预的因素来改变自己的行为方式。（2）政府干预住房市场的出发点在于弥补市场不足、纠正市场失灵，在促进住房建设不断发展的同时帮助市场扩大需求。政府要制定适宜的住房政策，以便资助社会上收入较低的人群，使他们能够安居乐业，从而达到社会的稳定和经济的持续发展。（3）政府应该根据本国经济发展水平、政府财政能力和文化背景来确定政府干预住房市场的模式。当前，在全球经济一体化的进程中，许多国家的政府都已经认识到要充分发挥市场机制和作用，尽量减少政府对市场的直接干预。欧洲统一体国家，特别是原来以福利先进国著称的瑞典、荷兰等国，近年来为了增强经济竞争力而减少了政府开支，对原有住房政策作出了新的调整。我国是经济发展水平尚且不高的国家，因此在房改过程中一方面要改变过去的实物分配福利制度，另一方面也要建立社会性住房保障体系。特别应该指出，建立个人收入的银行账户制和家庭收入年度申报制是十分必要的，它不仅能够界定家庭的收入层次，而且有利于加强对高收入者个人所得税的征收和按人群收入层次区别对待的住房政策的实施。（4）政府干预住房市场的目标确定之后还应该慎重地制定出各项住房政策、法规，确定本国住房体制的基本框架。由于住房市场的地域性强，因此各地区、各级政府还应该针对本地区的具体情况制定出适宜的、地区性的住房政策、法规。（5）政府对住房市场的干预应该是系统的，既要有适合中、长期发展目标的政策、法律体系，又要有适宜的经济调节措施。

总之，政府干预住房市场的前提应该是顺应市场经济运行的规律，在市场可以发挥功效，可以自发调节的场合，放开手，给企业以自由竞争的机会；在市场不能有效配置资源的情况下，应该利用职权发挥调节市场的作用。世界上许多国家干预住房市场的经验、教训值得我们认真探讨，然而更为重要的是政府应该根据我国国情，制定出适宜的住房政策、住房体系和有效的住房市场调节措施。

参考文献

蔡育天主编，1993，《房地产市场》，上海社会科学院出版社。

陈彦，1997，《香港的公共住房政策与住房金融政策》，《南方房地产》第 7 期。

董寿昆，1988，《住宅经济比较研究》，中国金融出版社。

赴日本、新加坡住房体制考察组，1996，《市场经济条件下政府对住房发展的作用——日本、新加坡住房体制考察报告》，《中国改革报》1 月 23 日。

富永健一，1988，《社会学原理》，中国社会科学出版社。

高佩义，1993，《海外住房政策与管理》，人民出版社。

顾云昌，1995，《论我国住宅产业的发展对策》，《中国房地信息》第 13 期。

《国务院发出通知要求深化城镇住房制度改革》，1998，《中国证券报》，7 月 23 日。

侯捷，1992，《谈我国房地产业的构想》，《北京房地产》第 6 期。

侯淅珉，1996，《主要市场经济体制国家（地区）住房保障制度及其对我们的启示》，《北京房地产》第 1 期。

华燃，1998，《个人收入如何界定国家尚无政策出台》，《中国经济时报》7 月 23 日。

黄泰岩，1997，《美国房地产市场的政府管理》，《中国房地信息》第 9 期。

凯斯，K. E.、费尔，R. C.，1994，《经济学原理》，中国人民大学出版社。

空竹，1996，《中国城镇住房制度改革理论政策与实践的发展》，《北京房地产》第 10、11 期。

李玉兰、亦冬，1996，《国外的公共住宅政策和住房补贴》，《南方房地产》第 8 期。

梁学周，1995，《美国住房政策与住房制度简介》，《北京房地产》第 10 期。

梁运彬，1996，《世纪之交的中国房地产：发展与控制》，经济管理出版社。

刘玉录，1996，《我国住房政策的理论探讨》，《城市问题》第 4 期。

刘元庆，1997，《香港住房政策的特点及适时的政策调整》，《南方房地产》第 2 期。

陆丁，1993，《看得见的手：市场经济中的政府职能》，上海人民出版社。

彭仕清，1994，《我国房地产市场探讨》，硕士学位论文，西南财经大学。

田东海，1997，《住房、住房市场、住房政策》，《住宅与房地产》第 1 期。

王克忠主编，1995，《房地产经济学教程》，复旦大学出版社。

《谢家瑾司长观点鲜明地谈平抑房价》，1996，《南方房地产》第 5 期。

严清华主编，1994，《西方房地产》，武汉大学出版社。

一言，1996，《美国房地产市场的兴衰及政府对私有土地的管理限制》，《南方房地产》第 3 期。

殷红、张卫东，1996，《美、英、日房地产金融机构分析与比较》，《北京房地产》第 5 期。

《英国的住房制度及其改革》，载 www. Chinainfo. gov. cn，1998 年 5 月。

远征，1997，《香港土地政策与房地产市场运行特点》，《中外房地产导报》第 9 期。

Lawson, J. & Lindfield, M. 1997. "Recent European Social Housing Initiative and Their Potential Relevance to Current Australian Housing Issues".

打工妹的内部话题

——对深圳原致丽玩具厂百余封书信的分析[*]

谭 深

摘 要： 本文归纳了打工妹们书信中的五个主要话题，并通过这些话题分析了工厂打工妹的交往圈子的活动和功能、她们工作流动的原因和策略、她们与出生家庭的关系、她们的感情和婚姻、她们对打工生活的评价。分析特别注重了性别的角度，指出了打工妹们的处境、经历和态度形成中的性别原因。

一　事件与信件

我所分析的这些书信，是 1993 年 11 月 19 日深圳市葵涌镇致丽玩具厂一场震惊全国的大火之后，我的朋友常凯在该厂调查时，从劫难后的废墟中收集的。

这些信件的主人，都是那场可怕劫难的经历者。在那场大火中，有 81 名（另说 84 名、87 名）工人遇难，40 余人（另说 50 余人）受伤。[①] 我们不知道她们之中哪些已不在人世，哪些能够幸免于难，她们现在怎么样。而今信中的文字依然鲜活，打工妹们年轻的人生经历跃然纸上，使人阅读之中心情异常沉重。

但作为研究者，不能够止于同情和沉痛，这些信件的内容基本上与那场不幸的事件没有直接关系，写信的人绝大部分是原致丽玩具厂以外的

---

* 原文发表于《社会学研究》1998 年第 6 期。

① 有关大火的情况，参见《工人日报》1993 年 11 月 30 日、1993 年 12 月 26 日、1994 年 12 月 14 日和《光明日报》1993 年 11 月 23 日的报道。

人，信件反映的是打工妹和她们的亲友们最平凡的生活和工作。它们没有研究者在内的任何外来者的参与和干扰，可以说是打工妹群体内部的话题，使我们能够近距离地了解打工妹的生活态度和行为方式。特别是因其偶然得之，更是研究者通过其他调查方式难以得到的珍贵资料。

二　同类研究综述

农村外出打工妹，是近年农村劳动力非农转移和流动群体中的一部分，本文有两个角度涉及同类研究：一是性别的角度，二是研究方法的角度。

在对农村劳动力非农转移和流动的大型调查中，有大量数据显示了男女两性在转移和外出的数量、人口特征、地区分布、行业职业结构上的差别，概括起来有这样几点：在外出的数量上，女性的数量少于男性，占总数的1/3左右；外出的女性中，未婚女性数量高于已婚女性，已婚女性占女性总体的1/3左右；外出女性的受教育程度高于农村同龄女性的平均水平，但是低于外出男性；跨地区流动的女性分布比男性更集中，主要集中在沿海发达地区和大城市；这样的趋势又与女性的行业职业分布有关，进入新兴工业区中乡镇企业和外资企业的外来女工是数量最大的外出女性职业群体。她们绝大部分是来自内地农村的年轻妇女，就是本文所说的"打工妹"[①]。

农业部农研中心在分析劳动力外出原因时，提出了农村家庭的性别分工问题。他们以农户作为分析单位，认为，"一个劳动力是否外出，与其说是个人行为，不如说是家庭整体决策的结果"（杜鹰、白南生，1997：40）。如果一个农户决定外出，那么家庭成员中谁最可能被选择呢？其中他们注意到性别的因素，即如果全家不可能一同外出，那么选择男性的可能性大于女性。他们的解释是：其一，已婚妇女外出会使家庭为外出付出的机会成本高于男性，因为已婚妇女承担的家务很难由男性替代；其二，女性外出风险大，家庭为此承担的心理成本也高于男性；其三，女性的就业空间小，在农村人可能进入的建筑业、制造业、服务业三大行业中，容

---

① 　拙文《农村劳动力流动的性别差异》曾就此作过论述，该文和所引调查参见"参考文献"。

量最大的建筑业主要吸收男性。同时也提出，女性在婚前外出可能性大，而婚后由于家庭身份变化了，不得不服从传统的安排，难以外出。男性婚后家庭身份也有变化，但家庭责任并无本质区别，"婚前为大家挣钱，婚后为小家挣钱"（杜鹰、白南生，1997：52~55）。研究指出了婚姻对农村女性有巨大影响的原因在于传统的性别分工，这一点与我们的研究是一致的。我们（中国社会科学院社会学研究所课题组）在湖南钟水村的入户调查发现，女性结婚或没结婚，不仅影响到她们外出或不外出，还影响到她们外出的形式：未婚时外出是个人的流动，结了婚再出去一般就成了随夫流动（谭深，1995）。中国社会科学院农村发展研究所相比1994年的调查与1987年的调查发现，农村外出劳动力中，妇女的比例有所提高，他们分析认为原因有二：其一，外出的男性一旦相对稳定，便接妻子一同外出；其二，当年外出的未婚女性在外结婚没有返回（"中国农村劳动力流动百村追踪调查"课题组，1997）。但这一比例的变化并没有改变性别分工的传统，可以说正是这一传统所致。

农业部农研中心的研究强调外出主要是家庭的决策，但是我们的调查和其他调查也显示，家庭整体利益固然是外出者决策时要考虑的基本因素，但是并不排除个人利益的考虑，对未婚的年轻人来说，外出可能是他们改变自己生活的机会。我们在珠江三角洲对外来工的调查发现，生存和个人发展是年轻人外出的两大主要动因（李银河，1995），在北京对郊区乡镇企业外来女工调查（谭深，1994）和对北京市内务工女的访谈（冯小双，1996）也证明了这一结果。那么什么是"改变生活的机会"或"个人的发展"呢？不同层次的男女青年的取向是不一样的。联合国粮农组织委托的课题组在对四个地区8村的调查中提到一个有趣的情况，"未婚男青年外出务工……主要为挣钱回来盖房子娶媳妇，未婚女青年外出务工一是见世面，二则是希望谋求较好的生活机会，包括寻觅在生活好一点的地方安家落户的机会"（黄平，1997：311）。这是8村中的一个村的发现，很可能代表了为数较多的青年男女的期望。但更大范围内，比如我们的调查和一些新闻报道也发现为数不少的个案，即在为自己事业的发展努力奋斗的外出青年中有不少是女孩。她们有的参加务工地的各种技术培训班、文化夜校，有的有意识地积累资金，有的已经成功地在务工地或家乡成就了自己的事业（中国社会科学院社会学研究所课题组，1996；王雪芝、张希慧，1996）。

然而就在这些为个人发展而奋斗的青年男女中，女性遇到的困扰比男性要多一层，那就是婚姻与个人发展的冲突。一个成功的男性，他的婚姻是"水涨船高"；而一个成功的女性，则可能遇到婚姻的不顺。这是因传统性别分工而形成的根深蒂固的传统性别文化的又一结果，它影响到外出女性的发展上限和人生设计，一些女孩往往放弃个人的发展，以求一个和谐的婚姻；一些女孩在两者间徘徊，形成极大的心理困扰。目前在外出打工妹中出现了一批大龄未婚女，这是农村传统中从未有过的。[①]

在研究方法上，近几年国内社会科学越来越重视对普通人的研究，定性的方法也普遍地被采用。在对农村劳动力外出就业的研究中，大量地采取了访谈和观察的方法。使人们能够看到大量烦琐数据的背后，人作为主体的行动和相互间的关系，女性在其中的作用、地位也受到一定关注。[②]由于研究角度的不同，除个别调查外，多数研究基本以记录外出男性的活动为主，没有涉及性别问题，使我们不能详加论述。

我们在广东和北京的访谈以女性为主，本文以及"外来农民工"课题的大部分研究文章的思想都来自这些调查。我们的初步结论是：一方面，外出务工为个人提供了较大的自由空间和更多的选择，这是相对农村的封闭贫困和计划经济下禁止农村人外出的制度来说的，外出经历使多数家庭因此改善了生活，也使一部分包括女性在内的优秀分子脱颖而出；另一方面，外出务工又强化了妇女在劳动分工、性别角色中的不利地位。这所谓不利地位，不仅指农村家庭"男外女内"的性别分工以及由此产生的一系列如"男强女弱"的性别文化及重男轻女的教育投资倾向等，还指流入地劳动力市场的性别分层现象，其结果是女性劳动力往往流向收益低、难以积累资金技术的工作。前述是一般的结论，但是女性外出群体之间的差异仍然是相当大的。流入城市的与流入工业区的（还有流入乡镇、矿区、林

[①]　有关研究和调查参见金一虹《青春期女孩：独特的婚恋方式》，邓微《外出农民工的家庭和婚姻》，两文收入由李银河、谭深主编的《农民流动与性别问题》一书，中原农民出版社；有关个案参见屈宁的访谈，收入李银河、谭深等主编的《打工女访谈录》（暂名），暂定由中国人民大学出版社出版。

[②]　如联合国粮农组织委托的课题组在流出地入户调查后认为，男性外出谋生使传统的性别分工更明显，留下的女劳力产生了更多的社会和心理上的压力（黄平主编，1997：220～221、70）。其他调查请看文后参考文献。

区的等，我们没有做调查）之间，企业的工人与白领之间，工人、服务员、小时工、保姆等不同职业群体之间，不同个性特征、不同家庭境况和家庭地位的人群之间等，都有非常不一样的经历和感受，对未来的打算也很不一样，这使我们必须认真面对每一个具体的人。

与对打工妹的访谈比较，本文所分析的打工妹的书信没有研究者的设计，资料零散不完整，这使分析不可能事先设计一个框架；但是相对研究者参与的访谈，这些书信从内容到语言都是打工妹们"自己"最想说和说得出来的。这就为分析提供了另一种方式，即归纳的方式，一看她（他）提出了什么问题；二看她（他）自己怎么看待提出的问题的；三看她（他）怎么解决这些问题的。

三　珠江三角洲打工妹的背景

第一是农村劳动力的流动。

广东省是吸引全国各地外来人口的大省，而经济发达的珠江三角洲又在其中占了八成。[①] 一些最发达的市镇，外来劳动力已经超过甚至数倍于本地人口，这一"流动的青春部落"中，六成以上是年轻的打工妹。深圳市 1996 年总人口 345 万人，其中户籍人口才 88 万人，在外来的 129 万农村人中，有女性 83.6 万人，占 64.8%。外来女工主要在制造业，特别是在宝安区、龙岗区的"三来一补"工厂工作，她们的平均年龄只有 23 岁。[②]

本文所分析的书信的来源地——原致丽玩具厂，就是坐落在深圳市东端——龙岗区葵涌镇葵涌村的一家港商的来料加工企业。该镇 1996 年常住人口 8000 人，外来工 1.8 万人。原致丽玩具厂有 400 多名工人，绝大部分是女工（1992 年大火丧生的 80 多人中，有 2 人是男工，其余全是女工）。

第二是外资的引入和珠江三角洲经济的发展。

20 世纪 80 年代中期以后，广东省珠江三角洲经济得到前所未有的高速发展，之所以有这样大的发展，一是受惠于中央政府给予广东改革开放

---

① 见"外来农民工"课题组《珠江三角洲外来农民工状况》，《中国社会科学》1995 年第 4 期，第 92 页。

② 1996 年 7 月笔者采访深圳市劳动局数字。

"先行一步"的优惠政策，珠江三角洲成为 80 年代设想的"经济特区 – 沿海开放城市 – 沿海经济开放区 – 内地"这样的对外开放格局的重要组成部分；二是受惠于当时的国际环境。在资本、产品自由流动的经济全球化运动中，80 年代东南亚地区，开始了产业和资本的转移，其中中国台湾和香港的企业大量外移，珠江三角洲正是凭着濒临港澳的地理优势，吸引了以香港和以港澳形式投入的境外资金，成为 90 年代前后中国吸引外资最多的地区（吴经邦，1995）。

资本自由流通的一个趋势是寻求生产能力高、价格便宜的劳动力。外资大量进入珠江三角洲，廉价的外来劳动力特别是更为廉价的女性劳动力无疑是重要的因素。而珠江三角洲本地人在经济发展、生活富裕之后，就不再从事苦、脏、累的工作，本地劳动力出现短缺。正是在这样的背景下，从广东省贫困地区和全国内地农村来的浩浩荡荡的打工大军，才得以登上珠江三角洲的经济舞台。这一大军的主体是年轻的打工妹。在我们和其他的调查中，经常可以听到这样的说法，在珠江三角洲"女的比男的好找工作"，这是事实。但是女性"好找"的，都是那些不需要技术、工作时间长、低工资的工作，这在后面的书信中也可以得到证实。

四　书信的基本情况

本文所分析的"书信"，包括：（1）109 封信；（2）11 首传抄的不同版本的"打工之歌"。

在 109 封信中，93 封是写给原致丽玩具厂女工的，14 封是本厂女工写而未发出的（草稿，或未来得及发），2 封是写信人和收信人不详的。

所有写信人和收信人，全都来自农村（能辨认出来相当一部分来自四川，还有河南）。

根据写信人与收信人的关系，可分为以下几类。

家书，本厂女工与在家乡的父母兄长之间的通信（19 封）；在不同地或不同厂打工的兄弟姐妹之间的通信（22 封）；在不同地或不同厂打工的亲戚、同乡、同学之间的通信（44 封）；打工妹与男朋友之间的通信（10 封）；在家乡的丈夫写给厂里的妻子的信（2 封）；其他和相关信息不详的通信（12 封）。

从中可以看出，工厂打工妹通过信件往来的对象，基本限于亲人和同乡中的女性朋友。她（他）们之中的外出者，也基本上是外来女工，而且大部分在珠江三角洲（来自工厂的信件共 63 封，能推测出在珠江三角洲的有 48 封）。她们所工作的工厂，根据信件的描述基本上是"三来一补"工厂。

写信的日期，最早的一封写于 1991 年 10 月，最晚的一封写于着火的前 8 天——1993 年 11 月 11 日。

五　打工妹的关系网络

前面谈过，打工妹们来往的对象，同质性极强，特点有三：一基本是同乡，二几乎都在工厂，三绝大多数是女性。可以认为，这是她们最主要的社会网、最重要的支持系统。

在 109 封信中，有一些是写给同一个人的，从中可大致看出"网"的概貌。试举一例。

D 组信包括 14 封（信 10～信 23），它们的主要人物是叫秀清（化名，下同）的姑娘，和 6 个同乡一同出来，1991 年 9 月由同乡张凤介绍进的原致丽玩具厂。其他人有下列几个。

（1）秀，秀清的姐姐（信 10），已婚，有 2 个儿子。写信时（1992 年 3 月）离家 1 个多月。投奔秀清来，因没有未婚证不能进厂，"天天就在房里睡觉"。

（2）小迎，秀清的堂姐（信 21），在广州。信中提到另外 3 个人"我们几个都很团结"，这 3 个人可能是从深圳去的广州。在深圳时与秀清等也有来往。

（3）小玲，秀清的朋友、同乡（信 22～信 23）。与"秀清的厂相隔 5 元钱的路费"（距离），秀清去过那里，她们之间"好像亲姐妹一样"。

（4）王刚凤（信 11～信 14），秀清的朋友、同学，1991 年 7 月来广东，秀清去她所在厂玩过。较早谈恋爱，她和恋人（是同乡）一同外出，一段时间在同厂，后恋人对她冷淡下来，最后分手。后经另一同学雅美写信叫她去了宝安的石岩镇。

（5）雅美（信 15～信 20），秀清的朋友、同学，比秀清外出的时间早。一段时间在淡水镇，但那里"没有一个厂是好厂，我又没有什么熟人可以转厂"，想转到葵涌来，后来不知怎样转到了石岩镇。

此外，这些信中还提到一些男老乡和其他亲友，他们之间有联系，但是信件的联系不多。

从D组信可以看出，信中涉及的人都是同乡，彼此都认识，这是一个大的网络，其中又有一个更亲密的小网络，就是同学的网络，这个网络五六个人，她们之间以姐妹相称。

那么，这14封信都谈些什么事情呢？帮秀清的姐姐找工作是其中一件，但是看来很难，秀清托过小玲，但小玲说"要很好的熟人介绍，才行"，她不行，请求秀清原谅。怕秀清不信，举出王刚凤，说她"知道这一情况"；秀清也托过雅美，雅美"也苦于没法，帮不上忙"。这些同乡、朋友之间也时常相互介绍工作或请对方帮忙介绍工作。比如，王刚凤的工厂开工不足，请秀清帮忙转；雅美请秀清"时间做久了，帮我物色一下"，想转到葵涌来；在王刚凤和她的恋人想出来时，来信问雅美那里好不好进厂，雅美当时说："出门人凭运气。"但当他们分手后就写信给王刚凤，请她到石岩镇来。

倾诉和心理安慰是这个同学小圈子通信的重要内容。"想起在学校时那无忧无虑的校园生活多么美好啊，真令人回首。"（信17）在学校时她们可能就是无所不谈的朋友圈子，进入社会，每个人都有强烈的孤独感，她们的知心话还是在这个小圈子里说。王刚凤和雅美都有恋爱的经历，她们把其中的感受包括烦恼、矛盾和真情都无顾忌地告诉给朋友，同时也得到朋友真诚的关心和理解。王刚凤与男朋友分手后，雅美请她到自己所在地来，并给秀清写信说"想起她也真够可怜，以前和王联余那么好，简直形影不离，可如今只剩她孤零零的，再加上心灵的创痛，可以想象是多么得难受啊！我也想她来，我也有个伴，还可以安慰她"（信19）。可以想象，如果没有几位朋友的关心义助之举，性格刚烈又敏感的王刚凤怎么渡过这一人生的难关！

这样的亲密的朋友圈子加上家人和亲戚，就构成了打工妹的社会关系网的主要部分。事实上并不是所有的亲戚都会进入这个网络，从信中可以看出，只有那些关系好的才能进入，而这样一来，她们也就变成了朋友。我们看信1～信5，信的主人是个叫春芝的姑娘，写信的人有她的侄女、妹妹、姑姑，她们可能和春芝年龄差不多，完全是朋友的口吻，侄女说"听……说……你已来到了这里，我听到后是十分的（得）高兴，万分的（得）难过，高兴的是你已平安的（地）到达了这里。我们这（儿）又多了一个亲人。难过的是你和我们同样的命苦，没能进入好厂。……我有千言万语想向你诉说"，妹妹说："姐姐你对我真好，我怎么也忘不掉你。和你在一起多痛快啊！"姑姑说："我很想念你，尤其你和我是经常在一起玩的人，每天做梦我都能见到你！"（从中看出，春芝的为人是非常好的，可是我们知道，她在那次大火中遇难了。每每读到这段文字，都令人心如刀绞。）

打工妹的关系网的功能主要有两项：一是相互提供实际帮助，二是相互提供心理安慰。在提供帮助方面，找工作（包括转厂）是最重要的一项，也是最困难的一项。这些信件的大部分，都有这方面的内容。在打工妹看来，亲友帮自己找工作和自己帮亲友找工作，是一种责任和义务，是义不容辞的。但是由于往往力不从心，也生出许多烦恼来。没帮上忙的，感到惭愧，觉得自己欠了亲友什么。最主要的还是怕亲人朋友误解，认为不肯帮忙。信14典型地表达了这种心情："我表妹……至今仍未进厂。我们不知心里多么焦急，……如果不明真相的人认为两个表姐在广东厂都找不到，会误认为我们不愿帮忙的。我的一个侄女想来广东，……我们说难找厂，现在她来顺利地进了厂，你看她父母会表什么态度？那是可想而知的。我真怕我的亲人们会误会我们。"而这种误解在亲人中也确实会发生。信50是妹妹写给姐姐的："二姐，你为什么来信叫我不转厂，我心里想起来还流出泪水。在家里不是说转过来和你在一起吗？还有你在信中说五六月份时厂要招许多人吗（的），但你又说不转厂，难道我就在这儿干一辈子。（？）"当姐姐的看到这封信心里肯定不是滋味。

除了找工作，借钱也是经常的。在初来乍到，带来的钱不够，或转厂期间没有新的收入时，打工妹们会向熟人借钱。还有的打工妹知道对方刚来可能缺钱时，会主动想到借钱给她（信91）。朋友需要自己又没有钱时，会觉得过意不去。对于工厂打工妹来说，工资低，挣钱非常辛苦，又往往发了工资就寄回家，手头的钱一般不会多。但只要有，就会借，这也说明她们之间是十分讲信誉的。在这些书信中，我们还发现了一张借钱的记录，上面清清楚楚地记录着"（19）93年2月24号上午借"××多少多少钱，"2月28下午""三月18号下午"借××多少，"回家最后借""最后又借"多少，其中多数人名后打了"√"可能是已经还清了的。身份证也是打工妹们常常互相借的东西，原因是进厂必须要身份证，而有的可能因为年龄小，没有身份证，或者原来的厂扣押着暂时不给。

与实际帮忙同等重要的是她们之间的感情交往。我们看到的这些信中的打工妹，多数年龄估计在20岁左右，有的可能还不到，这个年龄的女孩，特别需要同辈之间的交往。在没有异性恋人之前，同性朋友之间的"知心话"是她们宣泄倾诉的主要方式。而打工妹来到一个陌生的环境，面对许多陌生人，很容易产生孤独感。特别是对于在工厂工作的打工妹来说，她们每天的生活就是从工厂宿舍到车间，活动空间和接触范围很狭窄，很多人都有孤独苦闷、单调乏味之感，与老乡特别是从前的朋友的往来是她们精神生活和社会活动的极为重要的部分。所以只要有机会，她们就会相约见面畅谈，平时就通过写信。比如信13说："你们来了（她们刚刚一起玩过），给我带来了温暖、关怀，使我暂时脱离了孤独、冷漠，你们走了，把我的一切都带走了。"信63也表达了同样的感情："我离开你们，好像身边缺少了什么似的。头上蒙上了一层乌云。"对于这样的友谊，她们是十分珍视的。有的每过一段时间要互赠照片，以解思念之情。

从信件中我们可以看到，打工妹们在外的交往圈子基本上是亲友、同学、同乡，当然不是所有打工妹都是这样，我们的其他调查也发现，有一些打工妹力图发展新的交往对象，而一旦出现新的资源，她们甚至可能回避同乡这类地缘关系。比如1998年春节前我们访问了湖南省宜章县两个村，其中一位正探家的外出打工妹就不一般。她在餐馆工作，会说"白话"（粤语），她就表示主要和当地人打交道，不和同乡来往，这与工作的性质很有关系。本文分析的打工妹，几乎全是工厂女工，工厂的工作和生活环境限制了她们的社会接触面，她们的血地缘关系网就提供了打工妹社会需要的很大一部分。但是，由于这个关系网的成分同质性极强，因此凭借这一网络实现向上流动的可能性是很小的。信件中已经可以看到，帮助同乡、同学找工作往往是力不从心的。因为她们只是普通工人，而且在当地是外来人，只有在"赶货"（加班）需要人时，她们才能抓住机会相互帮助。而她们能够提供的机会，也只是自己所在厂或周围正在招人的工厂。依靠这样的网络实现的流动，基本上是水平流动，从一个厂到另一个厂。如果拿外出女性与滞留女性比，她们得到了前所未有的发展机会，但倘若不是和滞留农村的女性比，而是和务工地的本地人、和同样外出的男性比，打工妹这个群体就是资源和机会都相对匮乏的弱势群体，而工厂的打工妹更差一层。

六　转厂：原因与行动

在这百余封信中，使用频率最高的字眼就是"转厂"，这是外来工特有的名词。"转厂"是一个意愿，一个行动。首先，我们看打工妹们为什么要转厂。

一种是被迫的转厂。重要的原因是企业"没货"或者"缺货"，即由于订单不足导致开工不足。有的厂"由于人太多而又没货做就大批大批地开除人"（信18）；有的厂就放假，什么时候有订单就什么时候开工。有的一放假就是两个月（信27），有的断断续续开工，或者只是老工人有活做，新工人呢，"要所有的人上班，才有机会上班"（信12）。而没有工作就没有收入，或者只有少量的补贴（好些的每天补助2元），使打工妹陷入窘境。有的"身无分文，连写信的邮票钱都没有"（信57）。遇到这样的情况，打工妹们就只有另谋出路。

另一种是主动的转厂。从信件看，主要出自几方面的原因：一是工资低，这是最主要的；二是工作太辛苦；三是生活条件差；四是工作条件如毒气问题；五是人际关系的需求。

在外来女工看来，工资和付出的体力是综合计算的，付出的多得到的也多往往比较满意，一般不会导致转厂；付出的少得到的也少就不满意，毕竟她们外出的主要目的是挣钱。有位女工听说本厂要改成三班倒，就想到转厂，因为"如转成三班，我们一月除了生活费只有一百来元钱了"（信54）。所以"玩起也很心烦"（信31）；如果是工作累工资又低，转厂的念头就很迫切。

问题是她们认为什么水平的工资和多长的劳动时间是可以接受的呢。

很多调查报告（包括我们），都将每天要工作12小时作为一些外资企业女工劳动时间过长和权益受侵犯的问题反映。但是这些信件，会令人惊讶地发现，打工妹们并不认为12小时是不正常的，相反8小时工作才是不正常的。一位打工妹说，"现在我厂缺货每天只上八个小时，这个月可能只有百把（八十）元钱"（信88）。另一位说现在她所在的厂"只是白天上8小时"，她不想转厂是因为听说下个月就开始加班了，"我们还是想加班，不加班也就白白的（地）玩过去"（信30）。不加班并不使打工妹满意，因为"主要的是靠加班才有点工资"（信23）。

在所有关于工厂情况的评价中，有几封是相对满意的，工作时间都超过11小时。如信67认为她在的厂"相当可以"，她们每天上班11个小时，"有的一月可使（扣除吃住等开销净得）一二百（元），或二三百（元），多的五六百（元）"；信91说，"我实在太累太累。现在累得我身体才82斤（体重）"，但她的工作在同班中名列前茅，连续两个月工资加红包领到700多元，精神上也得到满足。因此她说，"虽然好累，但是能有这样的代价"；信51也说："我不想转，因这个厂现在很多货，每天加班到十一点。如果走，要丢很多钱。"除可多挣钱外，个人的尊严、平等和人际关系也是重要因素。信72说，现在的厂不再像在原厂"受检货或组长的气"，"要平等一点"，尽管"说起来很累""加班较长""天天至少1点钟睡觉"，"我们习以为常"。

所有对加班时间过长不满意的往往还有其他原因。比如信1、信2是同一个人写的，在信1中她说"工作十分辛苦"，"每天最少要干12小时"，但重要的是"那里的伞布的气味真让（把）我熏的（得）头痛，一点也不想干"，这还不算，"三个多月领了二个月的工资。由于带工的又扣了几十元钱，我三个多月共领到五十多元钱"。写信2时她已转厂，新的厂也工作12小时，但是生活条件相对好，可能也没有明显的毒气，她评价说："这个厂还不错。"再比如信4，一天工作15小时，尽管"工资是多劳多得"，但是"一块儿来的人都受不了"，因为她们还"很不习惯这里的生活"。信15～17也是一个人写的，她觉得上班好烦，天天加班到晚上十点，有时还加通宵，"前些天每天晚上加班至两三点，就是前天至昨天连续上班有二十七个小时之久"，"赶货累死人"，还有就是工资低，半年多才发三四百元钱。她的评价是"我们原来那厂很不好"。后来转了厂，"可现在的厂子不太理想，但比起原来好多了"。

从上述可见，打工妹们尚能接受12小时的工作时间，实在是她们没有任何讨价还价的余地。这种面向国际市场、靠订单开工的企业要么加班，要么无工可做。这一点当地政府事实上也认为难以避免。1994年我们调查时，东莞某镇镇长就坦率地承认，"所有的工厂没有不加班的"。对打工妹来说，要想得到基本的收入，只有接受这样的劳动时间。

工人与工厂之间的矛盾，说到底还是工资的问题。从信件可以看出，这些打工妹的要求其实是极低的，每月除生活费（从信件可知，一般30～60元，没有超过70元的）能得300～400元就知足。但是她们往往得不到这么多，特别是新工人，头3个月一般每月只能得百十元，第一个月的工资又被作为押金扣下，如果加上生活不习惯，孤独，她们就会不安心，想到转厂。她们想的往往是，转一个厂会比现在好一些。

但是转厂的结果如何呢？在转厂过程中要付出一定成本，比如转厂期间误工的损失，用钱托人走关系，住在别人处要交生活费，等等，有不少人转厂时要向亲友借钱。找到新厂的又可能面临新工人的待遇，比如，工资低于老工人，第一个月工资作为押金被扣，有的还要还借的钱，等等。而且，对于那些学历低、没有技术专长的打工妹来说，她们能够找到的，也是一些条件差、不规范的厂，结果是得不偿失。

因此，那些多次转厂的老工人劝说道，"其实，现在不管走到那一个厂都是一样的，我现在还是有点后悔，不该转厂"（信25），"转去转来，根本没有找到钱，就是浪费时间，后悔又来不及"（信26）。所以，几封信中都这样提："转厂不如守厂。"有位原致丽玩具厂的工人写道，"我于1992年元（1）月17日离开了我家，离开了亲人。现在我在外面还没有挣到一分钱，我心里是感到很难受的"。她（他？）回顾了几次转厂的经历后说"现在……我永远也不想转厂了"（信104）。

可见，作为个人的外来工在与厂方的直接较量中，是没有任何优势可言的，吃亏的总是工人。但是打工妹从遥远的家乡来到异土他乡，她们唯一的资本就是可以出卖的自由劳动力，只要外来工不能摆脱纯粹廉价劳动力的地位，只要劳资双方力量的对比依然悬殊，要她们放弃流动的权利只能是接受更彻底的剥夺。事实上，尽管转厂的结果并不尽如人意，打工妹们依然没有放弃转厂的努力。

七　寄钱回家：责任感和成就感

打工妹外出工作，挣了钱寄回家是天经地义的，至少许多打工妹是这样认为的。1994年我们在珠江三角洲的调查发现,外来女工头一年(1993年)寄钱回家的情况是:37.2%的人寄了不到1000元,23.2%的寄了1000~2000元,6.0%的人寄了2000元以上,表示没有寄钱的不到6.7%(26.9%的人没有回答这一问题)。

未婚打工妹早晚是要结婚的。按照农村的习惯,女儿出了嫁就是别人家的人了,她与娘家的关系基本是感情的往来,没有经济方面的义务,她婚前给家里的钱与她的未来没有直接关系。不像男性本身就是家庭的延续,给家庭挣钱和给自己挣钱是一回事。那么,打工妹对家庭的经济支持出自什么原因呢?是父母或家庭的其他人要求她们这样呢,还是她们自觉这样做的?她们怎样看这件事?再有,她们寄回家的钱用来做什么了呢?

信件中有10封/组(几封信寄给同一个人,算一组)提到寄钱的事,除了2封是借给已婚的哥姐外,其余都是打工妹提供给出生家庭的经济支持,而且大部分是在收入不多、节衣缩食的情况下把大部分钱给了家里。信57~58两姐妹中的妹妹,在姐姐无法寄钱的情况下,刚出来不久的妹妹就寄回家100元钱(新工人在试工3个月期间月纯收入往往只有几十元),随后又寄给了困境中的姐姐一些。而姐姐刚发下工资140元,立即寄回家100元。

这些浸透了打工妹汗水和青春的钱做了什么用呢?我们惊讶地发现,10组信中有5组是给哥哥,其中2人在外上学,1人外出不知做什么,2人不详。而且都是姐妹俩在外,商量着帮助哥哥。估计这种情况可能是家里再没有男劳力,父母年龄大了,姐妹俩就承担起家庭经济收入的主要责任。那么,姐妹们为什么要这样做,这样做的结果如何?信59~62比较完整地记录了这一过程,我们试作分析。

信是受两个妹妹资助的上大学的哥哥写的,时间跨度为一年,从1992年5月1日至1993年6月29日。根据信推测,她们是四川人,当时家里5口人(一个姐姐出嫁了),父母50多岁,在家种5个人的田,还养猪羊,二老都不识字。可以想象家里出了一个大学生是多么大的一件事!哥哥在1989年到甘肃上大学,最初由家里务农的收入支付他的学费和生活开支,可能在后两年两姐妹外出打工,"为父母分担忧愁、责任"。她们大概每月每人寄150元,一半寄给哥哥,一半寄给父母。哥哥也体谅妹妹钱来得不容易,写信说,一个月不用寄150元,自己的生活费有100元就够了。只是在实习的一个月需要 300 元，这段时间请妹妹不要寄给家里了。后一封信（1993 年 6 月 29 日）哥哥说他已分配在重庆，"从现在开始起，你们就不要给我汇款了，我已经有了工作，能挣钱养活自己了"。话语中充满着自豪。对两个妹妹的支持做哥哥的也感激有加："你们无私地奉献出自己的青春"，"作为当哥的我，又怎么能忘掉这一切呢？又怎么会忘记这一切呢？"（到这里，沉重的哀痛使我几乎写不下去了：那两位无私奉献的姐妹，后来都进了原致丽玩具厂，就在她们的汗水终于得到回报——哥哥分配了工作后仅仅 4 个月，那场无情的大火结束了她们的打工生涯。这个结局太惨烈了！）

当前贫困地区的孩子读书，是农村家庭中与盖房、结婚并列的三项最大的开支之一。谁家有上中学以上的孩子，谁家的父母就要加倍辛苦，生活水平还会因之下降一块。如果有人上大学，就非得全家全力以赴不可。那两位姐妹就这样与父母同心同德，默默地为家庭做贡献。她们寄钱给父母、给哥哥是自愿的。另外几位寄钱给哥哥的姐妹也是一样，都是自愿的，而且是自觉的，没有谁来强迫（但我们不知道是否有人安排）。比如信 57 说："的确，家里的金钱是很紧张，……哥哥走家里一分钱也没有，只好去借。现在在家的爸爸妈妈，收到才离开家女儿的钱，你知道他们是多么的（地）高兴。妹妹，我知道，你那钱是来之不易啊。"信 50 说，"不知道你们发了工资没有，如果发了还是给哥多寄一点吧。……他说他到了学校只剩下 130 元，现在有两个月了，不知道他现在在用什么"。在我们的其他访谈中，也遇到不少类似情况，姐姐出来打工的钱主要供弟妹上学。在谈到这些时，做姐姐的脸上露出的，是庄严成熟之色。也许，打工妹从来不认为这是牺牲，认为自己能为父母分担责任，与兄弟能上大学为父母争光一样具有某种成就感。

问题是为什么没有兄弟外出打工，供姐妹们上学的例子呢？为什么如果机会有限，这机会总是给男性；如果需要有人做牺牲，做牺牲的又总是女性呢？在家庭决策或打工妹自觉的背后，我们看到的是传统的性别分工的迹象。这种性别分工表面的出发点是家庭整体的利益，但是暗含的是两性不平等的发展权利，它将男性的个人发展与家庭利益一致起来得到鼓励，而将女性的个人发展与家庭的利益对立起来受到贬抑。当女性还没有产生个人的什么非分要求时，比如在本文分析的范围内，还看不到这样的分工传统对打工妹有什么直接的影响，因为她们的发展机会相对匮乏，她们还不知道除此之外有别的可能性。作为家庭的贡献者，她们的家庭地位和在社区的地位都会有所提高。但是，倘若不是如此，她们之中某些人也可能上大学，也需要别人做牺牲时，这样的分工就明显对她们不利。

八　打工妹的感情和婚姻

在打工妹的书信中，恋爱和婚姻是另一个重要的话题，但是这个话题只是在最亲密的人之间才可能说。收集到的 109 封信中大约有 20 封涉及交朋友结婚的事。我们先看这些信件涉及了些什么样的经历，再来分析打工妹们怎样看待和处理这一人生重大问题。

在前面关系网的叙述中提到一个叫王刚凤的姑娘，她比较早地进入了恋爱关系（为此耽误了学业），与男朋友曾"好得形影不离"，两人一同来到深圳，在同一个厂打工。但刚出来没多久，两人关系就时好时坏，男朋友"冷漠"，王刚凤也冷落他。"冷战"使王刚凤陷入极其矛盾的境地，想分手，一是感情还在，"于心不忍"；二是怕他报复，"你知道他以前的为人"；三是怕父母伤心。想"重新改变一下自己，好好爱他"，但是看来没有和好如初，她"窥探不出他的心理"，"深深地懊恼"不该走错这一步。最终两人分手。这里看不出"男朋友"的心理状态如何，但是可以从中看出，王刚凤把爱情摆在极为重要的地位，爱情的挫折使她改变了对社会对人生的看法："世界太复杂了，人也太复杂了。"并告诫朋友"你以后行事一定要小心从事，不要轻信他人"。对人生，"是好运的，终身好命。不幸的，永远不幸。我就属于后者"（信 11 – 14）。

与王刚凤比较，朋友雅美对爱情和对男朋友的态度更坦然、更稳健一些。她说："我是真心地爱刘云中的。"所以，写信回绝了另一追求者，"伤了他的心"，但是，"我不能欺骗他"（信 15、18）。

信 24 和 25 展现的是另外的情形。文玲的爸爸写信要她与男朋友分手，她"只好跟他算了"（估计对这个男朋友她也不是太坚决），两个月后她在外面交了一个湖南人，没有告诉家里，她向朋友解释说，"我不想回去面对那些事情，回到家里不是爸爸不同意，就是妈妈不同意"。这是一个自己做主的姑娘。

　　另一位姑娘建兰则在父母与自己的情感之间取舍不定，"真想"和男朋友"算"，因为"我的心一直就不喜欢他"，但是又舍不得放弃他，主要是"他对我妈很好"。矛盾使她烦恼至极，"一天就像发疯似的（地）东跑西走"（信68）。

　　凤玲交了一个外地的男朋友，寄相片回去给父母看，可是父亲回信说："单从照片看，是看不透人的本质的，加上不是本地方的人，就无法了解，所以我们无权提什么意见。全靠你自己了解，自己决定。你自己认为可以就行了，我们没有什么意见。"（信69）父母并不想行使权力。

　　信106的写作者（没有落款）看来是一个充满自信又决断的姑娘，曾经外出过又回家了。如英写信给她提到自己对交朋友这件事的无奈（可能父母同意，自己不同意），自责"自私、愚昧、平庸无能……"；并且想把自己的哥哥介绍给这位姑娘。姑娘回信直率地批评了如英的自责和优柔寡断，她的话掷地有声："首先就应该瞧得起自己，要敢想敢干，拿得起，放得下。你不是说你的年龄还小吗，很幼稚吗？那又为什么要把自己搅到不该去的里面呢？既然你发现了这一点，就及（极）早的（地）退出来吧！你说你父母同意，你就应该跟他们说明，就说年龄还小，不想谈朋友，同时也叫你父母去跟对方说清楚，拒绝了他。要干脆，不要藕断丝还连。你不是说以后的路还很漫长吗？就任其发展吧。"对于如英想介绍自己的哥哥给她，她客气而坚决地推辞了："你哥哥我很欣赏，……可是我讲过我不想过早的（地）投入，所以还希望你原谅。"

　　玉梅与男朋友之间闹气，可能一度不联系。玉梅感觉这件事对自己的"伤害太大了"，写信给他请他抉择，不要拖下去。她的内心是矛盾的，希望与他和好，又不愿嘴软，她的表白是："现在，不管你是怎样，我也不会强求。我需要的是你的决定。我这个女性，只要真心对我好，我会接受，并且珍惜。我并非大潮流女性，我只爱一个男人，性格开朗、懂礼貌、事业心强，最主要的是爱一颗正直善良的心。"后来他们和好了，玉梅告诉家人，他"终于肯赏脸面给我来信，我已回信去"（信97、98）。

　　陈芳自认自己本人（文化低）和家庭条件较差，听说哥哥嫂嫂帮自己订亲事，"深受感动"，"望哥嫂及爸爸作（做）主好了""我无话可说"（信101）。这是自愿把终身托付给别人的人。

　　信102的打工妹，21岁，因为妹妹病的事心情不好，一段时间没有给在家的男朋友回信，可能引起男朋友的不安，她写信说，"请你放心"（意思可能是她不会因为外出就变心的），"你相信你我是真心"，并真诚地请他像以前一样到自己家去，"要是你对我真心真意"。这姑娘是希望她们的事情有圆满的结果，又没有勉强什么，她把"真心"看得更重。

由上述可见，这些打工妹们对爱情和择偶的态度和处理办法是很不一样的，我们直接可以看到的是她们之间个性的差异，自信的处之泰然、柔弱的自责自卑、开朗的坦诚相见、内向的自己折磨自己……个性的差异直接导致爱情经历的不同，有的风平浪静，有的则一波三折，相信也会直接影响婚姻中两性的感情关系和权力关系。

在千差万别的背后，我们也可看到一些共性。

最明显的是，她们仍然把恋爱与终身大事联系在一起，因此都是认真的、谨慎的，基本奉守着"男婚女嫁""互守贞操"的传统信条，对不守本分的游戏态度持批评的立场。比如信84中提到："我……也听到一些关于丽爱玩朋友的话，……如果你有机会问她一下，望她自重，岁数又小，经验也没有，小心上当。"又如信51的姑娘在写字楼工作，同乡中有人传言她与老板有染，她义正词严："你是知道的，我会是那样的人吗？……只要自己相信自己，人正不怕影子歪……"在表白自己的人格时用"我并非大潮流女性"就比较典型地反映了这种态度。

从中我们还可以看到其他的共性，比如她们在恋爱婚姻上的自由度比较大，基本上是自主的，家长的参与是有，但没有强权干预。这可以从她们所处的社会环境来理解，这些打工妹尽管不是来自同一地区，但是她们的家乡都不是那种极端贫困、极端封闭的地区，几十年移风易俗的政治运动对婚姻自主、男女平等观念的推行起了很大作用，近十几年开放之风也吹到她们的家乡，这些对父母长辈都会有一定影响。再加上年轻人外出挣钱，对家庭有不小的贡献，父母也不好对儿女的事情横加干涉。

九　打工妹怎么看自己的外出？

珠江三角洲不同层次的外来打工群体在当地是一大人文景观，不仅重构着当地的社会，也建构着一种不同于广东文化的打工文化。目前在珠江三角洲，已经出现完全以打工者和打工生活为对象的杂志，① 一些文化站、工厂办有外来工的小报；再有，在打工者中还流传着各种打工诗抄。这些诗文传达了外来打工者的心态，有高扬着奋斗、自豪和不屈不挠的一面，也有失意、孤独和迷茫的一面。

我们收集到的 11 篇传抄的打工歌谣是打工文化的一种类型。11 首诗抄是 6 首歌谣的不同版本：《十二月》《做工改十二月》看来是四川籍的打工者创作，借一年 12 个月抒发了在外的种种困苦和思绪；《从四川到广东》《从四川到广东之歌》《回四川》诉说了对亲人、对家乡的思念之情；《莫往广东走》《广东省》表达了后悔的心情；还有《汽笛一声响》《想家》《人在深圳心在家》《深圳找钱深圳花》。

11 首诗抄回旋着低沉黯然之声，向家乡亲人和打工同伴诉说在外的难处和思乡之情。

难处有：找厂难（"出来快到半年多，今天才把厂打到"）、工作难（"整天日，把活干，晚上还要加夜班""天天冷得没办法，再冷都要去上班"）、挣钱难（"出来快到一年了，身上没有路费钱""广东挣钱广东花，哪里有钱寄回家"）、生活难 ["两餐吃的盐泡饭，晚上睡的木板板""一日俩（两）餐吃不饱，心里真难受"]。"难"的心情在信件中也随处可见，比如信 43 说："你们要知道我的难处，我的思想很烦，今年我没有挣到一分钱，这是主要目标。"

这些难处，不在其中的人往往想象不到。信 5 是在家的姑姑写给在深圳的侄女，她说："你在那里是很高兴，又能看到大海，看到深圳的景色。"我们在调查中有一些打工妹就是为"见见世面"出来的，但是真正出来遇到挫折后，有的就说"现在不想了"。信 1 就说："在家时我们把深圳幻想的是一个豪华的地方，而来到这里一见只是如此。现在我也有些后悔，不如不来。"有的归结为自己"没出息"："我心里默默地想，不知为什么事要自己找麻烦呢，我的想法是没出息才会出来受这些苦难。"（信102）"那时读书没出息，出来下苦力"（诗抄）。"无情的打工职责使我一想起就要哭。这边人又不好，听说这个厂还要开晚会，到时还不是我们几个在宿舍胡思乱想一晚上。"（信84）无奈之中有的就抱怨命运，"一个人

---

① 如《佛山文艺》杂志社主办的《外来工》杂志，深圳市宝安区《大鹏湾》杂志。

的命运早已经定好了的。是好运的，终身好命。不幸的，永远不幸。我就属于后者"（信 14）。"认命"有时也不尽是悲观，有位境遇不错（可能当了组长）的女孩好像是"看透了"，说："其实我也不为我的命运而吓倒，因为命运决定我将要这样度过我（的）人生，我也无法。"（信 72）

"后悔"往往和思乡联系在一起。诗抄写道："我有难处就想家"，"想我爸妈想我弟"，"我说爸妈呀，你们的女儿想回家"。特别是到了传统的春节不能回家，思乡之情更强烈："昨夜晚我做了一个梦，梦见妈妈来到我身边，双手搂着女儿的脸，我的眼泪挂满眼前。腊月三十的那一天，欢度全家来团圆。独我一人不在家，出门就是多么艰难。""好想回家"是打工妹的信中常挂在嘴边的，大家互相诉说，彼此安慰。只有那位极自信的姑娘在表示充分理解朋友的思乡之情后鼓励说："我希望你坚强一些，不要流泪，抗战到底吧。"（信 106）

打工妹们对打工生活评价的负面感受是多一些，一方面，这是她们小小年龄出门在外，只是作为廉价劳动力被无情地榨取，得到的温暖和关怀少之又少，她对打工生活的评价自然不会高。几年来，我经常到珠江三角洲与打工妹交谈，她们都非常欢迎，有位打工妹给我写信说："这是我头一次和公社会的人打交道。"虽然用词不当，但真情令人感动。另一方面，这也是她们复杂情绪的一个侧面。比如有位打工妹写道："大家离开家乡来到五湖四海，都是为的什么呢？金钱。世界上就是金钱在作怪。而让我离开朋友，来到一个陌生的地方，与陌生的人打交道，滋味实在难受。"同一封信她又说："虽说，我在这时感到陌生，但是我过得还是很好的。"（信 74）

十　小结：外出
——特殊的人生经历

本文从 109 封信和 11 首传抄诗歌中，归纳了 5 个打工妹们的主要话题，并通过这些内容，分析了打工妹们的交往圈子的活动和功能，她们的工作流动的原因和策略，她们与出生家庭的关系，她们的感情和婚姻，她们对打工生活的评价。通过分析，本文的主要发现是：（1）工厂打工妹的社会网的成分同质性极强，由于农村女孩在获取社会资源（教育、参与机会）上的先天不利，这种同质交往使得她们从中获得向上流动的机会比外出男性和从事其他职业的女性打工群体更少；（2）打工妹的频繁流动尽管往往得不偿失，但这是她们改善处境的最便捷的办法；（3）未婚的打工妹与出生家庭的关系基本上是休戚与共的，看不到父母"安排""要求"女儿为家庭做牺牲的情况。但是在家庭的温情和打工妹的自愿奉献中，两性不平等的权利和利益作为背后的原则在起着作用；（4）打工妹们处理自己的感情和婚姻基本上是自主的，同时她们多数人对此事持传统的谨慎的态度。

以上只能说是一个粗略的分析，远远不能涵盖书信所包含的内容。在信件中，还有一些相当重要的内容限于篇幅，没有分析，例如，工作环境和生活条件对打工妹健康的影响（有相当一部分信提到，如工作场所有毒气、有的打工妹在外生病等），打工妹外出遇到的危机（如打工同伴死亡、受到人身威胁等），等等。

即使我们的分析面面俱到，也只能说仅限于打工妹最初的打工生涯，打工时间长了，她们面对的问题会变化，她们每个人的不同努力也会使她们之间出现分化。如果更长时段地看，打工妹的故事不会随着她们结婚或回流而结束，外出打工，作为一段特殊的人生经历，对她们一生的命运都将产生深远的影响。"外出打过工的"和"当过知青的"一样，尽管只是人生中短短的几年，但可能正是命运的转折点。根据我们已有的调查，打工妹外出几年，她们虽然也思念家乡、思念亲人，但是她们的生活习惯，思维方式，她们的爱好追求，已经与当农村姑娘时很不相同，有些人开始不适应乡土生活；外出的成功经历，可能增加了她们的自信，而挫折或失败，可能使她们在面对今后的生活时出现障碍；她可能不再像她的祖母、母亲一样为人妻、为人母，她们有了另外的参照系。

打工妹是一个不会完结的话题。我们从1998年，又开始了新的调查项目，研究外出务工经历对打工妹命运的影响。也许不久，我们可以研讨打工妹的新故事。

参考文献

北京零点市场调查与分析公司，1995，《裸人——北京流民的组织化状况研究报告》，
    北京，1996年"中国农村和流动国际研讨会"论文。
杜鹰、白南生主编，1997，《走出乡村——中国农村劳动力流动实证研究》，经济科学

出版社。

冯小双，1996，《进城：求生存，图发展》，《中国妇女报》5 月 28 日第 3 版。

黄平主编，1997，《寻求生存——当代中国农村外出人口的社会学研究》，云南人民出版社。

李强，1996，《关于农民工家庭模式问题研究》，《浙江学刊》第 1 期。

李若建，1994，《珠江三角洲劳动力市场研究》，载中山大学珠江三角洲经济发展与管理研究中心编《珠江三角洲经济发展新透视》，中山大学出版社。

谭建光，1996，《珠江三角洲农民角色的转化》，《社会学研究》第 5 期。

谭深，1994，《北京市乡镇企业外来女工调查》，收入李银河、谭深等主编，2000，《农民流动与性别》，中原农民出版社。

谭深，1997，《农村劳动力流动的性别差异》，《社会学研究》第 1 期。

"外来农民工"课题组，李银河执笔，1995，《珠江三角洲外来农民工状况》，《中国社会科学》第 4 期。

"外来女劳工"课题组，谭深执笔，1995，《外出打工与农村及农民发展》，《社会学研究》第 4 期。

王春光，1995，《社会流动和社会重构——京城"浙江村"研究》，浙江人民出版社。

王汉生、刘世定、孙立平、项飚，1997，《"浙江村"：中国农民进入城市的一种独特方式》，《社会学研究》第 1 期。

王雪芝、张希慧，1996，《湖南农村妇女流动就业的调查与思考》，北京，1996 年"全国妇联第 4 次理论研讨会"论文。

吴经邦，1995，《广东"三资"企业的发展与特点分析》，载中山大学珠江三角洲经济发展与管理研究中心编《珠江三角洲经济发展新透视》，中山大学出版社。

"中国农村劳动力流动的组织化特征"课题组，赵树凯执笔，1997，《农村劳动力流动的组织化特征》，《社会学研究》第 1 期。

中国社会科学院农村发展研究所"中国农村劳动力流动百村追踪调查"课题组，1997，《趋势分析——中国百村劳动力流动追踪调查报告》，打印本。

中国社会科学院社会学研究所课题组，1996，《当代农村务工女》，《中国妇女报》5 月 28 日第 3 版、6 月 26 日第 3 版、9 月 23 日第 3 版。

1999 年

涂尔干的遗产：现代社会及其可能性*

渠敬东

摘　要：涂尔干作为古典社会学的思想大师，其学说对于西方社会和文化理论的发展，产生了至深至远的影响。但令人遗憾的是，在当今的学术界，人们理解涂尔干，却往往满足于各种二手资料，鲜少立足于当代去重新解读涂尔干的经典作品，从中深入发掘那些对今天仍然具有理论和实践意义的问题。这不能不说是我们学术研究中的一个误区。本文着重从涂尔干的社会理论中，抽取失范、法人团体以及以类比与分类为代表的知识社会学等三个向度，试图对涂尔干有关现代社会分析的关键问题进行梳理和解析。本文认为，涂尔干用社会决定论来建构个体主义的尝试，不仅指明了现代性转变所牵连的核心问题所在，也在社会调控和深度自我两方面开启了有别于以往历史的样式。特别是，社会技术和自我技术的双向开展，在自我有限性的基础上，为建构新的社会形式开创了可能性。

在现代性的情境中，思想的"意义"已不在于我们在何种程度上、以何种方式对各类难题加以梳理和解决，而在于我们究竟提出了怎样的问题，我们究竟捕捉到了怎样的可能性，我们是否对这些可能性所隐藏着的有限性有所觉察，我们是否实践了这种可能性。换言之，在今天，意义已经不再与实体及其各种表象之间呈现为一种依托、依附或依赖的关系了。相反，思想已经变成了一种命运，变成了与生活之间的一种紧张状态。

这个时代的紧张太需要化解了，我们从马克斯·韦伯那里就倾听到了这样的声音。同样，在涂尔干那里，我们也可以依稀听到这样的声音，它

---

*　原文发表于《社会学研究》1999 年第 1 期。

不仅充满许多可能和希望，也夹杂着许多紧张和矛盾，以至从今天的视角出发，回过头来重新检视这笔遗产的时候，我们发现了其中所蕴含的诸多可能性及其有限性。因此，我们的继承也已经不再是理论本身的叙事方式和论证逻辑，而是问题本身。

在《社会分工论》的第二版序言中，涂尔干说：

> 我们所要揭示的失范状态，造成了经济世界中极端悲惨的景象，各种各样的冲突和混乱频繁产生出来，既然我们无法约束当前彼此争斗的各种势力，无法提供能够使人们俯首帖耳的限制，它们就会突破所有界限，继而相互对抗，相互防范，相互削弱。当然，那些最强的势力就会在与弱者的对抗中独占上峰，使后者屈尊于它的意志。但是，这些被征服者虽然暂时屈从了强力统治，却没有认同统治，因此这种状态肯定不会带来一种安宁祥和的气氛。由暴力达成的休战协议总归是临时性的，它不能安抚任何一方。人的热情只能靠他们所遵从的道德来遏止。如果所有权威都丧失殆尽，那么剩下的只会是弱者统治的法律，而战争，不管它是潜在的还是凸显的，都将是人类永远无法避免的病症。……这种无政府状态明显是一种病态现象，因为它是与社会的整个目标反向而行的，社会之所以存在，就是要消除，至少是削弱人们之间的相互争斗，把强力法则归属于更高的法则（Durkheim，1984：xxxii）。

在《自杀论》中他有这一段描述：

> 贪婪自上而下地发展，不知何处才是止境。没有任何办法可以平息贪婪，因为贪婪试图达到的目标远远超过了它能达到的目标。与狂热的幻想能够模糊地看到的可能性相比，现实似乎毫无价值，因此，人们脱离现实，但是，当可能变成现实时，他们后来又要摆脱这种可能。人们渴望各种新奇的东西、未知的享受和不可名状的感觉，但是这些新玩意儿被认识以后，它们便失去了一切乐趣。从那时起，突然发生最危险的挫折，人们就无力承受……老是等待着未来和死盯着未来的人，他的过去没有任何东西可以鼓励他去忍受现在的痛苦，因为

过去对他来说只是一些亟待度过的阶段。使他能够欺骗自己的是，他总是想在不久的将来找到自己还未曾遇到过的幸福……无限的欲望像一种道德差别的标志每天都显示出来，而这种欲望只能在反常的和把反常当作规律的意识里产生（Durkheim，1951：256ff.）。

如果说，这就是涂尔干在审视现代社会过程中所产生的犹疑和关怀，那么倘若我们从今天的视角出发，这种关怀至少纠结了以下几个重要问题：如果说失范是现代变迁所导致的结果，那么这种变迁的核心究竟是结构的转型，还是范式的转换？是知识论意义上的变革，还是道德实践的转变？是本体论的，还是发生性的（Windelband，1923）？或者说，这种变迁根本就不是时段性的变迁，我们从西方传统中的自然法和宗教反思出发就可以找到现代社会的原生基础？或者说，"现代性转变"本身就包含着一种虚拟的成分，它并非原来意义上的意义构建，而仅仅是历史命运安排的偶然结果？如果说失范带来了冲突、争斗乃至战争这样的社会混乱状态，失范使个体突破了社会（内在地或外在地）所设定的阈限，那么这种病态本身是否就是霍布斯所谓的自然状态的反映，还是现代社会所造就的程序技术的结果？如果说道德是一种律令的话，那么在这个"祛魅"（disen-chantment）的时代里，在"诸神的斗争"抽离了原来意义上的全部道德基础的过程中，道德何以为凭，失范何其所失，有何可失（Weber，1947）？在这种情况下，道德究竟是要归结为一种启蒙意义上的自主和自律（Kant，1965），是把启蒙本身变成一种新的神话（Horkheimer & Adorno，1969，168-208），使自我意识重新沦落成为一种绝对的恐怖（黑格尔，1979，114~123），还是为自我技术和社会技术之间的媾和提供可能性基础？即便从涂尔干的角度来说，如果分化和分工第一次使人性获得了可能，那么它所付出的"丧失集体意识"的代价（Durkheim，1984，1958），是否就意味着"强者统治的法律"已经对社会存在构成了威胁，或者托付给超人权力意志？如果超人还没有临现，如果我们还仍然陷在有限性的焦虑之中（Heidegger，1962），如果社会还要借助一套治理技术和真理体制来维系自己的生存（Foucault，1979），那么彻底厘清社会用以构筑这种所谓的"更高法则"的逻辑，以及现代社会是否可以建构出前所未有的"主体化"形式，便是问题的要害了。

接下来，我们就从涂尔干理论所特有的缝隙，他对道德建设的可能性探讨，以及社会何以构成自身等三个方面来整理涂尔干留下的这份遗产。

一 失范：社会的缺席

在标准的社会学理论史中，失范充其量只是个边缘概念或小角色，甚至连它的正当性都是尚存疑问的。失范能够走上理论舞台，只不过是因为它的"反面角色"具有某种独特的"反衬功能"。[①] 自涂尔干以来，失范始终是被当作反常的、病态的或偏差的现象来研究的，它要么被看成是集体意识的匮乏状态（Durkheim，1951：213），要么被看成是结构紧张在社会行动上的表现（Merton，1968/1948：116ff.），要么被看成是个体心理上的病态征兆（MacIver，1950；Riesman，1950/1961）。然而，失范之所以在涂尔干颇具整合色彩的社会理论中占有一席之地，不仅是因为它是现代性转变过程中的一种无法逃避的社会事实，而且也因为这一概念的指涉本身已经成为现代性叙事中的一种意识形态话语（Lehmann，1995：134ff.）。或者更确切地说，当现代性借助合理化的形式剥离了道德和宗教的实质理性基础，那么失范及其所描述的社会现象本身，就不仅会成为社会行动及其意义构建所面临的难题，而且会使个体和自我在不断凸显、扩展和延伸的同时，也不断丧失道德上的归属感和安全感（Giddens，1991：1-9；Wagner，1994，6），从而使失范，连同反常、异常以及病态等现象变成了

---

① 对涂尔干而言，anomie 这个说法在字面上就能把他的理论初衷显现出来，换言之，anomie 在其特有的理论话语中，具有不言自明的含义。anomie 源自法语，词头"a-"是带有否定意义的前缀，词根"nomos"有着"规则"、"规范"、"原则"、"法律"和"规律"等含义。因此，在英文里，人们在理论解释的意义上经常用 normlessness 和 law lessness 等来解释失范的含义。但迄今为止，在其他语种的著述中，理论界还在一直沿用法文的原来写法。事实上，如果把失范单纯译成 normlessness，在语义表达方面就会产生很大的纰漏，因为我们究其根源，anomie 可以一直上溯到希腊文的 anomois，该词亦可被分解为"an"和"hormoies"，有着"非等同""非相近""非相似"的意思，或者有差异和混乱的意思。因此，就这个概念的"原意"来说，它包含了超出单纯规范意义上的含义。许多学者指出，a-nomos 的用法是极为多样的，它在古希腊哲学、宗教学、社会学以及心理学的不同领域内有不同的蕴含（Orru，1987），诸如 sin、sacrilege、normative breakdown 和 individual derangement 等含义（Passas，1995，91），以至它的"本义"完全消失了（Besnard，1988）。

一种瓦解社会的力量。难道事情真的如此吗？

按照惯常的说法，涂尔干的社会理论明显带有一种有机论的色彩，诸如社会机体（social body）① 和社会有机体（social organism）、结构（structure）与功能（function）、健康（health）与病态（pathology）等概念，都含有丰富的生物学类比的味道（Giddens，1971；Lukes，1985）。尽管这些概念只是类比意义上的，它还是表现出了社会整合理论的两个基本取向：社会既是个整体，也是个结构；社会既是根源，又是目的本身。②

这就是一般意义上的现代性所造就出来的"社会"的观念。在涂尔干看来，社会不仅是一个整体，还是一个有机团结的整体；它不仅在结构上集合和结合了这种细胞和组织，而且在功能上具备了有机体的所有活力和潜能。社会始终是以主体的姿态出现的，即：

> 如果社会对个体而言是普遍的，那么无疑它也是具有其自身外形特征和个性特征的个体性（individuality）本身；它是一种特殊的主体（subject）……因此，集体表现就包含着某些主体因素（Durkheim，1965：493）。

由此看来，"集体"（collective body）绝非一种超验的孤立实在，而是一个有机的生命，即有欲望、有感觉、会思考和会行动的主体。社会不仅具有人格特征，而且有能力进行反思性筹划。

---

① 其实，社会机体（social body）的译法并不十分准确。首先，尽管 body 在涂尔干充满生物学类比的意味上，它经常与身体相匹配的组织、功能、器官和细胞等概念共同使用，然而，这个概念也表现出了超越笛卡儿心物二元论的倾向。在涂尔干那里，社会并不排斥身体方面的意涵，我们在《宗教生活的基本形式》中可以清楚地看到这一点。不过，我们也不能将 social body 的说法与后来身体社会学（the sociology of body）或具体社会学（embodied sociology）完全等同起来，尽管后者可以让我们清楚地看到社会学风格的转变。

② 涂尔干的社会学主义（sociologism）具有很多层次的含义。首先，社会学是脱离所有形而上学倾向的一门独立学科，它有自己独立的研究对象，即社会事实。其次，社会不仅是一种起源，也是一种本质，它内在于个体并决定个体，具有自己的优先地位。当然，涂尔干的理论基础与传统的实在论和本体论倾向有很大的差别（Durkheim，1950），这里所说的社会是具体的和生成意义上的，是借助象征仪式等形式表现出来的 [参见 Durkheim，（1965）对原始宗教仪式的描述和讨论]，我们稍后会讨论到这一点。最后，社会是最终的归宿，是自己的目的，它排除了纯粹经验主义意义上的因果关系。

在这个意义上，尽管涂尔干始终强调社会是现在的（present），是一种具体的集体表现（collective representation），是生成性的实在。不过，把社会说成是一种具体的人格存在，只不过是涂尔干的一厢情愿而已。在现代社会里，不管是在日常生活的认同和互动过程中，还是在资本市场和官僚制这样的制度安排中，不管是在书写和言说中，还是在社会成员的资格检察中，我们都会看到现代社会不过是用具体形式建构出来的一种抽象实在，都是借助具体实践建构出来的抽象架构，是一种想象的共同体（imagined community），（Anderson，1995）。所以说，涂尔干在其早期思想中把社会提升出来的做法，实际上是一种理论策略：我们要想挽救原始共同体的面对面（face-to-face）的基础，就必须把社会想象成一种超出个体之外的总体形式和力量，对"社会"做出承诺：个体不同于集体，集体以相对外在的形式作用于个体，并在个体身上转化成为纯粹内在的实在（Durkheim，1951：320）。然而，如果我们还没有找到行之有效的能动因素的话，这个过程必须借助某种人格力量来完成。因此，在涂尔干看来，社会并非以纯粹外在的形式独立作用于个体，其整体形式产生于个体构成的群体，并内化成为个体存在的基本因素。所以说，"只有社会才能直接地和整体地，或者通过它的某个机构产生约束作用，因为社会是唯一胜过个体的精神力量，个体必须承认社会的优先地位"（Durkheim，1951：249）。也正是在这个意义上，涂尔干并没有从经济学的视角出发来讨论社会分工等问题，也没有单纯根据利润最大及交易成本最低的原则来讨论市场问题，他甚至也没有像亚当·斯密等人那样，试图在"看不见的手"的背后，探究"经济人"的情感基础和道德基础（斯密，1997，第6、7卷），而是强调现代分工与市场的基本功能，就是促进了社会成员之间的有机团结，强化了社会秩序的意识纽带。换言之，现代性的发展及其连带的生产和市场体制，取决于抽象社会的优先地位及其凝聚的集体意识，道德、国家和市场就是社会的心脏、大脑和内脏，"所有社会功能都是社会的，就像所有机体的功能都是机体的一样"。不仅社会具有调节的功能，而且社会也使个体（或契约当事人）获得了自我反思和自我调节（self-regulating）的功能。

然而，社会的构成并不仅仅局限于解剖学和形态学的层面上，除其有形的结构之外，涂尔干更强调了社会在超结构（super-structure）方面所具有的特征①，即集体意识（collective consciousness）。在涂尔干看来，集体意识是精神生活的最高形式，是"意识的意识"（Durkheim 1965：492）；集体意识是所有个体意识的统一体和集合体，而社会则是以人类意识综合体的姿态出现的。如果说自斯宾诺莎以来，精神性（spirituality）规定了个体或作为反思主体的自我的生活实践，那么超精神性（hypers‐pirituality）则规定了这种生活实践的社会样式。也正是在这个意义上，有关抽象社会的"具体"社会学也就成了有关舆论和秩序的科学，它既不排斥个体意识，又游离于个体意识之外，并概念化为实在，在两个维度上展开：在道德领域内，集体意识在纯粹观念的意义上转化为一种精神力量，散布在个体意识之中，引导个体的反思筹划及其行动取向；在制度领域内，集体意识则结晶为一种物质力量，借助法律规范或纪律准则对个体的行动加以规定和调动。

不过，对这样的集体意识来说，失范乃是一种危害。我们知道，在西方历史经历过宗教改革和启蒙运动以后，虽然原有的宗教仪式及其对神的崇拜逐渐消失了，"许多昔日的神祇已经从坟墓中走了出来，不过它们已经被祛魅，以非人格的形式出现了"（Weber，1947：149），它们在价值领域内展开了一场"无是无非"的争斗。② 尽管如此，社会运作的原则并不仅仅等同于宗教原则，在新教伦理与工具理性之间的复杂关系外，我们依然可以从市民社会和民族国家等形式中发现一种新的崇拜形式正在复活，

① 我们应该注意到，涂尔干的社会理论是以物质论（materialism）和观念论（idealism）——为了更准确地把握这两个概念的基本含义，我不想把它们译成唯物主义和唯心主义——的双重姿态出现的，尽管涂尔干曾公开声明："无论物质论者还是观念诸者，用在我头上都不正确，我唯一能接受的称号是理性主义者。"（Durkheim，1950：xxxix）卢克斯和亚历山大均认为，在涂尔干的理论里，社会究竟是作为一种形态结构还是作为一种集体意识，始终很不明朗。早期的涂尔干比较强调结构层面，或者说是物质论的层面，晚期则比较强调意识层面，或者说是观念论和意志论的层面（Lukes，1985；Alexander，1978）。吉登斯则认为，社会结构和集体意识的关系比较类似于身体和心灵之间的关系（Giddens，1971）。

② 就此而言，马克斯·韦伯已经在对价值判断和价值中立的讨论中说得十分清楚了。在现代性的氛围中，"上帝"与"魔鬼"之间的区别并不是绝对意义上的区别（萨特，1998/1951），这个世界是各种观念和价值相互抵牾的世界："今天，我们再一次认识到，一事物之所以为神圣，不但不因其为不美所妨碍，而且唯其不美，方成其为神圣……一事物之所以为美，不但不因其为不善之处所妨碍，而且唯其有不善之处，方成其为美……一事物之所以为真，不但不因其为不美、不神圣、不善所妨碍，而且唯其为不美、不神圣、不善，方可成其为真。"（Weber，1947：147ff.；苏国勋，1988：255）不过，恰恰在古老的神庙坍塌之际，"社会"篡夺了神位，涂尔干清醒地意识到了这一点，并将原始宗教的基础也统统划归为社会，使社会获得了至高无上的和令人敬畏的力量（Durkheim，1965；阿隆，1988/1967）。

对神的崇拜逐渐演化成对抽象社会的崇拜（托克维尔，1992/1967；De-scombes，1993）。[①] 就此而言，我们与其说涂尔干的社会理论是对社会实在的证明，还不如说是一种社会作为绝对精神的信条，一种对维系社会团结的纽带有眷恋。[②] 在这里，神变成了社会，宗教崇拜变成了道德规范的控制与自我控制。因此，"去神秘化"本身也就具有了"去道德化"的力量（demoralization）（Durkheim，1958：12）。也正是在这个意义上，失范"一定"是反常的和反动的。失范意味着现代社会相互共存的集体人格和个体人格之间发生了龃龉，自我意识已经完全偏离了集体意识的轨迹，冲破了社会整合的最后一道防线，使社会陷入了道德真空状态（the moral vacuum）。

就像亵渎神灵要受到神的惩罚一样，偏离社会也要受到社会的控制和排斥。当然，一旦现代性融合了自然法之有效基础以后（参见霍克海默对自然产品、劳动和储蓄的讨论，霍克海默，1998：1～31），社会控制所遵循的路径也就与机械团结所实施的惩罚产生了差别。其中，有一种控制方式已经被涂尔干敏感地意识到了。涂尔干在《社会分工论》有关两种团结的讨论中就曾明确指出，就法律而言，现代社会的转变明显表现为对以刑罚为核心的制裁法的拒斥。倘若我们从合理化和合法化的角度出发，那么分化社会的法律是围绕着契约和市场而确立的恢复法体系（Durkheim，1984，ch. 2 & 3）；这一体系所贯彻的原则不仅是生产和交换的原则，更是社会秩序的原则，所有筹划、判断和信任都是以社会为基础展开的。进言之，如果我们把社会作为一种新的崇拜对象，那么社会的核心意涵已经变成了日常秩序本身，神的魔法（enchanting）也变成了日常生活的逻辑本身。也正是在这个意义上，社会不仅比原来那种圣欲两界截然分明、森严壁垒的宗教生活显得更加具体，更加具有构成性，同时，也比原来那种面对面的共同体更加抽象，更加具有匿名性，它不再像神那样凌驾于所有现实生活之上，而是通过在场（presence）的方式介入到行动筹划、意义解释、沟通与交换、成员资格的界定、规范承诺以及理想类型的建构等一切

[①] 值得注意的是，这只是一种比喻的说法，即便我们把它说成是一种新的崇拜形式，但其中的意义构成、象征技术以及信念分配方式与原来意义上的宗教完全不同，它或者说是一种抽象的或"无形的"宗教（卢克曼，1995），或者说根本不是宗教。

[②] 同样，我们也可以在马克思颇具黑格尔色彩的有关社会发展的三个阶段理论，以及晚年有关人类社会原生形态的讨论中，感受到这种怀旧之情。

日常生活之中。现代性史无前例地将个体性与匿名性媾和起来，越是匿名的东西反而显得越具体（Schutz，1967：195ff.；渠敬东，1998），以至诸如"政府""人民""国家""民族""自由"这些纯粹的抽象概念，也成为社会行动甚至社会运动的主要力量（马克思认为，尽管资本和土地是最具抽象意义上的，然而它们在具体生产和交换的过程中，却显露出了人格化特征，参见《马克思恩格斯全集》第25卷；托克维尔曾经指出法国革命不过是一个抽象观念具体化为社会行动的过程，参见托克维尔，1992；萨克斯也认为许多合法性机制及其所带来的冲突是围绕着二元范畴发生的，参见Sacks，1989，68，转引自李猛，1997）。由此，抽象社会既成了反思的前提，又成了日常行动的逻辑，渗透于常规化生活的每一条毛细血管之中。

有意思的是，社会控制的另一种方式虽然没有被涂尔干直接觉察到，却在他的许多著作中成为理论叙述的逻辑。首先，从方法论的角度来说，涂尔干断然否定了失范现象存在的合法性。既然失范与社会存在及其集体意识格格不入，那么它就是反社会的（asocial）。如果社会学研究的基本对象是社会事实，那么我们就应该对两种具有不同性质的事实区别对待：第一种事实应该是什么就表现为什么的事实，即所谓的正常（normal）现象；第二种事实应该是什么却未表现为什么的事实，即所谓的反常（abnormal）现象或病态（pathological）现象。正常现象是存在于人类整体中的普遍形态，尽管它散见于绝大多数的个体身上，但还是在相对固定的范围内经常反复出现，因此在归纳层次上可以称为平均类型。相反，反常现象只是存在于少数个人身上的特殊形态，它在时间和空间上都具有某种特殊性，只能算作不符合健康标准（社会秩序）的个别类型（Mestrovic，1985）。正常（常态）和反常（病态）不仅是社会研究和社会分析的基本范畴，而且必须遵循规则－不规则、普遍－不普遍、应该－不应该等界分模式。因此，我们在判断一种社会现象是否正常时，就必须贯彻以下三条原则。（1）当社会事实一般发生在特定进化阶段出现的特定社会里时，对于这个特定发展阶段的特定社会类型来说就是正常的。（2）如果我们指出现象的普遍性是与特定社会类型中集体生活的一般条件有联系的，那么就可以检验上述方法的结果。（3）当这个事实与尚未完成其全部进化过程的社会种类有关时，这种检验就是必不可少的（Durkheim，1950：64）。就此而言，犯罪既是有用的，也是有益的，因为犯罪是由集体意识的界限来规定的，集体意识可以通过能够对其自身存在产生否定作用的犯罪来呈现自身；犯罪始终与整个社会生活的基本条件有所联系，集体意识正是通过代表自身存在的某些特定机关对犯罪实施处罚，加强人们对集体意识的感受强度，证明其自身存在的牢固基础。"哪里有犯罪，哪里的集体感情就处于为形成新的形式所必要的可塑状态。"

由此看来，涂尔干为社会学确立的一套方法论准则，都是围绕着"社会必须成为社会"的核心问题而展开的，它既包括事实和知识判断（如规则－不规则）的意涵，也包括价值和道德判断（如应该－不应该）的意涵；它既是认识论意义上的，也是实践论意义上的；① 它既需要借助一种排斥反社会因素或非社会因素的真理体制对自身的正当性进行证明，又需要借助一种日常生活的实践逻辑来确立自身的有效性基础。就此而言，无论是马克思的社会存在论，韦伯的社会行动及其主观意义建构，还是涂尔干与实证主义貌合神离的社会还原论，其所有的预设前提既不可能被证实，也不可能被证伪。简言之，社会学方法的准则实际上就是社会的准则，一旦形而上学失去了自己的神秘光环，社会学就担负起掀起一场新的造神和祭神运动的使命。这样，失范也便有了其应有之义，即"社会在个体身上的不充分在场"（society's insufficient presence in individual）或"社会的缺席"（the absence of society，Durkheim，1951：389ff.）。

由于社会是我们赖以生存的目的，社会在感觉到我们正在逃避它的同时也一定感觉到我们的活动失去了目标。……社会的压抑、幻想的破灭并非来自个体，而是表明社会岌岌可危。这些情况说明社会纽带已经松弛，这是一种集体的衰落，或是社会的病态（Durkheim，1951：213）。②

正是失范这种社会的缺席状态，使秩序化、等级化和常规化（normalization）成为社会学研究的主题。涂尔干对常态和病态的划分，以及对病态

---

① 在这里，我们不仅可以体味到社会学在思想风格上的根本转向，也可以体味到自涂尔干以来，社会学家们超越康德的努力，但不管是舒茨还是埃利亚斯，不管是戈夫曼还是常人方法学家，所有这些具有构成论色彩的思想家们都必须承认，在他们的理论中，始终潜藏着一种社会预成论的前提，即社会必须成为最终的根据。

② 对于失范问题，许多理论家都有不同的理解和解释。Fenton 认为，个体的内化过程并不是自然形成的，因此，失范是正常的（Fenton，1984）；卢克斯认为，利己主义和失范现象是社会缺席和社会目标匮乏的结果，失范本身并没有自己的社会目标（Lukes，1985）；吉登斯认为，涂尔干的整个社会理论都纠合着失范/规范、异体/整合的二元概念（Giddens，1971）。

之合法地位的剥夺，恰恰从知识构型和实践逻辑两个维度为我们重新审视现代性提供了线索。事实上，早在 20 世纪 40 年代，康吉兰（G. Canguilhem）就曾指出："正是反常（the abnormal）才会引起人们对正常（the normal）的理论兴趣。规范（norm）只能通过这种偏离才得以确认，功能也只能因为被破坏才得以（被）揭示。生命只是通过不适应、挫折和痛苦才能升华到关于自身的意识和科学。"（转自刘北成，1995：25）同样，社会也必须通过驱逐、流放、隔离和禁闭等手段，才能彻底祛除异己、异端和异类，维护自身的神圣秩序。以涂尔干为代表，现代社会对离经叛道的"异质成分"所实施的"权力/知识"策略，直接促成了福柯等人对现代性之命运的"关怀"，他们对癫狂（madness）、违规（aberration）、犯罪（crime）、性倒错（perversion）乃至疾病和死亡（illness and death）这些反常和失范现象所做的历史分析，其用意不在于揭开这些文明的"疮疤"，而在于通过"偶然性、间断性和物质性"等历史特征（Foucault，1972：229），揭示现代性用来维护常规化社会秩序的知识条件和权力策略。①

正因为社会篡取了神的权威，成为一种绝对的本质，以及日常生活的起源和目标，所以涂尔干始终把教育和道德看作现代社会建设的两大主题，并将日常生活实践作为"现象"加以拯救，② 现象成为本质。换言之，日常生活已经不再被排除在神圣领域之外。相反，它的规则和规范反而被当成了一种被启蒙和被解放了的"绝对"（absolute）而被供奉起来。因此，社会

---

① 我们不能仅仅从结构主义到后结构主义的脉络出发，把福柯等人简单地归入后现代的阵营。事实上，福柯以考古学和谱系学为核心的历史分析，不仅超越了知识论、现象学以及结构主义的方法，而且始终关注着现代性的过程、后果、有限性和可能性等问题。

② "拯救现象"的观念是西方思想发展中所隐含的另一个传统，当然，当社会成为最终根据的时候，拯救现象也就有了拯救日常生活的含义。换句话说，只有在日常生活得到拯救的前提下，现象才有可能苏醒和复活。在《巴曼尼得斯篇》里，柏拉图"借用"少年苏格拉底之口第一次提出了"拯救现象"的口号，以及理念所面临的困境（参见柏拉图《巴曼尼得斯篇》）。从某种角度来说，对现象的"拯救"意味着承认"真理是完整的"（这种说法并非指真理具有统整性的特征，而是指真理不能排斥逃逸于它的诸多现象）；后来，我们在黑格尔的《精神现象学》里也可以看到有关"真理是全体"的命题（黑格尔，1979：12）。

实际上，"拯救现象"的主题在现代西方思想中还表现为对纯粹直观的拯救，我们特别可以在德国社会学传统中清晰地看到这种取向。除了狄尔泰和齐美尔之外，阿尔弗雷德·韦伯对文化整体的讨论，文德尔班对情感意志和价值命题的讨论，曼海姆对意识形态与生活方式之关系的讨论，以及舍勒的知识社会学都在极力强调对社会世界的意识"结构"进行理解和解释。在这里，我们也可以发现，"现象"的归宿必然是日常生活（Schutz，1967：10ff.）。

本身就是现代性的神话，围绕社会所建立起来的控制体系则变成了世俗生活的"禁忌"，膜拜及其相应的信仰和信任具有了新的样式。与之相应，福柯紧紧抓住了现代性的上述两个特征，指出今天的社会存在已不再借助古老的惩罚制度来维护，而代之以特定的知识形态及其"真理体制"。在这里，知识并不仅仅是一种智识产品、客观意义或意识形态，更是一种作为实践逻辑的规范体系和控制技术。它与权力结成了共谋关系，渗透在社会最细微、最局部的领域（Foucault，1979：116ff.）。因此，对现象的拯救反过来又转化成为对现象的无所不在的控制：教育变成了对社会成员的"正常"的教化和自我改造，而道德则变成了新的"悔罪意识"和"身体的政治技术"。

"权力的法官无处不在。"（Foucault，1979：304）正是在围绕着失范所展开的缺席与控制、权力与反抗的诸多关系中，我们清楚地发现，现代社会实现了一种转换：一方面，它通过把社会生活从原始的神性中解救出来，不仅使抽象社会成为存在的唯一基础，而且凭借这一基础，日常生活真正获得了优先地位，个体真正获得了自我建构的开放性和可能性；另一方面，它又以社会的名义，确立了常规化的知识形态和权力机制，并将此演变成为日常的规范体系及其控制力量，从而最终剥夺了这种开放性和可能性。这就是涂尔干遗留给我们的现代性两难命题。

二 法人团体：是个体主义，还是决定论？

然而，问题还远没有结束，上文的考察不过稍稍触及了问题而已。尽管分工和分化使得社会整合和个性发展具有了可能，但总体性加强和异质性加大这两种同一过程中的相反倾向不能不在现代社会之构成过程中造成各种各样的紧张状态，不能不迫使我们去寻找能够联结社会和个体的新的中介组织或纽带。换言之，现代社会的兴起不仅造就了以自我为核心的私人空间的拓展以及由此形成的极端个体主义倾向，而且还在严丝密缝的控制体系中强化了社会决定论的立场。① 尽管涂尔干对分化和分工的潜藏着

---

① Fenton 和 Mestrovic 都强调过涂尔干的个体主义倾向，他们认为涂尔干所谓的"人格""道德自主性"等概念都表明了行动和观念意义上的个体主义立场（Fenton，Reiner & Hamnett，1984；Mestrovic，1988）。而赫斯特则认为，涂尔干的个体主义只是其本质主义意义上的社会概念所带来的必然结果，因为在涂尔干看来，所有的矛盾、问题和偏差都是外在于社会的（Hirst，1975）。

的整合功能和道德意涵始终抱有比较乐观的态度，认为"现代社会的道德还没有发展到我们所需要的程度"，但是，无论涂尔干在《社会分工论》中有关失范型分工的讨论，还是在《自杀论》中对失范型自杀所表示的忧虑中，我们仍可以隐隐约约地感受到其中所包含的反命题。

然而，上述问题也不可以简单地归结为个体与社会之间的关系，因为在涂尔干的眼里，个体与社会是双重建构的，个体之所以能够存在，是因为社会已经内化成为他的实在，同样，社会也是诸多个体日常实践的结果。所以说，要想探讨现代社会之所以可能的问题，我们既不能仅仅从个体反思、调节和持存的角度出发，也不能单纯地从组织制度和意识形态机器出发，而应该着重考察两者相互涉入和构成的实践逻辑。值得注意的是，正当马克斯·韦伯根据新教伦理的视角来考察世俗个体如何单独面对上帝，并把反思、劳动和积累作为一种救赎精神的时候，涂尔干却摸索和整理着现代社会如何可能的另一条路线。在这里，我们绝对不能忽视批判理论之所以能够将马克思与韦伯的理论相互勾连起来的线索。马克思的理论认为，资本主义社会与前资本主义社会之间存在断裂，其最明显的特征就是资本生产和商品拜物教占据了社会存在和意识的支配地位。同样，韦伯也认为，正是在诸神解放或堕落的现代情境中，工具理性不仅摧毁了旧的宗教秩序并在社会行动中进行了扩张，还演变成为空洞和虚幻的绝对精神，从而使现代人在诸神的冲突和工具理性的宰制下不能自拔。然而，涂尔干却不以为然，他鲜明地指出，现代社会的转变既不是一次彻底的断裂，也可以培养出一种可供替代的意识资源和精神生命，在法人团体的社会团结和个性发展的主体化形式中，我们就可以发现这一条线索。

涂尔干指出，要想正确解释分工在社会建构中的作用，就必须首先理解它的集体组织形式，并澄清下列问题。（1）分工不会造成社会的解体和崩溃，它可以通过由集体构成的道德实体来实现一种连续性（continuity），通过功能平衡的作用来确立一种自我调节机制。（2）集体的角色不仅在于在契约的普遍性中建立一种格式化命令（categorical imperatives）①，而且积

---

① 这里的格式化命令（categorical imperatives），既有意志论的意涵，又有知识论的意涵（范畴），关于后者，可参见本文第三部分。

极参与了每个规范的形成过程。（3）道德规范和法律制度从根本上表达了一种自我同一的要求，社会既是集体形式，又是集体产生的结果。（4）纯粹的政治社会和国有都不能承担这一重任，唯有与职业活动有密切联系的群体才能完成这个使命（Durkheim，1984：xxxiv – xxxv）。能够满足这些条件的，当然是那些共同从事生产并共同进行沟通的人们所组织起来的独立的职业群体，即我们所说的法人团体（corporation）。

法人团体的意义，不仅在于每个作为法人或契约当事人（法律人）、雇主或雇工（经济人）或权利载体（政治人）的群体成员共同组成了社会基本单位，并从中获得了相互认同和沟通的关系纽带，而且在于这种组合在各式各样的职业中确立了职业伦理和法律准则，为行动反思、价值判断和信任建立了一整套公共制度和社会精神，使每个社会成员成为完整的"社会人"。他们的安身立命之本并不仅仅是利益和权利，因为他们归根结底应是一个道德实体。只有这样，契约和市场才能找到有效运转的深层基础。在涂尔干看来，法人团体并不是现代社会转型时期的产物，它可以一直追溯到罗马共和国早期，并始终贯穿着自然法和公民法的色彩。到了帝国时期，这些自发形式的团体在性质上也有所改变，并与国家形成了一种非常复杂的关系，它们不仅被看作一种公共服务机构，成为行政管理机构的一部分，相应地对国家负有责任和义务，而且还受到了国家的强制，甚至国家最后采取了强行招募和雇用的办法，使其日趋没落下去。尽管从城邦的兴起到帝国的兴盛，反映了法人团体的坎坷命运，但我们切不可忽视它们在经济和道德领域里产生的切实影响。它们不仅为私欲设定了界限，使群体成员对团结互助产生了极大的热情，限制了强权法则和横行，更重要的是，它们还是一种带有宗教色彩的社团体形式。

涂尔干指出，法人团体的核心就是公共精神。就像每人家族都有自己的"家神"，每个城邦都有自己的"公共神"一样，每个法人团体也有自己的"社神"（Genius collegia），甚至在本群体的墓碑上也刻下了"敬社"（Pius in collegia）的字样。法人团体不仅有共同的宴饮仪式和节日仪式，还有共同的墓地，所有这一切，都将生产交换、公共开支、权利分配、情感依从以及信任和信仰等所有日常实践活动及其道德环境统合了起来。也正是在这个意义上，法人团体将私人利益与公共利益调和起来，并通过某种牺牲和克制的精神使其道德属性凸显出来；不仅如此，它还以共同的道德生活为基础，制定了与集体情感和集体意识相应的规章和规范。简言之，正是在职业群体成员的相似性中，

人们迫不及待地寻觅着每一个社会领域。这就是为什么人们一旦发现共同利益并联合起来的时候，他们不仅维护着自身的利益，而且还互助合作，共同避开来犯之敌。他们这样做，为的是进一步享受彼此交往的乐趣，与其他人共同感受生活。归根结底，这就是一种共同的道德生活（Durkheim，1984：xliii – xliv）。

在这里，我们可以看到，涂尔干对现代社会之所以可能的探讨，贯穿着与马克斯·韦伯不同的视角，从发生学的角度来说，韦伯把资本生产和交易中的信任问题，归结为新教教徒在世俗生活中单独面对上帝而形成的天职和资质①，也就是说，社会成员的正当资格始终是以现世的救赎意识为基础的（Weber，1947，1958）。然而，涂尔干却认为，问题还不啻于此，现代社会早期拥有了自身的道德基础，而且，这一基础是围绕着以社会团结为核心的交互性原则而确立的。换言之，这一基础完全可以追溯到宗教改革之前更久远的时期。早在罗马时代和中世纪，以互助形式为团结纽带的职业群体就已经具有社会意涵了。因此，通过法人团体，我们不仅可以在发生学的意义上追踪现代社会得以确立的线索，还可以把它当作构建现代社会的基本原则，要想彻底祛除失范这种导致社会混乱和崩溃的因素，还必须求助法人团体这副救世良方。

不过，涂尔干也不是没有清醒地意识到，现代社会开始进行自我生产的时候，形成史与现在史便表现出了两种不同的逻辑［《马克思恩格斯全集》第46卷（上），1979：456～463］。即便分化和分工带来了社会团结（亦有其失范的反命题），但现代社会的制度安排却显得更加复杂了。个体及其人格的发展已经跳出了职业群体的范围，它不仅变得更加私人化和具体化了，还在程序技术和象征符号等方面获得了更加抽象的社会意义。同时，社会的决定作用也在两个相反的方向上展开，它既以最微观的形式对日常实践实施控制，又结晶化为一种匿名的力量，建构出一种非人格化的

---

① 马克思也承认，他迟迟不肯发表《资本论》的后两卷，是因为他还无法完满地解决商品流通中的交易信用问题。

抽象关系。这样，法人团体就面临着来自诸多层面的挑战。（1）职业伦理只能对特定的职业生活产生影响，而个体首次拥有了游离于职业生活之外的自由生活空间。（2）职业的异质性带来了职业群体的异质性，法人团体不再能够自成一体，它的有限性和可能性都必须来自与其他群体的相互参照，与此同时，它也瓦解了以前那种面对面的绝对集体意识。（3）异质性产生了同质性的结果，社会既形成了总体化的趋势，又通过知识系统和权力机制产生了多样而又同质的控制技术，在平均化的日常实践逻辑中，个体被抹平了，变成了"常人"（Heidegger, 1962）。（4）现代性不仅遮蔽了个体，而且首次造就了个体敞开和逃逸的可能性，在社会配置中，自我技术与社会技术形成了同质、平滑和匀称与断裂、分叉和变动的双向关系，使自我的治理获得了可能性，使主体化（subjectivation）（Deleuze, 1992）成为相对于常规化现代生活的另一个主题。在这种情况下，决定论倾向和个体主义倾向之间第一次出现了张力状态。

正是在这个意义上，涂尔干开始了用社会决定论来建构个体主义的尝试。涂尔干认为，现代社会不仅为个体设定了有限性，而且还为个体提供了诸多可能性，一旦分化和分工使自我成为道德实践的主体，自我治理和自我扩张便成为维系社会存在的关键所在。因此，个体的解放的实质在于个体的自我调节（self-regulation）和自我控制（self-control），"借助道德规范的实践，我们发展了自己控制自我和调节自我的能力，这才是自由的真正要义"。换言之，个体的可能性，乃至社会的可能性都是建立在个体对自身有限性的自觉的基础上的，"个体持存、规定和克制自身的力量"才是现代个体的本质特征。总之，现代社会的道德建设必须围绕着"纪律"（discipline）而展开（Durkheim, 1958, 1961, 1969），人是有限的存在，他是整体的一部分。从生理上讲，他是宇宙的组成部分；从道德上讲，他是社会的组成部分。因此，如若他不去牵制自己的本性，他就无法超越方方面面的限度，……人的本性无法成其自身，除非他受到了纪律的控制（Durkheim, 1961：51）。

因此，个体的自由话语（the discourse of freedom）始终是要靠纪律化话语（the discourse of disciplinization）来构造的（Wagner, 1994：9ff.），要想在欲望和道德之间找到一种中间力量，就必须通过社会控制的内化作用使个体实行自我控制。换句话说，个体分化与扩张的实质乃是个体依据道德规范和纪律准则来建构自身的反思行动、自我同一性甚至欲望的能力，是个体具备主观理解、把握和贯彻集体道德的能力，而不是个体在行动和意识领域内的无限扩张。① 然而，在抽象和具体双重层面上展开的社会是否能够在个体那里充分在场呢？表面看来，涂尔干的社会理论始终尝试着去祛除社会和个体的二元界分，但两者之间自始至终都存在一种张力。在晚年的《宗教生活的基本形式》中，涂尔干再次提出了与社会和个体相应的心灵和身体概念。他指出，所谓个体，不仅是能够为自身行动作出规划并通过纪律等形式进行自我治理和控制的存在，此外，还是一个观念、感觉和习惯的意识系统。它既是收敛的，又是开放的。同样，所谓人格，归根结底是社会化的产物，具有社会属性。人格的本质在于个体意识作为一种更高的精神生活形式，它不仅可以把集体精神内化在心灵之中，也可以把其内化在身体之中。这说明，新的宗教是可能的，"神性是社会的象征，道德本质是人格的象征再现"。

所以说，个体是双重意义上的个体，它可以把心灵和身体、社会和个体这两个层面的要素共同媾和到个体人格之中。道德个体主义（moral individualism）意味着，个体的自由、价值和尊严，既非来源于个体单独面对上帝而获得的天职和资质，也非纯粹的自我持存和自我建构的产物，相反，"个体崇拜"（the cult of individual）是在社会团结中对人性的分享，而人性的实质还仍然是社会，人性就是道德实在本身。正是在这个意义上，

> 我们可以理所当然地成为一位个体主义者，并把个体确认为社会的产物而不是起源。这是因为，个体主义像所有道德和宗教一样，其本身就是社会的产物。事实上，个体是从社会中来的，道德信仰也可以将它神圣化（Durkheim，1969：28）。

所以，现代个体并非仅仅像古典政治经济学所讲的那样是一种自利（利益最大）、自主（权利意识）和自爱（个人品质和自我调控）的主体。除此之外，它还具有更深层次的意涵，包含自我检视和社会崇拜等

① 这里，我们可以窥见康德的影子（Fenton，1984；Lehmann，1995）。

成分。① 就此而言，这种个体主义的宗教形式不仅可以在不同的基础上将集体意识重构起来，而且可以与利己主义和无政府主义形式相区别，它"不是对具体个人的崇拜"，而是对"整个人类的同情"。因此，这种宗教并不是个体作为自我（self）的宗教，而是个体作为他者（others）的宗教，或者说是个体作为全体（all）的宗教。它摆脱了集体或社会意义上的单纯信仰模式，而把信仰本身贯彻到个体意识中来。

如此看来，涂尔干的思想本身也经历了一种转变。涂尔干的晚期思想超越了他早期把社会单纯指认为有机体，把个体简单地看成是有机体细胞的模式，而是站在道德个体主义的立场上，把人性宗教②当成了建构社会无限性的基础。换言之，正因为个体本身具有成为道德实体的可能性，其才有可能借助自身的有限性来构筑社会的无限性。在这里，我们在强调涂尔干理论所贯穿的实证主义、社会进化论以及实用主义等倾向的同时，也不能忽视其中所潜藏着的自然法传统。从人性宗教及其道德实体的构造中，我们可以清楚地看到涂尔干理论所蕴含的莱布尼茨单子论的色彩。莱布尼茨既强调了单子具有可感和可知的实体属性，也强调了单子能够把灵魂和欲望调和起来的自发特性，并同时确认了太上单子（Monas monadum）的存在——它的普遍性规定了众多单子的种种变化的预定和谐，即以神的方式使每个单子的内部变化相互吻合（莱布尼茨，1982）。因此，所谓人性宗教，不仅意味着个体具有社会属性，而且预示着社会的神性内化于个体的可能性，这充分说明，古老的分有学说在现代社会的构成和运作过程中有所反映。更重要的是，单子不仅仅具有本体的（ontic）意义，而且具有生成的（genetic）意义。

然而，即便我们说涂尔干的理论有这样那样的基础，但它也不能完全等同于这些基础本身。实际上，要想进一步讨论深度自我的意涵，我们还必须深究现代社会之特有的基础。个体的反思及其所调动的知性并不是用

----

① 我们可以看到，传统意义上的功能论与冲突论之间的相互"冲突"，其根源在于两者对"偏离"的理解不同，涂尔干认为，所谓偏离是相对于社会本质而言的；而马克思则站在原子论的立场上认为，伊壁鸠鲁所谓"原子的偏斜运动"实际上是具有能动性和批判性的自我意识运动，是"实体"与"自我意识"的分裂，它具有一种批判、斗争和解放的意涵（《马克思恩格斯全集》第40卷，1982：209～243）。

② 请注意，这里的人性并非指人道主义立场上的"人性"，这里的人性指的是个体对自身有限性的自觉和对自身可能性的建构，而不是简单地说"以人为本"。

自然状态学说就能够解释的，不管是康德还是黑格尔，或者是今天的法兰克福学派和福柯等人，都极其重视深度自我的启蒙基础，倘若没有这一基础，恐怕连涂尔干本人都会承认，所谓的个体崇拜和个性宗教也不过是痴人说梦而已。康德认为，现代社会的起点，就是以"敢于认识"（Sape-reaude）为标志的知性的解放，启蒙使"人类脱离了自己加之于自己的不成熟状态。不成熟状态是指没有能力运用自己不经他人引导的知性"（康德，1990：22）。因此，如果我们仍然按照涂尔干的说法，那么在有机团结所继承和发展的公共精神之中，还贯穿着一种怀疑的精神，[①] 启蒙的否定性力量使信仰本身面临着挑战。然而，问题还不只如此，启蒙不仅个体单向的认识过程，而是由意志、权威和运用知性这三个方面的既存联系规定的。启蒙既是一系列事件，又是一系列复杂的历史过程，我们"既要把启蒙理解为一个人类集体参与的过程，又要把它看作一种通过勇气的鼓召由个体完成的行为"（Foucault，1984/1997）。福柯认为，按照康德的规定，启蒙既是精神性的，又是制度性的；既有伦理意涵，又有政治意涵。它在服从和运用理性之间，以及私下运用和公开运用理性之间呈现一种反向的过程：就其公开运用而言是自由的，而其私下运用则是服从。就此而言，即便涂尔干始终认为自己是一个理性主义者，但如果我们忽视了运用理性的条件，仅把启蒙当作一种理性的前提或趋附于理性的运动，就有可能把他治状态（heteronomy）和自治状态（autonomy）混淆起来，有可能把启蒙本身变成一种神话（Horkheimer & Adorno，1969/1998）。

现象学社会学的研究表明，如果把自我单纯理解成借助反思性筹划来进行意义建构的主体，那么他既不可能从对他－我（alter－ego）的认同中获得确定性，也不可能从与他者（others）的沟通中获得确定性（Schutz，1962；1967）。换言之，如果我们不从意义有限性的角度来考察问题，所谓的自然态度就是不确定的。[②] 这说明，日常行动及其意义构成必须具有一种可供参照的基础，或者是一种不可能的可能性基础。对于后一种出路

---

① 甚至用黑格尔的话说，启蒙是"纯粹识见以否定态度来对待信仰意识的绝对本质"，因此，从肯定的命题来看，启蒙让信仰看到了其自身的情况；从否定的命题来看，启蒙则变成了绝对的自由和恐怖（黑格尔，1979：79～123）。

② 尽管哈贝马斯清楚地认识到，现代性的后果不仅仅是工具理性的扩张，但他所提出的沟通和主体间理解的理论理想却是站不住脚的。哈贝马斯没有充分地估计到认同和沟通的不确定性特征（Habermas，1984，1988）。

而言，海德格尔试图找到一条既不沉沦于平均化的常规状态，又可以成为在世存在的可能性。在他看来，深度自我完全可以通过对不可能之可能性的时间建构（"向死而在"）倾听到自己内心中的良知呼唤（Heidegger，1962：46-66）。对于前一种出路而言，福柯认为，康德的启蒙哲学与其说是围绕着如何运用理性而展开的，还不如说是一种精神气质（ethos）及其所牵连出来的"界限态度"（limit-attitude）。这种态度正是通过对主体化自我的外面（outside）的寻找，才能建构其身心的可能性。因此，如果说启蒙构成了一种自觉的批判，那么，

> 这种批判不再是以寻求具有普遍价值的形式结构为目的的实践展开，而是深入某些历史事件的历史考察，这些事件引导我们建构自身，并把自身作为我们所为、所思以及所言的主体来加以认识。……这种批判将不再致力于促成某种最终成为科学的形而上学，而将尽可能广泛地为不确定的对自由的追求提供新的动力（Foucault，1997：8）。

其实，对启蒙的讨论并没有脱离涂尔干的研究路线。如上所述，正是因为涂尔干的思想发展经历了一个从社会决定论到通过社会决定论来构建道德个体主义的过程。所以，即便他把社会团结的理想诉诸法人团体，其问题的要害仍然在于解决深度自我的问题。也正是在这个意义上，支配和控制不过是现代社会维系自身的一个面向，现代社会要想获得自身的可能性，还必须在常规化生活中构成独特的自我技术及其主体化的力量。

涂尔干敏锐地意识到，分工和分化不仅带来了团结（从某种角度来说，这种团结是以遮蔽为代价的），而且第一次使社会生活产生了多样化的趋势，形成了多个外面（outsides），从而使个体第一次获得建构深度自我的机会。尽管在今天看来，所谓人性的宗教不过是一种幻想，但不可否认的是，社会存在的可能性正在通过其自身塑造出来的主体化形式而展开。

三 类比与分类：重返知识社会学

实际上，涂尔干对现代社会的探讨始终纠缠着两个关键问题：一是分

化社会是否还能够以集体意识或职业伦理为基础，并通过各种抽象方式实行有效的社会控制；二是社会决定论是否可以转化为个体主义的立场，常规化的日常生活是否能够为真正意义上的自我实践提供可能性，从而使社会存在及其特有的意涵不再诉诸像位格或人格那样的形而上学实体，而具体化为日常的自我道德实践，使社会存在获得一种有别于以往任何样式的可能性。就此而言，涂尔干后期思想的转向，具有极其重要的意义。无论是《原始分类》，还是《宗教生活的基本形式》，所有这些后期著作都贯穿着这样的理论视角：不仅要对社会存在进行实在论的探讨，还要进行知识论的探讨；不仅要对社会实在做出确证，还要解决社会实在的具体构成问题；不仅要分析"制度是如何思考的"（Douglas，1986），还要在类比和分类的复合机制中勾画出主体化的形式。当然，有些问题是我们从涂尔干那里引发出来的，但这并不等于否认涂尔干理论所特别蕴含的生长点。

涂尔干晚期思想的一个重要出发点，就是要弥补其早期思想在经验论与决定论、物质论与观念论之间出现的罅隙。而这正是规范化和制度化过程所牵扯到的实质问题：制度因素如何介入到日常行动或互动之中，并借助这些实践活动将自身再生产出来；我们为何既不能简单地把制度看成是实践活动的外在强制或决定力量，也不能把它看成是日常经验的归纳结果；相反，制度恰恰应该被看成是以事件或仪式来再现和构成社会生活，甚至是深度自我的方式。

在逻辑学家和心理学家看来，可感世界是由各种多重和复杂的要素构成的，而且，各种定义、推断和归纳的能力也往往被当成组成个体知性的普遍因素，它们可以把生活世界中的各种事物、事件和事实划分成不同类型，这些类型归属明确，内外有别，成为个体能量或力量的最终根源。这种观点，不仅普遍存在于经典时期，如培根、笛卡儿或莱布尼茨等人的学说中，甚至在今天仍有许多理论或多或少地流露出了这种倾向，如舒茨的现象学、乔姆斯基的语言学以至吉登斯的能动理论等。然而，对涂尔干来说，问题并非如此简单，任何分类及其导引出来的归纳和演绎能力还有其更深的根源。实际上，任何分类最初都是在群体或集体相互分离的过程中出现的，都是在群体差别的基础上对各种事物、事件和事实的制度性安排。因此，分类不能划归为个人能力的范围。相反，它的实质乃是集体思想（collective thought，Durkheim & Mauss，1969：5）。

任何异质事物的相互区别和转换，任何确切概念的在场和缺席，都必须以集体信仰或集体意识为前提；任何事物的范畴最先都是社会的范畴，任何事物的类型最先都是社会的类型，任何范畴和类型都凝结着社会关系，刻画和标识着它们的社会起源；如果事物的总体被看成一个系统，那么社会亦当如此，逻辑等级只不过是社会等级的一个侧面，知识总体也不过是集体面向世界的方式而已（Needham，1969：xi - xii）。因此，倘若我们揭示了分类系统得以形成的根源，我们也就找到了解决社会如何安排、分化如何产生、制度如何思考等问题的内在线索。①

在涂尔干考察原始分类的过程中，有些现象是非常令人感兴趣的。为什么原始人可以在"黑色的牛"与阴雨之间，或"白色的马"与太阳之间建立某种特殊的联系？为什么原始人很有可能在大象和月亮之间建立一种非常亲密的关系，却把犀牛和斑马看成是截然对立的两个门类？通过对原始图腾制度的研究，涂尔干指出，在原始社会里，个体并不具有独立的人格力量，群体成员与其所属的灵魂和图腾崇拜并无根本区别。换句话说，正是这些群体成员所崇拜的事物或动物，才在根本上构成了所谓的人格。所有符号与物、名称与人、地域与居民，以至图腾与部落之间在性质上没有差异可言。相反，它们始终处于相互融合的状态中，并通过集体表现的形式构成了集体认同，任何成员资格必须在这种认同中获得，任何制度要素也必须通过这种同一性来运行。实际上，所谓意识就是一股不断持续的

---

① 其实，对分类以及作为世界的表现（representation）的考察，在福柯那里也有一段很有意思的故事。福柯承认，他的《知识考古学》萌生于阅读博尔赫斯的时候所发出的笑声，"这笑声震撼了一切为人熟知的思想，即我们思想的里程碑"。博尔赫斯曾经援引过某部"中国百科全书"中对动物的分类：①属于皇帝的，②防腐的，③驯化的，④乳猪，⑤土鳗属两栖动物，⑥传说中的，⑦迷了路的狗，⑧包括现行分类中的，⑨疯狂的，⑩不可数的，⑪拖着漂亮驼绒尾巴的，⑫其他种类，⑬刚打碎水罐的，⑭来自远方看起来像苍蝇的（转自 Foucault，1970）。福柯则认为，这种分类简直是一个奇迹，它以跳跃的形式来理解事物，并通过带有异国情调的思想系统揭示了我们自身思想的界限。这种特殊的分类形式至少说明了以下几个问题：①正是在不同思想系统的相互参照中，我们发现了我们的自身思想的界限，同时我们也绝对不可能去思考这种界限，即特定场域里的思想所面临的不可能性；②任何思想系统都不可避免地打上了时代和地域的烙印，它总是根据特定的规则或规范来构成、规定、约束和限制我们思想的可能性；③在任何思想系统秩序井然的表层下面，都隐含着反常和癫狂的成分，它总是扰乱和摧残着我们有关同一和差异的区分，或者培植着这种否定的可能性（Foucault，1970）。

表现流（the flow of representation）（Durkheim & Mauss，1969：7），它借助群体之间的基本性质（氏族或部落的图腾）来构成分类系统，并依此来确定各种事物的同一性或差异性。这就是知识社会学的基本原则。

在涂尔干看来，分类不仅是我们确立自然必然性的一种方法，也是我们看待世界和认识自身的角度，甚至是我们的价值判断和道德建设的基础，而所有这些基础归根结底是由社会赋予我们的，社会并没有以纯粹抽象的形式外在于我们。相反，它直接通过类比和分类等形式对我们的大脑产生作用，并借此使制度获得了思考的能力。

第一，如果说类型是事物的群类，那么它所包含的特定内容以及划定其特定范围的界限并不是借助纯粹的观察获得的。事实上，在任何语词及其所代表的属种的背后，都预先铺设了既定的关系，这些关系既蕴含着等级秩序，也蕴含着支配关系。也就是说，每一种分类图式既是制度等级体系，也是制度得以作用日常生活的观念等级体系，是社会关系在人们头脑里的配置和安排（Durkheim & Mauss，1969：8-9，81）。譬如，如果大象部落和月亮部落之间存在亲缘关系，那么两个部落就很有可能结成同盟，共同对抗来犯之敌，从而使大象和月亮之间建立起相似、等同或类比的关系。这种物与物之间的连接方式最终确定着部落成员看待世界的方式，构成了社会同一性的原则。如果犀牛和斑马部落相互仇视，不共戴天，那么这两个物种也会像黑与白、左与右那样在人们的头脑中成为截然对立的门类。同样，在部落之间侵占和吞并的关系中，我们也可以理解原始人为什么会在狮子和鬣狗之间建立一种"种"与"属"的关系。其实，即便是在现代社会中，这种人类图式也随处可见，[①] 我们不仅在生物分类学中看到类似的情况（库恩和福柯都有所说明，Kuhn，1970；Foucault，1970），也可以在对"大资本家"和"小资产者"的阶级划分中发现策略的成分。[②]

第二，人类群体与逻辑群体是合一的，自然界的各种事物之所以被划

①　涂尔干也曾指出，即便我们从科学分类史的角度来看，社会情感越来越为个体反思留出了更大的空间，但这并不意味着分类具有纯粹的客观性质，相反，我们必须看到协作或等级化的群体对我们心智习惯所产生的巨大作用，它直接与我们的"看"和"说"紧密相关。归根结底，分类不是客观性的，而是表现性的（Durkheim & Mauss，1969：88）。

②　不过，这种以图腾崇拜或亲属制度为基础的分类图式并不完全具有结构主义的意涵（列维-斯特劳斯，1995）。

分成许多称为"属"的群体，是因为人类群体相互搭配、组织的形式本身就是一种逻辑。换言之，正是由于我们总是以日常社会的形象来想象世界，才把群体形式本身当成生活的逻辑，当成构建世界和呈现世界的逻辑（阿隆，1988：383）。因此，在图腾制度中，任何事物都不是以自然和自在的形式加以呈现的，它们一开始就被当成了人类社会的"成员"，事物之间的关系也同样是一种社会关系（Durkheim，1965：462 - 496）。所以说，社会等级也是社会运行的分类等级、逻辑等级和因果序列，"社会给我们提供了一块底布，我们在上面绣出了我们逻辑思维的花朵"（Durkheim，1965：173）。

第三，分类图式不仅是特定的社会纽带和逻辑关系，也是人们日常行动所诉诸的道德意指（moral significance）和集体心灵（collective mind），它经常是以家族（或家庭）、氏族或部落等社会群体的形式表现出来的。或者用涂尔干的话说，分类图式是情感、观念和知性的系统安排（Durkheim & Mauss，1969：86 - 87），而且，这种安排具有一种符号或象征的作用，它在情感（affective）上所产生的效果往往要比智识（intellectual）上的效果强烈得多。因此，就具体实践而言，社会生活中的事物与符合之间并没有什么本质差别，事物只有通过象征仪式的表现作用才能成为可见的和可说的，才能成为构成日常生活的要素。在这个意义上，仪式和场景与分类图式有关，抽象概念和制度范畴（如共同体、国家或民族）也往往是通过宴饮、节日、献祭、行刑、朝觐或加冕等各种仪式来表现的，这些符号本身就构成了制度效力，构成了生活逻辑。[①] 有关于此，我们不仅在涂尔干对表现"曼纳"的原始仪式（mana）（Durkheim，1965）的描述中，以及格尔茨对巴厘"剧场国家"（the theatre state）（Geertz，1980）的描述中看到，也可以从罗兰·巴特对《巴黎竞赛报》的封面，即"混血儿士兵捍卫法国国旗"的符号分析（Stolock，1982）中发现其中的奥秘。

第四，类别范畴作为各种事物的社会表现，不仅与人类群体的概念密不可分，而且也是规定社会生活之时间范畴和空间范畴的基础。换言之，分类图式既刻画了社会世界中的实在（reality），也刻画了构成这些实在的

---

① 借用库恩的说法，我们也可以把这种分类图式或象征仪式看成一种示范机制（exemplar mechanics），它借助活生生的事件和场景，既完成了对其成员的资格生产，也向其成员展示了各种权力关系的符号力量（库恩，1985：279 - 286；Polanyi，1967）。

特定的要素、力量和场域（Durkheim，1965：488）。因此，分类图式的构成和生产作用既是整体性的，又通过局部在场表现出来。它不仅包含着我们平常所说的对象，也包含着对象的场景和刻度（时间性和空间性）。在这个意义上，日常生活的制度性时空安排是可逆的［reversible，参见吉登斯对赫格斯特兰德（Hägerst rand）的时间地理学的讨论（Giddens，1984，ch. 1），以及胡塞尔的时间客体研究（Hussel，1964：105 - 110）］，它为自我反思和社会控制提供了基础。

循着涂尔干的这条线索，许多学者对抽象社会的系统安排与日常生活的整合逻辑之间的关系进行了大量探讨。其中，弗莱克最先提出了集体思想（denkkollectiv）（Fleck，1986）的概念。相对于集体意识而言，集体思想的核心问题就是认知问题，即人们如何"习得"（learning）和"晓得"（knowing）的问题。所谓"晓得"，不过是特定的分类图式所塑造出来的思想方式，是日常实践中看、听和说的方式。也就是说，恰恰是分类图式，规定了对不同问题的抽选、对不同规则的履行以及对不同意图的确定，而对分类图式本身的讨论，却离不开它的共同体基础（亦可参见库恩对范式与"科学共同体"之关系的讨论，Kuhn，1981：291）。也正是在这个意义上，任何个体和群体都不过是某种符号化的"人"（symbolic "human being"）而已；而且，社会实在也是多重的（Schutz，1962：231ff.），它已经被分类图式的各个层级界分开来了。同样，思维方式其实就是一种概念图式（conceptual scheme）（Douglas，1986：13），它并不是超验意义上的概念集合体，而是建构制度性把握（institutional grip）、塑造反身活动的知识库存和象征力量（Durkheim，1965：462 - 488）。因此，认知要素之间的各种联系并不是固定的客观联系，而是各种联系的表象（appearance）或表象之间的联系，"真实"首先是一种表象的真实感。在集体仪式中，分类图式及其划定的各种关系完全是表现性的，它并非与绝对实在具有逐一对应的关系。

所以说，集体思想既是社会对我们自身生活的安排，又是我们对自身生活的社会安排。这种象征力量，并不包含所谓的因果命题（Fleck，1986：50）。实际上，认知本身便是一种日复一日的实践活动（day-to-day praxis）。在集体思想的结构里，任何思想的内容和逻辑、范畴和指涉以及推演和判断，都是一种集体形式，没有明确界限（Fleck，1979：103）。在这个意义上，语言规则和分类规则本身就是社会安排的规则，它不仅具有控制作用，也同时作为反思行动和制度思考的逻辑构成了实践活动以及这个活生生的世界。

安德鲁·肖特曾经指出，现代制度实际上是一种组织化的信息流［威廉姆森也曾把现代生产和生活的逻辑称为商品流（Williamson，1975）］，而日常生活的信息流完全遵循着各种思维习惯所设定的线路（Schotter，1981）。尽管这种说法并没有太多的新意，但它至少强调了制度得以思考和运行的两个基本过程：一是意识、信息、商品乃至权力往来穿梭的动态过程；二是社会分类的自然化和常规化过程。前者是构成性、生产性和表现性的，而后者则逐渐变成了理所当然（take for granted）（Schutz，1962）的社会安排，变成了自我生效（self-validating）的形式系统或真理体系（Douglas，1986：48）。也就是说，抽象社会的匿名性被贴上了自然的标签，它的合理性和正当性似乎是以"自然状态"为基础的。

其实，最自然的状态莫过于原始的两性分工形式，不论马克思还是涂尔干都承认，两性分工是劳动分工的最初形式；在初始社会里，任何社会的组织结构都明显反映出了人类的基本生理差异（《马克思恩格斯全集》第23、45卷；Durkheim，1984）。不过，这种看法仅仅涉及了问题的一个方面。事实上，所谓象征符号并非完全是以自然实在或生理性特征为依据的。① 相反，后者恰恰来源于某种社会关系的特定表现，甚至连性别差异也完全建立在由亲属关系（在部落之间的成员交换中，男女所承载和表现出来的社会属性及自然属性）所决定的类比图式（the scheme of analogy）之基础上。尼德汉姆在1973年的研究中明确指出，两性分工的实质并不在于男女之间的生理差别，而在于两性关系设定了一整套修辞、比喻［或人类学家列维－斯特劳斯所说的换喻和隐喻（列维－斯特劳斯，1995：198－220）］和表现系统。这实际上是一种二元分类（dichotomy 或 dual classification）的图式。比如，拿"女/男＝左/右"这个等式（在中国则是"男左女右"）来说，男女之间不仅存在生理意义上的类比，也同样贯穿着社会组织的制度原则：性别差异在社会空间的安排上是有意义的，男女各自占据着专门属于自己的社会区域，界限分明，秩序井然。不仅如此，人类

---

① 这就是弗莱克所说的"实在的危机"（Fleck，1986：47－58）。

学的研究也指出，男女关系在政治结构的安排上也是有意义的，在原始社会里，我们也常常见到"女/男＝民众/君主"或"女/男＝（国家的）北土/南疆"这样的等式，这意味着性别差异往往可以延伸到地域区分和等级分化的领域中去（Needham，1973）。人类学家道格拉斯也认为，像"男/女"这样人们看来最为简单的类别图式，却往往深刻地刻画着右与左、南与北、近与远、上与下、前与后的时空构成形式和社会等级安排，并把制度化的类比结构深深地铭刻在人们的身体与意识之中（Douglas，1986：49－50）。

分类图式或类比图式并不是原始社会的专利，它在现代社会的日常生活中也随处可见（见表1）。我们在有关白领与蓝领、脑力劳动与体力劳动、雇主与雇工等各种二元范畴的划分中，同样可以看到制度合法化过程的象征性力量以及隐喻和阐释等各种功能。

从这样二元的类比图式中，我们可以发现如下几点。（1）类比图式常常在表层生活的模糊语境中在各种事物或语词之间构成某种相似性，它如同德勒兹所说的力线，可以穿透组成社会生活的各个层面，并通过隐喻或转喻的形式建立其间的复杂关系。（2）类比图式既是一种社会的表象，又是一种权力的阴影，散布和笼罩在所有可见和可说的事物之上，相似性既使社会制度表现出了合法化和例行化的特征，又以最简洁的方式构成了日常生活的逻辑。它通俗易懂，却又神秘难测。（3）形式类比（formal analogies）不仅构成了社会习惯的抽象结构，也是最具体、最生动的，它既呈现最简单的、日常的空间安排关系（如左与右），同时也借助转喻形式将空间安排（如左倾和右倾）与社会类群叠合统一起来，确立群体分化的根据（如左派和右派）；不仅如此，类比图式还对集体思想的基本倾向进行指涉（如激进的与保守的），并诉诸价值评判（如进步的与倒退的），这与意识形态理论的解释是不同的（见表1）。（4）在二元分类系统中，社会秩序不仅是借以抽象符号的相似性来构成的，其本身也始终贯穿着对立和对抗的原则，两者之间必须形成"必要的张力"。换言之，制度整合不仅需要一种连续性的逻辑，同时需要断裂性的逻辑，任何相似性都建立在认同和排斥的双重基础上。①

---

① 这里所举的例子并没有明确的出处，它是我们日常生活中常见的例子。

表 1　类比例举

左	右
左倾	右倾
左派	右派
激进的	保守的
进步的	倒退的

因此，相似性（similarity）就是一种制度，它在事物和语词之间建立了可以化约的抽象社会关系，并在社会实在的二元分类中设置了潜在的对立、冲突和相互建构的因素。在这个意义上，各种符号之所以是可理解和可预期的，是因为类比图式在人们的反思行动中构成了知识库存，或者按照蒯因的说法，制度已经通过概念图式的方式贮留起来了（Quine，1969）。①

制度化历史并不是原原本本呈现出来的历史，而是一种被集体形式折叠过了的历史。在这个意义上，历史不再是时间的简单重复和复制，而是时间的聚集和生成，它集中在日常实践或事件的每个点上来不断制造记忆，并塑造和体现那些已经逝去的各种事件。所谓集体记忆，始终包含着两个相辅相成的过程：首先，它通过各种分类图式对过去进行编排组合，使时间像阴影一样笼罩在日常生活的平面上，使制度成为人们视而不见（seen but unnoticed）的生活逻辑；与此同时，由于分类图式借助隐喻或转喻的符码形式被表现出来，所以它可以使光线不断发生黑与白、明与暗的对比和变换，成为可转译和可选择的。这就是人类学家埃文斯－普里查德沿着涂尔干的思考路线，在努尔宗教研究中所得出的结论。埃文斯－普里查德指出，原始思维所诉诸的并不是手段/目的的推理逻辑，而是一种选择原则的隐喻性建构。它经常借助类比所产生的意义来取代矛盾所造成的

———————

①　人类学家道格拉斯指出，制度不仅与人们当下的实践活动有关，而且与集体记忆有非常紧密的联系。分类图式或类比图式常常渗透在时间的建构中，并通过社会化（socialization）的形式将历史（或过去事件）转化成一种声音，在日常活动的特定场域内产生回响。显然，道格拉斯的这种观点受到了埃文斯－普里查德和哈布瓦赫的影响（Douglas，1980），前者在对努尔宗教的讨论中明确提出了系统回忆（systematic remembering）（Evans-Pritchard，1956）的概念，而后者则开创了集体记忆（collective memory）（Halbwachs，1992）研究的先河。这两人通常被公认为涂尔干学派的真传弟子。

荒谬，是一种"心灵经验的戏剧化表现"（Evans-Pritchard, 1956: 322）。因此，回忆或记忆并不像现象学所说的那样，仅仅局限在行动反思的范围内。相反，它深深地刻下了社会的印痕。集体记忆既包含着记忆的要素，也包含着操纵这种记忆的要素，甚至是遗忘的要素。它规定着"什么样的历史可以再现"、"历史以什么样的方式再现"、"究竟是谁在回忆"以及"我们究竟能够回忆什么"等问题。

尽管涂尔干及其追随者们从知识社会学的角度来解决制度如何思考的问题提供了线索，但这不仅仅意味着类比和分类图式及其特有的表现形式只有社会控制的功能，除此以外，它们还会在构建自我控制和自我调节作用的同时开展出一种主体化的力量。按照涂尔干的说法，现代社会的分化和分工不仅造就了个体的多样化个性，而且还为各种群体确立了各种各样的职业伦理，更重要的是，这种分化和分工本身也使原有的分类图式产生了分化和分解，从而确立了具有不同匿名程度的分类图式及其抽象符号关系。换句话说，正因为有了分化和分工及其所带来的多重组织的发展，社会生活才不再以单一的位格或人格作为维系自身的纽带了。抽象社会的拓展并不单是工具理性的扩张结果，也没有完完全全像一只铁笼那样架构出了密不透风的控制体制。相反，它不仅在原有分类图式的内部构成了错综复杂的表现关系，也构成了相互折叠、纠缠和交错的不同的分类图式。简言之，现代社会生活并不像宗教研究所说的那样是围绕着单向度的实在或价值组建起来的，而是一个多重建构的世界。①

正因如此，现代社会第一次使社会建制和深度自我获得了多重可能性。我们发现，甚至在马克思最具二元分类特点的图式中，也掺杂着许许多多的异质因素（如《路易·波拿巴的雾月十八日》对小农的分析，《马克思恩格斯全集》第8卷，117~227），同样，布迪厄从"品味"（taste）

---

① 舒茨就曾指出，生活世界是由多重的有限意义域（finite province of meaning）构成的，而且每个意义域都具有自身独特的思想风格。其实，各种意义域之间并不能进行明确的意义构建，也不能进行有效的还原，我们只有经历过一种特别的惊愕（shock），才能冲破有限意义域所划定的界限，倾听到一种异样的实在之音（accent of reality）。因此，借助分类图式构成的思想风格的核心意涵是：①特定的张力，它与我们关注生活的密切程度有关；②特定的悬置作用（epoché），既怀疑的终止判断；③特定的社会性形式，意义域的构成不仅面临着惊愕的怀疑，还必须以其他意义域作为建构自身的基础；④特定的时间视界，即在绵延与社会世界的普遍时间的交互作用中所形成的标准时间（Schutz, 1962: 209ff.）。

出发对大革命时期阶级形态的划分也可以从另一个角度说明，历史事件和实践究竟贯穿着多么复杂的分类逻辑（Bourdieu，1979）。不仅如此，我们也可以在角色定位和角色紧张，以及范畴集合和范畴冲突等各种日常实践和知识构型中看到，贯穿于社会生活的并不是纯粹的刻板模式。更为重要的是，正因为社会是抽象的，它虽然不面对面地到场，却在不同程度的匿名性和具体性之间建立了复杂关系，所以各种分类图式之间经常会出现错位、错漏和错乱等情况（譬如各种角色或多重图式相互龃龉、相互纠缠、相互混杂等情况），以及在时空安排过程中所出现的复杂局面（譬如各种角色或多重图式在不同时期、不同场域、不同情境所蕴含的差异性和偶然性），从而使差异性转化成了可能性，为主体化形式提供了可滋生的空隙[Deleuze（1986）对光线和可见性之关系的讨论]。

因此，深度自我的自我技术既是现代性生产出来的一种必然，也是一种具有社会意涵的偶然和可能性。这不仅仅可以归结为启蒙所带来的知性改造作用，同时也因为，只有抽象社会才能为主体化形式提供一种不可能的可能性，提供一种自我自身的外面。换言之，深度自我只有利用社会为他构造出来的自我技术，以及各种分类图式之间留下的裂缝和罅隙，才能既获得自身的有限性基础，又勾画出一条连续与断裂、涉入与超脱、遮蔽与敞开的轨迹。

四　简短的总结

我们承认，今天当我们再次面对以涂尔干为代表的经典思想家们的时候，他们的思想已经不再是原来的面貌了。不过，也许根本就不存在所谓的"原来的面貌"，因为这些思想家的问题线索还依然潜藏在我们的现实生活之中，甚至变得更加亲切。实际上，在涂尔干那里，既然社会是一种既存的前提，那么社会学就不能算作真正意义上的科学；既然我们还没有解决集体和个体之间的道德建构问题，那么法人团体也不过是假设意义上的中介因素而已。然而，这不等于说，涂尔干的讨论是没有意义的。相反，正是在涂尔干那里，我们真切感受到了从形而上学到社会学这种思想风格转换的力量。这种转换的基础是一种现代的转变（当然我们不能单纯从线性时间的角度来考察这一问题），因此，涂尔干理论中社会决定论与个体主义之间的张力，并不是理论预设的张力，而是生活世界本身的张力。涂尔干告诉我们，正是在这种张力下，现代社会不仅蕴含着必然性的控制，还蕴含着前所未有的可能性，而且，这种可能性并不是围绕着原来意义上的宗教和科学展开的，而是一种新形式。因此，个体的道德实践并不是立法者和解释者之间的争执（Bauman，1987），而是这样一个问题：我们是否可以用主体化这种有限性的可能性形式，勾勒出一种社会存在的崭新形式。这就是涂尔干遗留给我们的悬而未决的问题。

参考文献

阿隆，雷蒙，1988/1967，《社会学主要思潮》，葛智强等译，上海：上海译文出版社。

柏拉图，1982，《巴曼尼得斯篇》，陈康译注，北京：商务印书馆。

黑格尔，1979，《精神现象学》（上、下），贺麟、王玖兴译，北京：商务印书馆。

莱布尼茨，1982，《人类理解新论》，陈修斋译，北京：商务印书馆。

李猛，1997，《常人方法学四十年：1954—1994》，《国外社会学》第 2～5 期。

列维－斯特劳斯，1995，《结构人类学》，谢维扬、俞宣孟译，上海：上海译文出版社。

刘北成，1995，《福柯思想肖像》，北京：北京师范大学出版社。

卢克曼，1995，《无形的宗教：现代社会中的宗教问题》，覃方明译，香港：汉语基督教文化研究所。

《马克思恩格斯全集》第 8 卷，1961，北京：人民出版社。

《马克思恩格斯全集》第 23 卷，1972，北京：人民出版社。

《马克思恩格斯全集》第 25 卷，1975，北京：人民出版社。

《马克思恩格斯全集》第 46 卷（上），1979，北京：人民出版社。

《马克思恩格斯全集》第 40 卷，1982，北京：人民出版社。

渠敬东，1998，《缺席与断裂：有关失范的社会学研究》，博士学位论文。

萨特，1998/1951，《魔鬼与上帝》，吴丹丽译，载于《萨特戏剧集》（下），合肥：安徽文艺出版社。

苏国勋，1988，《理性化及其限制：韦伯思想引论》，上海：上海人民出版社。

托克维尔，1992/1967，《旧制度与大革命》，冯棠译，北京：商务印书馆。

亚当·斯密，1997，《道德情操论》，蒋自强等译，北京：商务印书馆。

Alexander，1997，《形式意志论与实质意志论》，渠东、汲喆译，《国外社会学》第 6 期。

Durkheim，E.，1995，《社会学方法的准则》，狄玉明译，北京：商务印书馆。

Durkheim，E.，1996，《自杀论》，冯韵文译，北京：商务印书馆。

Durkheim, E., 1999, 《社会分工论》, 渠东译, 北京: 生活·读书·新知三联书店。

Foucault, M., 1997, 《什么是启蒙》, 李康译, 《国外社会学》第 6 期。

Giddens, A., 1998. 《社会的构成》, 李猛、李康译, 北京: 生活·读书·新知三联书店。

Heidegger, 1987, 《存在与时间》, 嘉映映、王庆节译, 北京: 生活·读书·新知三联书店。

Horkheimer, M. & T. Adorno, 1998, 《霍克海默集》, 渠东、付德根译, 上海: 上海远东出版社。

Alexander, J. 1978. "Formal and Substantive Voluntarism in the Work of Talcott Parsons: A Theoretical and Ideological Reinterpretation," *American Sociological Review* Vol. 43 (April): 177 – 198.

Anderson, B. 1995. *Imagined Communities: Reflection on the Origin and Spread of Nationalism.* London: Verso.

Bauman, Z. 1987. *Legislators and Interpreters: On Modernity, Post – Modernity and Intellectuals.* Cambridge: Polity.

Besnard, P. 1988. "The True Meaning of Anomie," *Sociological Theory* 6: 91 – 95.

Bourdieu, P. 1979. *Distinction: A Social Critique of the Judgment of Taste.* London: RKP.

Deleute, G. 1992. "What is Dispositif," in *Michel Foucault Philosopher.* Brighton: Harvester, pp. 159 – 165.

Deleuze, G., 1986. *Foucault.* Trans. by Sean Hand. Minneapolis: University of Minnesota Press.

Descombes, V. 1993. *The Barometer of Modern Reason.* Trans. by S. Schwartz. Oxford: Oxford University Press.

Douglas, M. 1980. *Evans-Pritchard.* Brighton: Harvester Press.

Douglas, M. 1986. *How Institutions Think.* N. Y.: Syracuse University Press.

Durkheim, E., & M. Mauss. 1969. *Primitive Classification.* Trans. by R. Needham. London: Cohen & West.

Durkheim, E. 1950. *The Rules of Sociological Method.* Trans. by S. Solovay & J. Mueller. Glencoe: Free Press.

Durkheim, E. 1951. *Suicide.* Trans. by J. Spaulding & G. Simpson. Glencoe: Free Press.

Durkheim, E. 1958. *Professional Ethics and Civic Morals.* Trans. by C. Brook field. Glencoe: Free Press.

Durkheim, E. 1959. *Socialism and Saint-Simon.* Trans by Charlotte Sattler. London: Routledge & Kegan Paul.

Durkheim, E. 1961. *Moral Education.* Glencoe: Free Press.

Durkheim, E. 1965. *The Elementary Forms of the Religious Life.* Trans. by J. W. Swain. N. Y.: Free Press.

Durkheim, E. 1969. "Individualism and the Intellectuals," *Political Studies* xvii, 14 – 30.

Durkheim, E. 1984. *The Division Labour in Society*. Trans. by W. Halls. N. Y. : Free Press.

Evans-Pritchard, E. 1956. *Nuer Religion*. Oxford: The Clarendon Press.

Felck, L. 1986. *Cognition and Fact*. Dordrecht: D. Reidel Publishing Company.

Fenton, S. with Reiner, R. , & I. Hamnett, 1984. *Durkheim and Modern Sociology*. Cambridge: Cambridge University Press.

Fleck, L. 1979. *The Genesis and Development of a Scientific Fact*. From M. Douglas 1986, N. Y. : Syracuse University Press.

Foucault, M. 1970. *The Order Of Things: An Archaeology of the Human Sciences*. London: Tavistock.

Foucault, M. 1972. *The Archaeology of Knowledge and the Discourse on Sciences*. Trans. by A. Sheridan. N. Y. : Pantheon.

Foucault, M. 1979. *Discipline and Punish: The Birth of the Prison*. Trans. by Alan Sheridan. N. Y. : Vintage Books.

Foucault, M. 1984. "What is Enlightenment" . In P. Rabinow (ed.), *The Foucault Reader*. N. Y. : Pantheon, pp. 32 – 50.

Geertz, C. 1980. *Negara: The Theatre State in Nineteenth-Century Bali*. Princeton: Princeton UP.

Giddens, A. 1984. *The Constitution of Society*. Cambridge: Cambridge U P.

Giddens, A. 1991. *Modernity and Self-Identity*. Polity Press.

Giddens, A. 1971. *Capitalism and Social Theory*. Cambridge: Cambridge U P.

Habermas. 1988. *The Theory of Communication*, Vol. II : *Lifeworld and System: A Critique of Functionalist Reason*. Boston: Beacon Press.

Habermas, J. 1984, *The Theory of Communication*, Vol. I : *Reason and the Rationalization of Society*. Boston: Beacon Press.

Halbwachs, M. 1992. *Collective Memory*. Ed. by L. Coser. Chicago: Chicago UP.

Heidegger, M. 1962. *Being and Time*. Trans. by Macquarrie, J. & E. Robinson. Oxford: Basil Black Well.

Hirst, P. 1975. *Durkheim, Bernard and Epistemology*. Boston: Routledge & Kegan Paul.

Horkheimer, M. , & T. Adorno. 1969. *Dialectic of Enlightenment*. Trans. by J. Cumming. N. Y. : Continuum.

Husserl. E. 1964. *The Phenomenology of Internal Time-Consciousness*. Edited by M. Heidegger, Trans. by James.

社会学危机的含义[*]

吴小英

摘　要：本文从科学哲学角度对社会学危机的含义进行了辨析。作者认为，社会学方法论的内在分裂和客观性困境都不能成为社会学危机的理由，因为它们自社会学诞生之初就早已存在，其根源在于对科学与科学方法的误解。社会学的危机是伴随着科学主义的衰落而产生的必然结果，它表明了正统社会学范式的危机，恰恰为社会学的多元化发展提供了新的可能。

引　言

社会学危机的说法由来已久。早在 1970 年，美国社会学家阿尔文·古德纳（Alvin W. Gouldner）就写了一本极具影响力的书《正在到来的西方社会学危机》（*The Coming Crisis of Western Sociology*）。书中指出，美国社会学界几十年来占统治地位的帕森斯主义，代表了西方社会与社会学理论之间的一种相互适合（fit）。而 20 世纪 60 年代后各种社会冲突、运动浪潮的出现，使原有的社会秩序以及关于秩序和进步的观念受到了前所未有的冲击，主流社会学和社会学家也遭遇到严峻的挑战。社会学危机是以社会本身的历史和文化变迁为基础的，这至少表明了社会学的价值无涉（value-free）理想的可疑性，因此古德纳倡导建立一种"反身社会学"（Reflexive Sociology）来取代传统社会学，尽管他从根本上并没有放弃帕森斯时代那种将社会学的更新视为社会重建的一部分的传统观念（Gouldner, 1970）。

古德纳的说法直到今天看来仍有意义。此后的学者在对主流社会学理

---
　　*　原文发表于《社会学研究》1999 年第 1 期。

论进行抨击或修正的同时，都要从理论上、方法上对社会学的传统、现状和目标进行探讨，对社会学的学科反省已成为社会学发展的一个基本前提。在过去的几十年中，社会学领域的新观念、新方法、新流派不断涌现，但是均未能形成大气候。随着帕森斯时代的逝去，社会学的黄金时代似乎一去不复返了，危机的阴影始终笼罩在社会学上空，关于危机的争论和探讨近年来有愈演愈烈的趋势。1994 年 6 月，美国社会学期刊《社会学论坛》（Sociological Forum）专门以这一问题为主题在社会学家中展开讨论。主编斯蒂芬·科尔（Stephen Cole）写了一篇名为《社会学出了什么问题?》（What's Wrong With Sociology?）的文章，指出社会学令人担忧的现状，即无论从制度（institutional）方面还是从智识（intellectual）方面来看，社会学都没有作出我们所期望的那种进步（Cole，1994）。前者包括社会学系和研究机构资金的缺乏，有些面临关闭的威胁；社会学家在公众中的形象和声望的下降；社会学在学术领域中被其他学科轻视或排挤；社会学研究生的教学和分配成问题；等等。后者包括社会学中可用于经验研究的理论的缺乏；学科中认知统一和统一范式的缺乏；未能取得如同自然科学那样的进步；未能有效地解释或解决相关的社会问题；等等。这场延续好几年的讨论，虽然没有得出什么结果或结论，但提出或揭示了一些具有普遍意义的问题，其中大多牵涉社会学的方法论问题。本文试图从科学哲学角度就这一问题进行探析，以便理出一条关于社会学危机的真正含义的可能思路。

一　社会学方法论的内在分裂

参加社会学危机讨论的学者大多指出了社会学学科内部的分散和分裂、统一范式和核心的缺乏、解释现实问题的理论无能等。他们将原因归于自然科学与社会科学研究对象的不同（物与人）、主题性质的不同（稳定与易变）所造成的研究方法上的不同要求（实证与理解），认为自然科学所崇尚的实证方法和客观性原则在社会学中无法坚持到底，不同意识形态和价值观念的冲突导致了社会学领域的支离破碎和多元化（缺乏凝聚力和统一的目标使命），因而无法取得真正意义上的进步，从而丧失了社会支持。[①] 也就是说，

①　参见 Sociological Forum，Vol. 9，No. 2，1994，pp. 129 – 291；Vol. 10，No. 2，No. 3，1995；Vol. 11，No. 4，1996 的有关文章。

他们将社会学的危机主要归于社会学方法论的危机，而这种危机的核心又在于社会学方法论取向上的内在分裂。

在自然科学与社会科学的关系问题上，向来有方法论的一元论与二元论之争。一元论者主张自然科学与社会科学遵循着同样的方法论准则，社会科学应以自然科学为标准模式，建立统一的知识体系。二元论者认为社会现象有其独特的性质，因而不能盲目效仿自然科学方法，而要确立自己独特的研究方法。这两种基本观点的论争可以追溯到韦伯（M. Weber）的同时代人。在以自然科学方法研究社会的科学主义（scientism）盛行的时代，德国的新康德学派将精神科学或称文化科学从科学中分离出来，试图确立其独立的地位，指出自然科学以解释因果关系为目的，文化科学则以个体化的体验和理解方法研究人的行为。这种争论反映在社会学领域，就表现为社会学中两大研究传统的分裂，即自然主义、实证主义传统和人文的、理解的传统，分别以古典社会学大师涂尔干（E. Durkheim）与韦伯为代表。涂尔干在他的《社会学方法论原理》一书中，明确提出社会学的研究对象是"社会事实"。这种社会事实外在于个人意识，并且对个人意识具有强制作用，作为独立科学的社会学只有将社会事实当作物来研究，将因果律原理应用于社会现象的普遍研究，才能树立社会学的权威。韦伯则将社会学的任务规定为试图对社会行动作出解释性理解，以便使其前因后果得到相应说明，也就是以理解的方法探究行动背后的主观意义和价值，力求通过移情作用理解行动者的意义，同时力求把行动同意义和目的联系起来得出因果性说明。

社会学中这两种传统的并存代表了研究社会的两种不同程序。自然主义或实证主义社会学对"科学建构"的强调依赖于把自然科学作为社会理论构造的模式以及社会学的精密性，由于对这种精密性的追求，许多社会学理论以数学和统计性为取向。相反，人文或理解的社会学则强调人类行为中那种使人类能唯一进入创造性领域的性质，认为人们应该从日常的、平凡的事物出发，研究人类对社会现象作出的解释以及赋予它们的意义，而不是简单地还原于自然规律的水平（波洛玛，1989）。这两种传统的争论从社会学诞生之初就开始了，并且始终没有结果，但它似乎并不妨碍社会学的发展，反而给社会学的发展提供了更加广阔的空间可能。原因在于这种分裂是表面的、虚假的和人为的，缺乏方法论的依据，因为两种传统共同源于对自然科学方法的误解。这种误解包括以下两个方面：（1）认为自然科学本身存在一种抽象的、普适的方法；（2）正是这种方法的权威构成了科学权威的基础。因此社会学想要取得类似自然科学的成功，关键在于找到这种普适的方法。结果只有两种选择，或者移花接木，照搬具有普遍声誉的自然科学方法；或者另辟蹊径，挖掘社会领域自身宝藏，创立新的普适方法。两种传统的一个共同特色是，它们都没有对自然科学模式的优势提出质疑，都将描述与解释、实证与理解对立起来，只不过实证主义社会学强调实证的一面，人文主义社会学强调理解的一面，试图确立社会科学相对于自然科学"独立而平等"（separate but equal）的地位，因此本身也可视为向科学主义的一种退让。

然而，当代科学哲学的研究已经赋予科学更加丰富的内涵。科学不仅仅是一种知识模式和认知方式，还是一种社会进程。从历史上看，科学的成功是由众多因素引起的，其中最主要的是它所推崇的实证精神极大地满足了资本主义发展对于程序、效率的追求。在这种追求过程中，韦伯所说的工具理性得到极大张扬，使科学得以战胜文化中的其他力量而上升到主流地位。科学事业与资本主义逻辑相互推波助澜，科学所获得的权力最后归由方法来代言。然而，方法本身是多元的、可变的，它只相对于具体的研究过程而存在。如波普（K. Popper）所认为，科学方法是由科学目标决定的，研究方法和手段只相对于具体目的才有意义（波普，1987）。所谓描述和解释、实证和理解并非决然对立，而是相互包含的。因为科学研究始于问题，而问题的提出本身包含着理论预设和背景知识，也包含着对现象的关注和思考。不存在纯粹的、中立的观察和绝对的、原始的事实。所谓经验描述必然包含着解释，解释本身也可以被视为一种描述。实证需要用观察来检验假设，这个检验的过程本身就是一种理解和认同的过程。因此，这种二元对立无论对于自然科学还是社会科学来说都是不成立的。

在社会学中，方法论的二元对立带来正反两方面的效应。一方面，这种实证的与理解的分野导致社会学领域的内在分工。一些人致力于获取社会世界的"真实"信息，描述有关社会结构以及人与人之间复杂关系的"实在"，同时为这种描述创建更加精确可靠的框架和模式。这种实证社会学近几十年的发展，已经使社会学的调查方法和分析模式越来越走向数量化、精确化和专门化，给社会学这一关注流行文化和公众话题的领域，包装上了越来越远离公众的专业外形。另一些人则致力于社会人际交往中行动的价值和意义的探究，并相信人们的意识是可以相互沟通的，因此可以通过参与的方式获取这些意识的认同。这种研究取向也使一些参悟性的精细方法得以发展起来，并形成了其特有的概念框架，在近几十年西方反主流文化的背景中获得了极大的扩展空间。然而，另一方面，这种内在分工也导致社会学内部两大传统之间无谓的争论，这种争论表面上是方法论上的对立，实际上是文化领域中长期以来科学文化与人文文化分裂的体现，具体地则表现为两个阵营之间争夺学科正统的斗争，斗争的焦点最后集中于社会科学何以存在的合理性问题，而合理性的依据又在于对方法论的核心——客观性的认识。

二　客观性认识的陷阱

参加危机讨论的学者大多认为，在社会科学中贯彻客观性原则比在自然科学中困难得多，或者说社会科学根本就没有客观性可言，原因在于其研究对象是有意志的人，有其独特的行为方式，较自然科学更为复杂；由于研究主体与客体属于同类，他们之间会产生相互交流、作用和影响，使得主体的价值观念直接影响到客体的反应以及研究结果，这就导致研究结果的客观性限度依赖于主体与客体相互作用的程度。因此，在社会科学中，它所期待的以自然科学为模型的普遍性目标从未真正实现过，包括预见性、可控性、可量化的准确性等。这里同样包含人们对客观性的一种偏见，即将客观性与绝对的价值中立等同起来，姑且称之为"客观性认识的陷阱"。

客观性认识的陷阱典型地体现在以逻辑实证主义为代表的科学的"公认观点"中。他们认为科学的权威就在于认知的权威，认知的权威就在于方法的权威，而科学方法又以客观性准则为核心。客观性包括两层含义，一是与真理相联系的知识的客观性，即认为科学是"自然之境"的科学实在论观点；二是保证它得以实现的方法或认知方式的客观性，即具有笛卡儿式确定性的价值中立的研究规则、标准和方法。这种客观性准则要求研究主体和过程、结果完全排除主观的、情感的、价值的因素，按客体未来的面目加以真实的描述，这就要求主体必须不带任何偏见，具有一种超乎寻常的"上帝之眼"。然而，这种科学方法论是不符合科学史发展的真实历程的，因为科学研究不是在真空中进行的，科学家作为研究主体必然会将个人的偏见和意识形态带入研究过程，共同体的研究传统和背景假设也影响了问题的提出、材料的取舍、证据的解释、理论的评价和选择，不存在不受理论和假设沾染的所谓原始材料或纯粹的观察，也不存在超越历史和文化情境的透明、中性的科学描述语言。因此，逻辑实证主义所强调的所谓发现的情境与证明的情境的划分以及观察与理论、事实与价值的区分都是没有意义的，这几乎已成为后实证主义科学哲学中的"公认观点"。

客观性问题可以从两个方面来看：在较强的意义上指的是客观性的可达到性（attainability）问题，即客观性在何种程度上可以实现、如何实现；在较弱的意义上指的是客观性的可想望性（desirability）问题，即客观性目标本身是否有意义、是否值得追求。无论是实证的还是理解的社会学都没有对后一种意义上的客观性作为社会学的研究规范提出异议，然而对于前一种意义上的客观性却都缺乏足够的信心。古德纳将社会学传统的两种取向分别对应于人类知识追求的两种类型：一种是将知识视为信息（information），视为有关实在的经验上证实的论断。如同人们通过物理科学获取自然界信息是为了控制自然一样，人们希望通过实证社会学获取社会世界的信息以控制人类自身。这样一种社会学观念假定人是可以像其他物一样被认知、被运用和被控制的，人本身被物化了，这种模式导致不断增强的实用文化（utilitarian culture）的发展。另一种知识的最终目标不是为了获取关于社会实在的中立信息，而是与人类自身变化着的兴趣、希望和价值密切相关的知识；不是为了方便他们控制社会，而是为了增强人们对自身在社会世界中的位置的意识。视为意识（awareness）的知识不关注外在于知者的社会世界的真理发现，而是将真理看成是在知者与世界的相遇中将自我的体验融合进去而产生的。因此知者关于自我的认知和关于他人、社会世界的认知是同一过程的两个方面。在这种社会学观念中，主体和客体之间不仅相互关联，而且相互构造，因为没有一种世界的知识不是我们自己对它的体验并体现了与它的关系（Gouldner, 1970: 491 - 494）。可见，社会学的两种传统都不可能达到由韦伯率先提出的学术社会学的最高目标——价值中立，相反，他们恰好代表了两种不同的价值取向。

社会学客观性的破产似乎宣告了社会科学模仿自然科学的失败，然而这种结果并没有导致社会科学家对客观性的可想望性的怀疑，而是将怀疑指向自然世界与社会世界、自然科学与社会科学的"先天差异"。即使像吉登斯（A. Giddens）这样的社会学大家，也相信"自然科学的理论和发现与它所关注的客体和事件所构成的世界之间是泾渭分明的，这一点保证了科学知识和客观世界之间的关系始终是一种'技术'关系"；而社会科学不可避免地要和作为其研究主题的"主体之间的关系"发生关联，它能够参与到对象世界的构成过程本身，这使社会科学话语自身具有一种"实践内涵"（吉登斯，1998：489～497）。客观性认识的陷阱就是建立在这种二元论的认识模式基础上的，认为真正的客观性须以主客体的绝对分离、事实与价值的决然分割为前提，而社会科学之所以未能取得类似自然科学的进步，就在于其先天不具备、后天也难以达到这种二元分离。

虽然吉登斯的这种观念仍建立在对自然科学的过分理想化的想象基础上，但是他对于社会科学的实践内涵的强调是富有启发意义的。后实证主义的科学哲学家在对客观主义的批判过程中，也表现出同样的趋势，即客观性由一种传统的认知标准退化为共同体的一个实践范畴，强调价值中立的客观性神话被一种负载价值的情境化的"主体间性"（inter subjectivity）所取代（伯恩斯坦，1992）。如波普认为，所谓客观性就在于批评方法的客观性，这对于自然科学与社会科学来说都是同样的。"可被描述为科学的客观性的事物完全建立在批评传统之上，这种批评传统总是不顾任何反对，使人们能批评占统治地位的教条。换言之，科学的客观性不是个别科学家的事情，而是相互批评的社会结果，科学家中友好与敌对的分工的社会结果，他们的合作的社会结果，也是他们的竞争的社会结果。由于这个缘故，它在某种程度上依赖于使这种批评成为可能的整个一系列社会和政治的环境。"（波普，1996：104～105）因此在波普眼里，价值无涉的客观性对于科学家来说不仅是达不到的，而且是扼杀人性的，它本身就体现了一种价值追求。所谓客观性只能是一种可批判性、可交流性，社会科学的逻辑可被称为一种"情境逻辑"，这使科学方法和认知过程具有了一种社会特征。库恩进一步将这种社会性赋予"科学共同体"的概念之中，客观性成为一种不排斥主观价值的可判断性，而共同体所拥有的"范式"替代了抽象的科学方法，成为科学家之间进行对话、磋商的依据。如此说来，客观性本身若离开了共同体的社会性和实践性，也就失去了存在的合理性，这就使客观性走出了自身的认识陷阱。

三　社会学危机的文化诠释

社会学方法论的内在分裂和客观性的困境之所以不能构成社会学危机的理由，在于它们共同源自对科学与科学方法的误解，这种传统的科学观和知识见解迎合了公众的常识，满足了人类对于普遍性和终极目标的追寻欲望，早在社会学诞生之前它们就已经存在。因此，社会学方法论意义上的危机并不能解释其社会学意义上的危机，科尔所阐明的社会学学科在社会建制方面遇到的问题，与其说是智识学术方面问题的表现，不如说是社会文化变迁造成的结果。

从历史上看，社会学的诞生是作为一种文化思潮的科学主义的直接产物，科学主义的兴衰伴随着社会学的兴衰，因此其危机也可被视为科学主义衰落的必然结果。十六七世纪牛顿—伽利略经典科学的成功所带来的惊喜，不仅仅在于科学对自然现象无与伦比的解释力使人们消除了对自然界的神秘感，而且在于科学这种具有魔力的东西自身所具有的神秘色彩。人们希望找到这种能够探求自然法则的奥秘所在，并利用这一奥秘去探寻社会法则。当 18 世纪法国启蒙思想家们竖起理性的旗帜时，就已将科学奉为理性原则的最高象征。科学不仅能够控制自然秩序，而且能够控制社会秩序，从而给人类生活带来福祉。这种科学主义信念，使得科学取代宗教上升到文化的霸主地位，并在知识领域中表现为以科学模式作为一切知识模式的范例、将科学方法作为权威方法模仿推广的运动。孔德的实证哲学和社会学设想就是在这种文化土壤中萌生出来的，其直接目标就是创立研究社会的自然科学，或者说寻求科学地研究社会的途径。

知识领域的科学主义促进了社会科学的发展和分化，在各门学科不断走向专门化、精细化的过程中，也出现了学科分工所导致的知识分野的日益僵化，甚至两种文化的分裂现象也在社会科学中日益明显地体现出来，社会学中实证的与理解的两种研究传统的争论就代表了科学文化与人文文化两种价值取向的断裂，这种断裂本身就是由于科学主义日益膨胀的结果。20 世纪以来，科学技术的发展，一方面，带来社会的飞速发展和人类生活的巨大变迁，使现代文明迈上一个新的台阶；另一方面，也带来全球问题和人类精神上的种种困惑。一种关于科学和文化的忧虑蔓延开来，促使人们对主流科学和科学观进行重新审视。科学不仅作为一种现代文明的基础和标志遭到人们的抨击，而且作为一种知识形式遭到越来越多的质疑。在知识领域，科学哲学家的工作结束了以逻辑实证主义为极端表现的科学主义形式，正在创立多元化的、更具实践意义和人文关怀的知识理论；在社会文化领域，20 世纪 60 年代后西方反主流文化的兴起，使对现代化与科学文化的批评成为一种时尚，作为意识形态和文化霸权的科学主义正在走向终结；在学科思想领域，占统治地位的正统学说受到不同程度的冲击，后现代思潮的泛滥，使作为学科基础的普遍主义追求失去了存在的合理性。

科学主义所受到的冲击直接影响了社会科学的代表学科——社会学的命运。华勒斯坦（I. Wallerstein）认为，科学主义的衰落伴随着 20 世纪 60 年代以来知识结构内部出现的两个显著的发展动向。一个是自然科学和数学领域的新发展，使得牛顿—笛卡尔式的经典科学模型受到了前所未有的挑战，强调非线性、复杂性和不确定性的新科学与社会科学中的一些传统不谋而合。这在一定程度上减缓了自然科学和社会科学两个"超级领域"之间的强硬区分。另一个是人文领域的文化研究所取得的新进展，使得不同学科出现了一种语言转向的趋势，后现代怀疑主义正在逐渐取代现代批评，一切宏大理论都遭到了毫不留情的抨击。这也在一定程度上破除了社会科学和人文科学两个超级领域之间的组织分界。这两个发展动向使得"两种文化"的区分失去了现实性和有效性（华勒斯坦等，1997）。这对社会科学来说应该是个发展契机，因为它们从此不再因为游离于两种文化之间而处在一种内部分裂状态，"也不再是站在自然科学和人文科学这两个对立的家族之间、不知该投靠哪一方的穷亲戚，恰恰相反，它们业已成为自身的潜在调和的场所"（华勒斯坦等，1997：73）。

然而社会学危机的呼声恰恰是在这种背景下出现的。这可以合理地解释为科学主义的衰败使得社会学失去了支撑的依据，那种试图寻求帕森斯式的社会秩序普遍话语的主张遭到了釜底抽薪式的破坏。因此如布尔迪厄（P. Bourdieu）所说，社会学的危机可理解为正统社会学的危机，而多元化的"异端学说"的增加，反倒意味着学科的进步。因为"对于社会学场的分析很可能会表明：在文化资本的类型与社会学的形式之间存在很大的关联作用，不同的研究者控制了不同类型的文化资本，而他们又把自己所采用的社会学的形式作为唯一合法的形式来加以维护"，因此不同学派的论争代表着学术市场中争夺地位的斗争（布尔迪厄，1997）。为了在学科领域和社会文化中获得类似科学的合法地位，社会学曾经建立了一种虚假的范式。如今两种文化的融合趋势使得占统治地位的范式发生动摇，这意味着社会学的不同范式之间必须重新开展为争取学术场中自身合法性的垄断而进行的斗争。同样，这种融合趋势也改变了学术领域内智力劳动的内部分工，模糊了各门学科包括社会学的边界，相邻学科之间在研究对象、方法以及所面临的问题方面的趋同性和交叉性，也使它们在学术资源上日益趋于共享，因此每一学科所面临的生存竞争也日趋严重。作为统一学术前提的合法性很大程度上依赖于市场效应，而对眼下学术市场中的结构变化和流行话语的生疏和不充分反应使社会学失去了应有的份额。在这个意义上，社会学的危机问题超出了学科环境的有限范围（Henry，1995）。由华勒斯坦等人组成的一批国际知名学者认为，当务之急是"开放社会科学"，因为他们已经认识到"知识是通过社会而构成的，这意味着更有效的知识也将通过社会而成为可能"，条件是"我们必须认真思考过去的研究实践所受到的种种批评，并建立起更加实在的多元主义和普遍主义结构"（华勒斯坦等，1997：100）。在这个意义上，社会学的危机恰恰预示了一种新的发展空间的扩展，用参加危机讨论的女性主义社会学家的话说，"社会学的问题所在实际上正是其有利所在"（What's wrong with sociology is actually what's right）。①

参考文献

安东尼·吉登斯，1998，《社会的构成》，生活·读书·新知三联书店。

布尔迪厄，1997，《文化资本与社会炼金术——布尔迪厄访谈录》，包亚明译，上海人民出版社。

---

① 女性主义是这场有关社会学危机讨论的参加者中唯一唱反调的。他们批判正统社会学价值中立的标榜和打着普遍主义旗帜的男性中心霸权话语，指出社会学的危机为来自边缘人群的观念和知识的发展提供了空间，同时边缘化学问通过对核心知识的批判，提供了有意义的问题，以及有价值见解的工具和原动力，形成了新的研究范式和对现代社会的更加充分的、多元化的理解（参见 Fitzgerald et al.，1995）。

华勒斯坦等，1997，《开放社会科学》，生活·读书·新知三联书店。

卡尔·波普，1987，《历史决定论的贫困》，杜汝辑、邱仁宗译，华夏出版社。

卡尔·波普，1998，《通过知识获得解放》，范景中、李本正译，中国美术学院出版社。

理查德丁·伯恩斯坦，1992，《超越客观主义和相对主义》，郭小平等译，光明日报出
版社。

玛格丽特·波洛玛，1989，《当代社会学理论》，孙立平译，华夏出版社。

Cole，Stephen. 1994. "Introduction：What's Wrong with Sociology?" *Sociological Forum*，
Vol. 9，No. 2.

Fitzgerald，Tina，et al. 1995. "What's Wrong is Right：a Response to the State of the Disci-
pline," *Sociological Forum*，Vol. 10，No. 3.

Gouldner，Alvin W. 1970. *The Coming Crisis of Western Sociology*. New York：Basic
Books，Inc.

Henry，Paget. 1995. "Sociology：After the Linguistic and Multicultural Turns," *Sociological
Forum*，Vol. 10，No. 4.

' 98 社会学：研究进展状况与热点难点问题[*]

《社会学研究》编辑部^{**}

《试析'97 社会学学术态势》发表（本刊 1998 年第 2 期）之后，有很多学者、读者来信索要和购阅，这表明大家对本学科发展是非常关心的。为了进一步推动社会学这门学科的发展，本刊编辑部于 1998 年 9 月底又一次在北京召开了座谈会，并邀请了部分京外学者以"笔谈"形式参与讨论。大家认为，加强学术交流和沟通，全面了解并综合分析本学科前沿问题和热点难点问题研究状况和最新进展，对于增强学术自觉、加强学术建设是很有意义的。为此，本刊特辟出"回顾与展望"专栏，希望得到学界同人的支持。

一　增强学术观念，提高应用研究的质量

中国社会学自恢复、重建以来，已经走过了整整 20 年的历程，这 20 年间，它始终以中国的体制改革这一社会变迁为背景，因而不乏中国特色的社会问题研究。众多的社会学家从现实生活中产生各自的问题意识，并以一个社会学者的使命感为出发点，投身于具体的经验研究当中，营造了一个能够引起学术讨论的气氛。这一气氛同时促进了 20 世纪 80 年代后期以来翻译工作的蓬勃发展，它给国内社会学界提供了一个更为开阔的视野，也促进和加强了国内外的学术对话。在全国一级刊物上发表的社会学

---

  * 　原文发表于《社会学研究》1999 年第 1 期。
 ** 　本文统稿人：罗红光；撰稿人：沈原、张宛丽、郭于华、谭深、范广伟、张志敏、罗红光；景天魁参加了修改定稿工作。

成果有以下几个特征。（1）在知识体系中把握学术动态，在具体的研究过程中，承续学术脉络，在尊重前人研究成果的基础上酝酿学术命题。这就相对地减少了资源浪费和重复性研究。（2）政策性研究历来是我国社会学研究的一大特点，它的主要特征是研究的命题不是来自长时期的学术思考，而是既定框架下的应用研究。从本文介绍的热点、难点问题的研究中也不难看出，学者们比较注重理论层面的呼应，学科的理性化成分也有所提高。（3）理论、方法与实践的关系。我们所研究的对象是具有主观意志的人和能动的社会，社会现象总是千差万别的，是变化中的一种存在，这也意味着社会本身是一个过程，这就要求我们应该用不同于自然科学的方法来研究社会人。目前，不同于社会"数字人"、社会"植物人"的另一套解析社会的方法论逐步在酝酿中，它在探讨指导经验研究的理论是否具有科学性，从社会机制上动态地把握社会结构等方面，对我国社会学整体素质的提高有一定的贡献。

与此同时，我们也看到社会学中的计量分析逐步走向规范，相比之下，社会学中的解释分析尽管数目可观，但缺乏严格的概念体系的支撑，流于素材的白描和临摹的现象较为严重，这些作品与新闻记者的报道不同的一点是多了一层价值判断而已。另外一点是，对国外社会学著作的介绍和研究不够深入和完整，"炒作"风气仍然存在。譬如，有学者批评说：在西方，后现代思潮势头已过，国内还把它作为热点、前沿问题来讨论。且不追究后现代主义思潮提出的文化相对论和普遍主义之间关系的命题是否已经得到了解答，社会科学中相对论在当今社会中已经演变为"意识形态上的相对论"和"方法上的相对论"这两种，这足以证明学科发展中深刻的人文背景和社会学反思。所以，学术研究并不是以年代来区分它是否处于学术前沿，更不是以"时髦"来定夺它的学术价值。学术并非时尚，它是一种长期的知识积累过程，需要花费一个人的毕生精力，甚至几代人要为之付出不懈的努力，人类的整个知识体系本身也说明了它的脉络关系。事实上我们今天的社会学仍在马克思、涂尔干和韦伯的思想体系之中，即如何改造这个世界的"实践社会学"和如何认识这个世界的"理解社会学"，在我国，其中也不乏具有文化韵味的本土化色彩。

鉴于上述几种学术动态，我们横向地观察 1998 年我国社会学研究的前沿和热点问题，纵观这些研究在我国社会学理论方面的探索和建树，以及这些理论在整个社会学研究中的参与和对话能力，我们作出如下介绍和分析。

二 学术前沿问题研究

（一）国家与社会关系的新探索

国家与社会是社会科学探索中老而常新的问题，亦是近年来各学科领域关注的热点。对于社会主义中国特别是改革开放以来变革中的中国政治与社会的研究，国家与社会更是成为一个基本的研究角度。影响中国研究的主要观点曾经被概括为极权主义（全权主义，totalitarianism）、多元主义和国家－社会关系三代理论模式（Perry，1994），它们分别是对苏俄、美国和欧洲研究的历史性总结。全权主义模式强调和关注的面向主要是国家正式制度、正式组织及其对整个社会的有效控制过程，因而正式的制度与程序、上层精英及官方意识形态的描述，就成为其分析与解释问题的最佳途径（Halpern，1993）。显然，全权主义模式的着眼点主要集中于国家一维。就改革前的中国而言，国家对资源的高度垄断，不发达的科层系统和大众动员的运作方式，成为确立中国 1949 年之后的总体性社会体制的三个最基本的因素，因而西方学术界在 20 世纪 50 年代和 60 年代对中国政治的研究中，全权主义的理论范式成为占支配地位的解释工具（孙立平，1997）。多元主义模式源于工业化资本主义民主政治的国家与社会关系，关注工业化和技术的作用及相应的现代化理念，强调各种群体与利益组合的要求和对决策的影响。多元主义与全权主义模式的不同之处在于，多元主义承认精英冲突（政治派系）的存在，意识到作为运行者的精英和民众的重要性，并且关注与正式制度相对应的非正式过程（Halpern，1993）。从政治学和历史学角度概括的国家－社会关系模式将视线转向国家之外的力量及其与国家的关系。而根据不同的学术传统和理论资源，以经济学家和社会学家为主的研究则使用新制度主义范式来概括这一研究取向。与全权主义范式的假设不同，新制度主义范式并不认为在社会主义制度下国家已经完全吞并了社会；相反，新制度主义范式非常关注从属群体的抵制对国家官员的限制。在这一视野中，强调外在于国家力量的存在和它的自主性及其非正式反抗,"二次经济"(second economy)的存在,从属群体的作用、非精英的作用乃至大众流行文化,概言之,注重国家结构和社会行动者行为之间的互动关系成为其主要特征。

近年来,"国家－社会关系"已经成为研究苏东和中国改革以来社会结构变迁的一个重要理论框架。国内的一些学者也在尝试用这个理论框架对中国的社会结构变迁进行研究。然而应当引起人们注意的是,目前"国家－社会关系"的分析概念还是相当粗糙的,基本上是以"分化－结合"或"相对强度"为基本分析框架。事实上国家与社会关系的演变是一个极为复杂的过程。在过去十几年的时间里,这一关系的演变是一个很难用"分化""结合"或是此强彼弱的关系加以概括的复杂过程。例如,不同层次的国家机器、政府部门,沿海与内地,不同的民族、信仰和文化之间的差异,不同的地域范围,等等,其间产生的错综复杂的互动关系和动态过程足以使整体性的"国家""社会"概念显示出粗疏乃至"笨拙";此外区分城市社会与乡村社会及各自的行动者也促使研究者细加斟酌和慎用"市民社会"与"民间社会"等概念工具。

在探讨国家－社会关系这一问题时,为了分析和叙述之便,国家与市民社会、上层文化与民间文化、现代性与传统、正式制度与非正式制度等一系列对应性的概念常会被使用。而这些对应概念的使用有时也导致了研究视域和思考上的二元对立,即将国家与社会视为各具不同性质、不同逻辑的位于两极的研究对象,并将正式的、法治的、理性的、现代的、普遍主义的性质归于前者,而将非正式的、礼治的、迷信的、传统的、特殊主义的特性归于后者。事实上,现代国家的实质内涵并非只居于传统到现代的线性逻辑的一端,扎根于本土社会与文化的国家制度和国家意识形态,与其产生基础既相区别又有无法分割的联系;共和国作为农民革命胜利的结果亦不可避免地带有乡土社会与文化的烙印。因而,国家与民间社会、大传统与小传统、上层文化与下层文化、统治意识形态与民众观念之间的联系、沟通和互动过程才是认识社会与文化及其变迁的最重要角度。

对国家－社会关系复杂性的认识使研究者注意到中国独特的国家与社会关系演变的趋向,这种独特性主要表现在两方面。第一,国家与社会之间分化和重新结合的重叠。一般地说,在一特定的社会中,国家与社会关系的变化要么是走向分化,要么是走向结合。西方市民社会的形成就是这两者走向分化的结果。而中国目前国家与社会关系的演变，则呈现一种复杂的趋向，即一方面国家与社会的关系在某些方面走向了进一步的分离，但在另外的一些方面，则走向了进一步的结合。这样的一种演变的过程，是相当独特的。这样的一种趋向必然对今后中国大陆社会结构的变迁产生深刻的影响。第二，国家中的不同部分与社会的关系的差异。在一般的研究国家与社会关系的理论框架中，存在的一个共同的倾向是将国家或社会看作一个有机的整体。但改革开放以来中国社会结构演变的历史表明，国家内部有不同部分，而社会内部也是高度分化的。国家中的不同部分与社会中的不同部分之间，并不存在一种统一的关系，即使是存在某种笼统的国家与社会之间的关系，其内部也包含着极为复杂的内容。中央政府与地方政府与经济精英集团关系的差异，就是一个典型的例子。这样一来，简单的国家与社会的相对强度的分析方法很难完全适合对今后中国大陆社会结构的分析。

不难看到，基于对中国社会丰富性和复杂性的认识，研究者对于国家 - 社会范式的局限已有比较明确的意识并表现出试图超越"国家"和"社会"的努力。这种意识和努力是从微观层面以乡村社会为对象的实证研究得以表现的。这类初现独特风格的研究可以称为"过程 - 事件分析"。它不是将注意力集中在农村的静态结构上，而是努力通过对具体的事件过程的分析，来揭示乡镇、村庄、农民三者之间的复杂而微妙的关系。例如：北京大学社会学系学者对河北某镇定购粮收购过程的研究，关注三者在同一过程中的参与和互动，以及非正式因素在其中的作用（孙立平，1997）；在对大河电站集体上访事件研究中，作者探讨了从消极农民到中央对这一过程的参与，特别是积极农民 - 上访精英的作用（晋军，1998）；在燕乡行政力量推广种植洋香瓜过程的研究中，作者关注到了小农经济背景下基层政府和村庄对农民的动员过程，包括使用的资源、动员的方式、范围的限制等（马明杰，1996）。这类研究的特点，是将农村中乡镇、村庄、农民三者之间的关系置于一个特定的动态过程（事件）中，通过这种过程（事件）体现其中的复杂关系。这些研究至少对静态的研究构成了如下的挑战。（1）大河电站上访事件研究表明，国家与社会的两分法是过于简单化的，这个事件涉及从消极农民、积极农民、村庄干部、区/乡/镇干部、县政府、地区政府、省/区/市政府、中央各个层次，其中很难将这些层次简单地归结为国家和社会两方面，至少可以归类为受损者（农民、村庄）、无直接责任基层政府（乡镇、区、县）、责任主体政府（地区）、超越层次政府（省区市、中央）。其取向都是各不相同的。受损者关心的是补偿、无直接责任基层政府关心的是可能的农民利益和"不出事"、责任主体政府关心的是补偿与收益的平衡、超越层次政府关心的是"安定团结"。其互动的过程就更为复杂。（2）定购粮收购过程的案例研究表明，在目前的中国农村中存在一种独特的权力运作方式，即正式行政权力的非正式使用方式。这种使用方式也大大模糊了国家与社会的边界。（3）研究单位的选择是极为重要的。过于强调国家因素的研究往往以乡镇为研究单位，而过分强调本土资源因素的研究往往以村庄为研究单位。而"过程－事件分析"在很大程度上克服了研究单位选择的狭义性。

"过程－事件分析"目前还处于探讨阶段，因而国内尚未有明确的结论或理论模式。

从微观的、历时的、过程的视角讨论国家与民间社会关系的，还有近年来人类学的研究。与社会学相比，人类学研究者在审视国家力量向民间社会渗透的同时更为重视地方和民间力量的能动性及其与国家互动、交涉的过程，以及新时期民间社会与传统文化复兴、重建和变迁的过程。在社会与文化变迁的研究中加入历史眼光，即动态地理解文化传统的问题，是人类学与社会史学相互汲取的一种趋势。北京大学社会学人类学研究所的学者对社区的探讨有成功的先例。有关社区历史的叙述架构的分析揭示了"社区文化的记忆"与"国家发明历史"的复杂权力结构关系（王铭铭，1997）。国家与民间社会的关系是一个重要而又十分复杂棘手的问题。它因时间（历史）、空间、视角、对象、概念等多维度的差异而时常呈现为错综复杂的面相，人类学者对此有清醒的认识，他们并不试图通过一个或数个社区或案例的微观研究做整体性的推论。但是小地方和个案研究并非不能作为探讨国家与社会关系的角度，而事实上它们是不可替代的角度，因为借此我们能够从生活世界和民众的视角来认识和解释国家的形象与本质。对普通人日常生活的观察，对地方社会和民间文化的强烈兴趣以及对本土性的强调，是人类学一贯的学术关怀，从草根社会的角度来理解国家也就成为人类学研究的特性。围绕这一问题，中国社会科学院社会学研究所的学者从不同的社会现象入手，在华北、山东和福建农村研究中，通过农家针对土地使用权的重新组合所反映出来的人际关系，讨论了生产和消费财富之间的文化纽带。这种文化导致了集团性的消费活动，界定了当地非等同于行政区域的社区，它构成了国家二次分配体系的文化基础（罗红光，1998）。在华北乡村的研究中，研究者通过非常具体的赡养纠纷和代际关系的变化，探讨国家权力和国家象征系统如何改变了乡村社会原有的运作逻辑与规范；而在此过程中，国家又如何与民间传统文化发生复杂的互动关系并陷入自身悖论的状况（郭于华，1998）。从生活史的过程中把握社会活动，它证明了社会变迁、知识再生产以及当事者的主观能动性之间的有机联系。如海外一位中国学者通过两座村庙的历史考察了民间社会中知识、组织与象征资本如何在重建地方文化中发生作用，并如何与国家资源和国家意识形态进行互动的过程（景军，1998）。人类学对国家与社会关系的讨论，更为注重自下而上的视角，即从民众生活世界和民间观点看待国家力量与国家形象，并且更为强调民间社会的自主性与生命力，尽管这种强调并非全都恰如其分，但把局部的微观性研究与整个社会与文化的格局连接起来，成为认识宏观社会结构不可或缺的环节。带着历史视野进入研究，有助于突破结构功能主义立场的局限并超越乡土社会文化小传统的界限，动态地、过程性地理解现代政治权力和国家意识形态与民间社会的互动过程。此外，同样是对于"过程"的关注，由于人类学长期深入的田野作业特点，它能够观照具体"事件过程"背后的更大的社区建构过程，因而也提高了对于国家－社会关系的解释力。

综上所述，中国改革与社会变迁的复杂实践和现实的逻辑，使国家与社会关系的研究从比较简单的二元对立或二分法走向更为注重二者复杂的互动交织关系的视野，从宏大的整体性、构想性判断走向在具体事件、过程中理解和解释二者关系的研究取向。这两方面的变化将把对国家－社会关系的研究推向更为实在、具体、生动和富于现实意义与学术趣味的境地。

（二）社会学理论与方法论研究

社会学理论、方法论研究近一年来的进展以社会学知识为焦点，集中于方法论层面的有关探讨，并在国际社会学交流的影响下，在社会学两大传统理论倾向（实证社会学、理解社会学）不断演进、分化的学术背景下出现了追求不同研究风格的分化倾向。

一些研究者从不同角度意识到社会学知识危机，其中涉及社会学知识形态，以及对于中国社会结构的社会学的知识获得、理论建构及解释能力。由此，研究者又被逼迫到从社会学乃至社会科学的知识源头去寻根溯源，以求解当代社会学及人类社会行为多元化引发的诸种困惑。这种危机几乎燃及当代社会科学的各个学科。出发点缘于"现代性问题"，并因此而形成了当代全部社会科学无法回避的、根本性的学术前沿问题。这一危机的发生与当代思想界的所谓"现代性问题"的提出密切相关，而现代性问题的现实背景在于人从不断丰富的物质生活中寻求精神自由的努力。当生存竞争的压力逐渐淡出社会生活的时候，当文化的品位和丰富性逐渐成为人们追求的价值的时候，或者，当社会制度发生大范围变迁的时候，传统的"理性"假设开始失去解释力。古典社会学的基本问题——"为什么会有社会？"与当代经济学的基本问题——"什么是理性行为？"融为同一命题——"作为一致性的理性何以可能？"而这正是"现代性问题"的转化形式（汪丁丁，1998）。

社会学界对社会学危机的讨论是从科学主义的知识传统入手剖析的。社会学方法论的内在分化，如客观性困境都不能成为社会学危机的理由，因为它们自社会学诞生之初就早已存在，其根源在于对科学与科学方法的误解。社会学的危机是伴随着科学主义的衰落而产生的必然结果，它表明了正统社会学范式的危机。对此，女性主义社会学家则认为，社会学的危机为来自边缘人群的观念和知识的发展提供了空间，同时边缘化学问通过对核心知识的批判，提出了有意义的问题，形成了新的研究范式和对贤达社会的更加充分的、多元化的理解（Fitzgerald et al.，1995，转自吴小英，1998）。社会学理论家则从科学哲学与语言哲学的理论的视角试图对社会学方法论的二元对立状况予以澄清，并认为：就社会学方法论的二元对立而言，它实质是整个社会科学领域内方法论分裂状态的反映。传统的社会学方法论的个体主义与整体主义之间的对立，只在发现的程序层面上存在，而在知识的逻辑层面上消失。因此，两者不存在本质的对立。而理解的方法与实证的方法则在验证的逻辑上分别对应于本质上不同的方式，它们之间的对立才是根本性的。

伴随着近年来逐渐强调社会学专业化及"问题意识"的学术指向的发

展，在以研究对象划分具体研究领域的基础上，出现了研究的方法、角度及风格上分化的专业化倾向。有学者认为，这种因研究风格上的不同而导致的专业化分化倾向将会形成不同的流派，而在研究结果的沟通上会因此产生一定的困难。他进而指出，社会学目前开始出现的这种专业化分化倾向可从两个方面观察得到。一是研究者的研究行为的定位出现分化。一些人更多地从事社会科学研究的"采掘业"，热心于各种新生的、热点的社会问题材料的挖掘、收集；另有一些社会学者不甘于这种初级材料采集的社会学学科定位，而有志于在此基础上，从"问题意识"出发进行理论提炼，强调将理论与经验勾连起来。二是在方法论及方法选择上出现分化。一些人坚持实证的社会科学取向的研究，另有一部分人则走向文化的、人文取向的研究，似乎这两种研究取向之间的差距越来越大。包括知识背景、兴奋点和"问题意识"都不一样，似乎很难对话。在这一分化的过程中，可能会形成不同的研究风格，乃至不同的流派。如最近出现了一种比较有潜力的研究，即案例的研究和理论模型的对话，它与社会学原有的、以统计分析为基础的实证研究传统有所不同。这种研究方式的出现与近几年学术界"博弈论"等思潮的出现有关。国际学界"博弈论"已经从经济学扩展到政治学、社会学等许多学科领域，而"博弈论"的一个特点就是强调案例与模型，这种研究方式有它的合理性，可能会刺激我们的社会学研究。导致这种研究方式出现的另一诱因是"新制度主义"的出现。它是从典型案例当中挖掘、透视、建构理论模型，并与旧有的理论模型对话。"新制度主义"在国际学术界不仅对经济学，而且对政治学、社会学的冲击也越来越大。再比如，从历史的角度来看，特别强调一些重要的历史事件及记忆对后来所形成的社会演变的路径的影响，口述史的研究即属于这一类研究方法（刘世定，1998）。

（三）社会发展理论

社会发展理论近年来一直为国内各门社会科学所关注。从国际上看，发展是时代的主题，无论是发达国家还是发展中国家，都面临着如何发展的问题；从国内来看，我国正处于社会转型时期，发展理论与社会现实运动的过程和方向都具有直接的关系。对社会学来说，社会发展理论更是格外重要，社会学对社会发展的认识程度和理解水平，既反映了它自身的发展水平，也决定了它在社会科学殿堂中的地位。1998 年 8 月在上海举行的高校社会学教学指导委员会暨全国高校社会学系系主任联席会议上，有人提出要以"现代化和社会发展"作为突破点，充分发挥社会学的作用和提高社会学的学科地位，得到了与会代表的普遍认同。

人们对发展问题的研究主要有两个路径，一是以本国发展为出发点，探讨具有本国特色的发展道路；二是以世界发展潮流为依托，探讨普遍性的发展形式，其中邓小平发展理论和可持续发展理论在过去的一年中居于主流地位。

1. 邓小平发展理论

邓小平的社会发展理论是我们实现社会发展的行动指南，对这一理论的研究有着重大的现实意义，特别是党的十五大明确提出邓小平理论是指引我们党前进的旗帜，更激起了研究邓小平理论的新高潮。

目前，有关邓小平发展理论的研究为数众多，似可分为如下三类。

（1）概括邓小平理论自身特点

比如，有人提出邓小平发展理论具有 5 大特色，包括发展的社会主义方向性、发展的波浪性、发展的相对性、发展的人民性和发展的协调性。也有人认为邓小平发展理论有十大特点，其中包括发展的整体性、发展的世界潮流性、发展的机遇性等。由于每个研究者看问题的角度不同，进行归纳的粗细程度也不同，因此他们所概括出的理论特点也不尽相同。

（2）探求邓小平发展理论的内在逻辑结构

这类研究可以说是更进了一层，试图揭示出邓小平发展理论中各种概念和判断之间的内在联系和逻辑秩序。比如，有人提出邓小平发展理论中，生产力标准是衡量社会发展的客观主导性指标；也有人提出邓小平发展理论是发展动力论和利益观二者的统一，只有把它们结合起来，才能合理地说明和理解邓小平的社会发展理论。

（3）结合各种世界流行的发展理论来阐发邓小平发展理论

近年来在世界上较为流行的发展理论有社会全面发展理论、以人为本的发展理论和可持续发展理论等，于是有不少研究者以这些理论为出发点，来研究和阐发邓小平社会发展理论。

2. 可持续发展理论

在过去的一年里，国内对可持续发展的研究主要集中在以下 4 个方面：

①探讨可持续发展的含义；②论述可持续发展的必然性和合理性；③建立可持续发展的评价与指标体系；④可持续发展的原则在某具体部门或区域的运用。无论从哪一个方面看，可持续发展在理论方面的发展都是令人可喜的，取得了不少实质性进展。但它在实践中的运行就不是那么顺利了，"《中国 21 世纪议程》实施缺乏实质性进展"（丁元竹，1998），其主要原因在于缺乏明确的目标、管理技术与专家系统、分析框架和模式，也缺乏具体的能在区域水平上贯彻的、具有综合连续性的可持续发展战略。由此看来，今后的可持续发展理论的研究应该在如何使理论更具有可操作性方面多下功夫。可持续发展既是一种理论，也是一场运动，假如理论不能对运动有所贡献，那么它自己也很快就会枯竭。值得注意的是，目前我国在可持续发展的研究中，来自社会学家的声音并不多。这主要是由于我国的可持续发展的战略定位于环境保护，使得大部分关于可持续发展的探讨集中围绕在探讨环保问题。但是，诸如人文社会层面的教育、文化、人口等方面也是可持续发展的内涵中不可或缺的部分，作为社会学家应该有责任阐述、呼吁和强调社会发展的重要性，推动民众和国家对社会发展予以关心和重视。

三　社会热点难点研究

（一）城乡社会结构变迁

中国在社会转型过程中，有学者指出农村中的"非农"人口即"农转非"现象（陆学艺，1993：138～163）的出现，伴随着我国户籍制度的改革，"农民工"和大量的流动人口打破了传统上的城乡二元结构。改革之后的农村城镇化过程中，重要的一个因素是农民的组织化问题。有研究成果表明，仅仅用行政组织和准行政组织还不能反映农村社会的发展水平以及农民的素质状况，指出有关农民的组织化问题还要看"农民自愿组织化"、"生产关系的组织化"、"商业组织化"和"农工商、生产交易相结合的多功能综合性组织"（陆学艺，1994：198～203）。在许多发达国家中，从事农业的人员并非脱农，而是多功能化。如美国、加拿大个体农民的大规模的农业生产与经营；德国和以色列农民社会中技术密集度很高的俱乐部会员制度；日本农民和生活者协会、农协之间的密切关系等，这些都表明在不以牺牲农业为前提条件下发展工业和第三产业的可能。所以，在中国农村，除了针对制度性变迁所导致的结构性产物的研究以外，还必须注意到农民自身的组织形态。我们知道，联产承包是农民率先做起的，土地承包制实施以后，农民又自发地组织起来，从农村社会中的"新集体主义"（王颖，1996）到"村庄的再造"（折晓叶，1997）均可反映新形势下的组织逻辑。有学者则从历史资料的角度对小共同体本位论提出质疑：为什么"小私有"的中国农民比俄国的村社农民更易于集体化？他认为："传统中国农民便在很大程度上置身于'道德农民'与'理性农民'之外，小共同体在这里不够发育，但这并非意味着个性的发育，而是'大共同体'的膨胀之结果。"它与法家或"儒表法里"的传统相联，形成一系列伪现代化现象（秦晖，1998：12～21）。

上述研究有助于我们探讨有中国特色社会主义的社会结构的深层问题。1998年同类报告中也曾经提到过国内外对乡土社会研究的关注以及社区研究中存在的争议（景天魁，1998：315～316）。从这些研究中我们可以看到，这一领域的研究逐渐形成了自己的风格，这将对中国社会学发展过程中的理论性建构起到积极的推动作用。

（二）社会分层研究

近一年多来，社会分层研究出现了从描述性研究向解释性研究转化的苗头，即探索中国社会分层结构的理论表述，试图揭示中国社会分层现象的社会结构特征。一方面，从已发表的某些论文、著作中，可以窥见研究者已不仅仅停留于对所获得的实证资料的一般性描述分析，更尝试做出相应的理论解释。尽管这种努力可能并不完全对路，甚或片面、幼稚；另一方面，在正式或非正式的学术交流中，有些研究者开始对20世纪90年代以来中国社会分层研究进行学术反思，指出研究中存在的问题。如缺乏理论层面的"问题意识"、理论逻辑混乱、统计分析方法上存在严重的不足等（李路路，1998）。

在当前，中国社会分层研究既是一个现实性很强的研究热点，又是一个理论性颇重的核心领域。就现实性而论，有以下几点。①暴富现象及新富群体的出现，凸显了不平等的社会分化的社会事实，直接影响并作用到转型中中国社会的利益格局及利益关系。因而相应地要求社会分层研究提供具有对策性的研究成果。②因国企改革出现的大批下岗职工的利益调整问题，也给转型期的中国社会分层研究提出了急迫的现实课题。③"跳槽者""白领人"等经营管理及高新技术群体的出现，是否会形成如西方现代社会结构中的"中产阶级"，并因此而影响中国社会结构及利益分化。这也是需要面对的一个重大现实课题。

就理论性而言，中国社会分层研究理论定位始终是一个重要的、关键性的理论建构前提。这里包括以下几点。①明确研究的逻辑起点（包括实证研究和理论研究），即将特定的相关研究与相应的既存理论的验证、发展相联系，将分层的普遍性理论运用到一项具体的研究当中，以期对描述的现象做出理论性解释。②研究国外已有的分层理论的不同流派及理论成果中所反映出的各自不同的理念，辨析构成其理论体系的基本概念的思想性、操作性含义。③立足于中国社会结构特质，深入揭示、提炼中国社会分层结构的解释性概念，逐步建立中国社会分层理论模型。

在 1998 年的分层研究中，从研究主题上看，除仍然继续以往的研究题目（如"单位现象""私人企业及私人企业主""城乡社会流动"）之外，有了一项新的主题拓展，即对转型社会精英替代模式及分层机制变化的研究。在论文《权力转换的延迟效应——对社会主义国家向市场转变过程中的精英再生与循环的一种解释》中，作者对撒列尼（Ivan Szelenyi）、维克托·尼（Victor Nee）等，关于包括苏联、东欧、中国在内的社会主义国家向市场转变的过程中的精英流动模式，以及罗纳塔斯（Rona - Tas）等的精英再生模式进行了修正；在 1996 年历史事件数据分析的基础上，提出了"干部权力转换延迟理论"的新解释。作者认为：政权的稳定导致了干部权力的延续性，并由此轻而易举地转化为市场中的经济利益；市场改革提供了干部权力转换的一种机制，使得社会主义再分配制度下有限的、受到特定意识形态严格限制的社会不平等，转化为自由市场条件下不受任何约束和限制的、绝对的不平等。干部权力的这种延续性决定了改革中国社会分层与流动的主流是精英再生（宋时歌，1998）。《向市场过渡中的私营企业》一文指出：就私人企业的成功而言，"精英循环"与"精英再生产"并存。中国社会目前具有的向市场经济的渐进型转型和经济体制上的不协调，导致了社会结构变革的机制及社会结构的混乱性，从而也决定了私营企业的成功是多种机制推动的结果（李路路，1998）。

随着分层研究的逐步深化，无论是从研究主题上，还是具体的方法上都将愈加丰富，且会出现不同风格研究的分化趋势。因为，中国社会结构转型的复杂性、过程性、丰富性，无疑会给分层研究不断提出新的课题，以促使研究者拓展主题，活用方法；而研究者的学术视野及研究能力亦会在前一阶段分层研究的实践基础上，及活跃的国内外学术交流中，得以深化、提高。当然，这些都是以分层研究者的学术自觉及问题意识为基点的。换句话说，在今后的中国社会分层研究中，将可能出现以研究者个人的学术素养及思想发现能力为特征的研究转向，并且这一转向是以重新建立中国社会分层研究理论模型为学术定位的。

（三）下岗和再就业问题研究

1. 关于数量和结构

随着企业改革力度加大，越来越多的职工下岗已成定势。但是统计上过去是按下岗累计数字，既包含了新下岗的人员，也包括了已再就业和不就业人员，它是一个模糊不清的数字。1999 年，劳动和社会保障部、国家经贸委、国家统计局在对国有企业下岗职工的专项调查统计中，根据工作需要将原下岗职工分成两部分：下岗职工和分流人员，分流人员包括已再就业人员和离岗退养人员。根据这一调查，1997 年底全国国有企业下岗和分流职工 1274 万人，其中未分流的 634 万人；1997 年第一季度国有企业下岗未分流职工 655.7 万人，比上年末增加 21.7 万人。此外，分流 323.4 万人（张左已，1998），新增 345.1 万人。另外，国家统计局 1997 年 8 月的调查表明，从经济类型来看，国有和集体经济单位下岗分别占 64.3% 和 32.2%，其他经济所有制只占 3.5%（按此比例推算，到第三季度末，城镇下岗职工累计在 2600 万人以上）；从行业分布来看，制造业占 47.8%，纺织业占 15.5%；从地区分布来看，列全国前两位的是辽宁和黑龙江，其次是东部和中部地区；从性别来看，女性占 60% 左右（范芹，1998）。

2. 下岗群体的组织行为特征

改革前的经济体制框架中，职工对企业的高度依赖已是公认的事实。而近年出现的下岗群体却处于原体制和新的市场体制之间，研究者称之为"双体制人"（王汉生、陈智霞，1998）。另有文章从下岗工人对体制内外不同资源的利用方面分析了下岗职工的社会支持结构。研究发现，下岗职工在解决经济困难和寻求再就业中，不仅依赖正式社会网络（组织、社区、市场），同时，非正式社会网络也发挥着重要的作用。对比改革前，他们认为，社会支持从过去"一元"向多元转化，导致人们对单位依赖程度的降低（丘海雄、陈健民、任焰，1998）。可能由于调查地点的差别（丘海雄调查的是广州市），王汉生等的调查（重庆和北京）结论与丘海雄的不尽一致。原体制资源对下岗职工最重要的意义在于"使下岗职工有一定的与企业和政府讨价还价的能力"，因而下岗职工最大意愿的共性是他们对旧体制的依赖，反映在行为上则是尽一切可能回到原来的体制中去，或者尽可能地利用原体制提供的资源，拒绝完全进入市场。真正成为"市场人"的比例极低，而且也是"不得已而为之"（王汉生、陈智霞，1998）。中国社科院社会学研究所的调查（东北三省）则发现，国有企业的企业福利存量和增量状况以及由此决定的利益格局是下岗形式的重要影响因素，企业的福利状况尚可，下岗只能采取"包下来"和"内部消化"的单位化形式；而在企业福利状况发生危机的情况下，一部分人只能主动或被动地采取市场化形式（李培林，1998）。这从另一个角度可以看出，下岗职工行为取向中对原体制、原单位的依赖。

3. 下岗和再就业模式

有研究者根据目前下岗和再就业的比例以及下岗职工的生活状况，认为真正需要重点提供就业和生活帮助的只是400多万人，在目前还是可以承受的。但是随着大量富余人员不断下岗，加上每年新增劳动力和其他失业人员，劳动力供给压力越来越大，而就业位置远远跟不上就业需求（孟灿文、张志斌，1998）。解决失业问题，无非是扩大劳动力需求或者压缩劳动力供给。他们主张通过扩大教育压缩劳动力供给。扩大教育推迟就业年龄是当前许多研究共同的对策建议，李培林认为，"不能把教育仅仅看成一种消费或一种完全需要政府支出的事业，要把教育看成一种产业，而且是后工业社会中的主导产业之一"（李培林，1998）。其他研究者也提出各种减轻就业压力的方式。在降低劳动力的参与率的建议中，有人提出实行男女有别的就业政策，具体讲就是在妇女生育至孩子上学期间退出就业位置（王金法、吴峰，1998）。这一论点和对策曾经数次引起争议，近期的一次争论发生在学术界（1994～1995年），一次发生在政府与社会组织之间（1997 年）。值得注意的是，争论涉及的实质是在各种利益格局的变动中，两性的利益向哪一方面调整的问题。

（四）社会稳定问题研究

1998 年维护社会稳定的重点主要是反腐败、反走私。从 1993 年党中央作出加大反腐败斗争力度的决策以后，查办发生在党政领导机关、行政执法机关、司法机关和经济管理部门的犯罪案件，特别是县处级以上领导干部犯罪一直作为司法部门工作的重点，大案要案不断曝光。但是反腐败的形势依然十分严峻。

进入 1998 年，中纪委和国务院相继召开反腐败会议。提出新的反腐败措施：各司法机构在作为反腐败执法机构的同时也要反司法腐败，自查自纠自身的违法违纪问题；认真查办国有大中型企业改革中发生的侵吞、挥霍公款，致使国有资产严重流失的犯罪；认真查办基层干部欺压百姓、侵犯群众利益构成犯罪的案件。同时，为了减少和消除滋生腐败的条件，1998 年的重点是：结合金融改革，严禁任何部门和单位非法设立金融机构和非法从事金融业务，严禁金融机构在法定的会计账册以外另立会计账册从事账外经营，严禁任何单位和个人将单位的资金以个人名义开立账户存储；所有党政机关都要执行与所办经济实体脱钩的规定，落实行政事业性收费、罚没收入实行"收支两条线"的规定。1998 年 8 月，中共中央、国务院、中央军委又作出了军队、武警部队和政法机关一律不再从事经商活动的决定，要求立即同所属单位办的一切经营性公司彻底脱钩。必须把这项重大而复杂的工作抓得很紧很紧，务必达到预期目的。

有研究者指出，权力的监督制约机制不健全、监督乏力也是导致腐败现象滋生的重要因素。目前人治的因素还在相当大的程度上存在着。监督的重要前提是公开，没有公开就谈不上监督。凡是办理与群众利益密切相关的事项，凡是能公开的用权行为，在不涉及泄密的情况下，都应向社会公开。有课题组提出，不能把具有互相制约的职责和权力集中于一个部门或一个人，以避免权力过大和过于集中，减少以权谋私、权钱交易的机会。还有人提出对重要岗位的工作人员实行定期轮换的思路。

走私活动猖獗是当前社会经济生活中一个突出的问题。走私活动范围之广、走私货物品种之多、数额之巨大，都是前所未有的。据有关方面估计，每年走私进来的商品价值高达千亿元。而愈演愈烈的走私活动是利用假批文、假单证、假印章的走私和瞒报、夹藏等瞒骗走私，以及利用加工贸易和保税区变相走私等。这方面的问题不可忽视，1998 年上半年加工贸易出口已占我国出口总额的 54%。而 1998 年 1 月 5 日，全国查获利用加工贸易走私大要案 157 件，案值 10.1 亿元，占查获走私总案值的 45%。有关方面认为，大量的走私活动，加剧了国有企业改革和发展的困难。当前一些企业开工不足，生产经营困难，下岗人员增多，在一定程度上与走私商品挤占部分国内市场有关。

走私与腐败密切相关，腐败保护走私。因此，国务院决定，1998 年下半年，在全国范围内开展一次大规模的反走私联合行动和专项斗争。截至 1998 年 8 月，全国海关共查获走私大案要案 1043 起，案值 54.24 亿元。其中查获海上走私大案要案案件数与上年同期相比增长 125%，案值增长 32%；加工贸易走私大案 382 起，案值 21.19 亿元，分别占同期查获大案要案案件数的 37%，案值的 39%；查获成品油走私大案要案 102 起，比上年全年查获总量还增长了 82%。

（五）社会心理学研究及方法问题

近一年来，社会心理学的研究越来越集中于对中国人的社会行为心理的独特性研究，并不断拓展研究视野，出现了跨学科的应用研究。如对中国人社会行为中的"自己人""势""关系""信任"问题等的研究。

越来越多的研究者不同程度地认识到，在社会心理学研究本土化的推进中，遇到了方法论的问题。有的研究者明确指出："成熟的亚洲社会心理学的标志，在于它用来创造关于社会行为的一般性知识的特殊方法，而不是它获得的有关亚洲人的知识本身。"（何有晖、彭泗清，1998）鉴于此，他们提出了那些有关亚洲社会心理学的"关系问题"的方法论，即关系取向和关系支配性反映了儒家文化传统中社会行为类型的基本特征，对于人们的社会行为具有支配性、压倒性的影响。这种行为方式是与一种注重关系和整体的思维方式紧密相关的，它使人们习惯于从关系的角度，而非个体的角度来感知世界、思考问题。这种从关系出发的思想方法即被研究者视为方法论的关系论。

下一步中国社会心理学的研究仍将以探索中国人的社会行为心理的独

特机制为主流，逼近人类社会行为的一般性知识建构的目标——社会心理学学术前沿。这种基于独特的社会文化背景的社会心理学研究仍将会使研究者在两个层面上拓展、深化既有的研究：一是方法论层面的深化、完善及体系化理论性建构；二是在操作化层面上对中国人典型社会行为的拓展、丰富及理论提炼。

特别值得指出的是，无论基于哪个层面的社会心理学研究，研究者的学术定位直接关系到中国社会心理学对人类社会行为的一般性知识的独特价值以及贡献。诚如有的研究者所明确强调的，对获得中国乃至亚洲社会行为知识建构独特方法的认识，较之于获得有关中国人以及亚洲人的知识本身更为有意义、有价值。

（六）社会保障制度研究

1998 年 3 月，国务院劳动和社会保障部组建，标志着我国社会保障管理体制从分散化走向统一，并向全国统一的、多层次的、法制化的社会保障制度方向迈进。然而，制度建设中的许多理论与实践问题仍待进一步研究。

关于养老保障。1997 年 7 月，国务院颁布了《国务院关于建立统一的企业职工基本养老保险制度的决定》（以下简称《决定》），落实《决定》就成为 1998 年的中心任务。全国大部分地区制定了统一的实施细则和主要的政策规章，基本的管理程序调整完毕，从而进入按统一制度实际运行的状态。针对《决定》的核心——社会统筹与个人账户相结合的方针，有学者提出，从统一制度、改善管理的角度看，《决定》比多种具体实施方案并存的状况有所进步，但从基本的养老制度模式看，要实现中国社会保障制度改革，最关键的问题是以有效方式解决对老职工的隐性负债问题。对于这一旧体制遗留的问题，只能由政府统一承担债务责任（葛延风，1998）。

关于医疗保障。1998 年"统账结合"的医改试点工作在全国各大中城市全面推行，但由于相关的政策尚未出台，1999 年有可能在广泛总结经验的基础上形成一个全国医疗保险制度改革的框架性方案，其制度建设的目标体系和改革的基本思路是"低水平、广覆盖、统账结合、多层次"。

关于农村社会保障制度改革。"建立农村社会养老保险"成为"九五"

计划的一项重要内容并曾被列为"农村民政工作的头等大事"。但是，农村社会保障制度改革任重而道远。针对目前正在全国推行的《县级农村社会养老保险基本方案》，结合方案实行中的一些问题，有关研究者认为：目前在农村开展社会保障工作的首要任务是要正确理解农村社会保障体系建设的任务和目标。这一目标并不是要求在全国建立同一项目和同一标准的保障体系，而是着重在制度化建设方面构建农村社会保障体系的基本框架。至于保障的模式、保障项目和标准则可因地制宜、自主选择、量力而行（朱勇，1998）。另有学者从分析我国现行的城乡社会保障的二元结构及其弊端入手，提出社会保障"从二元到三维"的改革思路，以期为我国社会保障制度的进一步改革提供参考（王国军，1998）。

（七）住房制度改革

进入 20 世纪 80 年代以来，我国的住房出现了多元化状况。自 1998 年 7 月 1 日起，随着新一轮住房制度改革在全国范围内拉开序幕，住房问题成为 1998 年最为百姓关注的热点话题之一。

社会学者一直致力于住房制度改革的研究。"果断终止福利分房，加速住房商品化、社会化进程"的政策建议（陆学艺，1993）受到中央领导和决策部门的重视，并在 1999 年的改革方针中付诸实施。1998 年房改的核心就是要停止福利分房，推行货币化住房分配。纵观目前的研究成果，有关住宅社会政策的理论研究尚不多见，研究的视角更多注重应用性的对策研究。

如何把房改推向深入是研究者讨论最多的问题。有人认为近几年房改成效之所以不显著，主要是多年来我国一直实行的是"低工资，高福利"政策，职工对单位仍有较高的期望，且房价过高、租买房比价不合理等原因。从北京大学社会学系生活质量研究组 1996 年所做的"北京市区居民的住房与房改心态"调查也可以看出，多数被调查者对购房缺乏强烈的意愿（在被调查的 498 人中，希望租房的比例为 52.8%，希望购房的比例为 33.1%）。其主要原因是受经济因素的制约，由于我国长期实行低工资政策，房价与职工的收入相去甚远。根据国际房地产商品化的经验，只有当房价相当于月租金 100 倍之内时房屋商品化才会有吸引力（卢淑华，1997）。故此，有研究认为终止福利分房、理顺房价是房改的关键。对此有研究者从更深层指出：改革住房体制仅从房价入手是不够的。价格因素之所以并非关键，是由于人们对住宅商品化、产业化面临的使命与难度缺乏足够的估价。首先，要与国有资产的优化组合结合起来。多年来，我国国有资产以部分居民住宅的形式存在，导致国有资产流失。因而，要改变国有资产的高负债投资局面，引导居民的金融资产大幅度地转化为住宅等不动产。其次，致使房价过高的原因主要是以往我国住宅是由单位出钱建造、购买，住宅成本与利润的定位就无法受居民有效支付能力的约束。最后，从商品房开发结构看，公款开发和公款消费是造成投资经营风险低、高档写字楼与高档住宅的投资增长居高不下、利用职权超标购房与占房的主要原因。为此，要推进住宅商品化的进程，就要实现三个转换，即"公"对"私"资产结构的转换、"公"对"私"市场结构的转换、"公"对"私"经营结构的转换（王元京，1997）。

目前我国城镇并未完全终止福利分房，而是存在住房福利化分配与住房商品化分配并存的状况，这种住房体制上的双轨制必然成为启动住宅市场的最大障碍。即使是许多单位在第一步商品化改革中已经按成本价或标准价"出售"给职工的住房仍存在一些问题。突出的问题是对所售房屋的种种售后限制，致使产权不明晰，权利、义务不明确，制约了房屋的交换价值，从而抑制了职工买房的积极性、强化了职工与单位的附依关系，也给第二步改革带来了难度。

住房制度改革可以带动相关体制如金融体制、税收体制的改革和相关产业的发展，改革的成败直接关系到住宅建设能否成为带动我国经济发展的新的增长点。对于政府在住房制度改革中的作用，有研究认为，政府干预住房市场的前提应该是顺应市场经济运行的规律并根据我国国情制定出适宜的住房政策、住房体系和有效的住房市场调节措施，以保证改革的顺利进行（陈星，1998）。

（八）婚姻家庭热点问题

1998年婚姻家庭领域的热点，继续集中在《中华人民共和国婚姻法》的修改上，与1997年不同的是大量传媒的参与，将研究界的争论推向了社会。争论的焦点集中在以下几点。

1. 修改草案增加了离婚的难度

修改者的理由是，近年离婚率的上升说明部分人的婚姻家庭态度不端正，影响家庭的稳定，需要用法律加以约束。这就涉及这样几个问题：怎样评价目前中国的离婚状况？反对者认为，中国的离婚率近年尽管升高，但是比起世界上很多国家，还是相当低的。调查证明，中国人对婚姻的态度是很谨慎的，绝大多数离婚是不得已而为之，草率放任的只是少数人。怎样看待家庭稳定与社会稳定之间的关系？反对者认为，世界上离婚率高的国家，社会不一定不稳定，离婚率低的国家，社会也不一定稳定。离婚率与社会稳定之间没有必然的关系。人为限制死亡婚姻解体，结果可能是加剧紧张，反而影响社会稳定。

2. 修改草案明确强调了夫妻间有相互忠诚的义务，将婚外恋和婚外性行为判为非法

这里涉及婚姻当事人之间以及法律与个人之间的基本原则的问题：所谓"相互忠诚"，实际上暗指性行为的专一。反对者主张性权利应当是个人的权利，而不是属于配偶或其他人的。根据权利义务对等的原则，如果夫妻间性行为成为义务，可能推出另一方有在对方不同意的情况下，强行发生性行为的权利，这是不符合现代法律意识的。也有人提出，这又涉及敏感的"第三者"问题。如何确认是不是"第三者"？这在法律上几乎是无法操作的。

3. 对婚姻和家庭加强控制是不是保守的倾向？

有人认为不重视人的幸福，只维护刻板的制度，是一种保守的态度。但是，有人认为，目前，支持婚姻稳定在国际上已经形成潮流，这是激进的做法，而不是有人认为的"保守"。

四 结论与建议

综上所述，上述各项分支研究的热点及难点表明，我国社会学的应用研究仍将集中在与体制改革相关联的社会保障、城乡二元结构变化之后的人力、财力与物力的流通，以及阶级阶层的变化与社会深层结构之间的关系；人类学家和社会心理学家则从研究国家与社会、人与人之间主观感受者的文化机制和心智出发，探讨社会诸关系的文化基础。与此同时，伴随着改革，学者中也出现了一种经济至上、市场万能的思潮，认为市场完善了，社会制度自然会好转。事实上有很多研究已经表明，物质上的进步并

不能证明人们良知改善的进程。在这里，社会学家考虑的是社会发展的综合水平。这些研究均提出了来自中国的经验研究，而且逐渐出现了学理层面的理论化和在此基础上的对策化势头。它将主要反映在以下几个方面。

第一，"炒作"之后的沉思。人们将会冷静下来重新审视社会学的理论基础，重返古典仍将成为主要议题。

第二，由于国内其他相关学科的不断发展，社会学将在方法论和基本概念上与相关学科相互弥补或碰撞，争论的焦点可能在理性主义、结构主义、存在主义之间的问题上。这一争论将推动学术反思并提高社会学与其他相关学科的对话能力。

第三，包括政策和应用研究在内，随着社会学经验研究的深入，提出概念以及有关它的体系化将有所发展。

与此同时，反思并改进我们的不足之处体现在以下几个方面。

第一，理论。我们的研究命题往往不是来自学科内部的长期思考，致使研究流于日新月异的问题（现象）研究而不能提炼理论，丰富人类的知识体系。学科建设过程中的理论性建构促使社会学者逐步认识到：如果认为将新闻记者和政治家、评论家的工作加在一起就等于社会学研究的话，那将是对社会学这门学科的误解。社会学家需要在前人研究成果的基础上斟酌研究命题，在方法上要讲究基本的分析单位和作为分析工具的概念（体系），然后给出理论性分析，这一理论性思考又给后人铺垫了一个分析的平台，其中的学术脉络、连贯性都将构成某一具体经验研究在学术中的定位和理论特点。这就要求我们要不断地阅读和系统地总结前人的研究成果，而不是只言片语地引用。

第二，方法。目前国内有两种现象：一是既定分析模式前提下的计量分析；二是在既定意识形态下的经验研究。这两种研究的共同特征是在既定理论框架中的实证分析。有学者也发现同样的问卷在不同国度之间的差异以及在具体实证研究中所面临的困境。这就需要我们在大量的经验研究的基础上提炼出具有说服力的概念体系，以此来呼应计量社会学中的指标体系。

第三，实践。社会学者应该在改革的实践中创新，深化立足于经验研究的悟性和创造力。然而，由于科研内部以及外部的切磋不够充分，研究比较分散，有画地为牢的倾向，这意味着我们"科学验证与验证科学"之间的互补关系尚未完善。我们知道，政策的基础应当建立在经验研究的基础上，而经验研究的前提则是实事求是，实践是验证科学的标准。验证科学有助于科学地验证这一良性循环是否能够建立，同样也是摆在社会学者面前的一大难题。

参考文献

陈星，1998，《从住房市场的特点看政府对住房市场的干预和作用》，《社会学研究》
　　第 6 期。

邓小平，1993，《邓小平文选》第三卷，人民出版社。

丁元竹，1998，《可持续发展战略与经济政策的结合：问题与对策》，《社会学研究》
　　第 3 期。

范芹，1998，《下岗的是谁？我国下岗人员结构分析》，《中国国情国力》第 5 期。

葛延风，1998，《改革与发展过程中社会保障制度的建设问题》，《社会学研究》第 1~
　　2 期。

辜胜阻、李正友，1998，《住房双轨制改革与住宅市场启动》，《社会学研究》第 6 期。

郭于华，1998，《代际关系中的公平逻辑及其变迁——对河北农村养老事件的分析》，
　　《人类学著译未定稿》第 1 卷第 4 期。

何有晖、彭泗清，1998，《方法论的关系论及其在中西文化中的应用》，《社会学研究》
　　第 5 期。

侯亚非，1998，《"托管"——国有企业富余职工流动模式探索》，《中国人口科学》第
　　3 期。

胡鞍钢，1998，《中国城镇失业状况分析》，《管理世界》第 4 期。

晋军，1998，《精英逻辑与灾民逻辑——对大河电站农民长期集体上访的个案研究》，
　　北京大学社会生活口述资料研究中心"二十世纪下半期中国农村社会生活口述资
　　料收集计划"系列工作论文第 2 号。

景军，1998，《知识、组织与象征资本——中国北方两座孔庙之实地考察》，《社会学研
　　究》第 1 期。

景天魁，1998，《在反思中前进的中国社会学》，载《中国社会科学前沿报告（1998）》，
　　社会科学文献出版社。

李路路，1998，《向市场过渡中的私营企业》，《社会学研究》第 6 期。

李培林，1998，《老工业基地的失业治理：后工业化和市场化——东北地区 9 家国有企
　　业的调查》，《社会学研究》第 4 期。

刘世定，1998，《"社会学研究进展、预测"座谈会发言》。

卢淑华，1997，《住房问题与社会学研究——北京市区居民的住房与房改心态》，《北京大学学报》第 6 期。

鲁士海，1998，《加强职业培训转变与就业观念——当前下岗职工再就业急需解决的两大关键问题》，《中国劳动报》7 月 23 日。

陆学艺，1993，《中国农民的变化与农民阶级的分层》，《县级综合改革与经济社会的协调发展》，中国社会科学出版社。

陆学艺，1994，《社会主义道路与中国农村现代化》，江西人民出版社。

陆学艺等，1993，《房干村的变迁》，中华工商联合出版社。

罗红光，1998，《民间公有化实践》，日中韩民族国家基本结构比较研究国际讨论会论文。

马明杰，1996，《官僚经营者与社会经纪人——从鲁西燕乡乡村干部引种洋香瓜的故事看当前国家和农民的关系》，硕士学位论文，北京大学社会学系。

孟灿文、张志斌，1998，《职工下岗：就业压力到底有多大？》，《中国国情国力》第 5 期。

秦晖，1998，《"大共同体本位"与传统中国社会》，《社会学研究》第 5 期。

丘海雄、陈健民、任焰，1998，《社会支持结构的转变：从一元到多元》，《社会学研究》第 4 期。

宋时歌，1998，《权力转换的延迟效应——对社会主义国家向市场转变过程中的精英再生与循环的一种解释》，《社会学研究》第 3 期。

孙立平，1997，《强者的弱武器：将对方置于更为不利的位置——日常生活原则在正式权力运作中的运用》（未刊稿）。

孙立平，1997，《社会主义研究中的新制度主义理论》，《战略与管理》第 5 期。

汪丁丁，1998，《"社会学研究进展、预测"座谈会发言》。

王国军，1998，《社会保障：从二元到三维》，《科技导报》第 8 期。

王汉生、陈智霞，1998，《再就业政策与职工再就业行为》，《社会学研究》第 4 期。

王金法、吴峰，1998 年，《采取措施减少亚洲金融危机对我国劳动力市场的影响》，《中国劳动报》7 月 9 日。

王铭铭，1997，《社区的历程：溪村汉人家族的个案研究》，天津人民出版社。

王颖，1996，《新集体主义：乡村社会的再组织》，经济管理出版社。

王元京，1997，《房改，仅从房价入手是不够的》，《人民日报》4 月 21 日。

吴小英，1998，《论社会学危机》，预定出版。

肖黎春，1998，《上海失业、下岗人员现状及发展趋势》，《中国人口科学》第 3 期。

杨蓉，1998，《我国劳动力参与率高的原因和对策》，《中国劳动报》7 月 9 日。

张为民，1998，《铁饭碗丢得要明白》，《中国国情国力》第 4 期。

张左己，1998，《关于对〈中共中央国务院关于切实做好国有企业下岗职工基本生活保障和再就业工作的通知〉稿的说明（摘要）》，载劳动和社会保障部编《国有企业下岗职工基本生活保障和再就业工作会议文件汇编》，中国劳动出版社。

折晓叶，1997，《村庄的再造：一个"超级村庄"的社会变迁》，中国社会科学出版社。

朱勇，1998，《农业生产方式与社会保障体系建设》，《中国社会工作》第 2 期。

Halpern，1993. *American Studies of Contemporary China.* Washington，D. C. ：Woodrow Wilson Center Press.

Perry，E. 1994. "Trends in the Study of Chinese Politics：State – Society Relations，" *The China Quarterly*，No. 139.

"自己人"：信任建构过程的个案研究[*]

杨宜音

摘　要： 本文以参与观察和深度访谈获得的经验研究资料描述和分析中国人日常生活中"外人"变成"自己人"的过程，探讨中国人人与人之间建构信任的逻辑。研究发现，自己人概念表达了中国人是将他人包容进自己的自我（家）边界之内而形成一个信任边界；这一边界既有区别内外的功能，也有自己人与外人相互转化的互通功能；内外互化的结果不是形成内外心理群体而是形成心理身份。"自己人"这种信任建构是从传统的"自家人"信任建构发展而来的，也是一种关系性信任。

社会心理学家发现，信任是人们在社会生活中不可或缺的内容，无论是人际信任还是制度信任，它折射出人们对人类本性的基本信念，也影响到人际交往中的预期和决策（Wrightsman，1990）。信任范畴中的人际信任（interpersonal trust）是一个具有丰富含义的概念，一般被定义为"对某种人际关系具有的信心的程度"（Johnson-George & Swap，1982）。有研究发现信任有若干构成因素，例如"一般性信任""情感性信任""可靠性""可依赖性""可信"等（Johnson-George & Swap，1982），或从"可信"（trustworthy）中进一步分离"胜任"（competence）和"可依赖性"（responsibility）两个因素（Earle & Cvetkovich，1995）。可见，人际信任是个体对交往对方的合作性动机与行为、行为与角色规范之间出现因果连带的可靠性预期。

---

* 原文发表于《社会学研究》1999 年第 2 期。

本研究根据作者的博士学位论文《"自己人"及其边界——关于"差序格局"的社会心理研究》的部分内容修改和扩展而成，在此特别向论文指导老师陆学艺和杨中芳以及为作者提供帮助的被研究者表示感谢。

中国人日常生活中常用的"自己人"概念一般有"信得过""靠得住""放心""过心"等信任或被信任的含义，而"外人"则有相反的含义。因此，从描述和分析中国人日常生活中"外人"变成"自己人"的过程入手可以探讨中国人与人之间建构信任的过程。为了对自己人现象做较为系统的研究，本研究采取定性研究的策略，使用参与观察和深度访谈等具体方法，研究了以下内容：①什么人被视为自己人？什么人被视为外人？②外人可不可以变成自己人（或相反）？③外人是如何变为自己人的？④外人变为自己人的后果是什么？

一　研究方法与背景资料

为了在真实生活情境中观察和描述自己人现象，本研究在华北农村和都市选择了适当的研究地点、家户和个人，在良好的信任基础上进行了三个月的直接自然观察和深度访谈。① 限于篇幅，本文选取其中两个个案作为讨论上述四个问题的资料。下面分述个案背景。

（一）农村被研究者

在与选定农户共同生活、交往大约半年（在村内生活 45 天）之后，对该农户所处村庄的自然、经济、社会、历史有了基本认识，对其家族成员、姻亲关系、个人经历、性格特点、家庭经济状况等有了比较完整的了解。同时观察到在此期间发生的各种交往事件（例如，亲缘关系走动、送礼、宴请、探视病人、祝寿、奔丧、介绍工作、消闲、生活或生产求助或互助等）以及被研究者对关系的评价。此后的半年（在村内生活 20 天），重点观察了该农户被研究者（男，47 岁，初中文化，曾经在部队服役，当过货运司机，现任村干部，以下简称 Y）为儿子操办婚事的主要过程，例如择期、谢媒、婚礼等仪式。在婚礼之后，将礼账上的名字与实际交往关系对照、补齐，请被研究者根据亲疏程度将与自家有往来的 192 户（包括自家人）分类、排序，并对各类别命名和说明。被研究者还详细和反复地回忆和

---

① 限于篇幅，作者将另文详细说明关于若干被研究者的选择、信任的建立、资料的类型和获取方法、相互印证的资料等研究过程和结果。

解释了与这些户（人）交往的感受、评价、曾经发生的事件和归类的原因。

（二）都市被研究者

在与被研究者保持 20 年的交往基础上，对被研究者进行了系统的深度访谈。按照时间脉络和通信录的线索汇总和补齐各种存在关系的人员、分类、命名、逐一回忆了交往的基本范围、交往形式、交往原因、交往感受、交往中断的情况、被研究者使用关系类别概念的含义和使用情境及对交往关系的总体评价和分析等。

二 研究结果

（一）农村被研究者

农村被研究者将自己的关系（192 户）根据亲疏程度分为 12 级，并合并为 5 大类（见表 1）。

对于有关自己人的做法和看法如下。

1. 什么人被视为自己人？什么人被视为外人

从观察和访谈获得的资料看，农村被研究者在一般和相对两种意义上使用自己人概念。[①] 一般意义的自己人指"自家人"，相对意义的自己人指在一定情境下划定的内外区别边界朝向自己的这部分人。前者是目前生活中最常用的意义，说明家庭边界的基本情况和重要性。在这一个案中，尽管被研究者已经在 20 年前与父母大家庭初步分家（以后又陆续分了几次），但是，夫妻儿女小家庭仍然不是他唯一的家庭概念，即大家庭的意识比较强。同时，由于姻亲关系地位的上升，岳父母的地位也有上升，从中可以看到家庭概念的某些变化。相对意义的自己人是将一般意义自己人内外区别的内涵外推到自家人以外情境下产生的，可以由此看到边界的可伸缩特性。以下摘自访谈录音：

> 问：刚才咱们说，给海滨（被研究者之子）办事（婚礼），请什

———————————

① 在实际生活中，"自己人"一词使用得比较少，而"外人"一词使用得较多。

么人不请什么人（赴宴），这涉及不涉及什么是自己人，什么不是自己人的观念呢？

Y：那个啊？要我说也涉及了。这个外人和内人，这看在什么情景下说外人和内人。你假如说：Z（被研究者之妻）和我，我们两人跟你，我们俩是内人，跟你是外人。可是要是说，再来一个，哪怕是庄里的人，跟我没多大交往的人，我就认为咱们这个是内人。他就算外人。

表1　农村被研究者关系的亲疏程度分类

	类别序列	类别命名	关系	户数
亲密信任义务 →疏远少信任少义务	1	自家人	妻子、儿子、儿媳、女儿	1
	2		父母、岳父母	2
	3		兄弟	3
	4	近亲与至交	叔伯、爷爷、妹妹、妻兄弟、妻妹、妻表妹	6
	5		妻表妹、邻居、姨、干亲、妻姑、妻叔、妻舅、妻姨妹、妻堂姐、师傅、表叔	19
	6		堂房姑姑、堂房姑表弟、儿媳的叔叔、儿媳的姑姑、儿媳的姨	15
	7	近交和远亲	同事、战友、近邻、族叔	24
	8		近邻、同事、远亲	10
	9	交往略多的人	老邻居、远亲、同事	23
	10		邻居、村内企业主、有过交道的人	45
	11	交往较少的人	远族亲、远邻居	36
	12		远邻居	8

问：它是一个相对的概念。

Y：相对的概念。比如说，我当兵去了，周某（同年应征入伍，并且在同一部队服役的同村人）我们两人，他就算内人。范围再广点呢，我们一个县的就算是内人。没别人，咱们都是老乡。假如说，我到四川去当兵（去），这廊坊地区就两个人，有一个安次县的，一个冀东县的，那（那个冀东县的和我）我们两人就可以说是自己人了。……

问：我昨天问嫂子（指被研究者之妻）什么人是自己人，她就笑。说，"那还得是我和你大哥。"

Y：我们两个肯定是自己人。说，海滨、海静（被研究者之子、之女）和小静（被研究者之儿媳）呢，要说，如果我这圈划得小呢，就连他们俩（仨）都没有。再往大了划，就把他们包含在里边了。再往大了划，就把我父亲包含在里边了。再往大了划，就是她（妻子）的父亲，然后是我的兄弟、她的弟弟他们。可是在这圈里头，它也不完全一样。假如说，我们哥们四个，也不完全一样。还得论什么事，还有人的秉性、行为不一样。这哥儿俩可能就显得密切点，那哥儿俩就生疏点。

2. 外人可不可以变为自己人（或相反）

在相对自己人的意义中，已经很容易看到外人变成自己人或相反的可能性，由于在特定情境下，自己人边界可以向外扩展，原本为外人的人就可能被包容到边界内而成为自己人。在传统的社会里，这样的过程总是在亲属制度层面上发生着。例如，原本相互不认识的"陌生人"，通过缔结婚姻关系而变成亲缘身份的"自己人"。或者，由于亲属的去世，原有连带交往的亲缘关系也就中断了。民谚有"姨娘亲，一辈亲，死了姨娘断了亲"，就是讲这样一种情形。另外，上一代人没有出"五伏"的亲缘关系，在下一代人那里就可能出了五伏。在家庭中当家人出现变化的时候，就会有了关于是不是保持五伏以外关系的新决定。这有一些因经济原因无法保持礼尚往来而中断的和一些因特殊的原因被迫中断亲缘关系的情况。这些变化，基本上属于亲缘身份的改变，因此，在亲属网络中是不是自己人变成外人或外人变成自己人，可以通过仪式行为来表达、获知以及被理解。下面就是农村个案中的一段访谈记录：

> 婚礼刚刚结束，正碰到 Y 妻妹的婆婆病逝。我问 Z，这次丧礼她要不要参加，要带什么礼物。她告诉我，是不是去最后要看对方"给不给话"。"给话"就意味着对方希望与自己保持亲属往来。如果"不给话"，就要理解对方认为自己与他的关系比较远了，可以不去，对方此后便不再作为亲属往来，在婚丧仪式上便可以免去亲属之间往来的礼仪。如果对方没有"给话"，而自己仍然决定去，就是表明自己这方面愿意保持，如果对方不在下次自己的大事还礼的话，也可以看

出对方不愿意保持往来关系。有的人不愿意从自己这方面中断关系。

在传统社会中，由于交往也导致了自己人与外人的相互转化。这种现象发生是个人性的，即在个人之间的交往中，相互建立了亲密情感、信任和义务感。但是，由于传统的自己人是亲属，因此，这样的外人变为自己人往往要获得相应的拟亲属身份，例如，干亲、拜把子兄弟等。这一过程被称为"拟亲化过程"。与之相对的是由于不再交往而中断的亲属关系，即"去亲化过程"。从这一进一出的过程看，自己人边界不仅是一个可伸缩的边界，也是一个可渗透的边界。大量外人变为自己人的情形（或相反）都是这一特性使然，我们在 Y 的关系分类中可以看出，第 2 类（近亲与至交）第 5 级有 3 个非近亲属关系：邻居、干亲、师傅。这三个人被 Y 视为干哥们、干亲戚和干长辈而被排在与近亲相同的地位上。这说明，外人通过交往是可以被接纳为自己人的。

3. 外人是如何变为自己人的

限于篇幅，此处仅以 Y 视为干哥们的 W 为例。Y 与 W 是小学同班同学，又是近邻。Y 比 W 大一岁。上学时他们坐同桌，下学以后总是一起玩耍或一起割草。W 说，"我们干啥都在一起"。成年后，Y 当兵离开了村子，W 在村里当了"赤脚医生"。他们仍然相互通信，Y 把自己的许多事情和想法都告诉 W。在 Y 成为村干部的时候，W 也成了小有名气的医生。他自己开了一家诊所，自学了大专医疗专业课程，还发表过有关论文并获得过奖励。他们两个人成为公认的好朋友。尽管如此，他们彼此的来往却不多。他们相互非常信任、非常认可、欣赏或赞同，W 说，他与 Y 之间很默契。在谈到什么是"自己人"的时候，Y 认为，"自己人"最重要的是相互理解和信任。以下的谈话就是围绕这个话题进行的。

问：那你跟 W 是一种什么样的关系？

Y：我们的关系好像就是比街坊近，比朋友，……有的人朋友不见得有我们哥俩近。……你像我一去了（他的卫生所）（Y 突发急病，但是他自己不知道这是什么病，起因如何），他就说，"你量量血压"。他立刻就……（让）我就在家待着，他给我找车。找人给我开车。

问：他说，"你自己想开车"，他认为不行，他怕路上出事。

Y：回来他就跟我去了（县医院）。我对他有一个信任程度。我生病了，说上这儿扎（针灸），上那儿扎（很多人提议上北京、冀东县扎针灸）。回来我对你嫂子说，我呀，我明儿就找 W 去。他要同意给我扎，我就相信。他给我扎好了。

问：……信任到这种程度。我问过他："你跟 Y 关系那么好，他在你心目中是一个什么样的人？"他马上，一张口就冒出来了，他说，"他在我心目中是个大哥"。他这么说。那反过来，我就想知道，他在你心目中是个什么人？

Y：他有什么（感受），（我）也跟他一样。就是平常不，看不出来。

问：他也说："我们也不吃吃喝喝。像他（指 Y）这样人，交往多。对他这个人，做事比较满意。"这可能更重要。

Y：（我）对他做事（也）满意。最重要的是，他的医德医风，都是干出来的……

问：我也问他："为什么觉得挺好的？"他说，"我瞧他办事，跟我想的差不多"。我说："你们干的也不是一行啊？"他说："是啊，我是搞医的，他是干政治的。可是我觉得他办事，如果我干，也差不多。当然能力不一样，就是指原则了。"

Y：他要有为难事，我没帮助过他。

问：我问他："是不是他老帮助你？所以你们关系好。由于互相帮助，互相认可。"他说："不是。他帮不帮我，我都觉得他挺好的。"

Y：我没帮过他什么事。但是有疑难事，我也帮他。那年，有个叫周某某的，玩闹，请一个狐朋狗友的，过节，光一个大膀子。喝酒喝多了，调戏周围的妇女。然后，到 W 那瞧病去了。他就要砸 W，我就去了。他（W）就这找我来了。找我我就去了。我说："到临河庄撒野来了！"他（周某某）就奔着我就来了（朝我打过来）。我这一扛（比划动作），回来这一那啥（比划动作），就撂倒那儿了。……在这种情况下，我要是不出面，就不可能有人去管这闲事。是不是？这事虽然是件小事，但是绝对说，我能排解得了，别人他就排解不了。他（W）跟他妈打架，别人谁劝他都不行。但是，出于这种情况，我知道以后，我必须得去。我当时到南村头，我说："你跟我上去。"他说: "我不去。"我说: "你今儿要不去,咱们哥俩算拉倒(意为中断关系)。"他立刻就跟我回来了。然后,说完他,就说我三婶和三叔(W 的父母)。这事就算过去了。实际上,他在经济条件上比我强。我帮不了他。而且,他在人缘方面也都可以。他接触人也不少。医德医风也好。也可以说,他在临河庄村也是个人物。所以,我帮不了他多少。我们哥俩只能说互相理解。……绝对不是那种意义上的哥们义气。吃吃喝喝,互相帮忙。

Y 生病的时候,W 不但亲自陪送 Y 到县医院和北京市的医院去诊断,而且同意为 Y 针灸。他每天晚上 11 点到 Y 家里来,三个星期没有中断,直到完全恢复。在我询问 W 的时候,他告诉我,他这样做的确有很大的风险。但是,Y 信任他,他会尽心竭力。W 告诉我,他把 Y 看作"大哥"。这个感觉是从小自然而然形成的。不过,Y 在他面前"从来不是命令的口气"。当我问起 W 要不要参加 Y 儿子的婚礼时,W 毫不犹豫地说: "这当然要去! 他们家的大事我都去。"结果我在婚礼那天不但看到 W 用大红纸剪了一个有三十多个"喜"字组合的团花,看到他妻子清晨就来到 Y 家帮忙,带来了他家的圆桌、椅子、案板、水舀子,而且我在婚宴上还看到他与 Y 的小舅子争执起来,以下摘自我的观察笔记:

> W 边喝酒还大声地喊起来。原来,J(Z 的弟弟)向他敬酒的时候说了一句: "王哥,咱们喝。"没想到 W 反感他被称作"王哥"。他说,这么一叫,他与大哥(Y)的关系就远了。他只允许 J 叫他"哥"。看样子,W 希望他和 Y 的关系跨越血缘的障碍。

从这一个案中不难看出,交往关系中的外人变为自己人一般要有某种既有关系基础(Jacobs, 1982),同时,还要有两人之间个人特性(personality)方面的相互认可和交往,由此形成亲密情感和义务感导致了信任。当这种信任相当于或超过了家人之间才有的程度,就会以自家人规范相互对待,也会以"自己人"的身份表达这种从外人到自己人的转变。关于外人变为自己人的后果和对日常社会交往的意义将与都市被研究者个案一并讨论。

（二）都市被研究者

1. 什么人被视为自己人？什么人被视为外人？

都市被研究者的主要人际关系是交往性关系，因此，自己人一般被表述为"铁哥们""最好的朋友""朋友""哥们"。同时，由于都市生活的社会流动性比较强，自己人的情境性更强。都市人在不同的既有关系基础上（如同学、同事、同行）进行交往后形成多个交往网络，在这些情境中形成自己人与外人的区别，不同情境中的自己人之间较难进行直接的亲密性比较。好像同心圆上的一个个扇区，都市人的自己人的相对性是扇区内的相对性。

本个案中的都市被研究者（男，47 岁，大学毕业，曾经当过工人、商人、研究人员和机关干部，以下简称 M）根据自己的社会流动经历将自己人分为几个不同情境或经历组（见表 2），并逐一详细叙述与这些人交往的感受、典型的事件等。

表 2　都市被研究者的交往关系

组别	关系基础及排序	人数（人）	共事时间	最长持续时间
国家机关	过去同学兼同事，平级同事，同部门下属，过去上司，地方行业机关同事，企业中的朋友	15	10 年以下	30 年
研究所		0	1 年	0
商贸公司	同学兼同事、同业同事、同事的朋友	8	2 年	25 年
国家机关	上级同事 1 人，平级同事 1 人，同行 2 人	4	3 年	10 年
大学	同班同学	5	4 年	21 年
工厂 2	同厂同龄工人 4 人，同厂年轻工人 4 人	8	6 年	25 年
工厂 1	同学并同厂工人 2 人，同厂工人 4 人	6	3 年	30 年
中学	同班同学 5 人，同学的同学 3 人	8	3 年	34 年
小学	同班同学	3	6 年	40 年
家	父母、哥哥、姐妹、妻子、儿女、岳母	10		

限于篇幅，此处仅以其中一人为例说明本个案中的都市被研究者关于外人变为自己人的看法。

2. 外人可不可以变为自己人（或相反）？

由于自己人的形成是交往性的，外人变成自己人则一般是指从陌生或表层交往到彼此形成亲密、信任和义务感或深层交往的过程。这里，关系基础不很重要。

L 是被研究者 M 在工厂 2 的同事，后来一同考入同一所大学读书，毕业后不久 M 又帮助 L 调入自己单位，1985 年至 1987 年两人一起下海办公司。此后，虽然两人不再共事，但相互关系依然密切。不过，近一两年来往减少。下面是他的叙述：

> 他是（19）74 年 2 月当兵转业去的。我在 2 厂那边有几个好朋友。第一个是 L、第二个是 N，第三个是 D。我们四个是最好的。当时在厂里称我们是四条汉子。……我和他怎么交往起来的？我那时候挺忙的，经常上夜班，有一天没事，睡醒了，串串宿舍。他那个床头上放着几本鲁迅的杂文。我当时就一愣，居然还有人读鲁迅的杂文啊。因为我那时候也开始读鲁迅（的书）了。然后，正好他回来了，我就开始跟他聊。就那一次聊天我们聊了五个钟头，马上就熟了。大概就是他进厂两个礼拜之后吧。后来就搭帮干。在厂里也干了不少事。就是工厂里的那点事。干了不少事呢。我们俩都很拔尖。他后来当厂里的团委书记。我那时候在车间当支部书记。……那时候我们工作还挺有热情的，什么搞点儿青年工作，闹点儿事，上面一块来整我们啊，就是（19）76 年嘛。周总理逝世之后，不让开追悼会嘛。我们俩就顶着，非要开。……事干得很漂亮。跟着，就是"四五"之后，我们总厂组织了一个工作组下来，下来就整我们俩。办了一个月的学习班，反正我们死扛着，也没辙。

3. 外人是如何变为自己人的？

伴随关系的发展，自己人越来越有类似身份的含义，被视为自己人的人全面被认可和包容，其中有个人喜欢和被吸引的个性特点，也有一些不喜欢和排斥的个性特点。这中间有一些具有连带意义的因素生成，例如责任感。

M：后来就是我们一块上大学嘛。……我们就一块看书嘛。在这方面我比L的态度还认真点。我说："L，咱们认认真真读点书，行不行！"然后拿本书，一人一本，看完了讨论，看完了讨论。结果一本书还没读下来就不读了。他说，这事太枯燥。然后说："咱们喝酒去吧！"

问：他属于很聪明的人吧？

M：不是一般的聪明，这是我所见到的最聪明的一个人……他毕了业到法院嘛。后来他从法院又调到我们这儿嘛。我们那老Z也挺喜欢他的。所以我们仨集体下海。但是，这个人的特点就是什么呢？什么事都能干，什么事都干不成。所以，他这个生意始终就没做好。按理说，他的机会比任何人都多。……后来在WH公司的时候，我就觉得我和L的关系不像以前了。做生意我是弱势。L是强势。至少当时的感觉是这样。

问：他是不是有经营头脑的那种（人）？

M：也说不上。他的判断是对的，但是他性格是软的，就是他约束不了自己的性格，所以他做生意失败就在这。

问：你们有没有直接的冲突？

M：没有。比如，有的时候我从做人的角度考虑，我觉得这事不应该这么办，L就认为应该这么办；有的时候我认为应该这么办，他认为不应该这么办。我们也吵过。所以，那时候，真是吵得挺不愉快的。后来，我一看，原来的设想都达不到嘛，达不到。可是，我们又已经绑在一起了，我又不能把他扔开。后来总算找到一个机会，把公司连锅端走，……在这种情况下我走的。我觉得……我觉得我那时候走也对得起他们。后来，L对我说，他说："你这一走，对我情绪打击太大。"我说："那没办法，我实在不是做这玩意的（人）"。后来等于是J帮助L，安排到一个驻京经济技术公司，到那折腾一番，赔了30万（元）。然后，我又介绍L，到一个海滨培训中心，又去折腾一番，赔了人家200万（元）。到一个出版公司，第一步到出版公司嘛，大概给（使）出版公司赔了有十几万（元）。然后，从海滨（培训中心）回来，我又介绍他去一个港商那，搞饭店装修，也无所谓赔赚，反正也不愉快，就回来了。回来之后呢，后来总算扑着一个项目（还是 M 参与策划），这个项目扑得算是不错。但是，这个项目扑下来呢，L 和 J 两个人也分开了（由于认为分酬不公）。所以，和 L 就这么一个过程。现在，从我的心态上，我就是时时地惦记他，碰个事我就想起他。……说句实在话，我担心的是 L 的晚年。他现在什么都没有。

问：他等于做了一笔一笔生意都不成功。

M：都不成功，都不成功。

问：他也没有体制内的任何东西。

M：对呀。而且呢，严格说，也没有多少积蓄。就这点钱不够他造的，他是挣多少花多少的人，所以，他这晚年怎么过，我真替他担心。

问：那他自己为什么不担心？

M：他自己就是认为活一天是一天。他就是这个（样）。他对我现在的感觉是，我们俩差距拉开了。……所以他很少找我。我有时候还打个电话，问问他，或者约他一块儿吃个饭。他，有几次我跟他说："L，你单独来一趟，咱们单独吃个饭。"……但是我就这么约，他也得带个人来。……一方面，他很把我这个朋友当朋友，他也知道，他要有难处，他一张口，我绝没二话。另一方面，他又觉得有点愧，折腾这么多年。

问：主要是后来，后来他觉得他在你这，位置没有这样过。

M：对。我们（过去一直）觉得就是很平等的。我也知道他他改变不了，但是我逮着我就得说。

问：就是互相对本性非常了解。

M：对。……所以，等于就这么个状况吧。

问：现在想起来，还是有一点，不……

M：不圆满。……他就是什么，一个叫放纵，再一个叫懒散。

对于 L 的性格弱点，M 说来很痛心也很担心，他不仅经常提醒 L，甚至不惜争吵或得罪 L 周围的人：

M：有一次，L 出事，他就跑到人家去躲。先让公安局抓起来关了三天。就是因为赌博，关了三天，剃了秃瓢。……跑出来了。人家公安局说："不对，还有事呢。"找他。"L，你怎么弄到这一步，剃个秃瓢。"后来也就不了了之了。因为就是个赌博。实际上，他在海滨那个地方太张狂了。张狂，人家就看得眼气。可是，他在海滨培训中心嘛。他跟我说了几次，说"你来，休息几天"。我说我不去。后来我在单位，有一次做课题，课题要开会，然后我拉着开会的那帮人到他那去了。住了一个礼拜。当时他弟弟，还有他带的几个小弟兄都在那。晚上，我就看他们在那打麻将。我看得眼花缭乱，一会儿一盘，一会儿一盘，钞票就在那里转。我看了一会我就急了。乓！我把桌子给掀了。我说："我跟你们说清楚，包括你这个当弟弟的，你们觉着在这玩得痛快了，出了事就L兜着。我决不能容忍你们这么玩。"当时把他们都说傻了。后来果然在这个地方出事。后来他们也说："你看，人家M，说了多少次，人家不来，来了人家带着钱来。"……后来我就跟L说："L，你不能这么办。"但是实际上，我理解，就是什么呢，他那个人的性格啊，就是总得有一批人纵着他。纵着他的这批人实际上就是吃他的。（问：坏他事的。）对呀，坏他事的。包括L弟弟在内："都是坏你的，你干什么！你怎么耐不得寂寞？"……我也知道，我们的性格差异很大。这种性格差异很大，包括为人处事方方面面差异都很大。大概正是由于我们的差异很大，我们这个……（问：互相吸引）对。并且保持下来了。

4. 外人变为自己人的后果是什么？

从上述两个案例来看，在传统社会，自己人概念最初是包含在自家人概念中的，自家人就是自己人，自己人也只有自家人。当与自家人以外的人交往使得个人之间由于个人性因素而形成亲密情感、义务和信任之后，除了通过结亲真正变为自家人之外，只有通过拟亲的方式才能给予这些交往内容等同于自家人的身份。而这个身份（自己人）又规定和限制了交往行为应该类似自家人。自己人这种不是社会伦理身份却似社会伦理身份的特点，客观上保证了亲密、责任和信任关系的稳定。在社会流动加大后，交往成为关系建立的前提。这时候，个人之间的亲密和责任缺乏血缘亲情的连带和极少有空间流动的熟人社会做保证，自己人身份就成了信任的依据。我们可以在下面对被访人在叙述时使用的一些典型词句所做归类进一步找到自己人概念的这种含义：

（1）亲密（感情交流、认同）。

在当时都非常好。即使到现在，接触都很少，但是一见面，都觉得很亲切。……有的人，虽然很长时间不见面，但是你老会惦记他，心里还是想见面。

感觉投机得不得了。后来我调到 2 厂，有一段我们交往到什么程度，每天必见一面。看书、研究社会问题、探讨人生，就这一套嘛。所以那阵特别愉快。在成长过程中，我们那一段的交往，对我们俩都非常起作用（有影响），不是一般的起作用（有影响）。相互激励，因为那时候处境都不算好。再有一个，那时毕竟岁数小嘛，二十一二岁的时候，都是青年人蓬勃的那种劲头。也有了一个可以称作关键性的沟通渠道。

我对朋友的认同是什么？是一个感情的交换。

（2）信任（稳定、对人品无条件信任）。

更多的一种成分是什么，好人。能托底。好到了无话不谈。

我和他叫什么，最认同的就是做人。

我们 1 厂这一批人，应该说，都非常好。我们实际上联系的，一个是 1 厂这段生活，再一个就是对人品的无条件的信任。一个叫真实。第二个就是肯帮人，不藏私。

他做事和我的想法差不多。

他的医德医风好。

过心，不设防。

什么牢骚都能发。他们也是当着我的面就发牢骚。

比如现在的工作环境，上来就有很多利益的东西。这种利益的东西，很自然就让你有一种戒心。

（3）义务或责任（交换、互助、仗义）。

所以，你像很多老朋友，现在都是这种关系。有事，找我。别的事我可以不办，这些事我说什么我得努力办。真正这种安排工作的事，我反而不找朋友。朋友，就一条，你得替朋友想。

你看，人家给我修房子，我根本不考虑回报，没有什么回报可言。这就是我真当朋友。真当朋友看。

（19）77（年）的时候，他们厂里不让他考（大学）。当时，我还扯着几个人要揍他们厂长。我说，给我们指指你们厂长，不行我们揍他一顿。

关系有这么几层。第一层的概念是感情。第二层的概念是资源。比较偏重于利益的就把关系偏重于资源，偏重于这个概念，比较偏重于感情的，就把关系偏重于感情，这就是一种感情的寄托嘛。常常是这两个层次同时存在。

一个哥们做生意下海被人坑了，我那时候特忙，可是给我的感觉这事比什么都重要。我就到他家里去，去完了之后，出来吃饭，还是我请他吃，因为他那时等于没工作了。后来我给他介绍了一份工作。

他说："我现在有难，我不能沾你，沾你，你就会受牵连。"我说："不对。"我觉得 S 这个人不错。就是他有难的时候，他不会找你的麻烦。有什么好处时候，他会想着你。他对我感觉也不错。说他有难的时候，这人就往上冲。

自己人保证了人们通过交往能够获得稳定的情感性和工具性资源，因此，稳定、规范和巩固了交往关系。它不是个体之间仅仅依据个人特性进行交换的反映，不是停止在人际吸引产生的亲密、人际信任和人际合作上。自己人仍然是一个类似身份的概念，从它延伸出的是"圈子""私党""铁杆""一伙""抱团"，它保证的是关系性亲密、关系性信任和关系性义务。

三 讨论

外人变为自己人的社会心理机制是什么？换言之，如何从社会心理的角度来解释这一过程呢？从过去的研究来看，自我结构和边界的理论、内群体认同的理论以及关系的分类理论可以为我们提供思路。与此同时，我们也发现，这些理论在用来解释外人变为自己人问题时并不完全适合。

（一） 自我结构与边界的理论提供的解释

20 世纪 80 年代中期以来关于自我结构与边界的代表性理论有格林沃尔德（Greenwald，1984）等人关于"公我"、"私我"和"群体我"的理论，布鲁尔（Brewer，1991）关于"社会我"的理论，阿伦（Aron，1991）等人关于两性亲近关系与自我包容性的理论，桑普森（Sampson，1988）关于"自足性自我"和"包容性自我"的理论，马库斯、北山（Markus & Kitayama，1991）关于"独立性自我"和"互赖性自我"的理论以及杨中芳（1991b，1991c）关于"个己"与"自己"的概念对比等。其中，格林沃尔德、布鲁尔和阿伦的理论尽管研究背景有所不同，但是分类的出发点都是将"自我"看作以身体（body）为边界的，因此，"公我"和"私我"是这个划分清晰而明确的同一边界的两个面向。这样的"自我"总是在两种认同的需要（个体寻求与他人形成区别的基础上建立的个人认同的需要和寻求与社会群体和社会关系中与他人变得相似的基础上建立的社会认同的需要）之间试图达到区别与归属的恰当平衡。在两性亲近关系（close relationship）（例如长期的夫妻关系或恋人关系）中两人相互依赖和情感投入的持续加强，双方相互作为"重要的有意义他人"进入对方的个人认同之内成为对方自我中的一个组成部分，从而改变了原有的自我结构与边界。

桑普森提出有两种源于自我与非我边界（the self-nonself boundary）性质不同的个体主义。"自足式自我的个体主义"（self-contained individualism）是一种边界坚实、标记清晰、强调个人控制和排他性的自我概念，而"包容式个体主义"（ensembled individualism）的边界是流变的，且标记含混，强调的是场域对个人的权力和控制以及包容的自我概念。这种自我的边界并不那么清晰坚实，而是可以将他人纳入边界之内的。马库斯和北山研究了自我概念中的文化差异，提出了"独立性自我"（independent self）和"互赖性自我"（interdependent self）的分析构架。他们认为从西方人的观点来看，个体应是指以自己的特性与他人相互区别的、自主的实体。而所谓自己的特性，一般是指个体的能力、态度、价值观、动机和人格特质。他们的"有意义的自我表征"（the significant self-representation）强调个体内在特征的完整性和唯一性，在此基础上表现出与他人的区别性与独立性，它激励和推动个体去发展独特的自我潜能，表达个体特殊的需要和权利，展示个体与众不同的能力。同时，他们认为许多东方文化中具有保持个体之间相互依赖的机制，自我的特点在于与他人的相互依赖。东方人的"有意义的自我表征"处于自我与某些特别他人的联系之中。所以，个体行为只有在特定的社会联系中才有意义。互赖性自我对自己的确定不是根据唯一性，而是根据自己与他人有关的那些特性。杨中芳提出在"自我"的范畴内区分"个己"与"自己"。前者代表将自己与别人的界限设定为以个人身体为标志的自我，后者则代表一种不但包括个体的身体实体，而且包括一些具有特别意义的他人（自己人）的自我。她认为中国人的"我"属于后者。

从上述理论回顾中不难看到，第一，与西方人相同，中国人的"自我"也有以身体为边界的那一部分，并且处于自我的核心位置上。但是，这部分自我与某些他人的区分不是坚实的和明晰的。正如杨中芳的分类框架表现的，中国人的我他边界是在包括"个人自己"和"自己人"的"自我"与被视作"外人"的他人之间。因此，中国人自我的边界不是用来区分自我与他人及社会的，从而不可能成为"个体我"（无论公我还是私我）和"群体我"或"社会我"之间的边界（杨宜音，1995），它是一条信任边界。第二，中国人的自我边界伸缩有很强的情境性和自我中心性，是一种以自我为圆心的扩大包容或缩小排斥，不是两个人的相互包容，因而与阿伦等人在两性亲近关系中看到的独立个体相互吸引而形成的包容有所不同。第三，在马库斯和北山的"互赖自我"概念里无法反映出中国人的自我所具有的"选择性"（在什么情境下使用什么原则包容谁或去除谁）和自我与那些重要的意义他人之间存在的层递关系。

从自我结构与边界的特征来看，中国人的自我与社会的分化是不充分的，它们不是一个维度上的两极。"家我""自己人"替代和表达了"自我"和我们，因此，包容他人的意义不在于满足个人认同需要或社会认同需要而达到自我的同一性这一西方人格与社会心理学揭示的人格发展的终极阶段，而是要建立一个信任身份类别，以保证交往的和谐与秩序。

（二）内群体认同理论提供的解释

中国人的自我由于包容了自己人使得"我"和"我们"浑然一体，自我的边界也就是自己人的边界，于是，自己人/外人的区分便成为一个我们与他们边界的区分。从"内群体"概念的含义中，我们可以很容易看到"自己人"的影子。内群体（ingroup）是一种非常典型的心理群体（psychological group）（Turner et al.，1987），它的划分依据完全是心理性的，因为它主要依赖成员对群体的认同而不必然依赖交往。当个体置身于"社会类别"（social category）即内群体之中，就会增加自尊和价值感，进一步产生与外群体形成区别的动机，从而夸大内群体内部的一致性和与外群体的差异性（Abrams & Hogg，1990）。但是，内群体的形成机制与自己人的形成机制却完全不同，由此导致了二者的根本差别。（1）内群体的形成，也就是心理群体的形成，是在个体广义的自我概念中镶嵌进去一个"成员"的类别意识，以便个体通过群体获取仅仅依靠个体无法获得的东西。自己人则是以个体为中心的选择性包容，它获得的不是作为成员的类别意识和自尊，而是拥有与自己可信任的他人后增大的效能意识和相互依赖的安全感。（2）形成心理群体是个体对一个外在的、相对抽象的群体所具有的类特征表示认同的结果，是个体分别的、自主的选择。而进入自己人边界要依赖对方把自己放在他的自己人格局中的什么位置上，是对方对自己与他人心理距离的选择。因此，是对发生在两人之间的关系判断以及对偶关系（dyad relationship）的建立。由于自己人不是一个等质的集体概念，它是在既有关系或交往中借助包容过程形成"圈子"，所以，在内群体偏私的实验情境中，中国人很难仅仅根据临时的象征符号做出内群体认同和偏私反应，相反，却存在人情因素的影响（李美枝、许正圣，1995）。

（三）关系分类理论提供的解释

当个体决定哪些人可以被接纳为自己人的时候，决策的基础就是对与个体自己形成某种关系的他人进行分类的知识。对于人际关系，西方社会心理学的研究多侧重人际交往的心理机制、过程和内容，主要是指个体与个体之间发生的各种性质的联系，比如竞争对手或合作伙伴，感情亲密无间或疏远孤单，自我呈现的技巧和形成偏见的可能，其核心是一个独立和理性的个体如何与另外一个或多个同样独立和理性的个体交往，而对人际关系的辨识、社会或亲缘身份与人际关系的联系、人际关系网的意义等中国人在谈到人际关系时较多涉及的内容并不注重。因此，所谓人际关系在中国与在西方的心理含义是不同的。为此，一些人类学者和文化比较学者提出了一个表达中国人人际关系的本土概念——"关系"（guanxi），将其视为一个描述中国社会制度的关键概念（乔健，1982；金耀基，1985），并对中国人的关系现象进行了比较细致的田野研究和问卷调查（例如杨美慧，1994；Kipnis，1991；阎云翔，1996；边燕杰，1994；陈介玄、高承恕，1991）。社会心理学家亦进行了有关"关系"的研究（例如，郑伯，1995；李美枝，1993）。从这些研究来看，"关系"的主要特点有如下几点。（1）与角色规范的伦理联系。以社会身份，特别是亲缘身份来界定自己和对方的互动规范，使关系蕴含了角色规范的意义。最典型的关系反映在"五伦"上。（2）亲密、信任和责任。亲缘关系越相近的对偶角色，相互之间越熟悉亲密，越会相互负有责任，越值得信任。双方之间的相互报答的行为可以在很长的时间期限中进行，并且涉及双方社会生活的各个方面，最终保证相互依赖的实现。（3）以自己为中心，通过他人而形成关系的网状结构。个体虽身处网络之中，但是却不完全像网络中的"结"那样无法伸缩，无法选择。由于网是以个人为中心的，所以个人之间的"自己人"关系使得网与网既可能连接，也可能中断。

关系与身份角色的伦理规范的联系使关系的分类变得十分重要。由于分类，个体特征的丰富信息被简化和隐匿了，个体之间的交往变得不是以个人特性来交往，也不是因成员对群体认同来交往，而是以身份类别来交往，因此，对关系的分类就形成一整套复杂和必备的知识。关于中国人对关系他人如何进行分类，相关的理论有如下几种。（1）费孝通（1947/1985）的"自家人/外人"划分。他发现，中国人的意义单位是家，在与"陌生人"打交道时，通行另外的规则。他将这种内外有别式的心理与行为概括为"差序格局"。（2）杨国枢的"家人/熟人/生人"划分。他指出，在家人关系中，彼此要讲责任（责任原则），而不那么期望对方作对等的回报（社会交换的预期最低）。在熟人关系中，相互要讲人情（人情原则），较会期望对方回报（社会交换的预期中等）。至于生人关系只能依照当时的实际利害情形而行事（利害原则）。两者之间比较会精打细算，斤斤计较，对给与取的平衡或公道相当敏感，对回报的期望也很高（社会交换的预期最高）（杨国枢，1993）。（3）黄光国（1988）的划分是"家人/熟人/生人"。他的分类试图将类型分类与维度分类结合起来，以情感性成分和工具性成分的高低划分出三类关系：情感性关系（expressive tie）、混合性关系（mixed tie）和工具性关系（instrumental tie）。他认为典型的情感性关系是家庭关系、亲友关系，在交往中遵循"需求法则"。典型的工具性关系是陌生人关系，在交往中遵循"公平法则"。典型的混合性关系是熟人关系，在交往中遵循"人情法则"。（4）阎云翔（1996）在对中国农村送礼中体现的关系文化的研究中，根据一方认为另一方的可靠程度对关系做了"关系核心/依赖带/有效带"的划分。第一种是个体的初级关系，几乎没有工具性的礼物交换。第二种是个体的亲密朋友和比较亲近的亲属，他们为个体提供各种帮助，个体将他们视为"靠得住的人"。这部分人的范围是经常变动的、边界不清晰的。第三种是与个体一般来往的人。这部分人人数较多，边界不清，但是其交换明显带有工具性的意味。（5）杨中芳（1997）将关系划分为"既有关系"和"交往关系"。前者包括亲缘关系和其他没有通过个体交往而存在的先定性关系，后者包括一切由交往而缔结的关系。"交往关系"中包含两种成分：真情和应有之情。

在这些分类理论中，杨国枢和黄光国分类中的"家人"是按照血缘关系划分的（人类学亲属制度的角度），"熟人"和"生人"是按照交往频率划分的（社会学的角度）。费孝通的划分是以认同与否划分的（心理认同的角度）。由于中国人心目中的"生人"往往就是"外人"。而"外人"是与负面情感相联系的，所以无法通行"公平法则"。出现这个问题的原因恐怕在于"家人"这个概念的未分化性（其中包含自己人）。

"家人"在传统中国社会中，既有血缘关系，又有最为频繁的交往；既有最强的感情连带，又有最对等的工具性交换（例如，代际互报），成为一个以"自己人"为特征的关系类别。或者说，"家人"成为"自己人"的同义词和最核心的象征，"家人"就意味着"自己人"，最原初和最典型的"自己人"就是"家人"。当"自己人"的边界以"家人"的边界来划分时，"自己人"的心理成分就受到亲缘制度的制约，"是亲三分向"，亲缘标志成为亲密情感、信任和责任的标志，亲属称谓变得重要和准确。在非亲缘关系中如果希望获得亲密情感、信任和责任，就必须在亲缘关系中获得一席之地。传统的办法就是缔结婚姻关系或拟亲缘关系（郭于华，1994）。这样的边界划分必然导致边界两侧的鲜明对照：亲密/疏远，信任/怀疑，负责/与己无关。当"自己人"的认同加大时，对"自己人"以外的人的区别和排斥也随之加大，形成两极的对立。与这样一个过程同步，"生人"和"外人"也紧紧联系在一起了。那么，一旦当家庭的功能发生分化时，亲密所需要的血缘亲情和交往的密切性出现了分离：有血缘关系的人交往少；交往多的人无血缘关系。这就导致"自家人"的心理意涵出现了某些变化，"自家人"中的"自己人"心理内核便开始独立出来，它将特指那些在心理上认同、情感上亲密、相互自愿负有义务而相互信任的人。构成它的"图式"（schema）的"重要意义他人的心理表征"（important-significant-other representation）是从"自家人"那里迁移过来的，但是，却已经没有与血缘关系的必然联系，家人也可能被划归为外人而不被信任，"生人"中包含"外人"的意义也发生同样的变化。那些所谓"熟人"必须在"自己人/外人"的心理标准的衡量下重新归类，最熟的人可能由于不予认同而划归"外人"。

自己人作为一个有心理意义的类别并被附着于社会身份角色，不能简单等同于社会身份概念而使用类别分类（例如，父子，家人）概念来界定，也不能使用单一的维度分类（例如，情感性的高低）来测量它。给自己人定位必须寻找由类型（categroy）和维度（dimension）结合构成的原型（prototype）分类。黄光国和杨中芳的分类都是原型分类，但是黄光国的"情感性－工具性"维度是否成立，即二者是否成互补关系值得讨论，因为传统中国社会情感性关系与工具性关系相互分化程度很低。例如，家人之间情感性关系与工具性关系相互黏合，以交换的稳定来表达情感的亲密（如代际互报）或以亲密的情感保证交换的稳定，陌生人之间情感是否定的，工具性关系也是否定的（如欺骗）。杨中芳的分类则比较好地揭示了心理（真情）、心理与身份的附着（应有之情）与分化形成的情感格局。这个格局也就是义务格局，因而也是信任格局。她的分类是以"真情"作为一个维度，以"应有之情"作为另一个维度，于是形成四种关系原型：高真情和高应有之情的类型是"亲情"，低真情和低应有之情的类型是"市场交换关系"，高真情和低应有之情的类型就是"友情"，低真情和高应有之情的类型就是"人情和恩情"。当"家人"社会身份含义产生泛化时，人情和恩情关系就更贴近家人关系，当"家人"心理含义（自己人）产生泛化时，友情关系就更贴近家人关系。我们可以看出，真情更多地具有心理的个体选择的意味，应有之情更多地具有社会身份伦理的意味。从信任的角度来看，也可以以值得信任和应该信任两个维度得到同样的四种类型。当信与真信（家人、自己人、铁哥们），当信为主（亲属），真信为主（挚友），不信（外人）。

综上所述，我们可以将个案材料放在理论解释的框架中做一个整体的观照，从中看到自己人作为信任概念的心理表征如何具有自我包容性、类别特性和关系特性（见表3）。

表3　被研究者将自己人作为信任概念的心理表征

	自我包容性	类别特性	关系特性	信任特性
农村被研究者个案	被家我包容，自家人	家族、乡亲	拟亲属身份	亲属身份信任
都市被研究者个案	被自我包容，自己人	圈子、团伙	个人性身份	个人身份信任

自己人表达了中国人信任哪些人和如何把他人纳入一个信任分类的系统中，即人们相互建构信任的实际过程。在这个过程中，自己人不断展现自己的心理动力特性和身份约束特性。在社会交往不断增多的情况下，它所包含的心理成分将与关系身份形成分离，有可能会蜕化为人与人间个人特性信任并成为契约制度信任的个体社会心理基础。

参考文献

陈介玄、高承恕，1991，《台湾企业运作的社会秩序：人情关系与法律》，《东海学报》第 32 期，第 219～232 页。

费孝通，1947/1985，《乡土中国》，北京：生活·读书·新知三联书店。

郭于华，1994，《农村现代化过程中的传统亲缘关系》，《社会学研究》第 6 期，第 49～58 页。

黄光国，1988，《人情与面子：中国人的权力游戏》，载黄光国主编《中国人的权力游戏》，台北：巨流图书公司。

李美枝，1993，《从有关公平判断的研究结果看中国人之人己关系的界限》，《本土心理研究》第 1 期，第 267～300 页。

李美枝、许正圣，1995，《从台湾大学生内团体偏私基础之解析看社群意识发展的可能性》，《本土心理研究》第 4 期，第 150～182 页。

乔健，1982，《关系刍议》，载《中央研究院民族学研究所专刊》（台北）乙种之10。

杨国枢，1993，《中国人的社会取向：社会互动的观点》，载杨国枢、余安邦主编《中国人的心理与行为：理论与方法篇（一九九二）》，台北：桂冠图书公司。

杨宜音，1995，《试析人际关系及其分类——兼与黄光国先生商榷》，《社会学研究》第5期，第18~23页。

杨中芳，1991b，《试论中国人的"自己"：理论与研究方向》，载杨中芳、高尚仁编《中国人·中国心——人格与社会篇》，台北：远流出版公司。

杨中芳，1991c，《回报港台"自我"研究：反省与展望》，载杨中芳、高尚仁编《中国人·中国心——人格与社会篇》，台北：远流出版公司。

郑伯，1995，《差序格局与华人组织行为》，《本土心理研究》第3期，第142~219页。

Abrams, D., & Hogg, M. A. (eds.) 1990. *Social Identity Theory: Constructive and Critical Advances*. New York: Springer Verlag.

Aron, A., Aron, E. N. Tudor, M., & Nelson, G. 1991. "Close Relationships as Including Other in the Self," *Journal of Personality and Social Psychology* 60: 241 – 253.

Bian Yanjie（边燕杰）. 1994. "Guanxi and the Allocation of Jobs in Urban China," *The China Quarterly* 140: 971 – 999.

Brewer, M. B. 1991. "The Social Self: On Being the Same and Different at the Same Time," *Personality and Social Psychology Bulletin* 17: 475 – 482.

Earle, T. C., & Cvetkovich, G. T. 1995. *Social Trust: Toward a Cosmpolitan Society*. Westport: Praeger Publishers.

Greenwald, A. G., & Pratkanis, A. R. 1984. "The Self," in R. S. Wyer, & T. K. Surll (eds.), *Handbook of Social Congnition*. Hillsadle. N. J.: Erlbaum, pp. 129 – 178.

Johnson-George, C., & Swap, W. C. 1982. "Measurement of Specific Interpersonal Trust: Construction and Validation of a Scale to Assess Trust in a Specific Other," *Journal of Personality and Social Psychology* 43: 1306 – 1317.

Kipnis, A. B. 1991. *Producing Guanxi: Sentiment, Self, and Subculture in a North China Village*. Durham: Duke University Press.

Markus, H., & Kitayama, S. 1991a. "Culture and Self: Implications for Cognition, Emotion, and Motivation," *Psychological Review* 98: 224 – 253.

Markus, H., & Kitayama, S. 1991b. "Cultural Variation in the Self-concept," In J. Strauss & G. R. Goethals (Eds.). *The Self: Interdisciplinary Approaches* New York: Springer-Verlag, pp. 18 – 48.

Sampson. 1988. "The Debate on Individualism: Indigenous Psychologies of the Individual and Their role in Personal and Societal Functioning," *American Psychologists*, Vol. 43,

No. 1, pp. 15 – 22.

Turner, J. C., Hogg, M. A., Oakes, P. J., Reicher, S. D., & Wetherell, M. S. 1987. *Rediscovering the Social Group*: *A Self-categorization Theory*, Oxford: Basil Blackwell.

Wrightsaman, L. S. 1990. "Interpersonal Trust and Attitude to Human Nature," in J. P. Robinson, P. R. Shaver & L. S. Wrightsman (eds.) . *Measures of Personality and Social Psychological Attitudes*. New York: Academic Press.

Yan Yunxiang (阎云翔). 1996. "The Culture of Guanxi in a North China Village," *The China Journal*. 35: 1 – 25.

Yang, Chung-fang (杨中芳). 1997. "Psycho-cultural Foundations of Informal Group: The Issues of Loyalty, Sincerity, and Trust," in L. Dittmer, H. Fukui, & Lee (eds.), *Informal Politics in East Asia*. New York: Cambridge University Press.

Yang, Mayfair (杨美慧). 1994. *Gifts, Favors and Banquets*: *The Art of Social Relationship in China*. Ithaca: Cornell University Press.

情理与审查

——中国传统思维方式之社会心理学阐释[*]

徐 冰

摘 要：本文从社会心理学视角对中国传统思维方式做了梳理式的阐释。这种思维方式是在人与人之间的互动中形成并且运作的。其中的合理性或理性（reason）偏重于情感与意志方面，可称为情理。这种情理由儒道共同阐发与宣扬，使人际互动有了共识的规范、程序和旨趣。经审查机制，一种体现出孙、老、韩的清醒冷静的理智（intellect）的配合，情理才得以在现实中实践。台面上的情理与台面下的审查之间具即兴演奏特点的配合，形成人们亲疏远近的差序关系，人们之间按照特殊主义原则相互对待。

一 社会心理学视角的思维方式

帕森斯曾提出关于行动、互动和制度化的思想，特纳（Jonathan H. Turner）将其表述为图 1。借助这个思想，笔者来表述本文中社会心理学视角的思维方式。帕森斯根据动机（动员能源的需要和准备）和价值（关于什么是适切的概念），视行动者是"倾向于"（oriented）情境的。他认为存在三类动机：认知的（cognitive）（信息的需要）、感情的（cathectic）（情绪归属的需要）和评价的（evaluative）（评估的需要）。同时，还存在三种相应的价值：认知的（cognitive）（根据客观标准进行的评价）、评鉴的（appreciative）（根据审美的标准进行的评价）和道德的（moral）（根据绝对的正确和错误进行的评价）。帕森斯将这些动机和价值称为"倾

---

* 原文发表于《社会学研究》1999 年第 2 期。

向的形式"（modes of orientation）。由这些动机和价值相关的特征构成的某种混合型的行动，可能是以下三种行动类型的一种：（1）工具型的（instrumental）（意在有效地实现既定目标的行动），（2）表达型的（expressive）（意在实现感情上满足的行动），（3）道德型的（moral）（与是非标准相关的行动）。这就是说，根据某种动机和价值倾向是最强烈的，行动者即以这些基本方式中的某一种来行动。举例来说，如果行动者的认知动机强，并且认知的价值也最突出，那么他们的行动将主要是工具型的活动，虽然他们也包含有情绪和道德的内容在内。可见，倾向的形式（动机和价值）的各种组合和替代，引起了与这些一般性导向一致的行动。当各种倾向的行动者（根据他们动机和价值取向的构造）互动时，他们逐渐形成了协定，并确立互动模式，这将会变成"制度化"（institutionalized）。这种已然制度化的模式可称为组织或社会系统（特纳，1992：78～79）。

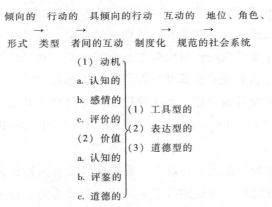

图1　帕森斯关于行动、互动和制度化的思想

资料来源：特纳，1992。

在帕森斯的思想中，动机属于人格系统，后称需要－性情（needs-dispositions）结构；价值属于文化系统，与流行的文化模式相联系；而制度化的互动模式，即为社会系统。后来，帕森斯加进了有机系统（随后称为行为系统），但没有深入讨论。帕森斯认为，"制度整合"，亦即"一套共有的价值模式与组成人格的内化了的需要－性情结构之整合"，乃是位于社会秩序基础的"核心现象"（Parsons，1951：42）。帕森斯的动机与价值的构造如此丰富，其足以为"认知、情感和价值之影响以何种方式隐含于行为之中"提供详备之分析的基础。然而，帕森斯却做了一系列减化性的转移，急剧地裁剪了他的讨论。那么，帕森斯是怎样转移的呢？他又裁剪下了什么讨论内容呢？

帕森斯思想的微观基础来自他对弗洛伊德的解读。从弗洛伊德的目标 - 关系理论中帕森斯提取出了他强调的观点，即内化、承诺和目标与价值的融合。在帕森斯的模式中，父母与孩子的关系为社会互动提供了原型。服从他人期望的倾向起源于孩子对有特殊意义的成人目标之反应的压倒性敏感（over whelming sensitivity）（Parsons and Shils，1951：17）。母亲的乳房是精神附着（cathectic attachment）的第一个目标。但是，孩子逐渐学着将需要从生物性满足概化为社会 - 情感之奖赏，并且精神投入之目标也从父母到其他人，最后到道德的抽象概念。以社会 - 情感之奖赏为诱惑，孩子内化父母的价值取向并且"内摄"（introjects）角色扮演的评价标准，从而正确扮演本身被当成奖赏（Parsons，1951：201 - 248）。拥有了这样的价值和需要 - 性情，同时拥有并使用使沟通成为可能的符号系统，孩子们长大成人准备并能够遵从别人的期望，并且扮演他们被塑造之社会角色。一个集体内的价值取向之整合假设为一种功能强制性：仅当角色"完全符合于流行文化模式并且围绕着对道德认可的模式之服从的期待组织起来时，才能够制度化，而这种道德认可的模式乃关于集体成员共享之价值取向"（Parsons and Shils，1951：23，引自 Powell and Dimaggio，1991：16）。

至此，帕森斯的制度整合成为共有文化模式对人格的需要 - 性情结构的一边倒的文化铸模，人格的需要 - 性情结构成为完全符合流行文化模式的组织角色，不再具有与弗洛伊德的本我相联系的动机了。而在弗洛伊德那里，本我始终是人之行动的动力源泉。并且，本我之潜意识比之于自我和超我之意识，如大海比之于浮出海面的孤岛，本我始终是文化模式之超我的内容源泉。也正是由于"非理性"之本我的作用与庞大，持西方理性主义的观点的弗洛伊德对人类持悲观的态度。从心理学的角度，需要离不开人的天性。马斯洛的各个层级的需要，都是似本能的（instinct oid），马斯洛用似本能这一术语代替本能，借以论述人类的生物遗传与低等动物之间的差异（赫根汉，1986：445）。心理学中的性情，也离不开人的天性。G. W. 奥尔波特用性情这一术语表达与其特质（traits）相同的含义，即它激发与指导个体的各种反应，故而它是说明个体行为的恒常的心理结构。

奥尔波特把个人特质改称为个人性情是为了不与共同特质混淆，以强调人之差异（赫根汉，1986，215~216）。梁漱溟结合中国传统思想，从文化心理学的角度解释性情：情，指人的情感意志，而情感意志（包括行动在内）所恒有的倾向或趋势，谓之性。性情虽有其文化之表达，却基于和彰显人之"天性"（梁漱溟，1996：151~152）。不论是弗洛伊德的"恶"的本我，还是中国传统思想中"善"的天性，都涉及人之本然。其善与恶之评价，涉及在人与人关系中形成的合理性或理性（reason），或人们群体地形成的伦理或道德的观点。有了本我的永不枯竭的作用，制度化或社会化的过程就不会是既有文化模式之超我一维的铸模，自我要在本我与超我之间调节与作用。在人与人互动过程中，自我的调节与作用过程乃是行动者的思维过程。在思维过程中，行动者将文化模式与本我相契合，有选择和一定程度地将文化模式之价值内化于人格的需要－性情结构。并且，在思维过程中，行动者不断地表达源自本我的动机，相互满足各自的需要，彰显各自的性情，并将本我衍发的内容不断地取得共识而纳入文化模式之中。这种思维，是在人际互动中的思维；这种行动，是在行动者思维中的行动。这种思维与行动的不可分割的过程，才是制度化或社会化的真正过程。在思维与行动的过程中，既有组织制度与文化模式互为表里地提供了一种规范、程序与旨趣，如同一种游戏规则，使人们的互动能够借鉴前人或别人的经验，形成一种默契，符合一种节拍。同时，任何组织角色模型，都无法铸出人格结构的全部；任何文化模式，都要给个人的需要－性情留下空间，使人们的互动具有"即兴演奏"的特点。这种在人之互动中进行的，既受已有文化模式、组织制度之指引与制约，又使行动者个人之需要－性情得以满足与彰显的思维过程，恰是帕森斯所裁剪下的讨论内容。这种思维之旨趣、特性与程序，可称为思维方式。在不同制度背景之下，有不同方式的思维与行动与之契合。弗里德兰（Friedland）和奥弗德（Alford）指出，（在美国社会中）存在不同的制度领域，其每一领域对应有不同"逻辑"的行动，强调不同的价值基础；在某种程度上，各领域之行动取向亦有所侧重：在市场和官僚制中侧重认知，在家庭中侧重感情，在宗教中侧重意志（Powell and Dimaggio，1991：25）。被帕森斯裁剪下的感情和意志中性的认知思维与行动，乃是社会学传统中新制度主义在组织研究中的微观基础（Powell and Dimggio，1991，15－27）。而中国传统的组

309

织制度有其自身的特征和旨趣，基于这种背景之下的人际互动中的思维，亦有其特定的特性、程序与旨趣。这种中国传统的思维方式乃是本文所需阐释的内涵。

二　中国传统思维方式的合理模式

在传统中国社会中，精耕农业的生产方式使家族成为维持生存必要的、基本的社会单位，家庭成为中国人生活圈中的社会环境的主要部分。家庭成员与家庭在经济利益上是一致的。这种经济利益上的一致，为家族主义提供了第一个基础——利益基础。发自自然的，经长期共同生活而形成的深厚的血缘亲情，为家族主义提供了第二个基础——感情基础。在利益基础和感情基础上，经历长期的发展与文饰，形成了中国传统的家族伦理。家族伦理蕴含很广，涉及生产和生活的各个领域，其基本思想是：宣扬家族为重、为主、为先，个人为轻、为从、为后的集体主义。这种限于自己家族之内的集体重于个人的伦理，是一种内团体的（in-group）、非普遍性的集体主义，杨国枢（1992）称之为"家族集体主义"。家庭以外的团体，如私塾、诗社、会馆、村庄、乡党、郡县、国家、天下等，为数较少，而且大多数人一生之中参与这些团体活动的时间远少于家庭生活的时间。因而在参与家族以外的团体或组织活动时，他们会自然而然地将家族中的结构形态、关系模式及处事方式推广、概化或带入家庭以外的团体或组织。也就是说，在家族以外的团体或组织中，中国人会比照家族主义的法则而动作。这种延展到家族以外团体或组织中的家族主义可称为泛家族主义（杨国枢，1992）。

可见，在传统中国社会中的组织，主要是家庭以及家族化了的非家庭组织。在这种组织背景下，中国人以家庭中的经验为基础和基模，并经过在家外组织中与人的交往和契合，形成了中国人传统的思维方式。

在家庭和家族化的组织中，中国传统思维中的合理性（reason）为情理。中国传统思维方式的合理模式可概括地表述为：发乎情，合于礼，至于乐。这是一种情理交融的思维方式。这个情，以自然的情绪做基础。这个情，更是道德感情，因为它要合于礼。举孝悌为例，发自自然的亲情感情，又合于家族伦理，并且经意义的提升，超越了家庭的范围而成为社伦理的基础。在这种思维方式之中，认知过程（辨别是否合于礼）与情感过程（情之发与乐之求）融合为一，情不离理，理不离情。同时，认知过程和情感过程的不相分化使得单一向度上的思维发展受到限制（蒙培元，1988）。这种思维方式是以家人之间的情理体验为经验基础，由儒道共同阐发、宣扬的。孟子的"四端"，先儒的"七情"，理学的"性"与"情"，"未发"与"已发"，都在谈这个情，或不离这个情而谈；而庄子的"无情"又恰是超越伦理功利的"无情之情"（蒙培元，1994）。人类学家许光在《美国人与中国人》一书中曾指出：一种学说之所以能够被广泛地认同与接受，是由于这种学说真实地反映了人们的生活与体验。孟、墨的差序、兼爱之辨，庄、惠的鱼乐知否之争，都是情理思维与逻辑思维之争。孟、庄之为中国人所接受，其根源乃在于情理思维与传统中国人在其主要生活领域"家"中的体验相吻合。

这种情理交融的思维方式朝向具形而上意义的"乐"。这种乐以家人融合为一体的"合家欢乐"为体会的基础，提升为"众乐乐""普天同乐"，乃至超越伦理的"自然之乐"。这种乐是一种审美的体验，其中要如老、庄所谈消除一切对立，消除主客之别、人我之别、天人之别。所以，在乐中没有客体，无法以"有"的方式进行描述，只能用"无"来表现其意境的无限性。铃木大拙、佛洛姆在《禅与精神分析》之中所讨论的禅的体验，就是这种融合的体验。语言本身是以具客观性的形式指谓和区辨物体（对象）或人的感受的工具。能以语言表达者，为有意识（consciousness），反过来，有意识的特征是能用语言表达（Mclntosh，1995，xvi）。在融合之乐或禅的体验中，以"有"的形式存在的区别和对立被取消了，无法用语言的形式表达，所以铃木大拙称之为一种无意识。这种无意识不是获得语言能力之前的那种初级的无意识，而是超越了语言的高级的无意识，佛洛姆称这种无意识状态为泰然状态。这种东方式的融合的泰然状态可比之于西方基督教中"神位"（the divine person）和"人位"（the human person）在基督身上和谐时之泰然状态。人类的宗教都在追求一种泰然状态的本质（铃木大拙、佛洛姆，1986）。所以，中国人的宗教追求乃在于"乐"的体会，而各种崇拜、祭祀，不过是在情理思维之中居于次位的形式。

"孔颜之乐""吾与典也"等具形上色彩的"乐"的体会在世间罕有

求得，但融合之乐的追求却如月印万川，影响着中国人相互交往的各个角落。在不久前的一部电视连续剧《天桥梦》中，一首流行于元朝民间的歌谣被译成现代文并谱了曲，作为该电视剧的主题歌。这首歌以捏泥人来表达相爱的青年男女融合为一的美好愿望。歌词的大意是：

> 捏一个你，捏一个我，
> 一个妹妹，一个哥哥。
> 打碎了你，也打碎了我，
> 加些水儿把泥重和和，
> 再捏一个你，再捏一个我，
> 哥哥身上有妹妹，
> 妹妹身上有哥哥。

这个打动了元朝人们的心的愿望，也打动了几百年后当代人们的心，几百年来中国人融合之乐的追求还是如一。

不仅在情人之间，就是在一般人之间，人们在交往中也时时追求和气一团的幸福感。人们常常为了这种和气，不惜放弃客观化的原则，不顾语言所指本身的假，而去追求和谐感受的真。大家互相附和，明知"话"中有假，但追求和睦的"情"真了，就合理了。

在组织制度中，中国人通过财产的共有来淡化人与人之间的界限，通过下级服从上级的等级制度来消除人与人之间的论辩和纷争，通过上下级之间的情理交流来淡化上级与下级的支配关系。所有这些组织制度，都旨在消除人们相互之间的对立，使人们融合在一起，追求"和睦之乐"。

在这种思维方式之中，合理性或理性（reason）是知、情、意的统一，而重心放在情感与意志上，如梁漱溟指出："用理性一词代表那从动物式本能解放出来的人心之情意方面。"（梁漱溟，1996：83）亦即，合乎"指向此乐的此情"，才是合理的（reasonable）。这种理性与西方的情感和意志中立的、重心只在认知一维的形式理性是不同的。二者的区别本文将在后面讨论。

三 中国传统思维方式的审查机制

　　中国传统思维方式的合理模式追求融合之乐的体验状态，其追求的合理起点是发乎情。这种起于情而止于情的思维模式是以家庭生活为基础发展和宣扬的。弗洛伊德的目标－关系理论指出，母亲的乳房是孩子的第一个精神或感情的附着目标（object of cathectic attachment）。母亲的乳汁满足了孩子饥渴之生理需要的同时，母亲的关爱也满足了孩子最初的精神需要。这些需要的满足，在孩子都是满足的体验，在母亲都是奉献的幸福，其中情感的交流笼罩着物质的交流。母子关系成为情理教化的第一个楷模。一次次物质的需求与满足被淡化，精神上的依恋在增强。随着孩子的成长，父亲乃至整个家人团体成为孩子的精神附着对象；同时，孩子也成为父母和其他家人的精神附着对象。父母对子女抚育中的关爱，在子女精神中转化为奉养父母的动力。抚育与奉养在行动者的动机中都是作为含情的责任而不求回报的。在相互之间不求回报的责任行为过程中，每个人都平衡地从他人那里得到了物质和精神上的满足，交换在不言交换过程之中完成。所谓，假设无交换行为，则一切关系无从发生，一切人伦也无从建立。……交换的问题乃是齐美尔（Georg Simmel）所提出的社会之所以成为可能（how society is possible）的基本问题（金耀基，1993：20～22）。在情理化的家人之间的互动中，隐含着交换的公平。而且，正是因为家人之间经济利益的长久、稳定的一致性，与家人之间亲情感情共同作为基础，家人之间才能够淡化相互之间的利益计算，从而强化家人之间和家人对家庭的安全感、归属感和信任感。在这种温情的体验中去完成可能是冷冰冰的交换，即以美化的心态去完成现实的任务，乃是情理思维追求的境界。

　　可见，在传统中国家庭中，是利益和亲情作基础才保障了家人之间"发乎情"为动机的互动取得各得其所的效果。在家庭中，认知思维主要是识别和考量自己和别人的情感与意愿，以克己和利人，合乎家族的伦理。然而，走出家门，这种"发乎情"的行动能否"合于礼"，成为时刻存在的需要认知思维明辨的更大难题。在中国传统中，"礼"与"仪"和"义"有相通的含义，只是"仪"比较重视"礼"的形式意涵，而"义"

比较重视"礼"的内在意涵（邹川雄，1995：120）。在情理思维之中，对内在意涵的把握和体会是更为本质的问题，而外在的形式不具有形式理性，思维中形式法律的客观性威信常常被当成工具而灵活运用。段玉裁注："义之本训谓礼容各得其宜。礼容得宜则善矣。"又《释名·释言语》："义者，宜也，制裁事物使合宜也。"所以"合于礼"与"义"，都是让事物"各得其宜"的意思。在人际互动中要"合于礼"，必须做到使"发乎情"的行动能够完成公平的交换。这就需要在思维方式中有一个审查机制，审查"情"如何发，才合宜或"发而中节"，才不至于"发错了情"。

在审查机制运作过程中，人们要将情绪和情感"收守"，使之不会影响认知的辨别能力之发挥，以冷静的理智（intellect）来拿捏思忖，权衡人我双方的情感意愿与利益得失。这个理智的权衡过程往往和性情的契合过程配合进行，当达到一定的适宜程度时，才能进入"发乎情"的合理化的思维进程。这契合、权衡需要时间，所以人们往往"熟"了，才动感情。因此，情理思维的审查机制像个看守，看守着情感的大门，决定这扇门开不开，开多大。对自己家人，这扇门是敞开的。对家外的人，有了接触的机会，经过性情契合与利益权衡的"熟"的过程，经过看守的批准，这扇门可以一定程度地打开。这时，双方有了一定程度的家人似的情感沟通，亲切地称为"自家人"。并且，相互间体验到一定程度的家人似的安全感、归属感和信任感。对于无任何直接、间接持久性交往机会，或经过看守审查未能通过者，情感大门关闭，以陌生人对待，相互间没有安全感、归属感和信任感。这样，由家人，到家人似的熟人，再到陌生人，人们的情感开放程度不同，关系的亲疏有别。这种以自我（ego）为参考点向外圈圈扩散（愈向外愈疏）之类似同心波纹的人际关系网，费孝通（1947）称之为差序格局。而传统中国人的自我，往往已融为家我；这种推衍，也就是家人模式的情感向外的推衍，凡情感推及之处则运作情理思维。根据情理思维的旨趣，情理体验的实质高于规范、准则的形式，认为法律、法规只适当用于与陌生人之理智交往，而当家人或熟人之间依情理交往时，法律、法规则可以有所例外，可以灵活运用。亦即，中国人与家人和熟人交往时依据的是情理思维，以特殊主义原则来对待。无论从交往机会，还是从重要性上，家人和熟人都是传统中国人的主要交往对象。既然对其主要交往采取特殊主义的对待原则，在传统中国社会中就少有可以实际地运作的普遍主义了。当一个人被以公事公办的方式对待时，他已经被置于不公平的境地了。

可见，中国传统思维方式的合理模式是以家庭生活为模板的一种应然。经审查机制的配合，情理思维才得以在广泛的人与人之间运作。现用表1概括在审查机制配合之下，情理思维在人际交往中的运作。

表1　情理思维在人际交往中的运作

对象	利益的一致性	性情的契合	思维运作			对待原则
			认知运作	情感体验	动机意愿	
家人	最稳定	最长久	克制私欲理解别人	高度的安全感、归属感与信任感	发乎情地尽责任与保护	高特殊主义
家人似的熟人	较稳定	较长久	审查情意	一定程度的安全感、归属感与信任感	有情有报的责任与保护	特殊主义
陌生人	不稳定	不长久	审查情意	情感收守，无安全感、归属感与信任感	便宜行事	非特殊主义

四　情理思维中的理性与理智

情理思维的审查机制之运作特征可以用理智（intellect）来表达。但是，在情理思维之中，理智本身并不就是理性或合理性，也与西方的工具理性（instrumental reason）或形式合理性（formal rationality）有所不同。下面，我们从社会心理学的角度，与西方的情形相对照地分析中国传统思维中理性与理智的关系。

梁漱溟曾经从文化心理学的角度，解释理性与理智之间的关系："理智者人心之妙用；理性者人心之美德。后者为体，前者为用。"（梁漱溟，1996：85）梁所谓的人心，指的是可以从知、情、意之维度加以分析的，可以解剖为知与行的人的生命活动，而且此生命活动不可有见于个体而无见于群体（梁漱溟，1996：83、92）。可见，其所指亦即本文所讨论的思维与行动。梁所谓的人心或思维与行动的美德——理性，"代表那从动物本能解放出来的人心（或思维与行动——笔者注）之情意方面"（梁漱溟，1996：83）。而这种人之思维与行动的情感、意志，乃是群体地形成的，涉及群体的伦理。人对人的情理是伦理。而伦理当组织规范化、有强制力时就成为制度（梁漱溟，1996：166~224）。所以，理性或合理性，是人们群体地或在互动中形成的，与组织制度相互支持。理性为组织制度提供了应然的方向，组织制度为理性奠定了实然的基础。然而，人之思维与行动要从动物式本能中解放出来，乃凭借人之思维中的理智（梁漱溟，1996：41~50）。理智是人之思维与行动的技术和技艺，是实现理性的方法和工具，它偏重于思维与行动的认知方面。在不同的组织与社会制度背景之下，人们发展出不同偏向的理性，而不同偏向的理性，由不同特点的理智去实现。

西方理性发源于古希腊城邦的公共生活之中。希腊的理性是在"人与人之间的关系中形成的"，它首先表达为政治理性（韦尔南，1997：117~119）。城邦社会生活的体验首先成为实证思维的对象，以适合城邦中私有财产所有者公民之间展开的公开辩论。智者们试图定义人类秩序，把它表述为可以理解的话语形式，使它具有数量和尺度的规范，形成了古希腊的政治理性。这种政治理性的特征是实证的思想、平等的秩序和几何学的性质（韦尔南，1997：3）。希腊理性体现了一种组织或社会制度的应然，是一种群体生活的伦理，它把公共生活视为人类活动的最高境界（韦尔南，1997：118）。这种伦理促进了哲学、数学和科学的发展，后者成为西方资本主义产生和发展的重要因素。韦伯曾指出，现代西方资本主义产生和发展的过程是一个理性化（rationalization）的过程，现代西方社会中的合理性便是手段–目的合理性（means-ends rationality）或工具理性（instrumental reason）。这种工具理性体现于规制人之关系的形式法律和官僚制度。工具理性作为组织或社会制度的合理性，成为人们的信仰和人之关系的伦理。从希腊的政治理性到科学的发展，乃至现代西方社会中的工具理性，贯穿着西方人思维方式的一促偏向，即逻辑化或数学化的形式程序本身被当成一种合理性。故此，笔者用韦伯表达与手段–目的合理性或工具理性相通或相近含义的概念——形式理性（formal rationality）来指谓西方思维方式中的理性。

如前所述，中国传统的理性发源于家庭生活之中，以家人关系的伦理为合理性的基础。这种合理性追求一种情理的融合，体现和落实于家族制度上。家族的财产由家人共有或共享，从而使个人和家族建立起无条件的依赖与负责的关系。人与人之间的界限和分别被淡化，个体意识消融于集体意识之中。依据先验的血缘辈分和长幼建立起人伦等级制度，通过下级对上级的顺从来消除人与人之间的论辩和纷争。在中国传统家族制度中，并不强调上级对下级绝对的支配，而是通过情理教化和情感沟通，使下级情愿地顺从上级。哈米尔顿（Gary G. Hamilton）曾指出，西方传统的家长制强调父亲对儿子的支配权力，而中国传统的家长制强调儿子对父亲的孝顺（郑伯，1991）。无论是在财产制度上还是在人伦制度上，中国传统家族制度都在淡化和消解人与人之间的区别、论辩和纷争，而鼓励家人之间情理交融的互动：只有含情，才是合理。中国传统的家族制度树立一种组织和社会制度的榜样，这种制度以人们在集体中和睦相处时的安全感、归属感与信任感为伦理追求，以将家人共处的和乐推衍为天下人共处时的和乐为追求的最高境界。中国传统社会中的各种组织，乃至中国传统社会本身，都是以这种家族制度为榜样建立的情理化的组织和制度。甚至在中国计划体制时期的单位组织中，财产公有、行政等级间下级服从上级和阶级感情教化使下级情愿服从上级等方面，都体现了中国传统的情理倾向。从中国传统的家族制度到传统社会中家族化的组织，乃至中国当代社会的单位组织，都贯穿着中国人传统思维方式中的一种偏向，即将融合一体的情感体验本身当成一种合理性或追求。故此，笔者以情理来指谓中国传统思维方式中的理性。

西方的形式理性以技术本身为旨趣，所以，实现这一理性的思维技术——理智，常常被等同于理性。这种理智是一种形式化认知的技能。在此认知过程中，人的主观感情、意愿要排除在外，即做到感情中性（affection neutral）和价值中立（value free），将思维对象客观化或数量化，依据客观化或数学化的程序去加工和处理思维对象。计算机是这种认知思维的模拟和产物，计算机的信息加工过程可以帮助我们理解这种形式认知的过程。下面，笔者从认知对象的客观化、认知进程的程序化和认识水平的衡量以效率为标准等三个方面，描述这种认知思维。

首先，将认知对象客观化是形式认知的前提。举"我（I）思考我（me）"为例，只有被宾格化的我（me），才能作为认知加工的对象。而无法被客观化的主格我（I）中的无意识内容，则不能成为认知加工的对象。同样，在人际互动领域，也只有能够被客观化的关系与内容才能作为认知加工的对象。认知发展的过程，也是将原来不能客观化的内容客观化，纳入可加工的信息。将思维对象客观化的过程，是用逻辑语言表达和分辨的过程。这种表达和分辨的典型和极致的方式，是数量化。其次，客观化或数学化的程序是形式认知加工的道路和依靠。科学研究的程序和方法、形式化的法律和官僚制度，是客观化或数学化的程序的体现。这些在形式认知过程中必须依循的方法和手段，对人具有外在的强制力，在崇尚客观化的思维之中，成为一种崇拜和信仰。最后，效率是形式认知水平衡量的主要标准。形式认知水平提高的过程，也是认知程序处理信息效率提高的过程。这个过程体现为效率较高的科学方法、形式化的法律和官僚制度代替效率较低者的过程。由于形式理性的支持，形式认知公开地进行，其过程本身被赋予合理性。于是，这种感情中性和价值中立的理智，带给思维者积极的体验，受到积极的评价。

中国传统的情理将"理"偏重在思维的情感和意志方面，合理的思维模式为"发乎情，合于礼，至于乐"。但是，这种情理仍需要借助思维的技术与技艺——理智——来实现。从应然的角度，理智可以帮助人们提升情感和意愿的层次，进入超功利的境界。在家庭里，理智可以帮助人们克服个人的私欲，理解家人的情与愿；推衍出去，理智可以帮助人们克服局限于自家的私情，理解更多的人乃至天下人的情愿；甚至，在理想上，理智可以帮助人们超越世俗的功利，进入超越伦理的"自然境界"。从实然的角度，理智可以帮助人们情理化的互动取得"合宜"的效果，亦既获得圆融无碍的情感满足，又隐含地完成了公平的现实交换。在这种情况下，理智的运作过程就是前文所述的审查机制的运作过程。与实现形式理性的理智或形式认知不同，实现情理的理智是一种体察认知。在体察认知过程中，思维者主观的情绪和情感也需要得到抑制，以排除情绪冲动或高唤起水平对认知水平的不利影响。但是，主观的感情倾向和价值偏向，像一盏被悬在头上的灯，始终观照着思维的进程。下面，对照形式认知，从认知内容、认知进程和认知评价几方面来描述体察认知。

首先，不像形式认知以客观化的信息为对象，体察认知的内容，主要是人我双方的情感和意愿。所谓明察秋毫，指的是能够察觉人的情感与意愿的微弱变化。体察认知中的数量，也主要指的是思维者主观上对双方情感和意愿的轻重权衡。

其次，不像形式认知依赖客观化或数学化的程序，体察认知依靠思维者针对具体的情境，选用一定的策略。形式认知以客观性为合理性，所以，以严谨的逻辑的语言表述的程序就成为必须遵循的法规。每一个思维者都可以较直接地受益于前人或别人的认知水平的提高，因为个人认知水平的提高可以客观地表述为能被他人严格地遵循的更高水平的程序或语言。而在体察认知中，情感与意志，或称为"意"，是观照的中心，而语言被当作具有次一级意义的表"意"的工具，没有向逻辑化或客观化方向发展。得了"意"，便可以忘了"言"。而得了"言"，还需要结合对感情表现的体察，有正确的差别，才能得到"意"：所谓察言观色而得其意。根据情理，只有发乎情的思维与行动才是合理的，这种合理性要求人们在思维与行动时做出善意的情感表现，即做面子。而思维与行动者"真"情之所发要经过审查机制的批准才能"合宜"或合于现实的"理"。所以，在台上做出面子可能只是一个友善的姿态，而不是真实的情感表露。这就给互动双方的体察认知增加了难度。按照情理思维在人际交往中的运作，只有家人之间或家人似的熟人之间才有信任的情感。没有经过审查机制批准的他人的情感与意愿表现是不能轻易相信的，甚至以家人之间的情意关系作标准来看，陌生人与自己的关系是相对立的或有所敌意的。所以，在相互的审查过程中，人们处于相互的防范甚至是敌对的状态。双方都要运用思维的技术与艺术即理智或智慧试图首先识别对方的"意"，以取得主动。中国人传统的理智或智慧，以《老子》为代表。而《老子》的道家智慧，与《孙子》的兵家智慧和《韩非子》的法家智慧，由对待人生世事的"清醒冷静的理智态度"贯串在一起，其中《老子》以其哲学的高度而堪称宗师（李泽厚，1994：81～98）。以这种清醒冷静的理智态度而思维的过程，就是笔者所谓体察认知的过程。思维与行动者通过"守雌""贵柔""抱朴"等方法，将自己居于守势，使自己的"意"隐于"无形"，使对方无法察觉。同时，运用谋略诱使对方显露其"意"，或运用自己的经验与洞察力直接判断和把握对方的"意"。在相互的隐己识彼、察言观色的过程中，要求思维者在"意"的显与隐的变化中准确、迅速、直截了当地去分别之、把握之。因而，思维者不是采用逻辑，而是采用直观把握的方法。

最后，体察认知的评价，以能否在台上做面子的同时，准确、迅速地得到对方之意，使互动双方台上得面子，台下公平交换，取得合宜的体验状态为标准。借助于《庄子·养生主》中的寓言《庖丁解牛》，我们来描述这种合宜的状态。首先，要将对别人有所威胁的欲望收敛，或至少在情感表现上将己之"意"藏于"无形"，使"刀刃无厚"。同时，要有纯熟的体察对方之"意"的直观能力，培养一种超越"官知"的"神遇"。这样，才能在双方的台上做面子和台下审查过程中回避尴尬，气氛融洽。双方台上台下的面子与审查，如同无指挥的即兴演奏，要合乎一定的节拍，达成一定的默契。这种节拍不是物理时间的节拍，而是心理时间的节拍。台下的利害权衡要合于台上情感表演的心理节奏，默契的配合"合桑林之舞""中经首之会"。在艺术般的演进过程中，既公平地完成了现实的物质或物化的交换，取得了利益上的满足，使"牛如土委地"，又消除了双方心理上的防范和敌对，进入惬意的体验状态。在情理思维之中，存在理想的应然与现实的应然之间的矛盾。按照理想的应然，人与人之间应该直接进入"发乎情，合于礼，至于乐"的合理思维模式。而在现实之中，合理模式无法直接运作，审查机制是在现实中去实现理想的手段，符合现实的应然。审查机制不符合情理的理想，而只能在台面下进行。双方在台上的阳奉与在台下的阴违反过来增加了进入"发乎情，合于礼，至于乐"之合理思维模式的难度。所以，情理思维偏重思维之情、意方面的旨趣，常常引导人们进入情、意之困境。人们怀抱着理想的应然而发展体察认知策略，使用着体察认知的策略而希望这些策略从不存在。即使体察认知的祖师爷老子，也希望消除人之心机，返回至朴。在情理思维之中，体察认知作为无法登台的"阴谋"，带给人们复杂的体验，受到人们复杂的评价，那就是：希望其无，却不得不有。

五　待续的结语

综上所述，本文中的社会心理学视角的思维方式是在人与人之间的互动中形成并且运作的。在人与人之间的思维与行动的过程中，即有文化之价值内化于人格的需要－性情结构并得以传承，使人之互动有了共识的规范、程序和旨趣，形成一种默契，符合一种节拍；同时，行动者不断地表达源自本我的动机。相互满足各自的需要，彰显各自的性情，并将本我衍发的内容不断地取得共识而纳入文化模式之中，使人之互动具有即兴演奏的特点。这种思维与行动的过程乃是帕森斯所谓的制度整合的过程。思维方式中的合理性或理性（reason），是在人与人的关系中形成的，与群体的组织制度相互支持，是思维的知、情、意的统一的追求。与不同的组织制度相契合，中西方不同理性的旨趣有所不同。西方的形式理性以技术本身为旨趣，所以，实现这一理性的技术——理智（intellect），或形式认知常常被等同于理性。而中国传统的情理将"理"偏重在思维之情感和意愿方面。情理思维的合理模式为"发乎情，合于礼，至于乐"，它以家庭生活为基础和模板，由儒家和道家共同阐发和宣扬。就具体人伦和价值而言，儒家思想是其主流；就情理提升之形式和意境而言，道家开了其"无目的之目的"取向。合理模式要在现实的人际关系中得以动作，需要审查机制的配合。审查机制是情感大门的看守，决定情感之门开不开，开多大。经审查机制的审查，人被分成由近至远的亲疏差序，对人按特殊主义对待原则行事。审查机制之运作过程，是情理思维的理智（intellect）——体察认知的运作过程。体察认知以人之情感、意愿为认知内容，针对具体的情感，采用一定的策略，相互地隐己知彼，察言观色以得其意。体察认知力图与台面上的情感表演合上节拍，在圆融无碍的体验状态中完成利益的交换。道家《老子》、兵家《孙子》和法家《韩非子》由"清醒冷静的理智"贯串在一起，为体察认知提供了智慧的宝库。由于情理思维在理想的应然与现实的应然之间的矛盾，体察认知作为无法登台的"阴谋"，受到"希望其无，却不得不有"的评价。

至此，本文已将中国传统思维方式做了理念梳理式的阐释。但对这种以情理和审查为特征的思维方式的深入研究的大门才刚刚打开。从心理的角度上，人们互动时做怎样的情感表达，或做怎样的面子，要符合什么具体的人伦价值规范？同时在台下配合以什么样具体的体察策略；台上台下的配合达到什么"火候"才能算是合宜？这种将旨趣偏重于情感方面的思维方式会带给人们什么样的情绪、情感的体验；在情理思维之内有什么解决情绪情感问题的方法，其局限性在哪？这些都是笔者下一步进行直接或间接经验研究的问题。从组织或社会的角度上，人与人的思维与行动的过程，既是传承既有文化模式的过程，也是制度化的过程。在新的环境与条件下，情理思维之互动对现代组织有什么影响；在制度改革的时期，情理思维会起什么作用？这些问题也会引着我们进行进一步的调查与研究。于此，以这一连串的有待进一步研究的问题，作为本文的结语。

参考文献

B. R. 赫根汉，1986，《人格心理学导论》，何瑾、冯增俊译，海口：海南人民出版社。

费孝通，1947，《差序格局》，载费孝通，1992，《费孝通学术论著自选集》，首都师范大学出版社。

金耀基，1993，《中国社会与文化》，香港：牛津大学出版社。

梁漱溟，1996，《人心与人生》，上海：学林出版社。

铃木大拙、佛洛姆，1986，《禅与精神分析》，孟祥森译，北京：中国民间文艺出版社。

蒙培元，1988，《论中国传统思维方式的基本特征》，《哲学研究》第 7 期。

乔纳森·特纳，1992，《社会学理论的结构》，吴曲辉等译，台北：桂冠图书公司。

特纳，1992，《社会学理论的结构》，吴曲辉等译，台北：桂冠出版社。

韦尔南，1997，《希腊思想的起源》，秦海鹰译，北京：生活·读书·新知三联书店。

杨国枢，1992，《中国人的社会取向》，台北：中研院民族研究所"中国人的心理与行为"科际学术研讨会。

郑伯壎，1991，《家长权威与领导行为之关系初探：一个台湾民营企业主持人的个案研究》。

邹川雄，1995，《拿捏分寸与阳奉阴违——一个传统中国社会行事逻辑的初步探索》，博士学位论文，台湾大学社会学所。

Mclntish, D. 1995. *Self, Person, World: The Interplay of Conscious and Unconscious in Human life.* USA: Northeastern University Press.

Powell, W. W. , & Dimaggio, P. J. 1991. *The New Institutionalism in Organizational Analysis.* Chicago: The University of Chicago Press.

资源与交换

——中国单位组织中的依赖性结构*

李汉林　李路路

摘　要：文章主要从资源和交换的角度分析中国单位组织中的依赖性结构。文章认为，中国的单位组织并不仅仅是一种纯粹的社会组织，更多地表现为一种"组织化"的统治形式和工具，是国家实现统治的一个重要的中介环节。文章试图论证，单位成员在单位中所获得的资源以及他们对单位的满意度，仍然是影响其依赖性行为的基本决定因素；个人在单位中获得资源的多少将影响和制约着人们对单位的依赖性行为和对单位的满意度；同时，人们对获取资源的满意度，也会影响和制约人们的依赖性行为。以此为基础，文章进一步讨论了中国单位组织中资源与依赖交换过程的全面性、强制性和政治性。

中国的社会组织，特别是人们称之为"单位"的工作组织，显示出中国社会结构的独特性。[①] 本文将要分析的是，在中国向市场经济的转型过程中，单位组织仍然是国家进行统治的重要工具；在单位组织中存在一种以资源交换为基础的依赖性结构。

一　理论背景

中国社会中的"单位组织"就其本质来说，是一种统治的形式和工具。借用韦伯（Max Weber）的话来说，是一种"组织化"的统治。因而，

---

*　原文发表于《社会学研究》1999 年第 4 期。

① 参见华尔德，1996；路风，1989，1994；谭深，1991；于显洋，1991；边燕杰，1994；李汉林，1991，1996；李路路、王奋宇，1992；李路路，1994；李猛等，1996。

单位组织具有社会结构的意义（Weber，1980）。

（一）作为统治形式的单位组织

韦伯曾经讨论了统治的基本形式和类型。在韦伯看来，所有的统治都可以区分为两种最基本的形式。第一，依仗利益状况进行的统治。其典型形式是在市场上通过不平等的交换，或者如韦伯所说"市场上的垄断主义"而产生的服从关系。这种统治建立在对财产的占有上，以被统治者的利益需要为基础（Weber，1980），可归结为以报酬为基础、具有交易性特征的关系（布劳，1988）。第二，强制性（命令）的统治。这是一种"独立于"特定利益之外的、要求被统治者服从的权力。它与权威的命令权力一致（Weber，1980）。人们与这种权力的关系并非"自由"选择的，甚至是无法替代的和不以人们的利益需要多少为转移的，人们只有被动式的服从。由于这种统治一般是通过机构或"组织"实现统治，因而可以称之为"通过'组织'进行的统治"（Weber，1980）。

在中国传统的"再分配社会"中，权威的、强制性的命令权力的统治和依仗利益的、建立在交换基础上的统治合为一体，更准确地说，后者被合并到了前者之中，成为前者的一部分。国家将财产权合并到行政权中，从而在此基础上实现对社会的统治。国家既是具有权威和强制性命令权力的统治者，又是财产所有者。"国家"既是一个政权概念，又含有财产所有权之含义。国家统治的最大特征即政权和财产权的合一，是市场交易权力和行政命令权力的合一。通过分离的二者被紧密地耦合在一起。因而这种国家不同于过去人们所谈论的任何形式的国家。

在两种基本统治形式相对分离的情况下，命令权力或国家权威的统治主要通过官僚组织来实施，而依仗利益的统治在现代社会中主要是通过经济组织来实施的。但是在传统社会主义"合二为一"的统治形式中，经济组织由于和国家行政机构相结合，从而也具有国家行政机构的功能。这种特殊的"组织"就是我们通常所讲的"单位组织"，它既包括国家行政机构或官僚机构，也包括社会中的企业组织和其他经济组织。它既是国家行政机构，又是社会资源或财产的占有者。各种各样的社会组织，不再是人们组织起来运用资源实现利益的一种形式，而是转化为国家实现统治的一种组织化手段。在这个意义上，"单位组织"是整个社会统治结构的一个组成部分，是维持国家统治即命令统治的手段或工具。这种统治结构本身构成了社会结构的核心部分。

两种权力和两种组织的合一，在整个社会中形成了一种全面的、自下而上的依赖性向度和结构，即下级对上级的依赖，个人对单位的依赖。

中国向市场经济的转型导致自由资源的发展，在一定程度上为组织和个人的社会独立性提供了可能性和现实性。但原有的基本统治形式和统治结构仍然在很大程度上保持着。

由于单位组织生存的基本制度基础没有根本改变，因而单位组织依然保持着很强的政治特征和统治工具特征。第一，国家控制的社会资源和财产，仍然在社会中，特别是在城镇社会中占有绝对优势（全国基本单位普查办公室，1998；国家统计局，1997）。第二，所有的单位组织仍然处于一种完全的行政隶属关系体系之中。隶属于国家的各种单位组织，其主要职能是以国家和政府的名义管理国家所有的资源。改革所导致的变化，仅是它们"代表"国家进行统治的权力形式发生变化。第三，国家对单位组织领导人的任免权，是国家在现有制度背景下、在社会转型中依然保持对单位组织强有力控制的基本手段，也是影响或决定单位组织仍然依附于国家的最重要的直接因素之一。对单位组织领导人的单一人事任免权，来自传统社会主义社会国家将两种统治权力合一的基本统治结构。按照布鲁斯的说法，借助于对人事任免权的完全控制，就形成了一个所谓"完全依赖性结构"（布鲁斯，1989）。

（二）单位组织中的统治结构

单位组织作为一种统治制度或结构，是国家实现统治的中介环节。单位组织通过将经济控制权力和国家行政权力结合在一起，从而像国家对单位组织的统治那样，实现对个人的统治。个人对单位组织的服从，同时是对国家的服从；单位组织对个人的权力，在很大程度上仍然是国家权力的表现。各种各样的单位组织，并不仅仅是一个纯粹的"工作场所"。

但是，必须看到，随着中国向市场经济的转型，在原有的统治结构和权力关系中出现了大量的市场化因素和自主性因素，因而，依赖性结构的机制与过去相比有了变化。市场化因素和自主性因素导致社会组织和个人相对于国家的直接统治有了一定的选择性，并且有了通过替代性资源获得独立性的可能。由于市场化和自主性因素的进入，原有的统治结构发生了变化，主要是在这种统治结构中，强制性命令权力、行政性强制控制的意义下降，而以市场上的垄断地位为基础的、建立在交换基础上的统治权力的意义上升。如果说过去的统治结构中，两种统治形式的过渡性关系（Weber，1980）的向度主要表现为由命令权力到利益依赖的话，那么改革后的单位体制中，则又出现了由利益依赖到命令权力的向度。但是，实现这种统治可以"并不强迫个人履行哪怕是最微不足道的、对这种统治逆来顺受的义务"（Weber，1980：256）。因此，这种特定的"依仗利益"的统治以一定的个人"自由行动"为特征，进而可以很顺利地逐步转为国家的权威统治，并且可能在很大程度上与原有的行政权力、官僚机构对"下级"统治的权威体制相一致。

依仗利益和资源所产生的依赖性结构，与依仗国家的命令权力所产生的依赖性结构仍然结合在一起，共同维持了国家对社会的统治。国家或是国家的"组织化"机构在政治上和经济上的垄断地位，以及权威的命令权力与资源占有上的优势地位相结合，使得国家和单位组织对个人的统治依然有效。单位组织可以在一个广泛的范围内，给那些利益追求者以单位成员的资格，并规定"回报"的形式和"价格"，迫使社会中的个人采取所期望的态度。人们只有以服从和依赖作为代价，才能换取这些资源、利益或机会。在这个意义上，个人的"自由"被局限在相对狭小的空间里。对于整个社会来说，其机会结构和制度结构具有基本上的一致性。

一般的统治社会学理论和社会学的交换理论，提供了分析个人与单位组织依赖关系的基本框架（Weber，1980；布劳，1987）。若干研究涉及单位组织内部关系结构和个人行为特征（吴晓刚，1994；华尔德，1996；李猛等，1996）。在"混合经济"或"过渡阶段"（Sezeleny，1996）的制度环境中，相对于国家的行政性命令权力来说，个人对单位组织的资源或利益依赖也成为国家实现统治的重要机制。正如布劳（Peter Blau）所说过的那样："通过按别人的要求提供服务，一个人确立了对他们的权力。如果他定期向别人提供在别处不能轻易获得的服务，那么他们就会因为这些服务而依赖和感激他。"（布劳，1988：138）

二 基本假设

使单位成员对单位产生依赖的机制，是他们从单位组织中能够获得所需的资源。这种单方面的依赖，是由于个人社会独立性地位的软弱。布劳曾经详细讨论过单方面依赖或者获得社会独立性的基本条件（布劳，1988：139~142）。

个人因资源而产生的依赖，除了取决于资源占有情况外，还受个人对资源提供者的满意度的影响。一般来说，人的行为，一方面，会受到结构性因素的制约；另一方面，人的动机和行为所具有的主观意义，也会对人们相互作用的各种形式产生影响。交换性行为经常是和理性选择的利益比较和理性选择的利益约束联系在一起的（Weber，1980）。人们常常期待着一种报偿，尽管这种报偿一般可能是在未来实现，而且实现的方式无法在目前精确地定义（布劳，1988，93）。人们对交易物的满意程度，将对交换行为产生影响，特别是如果出现选择性和替代性资源时，人们对某种资源的依赖程度，会受到他们对这种资源及其获取方式的满意程度的影响，这种满意程度有可能改变不同资源对交换者的相对价值，在这种情况下，个人的依赖程度"是服务的价值与可供他们考虑的第二个最好的选择方案之间差异的一个函数"（布劳，1988：140）。中国的改革所带来的自由活动空间和自由流动资源的发展，特别是非国有经济的发展，在一定程度上提供了可选择的替代性资源，因而国家和集体单位已不再具有唯一资源提供者的地位。因此，个人对单位的"满意度"，在单位组织中将成为除资源之外影响人们依赖性的另一个重要因素。

在上述讨论的基础上，我们可以建立单位中依赖性结构的基本模型，同时，也是对单位成员行为乃至单位性质进行分析的基本模型。模型中包含有三个要素，即资源、满意度和依赖性。模型的基本假设是：单位成员在单位中所获得的资源，以及单位成员对单位的满意度，成为影响其依赖性行为的基本决定因素。我们认为，个人和单位的关系基本上可表现为上述三个因素之间的相互作用。个人在单位中获得资源的多少将影响和制约着人们对单位的依赖性行为和对单位的满意度，同时，人们对获取资源的满意度，也会影响和制约人们的依赖性行为。

应该指出的是，当人们实际上对某种事物或事件作出满意或不满意的评价时，都有可能受到个人社会地位、环境、参照群体等各种外在因素的影响，因而是相对的。考虑到主观感受的相对性，在上面的基本模型中应该还有一个基本变量存在的意义，即单位成员的相对剥夺感。就其对现实社会行为的影响来看，也许人们的这种被相对剥夺的主观感受会表现得更为直接。我们的判断是，不仅人们的满意度有可能转化为相对剥夺感，而且人们获取资源的多少，也有可能通过这种相对剥夺感而对行为产生影响。

上述基本假设可用图 1 表示出来。

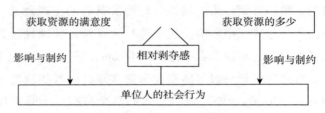

图 1　单位中依赖性结构的基本假设

三　样本与量表

1993 年下半年，围绕上述有关单位制度的理论认识和假设，我们进行了一次问卷调查，以检验有关理论和假设。

（一）关于调查样本

在这次的问卷调查中，主要采用了多阶段分层整群随机抽样方法抽取"样本城市"、"样本单位"和"样本个体"。

样本城市。考虑到经费限制，首先确定了样本城市数量为 10 个。然后，主要采用了整群分层与简单随机的抽样方法，根据研究工作的需要和中国的实际情况，以整群分层的原则，按照城市人口规模的大小，将全国517 个城市按人口规模以 7 个标准分层分类，即 500 万及以上人口的城市、300 万 ~ 500 万人口的城市、200 万 ~ 300 万人口的城市、150 万 ~ 200 万人口的城市、100 万 ~ 150 万人口的城市、50 万 ~ 100 万人口的城市以及 50万以下人口的城市。在整群分层的基础上，依据简单随机的方法在 517 个城市中抽取 10 个样本城市。

　　样本单位。由于中国单位在事实上总是具有行政级别和不同的所有制类型，同时，又总是隶属于或概括为行政单位、事业单位和企业单位这三种不同的单位类型，所以，我们在抽样过程中把这三种单位的主要社会特征作为抽取样本单位的主要标准。根据 4000 份问卷的样本量，确定分别在 10 个城市中抽取 100 个单位，即每个城市抽取 10 个样本单位。具体在每个样本城市中抽取样本单位，则主要根据简单随机抽样的原则进行。

　　样本个体。最终的抽样单元是不同类型单位组织中的单位成员。具体方法是，调查员到样本单位以后，根据单位成员的花名册，确定一个随机数，然后按简单随机的方式抽取样本个体。根据设想，在每个城市所选择的 10 个样本单位中各抽取了 400 份样本个体。

　　为了说明样本指标代表性的大小以及样本指标（sample）与总体指标（population）相差的一般范围，我们进行了样本误差的检验。

　　首先，分析了样本的标准误差（standard error of sample）。在拟定抽样方案时确定样本的可信系数为 95%（confident interval）。在检验时，主要依据下列公式：s. e.（p）$= \sqrt{p(1-p)/n}$。

　　这里，n 为样本量，s. e. 为样本的标准误差，p 为把握程度的百分比。在可信系数为 95% 的情况下，则按下列公式进行检验：$p \pm 1.96 * \text{s. e.}(p)$。

　　其次，还从样本量的大小上检验了样本误差。在拟定抽样方案时确定样本的可信系数为 95%，样本允许误差（accurate of sample）为 ±0.02。根据以下公式，得到：

$$n = Z^2 PQ/e^2 = 1.96(0.50)(0.50)/(0.02)^2 = 2401$$

　　这就是说，为了达到样本的可信系数为 95%，在样本允许误差为 ±0.02 的情况下，所需的样本量为 2401 份。很显然，4000 份样本量符合这次调查的需要。

　　另外一种检验样本误差的方法是在尽可能的情况下，找出一些主要的指标，然后在样本指标与总体指标之间进行比较，从实际上直观地检验样本与总体的差别。根据这次调查的需要以及现有的统计资料，主要从性别、就业人口年龄、所有制结构、文化程度及婚姻状况 5 个方面进行了比较，结果显示，调查样本与总体误差不大。①

（二）关于量表

为了检验假设，我们主要制作了资源、依赖、满意度和相对剥夺感4个方面的量表。单位人的社会行为在这里主要是作为一个潜变量（latent variable）。

资源。吉登斯（Giddens，1981：170）将资源定义为使事情能够发生的能力（capabilities of making things happen）。有些人也将资源理解为某种物质性的或非物质性的财产，例如霍曼斯（Homans）认为，社会互动和社会行为基本上可以被理解为物质性或非物质性财产的交换（Homans，1958：597）。韦伯将社会互动相应的定义为"交换伙伴之间的利益妥协，通过这种利益妥协，财产和机会被作为相互的报酬而给予"（韦伯，1997：36）。科尔曼（Coleman，1990）则对资源作了更宽泛的理解：资源被认为是那些能满足人们需要和利益的物品、非物品（例如信息）以及事件（例如选举）。在本文中，我们基本上采取的是科尔曼对资源的定义，即资源是那些可使得人们满足必要且重要的经济、政治、社会以及与此相关的各种需要的东西。"资源"的概念不仅包括非物质性的东西，而且包括韦伯所指出的"机会"，即人们满足自己需求的能力（可能性），以及人们通常所说的"声望"或"荣誉"。

需要专门说明的是，在我们所使用的"资源"概念中，收入没有被包括在其中，而是作为一个单独的分析变量。在一般的理解中，收入肯定属于一个单位成员从单位中所获资源的重要组成部分，特别是在改革开放以来收入分化的情况下，更是如此。因此，收入应该成为决定单位成员依赖行为的基本因素。在这个意义上，对于其他的社会、包括那些市场经济的社会来说，收入都是决定人们在单位中的社会行为，例如是否对单位依赖的最重要因素之一。这里实际上存在一个非常重要的前提，即在其他社会，特别是在市场经济的社会中，收入几乎是工作单位给予单位成员唯一的资源，因而是一个相对简单的交换过程。但是在中国城市的单位社会中，人们对单位资源的占有和因此而产生的依赖，绝不仅仅局限于收入，

---

① 关于样本与抽样的详细情况，请参看李汉林、李路路、王奋宇，1995。

有时收入甚至不是最重要的，而是单位所能提供的其他资源，例如住房和某些重要的机会（出国、晋升等）。单位对于个人来说，不仅仅是一个工作和获得收入的"场所"，对于国家来说，也不仅仅是一个创造财富和税收的社会单位。这也许是"工作单位"在中国社会和其他社会，包括其他集权主义社会中的最大区别。为了将这种区别凸显出来，更是为了探究单位成员对单位的依赖关系以及决定这种依赖关系的特定因素，我们将收入和资源作为两个独立变量区分开来，分别考察它们对个人依赖性行为的影响。资源在我们的研究中，其操作化的形式是人们在单位中已经获得的各种东西。在调查问卷中，我们设计了这样一个问题，即："在下列项目中，您认为单位目前实际在何种程度上对您负责？"我们列举了23类项目，分别让受访者判断在这些项目中单位对其是"完全负责"、"大部分负责"、"小部分负责"或者是"完全不负责"。这23项分别是：（1）退休养老；（2）医疗卫生；（3）因公伤残；（4）文化补习；（5）技术培训；（6）调解纠纷；（7）子女上学；（8）子女就业；（9）住房；（10）文体活动；（11）政治思想状况；（12）计划生育；（13）党团组织生活；（14）离婚；（15）婚姻恋爱；（16）工作正常调动；（17）休假旅游；（18）子女入托；（19）食堂；（20）澡堂；（21）小卖部；（22）理发室；（23）上下班交通。

我们的期望是，通过这23项与人们需要和利益直接相关的项目，可以对单位成员在单位中的资源获得或者占有状况作出一个基本评判。表1主要是对资源量表的集中趋势、离散趋势、量表值的分布状况的描述以及对量表的 Alpha 检验。表1中，对集中趋势的分析主要是观察 Mean（均值）、Mode（众数）和 Median（中位数）；对离散趋势的分析主要是观察 Standard Deviation（标准差）、Minimum（最小值）、Maximum（最大值）和 Range（全距）；对资源量表值分布状况的分析主要是从 Skewness（偏斜度）和 Kurtosis（峰度）的角度来观察其量表的值在多大程度上处于一种正态分布状态。通过 Alpha 的检验和计算，资源量表的 Alpha（阿尔法值）和 Standarditzed Alpha（标准 Alpha 值）分别为 0.9078 和 0.9087。

依赖。依赖主要是指一种特定的社会情境，在这种社会情境中，人们的社会行为由于需要获取特定的资源以及实现特定的期望而不得不受制于某一个特定的社会群体或个人。当人们为了满足特定的需求，实现特定的社会、经济和政治的目标而别无选择地仰赖于某一个社会集团或他人行为取向的时候，依赖的情境就会产生出来。事实上，在判断一个人或一个社会群体或阶层的行为是否处于一种依赖的社会情境之中的一个主要的依据是，人们在实现其目标、满足不同层次需求的过程中，在多大的程度上无可奈何地受制于某一个特定的社会群体或个人的行为取向，或者说在多大的程度上能够摆脱这种社会行为过程中的制约。

表 1　对资源量表的一般统计概要

N = 2355

对资源量表集中趋势的检验	Mean	53. 34
	Mode	46. 00
	Median	52. 00
对资源量表离散趋势的检验	Standard Deviation	12. 63
	Minimum	23. 00
	Maximum	92. 00
	Range	69. 00
对资源量表值分布状况的检验	Skewness	0. 583
	Kurtosis	0. 531
对资源量表的 Alpha 检验	Alpha	0. 9078
	Standardized Alpha	0. 9087

为了测量人们在单位中的依赖状况，我们在调查问卷中设计了这样一个问题，即："在下列项目中，您认为单位将来应该在何种程度上对您负责？"我们同样列举了和资源量表中完全相同的 23 类项目，分别让受访者判断在这些项目中单位对其是"完全负责"、"大部分负责"、"小部分负责"或者是"完全不负责"。我们的判断是，单位人对单位的依赖性行为可以通过单位成员对单位的期望表现出来，即单位成员在多大程度上期望单位对他们在各项资源的获得上负有责任。那些在各项资源获得上期望单位更多地负有责任的单位成员，意味着他们将自己的资源获得在更大的程度上交付给单位，他们因而在更大程度上依赖单位，通过单位获得他们期望获得的各种资源。对单位资源有更高的期望在一定程度上表明了，人们在其他地方很难或者无法获得自己所需的资源。事实上，人们对单位所能提供的上述各项社会、政治、经济以及文化资源与服务的期望越高，他们

的单位对其行为的影响力就会越大，与之相适应，他们对其自身单位的依赖也就会呈现一种较强的趋势。因此，我们的预期是，通过这23项与人们需要和利益直接相关的项目，期望能够对单位成员在获取资源过程中的依赖状况作出一个基本评判。从表2可以看出，依赖量表中的 Skewness 和 Kurtosis 值分别为 -0.254 和 -0.203，表示出无论从对称性还是从值的分布高度来看，这个依赖量表的值的分布都有所偏左，处于一种略为偏左的正态分布状态。通过 Alpha 检验和计算，依赖量表的 Alpha 值和 Standardized Alpha 值分别为 0.9368 和 0.9361。

表2 对依赖量表的一般统计概要

$N = 2584$

对依赖量表集中趋势的检验	Mean	67.99
	Mode	92.00
	Median	68.00
对依赖量表离散趋势的检验	Standard Deviation	14.53
	Minimum	23.00
	Maximum	92.00
	Range	69.00
对依赖量表值分布状况的检验	Skewness	-0.254
	Kurtosis	-0.203
对依赖量表的 Alpha 检验	Alpha	0.9368
	Standardized Alpha	0.9361

满意度。在严格的意义上，满意度是一个社会心理学的概念，其测量的主要是人们社会心理上的一种感受。当人们在工作与行为上的付出与劳动（Effort）能够得到他认为应该得到的回报、补偿和奖励（Reward）的时候，人们就会自然而然地在心理上产生一种相对公平和满足的感觉。两者之间的差距越小，或者说，人们得到的比他们所付出的越多，人们对这种报酬的满意程度就会越高（Siegrist，1996；Weinert，1981；Heinrich，1989；Mayring，1993）。

满意度同资源一样，也是一个综合性指标。人们对自己以及自己所处的社会、经济和政治环境满意程度的评价与感受是可以直接通过测量个人对自己在单位中的工作、本单位在社会上的地位、与单位领导和同事的关系、单位的劳保福利情况、工作收入、工作条件、晋升机会、住房情况、学习培训机会、工作稳定性等各方面的项目指标的评价得到的。根据这种判断，我们在问卷中设计了这样一个问题，即："您是否对自己的下列状况感到满意？"我们列举了 15 类项目，这 15 类项目分别是：（1）自己的具体工作；（2）本单位在社会上的地位；（3）自己的职业的体面程度；（4）与单位同事的关系；（5）与单位领导的关系；（6）单位的劳保福利状况；（7）单位的工作收入；（8）单位的工作条件；（9）自己才能的发挥；（10）单位中的晋升机会；（11）住房状况；（12）工作调动；（13）学习培训机会；（14）工作轻松自由；（15）工作稳定性。

我们的期望是，上述的 15 类项目能够基本囊括人们在单位中主要的社会、经济和政治等需求。通过观察人们这些需求实现的程度，进而能够了解人们在多大程度上能够自我感受公平和满足。事实上，人们在上述的项目需求实现的程度越高，人们所感受的满意的程度也会越高。表 3 主要是对满意度量表的集中趋势、离散趋势以及满意度量表值的分布状况的描述。表 3 中，对集中趋势的分析主要是观察 Mean、Mode 和 Median；对离散趋势的分析主要是观察 Standard Deviation、Minimum、Maximum 和 Range；对满意度量表值分布状况的分析主要是从 Skewness 和 Kurtosis 的角度来观察其量表的值在多大程度上处于一种正态分布状态。在满意度量表中，其量表的 Skewness 和 Kurtosis 值分别为 0.094 和 0.973，表示出满意度量表值的对称性处于一种良好的正态分布状态，而其值的分布高度则偏高。最后，通过 Alpha 检验和计算，满意度量表的 Alpha 值和 Standardized Alpha 值分别为 0.9076 和 0.9081。

表 3　对满意度量表的一般统计概要

$N = 2787$

对满意度量表集中趋势的检验	Mean	48.96
	Mode	48.00
	Median	48.00
对满意度量表离散趋势的检验	Standard Deviation	9.56
	Minimum	16.00
	Maximum	80.00
	Range	64.00

对满意度量表值分布状况的检验	Skewness	0.094
	Kurtosis	0.973
对满意度量表的 Alpha 检验	Alpha	0.9076
	Standardized Alpha	0.9081

相对剥夺感。和满意度相似，相对剥夺感测量的也是人们行为过程中的一种主观感受。相对剥夺感主要是指人们从期望得到的和实际得到的差距中（discrepancy between expectation and actuality）所产生出来的或所感受到的，特别是与相应的参照群体的比较过程中所产生出来的一种负面主观感受，一种不满和愤慨的情绪（Runciman，1966；Gurr，1971；Opp，1989）。为了测量这种负面的主观感受，在调查问卷中设计了相应的 3 个问题。（1）"在下列问题上，你觉得你与单位内同事相比怎样？"即受访者判断自己目前的经济收入、社会地位和政治地位的状况。（2）我们同样列出上述 3 个项目，让受访者与社会上的其他人来进行比较。（3）"如果人的地位可以分为五等，您认为您在单位中和在社会上分别属于哪一等？"分别让受访者判断自己在单位中和在社会上的位置。我们的预期是，上述的这些不同问题能够从不同角度来反映和测量人们相对被剥夺的感受。事实上，验证性因素分析（Confirmatory Factor Analysis）也证实了我们的预期。表 4 主要是对相对剥夺感量表的集中趋势、离散趋势以及满意度量表值的分布状况的描述。表 4 中，对集中趋势的分析主要是观察 Mean、Mode 和 Median；对离散趋势的分析主要是观察 Standard Deviation、Minimum，Maximum 和 Range；对相对剥夺感量表值分布状况的分析主要是从 Skewness 和 Kurtosis 的角度来观察其量表的值在多大的程度上处于一种正态分布的状态。在相对剥夺感量表中，其量表的 Skewness 和 Kurtosis 值分别为 0.477 和 0.242，表示出相对剥夺感量表值的对称性和分布高度均处于一种较好的正态分布状态。

表 4　对相对剥夺感量表的一般统计概要

n = 3059

对相对剥夺量表集中趋势的检验	Mean	28.35
	Mode	24.00
	Median	28.00

续表

对相对剥夺感量表离散趋势的检验	Standard Deviation	4.58
	Minimum	8.00
	Maximum	40.00
	Range	32.00
对相对剥夺感量表值分布状况的检验	Skewness	0.477
	Kurtosis	0.242
对相对剥夺感量表的Alpha检验	Alpha	0.8694
	Standardized Alpha	0.8708

四　假设检验：基本分析和判断

（一）单位组织中的基本依赖模型

在对调查数据的分析中，我们采用路径分析（Path Analysis）方法，对前述基本假设进行了检验，并建立起单位组织中的基本依赖模型。图 2 显示了模型中 4 个因素之间的基本关系。

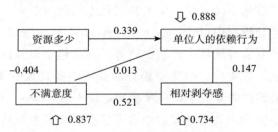

图 2　单位组织中的基本依赖模型

模型中各种路径关系的统计值可见表 5。

表 5　基本依赖模型中的统计值

X	Y	Beta（Sig.）
资源多少	不满意度	−0.404（0.000）
不满意度	相对剥夺感	0.521（0.000）
不满意度	依赖性高低	0.013（0.526）
资源多少	依赖性高低	0.339（0.000）
相对剥夺感	依赖性高低	0.147（0.000）

这一模型包括了 3 个路径。当我们将资源作为自变量、满意度作为因变量时，这 2 个变量可以解释 16.3% 的差异（variance）；当我们将资源、满意度作为自变量、相对剥夺感作为因变量的时候，这 3 个变量可以解释 26.6% 的差异；当我们将资源、满意度和相对剥夺感作为自变量、依赖作为因变量的时候，这 4 个变量则可以解释 11.2% 的差异。这一模型向我们显示出，单位中人们获得资源多少的状况可以对人们在单位中的满意度、相对剥夺感以及他们对单位的依赖程度作出有效的解释。

下面，我们将分别对上述模型中各变量之间的关系进行分析。

（二）资源与依赖

从基本依赖模型中可以看出，当资源、满意度和相对剥夺感作为自变量影响到依赖行为时，单位成员获取和支配的资源多少对单位人的依赖性行为是最具显著性作用的因素（见表 6），对人们的依赖性行为和满意程度有直接影响。这一结果，与我们的基本假设一致。人们在单位组织中获得的资源越多，人们对单位的依赖性就有可能越强。

通过表 6 我们可以清楚地看到资源占有量和依赖性之间的关系。资源占有的均值与依赖性程度同步提高，呈明显的正相关关系。在这组数据中，均值的差别也达到较高水平，为 9.83，表明人们在单位中所占有的资源越多，他们对其单位的依赖性很可能会变得越强。表中的 F 值为 62.55，远大于在显著度为 0.001 的 F 值（5.42）。F 检验从一个侧面充分肯定了关于资源越多、依赖性越强的研究假设。

表 6　资源占有与依赖性的关系

	低依赖	较低依赖	中等依赖	高依赖
资源（N）	564	563	527	493
Mean	48.52	52.17	55.03	58.35
Standard Deviation	10.16	9.54	11.81	16.54
* 95% CI for Mean				
Lower	47.68	51.38	54.02	56.89
Upper	49.36	52.96	59.04	59.82
** F-ratio				62.55

续表

	低依赖	较低依赖	中等依赖	高依赖
*** Df.				3
**** Sig.				0.000

注：* 95% CI for Mean 表示 95% 的均值置信区间；Lower 表示下限，Upper 表示上限；** F-ratio 表示 F 值；*** Df. 表示自由度；**** Sig. 表示显著度。

1. 单位组织意义的凸显

我们已指出过，个人对单位的依赖模式随着中国社会的改革开放开始有所变化，即由直接的行政性控制转向以利益依赖作为实现国家控制的纽带。这种利益依赖由于单位组织之间的分化，甚至具有强化的趋势。

在传统的"再分配"社会中，与其说人们依赖单位，不如说人们直接依赖国家。随着中国社会开始向市场经济转型，国家和个人的相对位置逐渐地并发生了极大的变化，单位组织对于个人的意义开始进入个人社会生活的前台。第一，在维持原有资源占有关系的前提下，在资源占有的权力主体中，单位组织具有越来越重要的意义（张春霖，1996）。第二，随着国家控制权力的下放，中央政府及地方政府强制性维持统一规则的能力也受到削弱。这两方面的变化使得单位组织作为一个利益主体和整体的意义日益突出。其中最重要的是资源的"单位所有"。在社会资源的占有和支配日益单位化的情况下，形成了一种越来越强烈的利益单位化倾向。无论是单位领导人还是普通的单位成员，都是因为身在这个单位之中而获得这个单位的利益。这种资源和利益的单位化，不仅仅表现在工资收入方面，而且常常主要不是表现在工资收入方面，而更多地表现在保障、福利和住房等基本资源方面。

因此，随着改革开放而出现的国家控制体系的松动、个人具有更多选择权力，单位组织向市场的转化和资源单位化使得单位在个人资源获取方面的意义逐渐突出。单位组织之间的分化会更加影响单位成员对单位组织的依赖。当单位成员不拥有其他替代性资源时，就只能通过对单位组织的服从来交换自己需求的资源。对于那些在单位中获取和支配较多资源的人来说，寻求替代资源的成本会上升，特别是寻求相等替代时更是如此。即使那些在一个单位中没有占有较多资源的个人，单位之间既存的差距，也会使他们在寻求替代时持慎重的态度，因为他们同样有可能因改变单位而降低原来的资源占有量。

2. 不同的依赖关系

如果对模型中资源占有和依赖性的关系进行具体分析，可以看到不同资源占有在不同的依赖性之间的分布差别（见表7）。

表7　不同类型的资源占有与依赖性

	低依赖	较低依赖	中等依赖	高依赖
社会保障和教育培训资源（N）	618	622	589	575
Mean	16.17	16.62	16.79	17.08
Standard Deviation	3.64	3.61	3.62	4.32
95% CI For Mean				
Lower	15.88	16.34	16.50	16.72
Upper	16.46	16.91	17.08	17.43
F-ratio				5.929
Df.				3
Sig.				0.001
政治资源（N）	617	628	599	573
Mean	10.64	11.44	11.63	11.96
Standard Deviation	2.95	2.62	2.65	3.21
95% CI for Mean				
Lower	1041	11.23	11.42	11.69
Upper	10.89	11.64	11.84	12.22
F-ratio				22.93
Df.				3
Sig.				0.000
单位福利资源（N）	623	638	591	565
Mean	10.40	11.92	13.20	14.14
Standard Deviation	3.56	3.77	4.76	5.88
95% CI for Mean				
Lower	10.12	11.63	12.82	13.65
Upper	10.68	12.21	13.59	14.62
F-ratio				76.32
Df.				3

续表

	低依赖	较低依赖	中等依赖	高依赖
Sig.				0.000
个人生活和文化生活资源（N）	603	610	568	558
Mean	11.28	12.26	13.32	14.72
Standard Deviation	3.34	3.05	3.96	5.55
95% CI for Mean				
Lower	11.02	12.02	12.99	14.26
Upper	11.55	12.51	13.65	16.17
F-ratio				76.51
Df.				3
Sig.				0.000

　　从表 7 中可以看到，社会保障和教育培训在一个处于转型期的社会中，对个人来说是相当重要的资源，它一方面关系到人们的生存和基本生活质量，另一方面也关系到个人适应社会转型以及获得所需资源的能力。因此，在社会保障和教育培训资源与不同依赖性的关系中，不仅具有统计上的显著性，不仅资源占有量与依赖性之间仍然保持同步增长的关系，而且均值的差别最小，仅为 0.91。也就是说，个人在单位中占有多少这类资源对人们依赖性行为的影响明显地要弱于人们对其他类型资源的占有状况。但是，从 F 检验的结果来看，表中的 F 值为 5.929，仍略大于在显著度为 0.001 条件下的 F 值（5.42），表明我们的研究假设仍然可以成立。

　　反之，在单位福利资源与个人生活和文化生活资源中，均值的差异都较大。那些获取较多这一资源的单位成员，对单位的依赖性就较强；获取较少这一资源的单位成员，其依赖性就较弱。造成这种结果的原因可能在于，这些资源的社会化程度已经相对提高，人们在这些资源获得方面寻求替代的成本相对降低，替代渠道相应多样。因此，如果人们在自己的单位中较少占有单位福利资源的话，人们对单位的依赖性自然将会降低。在这里，F 检定的结果（F=76.32）同样有力地支持着我们的假设。

　　政治资源的依赖情况有些类似于单位福利与社会保障和教育培训资源，其均值的差别相对较小。但 F 检验的结果远大于单位福利与社会保障和教育培训资源这两个变量的 F 值（F=22.93），表明我们关于政治资源越多，依赖性越强的研究假设依然能够成立。进一步的分析也将表明，这类资源的依赖情况在实质上不同于社会保障和教育培训资源。如果将人们的依赖性按照不同资源类型进行比较的话，人们对政治资源的依赖性是最低的（见表8），其依赖性的均值比其他资源低1倍左右。因此，在有关单位的政治资源方面，人们的依赖性实际上是最低的，人们并不希望，也不需要在这方面依然保持对单位的依赖，或者说受到单位组织的控制。

表8　对不同资源依赖的均值比较

资源类型	N	均值
社会保障和教育培训资源的依赖	2912	20.7466
政治资源的依赖	2904	9.8323
单位福利资源的依赖	2797	19.9389
个人生活和文化生活资源的依赖	2734	17.4192

3. 资源、收入与依赖

我们曾经指出过，在单位组织的依赖模式中，收入和资源有可能是相对分离的，这种相对分离是中国单位组织中依赖性行为的一个特征。将收入和资源分别作为两个自变量，将依赖作为因变量，检验它们和依赖的关系，有如下结果，证明了我们的假设（见图3、表9）。

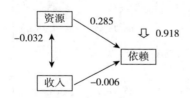

图3　资源、收入和依赖的路径分析模型

表9　模型中各路径的统计值

X	Y	Beta（Sig.）
资源	依赖	0.285（0.000）
收入	依赖	-0.006（0.770）
资源	收入	-0.032（0.139）

从表9中可以看出，在资源和收入、收入和依赖之间没有显著的相关关系。也就是说，个人对单位的依赖，主要取决于对单位资源的获取和支

配，而不是主要表现为对收入的依赖。单位对个人来说，不仅仅是一个工作场所或者是获得收入的"工作"，而具有更多的意义。仅就资源、收入和依赖三个因素的影响作用来说，收入仅是广义上的单位资源中的一种，而且从收入对依赖性的关系来说，甚至不是一个重要的因素，人们在单位组织中获取和支配的资源对依赖性的影响更为重要。人们将单位中的收入问题看得很重，是因为收入是显现的"资源"，而其他资源常常是"隐蔽"的。单位组织的资源分配功能或其他更多的功能，是由国家赋予的，由国家的性质和统治形式所决定。

（三）相对剥夺感与依赖

基本依赖模型（见图 2）表明，当资源、满意度和相对剥夺感作为依赖的自变量时，相对剥夺感也是对依赖具有直接影响的自变量因素，相对剥夺感与依赖性行为之间有直接显著的相关关系：相对剥夺感越强，人们对单位的依赖性也有可能越强（见表 10）。人们对单位的满意度通过相对剥夺感对人们的依赖性产生影响，满意度不是直接影响依赖行为的变量。

表 10　依赖与相对剥夺感

	低	较低	中等	较高	高
依赖（N）	512	467	455	462	581
Mean	66.53	66.75	67.16	68.53	70.07
Standard Deviation	13.68	14.10	13.32	14.06	16.15
95% CI for Mean					
Lower	65.35	65.47	65.93	67.24	68.76
Upper	67.72	68.04	68.39	69.81	71.39
F-ratio					5.74
Df.					4
Sig.					0.000

上述这组数据清楚显示了依赖依相对剥夺感的提高而增强的趋势。这一结果好像是一个"悖论"，因为按照通常的理解，人们如果对一个单位组织非常不满意且相对剥夺感较强的话，无论是出于在这个单位的资源分配中获得较少，还是出于个人或人际关系的原因，推动他离开这个单位的

动机应该可能更强，对这个单位的依赖性应该因此有可能更弱。如何解释这个看起来不合理的结果呢？

将这一看起来"不合理"的结果放到特定的制度背景中，就会看到其内在的存在合理性。首先，在目前的制度背景下，单位组织除了向单位成员提供收入外，依然具有很强的其他资源的供给性。与之相对应，其他社会渠道在资源供给方面的重要性仍然相对较弱。其次，改革以来所造成的单位组织之间的分化，使得单位组织中的资源分配具有极强的边界性，例如在本单位的工龄等限制性条件（对此我们在其他分析中会有详细讨论）。因此，单位成员会因自己获取和支配的资源较少而产生不满意感和相对剥夺感，但至少上述两个原因在一定程度上决定了，这种不满意感和相对剥夺感不一定导致对单位依赖性程度的降低，反而有可能使这些单位成员对单位组织产生更强烈的期望，因为他们会认为自己在这一单位组织中还没有获得他们应该得到的资源，一方面，这些资源是他们付出的服从应该得到的回报；另一方面，这些资源也并非他们在其他单位组织中或者社会上就可以轻易获得的。因而，尽管他们对单位有某种相对剥夺感，甚至有强烈的相对剥夺感，但他们对单位依然保持着一定的依赖性。相对剥夺感的主要来源之一即是和本单位其他成员的比较。在这个意义上，那些因资源获取和支配较少而具有更强相对剥夺感的单位成员，同那些在单位中获取和支配资源较多的单位成员一样，都对单位保持着一定的依赖性。他们都是单位制度的产物。

但是，在资源获取较多和相对剥夺感较强与其影响的依赖性之间，二者的作用机制有很大不同。毕竟前者是一种既得利益或现实利益对单位成员的行为所产生的约束，后者则是因对利益的期望而产生的行为约束。两者在约束强度和依赖性程度上会有差别。在相对剥夺感比较强烈而利益需求迟迟不能得到满足的情况下，单位成员就有可能寻求替代，从而摆脱对这个单位的依赖。因此，从基本依赖模型中可以看到，两者与依赖的 Beta 值相差一倍多，说明尽管它们都对依赖有影响，但两个因素对单位人的依赖性行为差异的解释程度有很大差别。资源获取和支配的多少对依赖性行为有更重要的影响，而相对剥夺感则因有其他的可能性，对依赖性的影响较弱。

从人们对单位的不同方面的依赖性可以看到对相对剥夺感的不同影

响。在涉及对单位组织的社会保障和教育培训以及政治资源等方面的依赖时，人们的相对剥夺感差异不大，其 F 值仅为 1.07（显著度为 0.371），表明关于对单位组织的社会保障和教育培训以及政治资源等方面的依赖越强，相对剥夺感越强的研究假设不能成立。也就是说，并不因相对剥夺感的不同而出现人们对社会保障与教育培训资源依赖程度上的不同。相对剥夺感与依赖之间较强的相关关系主要表现在对单位福利与文化生活和个人生活的依赖上。相对剥夺感越强，人们对单位的依赖性也会变得越强。这方面的资源更有可能在不同单位组织之间存在较大的差异（见表 11）。

表 11　单位福利以及文化生活和个人生活资源依赖与相对剥夺感

	低	较低	中等	较高	高
单位福利资源依赖（N）	543	509	491	501	629
Mean	18.79	19.40	19.68	20.35	21.13
Standard Deviation	6.13	6.03	5.90	5.93	6.35
95% CI for Mean					
Lower	18.28	18.87	19.16	19.83	20.63
Upper	19.31	19.92	20.20	20.98	21.63
F-ratio					12.61
Df.					4
Sig.					0.000
文化生活和个人生活资源依赖（N）	551	489	477	484	616
Mean	17.12	16.85	16.81	17.36	18.45
Standard Deviation	5.16	5.27	5.19	5.34	5.93
95% CI for Mean					
Lower	16.69	16.38	16.35	16.88	17.98
Upper	17.55	17.32	17.28	17.84	18.92
F-ratio					8.80
Df.					4
Sig.					0.000

需要指出的是，相对剥夺感有可能使人们离开一个单位，但如果人们寻求的仍然是单位组织的话，他不过是摆脱了对某一个单位组织的依赖，而陷入对另一个单位组织的依赖，从而仍然处于国家的直接统治之下。如

果他转移到了非单位组织，他对资源分配者的依赖就有可能无论从数量上还是从性质上都已不同于单位组织。

（四）满意度与依赖

基本的依赖模型已表明，当我们将资源和满意度作为自变量、相对剥夺感作为因变量时，资源获取多少与相对剥夺感之间没有显著相关关系，但人们在单位中的满意度和相对剥夺感之间则有显著的相关关系。也就是说，人们的相对剥夺感主要直接受满意程度的影响，而不是直接受资源获取和支配多少的影响。这也在一定程度上证明了前面的"猜测"，即满意度可能要通过所谓相对剥夺感才有可能影响到人们的依赖性行为。

当人们对单位有了某种较强的不满意时，在大多数情况下会参照其他单位和整个社会的情况，决定自己是否还要依赖目前的单位来满足需要。在满意度和依赖性之间，相对剥夺感是一个中间性变量。不满意的程度越高，其相对剥夺感就可能越强（见表12）。相对剥夺感是满意程度的比较结果，因而它更有可能直接受满意程度的影响。这意味着，人们无论是和单位内的其他人相比，还是同其他单位和社会上的其他群体相比，如果认为自己在单位中获取和支配的资源较少的话，就会产生一种相对被剥夺的感觉。表12显示，这组数据的均值差异高达12.72，这表明，满意度的任何变化，都会导致相对剥夺感的强烈变化。仅就关系强度来说，不满意程度与相对剥夺感的相关关系的Beta值在这个模型中最高，超出资源与满意度的关系。这种紧密关系也在一定程度上解释了依赖和相对剥夺感之间的不显著关系。离开了满意度的主观评价，资源的多少也就有可能成为一个抽象的"值"。就其对行为的影响来说，相对剥夺感是更直接的因素。

表 12　不满意度与相对剥夺感的关系

	低	较低	中等	较高	高
不满意度（N）	561	508	481	499	622
Mean	42.50	45.73	49.02	51.98	55.22
Standard Deviation	9.02	7.27	7.23	7.34	9.94
95% CI for Mean					
Lower	41.57	45.10	48.37	51.33	54.43

续表

	低	较低	中等	较高	高
Upper	43.24	46.37	49.67	52.62	56.00
F-ratio					206.77
Df.					4
Sig.					0.000

如果具体分析满意度对相对剥夺感变化的影响，不同对象上的满意度对相对剥夺感变化的影响差异并非很大。在机会、工作条件和社会生活满意度与相对剥夺感三组数据中，其相对剥夺感的均值差异分别为 4.08、3.59 和 3.89，具有一定的差异。对机会的不满意程度均值差异最大，对工作条件的不满意度的均值差异最小。这一结果从另一个方面印证了前面的结果，即人们对单位中各种机会的获得以及由此而产生的不满意程度，更强烈地影响到人们相对剥夺感的变化；而对工作条件的满意度则对相对剥夺感的影响没有那样敏感；对一般社会的不满意程度对相对剥夺感的影响作用居中。

（五）资源与满意度

如果说满意度对相对剥夺感有显著的直接相关关系，而相对剥夺感又对人们的依赖性有显著的直接相关关系的话，那么人们对单位的满意度取决于什么因素的影响呢？基本依赖模型表明，这种满意程度与人们在单位中的资源占有情况有密切的直接相关关系。资源占有越少，人们在很大的程度上对单位的不满意度就会越高（见表 13），因为人们对资源的需求在单位中没有获得一定程度的满足。

表 13　资源与不满意度的关系

	很满意	比较满意	一般满意	很不满意
资源（N）	516	579	549	545
Mean	59.40	55.34	51.70	46.83
Standard Deviation	12.05	11.51	10.95	12.1
95% CI for Mean				
Lower	58.36	54.40	50.78	45.82

	很满意	比较满意	一般满意	很不满意
Upper	60.44	56.28	52.62	47.84
F-ratio				112.86
Df.				3
Sig.				0.000

从表 13 可以看到，在这组数据中，不同满意程度下资源均值的差异达到 12.57，超过资源占有和依赖性那组数据的均值差异，资源和满意度的相关关系的 Beta 值也超过资源占有和依赖性的 Beta 值。这就是说，资源占有情况与人们对单位的满意度之间的关系要强于其与依赖性的关系。人们在资源占有上的变化将对满意程度有强烈的影响作用。从某种意义上可以说，人们无论是否对单位组织产生依赖性关系，都具有某种主观感受则是必然的。而主观感受和实际行动之间往往会存在一个距离。在单位中获取和支配资源较少的人，其不满意度一般会较高。

相似于资源占有和依赖性的关系，在各项资源和满意度的关系中，均值差异最大的是社会保障和教育培训资源在不同满意程度之间的分布（3.90），即人们在单位中所获取和支配的社会保障和教育培训资源的数量，对满意程度的变化有更大影响；政治资源（2.62）、社会福利资源（2.91）以及个人生活和文化生活资源（2.89）对满意程度变化的影响则基本相同，资源占有多少的变化对满意程度的变化的影响要小于社会保障和教育培训资源的影响。这一结果表明，在由中央计划经济向市场经济的转型过程中，就其单位组织分配资源的功能来说，社会保障和教育培训资源的分配具有越来越重要的意义。当这些资源的获取和支配越来越多地取决于单位组织并且供给变得越来越不稳定的时候，它们在人们对一个单位的评价中就占了越来越重要的地位，成为人们选择工作单位的优先指标，甚至常常超出了工资的意义。对于那些在单位组织中工作多年、已进入中老龄阶段的单位成员来说，上述资源的意义就更是如此。特别是养老和医疗保险问题，在没有形成有效的养老和医疗保险体制之前，国有和集体单位组织的改革不可能真正地进行下去，这也从另一个方面说明了这类资源与满意度之间的关系，揭示了依赖的内在原因和基础。

五　结论

上述对有关单位组织依赖性结构假设比较详细的讨论和分析，及其数据的检验和分析结果，基本上证实了我们关于单位中依赖关系的基本假设，并通过路径分析的模型对资源、满意度、相对剥夺感和依赖之间的关系进行了具体解释。

在这个依赖结构中，我们看到了一个基本的交换关系，即资源占有和依赖性之间的交换关系。单位人之所以对单位组织保持着依赖性关系，是因为在单位组织中人们可以通过这种依赖获取和占有单位组织提供的各种资源，人们甚至没有因为较强烈的相对剥夺感而摆脱对单位组织的依赖关系。毫无疑问，随着中国社会向市场经济的转型和资源分配的市场化和社会化，人们对单位组织的依赖与传统计划经济时期相比，已经有了很大松动，但这种松动还远没有达到人们可以自由摆脱依赖单位和国家的程度。当人们所需要的社会资源在很大程度上还需要通过单位组织得到满足的时候，人们为了获取这些资源，只有以自己对单位组织的服从来交换所需要的那些资源。

需要指出的是，在中国城市的单位体制中，这种资源和依赖之间的交换关系具有特殊性。

（一）　资源和依赖之间交换的全面性

无论在任何社会中，当个人在某一组织中工作时，都存在一种资源和依赖之间的交换关系，即至少人们通过在这个组织中的工作，换取一定的收入，也许还包括其他的有用资源。人们为了得到这个收入或者更多的收入，必定要服从资源提供者即工作组织的命令。在中国的单位组织中，这一交换关系同样存在。但是，在非计划经济的制度背景下，组织中资源和依赖的交换关系基本上被限制在特定的范围内，即主要集中在收入这一交换媒介上。因而这种交换关系相对单纯。人们在工作组织中交换到收入后，可以在工作组织之外的资源市场上，用自己所获得的收入去交换其他所需要的各种资源，例如住房和各种服务等。当人们对工作组织所提供的收入不满时，人们寻求替代的过程相对简单，也相对容易。人们只要寻求到一个替代物，即收入，就可以摆脱原有的依赖关系。

但是，即使是在向市场经济转型的当代中国社会中，我们的调查和数据分析也表明，在单位组织中，这种资源和依赖之间的交换关系远比市场经济社会中复杂。收入当然仍然是单位组织向单位成员提供的一种重要资源，但单位组织所提供的资源远远超出收入的范围。早就有权威性的研究指出，在城镇居民可支配的"收入"中，工资性货币收入占总收入的比重仅为44.42%，而各种补贴性收入则与工资性货币收入不相上下（赵人伟、格里芬，1994：2）。某些单位组织向其成员提供的资源，几乎涵盖了人们生活的所有方面。单位组织可能提供的资源的全面性，决定了人们交换关系的全面性，由此也决定了依赖关系的全面性。单位组织中这种交换关系的全面性意味着对单位成员摆脱依赖的更多约束。如果人们是理性行动的话，当人们想摆脱与单位组织的依赖关系时，那么，首先，他需要衡量的是，他对某种资源获取和分配的不满意程度是否足够重要到取代他在这个单位组织中所获得的其他资源；其次，他还需要考虑的是，他是否能够在其他工作单位中获得同样多的资源。特定交换关系的全面性将使人们改变这种关系的机会成本大大上升，从而制约了人们的行动自由。就好像人们的初级关系的替代性要远远低于次级关系的替代性一样。因此，资源和依赖之间"片面的"（如果我们能够这样称呼单纯的以收入为主要媒介的交换关系的话）的交换关系与那种"全面的"交换关系有着极大的不同，不同的交换关系所决定的依赖关系由此也有极大的不同。

（二）资源和依赖之间交换的强制性

单位组织中交换关系的全面性决定了依赖关系的特殊性。这仅仅是问题的一个方面。与此相联系，单位组织中交换关系的强制性成为这种依赖关系特殊性的第二个方面。

在非计划经济背景下，不仅人们和工作单位之间的交换关系可能是"片面的"，同样重要的是，人们可以在市场上并通过市场交换到自己所需的资源，直至包括自己的收入。在这样的社会中，绝大多数资源的供给是相对更加市场化的，货币几乎成为所有交换的唯一媒介。这种制度背景意味着更高程度的资源替代性。当然，即使是在这样的社会中，各种结构性或制度性的分割仍然存在，市场因而并不是一个真正完全的市场。但在国家权力和财产权利一体化的制度背景下，对单位组织的依赖，同时意味着对国家权力的依赖，国家权力的行使主要是强制性而非交易性的。不同单位组织之间在资源获取方面的极大差别，往往也意味着再分配权力的差别。

（三）资源和依赖之间交换的政治性

单位组织中资源和依赖之间交换的全面性和强制性，都还不足以说明单位组织中依赖结构的特殊性。因为上述两个特点在其他类型的社会中，都有可能不同程度地存在。

单位组织中依赖结构的独特性还在于这种依赖关系的政治性。国家政权的统治机构深深地扎根于单位组织之中，国家通过单位组织贯彻自己的统治意志。因此，单位成员对单位组织的依赖或服从，不仅仅是对一个有优势地位的资源占有者的依赖和服从，更是对国家政权的依赖和服从，任何在单位组织中生活的人，都经常会遇到这些有形或无形的国家意志。单位组织的制度和结构特征、决策和行为方式、单位组织内的资源分配等，都因此不同于那些非单位组织。单位组织的实质决定了，个人和单位组织之间的交换关系有可能超出一般的资源交换关系，而由此形成的依赖关系也有可能转变为对国家的服从。

在不同的社会中，依赖的形式经常是相同的，但依赖的结构和实质会因制度背景的不同而有本质的不同。

参考文献

W. 布鲁斯，1989，《社会主义的所有制和政治体制》，华夏出版社。

彼德·布劳，1988，《社会生活中的交换与权力》，张非、张黎勤译，华夏出版社。

边燕杰，在 1998 年 8 月 9 日~15 日香港科技大学"改革开放后中国社会变迁"研讨会上的报告。

费孝通，1985，《乡土中国》，生活·读书·新知三联书店。

国家统计局，1997，《中国统计年鉴（1997）》，中国统计出版社。

华尔德（Andrew Walder），1996，《共产党社会的新传统主义》（*Communist Neo-traditionalism Work and Anthority in Chinese Industry*），香港：牛津大学出版社。

科尔内，1986，《短缺经济学》，经济科学出版社。

科尔内原，1986，《增长、短缺与效率》，崔之元、钱铭今译，四川人民出版社。

李汉林，1993，《中国单位现象与城市社区的整合机制》，《社会学研究》第 5 期。

李汉林，1996，《关于中国单位社会的一些议论》，载潘乃谷、马戎主编《社区研究与
　　社会发展》，天津人民出版社。

李汉林、李路路、王奋宇，1995，《中国单位现象研究资料集》，中央文献出版社。

李路路，1993，《中国的单位现象与体制改革》，《中国社会科学季刊》（香港）第 5
　　期，第 5～16 页。

李路路、王奋宇，1992，《当代中国现代化进程中的社会结构及其变革》，浙江人民出
　　版社。

李猛、周飞舟、李康，1996，《单位：制度化组织的内部机制》，《中国社会科学季刊》
　　（香港）总第 16 期，1996 年秋季卷，第 89～108 页。

李培林等，1992，《转型中的中国企业》，山东人民出版社。

路风，1989，《单位：一种特殊的社会组织形式》，《中国社会科学》第 1 期，第 71～
　　88 页。

青木昌彦等编，1995，《转轨经济中的公司治理结构：内部人控制和银行的作用》，中
　　国经济出版社。

全国基本单位普查办公室编，1998，《中国第一次基本单位普查简明资料》，中国统计
　　出版社。

谭深，1991，《城市"单位保障"的形成及特点》，《社会学研究》第 5 期，第 82～
　　87 页。

王晓进，1998，《社会主义财产制度分析》，北京工业大学出版社。

吴晓刚，1994，《从人身依附到利益依赖》，硕士学位论文，北京大学社会学系。

于显洋，1991，《单位意识的社会学分析》，《社会学研究》第 5 期，第 76～81 页。

张春霖，1996，《国有企业改革中的企业关系问题》，《中国书评》5 月，总第 10 期。

Aldrich，H.，and Whetten，D. 1981. "Organization Sets，Action Sets，and Networks：Mak-
　　ing the Most of Simplicity," *Handbook of Organizational Designs*，Vol. 1，ed ed by Paul
　　Nystrom and William Starbuck. New York：Oxford University Press.

Blau，M. Peter and Otis Dudley Duncan. 1967. *The American Occupational Structure*. New
　　York：John Wiley & Sons.

Coleman，J. S. 1990. *Foundations of Social Theory*. Cambridge：Harvard University Press.

Etzioni，A. 1961. *A Comparative Analysis of Complex Organizations*. Free Press.

Giddens，A. 1981. *Contemporary Critique of Historical Materialism*. Berkeley. University. of Cal-
　　ifornia Press，p. 170.

Gurr, T. R. 1971. *Why Men Rebel*. Princeton University Press.

Heinrich, P. H. Bosetyky. 1989. *Menschen und Organisation*. Muenchen.

Homans, G. C. 1958. "Social Behavior as Exchange," *American Journal of Sociology*, No. 63, p. 597.

Li Hanlin, Qi Wang. 1996. *Research on the Chinese Work Unit Society*. Peter Lang Press.

Li Hanlin. 1991. *Die Grundstruktur der Chinesischen Gesellschaft—vom Traditionellen Klansystem zur Modernen Danwei—Organisation*. Westdeutscher Verlag, Opladen.

Li Hanlin. 1993. "Das Danwei-Phaenomenund die chinesische Modernisierung," in Peter Atteslander (ed.), *Kulturelle Eigenent Wicklung*. Campus Verlag, pp. 141 – 184.

Li Hanlin. 1999. "Power, Resources and Exchange in the Chinese 'Work Unit Society'," in Pei Changhong, Chen Zhensheng, et al. (eds.), *Current Trends and Thoughts—Perspectives in Some Fields of China's Social Sciences*, Beijing, pp. 187 – 201.

Max Weber. 1980. *Wirtschaft und Gesellschaft*. Tuebingen.

Mayring, P. 1993. *Psychology des Gluecks*. Koeln.

Opp, K. D. 1989. *The Rationality of Political Protest*. Westview Press.

Powell, W., and Dimaggio ed. 1991. *The New Institutionalism in Organizational Analysis*. Chicago.

Runciman, W. G. 1966. *Relative Deprivation and Social Justice: A Study of Attitudes to Social Inequality in Twentieth – Century Enqland*.

Siegrist, J. 1996. Adverse Health Effects of High-Effort/Low-Reward Conditions," *Journal of Occupational Health Psychology*, Vol. 1, pp. 27 – 41.

Weinert, A. B. 1981. *Lehrbuch der Organisations Psychology*. Muenchen.

Yanjie Bian. 1994. *Work and Inequality in Urban China*. Albany: State University of New York.

国有企业社会成本分析

——对中国 10 个大城市 508 家企业的调查[*]

李培林　张　翼

摘　要： 本文试图回答的问题是：为什么国有工业企业在推行市场化体制改革和生产率有所提高的情况下，主要效益指标却在恶化，从而出现"有增长而无发展"的困境。文章认为，国有工业企业长期以来过高的社会成本是造成这种状况的主要原因。根据问卷调查的材料，作者对国有工业企业在固定资产投入、人员使用、福利保险费用等方面的社会成本进行了定量的测算，其结果比以往文献的估算要高得多。文章从社会学的视角指出，围绕着社会成本，国有工业企业形成了刚性的利益格局和福利功能扩大化的趋势，从而成为改革的巨大障碍。要解决这个问题，就必须建立国有企业的"拟市场化核算体制"和"社会成本的分摊机制"。

在对国有企业的历时性考察中，我们会发现这样一个令人困惑的现象：自 1978 年以来，国有企业实行了一系列效率优先的市场化体制改革，很多研究表明，这些改革措施使国有企业的"全要素生产率"得到提高（刘国光，1988；董辅礽等，1995）。但与此同时，国有企业的总体财务经营业绩并没有得到明显改善，国有工业企业的主要效益指标（如产值利税率、销售收入利税率、资金利税率）几乎直线下降，从 1996 年开始，甚至连续两年出现全部国有工业企业巨额净亏损的局面（国家统计局，1998）。国有企业为什么会在"全要素生产率"得到提高的情况下出现亏损？林毅夫等人认为，国有企业的政策性负担成为其预算软约束的借口，从而使对它的经营评价缺乏所必需的充分信息，这样也就难以建立公平和

---

* 原文发表于《中国社会科学》1999 年第 5 期。

充分竞争的市场环境，而这些是做出任何产权安排和形成适宜的治理结构的前提条件（林毅夫、蔡昉、李周，1997：97）；肖耿通过统计测算指出，由于国有企业的附加福利或额外收益未被视为财产，其生产力可能被低估，但造成国有企业低效率的不是附加福利，而是产权残缺造成的资源配置扭曲（肖耿，1997：131～182）；樊纲则提出了工资侵蚀利润的假说（樊纲，1995：48）。然而，国有企业为承担社会责任所付出的社会成本究竟在其总成本中占多大的比重？社会成本究竟在多大程度上冲销了企业利润？社会成本是不是国有企业亏损的根本原因？这方面还缺乏详细的定量研究，而这正是本文要探讨的问题。

本文分析所依据的资料，是我们1996年8～10月对全国10个大城市（哈尔滨、沈阳、济南、上海、武汉、南京、广州、成都、西安、兰州）工业企业的问卷调查，调查根据行业、规模等结构采取主观抽样方式，共获得有效样本508个；调查对象主要是国有企业，占总样本的70.5%；为便于比较各经济类型企业的差别，我们使样本主要集中在工业制造业，其占总样本的96.3%；问卷调查项目是企业的客观指标，主要涉及企业的财务和人事方面。

一 社会成本的界定及其假说

中国的国有企业在本质上是一种"单位组织"。单位组织是一种特殊的组织形态（李汉林等，1988：273～373；路风，1989；李培林等，1992：178～202；李路路、王奋宇，1992：83～103），作为单位组织的中国国有企业不但承担经济功能，也承担社会和政治功能。国有企业为实现其非经济功能所付出的成本，我们称为社会成本。这是对于社会成本概念的一种比较狭窄的定义，与已有经济文献中的其他定义有所不同。

早在1960年，科斯就写了著名的《社会成本问题》一文，他的社会成本概念的重要意义在于揭示了"交易成本"的存在。在他那里，社会成本就是私人成本加上交易成本，在完全竞争的情况下，私人成本等于社会成本，但没有交易成本的世界不是真实的世界（科斯，1988/1995：20～25）。科尔内则从整个国民经济出发，把社会成本定义为"一切涉及社会个别成员和集团的负担、损失、痛苦、牺牲或辛苦的现象"。这些现象一部分可以用货币来度量，但也有一部分涉及心理方面的感受，是无法用货币来度量的。他认为对社会成本的考察可以从 4 个方面进行。（1）生产的内部实物投入，即生产成本。（2）外部成本，它并不直接以货币的形式反映在企业或非营利机构的账目上，如随着生产能力利用率的提高，事故可能增加，工人健康可能恶化，对环境的破坏可能加剧，等等，为防止这种状况对生产的影响，要有一些"预防性"开支，这就是外部成本的内部化。（3）社会的分摊成本，如政府机构的经费支出。（4）反映大量经济现象的人们的意向、满意度和普遍感觉，一种是边际递减的社会成本，如与生产能力利用低水平相关的失业以及可能伴随的犯罪、暴力和自杀；另一种是边际递增的社会成本，如与生产能力高利用度相联系的其他领域的"瓶颈""短缺"以及对社会消费的负面影响，前面所说的生产成本、外部成本和社会分摊成本，也都是边际递增的社会成本。科尔内所要说明的是，"不应该总是不惜一切代价去达到社会生产能力的最大利用。如果当趋近于生产能力完全利用时，边际社会成本已经超过边际社会效益，达到这一点就是不值得"（科尔内，1986：273～302）。

社会成本的理论告诉我们，社会成本的准确测度是很困难的，但这种探索问题的方法却是非常有启发性的。我们可以设想，拥有同样的技术并生产同样产品的两个不同的企业，其生产成本应该是一个给定的数，而在现实中这两个企业的成本又可能有很大差异，这就是社会成本的差异。正是社会成本的差异决定了竞争力的差别。不同的企业处于不同的社会关系之中，因为这种不同，它们所承担的义务、责任和负担也不同，付出的社会成本就有很大差别。尽管社会成本的计算可能是比较困难的，但却是非常有意义的。

在本文中，为了分析上的方便，我们把国有企业福利供给的成本作为其社会成本的操作性定义。这种福利供给被区别为潜在福利和显性福利。潜在福利指国有企业用于兴办集体福利的福利费用，如图书馆、俱乐部、操场、游泳池、疗养院、澡堂、医院、电影院、草坪、社区绿化、企业所属的各种学校等。显性福利指国有企业主要以货币或实物的方式直接支付给职工个人、用于满足个人福利需求的福利费用，如过节费、计划生育补贴、奶费、托儿补贴费、冬季取暖补贴、上下班交通补贴、上下班班车支出、职工探亲旅费、卫生洗理费、住房等。

改革以来，国有企业在市场化转型过程中向相对独立的经济组织的转化，使其自行配置社会资源的能力加强了，但其单位组织的性质非但没有改变，反而更加强化；其福利供给的功能非但没有缩小，反而更加扩张。这主要源于以下几点。

第一，在市场化过程中，作为有限理性经济人的国有企业，会力图使自己的收益最大化。其在既定的、被制度化了的利益结构中所应体现的收益，主要表现为：（1）国家的利润与税收收益；（2）企业本身的收益，（3）国有企业经营者的收益；（4）国有企业职工的收益；（5）国有企业所办集体企业的收益；（6）社会的收益。在这里，如果不计国家收益与社会收益的细微区别，那么，可以认定，国家利益与社会利益是一致的。这样，国有企业的运行逻辑就远比非国有企业复杂得多，因为有时它得体现某些公共收益而不只是私人收益。[①] 在市场经济的逻辑理路之中，对于企业内部职工来说，私人收益的获得可能是眼下最重要的预期利益获得，这就与国有企业的整体运行逻辑相矛盾。仅仅靠道德规范来保证企业经营者与所有者利益的一致，或者企业职工利益与整个国家利益的一致，在现实中是比较困难的。改革所提供的失范机会，为企业经营者实现自己的利益制造了难得的运作空间。对于国家来说，企业利润率的上升与税金的如期缴纳，可能是最好的选择；对于国有企业自身来说，能够将有限的销售收入转化为显性福利或潜在福利支出，就可以使企业内部职工的货币收益或非货币收益最大化。另外，国有企业还得顾及其内部所办集体企业职工的生活问题，否则，来自企业内部的压力集团会施加无形的影响；尽管国有企业要步入市场或已经顽强地步入市场，但其与社区之间的那种命运共同体结构，也使其不得不关注某些社会问题（如职工家

---

① 在新经济史学研究中做出过特殊贡献的诺斯（North，Doug lass C.）教授，在与托马斯（Thoumas，R. P.）合著的《西方世界的兴起》一书中，在区别私人收益率与社会收益率时，认为私人收益率是经济单位从事一种经济活动所获得的净收益；社会收益率是社会从这一活动获得的总净收益（正的或负的），它等于私人净收益加这一活动使社会其他每个人所获得的净收益（诺斯、托马斯，1973/1989：1）。诺斯和托马斯是把某一具体经济实体所造成的私人收益加上其为其他社会活动单位所造成的收益之和作为社会总收益来看待的。诺斯和托马斯的这一概念能够给我们以有益的启示：它能使我们考虑到企业经济活动或非经济活动所产生的外部性问题，也能够借此考虑到将外部性问题内部化之后的成本支出问题。也就是说，倘若将社会收益的"一部分"当作国有企业的成本支出，那么，这部分社会收益的多少便取决于国有企业在我们所说的社会成本方面支出的多少。

属的就业等)。

所以，在国有企业所面临的这一制度化利益结构中，能够促使自己收益最大化的最好选择，就是将国有企业利润的一部分以企业社会成本的形式转化为企业内部的福利，这既符合企业内部职工的福利需求，也有利于企业稳定和国有企业领导层的"合理消费"。虽然显性福利不计算为财产，却属于企业产出的一部分，而潜在福利虽然作为国有企业所属的资产进行统计，但其在使用权与剩余索取权上，有着不同于其他国有资产的界限。

第二，国有企业的"福利功能内卷化"趋向与其面对的市场结构密切相关。就市场而言，是否存在某种既定的为国有企业所需求的福利产品及可替代产品，是国有企业保持专门化的前提；就企业而言，即使市场上存在为国有企业所需的福利产品或服务，但倘若这种产品或服务的交换价格高于国有企业内部生产这种产品或服务的成本，那么，企业就不会从市场交换这种功能需求。一般而言，导致交易成本过高的原因主要有二：其一，市场的不确定性和供给某种商品的企业数量；其二，人们在决策过程中的有限理性和机会主义。市场的不确定性是由处于竞争状态的、能够供给某种商品的企业数量及其生产能力所决定的。一旦不确定性与有限理性结合在一起，就会出现交易成本趋升的问题。在这种情况下，企业向市场供给的某种福利商品，就可能采取内部化的方式，即使通过市场购买有助于节约成本，企业也可能产生内部化的冲动。导致企业将商品需求供给内部化的另外一个原因是缺少市场供给。如果市场上缺少企业所需的"福利功能"供给，而企业又迫切需要该"福利功能"，那么，它便只好通过自己生产来满足这种需求，否则，就只能寻求其他替代品。在这种情况下，职工所消费的各种福利，就较社会供给的服务"便宜"得多。正因为这样，表面看起来，每一个国有企业为其内部职工所支付的货币工资数额比较少，大都低于中外合资合作企业和一部分私有企业，但其为职工所支付的福利费用——潜在福利和显性福利之和，却是非常可观的。改革开放以来，如果说显性福利的发放与企业效益高低有着某种一致性的话，那么，其潜在福利的增加和施惠于内部职工的数量多少，却与国有企业的效益并不直接相关。也就是说，国有企业的经济效益并不必然地决定其潜在福利的增加与否。正是在这种情况下，国有单位的福利保险费用才逐年上升。

1978～1997 年，国有经济单位的保险福利费用总额从 69.1 亿元增加到 2578.8 亿元，相当于国有经济单位工资总额的比例从 13.7% 上升到 30.4%（国家统计局，1998：795）。

所以，在某种程度上可以说，国有企业收益，会首先表现为国有企业内部职工的收益。利润，不管用于纳税还是用于"向投资者分配"，都会影响企业职工的最终收益。只有扩大成本的开支，将成本的一部分转化为企业内部的集体物品[①]，或者将利润的一部分转化为直接可以被职工所消费的显性福利，企业的生产活动才可能更多地为企业内部职工带来好处。即使在国有企业不盈利时，其内部潜在福利的开支也存在增长的冲动。这就是说，亏损并不必然地抑制福利机构和福利设施的兴建，而这些因素却直接增加着人工成本的开支总额，并进而"制造"着亏损。

二　国有企业支付着较高的社会成本

总体上说，与非国有企业相比，国有企业支付着更高的社会成本。下面我们从固定资产、组织机构及其工作人员和福利保险费用几个方面来考察一下国有企业的社会成本。

1. 社会成本在固定资产上的表现

国有企业社会成本在潜在福利方面的耗费额是十分可观的。如医院、学校、托儿所、食堂等，得首先具备一定的硬件设备，才能维持起码的福利施惠。在国有企业以单位化方式存在的前提下，"生活"设施——尤其是与生活娱乐设施有关的固定资产的投资，就不可避免。这样，在国有企业的固定资产总额中，非生产用固定资产就成为一个非常重要的组成部分。根据我们的调查，到 1995 年，国有企业与国家控股企业的非生产用固定资产，已经在固定资产总额之中占据了相当大的比重（见表 1）。

---

①　这里以"集体物品"指称能够为企业内部职工直接消费的物品，以"公共物品"指称用于国有企业的生产和再生产的物品。集体物品与公共物品之间是有区别的。像住房等福利设施就属于集体物品，虽然其在出售给职工个人之前，仍然属于国有企业所有，但却不可能被某一具体国有企业之外的人员所享用。而机器、厂房等设施则属于公共物品，如果不经过生产过程的转化就不可能被国有企业内部职工所消费。

表 1　各类固定资产占企业固定资产总额的百分比

单位：%

企业类型	生产用	其中"办公用"	非生产用	其中"社会性"
国有企业	77.89	9.58	22.11	9.92
集体企业	90.02	16.01	9.98	2.37
私有企业	94.18	17.45	5.82	0.00
国家控股企业	71.65	19.34	28.35	13.38
中外合资合作企业	91.61	17.44	8.39	0.15

注：各项数据均以 1995 年末数计。在这里，"办公用"固定资产指企业总部办公用的建筑物、运输工具、通信工具、办公设备等。"社会性"固定资产指某些由企业建设和购置的潜在福利性固定资产，包括企业办的大中专院校、技工学校、中小学、商店、粮店、邮局、派出所等使用的固定资产。

资料来源：508 家企业调查。

从表 1 可以看出，在不同类型的企业中，国有企业与国家控股企业，其生产用固定资产所占的份额是最少的，前者占 77.89%，后者占 71.65%。而集体企业、私有企业与中外合资合作企业生产用固定资产都在 90.0% 以上，其中私有企业所占比重为 94.18%——是这方面比例最高的。相应的，国有企业与国家控股企业非生产用固定资产的比重就显得较大，国有企业为 22.11%，国家控股企业为 28.35%，其中社会性固定资产在国有企业与国家控股企业之中，也占了相当高的比重。前者所占总额的比重为 9.92%，后者竟达 13.38%。可是，私有企业在这方面的投资为 0，集体企业也仅为 2.37%，中外合资合作企业为 0.15%。

改革开放以来，由于国有企业仍然继续承担着社会功能，所以，在新增固定资产里，其投资于生产用固定资产的数额也并不大。在 1995 年，调查样本中国家控股企业生产用固定资产为 79.02%，国有企业生产用固定资产为 85.85%。虽然中外合资合作企业与私有企业的非生产用固定资产所占的比重都不小，分别占了新增固定资产总额的 12.87% 和 18.03%，但集体企业、私有企业和中外合资合作企业在社会性固定资产方面，却都为 0。

2. 社会成本在组织机构及其工作人员上的表现

我们知道，潜在福利是以集体物品（在使用权上可以被该国有企业内部所有成员在制度内享用的物品）的方式累积于企业之中的。为了使这部分集体物品得到有效的管理，国有企业就得在内部组织机构的设置上，以专门化的功能单位去维护和支配这部分资产，并随时处理与该资产有关的各种事务。这样，在国有企业内部，社会性组织机构的建立就不可避免，而社会性组织机构在企业科层制之中，却要依靠工作人员去填充。这样，国有企业不仅在固定资产的设置上要增加企业的生产成本，而且在企业内部职工的配置上要扩大可变资本的开支。于是，非生产人员中服务人员的数量就理所当然地增加了（见表2）。

表 2　各类服务人员在企业全部从业职工中所占的比重

单位：%

企业类型	在全部样本企业中			在 1000～2000 人的企业中			在 2000～5000 人的企业中			在 5000 人及以上的企业中		
	服务人员	福利机构人员	社会性服务人员	服务人员	福利机构人员	社会性服务人员	服务人员	福利机构人员	社会性服务人员	服务人员	福利机构人员	社会性服务人员
国有企业	8.02	4.65	3.58	9.03	5.10	3.61	10.05	5.60	3.88	10.88	5.99	4.29
集体企业	4.29	1.52	0.41	2.92	0.20	0.00						
私有企业	3.34	1.32	0.59									
国家控股企业	8.62	5.90	3.06	9.31	4.17	7.02	10.25	4.17	7.02			
中外合资合作企业	4.38	2.73	0.56	5.58	4.59	2.55	5.38	3.65	2.73			
其他	3.91	1.32	0.56	4.95	2.33	0.00						

注：各项数据均以 1995 年末数计。在这里，各类服务人员不包括政工、党务、团务以及工会与妇联等管理工作人员。"社会性服务人员"指既为本企业职工服务，也为社会服务的工作人员，如在国有企业兴办的学校与医院中工作的人员。"福利机构人员"指为本企业职工福利服务的工作人员。由于在调查样本中，有些企业在对"服务人员"等概念的理解上存在出入，所以，"福利机构人员"与"社会性服务人员"之和并不正好等于"服务人员"数。

资料来源：508 家企业调查。

如表 2 所示，在全部样本中，国有企业与国家控股企业服务人员的数量，分别占职工总数的 8.02% 和 8.62%。而在集体企业中仅占 4.29%，在中外合资合作企业中仅占 4.38%，在私有企业中仅占 3.34%。

国有企业不仅存在服务人员比例偏高的情况，而且，这种情况还有随国有企业人员规模的增大而增高的趋势。比如，在调查样本中，国有企业人数为 1000～2000 人时，服务人员占企业全部从业人员的比重为 9.03%。这一比重比全部样本时的比重提高了 1.01 个百分点。而社会性服务人员所占的比重，在全部样本企业中占 3.58%，在 1000~2000 人的样本企业中提高到 3.61%。但在集体企业之中，却不存在这种提高的趋势。当把国有企业样本选择在企业人数为 2000~5000 人时，其服务人员的人数占国有企业全部从业人员总数的比重又进而提高到 10.05%，其福利机构人员也由 1000~2000 人时企业样本的 5.10% 提高到 5.60%，而社会性服务人员也同样地有着提高的态势。在 5000 人及以上的国有企业之中，其内部服务人员的比重又比在 2000~5000 人的企业有所提高，达到 10.88%。这就是说，国有企业人数规模越大，其内部服务人员所占的比重也就越高（见表3）。

表3 各类型人员在不同企业所占全部从业人员比重比较

单位：%

企业类型	富余职工	离退休人员	工程技术人员	管理人员	服务人员	社会性服务人员
私有企业	3	1	7	12	3	1
其他	3	4	3	14	4	1
中外合资合作企业	2	8	9	13	4	1
集体企业	14	17	6	11	4	0
国家控股企业	4	31	11	12	8	3
国有企业	9	32	8	12	8	3

资料来源：508 家企业调查。

从表 3 可以看出，在不同类型企业中，国有企业与集体企业的富余职工所占全部从业人员的比重最高，分别为 9% 和 14%；国有企业与国家控股企业的离退休人员占全部从业人员之比最高，分别为 32% 和 31%；国有企业和国家控股企业的服务人员和社会性服务人员所占比重也最高，均分别为 8% 和 3%。而管理人员在全部从业人员中所占的比重，则在不同类型企业之间，不存在显著差异。这就是说，在人工成本开支所占全部成本的比重上，国有企业与国家控股企业会远远高于其他类型企业。

表 4 所示的在控制了"全部从业人员"之后所做的有关各变项的偏相关系数，也显示出了与表 2 和表 3 相一致的结果。注意："服务人员占比"与"富余人员占比"、"管理人员占比"和"离退休人员比"等正相关（偏相关系数分别为 0.2085、0.1961、0.1712）——这与我们所熟知的国有企业的状况基本一致。可是，这里除"管理人员占比"与"企业人均利

润"呈低相关（偏相关系数为 0.1642）外，"富余人员占比"与"企业人均利润"呈负相关（偏相关系数为 - 0.2458），其他各项中，除管理人员占比和工程技术人员占比外，均与企业利润不相关。这就是说，在国有企业之中，服务人员对企业利润的增加，根本就不起什么积极作用。

表 4　国有企业各类人员占全部从业人员之比与人均利润的偏相关系数

	富余人员占比	离退休人员占比	技术人员占比	管理人员占比	服务人员占比	社会性服务人员占比
离退休人员占比	0.2474 **					
技术人员占比	- 0.1793 *	- 0.2406 **				
管理人员占比	- 0.1049	0.0236	0.0946			
服务人员占比	0.2085 **	0.1712 **	0.0082	0.1961 **		
社会性服务人员占比	0.0943	0.0876	0.0110	0.1422 *	0.6906 **	
企业人均利润	- 0.2458 **	- 0.0609	0.1225 *	0.1642 *	- 0.0699	- 0.0054

$*$ 表示 $P < 0.01$，$**$ 表示 $P < 0.001$。

注：这里用双尾检验，$N = 323$，控制变量是"全部从业人员"。

资料来源：508 家企业调查。

3. 社会成本在福利保险费用上的表现

福利保险费用，一直是国有企业职工非工资性收入的一个极其重要的组成部分。在 1998 年之前，市场经济各竞争主体中，如果说集体企业的劳动保险及其他福利费用还有所保障的话，那么，其他非国有企业的福利保险费用是缺少制度的保障作用的。

从表 5 第（6）栏可以发现，唯有国有企业与国家控股企业在福利保险费用方面的人均社会成本与其人均工资之比较高：国有企业在这里为 57.66%，国家控股企业为 50.33%。在国有企业该项成本费用占比较高的同时，非国有企业均显示出了其与工资之比的较低态势：中外合资合作企业为 20.29%，集体企业为 18.74%，私有企业为 18.18%。

表 5　不同类型企业人均占有的各项福利保险费用支出额比较

单位：千元，%

企业类型	劳动保险与社会保险（1）	福利费支出（2）	福利机构支出（3）	前 3 项合计（4）	人均工资（5）	（4）与（5）之比（6）
国有企业	1.80	0.75	0.80	3.35	5.81	57.66

企业类型	劳动保险与社会保险（1）	福利费支出（2）	福利机构支出（3）	前3项合计（4）	人均工资（5）	（4）与（5）之比（6）
集体企业	0.64	0.43	0.00	1.07	5.71	18.74
私有企业	0.33	0.31	0.24	0.88	4.84	18.18
国家控股企业	3.00	0.74	0.90	4.64	9.22	50.33
中外合资合作企业	0.77	0.65	0.13	1.55	7.64	20.29
其他	0.10	0.26	0.00	0.36	6.74	5.34

注：数据以 1995 年末数计。

资料来源：508 家企业调查。

从表 5 还可以清楚地看出，国有企业与国家控股企业的劳动保险与社会保险费用是最多的，前者为人均 1800 多元，后者达到人均 3000 多元，而集体企业在这方面的支出仅为人均 640 元，私有企业为人均 330 多元。就是经济效益一向较为突出的中外合资合作企业，其人均占有的劳动保险与社会保险费用也只有 770 元，大大低于国有企业与国家控股企业。

在福利费支出这一栏中，也是国有企业与国家控股企业最高，前者为人均 750 元，后者为人均 740 元，而中外合资合作企业在该项的费用中也低于国有企业，为人均 650 元。而集体企业与私有企业，在该项之中的人均占有份额都不足 500 元。

在人均占有的福利机构支出项中，国有企业与国家控股企业同样地高出了其他非国有企业。在这里，国有企业人均分摊的福利机构支出为 800 元，国家控股企业为人均 900 元。样本中集体企业在这里的开支少得可以被忽略。私有企业为人均 240 元，中外合资合作企业为人均 130 元。由此可以看出，国有企业与国家控股企业人均分摊的福利机构支出费用已经高于其人均占有的福利费了。由于在统计分析中，福利费栏的统计属于显性福利，福利机构栏的支出代表着潜在福利费用，所以，在 1995 年，国有企业与国家控股企业的人均潜在福利费用支出已经超过了其人均显性福利支出。即使这里不计劳动保险与社会保险方面国有企业与非国有企业存在的差距，而仅仅以福利费用来判别国有企业的成本支出，也可以发现其要比非国有企业为高。

通过以上的论述可以看出，国有企业在进行社会生产的同时，也支付了极其巨大的社会成本。从固定资产存量方面来说，其非生产性固定资产额较大；从人员编制和内部组织机构的兴建方面来说，其非生产性人员较多；从社会福利保险费用支出等方面来说，其在企业生产总成本当中，又占据了相当大的比重。

三　社会成本对利润的冲销

1. 对亏损国有企业利润分配的相关分析

是什么使得国有企业表现为负利润呢？换一个提问方式就是：为什么国有企业在产量逐年增长的同时却步入了亏损之路？相关内容见表6。

表6　亏损国有企业本年人均利润与各有关人均分摊的人工成本项的皮尔森相关系数

	劳动保险与社会保险费用支出总额	在职职工福利费用支出总额	全部从业人员工资总额	在职职工福利与保险外收入	福利机构全年支出额	非生产性固定资产净增加
变量表示符	G01/B37	H01/B37	I01/B37	J01/B37	L67/B37	M14/B37
本年人均利润	0.037	−0.015	−0.056	−0.026	−0.180	−0.035
样本数	40	126	130	75	19	100

注：各项数值均以1995年末数计。

资料来源：508家企业调查。

从表6可知，在亏损型国有企业之中，"本年人均利润"与人均分摊的"劳动保险与社会保险费用支出总额"、"在职职工福利费用支出总额"和"在职职工福利与保险外收入"之间，并不存在显著的相关关系。国有企业的实际表现也与这里的统计检验一致。因为，在国有企业中，人数众多、冗员充斥，存在以工资冲销利润的现象。"劳动保险与社会保险费用支出总额"也呈逐年上升的趋势，尤其是在一些老国有企业中，退休人员与在职职工之比越来越高，对退休人员退休金和医疗费用及福利的支付，加重了企业本身的成本开支。再加上自20世纪90年代以来在职职工工资的迅速增长，工资在国有企业成本开支中的比重也无形中增高。在职职工福利及保险外收入，对成本的增长形成了非常显著的影响。在邱泽奇（1996：270）所做的调查中，还存在某些国有企业以固定资产与集体企业合作以成立新的集体企业的情况，甚至于存在以同样一份固定资产生产国有企业物品则为国有企业产值，生产集体企业物品则为集体企业产值的情况。这一切都会增加国有企业的成本开支，减少其利润收益。

另外，值得注意的是，国家对某些国有企业——尤其是对某些大型国有企业，还采取了"贷款"发放工资的措施。这就是说，在本年利润为负的情况下，这些企业内部职工的工资和福利费用、退休职工的退休金和医疗费用及内部福利机构人员的工资等，都不可能有太大幅度的降低。由此也可以部分解释样本中国有企业本年利润与各项人工成本不相关的现象。

我们本来认为，福利与利润会密切相关，但与我们的设想相反，"本年人均利润"却与人均分摊的"福利机构全年支出额"和"非生产性固定资产净增加"不存在显著相关关系。这就是说，在国有企业亏损的前提下，其内部显性福利和潜在福利的增长与否，并不与"本年利润"直接挂钩。这恰好说明，在国有企业不盈利时，其内部潜在福利的开支还可能增长。换言之，即亏损并不必然地抑制福利机构和福利设施的兴建，而这些因素，却直接增加着人工成本的开支总额，并进而"制造"着亏损。

2. 对盈利国有企业利润分配的分析

那么，如上所述的情况在国有企业盈利时又如何呢？

作为社会行动者的国有企业，具有使自己收益最大化的要求。在其亏损时，往往会通过与国家的讨价还价，促使自己内部职工的当前收益最大化；在其盈利时，则会在利润分配过程中，通过某些合法的或不太合法的手段，促使自己的收益最大化。当然，这中间一个最简单的办法，就是以增加人工成本的方式冲销利润。

在这里，扩大内部福利设施——非生产性固定资产的投资，可能是增进国有企业内部职工潜在福利的一条重要途径。

通过表7可以明显地看出，在国有企业盈利时，各项人工成本与企业的本年利润呈显著的正相关。这就是说，"本年人均利润"为正的国有企业内部，人均本年"劳动保险和社会保险费用支出总额"大，人均"在职职工福利费用支出总额"、人均"全部从业人员工资总额"也在上涨。与此同时，人均"在职职工社会福利及保险外收入"也与"本年人均利润"呈正相关。由此可见，当国有企业盈利时，除企业内部职工的工资收入和福利收入得到增加外，国有企业退休职工的退休金收入与医疗费用也会得到增加。

表7 盈利国有企业本年人均利润与人均分摊的各有关人工成本项的
皮尔森相关系数

	劳动保险与社会保险费用支出总额	在职职工福利费用支出总额	全部从业人员工资总额	在职职工社会福利及保险外收入	福利机构全年支出额	非生产性固定资产净增加
变量表示符	G01/B37	H01/B37	I01/B37	J01/B37	L67/B37	M14/B37
年人均利润	0.135	0.255***	0.375***	0.232***	0.378***	0.396***
样本数	46	196	205	137	34	171

*** $p < 0.001$。

注：各项数值均以1995年末数计。

资料来源：508家企业调查。

与亏损型国有企业不同的是，在盈利时，国有企业的"本年人均利润"与人均分摊的"福利机构全年支出额"及"非生产性固定资产净增加"却存在着显著的正相关关系。其相关系数分别达到0.378和0.396，其显著性也小于0.001。这说明，样本国有企业在盈利后的利润分配中，很好地考虑了内部福利设施的建设——"非生产性固定资产"的投资。盈利型国有企业越大，所生产的"本年人均利润"越高，其所投入的"非生产性固定资产"也就越多。具体情况如图1所示。

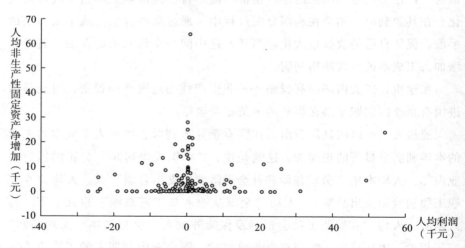

图1 国有企业"人均非生产性固定资产净增加"与
"本年人均利润"散点示例

从图1可以看出这样两个问题：（1）在国有企业中，尽管很多企业

"人均本年利润"为负值——处于亏损状态，但其"人均非生产性固定资产净增加"却仍然为正，而且还表现得较高；（2）在"人均本年利润"为正时，有些企业的"人均非生产性固定资产净增加"表现得比利润要高。这就是问题的症结所在，即其以成本的方式，将利润转化为企业内部的福利投资了。

如果不以"人均本年利润"为基础，而以单个国有企业"本年利润"与"非生产性固定资产净增加"的绝对值为出发点，那么，如上所述的状况会表现得更加明显。我们以"本年利润"为自变量，以"非生产性固定资产净增加"为因变量来做预测，就会在盈利型国有企业之中发现，有些样本的非生产性固定资产净增加，远远超过了其本年利润的值。虽然在国有企业盈利时，我们对其福利设施的投资无可非议，但从图 2 中的"实际观察值"曲线上可以看出，当某些盈利型国有企业"本年利润"在 50000千元及其以下时，其"非生产性固定资产净增加"却大大超过了 50000 千元。这就是说，在这些样本国有企业之中，存在"福利"冲销利润的现象。

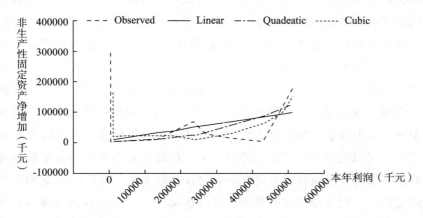

说明：Observed 是实际观察值；Linear 是直线方程；Quadeatic 是二次曲线；Cubic 是三次曲线。

图 2　对盈利型国有企业非生产性固定资产投资的线性预测

从表 8 可以看出，三次曲线估计的 R^2 值为 0.257，大于直线方程的 0.115 和二次曲线方程的 0.173。所以，这里我们以三次模型为最佳拟合模型。如果以 X 表示"本年利润"，则其方程式为：

$$Y = 5029.55 + 0.4464X + (-3.E-06)X^2 + (5.3E-12)X^3$$

从这里亦可以推知，有的国有企业在盈利时，通常会首先将一部分利润内部化为集体福利，从而使得盈利型企业的成本增加，降低利润上缴率。

表8　以本年利润为自变量对本年非生产性固定资产净增加（M29）的估计模型

因变量	类型	R^2	自由度	F 值	显著性	b0	b1	b2	b3
M29	LIN	0.115	178	23.03	0.000	5513.87	0.1815		
M29	QUA	0.173	177	13.61	0.000	6616.12	− 0.0676	6.0E − 07	
M29	CUB	0.257	176	10.93	0.000	5029.55	0.4464	− 3. E − 06	5.3E − 12

资料来源：508 家企业调查。

3. 社会成本对亏损的冲销

如果把国有企业较之非国有企业多支付的社会成本转化为利润，或以此去冲销亏损，那么，原来亏损的国有企业，会不会"扭亏为盈"呢？

从表9可以看出，国有企业如果没有社会成本的开支，便可基本上"扭亏为盈"，因为这些不完全统计的社会成本，可以使样本国有企业的亏损冲销到"0"以上。也就是说，如果将这些社会成本转化为利润计算，那么，样本亏损型国有企业的"本年负利润"都可以转变为正利润。例如，在中央所属的亏损型重工业国有企业的社会成本中，"新增非生产性固定资产"相当于亏损额的97.83%，"新增社会性固定资产"相当于亏损额的4.35%，仅仅这后两项合计就可以将该年的负利润冲销完毕。在省属亏损型重工业国有企业的社会成本中，仅仅"劳动保险和社会保险支出总额"就完全可以将该年的负利润冲销完毕。仔细考察表9中的各项数值可以发现，除县属亏损型轻工业国有企业的社会成本中，该年的"新增非生产性固定资产"对亏损的冲销较少，只占0.35%外，其他各隶属级别企业在此项的开支，都能够冲销50%以上的亏损。中央属亏损型轻工业国有企业的社会成本中，"新增非生产性固定资产"竟然可以冲销2067.7%的亏损。所以，仅仅"新增非生产性固定资产"一项开支的节约，或者说将此项开支转化为利润，就可以使很多亏损型国有企业转变为盈利企业。这就是说，部分国有企业社会成本的膨胀和难以控制的扩张冲动，是造成其经营状况恶化的重要原因之一。

表9 亏损国有企业社会成本支出相当于亏损总额的百分比

单位：%

企业类型	隶属关系	劳动保险和社会保险总额比亏损总额	职工福利费总额比亏损总额	工资及福利保险外收入比亏损总额	社会性附属机构支出比亏损总额	新增非生产性固定资产比亏损总额	新增社会性固定资产比亏损总额
重工业	中央	31.29	21.38	3.19	31.42	97.83	4.35
重工业	省	100.05	14.60	3.72	30.31	69.41	0.00
重工业	地区	131.27	42.87	3.90	4.08	76.92	0.00
重工业	其他	95.38	32.95	.	.	0.19	0.00
轻工业	中央	91.43	152.61	0.00	266.52	2067.7	
轻工业	省	.	72.78	3.21	139.08	158.73	1.51
轻工业	地区	111.52	16.52	3.77	51.28	65.36	0.01
轻工业	县	52.01	54.81	11.48	0.00	0.35	0.00
轻工业	其他	.	11.99			1.64	

注：样本中的亏损国有企业有141家。各项数据均以1995年末数计。"."表示该项数据缺失。

资料来源：508家企业调查。

四 简短的结语

从以上的分析可以看出，国有企业的社会成本比我们预想的可能还要大得多，这已经成为许多国有企业"有增长而无发展"的重要原因之一，并成为国有企业转变经营机制和改善经营状况的巨大阻碍。当然，国有企业的社会成本并不都是无效的成本或多余的成本，其中也有相当一部分属于企业正常的成本。但是，由于国有企业社会成本的扩张冲动缺乏硬约束，国有企业会由此形成人员过密化和福利功能内卷化趋势，从而陷入社会成本的增加大大快于生产的增长的困境。此外，由于缺乏对国有企业社会成本的严格定义和测算，我们实际上很难弄清在所有亏损国有企业中，有多少是属于真实的亏损，有多少是为了减少上缴利润或拖欠保险金的虚假亏损；在真实亏损的企业中，又有多少属于经营性亏损，多少属于政策性亏损；而政策性亏损企业，又有多大比例的亏损属于经营不善所致。所以，必须在国有企业中建立起"拟市场化核算体制"，以便厘清每个国有企业的社会成本，严格区分在社会成本的承担中，哪些是企业的责任，哪些是国家和政府的责任，哪些是职工个人的责任，从而建立起国有企业社会成本的分摊机制，为实现国有企业的预算硬约束和优胜劣汰扫清利益关系调整方面的障碍。

参考文献

董辅礽、唐宗焜、杜海燕主编，1995，《中国国有企业制度研究》，人民出版社。

樊纲，1995，《论当前国有企业产权关系的改革》，载熊映梧、刘常勇主编《公营企业改革》，黑龙江教育出版社。

韩福荣、徐艳梅，1997，《合营企业稳定性与寿命周期》，中国发展出版社。

科尔内（Kornai，J.），1986，《短缺经济学》，张晓光等译，经济科学出版社。

李汉林、方明、王颖等，1988，《寻求新的协调——中国城市发展的社会学分析》，测绘出版社。

李路路、王奋宇，1992，《当代中国现代化进程中的社会结构及其变革》，浙江人民出版社。

李培林等，1992，《转型中的中国企业》，山东人民出版社。

林毅夫、蔡昉、李周，1997，《充分信息与国有企业改革》，上海三联书店/上海人民出版社。

刘国光主编，1988，《中国经济体制改革的模式研究》，中国社会科学出版社。

路风，1989，《单位：一种特殊的社会组织形式》，《中国社会科学》第1期。

邱泽奇，1996，《集体企业个案调查》，天津人民出版社。

史丹，1998，《国有企业亏损的宏观原因》，载郑海航主编《国有企业亏损研究》，经济管理出版社。

汪海波、董志凯，1995，《新中国工业经济史》，经济管理出版社。

王瑞璞主编，1997，《中南海三代领导集体与共和国经济实录》（中卷），中国经济出版社。

肖耿，1997，《产权与中国的经济改革》，中国社会科学出版社。

熊映梧、刘常勇主编，1995，《公营企业改革》，黑龙江教育出版社。

杨宜勇、辛小柏，1998，《下岗职工基本社会保障和再就业的调查》，载汝信、陆学艺、单天伦主编《1999年社会形势分析与预测》，社会科学文献出版社。

张军，1997，《"双轨制"经济学——中国的经济改革（1978—1992)》，上海三联书店/上海人民出版社。

张曙光主编，1996，《中国制度变迁的案例研究》（第1集），上海人民出版社。

郑海航主编，1998，《国有企业亏损研究》，经济管理出版社。

Coase，R. H. （1988/1995），《厂商、市场与法律》，陈坤明、李华夏译，台北：远流出版公司。

Coase，R. H. 1960. "The Problem of Social Cost," *The Journal of Law and Economics* 3.

Coase，R. H. 1937. "The Nature of Firm," *Economica*，No. 1937.

Lù，Xiaobo and Elizabeth J. Perry ed. 1997. *Danwei：The Changing Chinese Workplace in Historical and Comparative Perspective*. New York：M. E. Sharpe.

中国城镇居民贫富差距演变趋势[*]

许欣欣

摘　要：本文旨在于通过宏观的实证研究探讨中国城镇居民改革开放以来贫富差距的演变趋势，并尝试通过多元回归模型分析的方法对影响城镇居民贫富差距变化的主要因素及其相对作用予以揭示，进而指出中国现行分配方式与分配原则的不协调。全文共分三个部分，首先是关于中国城镇居民贫富差距主要影响因素的分析，然后是关于不同地区之间职工收入水平主要影响因素的分析，最后通过对中国城镇居民低收入群体的构成与贫富差距发展趋势的揭示，提出一些值得思考的问题。

当改革开放刚刚起步时，为了打破"文革"遗留下来的绝对平均主义的思想僵局，调动人们的积极性，摆脱贫困，走向共同富裕，中共中央果敢地采取了"允许一部分人先富起来"的政策。20年来，随着这一政策的贯彻落实，我国人民的收入水平普遍有了较大幅度的提高。

然而，我们同时又必须清醒地看到，近年来，随着改革开放的进一步深入，随着我国经济体制的转轨、产业结构的调整、分配模式的变化以及多种经济形式的形成与发展，我国社会成员间原有的利益分配格局正发生着深刻的变化，不同群体之间的贫富差距也在迅速拉大，而且呈现过快、过猛的态势。由此导致一些居民的生活水平相对下降，城镇居民的贫困问题开始浮到社会的表层，从而使得有关"贫富差距"的问题日益成为人们关注的话题。

一　城镇居民贫富差距的主要影响因素

目前国际上通常使用两种方法来测量贫富差距的程度，即"基尼系

---

[*]　原文发表于《社会学研究》1999 年第 5 期。

数"和"五等分欧希玛指数"。基尼系数是社会成员总体收入分配状况与绝对平均分配状况的相对差距。此系数介于 0 与 1 之间，数值越大，表明社会成员之间的收入差距越大，反之越小。国际上通常认为，基尼系数在 0.2 以下为绝对平均，0.2~0.3 为比较平均，0.3~0.4 为比较合理，0.4~0.5 为差距较大，0.5 及以上为差距悬殊。除了采用基尼系数，还可采用五等分欧希玛指数来测定各类家庭收入上的差距。这种测量方法就是按照收入水平的高低，将人口分成五等分，然后计算出每个 1/5 人口层的收入在全部收入中所占的比重（国务院研究室课题组，1997）。

用基尼系数和五等分欧希玛指数虽然可以反映出贫富差距的程度，但是在揭示导致贫富差距的决定性因素方面却存在一定的局限性。根据我国经济学界和社会学界许多学者的分析，造成中国现阶段城镇居民贫富差距的原因是多方面的：既有按劳分配的因素，又有按资分配的因素（如私营业主的高额利润与各种股息收入）；既有制度性因素（如要素流动的制度性障碍导致资源占有的起点不同及收入分配的不平等），又有自致性因素；既有合法的因素，又有非法的因素（如国有资产流失中一些人中饱私囊）；既有历史上形成的"三大差别"（如地区差异）的因素，又有改革开放的新增因素；既有体制上的因素（如行业垄断），又有政策执行方面的因素；等等。鉴于此，本文拟采用多元回归的方法通过模型构筑来分析影响我国城镇居民贫富差距的主要因素及其相互作用。所用数据以国家统计局 1985~1997 年的调查数据为主。应该承认，模型分析由于不能将所有影响因素囊括其中而有其不可避免的局限性，但是，正如施皮尔伯格（Nathau Spielberg）和安德森（Biyon D. Anderson）所云，建立模型也有着一条极为实际的理由：所运用的模型通常简单方便，能以相对较少的变量揭示出复杂的社会现象，从而使新的事实和经验有可能进入和并入人类大脑，并将这些新的东西与过去的经验相联系（施皮尔伯格、安德森，1992：265）。

分析中，将以城镇居民中收入最高 10% 家庭的人均年收入与最低 10% 家庭的人均年收入相比之倍数（Y）作为衡量我国城镇居民贫富差距的因变量（变量均值为 3.39，标准差为 0.45）。在自变量的选择上，则主要考虑了影响城镇居民贫富差距变化的三方面因素，即所有制因素、行业因素、地区因素。

所有制因素在分析中用历年传统计划经济体制外从业人员的年平均工

资与集体经济单位职工年平均工资相比之倍数（X_1）来表示。选择这一变量的主要依据在于自改革开放以来，中国经济正处于转型过程之中，随着经济体制的转轨，我国城镇从业人员的就业领域已从过去单一的公有制领域扩展到非公有制领域（包括个体户、私营企业、"三资"企业、股份制企业等）。更重要的是，体制转型导致了我国收入分配制度和收入分配方式的巨大变化：一方面，在所有制改革推动下，非国有经济迅速发展，市场机制在工资水平的决定中起着越来越重要的作用，资本收入和经营风险收入的差别加剧了居民收入的不平等；另一方面，国有企业的改革使一些企业在竞争中发展壮大，而另外一些企业则在竞争中逐步陷于亏损、停产或半停产、破产的境地，由此拉开了不同企业职工的工资水平。例如，国务院研究室课题组的分析表明，不同所有制单位间职工的货币工资进入20世纪90年代后差距明显扩大。1990~1996年，国有、集体和其他单位间职工平均工资之比由1.36:1:1.78提高到1.46:1:1.92。1996年，在其他单位（主要是股份制和三资企业）工作的职工平均工资为8261元，分别比国有单位和集体单位高31.5%和92.0%（国务院研究室课题组，1997）。虽然具体来讲，我国公有制领域可细分为国有制单位和集体所有制单位，但由于传统体制的惯性作用，这一领域中集体所有制单位从业人员的平均收入相对更少，生活水平相对更低，因此，选择集体所有制单位职工的平均收入与传统体制外的非公有制领域从业人员的平均收入进行比较，更有助于说明所有制因素在城镇居民贫富差距中的影响作用。

行业因素在分析中用历年各行业中职工平均工资最高行业与最低行业相比之倍数（X_2）来表示。根据国务院研究室课题组对16个大行业的分析，我国不同行业的职工工资差距近几年呈加速扩大趋势。以全国各行业平均工资指数为1，用工资最低行业和最高行业分别与之相比，则1978年为0.76:1:1.38，1985年降为0.76:1:1.22，1990年又提高到0.72:1:1.27，1995年进一步又提高到0.64:1:1.43。其中，工资增长较快的是风险性、垄断性和技术性行业（国务院研究室课题组，1997）。

地区因素在分析中用不同省、自治区、直辖市中历年职工平均工资最高地区与最低地区相比之倍数（X_3）来表示。近年来，国内有不少学者对我国的地区差异进行过研究，他们选用的指标一般是人均国民收入和人均国内生产总值，也有人选择人均社会总产值指标来衡量中国的地区差异。

虽然人均国内生产总值、人均国民收入或人均社会总产值的确是反映地区经济发展水平的重要综合指标，然而，正像魏后凯指出的那样："当把研究的着眼点放在考察各地区居民家庭的实际生活水平上时，这些指标的缺陷是显而易见的。从价值形态上看，社会总产值计算了社会产品的全部价值；国内生产总值计算了在生产产品和提供劳务过程中增加的价值，即增加值；而国民收入计算了从社会总产值中扣除生活过程消耗掉的生产资料后的净值。三者都包含着政府收入和转移支付部分。如果考虑到收入再分配的影响，地区间居民可支配收入的差异实际上要比用上述三个指标衡量的地区差异小一些。而且，对各地区居民来说，他们更关心的往往是家庭可支配收入的多少，而不是人均占有的国内生产总值、国民收入或者社会总产值水平的高低。因此，从居民生活水平的角度看，选择居民家庭人均收入作为衡量地区差异的主要指标更具有实际意义。"（魏后凯，1996：65）鉴于此，本文在分析中选择各地区历年职工人均年工资最高者与最低者之差异作为说明城镇居民贫富差距的地区差异的影响变量。

首先，根据 1985 至 1997 年（缺 1987 年数据）共 12 年的样本进行简单相关分析。可以看到，所选择的三个自变量与因变量均有很强的相关关系（见表 1），皮尔逊相关系数分别高达 0.72（所有制差异与贫富差距）、0.76（行业差异与贫富差距）、0.76（地区差异与贫富差距）。说明所有制因素、行业因素和地区因素的确与我国城镇居民贫富差距存在高度相关。

表 1　所有制差异、行业差异、地区差异与城镇居民贫富差距的相关系数

	体制外职工年平均工资与集体单位职工年平均工资差异（X_1）	不同行业间最高收入行业职工年平均工资与最低收入行业职工年平均工资差异（X_2）	不同地区间最高年平均工资与最低年平均工资差异（X_3）
皮尔逊 r	0.72	0.76	0.76
Sig.	0.01	0.01	0.00
均值	1.74	1.64	2.10
标准差	0.21	0.24	0.19
样本数	12	12	12

然而，当把这三个自变量依次放入模型与城镇居民贫富差距这一因变

量进行逐步多元回归分析时便会发现，行业因素对城镇居民贫富差距的影响不再显著（见表 2）。从表 2 中的模型（1）中可以看出，当所有制变量与行业变量同时进入模型时，行业差异的作用被所有制差异因素的作用所抵消，调整后的决定系数 R^2 显示，用传统体制外单位职工年平均工资与集体所有制单位职工年平均工资差异来解释我国城镇居民贫富差距时可以消减 59% 的误差。如果再加入地区差异的影响，那么，从表 2 中的模型（2）可知，调整后的决定系数 R^2 由 0.59 增加到了 0.86，显然，不同地区之间职工平均工资的差异对于我国城镇居民贫富差距所造成的影响也是非常显著的。

如果分别计算每个自变量的影响力，那么，用所有制差异变量来解释城镇居民的贫富差距时可减少 43.2%（标准回归系数 0.60 与相关系数 0.72 相乘）的误差，用地区差异变量来解释时则可减少 41.8%（标准回归系数 0.55 与相关系数 0.76 相乘）的误差。虽然分析中显示模型（2）尚有 14% 的误差需要引进其他变量加以说明，但是，有理由相信，所有制差异和地区差异的确是影响我国城镇居民贫富差距的重要因素。由于两个自变量的回归系数均为正数，因此毫无疑问，无论是不同所有制之间职工平均工资差异的扩大还是不同地区间职工平均工资差异的扩大，都将导致我国城镇居民贫富差距的扩大。

表 2　关于城镇居民贫富差距影响因素的标准回归系数

因变量（Y）	自变量			调整			
	体制外经济单位与集体经济单位间平均工资差异（X_1）	不同行业间最高平均工资与最低平均工资差异（X_2）	不同地区间最高平均工资与最低平均工资差异（X_3）	a	R^2	R^2	N
（1）最高 10% 收入户人均收入与最低 10% 收入户人均收入之比	0.79 ***	……		−0.42	0.63	0.59	12
（2）最高 10% 收入户人均收入与最低 10% 收入户人均收入之比	0.60 ***	……	0.55 ***	−2.14	0.89	0.86	12

*** 表示该估计值在 0.1% 的置信水平下是显著的。

…… 表示在回归分析中由于该变量与因变量的相关小于 0.10 而被排除在方程之外。

二 地区间城镇居民收入差异的主要影响因素

区域经济发展不平衡是拉开我国城镇居民收入差距的一个重要原因。由于历史的、自然的、体制的、政策的以及不同发展模式等因素的制约和影响，20 世纪 80 年代中期以来，我国地区间经济差距明显扩大。有关专家在对地区差别问题的研究中发现，我国省一级地区间收入差异最大的可达到 7～8 倍。以上海和贵州为例，1992 年上海人均地区生产总值是贵州的 9.4 倍。不仅省级地区间差距在拉大，而且一个省（区、市）内部的差距也在拉大，广东最富的珠海区和最穷的和平县相比，人均地区生产总值的差距是 13 倍。如果把广东的珠海与贵州的晴隆县相比，则前者的人均地区生产总值是后者的 86 倍（王培暄，1996）。

近年来，很多学者对我国的地区差异进行过研究，但这些研究大都是选择人均国民收入或国内生产总值作为衡量地区差异的主要指标，着眼点也主要集中在地区差异的变迁上，而对地区差异各组成部分之间的内在联系及其对地区间贫富差距的作用则缺乏探讨。鉴于此，下面将继续采用多元回归方法对导致我国地区间城镇居民贫富差距的有关影响因素进行分析。分析以国家统计局 1994 年和 1997 年数据为基础进行。

在造成城镇居民贫富差距的地区差异分析中，作为因变量的是各地区（全国 30 个省、自治区、直辖市）城镇职工年人均工资（Y）[①]，自变量则主要考虑了各地区产业结构与就业结构的变动情况。首先选择了 4 个自变量，分别为：各地区第三产业产值比重（X_1）、各地区传统体制外单位职工比重（X_2）、各地区第一产业产值比重（X_3）和各地区第二产业产值比重（X_4）。然而，通过相关分析发现，除各地区第三产业产值比重和各地区传统体制外单位职工比重这两个变量与该地区职工年人均工资有较强的相关外，各地区第二产业产值比重这一变量无论是在 1994 年还是在 1997年均与该地区职工年平均工资水平不相关。虽然各地区第一产业产值比重变量 1997 年数据显示与该地区职工年平均工资有很强的负相关关系（相关

[①] 1994 年变量均值为 4629.97，标准差为 1106.67；1997 年变量均值为 6474.60，标准差为 1722.30。

系数为 – 0.73），但是 1994 年数据则显示这两个变量不显著相关（见表 3）。根据多元回归分析法的原则，自变量与因变量不相关者不宜进入模型，同时，为进行比较，两个年度的变量最好保持一致。于是，在最后的分析中，只得将各地区第一产业产值比重和第二产业产值比重这两个自变量舍去。

表 3　各地区第三产业产值比重、传统体制外单位职工比重、第一产业产值比重、第二产业产值比重与各地区职工年平均工资（Y）的相关系数

	各地区第三产业产值比重（X_1）	各地区传统体制外单位职工比重（X_2）	各地区第一产业产值比重（X_3）	各地区第二产业产值比重（X_4）
1994 年皮尔逊 r	0.58	0.43	– 0.34	0.06
Sig.	0.00	0.02	0.06	0.77
均值	33.66	13.41	22.86	44.08
标准差	4.52	5.50	9.11	8.63
1997 年皮尔逊 r	0.71	0.67	– 0.73	0.28
sig.	0.00	0.00	0.00	0.13
均值	34.71	6.76	21.26	44.04
标准差	5.83	5.50	8.48	7.04
N	30	30	30	30

从表 4 列出的回归分析结果可以看出，用各地区第三产业产值所占比重和各地区传统体制外单位职工所占比重这两个变量来解释各地区城镇职工平均工资水平时，1997 年模型的解释力明显高于 1994 年：1994 年模型可解释的方差为 43%，1997 年则增加为 66%［见表 4 模型（2）中调整后的决定值］。也就是说，1994 年在用各地区第三产业产值比重和各地区传统体制外单位职工比重来说明各地区城镇职工平均工资时，尚有 57% 的误差需要引进其他变量来加以说明，而到 1997 年时，则只有 34% 的误差需要引进其他变量来说明了。

表 4　各地区职工平均工资影响因素的标准回归系数

因变量（Y）	自变量		调整			
	各地区第三产业产值比重（X_1）	各地区传统体制外单位职工比重（X_2）	a	R^2	R^2	N
1994 年						
（1）各地区职工平均工资	0.58 ***		– 97.71	0.34	0.32	30

因变量（Y）	自变量		调整			
	各地区第三产业产值比重（X_1）	各地区传统体制外单位职工比重（X_2）	a	R^2	R^2	N
（2）各地区职工平均工资	0.54 ***	0.36 *	-676.85	0.47	0.43	30
1997年						
（1）各地区职工平均工资	0.71 ***		-849.15	0.51	0.49	30
（2）各地区职工平均工资	0.53 ***	0.46 ***	95.60	0.68	0.66	30

*** 表示该估计值在 0.1% 的置信水平下是显著的；* 表示该估计值在 5% 的置信水平下显著。

　　如果分别计算每个自变量的影响力，那么，1994 年用各地区第三产业产值比重来解释地区间职工平均工资水平时可减少 31.3% 的误差（标准回归系数 0.54 与相关系数 0.58 相乘），用各地区传统体制外单位职工比重来解释时则可减少 15.5% 的误差；1997 年分别为 37.6% 和 30.8%。显然，两个自变量对于因变量的影响力均在随着时间的推移而有所加强。换句话说，一个地区的第三产业越发达、在传统体制外单位就职的人员越多，则该地区的职工平均工资水平就越高。虽然这两个变量的解释力仍然有限，但这一结论与我们的经验判断基本吻合。

三　城镇居民低收入群体构成及贫富差距发展趋势

　　从上面关于我国城镇居民贫富差距影响因素的多元回归分析和各地区城镇职工平均工资水平影响因素的多元回归分析中，可以看到一个共同的因素在起作用，那便是伴随改革开放步伐、受市场机制催生而日渐壮大的传统经济体制外从业者群体。在解释城镇居民贫富差距时，所有制差异因素的作用占模型全部解释力的 50.2%（43.2%/86.0%）；在解释各地区职工平均工资水平时，所有制因素的作用在 1994 年占模型全部解释力的 36.0%（15.5%/43.0%），在 1997 年占模型全部解释力的 46.4%（30.6%/66.0%），呈增长趋势。以至于可以说，伴随着传统计划经济体制外从业者群体的成长，我国城镇居民中越来越多的传统计划经济体制内从业人员降级为低收入群体成员——尽管二者之间并不是一种简单的因果关系。

　　根据中国社会科学院"中国社会形势分析与预测"课题组 1997 年和

1998 年对我国城镇居民两次抽样问卷调查资料（1997 年调查城市 38 个，1998 年调查城市 50 个）进行的城镇居民低收入群体构成分析（见表 5），还可以从另一个角度证实上述判断。

表 5　城镇居民低收入群体构成

单位：%，人

社会群体	1996 年全年收入最低 20% 群体所占比重		1997 年 10 月收入最低 20% 群体所占比重		1997 年全年收入最低 20% 群体所占比重		1998 年 10 月收入最低 20% 群体所占比重	
国有企业员工	29.5		31.3		28.1		31.1	
集体企业员工	15.1		16.6		16.7		15.3	
离退休人员	14.3	81.9	13.6	82.5	12.9	73.5	13.0	72.2
事业单位工作人员	9.0		8.6		5.9		4.9	
党政机关工作人员	10.2		7.5		4.2		1.5	
社团组织工作人员	3.8		4.9		5.7		6.4	
三资企业员工	4.2		2.7		1.3		0.7	
私营企业员工	5.5	12.0	5.0	11.1	4.7	11.0	3.7	9.1
民营企业员工	1.2		3.0		3.3		4.0	
个体劳动者	1.1		0.4		1.7		0.7	
无固定职业者	2.6	6.0	3.4	6.5	6.8	15.5	8.1	18.6
不便分类者	2.6	6.0	2.7	6.5	8.7	15.5	10.5	18.6
军人	0.8	6.0		6.5	0.0	15.5	0.0	18.6
样本	266		266		424		406	

从表 5 列出的情况来看，自 1996 年以来，我国收入最低的 20% 城镇居民中占绝大多数的是传统计划经济体制内从业人员，其中，尤以国有企业员工、集体企业员工和离退休人员为最（约占 60%）。而改革开放之后新生和再生的三资企业员工、私营企业员工、民营企业员工和个体劳动者这一传统计划经济体制外从业者群体所占比重则最高也不过 12.0%，若以 1998 年 10 月收入情况计，这一群体所占比重甚至在下降，只有 9.1%。

不仅如此，表 6 所列不同社会群体对其一年来家庭生活水平变动情况的主观评价也在一定程度上反映出这点。两次调查中，我们均要求被调查者将其家庭一年来的生活水平与上年进行比较：提高了，下降了，还是没有变化。结果显示，1998 年，"提高"比重较大的社会群体多为三资企业、私营企业、民营企业工人和个体劳动者，其中，三资企业负责人、私营企业负责人、民营企业负责人和集体企业负责人均是有升无降；相比之下，家庭生活水平"下降"比重较大的群体则多为国有企业和集体企业工人（值得注意的是，这两类企业负责人的家庭生活水平与上年相比的"提高"幅度并不低，尤其是 1998 年，提高率皆高于 36.3% 的总体水平，下降率皆低于 31.1% 的总体水平）。

表6　不同社会群体对一年来家庭生活水平变动情况的评价

单位：人，%

社会群体	1997 年家庭生活水平与上年相比		人数	1998 年家庭生活水平与上年相比		人数
	提高	下降		提高	下降	
三资企业工人	42.9	19.0	21	30.8	23.1	13
三资企业一般干部	23.1	38.5	13	72.2	16.7	18
三资企业负责人	72.7	9.1	11	66.7	0.0	6
三资企业其他人员	58.1	16.1	31	64.3	14.3	14
私营企业工人	57.1	14.3	14	29.2	41.6	24
私营企业一般干部	50.0	33.3	6	62.5	25.0	8
私营企业负责人	44.4	0.0	9	77.8	0.0	9
私营企业其他人员	39.1	28.3	46	43.1	16.9	65
个体劳动者	52.2	21.7	69	42.7	29.2	89
民营企业工人	36.4	9.1	11	34.8	21.7	23
民营企业一般干部	25.0	25.0	8	31.3	37.6	16
民营企业负责人	/	/	0	50.0	0.0	2
民营企业其他人员	36.4	18.2	22	61.1	11.1	18
国有企业工人	25.8	36.3	248	26.9	43.4	297
国有企业一般干部	34.0	38.8	103	28.5	37.1	186
国有企业负责人	47.6	23.8	21	40.0	26.7	15
国有企业其他人员	31.1	37.8	45	41.5	29.3	41
集体企业工人	27.5	32.4	102	25.4	45.1	122
集体企业一般干部	40.0	36.0	25	25.0	43.7	32
集体企业负责人	33.3	33.3	6	40.0	0.0	5
集体企业其他人员	42.3	38.5	26	40.9	27.3	22

续表

社会群体	1997 年家庭生活水平与上年相比		人数	1998 年家庭生活水平与上年相比		人数
	提高	下降		提高	下降	
事业单位工作人员	46.8	20.6	248	36.7	27.5	291
党政机关工作人员	42.1	20.5	278	43.1	22.7	322
社团组织工作人员	40.4	28.8	52	35.6	22.9	87
离退休人员	23.4	30.7	192	35.1	30.6	271
军人	73.3	6.7	15	68.5	10.6	19
其他人员	28.8	30.2	11	41.8	24.5	147
样本总体	37.7	26.9	1618	36.3	31.3	2162

如果将两次调查中的最高 20% 收入者与最低 20% 收入者单独划分进行比较（见表7），那么，展现在我们面前的是一幅十分清晰的"马太效应"画卷：20% 最高收入者的家庭生活水平提高幅度（54.1% 与 55.0%）远远高于 37.7%（1997 年）和 36.3%（1998 年）的总体水平，下降面（16.8% 与 16.3%）则远远低于 26.9%（1997 年）和 31.3%（1998 年）的总体水平；而低收入者的情况却刚好与之相反。

应该说，收入差距的扩大是改革和矫正绝对平均主义分配方式自然的逻辑结果。水没有落差就不会流动，收入不拉开档次，社会就失去了必要的竞争机制，改革前的平均主义分配体制严重地阻碍了我国社会经济的发展，"大锅饭、养懒汉"已成为一个值得永远汲取的历史教训。但是，收入差距扩大的趋势若得不到有效控制而导致贫富悬殊，则会反过来影响改革的顺利进行。

表 7　不同收入群体对一年来家庭生活水平变动情况的评价

单位：% ，人

不同收入群体	1997 年家庭生活水平与上年相比		人数	1998 年家庭生活水平与上年相比		人数
	提高	下降		提高	下降	
20% 最高收入者群体	54.1	16.8	316	55.0	16.3	424
20% 最低收入者群体	26.1	41.1	326	21.5	50.1	423
样本总体	37.7	26.9	1618	36.3	31.3	2162

注：表中收入群体的划分以被调查者上年总收入为标准。

经济学家从分配的角度出发，将我国 20 世纪 80 年代以来经济增长情况划分为三个阶段。第一阶段，1981～1984 年是中国经济改革初期，由于经济的快速增长，更由于过去重积累轻消费的状况开始改变，居民收入大幅度增长，年增长率达到 12.6%。与此同时，在经济体制方面，并未有太多的改革措施出台，居民的收入分配格局基本保持不变，基尼系数由 0.288 略增至 0.297。可以说，在这一时期全体居民共同富裕、共享改革成果。第二阶段，在 1985～1989 年这一阶段，国家对工资和奖金的发放进行了适当的控制，通货膨胀开始出现，致使居民收入只有较低的增长，年增长率只有 1%，而且随着国家对多种所有制形式的认可，收入分配状况发生急剧变化，基尼系数由 0.297 剧增至 0.339。这是一段收入停滞而分配状况恶化的时期，在这一时期表现出一定的两极分化倾向。第三阶段，1990～1995 年，国民经济实现快速增长，居民的收入年平均增长率达到7.1%，而且随着市场化进程的加快，分配状况进一步恶化，基尼系数也由 0.339 激增至 0.388。这是一个收入增长与分配状况恶化同时出现的时期（魏众、古斯塔夫森，1998）。

毋庸置疑，改革开放 20 余年来，随着国民经济的增长，我国人民的生活水平有了普遍提高，但与此同时，城镇居民不同社会群体之间的收入差距也在逐步扩大，尤其是近几年来，收入差距扩大的速度在明显加快。表 8 显示，1990～1997 年，城镇居民 20% 最高收入户与 20% 最低收入户年收入的差距由 4.2 倍扩大到 17.5 倍（若将 10% 最高收入户与 10% 最低收入户进行比较，则差距会更大）；20% 最低收入户的收入占总收入的比重从 9.0% 下降到 3.0%；20% 最高收入户的收入占总收入的比重从 38.1%上升到 53.7%；10% 最高收入户的收入占总收入的比重在 1997 年达到了37.0%。这种收入差距，即使从国际比较来看也是很大的，[①] 更何况在我们这样一个以"公平"过渡作为改革起点的社会主义国家？

我国现行的分配原则是"效率优先，兼顾公平"，即一次分配突出效率，二次分配体现公平。然而，上述分析表明，目前的工资分配方式已难以体现这种分配原则。收入差距的急剧扩大、部分低收入家庭绝对收入水

---

① 1990 年美国 20% 最富有家庭的收入占总收入的比重为 44.4%，20% 低收入家庭的收入占总收入的比重为 4.6%（王培暄，1996）。

平的持续下降以及收入的高度集中化已在相当程度上增加了广大居民的相对被剥夺感，这将对整个社会产生负面影响。中国是一个人口大国，人均资源拥有水平远低于世界平均水平，财富过度集中必然会导致相当一部分人衣食无着。联合国亚洲及远东经济委员会秘书处在详细考察了亚洲一些不发达国家的经济发展状态后得出如下结论：从经验来看，显著并在增大的收入差距并未证明有助于获得经济成效和维持发展的强大势头。事实上，看起来更可能是严重的收入集中化，强烈地（从物质和心理上）阻碍了公众对发展的参与，从而阻碍了健康的经济发展（侯永志，1998）。

表 8　中国城镇居民贫富差距的发展趋势

年份	最高 20% 收入户与最低 20% 收入户年人均收入之比（倍）	最低 20% 收入户所占总收入的比重（%）	最高 20% 收入户所占总收入的比重（%）	最高 10% 收入户所占总收入的比重（%）	人数（人）
1990	4.2	9.0	38.1	23.6	1082
1993	6.9	6.3	43.5	29.3	966
1996	17.9	3.1	54.6	39.2	1743
1997	17.5	3.0	53.7	37.0	2221
1997 年 10 月[①]	8.7	5.7	49.4	38.4	1694
1998 年 10 月[②]	9.6	5.5	52.3	38.4	2148

①②即 1997 年 10 月和 1998 年 10 月数据是被调查者（18 岁以上，非学生）个人该月收入（劳均收入）的有关情况。

资料来源：1990 年数据来自"人的现代化"课题组 1990 年在全国 26 个省、自治区、直辖市的抽样调查。1993 年数据来自"社会意识与社会变迁"课题组 1993～1994 年在全国 26 个省、自治区、直辖市的抽样调查。1996 年、1997 年、1998 年数据来自"中国社会形势分析与预测"课题组 1997 年和 1998 年在全国 22 个省、自治区、直辖市的抽样调查。

平等与社会公平问题在发展中国家始终处于中心位置，在中国，这一问题也已成为必须引起我们高度警觉和重视的问题。目前，我国居民在收入分配方面所深深抱怨的乃是一些人致富手段的不当以及自身收入与贡献的严重失衡，其实，这是对机会不均等的抱怨，是对公共财富占有不平等的抱怨。因此，应尽快实现人们在利益和权利分配方面的公平，努力贯彻机会平等、规则平等的原则，消除现行分配体制在资源配置中的消极作用，整顿和规范分配秩序，加强法制建设。同时，应进一步深化政治体制改革，消除行政垄断，严禁权力经商，彻底铲除权钱交易的土壤。

参考文献

阿瑟·奥肯，1987，《平等与效率》，华夏出版社。

国家统计局编历年《中国统计年鉴》。

国务院研究室课题组，1997，《关于城镇居民个人收入差距的分析和建议》，《经济研究》第 8 期。

侯永志，1998，《改革开放 20 年，居民收入分配的变化与启示》，《经济参考报》9 月 2 日。

李强主编，1997，《中国扶贫之路》，云南人民出版社。

李实、赵人伟、张平，1998，《中国经济转型与收入分配变动》，《经济研究》第 1 期。

王培暄，1996，《试析我国现阶段贫富差距的状况、根源及性质》，《南京大学学报》第 4 期。

魏后凯，1996，《中国地区间居民收入差异及其分解》，《经济研究》第 11 期。

魏众、古斯塔夫森，1998，《中国转型时期的贫困变动分析》，《经济研究》第 11 期。

于祖尧，1998，《深化分配体制改革的方向和对策》，《中国改革报》11 月 11 日。

赵人伟等主编，1994，《中国居民收入分配研究》，中国社会科学出版社。

钟鸣、王逸编著，1999，《两极鸿沟？当代中国的贫富阶层》，中国经济出版社。

N. 施皮尔伯格、B. D. 安德森，1992，《震撼宇宙的七大思想》，科学出版社。

温州人在巴黎：一种独特的社会融入模式[*]

王春光　Jean Philippe BEJA

　　摘　要：本文从身份合法化，非法生存与合法发展，教育、代际关系与融入等方面对移居巴黎的温州人的社会融入状况进行了考察，从而得出了有关非精英移民的理论假设。作者认为，通过群体的聚集和互助找到合理的谋生和发展手段是非精英移民社会融入的有效途径；市民社会发达的国家有利于非精英移民形成群体聚集，从而保存和利用乡土性社会资源，使社会经济结构一体化与社会文化的多样性并存；在社会融入过程中，非精英移民在不断调适自己的行为和价值观念，但他们更易于坚执其秉承的社会和文化传统，从而使不同传统间的差别更容易凸显，以至更有可能发生一些紧张和冲突，但这些紧张和冲突也有助于推进一体化和多样性的重新建构。

　　敢于到异乡（包括国外）寻求发展是温州人的突出特点，而进入异乡，就面临着融入异乡社会的问题（关于融入的概念，下面还要进行具体的讨论）。本文作者之一曾对北京的温州人所面临的融入困境进行过研究。[①] 那

　　[*]　原文发表于《中国社会科学》1999 年第 6 期。本研究得到法国远东学院、人文之家和法国外交部教师学者交流中心的资助。作者在调查研究过程中得到远东学院的蓝克利先生和吕敏小姐、人文之家的 Jean Claude Thivelle 先生、法国高等社会科学院的 Michal Bonne 先生、法国汉学研究所的方玲小姐、旅法温州侨胞、法国华侨俱乐部等的大力帮助。在此，对以上组织和人员表示由衷的感谢。
　　[①]　本文所说的温州人包括来自现温州市行政区的那些人和来自毗邻温州市的青田人。之所以这样做，是基于下面的理由。第一，20 世纪 50 年代青田曾是温州市管辖下的一个县，当时青田人出国，都由温州市公安局开具证明。第二，更重要的是，温州与青田有着悠久的文化、社会和经济的相近性、相似性和亲缘性。青田和温州同属瓯越文化，所说方言极其相近，两地素有重商之传统，手工业相当发达。不仅如此，它们之间社会和经济交往非常频繁，许多青田人倾向于迁移到温州市生活和工作。因此，为了表述上的方便，这里把来自温州行政区的人和来自青田县的人统称为温州人。

么，温州人在国外的融入情况又怎么样呢？这种情况能否使我们在思考全球化过程中一体化与社会文化多样性之间的关系建构问题时得到某些启示？出自这样的研究兴趣，我们对巴黎的温州人进行了有关的研究，本文就是这一研究的主要成果。

一 背景情况

自 15 世纪哥伦布发现新大陆以来，"世界人口在国际间的迁移流动经历了五个大的阶段和三次大的浪潮"（侯文若，1988：262～263）。这三次大的浪潮反映出国际移民发展的如下趋势。首先，人口的迁移和流动越来越频繁，其中有两次移民大浪潮是在 19 世纪末 20 世纪初和 20 世纪中期。其次，20 世纪以来，国际人口迁移和流动的方向从以前的由宗主国向殖民地的迁移转向由旧殖民地国、附属国向宗主国的迁移；从由发达地区向落后地区的流动转为由后者向前者的流动。最后，国际移民发生的动因从被迫（如因贩奴、政治和宗教迫害而背井离乡）转向主动。总的来说，20 世纪是国际移民"奔向西方"的时代。

在西方国家当中，法国是仅次于美国的一个移民大国，20 世纪 30 年代，法国的外国人占总人口的比例曾经高于美国。当今，法国的移民及移民的第二代和第三代人口有 1400 万人（其中移民有 400 万人），他们占到法国 5700 多万人口的 1/4（Hargreaves，1995：5）。

1968 年以前，法国的绝大多数移民来自周边国家，如意大利、西班牙、比利时和波兰等。他们中有的是为了谋个更好的职业，有的则是为了躲避战争和政治迫害。也有一些移民来自法国的非周边欧洲国家：如 20 世纪 20 年代一些亚美尼亚人为躲避种族杀戮而逃到法国；10 万俄罗斯人因十月革命而流入法国；第一次世界大战前 4 万多犹太人因逃避沙皇帝国的统治离开俄罗斯，定居法国；30 年代大约有 10 万犹太人为躲避纳粹统治，从东欧和德国流浪到法国。从 40 年代中期开始，法国有越来越多的移民来自其在非洲和亚洲的一些前殖民地国家，如摩洛哥、阿尔及利亚、突尼斯〔统称马格里布（Maghreb）地区〕以及东南亚的一些国家（如越南、柬埔寨、老挝等国）；来自欧洲其他国家的移民逐渐减少，他们在移民总人口中的比例从 1946 年的 89% 下降到 1990 年的 39%；而单单来自马格里布地

区的移民比例就从 1946 年的 2% 提高到 1982 年的 39% （Hargreaves，
1995：5），成了目前法国最大的移民人群。法国的亚洲移民主要来自东南
亚各国以及印度、巴基斯坦、伊拉克和中国等。70 年代中后期，东南亚国
家政局的动荡使十多万东南亚人（其中有很大一部分是华人）逃难到法
国，成为有史以来亚洲人移居法国人数最多的一次。80 年代，有越来越多
的亚洲人特别是华人移入法国。目前，在法国的华人华侨有 30 多万人，虽
然在法国庞大的移居人口中，仅仅是一个小数目，但近年来华人华侨的显
著增加（以及法国集中了欧洲 100 多万华人华侨的近 1/3），特别是来自温
州的华人华侨增加之速，已引起了法国社会的关注。从中国大陆移居法国的
大多数华人华侨属于经济移民，他们在经济领域比同期进入法国并同法国有
着亲近的社会、政治、文化关系的其他许多移民有更好的表现，而在华人华
侨中，温州人又具有明显的特点。

有史记载的第一个法国华人是福建莆田人黄加略，他于 1702 年移居法
国。[1] 在他之后，至 19 世纪末，移居法国的中国人相当少见。直到 20 世
纪初，特别是第一次世界大战期间，才有大批中国人来到法国。从身份来
看，这些人主要分为三类。一类是主要以勤工俭学方式赴法求学者，其中
有一部分人后来就定居在法国。另一类是战争劳工，第一次世界大战初期
英法政府为弥补战争失利造成的兵源和劳工短缺，同中国北洋政府签订了
劳工协议，由此从中国招募了 14 万名华工，战争结束后，有 3000 人定居
法国。再一类是 20 世纪 20 年代末至 30 年代涌向法国淘金的中国人，他们
纯属经济移民，人数不少。二战期间至 60 年代初，移居法国的中国人很
少。80 年代以来流入法国的华人主要也有三类，即以留学生或访问学者身
份移民法国、以探亲的身份移民法国和偷渡移民法国。

温州人移民法国的历史可以追溯到 20 世纪 20 年代，他们主要是作
为 14 万名劳工的成员来法国，或是经商而进入法国的（Yu-Sion，1991：
96－125）。

早期到法国的绝大多数温州人中，现在还健在的已为数不多。RYS、
CXP 和 XZZ 分别于 1933 年、1933 年和 1936 年到法国，现年分别为 94 岁、
89 岁和 84 岁。据他们回忆，他们这批人基本上是结伴来法国，凭借老乡

---

[1]　叶星球：《谈法国华人的早期历史》，载《欧华侨志》第 6 期。

的相互帮助，从小商小贩干起，然后开店或办工场；起初并不懂法语，后来也不很懂；本来不想定居法国，只想赚钱回家置地当地主，后来因战争而滞留法国，最后与法国人结婚，生儿育女。

20世纪30年代末到50年代，移居法国的中国人寥寥无几，只有少数国民党成员因在解放战争中失败而来到法国，他们主要是些陈诚部下的低级官兵。其中有一些是青田人。1964年中法建交，此后中国与法国的交往开始增加，移居法国的华人也逐渐增多，其中温州人占了很高比例。六七十年代移居法国的温州人很少，主要是50年代移居到香港，60年代后期又迁移到法国的。据许多温州老移民和一些法国人士介绍，80年代前，法国的温州人只有上千人的样子，80年代以来，大量温州人开始进入法国，特别是90年代，来法的温州人越来越多。仅在巴黎的温州人的数目，尽管目前还没有准确的统计数据，但是综合巴黎温州人协会和法国内政部的估计，大约有13万人，占到30万法国华人华侨的约43%。

二　调查研究方法

我们主要关注温州移民如何融入法国社会这个问题。邵伟（Sauvy，1966：460~461）认为，外国移民在接受国的融合要经历定居（settlement）、适应（adaptation）和完全同化（total assimilation）三个阶段。我们更关注从移民进入、定居到适应这个过程，并把这个过程称为融入。这个角度更适合于研究巴黎的温州人，因为在巴黎的大多数温州人是20世纪80年代之后进入法国的，现在从最终状态的角度来探讨他们与当地社会的融合，为时尚早，因此把我们的研究重点锁定在他们的融入上。从这一研究取向出发，我们采用了参与观察法、个案访谈法和网络跟踪法。我们力图通过参与观察法来把握巴黎温州人的日常生活行动，用个案访谈来认识被调查者的生活史、日常活动以及思想观念，借用网络跟踪法来厘清被调查者的社会关系网络并寻找被调查者。在巴黎，温州人主要集中在3区的Rue du Temple（庙街）和 Rue Beaubourg（博布尔街）之间的几条小街、11区的 Boulevard Voltaire（伏尔泰街）、19区和11区及20区交界的 Boulevard de Belleville（美丽城）以及18区的 Rue de la Chapelle（拉沙贝尔），其中庙街和美丽城一带最为集中。他们居住在这里，通常工作也在这里，形成了一个熟悉的社会圈子和社区，这为我们的研究提供了便利。本项调查是在1998年进行的，前后持续了4个月。在调查过程中，我们中的一人借住在一个温州人家里，与他们同吃同住，周围的邻里大部分是温州人，共有11家，其中5家是工场兼住户。另外，我们根据温州人的生产经营和社会活动范围，分别在庙街、博布尔街、10区和美丽城4个地方建立了5个观察点，它们分别是点心店、皮包制作和生产工场、旅游纪念品销售店、华侨俱乐部和进出口公司。每周我们至少要去一次，每次都要待上三四个小时，有的观察点我们每周去三四次，对他们的生产经营、交往行为和社会关系网络进行观察，由此渐渐地认识了越来越多的温州人，逐渐扩大进行家访和观察的对象范围。我们接触、观察和调查过的温州人不下300人，其中的70位不同年龄、不同行业、不同身份、来自温州不同县市和有着不同来法时间的温州人成为我们的重点跟踪、观察和访谈对象。在这70位重点调查对象中约有70%的人年龄在36岁到55岁之间；88.6%的人是20世纪70年代以后来法国的，来法国的时间从不到一个月至66年不等；85.7%的人来法时的年龄在17岁到45岁之间；主要来自温州的瑞安市丽岙镇、文成县玉壶镇、永嘉县七都镇和桥头镇、温州市区和丽水地区青田县，其中农村人口占77.1%；他们的经营活动集中在皮包业（32.9%）、餐饮业（30.0%）、制衣业和皮包首饰进出口（各占8.5%）等方面，还有人经营杂货、室内装修、金首饰品等；70人当中有30人是老板，占42.9%。这70人中没有包括16岁以下的未成年人，但未成年人同样是我们关注的对象。为此，我们采取了其他方法将他们也纳入研究的视野，如在对他们父母进行访谈的同时也采访他们，并到学校去采访。因此，我们的调查基本上能反映巴黎温州人的总体情况。

三　巴黎温州人的移民方式和合法化进程

自从有国际移民现象以来，移民就有合法和非法之分。巴黎温州人是以非法方式为主而进入法国的，说以非法方式为主，是基于这样的事实，即巴黎温州人的主体是20世纪80年代后涌入的，而他们中的多数进入法国采用的是非法的方式。在我们重点访谈的70人中有46位是1980年后到法国的，其中有 34 位都是偷渡进法国的，在 46 人中占 73.9%。

这个时期的偷渡办法主要有三种。

第一种，先是由在法国的亲戚朋友出具经济担保书和信函，邀请国内的人到法国旅游，到法国后即滞留不归。不过，法国政府很快就发现了这一变相偷渡的方式，并采取了控制措施。

第二种，有偿偷渡，即通过蛇头的帮助进入法国。蛇头的要价在 20 世纪 80 年代、90 年代初和现在分别为 8 万、10 万和 12 万元人民币，除去蛇头所得，这笔钱还包括偷渡者的路费和路上的生活住宿费。

第三种，还有少数人通过去别国旅游或经商，再转道法国。在法国没有亲友的温州人多通过这种方法进入法国。

非法进入法国后，首先面临的是合法化问题。争取合法化是融入当地社会的第一步。而就其可能性而言，尽管法国对移民的限制是很严的，但并不绝对排斥移民进入，同时多党民主政治也给移民争取合法化提供了可利用的政治资源。

20 世纪 80 年代以来，法国政府先后采取了三次大规模的合法化行动，使许多温州人获得了合法身份。第一次是 1981 年 3 月密特朗当选法国总统，8 月便颁布了以家庭团聚为内容的移民大赦令，这一政策持续到第二年的 6 月，共使 13.2 万非法移民合法化。当时，非法身份的温州人还不算多，他们中的大部分获得了合法身份。第二次合法化运动发生在 1992 年，当时叫放宽移民政策。据说这次合法化运动使近 1.2 万温州人获得了居留权。但由于 80 年代以来，采取非法方式来法的温州人越来越多，因此，这次合法化后剩下的非法温州人比 1982 年还要多。

最近一次合法化运动始于 1997 年 6 月，原计划到 1998 年 12 月底结束，但是到 1999 年 1 月份还没有结束。这次全法国总共有 14 万无证者提出合法化申请，到 1998 年底已经有 8 万多人获得合法身份。据法国内政部官员介绍，有 1.2 万华人提出申请，有 8000 多人获得合法身份，其中 90% 以上是温州人。但是，还有更多没有合法身份的温州人（据法国内政部的估计，还有 6 万至 8 万人）等待着合法化。

1995 年前，温州人主要采取家族式行动去争取合法化。所谓家族式行动，就是一种亲带亲、故带故的做法，一个人不但通过各种方式把其他家族成员弄到法国，而且更多地借助于家族的力量和资源提出合法化申请，以求获取合法身份。

到了 1995 年，另一种新的合法化行动在巴黎温州人中出现，这就是团体合作行动，即通过一定的组织形式发动的行动。由此，以温州人为主的一些民间团体（如第八团体、第三团体和 2000 团体）诞生了。温州人从家族式行动转而求助于现代社会的团体合作行动，主要是在来自其他国家的非法移民团体的启发下产生的。1995 年，巴黎无居留证的黑人移民组织了团体，上街游行抗议，占领教堂，有些人因此拿到了居留证。这引起了几个温州人的兴趣，并从中得到启发。于是温州人成立了第三团体。由于大多数温州人没有这方面的经验，担心被警察抓走，遣送回国，而且他们习惯于分散的非正式活动，所以一开始只有 70 多个成员参加该团体。但是，第三团体组织得很有力，工作很有效，他们免费帮助成员整理材料、写信，免费提供法律咨询服务，向警察局和内政部提交申请，因此对大多数不懂法语的温州人很有吸引力（以前他们要花钱请律师或留法学生帮他们整理各种材料）。于是，另有些温州人模仿第三团体，组建了第五团体、第六团体、第八团体、2000 团体等。

这些团体除了提供日常服务外，还组织成员召开大会商量对策和上街游行，甚至占领教堂，开展绝食运动，吸引媒体的关注，与政府有关部门展开谈判，使政府在许多方面做出了让步和妥协，从而加快了合法化进程。例如，第三团体首批向警察局和内政部提交了 300 人的申请材料，后来只有七八人没有拿到居留证，其他人都获得了居留证。

这些团体大多数情况下是单独行动的，但也有联合行动，甚至有时还加入全欧盟的无证者大游行。

尽管这些团体无法使所有无证的温州人合法化，但是已收到了明显的效果。一方面，他们使法国政府原定于 1998 年 12 月底结束合法化行动的计划难以实现，另一方面，也使温州人积累了在西方社会中表达自己意愿的经验，懂得了与政府打交道的方法和策略，这对于他们今后更好地融入法国社会无疑具有重要的意义。

四　巴黎温州人的非法生存与合法发展

巴黎温州人的生存和发展通常要经历这样的三部曲：打黑工、当雇工和雇雇工（当老板）。

（一）族群聚居、家庭作坊与黑工

温州人偷渡到法国，没有合法身份，又不懂法语，但几乎都能待下去，唯一的办法就是冒被抓的风险去打黑工。黑工就是指非法工作，它有三层含义：第一层是没有合法居留权的人打工赚钱；第二层是那些有合法身份和打工许可证的人打工不报工，不履行签工手续，他们赚钱不要缴税，同时可以领取失业救济金；第三层就是虽也报工，但是做了修改，将在公司做工报为干个体户，以获取个体户享受的优惠税收政策待遇。这三层含义的黑工在巴黎温州人当中都存在，但是大多数温州人做的黑工属于第一种情况。

那么，是什么样的社会空间使温州人能够通过做黑工而生存下来呢？这里可以用温州人聚集形成的族内社会网络与法国已经高度发达和定型了的市民社会来解释。

不同时期到巴黎的温州人所干的黑工并不一样，所面临的处境也有一定的差别。早期温州移民虽然没有合法的内群体网络可用来保护自己，但是他们却具有与现在不同的一些优势条件：人数少，不引起社会关注；以散兵游勇的方式活动和赚钱，不易被警察抓着；第一次世界大战后法国的重建和发展需要大批的劳动力，就业机会很多；当时他们中大多数人很快与法国人结婚，获取了合法居留权。

早期温州移民的经济活动为后来的温州人的生存和发展编织了一个相对独立的社会关系网络。到了 20 世纪 60 年代和 70 年代，早期温州移民已经有了自己的酒店、餐馆、制衣工场、皮包店和皮包工场，虽然还是小规模的，但是已可以给其他温州人提供就业机会。他们利用当时法国的劳工输入和家庭团聚政策，带出了一批年轻的温州人。

20 世纪 60 年代和 70 年代进入巴黎的年轻人后来成为巴黎温州人社区的支柱力量。他们不但有着很强的经济实力（通常这意味着可以为他们的同乡提供较多的就业机会），而且由他们带出的温州人比他们的前辈多得多。

1981 年后，法国政府逐渐推进合法化进程，并放宽了当老板的资格限制（此前不是法籍的人不能当老板，后改为有 10 年期居留证的人可以当老板），越来越多的温州人实现身份合法化，越来越多的温州人当上了老板，这就为后来者创造了更多的就业机会，后来者也就成为源源不断的廉价劳动力。现在，巴黎温州人社区内部已经形成一个供需相呼应的劳动力市场网络。

尽管法国警察和劳工部门官员不断地追查黑工，但是温州人做黑工的现象并没有减少。这与温州人的劳动方式和法国成熟并定型了的市民社会空间有着紧密的关系。温州人有个传统，这就是习惯于家庭作坊式的劳动，这种传统也被带到了法国巴黎。他们通常买下或租下一间店面，开餐馆、皮包店和服装店，其中有的人把楼上的房子同时买下或租下来，供自己一家人居住，或者买下或租下可供开工场和居住两用的房子（巴黎专门有这样的房子供租赁和销售），吃、住和工作都在一起。这样的工作和生活环境有利于黑工的存在。比如餐馆，前面是餐厅，后面是厨房，一般黑工都在厨房里干活，一旦前面发现有警察或劳工部门的官员，黑工就会从厨房的另一扇门中溜走。有的餐馆的厨房在地下室，更有利于黑工的隐藏。

相比较而言，制衣工场和皮包工场是雇用黑工的最隐蔽的场所。据法国劳工部的一位官员说，制衣行业是法国雇黑工最严重的行业，巴黎的温州人也是这样。一些温州人或者在市区租一个面积100多平方米的房子，当作工场用，门一关，不透明的窗帘一挂，有的人在门外安装一个摄像机（用于观察门外陌生人特别是警察的行动），雇上一些无证温州人，做工和吃睡都在里面；或者在郊区，租一个独门独院，院子里养着看门狗，门外安装摄像机，里面还设计一些暗室，雇许多黑工，没白天没黑夜地在里面干活。

国家与市民社会空间相对稳定也为非法移民从事黑工提供了空间，因为在这种情况下，他们可以利用已有合法身份的亲戚朋友拥有的私人空间，进行黑工活动，而不易被管理部门发现。一些无证温州人正是利用这一点，开办黑工场，雇用同样无证的温州人给他们打工；还有一些无证温州人就在自己的住处做黑活（从别的黑工场领来活在家做），这样做比到工场做工更赚钱，有的人因此一年就能赚几十万法郎。

法国警察和劳工官员对此不是不知道，但他们不能随便抓人，事先需要对黑工和黑工场进行详细的侦察和调查，一般都要有二三个月的时间，他们的侦察和调查行动往往会引起温州人的警觉，温州人也很快有应对措施——搬家。当然也有做黑工、干黑活的温州人被警察和劳工部门的官员查到、抓走。但是这里面还是有打黑工者的生存缝隙的。警察和劳工部门对于打黑工现象注意的方面并不相同。警察虽然以查黑工的名义抓人，但更偏重于无证问题的处理，而劳工部门才真正偏重于处理黑工问题，不过他们主要处罚雇黑工的老板（老板也会借口他们与黑工是亲戚关系，只是上门做客时帮助他们一下而被减轻处罚），而不是黑工，因为在他们看来做黑工的工人也是受害者。所以，做黑工成了温州人立足法国迈出的第一步。

（二）合法做工、购房、家庭团聚和永久居留

对绝大多数温州人来说，做黑工是不得已之举，他们渴望从黑工转为合法做工者。这与法国的移民政策、社会福利制度和其他融入制度有密切关系。现行的法国移民政策规定了三种合法身份：1 年期居留权、10 年期居留权、法兰西国籍。只有连续 3 年以上享受 1 年期居留权，其间有合法工作，没有犯罪和犯法行为，才有资格申请具有永久居留法国资格的 10 年期居留权。大部分第一代移民最终只能获得 10 年期居留权，只有少部分能加入法籍，一般是 10 岁前到法国的移民、与法籍人结婚的移民、出生在法国的移民以及有突出成就的移民等。10 岁前到法国的移民和出生在法国的移民到了 18 岁就自动转变为法籍公民。

移民获得合法身份的第一步是得到 1 年期居留权。对绝大部分温州人（单身者除外）来说，多是单个男人先来，孩子老婆还在中国国内，或者是夫妻俩偷渡到法国，孩子还在国内。他们都希望在获得合法化后通过合法渠道尽快将家人移居法国。法国移民政策规定，获得 1 年期居留权后，必须要工作满 12 个月，并有符合最低居住要求的住房（不管是自己有房子还是租赁房子），才可以为自己的老婆和年龄不到 16 岁的孩子申请移居法国。所以，温州人一获得合法身份后，就忙着找合法工作、租房子或买房子。

合法的工作还是获取法国社会福利和保障的基本前提。在法国，退休金数额是根据工作时间长短来核定的。大部分温州人都是从中国农村出来的，不享受国家给城镇居民提供的社会福利和保障待遇。到了法国，只要有了居留权和合法的工作，就能与法国人一样，享受同等的社会福利和保

障,生病失业都有了经济保障,这对他们来说有着非常重要的意义。

(三) 当老板——温州人融入当地社会的主要表征

在温州人看来,当老板是有财富或者说是最能获得财富的象征,而且还是身份地位的表现,一辈子当不了老板的人,会被人看不起。

在法国,只有有 10 年期居留权的人才有当老板的资格,而那些只有 1 年期居留权的温州人想开店或办工场,一般只有请有当老板资格的其他温州人或少数很要好的法国朋友出面当他们名义上的老板,每月付给后者一定的报酬。

除了资格条件外,当老板还需要投入较大数量的资金,少则要几十万法郎,一般都要上百万法郎,而大多数温州人不可能一下子拿出这么多,他们主要借助于"会"这样一种民间融资方式来解决当老板所需的资金问题。

所谓"会",是指巴黎的温州人借助朋友、亲戚关系建立起来的一种经济互助形式,这种筹资形式是一种民间的非正式形式,主要依赖于彼此之间的信任。在巴黎的温州人中间,盛行两种"会",分别是"干会"和"活会"。"干会"的活动方式是:如果你急需一笔钱,就告诉朋友"我要呈个会",比较好的朋友都会参加,每个人一般拿出 1 万法郎入会,然后大家参加抓阄,确定归还顺序和日期。如果你今天呈会,并抓了阄,三个月后开始依次每月偿清所借一位入会朋友的钱,直到还清所有入会朋友的钱。"活会"与"干会"有所不同,一是偿还方式不同,二是入会后入会者除能拿回入会款外,还能获得一定的利息。

一般来说,温州人倾向于采用"活会"这种形式,因为从经济上看,对每个会员来说有一定的相当于利息那样的补偿,比较合理。

但是,"活会"对会员来说,也不是很盈利、很合算的经济活动,这里也有人情因素。即使是朋友,也不是随便入会的,这里还取决于其他一些因素:一是会主的呈会目的是投资经营;二是会主还应是个敬业、勤俭持家的人;三是会主还要善于经营。以前做生意,如果一直亏本的话,想呈个会就相当困难。所以,温州人对入会是相当谨慎的,不是朋友不行,甚至不是要好、可靠的朋友不行。但是,即使这样,也有倒会现象发生。所谓倒会,就是会主不还钱。发生这种情况,极少数是由于会主不讲信用，卷款逃走，大多数倒会是因为经营不善、亏损造成的。对后一种情况，入会的朋友都会给予谅解和支持，这就是他们所说的"朋友情谊"。

在巴黎，呈会大大地加快了将更多的温州人扶上老板"宝座"的步伐，显示出了非契约关系帮助温州人进入市场经济的力量。

巴黎的温州人主要经营餐饮业、皮革加工业、制衣业，用他们自己的话说，他们拿的是"三把刀"，即菜刀（开餐馆）、皮刀（做皮包和皮衣服）和剪刀（干裁缝）。一方面，这些行业投资少、技术含量低，适宜于家庭经营，最适合温州人现有的条件；另一方面，它们与人们的日常生活息息相关，在需求上具有相对的稳定性，一般能有稳定的收入。进一步看，他们开办的是中餐馆，具有独特性，是法国人做不到的，而温州人经营的服装和皮包基本上属于低档商品，利润低，是许多法国商家所不愿经营的。法国的皮包和衣服的生产经营原来主要由犹太人所控制，后来温州人通过降低成本，挤进了这些行业，于是犹太人放弃了低档的服装和皮包经营，专门经营高档的服装和皮包。

温州人在经营活动上的一个重要取胜诀窍就是极大地降低生产和经营成本，主要有四种做法。一是吸收家庭成员参加生产经营，特别是充分发挥未成年孩子的作用（法国禁止雇用未成年孩子这种法律在家庭内部是难以有约束力的）。在温州人那里，孩子帮父母是很正常的事情，是符合他们的伦理观的，而孩子参加劳动，不需要签工，不需交纳雇用劳工所要交纳的各种税费（这一费用在法国是相当高的，相当于工人工资的40%到50%）。同时，由于是家庭式的公司、企业，夫妻两人虽然都在自己的公司或企业里干活，但是，他们有可能会少报一个签工名额，或者少报他们的工资收入以求少纳税。另外，家庭成员之间的信赖极大地降低了交易成本，有利于通过隐瞒收入、避免多交税降低生产经营成本。二是雇用黑工。许多温州老板还充分利用非法移民的大量存在以及温州人社会关系圈子雇用黑工。三是以不同方式支付工资，以降低雇工税（支票支付工资，要交纳一定比例的雇工税，用现金支付，可以逃避这一部分所要交纳的雇工税）。四是延长工作时间。不论是老板还是工人，每周最多休息一天，有的只休息半天，每天的工作时间在10小时以上（法国实行一周5天、每天8小时的工作制度）。当然，在这方面，不同行业存在一些差别。皮包销售店、首饰品商店和超市的工作时间短些，每天在9小时到10小时之间，而皮包和服装等行业的工作时间则很长，每天都在 12 小时以上，有的多达 16 小时。温州人当工人，每月能拿到 7000 法郎左右，接近法国的普通工资水平（约 8000 法郎/月），但是他们工作时间长，小时工资低于法国的最低工资要求。

总之，巴黎的温州人表现出极高的生存智慧，他们充分调动自己的潜能和社会资源——选择合适的行业，利用温州人内群体的社会关系资源以及家庭的传统优势，凭借内群体的劳动力市场以及他们过去的劳动和生活习惯等——来实现老板梦。大部分温州人当了老板以后，在法国的生存处境确实有了质的改善。

经济活动仅仅是巴黎温州人融入活动的一个重要方面，接受教育以及与接受国社会的交流、沟通，是外来移民融入活动的更为重要的方面。下面我们就此进行讨论。

五 巴黎温州人的教育、代际关系和融入①

法国非常重视移民孩子的教育，在那里不论有没有合法的身份，所有 16 岁以下的未成年人，都可以享受免费教育，若不去上学，居住地的学校还会派人上门动员；如果有合法身份而不去接受教育，其父母就会受到法律的制裁。不过，对 16 岁以上的移民，法国目前还没有具体的教育措施。

温州人文化水平和受教育的总体情况并不很理想，巴黎温州人受教育的总体情况是这样的：成年人在法国几乎没有接受过教育，生在中国但从小就到法国的人在法国接受教育的程度比在法国出生的人稍低，不过后两类人的法语水平都能满足他们日常生活和经济活动的需要。在子女教育方面，一位在法国攻读博士学位的香港人 YSY 对巴黎的温州孩子受教育情况做了调查研究，发现温州人并不是不重视孩子的教育，而是他们没有能力帮助孩子接受更好的教育，也不知道什么样的教育才比较好。这里的主要原因有以下几点。首先，他们不懂教育，更不懂法国的教育，仅仅认为学

---

① 大多数巴黎温州人是在中国改革开放后进入巴黎的，他们的第二代大多还处在受教育阶段，尽管研究温州移民的融入问题，研究第二代移民非常重要，但由于他们在法国的社会融入还没有明显体现出来，目前我们只能主要从第二代移民的教育及他们与父母的代际关系两个层面来分析他们的融入问题。

法语是孩子接受教育的最主要内容，学好法语，就等于接受了很好的教育，觉得孩子在法国念完初中或高中，就可以了，所以大部分温州孩子到了中学毕业，就不再继续上学。其次，由于不懂法语，他们很难了解孩子的受教育情况，即使学校老师打电话给他们，由于听不懂法语而没办法与老师进行交流，因此无法与学校协同活动以教育孩子。另外，大多数温州父母没办法督导他们孩子的学习，且不说他们忙于工作，就是有时间，他们也做不到。在这方面，孩子与家长的关系正好倒了个：家长碰到法语问题，就得问孩子，经常有求于孩子，这使孩子在家里的地位有了很大的提高，并在一定程度上影响了家长的权威，后者自然不利于家长对孩子的教育。

在法国接受过教育的温州孩子克服了他们父母辈所面临的语言障碍，在许多方面表现出比他们父母更有优势和潜力，他们中的一些人已经独立开业当老板。WJP 和 WJJ 兄弟俩 1996 年高中毕业后，接手管理他们父亲开办的皮包工场，不但遏止了其父亲经营亏损的势头，而且很快就扭亏为盈，赚了不少钱。因为他们可以直接与法国人做生意，能捕捉到更多的市场信息，接到更多的业务。同时，巴黎的这一代温州人还逐渐开拓新的生意门路，进出口生意就是他们近几年从事的一个新领域。

目前只有少数在法国接受较好教育的温州青年得以进入法国主流社会，比如娶法国人做妻子，进法国政府机构或公司工作，结交法国人。但是并不是所有接受过较好教育的温州年轻人都是如此，个别在法国获得硕士和博士学位的人仍然被拒斥在法国主流社会之外。比如 JPZ 的儿子获得计算机博士学位后却找不到工作，成了"书读得越多，人变得越傻"的典型。这种例子比那些成功进入主流社会的例子对周围的温州人更有影响，许多人以此为鉴，觉得在法国书念得再多也没用，能念到懂法语就可以了。目前，更多的第二代温州移民在法国并没有接受很高的教育，还是生活在温州人的社会圈子之中，结交的朋友也都是温州人。这种情况可能与上述认识有关。从整体上看，少数已经离开学校步入法国社会的第二代温州移民在社会融入上基本表现为三种状况：一种是完全融进法国社会，他们离开了温州人的圈子，连温州话都不会讲，也不愿同温州人打交道，这部分人数量很少；再一种就是能吃苦又懂法文，生意做得不错；最后一种是整天无所事事，吃喝玩乐，没钱伸手向父母要，从父母那里要不了钱，就去敲诈和勒索其他温州人，他们懂法文，熟悉法国社会，干起坏事，胆子更大，但这种人为数很少。总体来说，大多数在法国接受过教育的年轻温州人比起他们父母一辈，更容易融入法国社会，更容易拓展和发展他们的经济活动。

尽管教育有利于温州人融入法国社会，但是正是在教育这一点上，温州父母与孩子的紧张关系表现得最突出。大部分温州父母不知道孩子念什么书，更不了解法国教育给他们的孩子灌输了什么观念，孩子学校毕业后，父母要求他们与自己一道工作，他们又不愿意，觉得父母一代的工作不符合他们在学校所接受的那套生活价值观念，一些孩子还认为那不是人干的活，形容他们的父母是"鸡那样睡、牛样地干、猪般地吃"，根本不会享受生活和人生。可是，他们在法国主流社会又找不到称心如意的工作。这首先是因为他们没有接受较高的教育，其次也因为存在一些种族歧视问题。结果他们中的一些人成了游手好闲分子。

另外，由于父母不了解孩子的教育情况，但望子成龙心切，对孩子的期望与孩子自己的想法相差甚巨，以至造成父母与孩子的关系紧张。如GGJ先生给儿子在住家附近找了一所高级私立中学，但是儿子却不乐意去，执意要每天跑两个小时路程，去一所水平并不高的公立中学上学。父子俩为此闹矛盾，GGJ为此十分伤脑筋。他说："这辈子辛辛苦苦，想给孩子创造尽可能好的成长条件，可他们就是不听话，现在我觉得自己所做的一切都没有什么价值。我的创业进取心也因此受到很大影响。"他们父子俩问题的症结就在于各自的打算不同：父亲总想为儿子提供最好的教育环境和条件，希望下一代更有出息、更有社会地位，同时总觉得孩子还没长大，上学离家近，容易管教。儿子则觉得自己已经长大，希望不要时时都在父母的眼皮底下过日子（他私下透露正在与一个女同学谈恋爱，想有更多属于自己的时间），同时，他还觉得"私立学校虽好，但压力太大，这样活着太累、太没意思"，他说："你看我的法国同学根本没有一个要求他们怎样成才，天天想着怎样过得舒服点。我觉得这样才有意思。"

由此看来，在法国接受教育，固然对温州人更好地立足法国起到很重要的作用，但是，融入法国社会是一个涉及复杂社会文化因素的问题，单单接受教育是远远不够的。何况由此引发的两代人的代沟所带来的子女教育上的负面因素，也是一个不容忽视的问题。

六　结语

巴黎的温州人在融入法国社会上，仅仅依靠吃苦耐劳的工作态度和传统的社会关系网络，在法国最边缘的经济层面，建立起自己的生存和发展领地，以此来克服在融入上面临的困难，即以传统社会关系资源和补缺性经济方式移居和融入法国。这既不同于以技术资本和经济资本为后盾的精英移民和融入模式，也不同于以地缘亲近性的区域性移民和以殖民文化资本为基础的殖民归化性移民和融入，更不同于政治迫害和战争导致的避难性移民融入。那么，像巴黎温州移民的融入模式在当今世界经济全球化带动的人口流动和社会融入现象中究竟占有什么样的位置？从目前国际移民的情况来看，可以把移民大体分为精英移民和非精英移民两种。前者凭借自己的资金、教育、科技方面的优势移民他国，后者则是在不具备上述优势的情况下，进入异国。显然，本文所论及的巴黎的温州人属于后者。可以想见，非精英移民和精英移民在融入乃至融合过程中的方式和问题是很不相同的。这就构成了本研究的认识价值。

近年来，移民研究十分关注非精英移民中的有关问题，例如，非精英移民是否具有更多的社会和文化传统多样性，不像精英移民更具有全球的适应性？他们是否会形成更多的融入模式？一些学者提出了文化多元论（Michel Wieviorka，1998）和民族经济文化聚集区理论（Alejandro Portes，1980；周敏，1995：262~263），他们力图在全球一体化（主要是经济和科技一体化）的前提下确认非精英移民文化和传统多样性的存在价值。而存在已久的同化理论则倾向于用一体化来否认多样性。总起来看，这些理论都没能有效地解释和很好地回答一体化与多样性之间的张力问题。我们希望，本研究对回答这一问题有所裨益，因为，巴黎温州人的移民和融入现象当能折射出非精英移民的一些移居和融入特点及机理。下面是从我们的研究中得出的一些有待进一步讨论的关于非精英移民的理论假设。

第一，通过群体的聚集和互助找到合理的谋生和发展手段，从而为他们更快地进入接受国的社会经济格局创造条件是非精英移民更好地融入当地社会的有效途径。

第二，市民社会发达国家社会空间的相对稳定有利于非精英移民形成群体聚集，从而保存和利用乡土性社会资源。这说明进入接受国社会经济结构的一体化并不排斥社会和文化的多样性，而后者也不会损害前者的进程。

第三，非精英移民虽然没有精英移民那样强的应变和适应能力，但是他们并不绝对拒斥新鲜事物，并不像一些学者认为的那样保守和封闭，实际上他们在有意无意地借鉴外部社会的做法，接受它们的观念，不断地调适自己的行为和价值观念。于是，在移民和流动中他们也在创造着符合一体化①的新的多样性。

第四，一体化与多样性之间有着很大的张力，这在非精英移民的融入上表现为：非精英移民往往携带更多的社会和文化传统，使得在接受国中不同传统之间的差别更容易凸显，以至更有可能发生一些紧张和冲突。然而，也正是这些紧张和冲突在推进着一体化和多样性的重新建构。

参考文献

侯文若，1988，《全球人口趋势》，世界知识出版社。

周敏，1995，《唐人街——深具社会经济潜质的华人社区》，商务印书馆。

Hargreaves，Alec G. 1995. *Immigration*，*"Race"and Ethnicity in Contemporary France*. Routledge.

Sauvy，Alfred. 1966. *General Theory of Population*. New York：Basic Books，Inc.

Yu-Sion，Live. 1991. "The Chinese Community in France：Immigration，Economic Activity，Cultural Organization and Representations," *Chinese in Western Europe*，by Free Press.

---

① 这里所说的一体化主要指移民进入接受国社会经济结构的一种过程。

中国社会发展的时空结构[*]

景天魁

摘　要：本文认为时空特性是研究社会发展的重要维度，社会时间和社会空间概念是建构社会理论的核心。本文从时空角度讨论了传统、现代和后现代的关系，确定了社会时空的基本含义，在此基础上界定和阐释了时空压缩概念，并针对吉登斯的时空延伸概念做了一些讨论。本文用时空压缩概念描述了当前中国社会发展的基础性结构，初步显示了这一概念的解释力。

一　时空特性是研究社会发展的重要维度

什么是社会发展的时空特性？为什么在社会学研究中国社会发展问题时要关注时空特性问题？对于中国社会发展的许多问题，要想取得深入的认识，就有必要寻求新的研究视角。例如，到底什么是中国的基本国情？对这个问题好像谁都可以脱口而出地回答：人口多，底子薄。这个回答当然是对的，无可争议，但这两个因素只是基本的制约性因素，在国情中，还有一些因素也是基本的，并且具有建构性。特别是从研究社会发展的角度看，时空特性也是一个基本的因素，或者说，也是研究社会发展的一个重要视角。

时空特性在自然科学中的重要意义突出地表现在 20 世纪初的物理学革命中，从牛顿力学的时空观向相对论时空观的转变，也就是从经典物理学到现代物理学的转变。时间与空间，在牛顿力学中只是物体运动的外部条

---

　*　原文发表于《社会学研究》1999 年第 6 期。

件，它们本身是不变的尺度。在相对论中，时间与空间要随物体运动发生变化。在当代物理学对存在与演化的研究中，例如在普利高津的耗散结构理论中，时间与空间参与了"存在"的形成，它们是"塑造"现实存在的内在因素，而不只是外部条件。而在哲学中，时空特性问题一直是思想演进的一条重要线索。海德格尔认为，时间性构成了存在的根本意义。自然科学和哲学对时空特性的研究鼓舞和启发了社会科学，特别是社会学。但这种鼓舞作用，却因社会时间和社会空间的复杂性而大打折扣，以致在对社会现象进行研究时，往往抽离掉了它的时空特性。而时空特性对于社会生活、社会过程的意义远甚于自然现象。忽视了时空特性，必然导致只能运用比自然科学更简单、更粗疏的方法去研究社会现象。

对社会现象而言，时间和空间既是外在的，也是内在的。尽管在经验上，可以用日历时间去观察和描述社会现象，但日历时间在本质上是自然时间（依太阳、月亮和地球的相对运动划分的时间），不是社会时间。社会时间是社会现象的内在因素，它对于形成社会行动、社会生活和社会过程具有作为构成要素的意义。因此，时空特性就成为认识社会的重要维度，特别是对于社会发展研究而言就更是如此。

然而，至今在社会学中，并没有形成明确的社会时间和社会空间概念。[①] 正如安东尼·吉登斯所说："大多数社会分析学者仅仅将时间和空间看作是行动的环境，并不假思索地接受视时间为一种可以测量的钟表时间的观念，而这种观念只不过是现代西方文化特有的产物。除了近来一些地理学家的著作之外（……），社会科学家一直未能围绕社会系统在时空延

[①] 这里特指"社会时间"和"社会空间"的概念形成，并不是指一般意义上的关于时间和空间的社会意义的研究，这种研究在社会学乃至在整个人文社会科学中一直在进行。例如，马克思在《资本论》及其手稿中，就很重视时间和空间问题。涂尔干在宗教社会学研究中也指出了时空的社会意义，正如科瑟所指出的："涂尔干认为，与原始社会组织相似，空间、时间和其它思维类型，在本质上是社会性的。"（科瑟，1990：158）再如，像布罗代尔这样的历史学家也从其学科角度研究过时间和空间问题。但是，他们所使用的时空概念，大体上是日历时间和地理空间，属于"自然时空"，而不是明确的"社会时空"，社会时间和社会空间概念至今仍在探索和形成的过程中。在当前，社会时空概念研究又有新的进展，例如，Harvey 在对全球化问题的研究中，Castells 在《网络社会的崛起》（夏铸九等译，社会科学文献出版社 2001 年版）中，从信息社会、网络社会的角度重新研究时空问题，一些后现代思想家也在重塑时空概念，经济学界最近也有人在研究"经济时空"。时空问题，似乎正在形成当今学术研究的一个新的热点，值得注意。

伸方面的构成方式来建构他们的社会思想。"（吉登斯，1998［1984］：195）难能可贵的是，吉登斯在建构他的结构化理论时，把时空看作社会现实的建构性因素，他强调："社会系统的时空构成恰恰是社会理论的核心。"（吉登斯，1998/1984：196）20世纪80年代，我曾经读过苏联学者关于社会时间和社会空间的著作，这些都对我很有启发。

时空结构是社会的基本结构，或基础性结构，它参与形成和建构了社会的生产和再生产结构（物质的和文化的，如马克思和布迪厄等人所研究过的），以及形形色色的制度结构和观念结构（如社会学家通常所研究的）。但是，时空结构只是构成社会现实的因素，它本身不能单独存在，在理论研究中，我们可以把它抽象出来，但也要紧密结合社会现实研究它的特性。正是在对时空特性的具体规定上我不赞同吉登斯，他的时空延伸概念及相关的理论鲜明地体现了西方社会发展的逻辑，原则上不适合解释中国的现实。针对于此，我界定了时空压缩和超越进化两个概念，希望由此出发解释中国发展社会学面临的一些问题。

于是，说明时空特性在社会发展研究中的主要含义、着重理解时空压缩概念及其对当前中国社会发展的解释力，就成为以下的主要任务。

二　从时空特性角度看传统、现代和后现代的关系

在社会发展研究中，一个典型的社会时间和社会空间问题就是传统、现代和后现代的关系问题。这个问题在社会发展研究中占据着中心地位。这绝不是说，可以按照自然时间的含义，把传统、现代和后现代简单地等同于过去、现在和未来，而是说，从社会时间和社会空间的角度处理传统、现代和后现代的关系，可以获得一个新的对社会发展中的一些重要问题的解释向度，从中可以看到时间和空间是如何"参与"社会发展的。

当我们不是把时间和空间当作社会行动和社会事物在其中存在的框子，当作外在的尺度，而是当作"参与"社会行动和社会事物的建构性因素的时候，传统、现代和后现代，会具有什么样的意义呢？

一个基本的含义就是连续性、非连续性及其关系问题。这在社会发展研究中是一个非常有兴味的问题，它可以在社会时空的视角下进行讨论。

首先，传统并不等同于过去，尽管在习惯上常常把传统视为过去的东西，但事实上传统总是现在存在的、现实的，是参与形塑现实的东西，如果仅仅是"过去的东西"，那它就没有现实性了。传统是"活"在现实中的，是在人们的社会行为和社会事物中发生作用的。因此，在社会发展中，传统代表了时间的连续性、空间结构的稳定性、时－空特性的同一性。

现代性在西欧是随着工业主义的扩展而发展起来的，人与人之间的竞争关系、契约关系和赤裸裸的金钱关系取代和割断了温情脉脉的亲情关系；城市社会的快节奏和紧张取代了农业社会的静谧和散漫；信息不对称性和对行为结果的难以预料性，增加了社会的风险性，打破了那种周而复始的惯性和"春撒一粒种，秋收万颗籽"的可以预期的确定性。相对于传统性而言，现代性的时－空特性的意义主要是非连续性、断裂性、非确定性和风险性。

关于现代性的时间概念的含义，显然是一个众说纷纭的问题。在关于现代社会、关于现代化问题的讨论中，许多学科，诸如文学、哲学、史学以及像社会学这样的社会科学，都涉及时间概念，在有的学科时间的含义比较明确一些，在别的学科可能就含糊一些；有时候强调这一方面的含义，有时候又强调另一方面的含义。尽管如此，只要一涉及现代社会、现代性、现代化这一类的问题，它们本身就包括了时间和空间的意义，现代与传统以及后现代之间，就有了一种特定的连续或非连续、稳定或不稳定、肯定或否定的关系。

现代性的一个重要特征，就是它对未来的开放性和对传统的断裂性，就是说，它的时间之矢是射向未来的。1500年作为时代的分水岭一直被追溯为现代的源头。"1500年前后发生的三件大事，即'新大陆'的发现、文艺复兴和宗教改革则构成了现代与中世纪之间的时代分水岭。"（哈贝马斯，1998）按照古典社会理论家的界定，现代性与理性的制度化、合理化、价值普遍化是方向完全一致的过程，这个过程同时也是对传统的反思、批判和摒弃。按照当代社会理论家的理解，例如在吉登斯那里，现代性本质上是一种后传统秩序，是一种"风险文化"；在贝克（Ulrich Beck）那里，现代性的特征被称为"风险社会"。吉登斯在对现代性的分析中，引入了时空特性，他认为，现代性与前现代性区别开来的明显特质，就是现代性意味着社会变迁步伐的加快、范围的扩大和空前的深刻性。造成现代性这一特质的原因是它的动力品质所具有的三个因素：时空分离、抽离化机制和制度反思性。而后两者也依赖于时空分离。所谓时空分离，是说时间和空间不再像在前现代社会那样，总是通过"地点"结合在一起，而是可以单独"存在"（脱离开具体行动、事件等而"虚空"化）、单独测度，不再需要借助于对方来表现自己（不再需要用"太阳当头照"这一空间特点来表示"中午"这一时间性质；不再需要用"大半天的路程"来表示空间距离；等等）。时空分离为时空重组提供了可能，而时空重组使具有现代特质的社会组织能够跨越时空距离而对社会关系进行规则化控制，从而使现代社会生活能够脱离开传统的束缚。例如，在现代社会组织中，信任起到非常重要的作用，或如弗朗西斯·福山（Francis Fakuyama）所言，信任程度直接影响到企业组织的规模，并影响到企业的稳定。有趣的是，吉登斯从时空角度解释信任概念，认为信任与"时空缺场"有着特殊的关联。例如对于一个有"高信任度"的工作岗位，管理人员是没有必要到现场实施监督的（吉登斯，1998/1991：17~21）。

"后现代"到底是一个历史分期概念，还是一个意识形态概念？如果是后者，那么它是一种社会文化理论，还是一种认识角度或文化现象？至今争论不休，没有结论。没有结论也好，反正后现代思想家的主要倾向是解构，是批判，是否定，他们也不寻求至少是不急于对"后现代"这个提法得出一个统一的"结论"。甚至，像哈贝马斯和吉登斯就反对在历史分期意义上使用"后现代"这个提法，吉登斯宁肯称之为"晚期现代性"或"高度现代性"。既然如此，我们这里也就不专门讨论后现代这个概念了。

后现代思想力图形成关于时间和空间的新观念，亦即形成对过去和未来的新关系。然而，迄今为止，后现代思想仍然是一个混杂的充满矛盾的"话语交响曲"（贝斯特、凯尔纳，1999），远没有形成关于后现代的时空特性的一致看法。大体说来，如果只看到后现代社会将充满着比现代社会更为严重的非连续性、不确定的风险性，那就除了批判和破坏以外，几乎提不出任何解决问题的方案；如果在存在诸种问题的同时，还存在解决问题的可能性和希望，正所谓困难和机遇并存，危机与出路同在，那实际上就是超越性。超越性可能充满着不确定性，但它又是向确定性的寻求；它可能是更大的非连续性，但又是向连续性的恢复。它要求建立过去、现在和未来的和谐关系，反对现代性把过去、现在和未来割裂和对立起来的思想。这种对现代性的超越性，也就是对断裂性、非连续性的超越。①

总之，从时空角度看传统、现代和后现代的关系，其基本含义如图1所示。

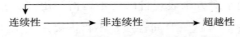

连续性 ⟶ 非连续性 ⟶ 超越性

图1 从时空角度看传统、现代和后现代的关系

其引申的含义有很多，例如稳定性（安全性）、风险性，及在克服风险性的过程中所形成的协调性问题。

传统社会变化速度相对较慢，而且比较强调连续性，一般不主张变更"祖宗成法"、世代"家训"，强调人伦纲常，代际经济和伦理联系比较稳定。这就使得传统社会与现代社会相比，表现出一种稳定性较强的特征。而现代社会，变化快，求新求变，在激烈竞争的情况下，例如在市场上，新花样、新品种、新创意，处于优越的地位，而陈旧往往与"劣"联系在一起，处于被淘汰的地位。但是求新求变，速度越快，往往风险就越大。例如，旧社会的土财主把钱藏在罐子里埋在地下，就比把钱存在钱庄要保险一些。而相反的，现代人拿钱去投资、炒股票就比存放在银行要多冒一点风险。后现代社会应该导向对现代性所具有的破坏性的克服。近年来人们热衷于探讨一种可持续的、与环境相协调的"生态经济""稳态经济""循环经济"，实行"适度消费"的经济，就是这种趋向的一种反映。

我们从时空角度还可以看到传统、现代性和后现代性的另外一些引申含义，像地域性与全球性、特殊主义和普遍主义、一元化和多元化等问题，在时空框架内，都可以得到别有兴味的讨论。

传统社会一般是地域性的、内向的，倾向于强调和固守自己的特殊性。而现代性则意味着向外扩张，努力扩展生存和交往空间，资本主义世界体系的本性就是无休止地向一切领域、一切地域扩张，把它自己的规

———————————

① 当然，后现代是一个观点很不一致的社会思潮。有的思想家甚至把现代性的断裂性、非连续性强调到极致，认为这是后现代的特征。本文采取了后现代思想家中那些不是一味否定，而是偏于肯定的理解。当然这只是本文选择的一种"理解"，无意"代表"和"概括"所有的后现代思想家。因为这样的统一理解本来就是不存在的。

则、秩序、信条作为普遍性的东西到处扩散；而在当今时代，发展就必须开放，尤其是对后发展国家来说，只有开放，吸收一切有助于自身发展的东西，才有可能逐渐发达起来。后现代性就其取向来说，是力图走出要么封闭要么开放的怪圈，力图摆脱特殊主义和普遍主义的对立，面对全球化的趋势，无论是在个人、民族和国家的层面，还是在社会生活的各个领域，世界历史性的联系日益增强，从根本上说就是时空特性不同了，前现代和现代情景下形成的各种既定结构均在一种新的时空条件下发生重组，形成新的对话环境和问题形式，新的问题要求以新的方式来解决。在这种情况下，多元性可以视为对于要么特殊性要么普遍性这种二元对立困境的超越。

基本含义也好，引申含义也好，总之可以说明，社会发展中的许多重要问题是可以纳入时间和空间这个对话框内加以研究的，或许，从时空角度，我们可以对社会发展问题作出比较深入的分析。对此，我们不仅可以从吉登斯的社会构成理论中获得启发，也可以从法国新史学（年鉴派）的代表人物费尔南·布罗代尔那里见到成功的范例。大家知道，他的名著《法兰西的特性》的第 1 册，就是"空间与历史"，也就相当于我们这里所说的时空特性。不过他是一位历史学家，"空间与历史"讲的是地理学，是对法国地理的历史考察，他认为法兰西的特性是以法国的统一过程为条件的，而时空特性正是法兰西特性的"反映、位移和前提"（布罗代尔，1994/1990）。

三　传统性、现代性和后现代性的对话结构

中国发展社会学所面对的也就是中国的特性问题。中国的特性从不同角度看当然有很多。现在讲"中国特色"，主要是与西方发达国家相比较，当然也与其他一些国家包括苏联和东欧国家相比较。从时空特性的角度看，一个重要的特色就是对话结构的不同。

在西欧，传统社会转变为现代社会用了几百年时间，实现现代化以后，经过很长时间才出现"后现代"的特征。换言之，先是传统与现代性的对话，然后是现代性与后现代性的对话，对话结构总是二元的。

在中国就不同了，尤其是在当代中国，既有从传统社会转变为现代社

会的问题，又有从计划经济转变为市场经济的问题，同时，中国又面临着如何走向世界的问题，而世界已经出现了"后现代"的征象。这样，改革开放的中国就面对着传统性、现代性与后现代性的前所未有的大汇集、大冲撞、大综合。

第一，传统性、现代性和后现代性这三个不同时代的东西集中压缩到了一个时空之中，对话结构由二元变成了三元。第二，在欧美，这三者是一个取代另一个，一个否定另一个，一个排斥另一个。在当代中国，却必须把这三个本来相互冲突的东西形成相互协调、相互包含、择优综合的关系，使之在发展中取长补短，克服弊端，优势互补。第三，这个过程是学习过程，但又不能照抄照搬，而必须进行制度创新、机制创新，走出一条既不脱离世界文明大道，又适合国情的属于自己的道路。第四，这个过程不容许是一个慢慢进化的过程，它必须在一个不太长的时间里解决这个历史性的任务。

具备上述规定的时空特征，我们称为时空压缩①。这个概念在这里被用来刻画中国社会发展的基础结构。时空压缩是一个抽象概念，但它也是我们每个人亲身感受到的活生生的现实。

例如，西方国家的现代化过程预设了一个基本前提：资源的供给是无限的，环境的承受能力是无限的。实际上大多数发达国家资源并不丰富，怎么办？靠掠夺和不等价交换。在它们实现工业化的前期也曾发生了严重的环境破坏和污染，它们采取的办法之一就是嫁祸于人，把污染严重的产业转移到落后国家，去污染和破坏别国的环境。中国在历史上曾一再地失去了向现代社会转变的良机，到现在，当国人急切地希望尽快实现现代化的时候，却不能不意识到已经处于资源和环境的强约束之中。我们所处的时空条件不但是有限的，而且是难以延伸，是相对紧缩的和被挤压的。

所谓紧缩和挤压，一是来自内部，一是来自外部。就内部而言，众所周知，中国的人均资源占有量是相当低的，而实现现代化的过程也就是资源消耗量急剧增加的过程，不要说是搞工业化、城市化，实现共同富裕，

①　时空压缩概念原本是在全球化问题研究中被提出来的。戴维·哈维（David Harvey）于1989年在《后现代条件》一书中从人类时间和空间概念的变化角度研究全球化，使用了时空压缩（Time-space Compression）概念。这里，我们从社会发展角度使用并另外定义了时空压缩概念，两者含义很不相同。

就是解决温饱问题，为了实现脱贫这样的初级目标，就会遇到来自资源和环境的极大约束和强烈反弹。眼前的一个例子就是 1998 年的长江特大洪灾。所谓"特大"，只是说洪水水位超过历史纪录，但洪水流量却并不是最大的。据国家环保局的资料，宜昌市当时通过的最大洪峰流量为 56400 立方米/秒，而历史上有记载的水文记录中最大洪峰流量超过 6 万立方米/秒的至少有 23 年。并非最大流量的洪水之所以创下了最高水位记录，主要原因是植被破坏导致大量水土流失，与湖争地造成湖泊蓄水面积严重减少。近几十年来，四川省的森林覆盖率急剧下降，金沙江、岷江、嘉陵江地区的森林覆盖率从 20 世纪 60 年代的 40% 锐减到 90 年代的不足 20%。一遇大雨，就泥沙俱下，仅四川一省的水土流失面积就超过了 50 年代整个长江流域水土流失面积的总和。湖南、安徽和江苏的森林覆盖率也都减少了一半，而长江上中游地区的水土流失面积增加了一倍。长期以来盲目地围湖造田、建屋，导致湖泊面积减少，洞庭湖由 4200 平方公里减至不到 3000 平方公里，鄱阳湖由 5000 平方公里减少为不到 4000 平方公里，这就助长了洪灾的形成。造成这种局面的原因，当然有生态观念问题，有环境保护意识问题，有违反自然规律的问题，这类问题虽然很复杂，不容易解决，但总可以期望通过人为的努力得到解决。而资源和环境问题，它们与人的紧张关系，尽管也是可以解决的，但那是与自然条件打交道，可"商量"的余地很小。12 亿人口，哪怕只是为了解决温饱问题，就已经难免引起与自然环境的紧张关系，毁林开荒，围湖造地，本来是迫不得已的事，人均耕地过少，又要自己解决粮食问题，这种紧张关系是难以避免的。如果在解决温饱的同时还想富裕一些，那就更不免引起自然界的报复，淮河流域乡镇企业稍有发展，淮河污染就达到了危害沿岸人民生命健康的程度。就连素有"鱼米之乡"美称的江浙地区，也为发展付出了沉重的代价："小桥流水"变成了又脏又臭的排污沟，原本秀美的太湖也到了不得不花费巨资加以整治的地步。

所谓来自外部的压缩和挤压，主要是由世界资本主义体系的全球扩张和中国的后发展劣势造成的。资本主义的本性就是它的扩张性，一部资本主义的发展史就是它的扩张史，不论是采取殖民的手段，或者政治颠覆、文化渗透的手段，总之它无孔不入，无时无刻不把它的触角伸到它有可能控制的领域。这种扩张的结构，在发展社会学上简洁地概括为中心－边缘，或中心－半边缘－边缘的结构，沃勒斯坦所称的资本主义世界体系。处于体系中心地位的国家或集团利用它们的优势地位极力干涉和支配处于边缘地位的国家，巩固和扩大自己的优势，把边缘固定化，强化它对中心的依附性；处于边缘地位的国家或地区或则只能求得依附性的发展，或则要为争取自主发展付出昂贵的代价。特别是近年来，所谓全球化虽然是一种客观趋势，但它也是一种思潮，发达国家和跨国公司把全球化当作它们无限扩张的合理依据。当落后国家试图加入这个世界棋局的时候，不能不痛切地感到这个棋局中的游戏规则、利益关系、是非标准，甚至话语系统，都是高度"中心化"的，都是发达国家牢牢控制住的，是它们设好的一个"局"。落后国家要么被拉进来受挤压，要么被排斥在外受打压。总而言之，落后国家所处的时空是已经被建构了的，是紧缩和挤压的结构。

由此，我们不得不反思和讨论在当前的发展研究和现代化问题研究中的几个相当流行的概念和观念：

一是所谓"后发优势"。

后发现代化国家与原发现代化国家相比，在实现现代化的条件上有什么优势和劣势，M. 列维早在 60 年代就做过分析（列维，1966）。一般地说，不论是"原发"还是"后发"，均有不同的优势和劣势，这是一种全面而平和的分析。作为西方学者，抽象地讨论这一问题也无可厚非。但脱离开后发现代化国家的具体时空特性而对优势和劣势作抽象的推论，就难免有想当然之嫌。也许，对于落后国家来说，寻找出自己的优势，可以起到增强信心、鼓舞斗志的作用，但忽视了自己的劣势地位，建立在盲目乐观基础上的信心也是难以持久的。关键问题还是要理性地认识自己国家社会发展的时空特性。比如，支持所谓"后发优势"的理由之一，是后发国家可以学习和借鉴发达国家的成功经验和先进技术。这种学习和借鉴无可否认，但你可以学习和借鉴别人，这是否就是"后发优势"却很难说。且不说学习和借鉴是要付出高昂学费的，如果后学者有便宜可占，那么发达国家也可以不去花费巨资搞先进技术，等待别人搞出来了再去照抄岂不省事？事实上技术优势不仅可以形成技术垄断，获得垄断利润，而且可以巩固对"后发"国家的支配关系，强化它们的依附地位。并且技术优势可以转化为经济优势、政治优势甚至意识形态优势，优势也可以进一步转变为霸权。对于"后发"国家来说，不是落后本身能成为优势，也不是学习和借鉴本身能成为优势，而是只有付出巨大的努力，付出沉重的代价，才有可能把劣势转化为相对的优势。为此，你必须高价引进技术，必须在国际市场竞争中接受不公正的待遇，总之，所付出的代价，比发达国家当年取得此一发展时所付的代价要高得多。不错，确有少数"后发"国家的发展速度比发达国家当年的发展速度快得多，这种情况能否支持"后发优势"概念也很难说，因为还有更多的"后发"国家的速度要慢得多，它们的"后发"为什么就没有优势？而且就是那些在一段时间里发展速度较快的国家和地区，它们与发达国家的相对差距（尤其是高科技方面）到底是缩小了还是拉大了，也很难说。

如果忽略掉后发现代化国家时空结构的紧缩和挤压的特性，把先发国家和后发国家的关系看作在同一时空结构下的平等的学习者和被学习者、模仿者和被模仿者的关系，那么说存在着"后发优势"，应该是很自然的事。例如哥哥把考"TOEFL"的经验告诉弟弟，弟弟有可能少犯错误，考得更好一些。但这里的前提是，二人都是应试者，而且利益一致。如果考虑到"后发"国家的时空特性，那就不能不承认"后发"本身在本质上基本上是一种劣势，只有付出巨大努力，并且适时抓住机遇，才有可能把劣势转化为有限的、相对的优势。这就可以解释为什么只有少数"后发"国家发展速度较快，而多数"后发"国家仍然发展不起来这样一个基本事实。

另一个需要讨论的概念，是吉登斯所说的"时空延伸"（Time-Space Distanciation）

这在吉登斯来说，也是很自然的事。他作为一位英国社会学家，对他所处的时空结构的感受就是延伸性。西方国家几百年来的发展史就是不断延伸、不断扩张的历史，到如今，他们也很乐意把"全球化"理解为更强烈的"时空延伸"过程，很乐意把现代性理解为"扩张主义"这样一种"鲜明特性"。他说："全球化的概念最好被理解为时空延伸的基本方面的表达。……我们应该依据时空延伸和地方性环境以及地方性活动的漫长的变迁之间不断发展的关系，来把握现代性的全球性蔓延。"（吉登斯，1998/1991：23）吉登斯似乎是站在全球化过程之外来观察这个过程，但其实他只是站在全球化过程的一"极"来看问题，因此他只看到了"时空延伸"这一种前提，他对全球化现象的"辩证"理解，也只限于承认"在一种时空延伸关系中，一极的事件会在另一极上产生不同甚至相反的结果。"（吉登斯，1998/1991：24）问题在于前提不是一个而是相反的两个，即在吉登斯以及站在发达国家的立场观察全球化过程的人看到时空延伸的同时，它的另一方面就是时空压缩。因此，也就不仅存在"一种""时空延伸关系"，还存在另一种时空压缩关系。所以对全球化过程本身的前提就要有"辩证理解"，而不论一极的事件在另一极产生的结果是相同还是不同。

我们提出讨论"时空压缩"概念，直接目的就是针对吉登斯的"时空延伸"。自不待言，我们并不否认全球化的一个方面特性就是时空延伸，这甚至常常表现为主导的方面。我们只是强调它还有另一方面，就是时空压缩，而且后发现代化国家所处的时空结构的主要特性就是时空压缩。同时，我们也不否认现代性在西方发达国家那里表现出了鲜明的扩张性，他们甚至把西方化等同于现代化，把全球化理解为西方化，有时甚至以"全球"的名义讲话，把自己当作"全球"的代表，因而也把西方国家与非西方国家、发达国家与发展中国家的关系，说成是什么"全球与地方"的关系，吉登斯声称"地方与全球之间的辩证法"是他那本讲现代性的书"所强调的基本观点之一"（吉登斯，1998/1991：24）。吉登斯既然如此强调他的思想取向，而他又认为时空特性是建构社会理论的核心——对此我们是赞同的，那就不难理解，他对社会的理论建构，或者说他的结构化理论，是与时空延伸的特性相一致的、主动的、主观的建构，即如何给社会建立"规则"。与此不同，我们所关心的是在时空压缩这一结构性特征下，社会不仅是主动建构的，也是已建构或被建构的。在已建构和被建构的情况下，如何争取实现主动建构和自主建构——这是我们关注的问题。这是两种不同的思想取向，但首先是两种不同的社会现实。面对不同的现实，解决不同的问题，自然就有不同的理论关怀。

第三个需要讨论的概念，比前两个更流行，那就是所谓"可持续发展"概念。

可持续发展是人人都希望、人人都喜欢的，这是这个概念一经提出就很快流行开来的原因。如果不从时空特性的角度看问题，对这样一个概念几乎没有什么可讨论的，尽管这是一个相当模糊的概念。可持续发展是就已有的发展而言的，无非是希望已有的发展态势能够继续下去。问题是：

对于已有相当程度的发展，或者已经达到"高度现代性""晚期现代性"的西方发达国家来说，这种发展还能不能持续确实是一个问题；但对于尚处于发展的起步阶段，或者刚刚实现初步现代化，甚至连初步现代化都没有达到的大多数发展中国家来说，仅就发展阶段本身来说，持续发展应该是不成问题的，那为什么不但成了问题反而是更加严重的问题呢？一个重要原因就在于发达国家和发展中国家的时空特性不同。发达国家已经有了充分的发展，这种发达状态是靠极大的资源消耗量来支持的，同时也给全球环境造成了难以持续承受的威胁。仅以全球气候变暖的问题来说，在200年的工业化过程中，西方国家排放的二氧化碳等温室气体，对气候造成了难以挽回的影响。以1990年为例，发达国家二氧化碳排放量占全球排放量的3/4，发展中国家只占1/4（曾培炎，1998）。另一方面，全球化的结果，却是南北贫富差距进一步拉大，财富以更高的比例向发达国家集中。换言之，在这种时空延伸的结构中，暗含的逻辑是：在全球资源有限并相对地趋于短缺的前提下，所谓"可持续发展"，只能是"富者愈富，贫者愈贫"。为了维持已经存在的发达状况，其他地方就要维持不发达状态，以便为发达国家保存可观赏的动植物、可游览的自然保护区，以及廉价的矿产资源和更为廉价的劳动力。而发展中国家则不得不在时空压缩的结构中求发展：一方面，必须自己承受资源短缺、人口增长过快的压力；另一方面，必须承受发达国家工业化过程中造成的温室效应、气候反常、水源污染、淡水缺乏、土地沙化等对农业乃至整个国民经济、人民日常生活和生命健康所造成的影响。面对种种压缩的困境，本来一般工业化的过程是以投资小的产业开始，以便积累资金，继续发展，但现在却必须在考虑生产的时候就考虑治理，而治理的投资在有些项目中很可能相当于甚至大于生产的投资，这样就把解决前工业化的问题和解决工业化、后工业化的任务同样压缩到了"当下"这一时空之中。如同一个刚开始发育的幼儿，在努力长大的时候就要考虑如何延缓衰老、争取长寿（生命的可持续问题）一样。可见，"可持续发展"，一方面确有全人类普遍接受的含义，另一方面却在不同的时空特性中包含了迥异的含义、不同的运作逻辑和利益关联，导致不同和相反的实际结果。

从对以上概念的讨论中可以看到，当不考虑时空特性时，那些概念或观念都显得是自然合理的、不存歧义的，一旦引入时空特性，情况就大不相同了。这表明时空结构确实是社会发展的基础结构，时空特性确实如吉登斯所说在建构社会理论中处于核心地位。而时空压缩概念也初步显示了对于中国社会发展的解释力。

四 自然进化、社会进化与超越进化

如果说，对以上概念还是在不同的理解中，显出时空结构/时空压缩概念的解释力，那么，对时空压缩概念能够提供更为妥帖的经验表达的是所谓"过剩经济"。[①]

中国改革开放以来的 20 余年间，经济发展确实比较快，人民生活水平也有了明显提高，但好不容易从长期困扰中国的短缺经济中走出来，一翻身就真的掉到了过剩经济的困境中了？中国居民的收入水平仍然很低，消费水平不高，还有 4000 多万贫困人口，全国大多数人刚刚过上温饱生活，怎么突然间就"过剩"了呢？毫无疑问，这种低收入水平上的相对过剩与发达国家高收入基础上的"过剩经济"不可混同。不论是否可以称为"过剩经济"，但"过剩现象"的出现确是事实：市场上主要商品供过于求的比重，1999 年初已近 3/4；企业投资无门，找不到合适的投资项目；许多经营者被迫在成本线以下抛售商品，竞相压价，导致行业内恶性竞争；企业下岗、失业职工数量大幅增加；1996 年到 1999 年银行连续 7 次降息，一年期定期存款年利率从 10.98% 降到 2.25%。凡此种种，在中国经济发展中都是从未见过的现象。如何解释？

时空压缩概念可以提供一种解释，毋宁说，这些现象也就可以看作是时空压缩的经验现实。一方面，当中国经济基本上在封闭的环境中运行，并且实行计划体制时，本质上不可能摆脱短缺经济，因为内部需求增长趋于无限，而供给能力必定是有限的。而且，由于激励不足，经营者没有自主性，另一方面，社会成员在一大二公的制度环境中刺激出"不要白不要，不占白不占"的日渐膨胀的消费需求，相形之下，供给不足与需求旺盛之间的矛盾越来越大。但当对内对外开放和市场经济发展到一定程度，

[①] 许多经济学家不赞成"过剩经济"这个提法，而使用"通货收缩"这个词。我们这里不是讨论这个经济学问题，而是从中国经济出现的"有效需求不足"现象，讨论时空压缩概念。

以上两个方面的情况就势必发生逆转。国务院发展研究中心研究员陈淮博士在谈到"过剩经济"现象的特征时，列举的一条就是："经济系统从封闭走向开放时，在系统外部普遍存在着技术及资本力量更为强大得多的过剩生产能力。"（陈淮，1999）这既是一个特征，也是造成"过剩现象"的一个原因。首先，在中国经济系统外部存在着强大得多的过剩生产能力，这是一个不争的事实。过剩危机是世界经济面临的主要危机，主要工业品如钢材、石油，主要农产品如小麦、玉米的价格一路下滑，有的跌至近20年来的最低点。如果是在过去那种封闭的大伞下，我国企业也许可以不与国外企业直接较量，因此，那时虽然中国的整体环境已经以时空压缩为特征，但那时主要通过政治、军事上的冷战和对抗表现出来，是一种外部空间的打压。但随着改革开放和市场经济发育程度的提高，国外大企业直接到大门口来叫阵了，外部过剩生产能力不遗余力地挤占中国大市场，外部打压变成了内部的直接的挤压。这对中国企业既是挑战也是机遇，既是压力也是动力。你要发展首先要能够生存。这就促使我们更深入地认识中国发展所遇到的特殊困难，理解开放和发展的多层含义和多种效应，防止认识上的简单化、表面化。其次，由于从20世纪90年代中期起，我国经济的外向依存度（进出口总额占GDP比重）已达40%以上。国外需求不旺、市场疲软、价格下跌也会给中国经济造成直接的影响。换言之，中国企业不仅仅在国内会感受到时空压缩，在国外更会感受到时空压缩。中国有许多产品连低价进入国外市场都很困难，许多商品连个像样的摊位都得不到。外贸受挫，就使得中国经济中原来发展较快的这一部分转而挤占国内市场，这就加剧了国内的供求矛盾。

国内需求紧缩的原因当然是多方面的。居民消费结构的调整是一个原因，解决吃、穿、住的问题已经不再是消费的旺点，住（房）行（汽车）问题突出体现出来了，而大多数人的收入水平处于中低等，无力购买住房和汽车，只好转而储蓄，形成"有钱无处花"的局面；而医疗保险制度、养老制度、住房制度、教育制度改革力度加大，下岗、失业人口增多，居民不得不考虑应付未来的集中性消费，因而进行强制性储蓄，这就形成了"有钱不敢花"的局面。一个"无处花"，一个"不敢花"，就使得虽然居民近几年实际收入增长趋缓，但居民储蓄存款增长却异常迅速。1998年，居民储蓄存款余额已达53407.5亿元，比上年新增7127亿元，增长

15.4%。增长速度远远高于居民收入增长速度（1998 年城镇居民家庭人均可支配收入增长 5.7%，农村居民家庭人均纯收入增长 2.9%）（郑新立，1999）。面对目前已达 6 万亿元的居民储蓄存款，虽连续降息，仍难以激起老百姓的消费要求，说明了时空压缩对于中国经济的强烈制约性。

陈淮博士提出，市场与需求是远比技术、资本以及自然要素更为稀缺的资源，而且这种资源也是有限的（陈淮，1999）。这个论断在经济学上如何评估，不敢妄言。在社会学上，这个论断为我们批判性地思考吉登斯的时空延伸概念提供了支持。对像中国这样的发展中国家来说，不仅如前所述资源和环境承受力是有限的，市场和需求也是有限的，并不是因为我们有 12 亿人口，就可以盲目地假设我们的市场和需求近乎具有无限的潜力。以这样的假设为支持的经济学会受到时空压缩概念的挑战，以这样的假设为支持的社会学，例如吉登斯建立在时空延伸概念前提下的社会构成理论，也自然会遇到挑战。

对"过剩经济现象"的讨论，不仅为理解时空压缩概念提供了经验根据，而且对发展社会学提出了尖锐的问题。西方国家在处于像今天中国这样的发展阶段时，大体上是可以假设资源与环境承受能力是无限性的，即假设时空延伸的无限可能性。即使其在发达起来以后，遇到了时空方面的局限和约束，仍可以借助全球化的趋势和已经具备的资本、技术、军事、文化等方面的优势而扩展时空，也就不感到有改变时空延伸无限可能性假设的必要。而在这一假设下建立起来的西方社会变迁理论，其基础理论是社会进化论。从自然进化论到社会进化论，是进化观念的一种扩展。本来，自然进化论在自然界尤其在生物发展史中是可以得到大量经验支持的，但把它扩张到社会领域，已经是带有比附性的推广，相当粗糙了。要说清楚这个问题就必须讨论关于进化的概念史和进化理论的演变史，就是在社会理论中也至少不能绕开像帕森斯、哈贝马斯这样的大家。但在这里，就暂不作这样的专门讨论了。

发展社会学，从一开始就建基于社会进化论。对此，胡格韦尔特在《发展中社会的社会学》（中译本名为《发展社会学》）一书中做过扼要的叙述，许多此类著作也持此一观点。以至于他们往往把"发展"等同于"进化"，认为进化假设是发展社会学的基础性假设。按照进化假设，社会发展是具有单一方向性的，是连续性的，是自发自生的，是有阶段性的。

418

据此认为，西方国家处于进化的最高阶段，世界上差异很大的发展中国家处于社会进化的低级阶段。由此也就可以为西方中心主义、西方优越论张目。再按照普遍主义的假设，发展中国家只有照搬发达国家的模式，重复发达国家的进化阶段，接受西方具有普遍性的价值观，接受西方文化的传播和辐射，才是现代化的唯一可能的途径。值得注意的是，这种推论逻辑忽略了一个基本前提，就是时空特性。而在时空延伸的结构中，如果说可以假设资源和环境承受能力的无限性、市场和需求的无限性的话，那么在时空压缩的结构中，这种无限性就变成了有限性和硬约束。因而，进化假设所实际依据的前提条件不存在了。尚且不论社会进化论本身在理论上是否经得起推敲，就算它可以用来在一定程度上解释西方社会的发展，尤其是可以解释西方现代化的过程，那么一旦考虑到时空特性，它在解释发展中国家的现代化时，它的合理性前提也就发生了问题。

时空特性问题在这里的重要性，甚至可以从非常强调时空特性的吉登斯本人那里得到验证。吉登斯在理论上曾对社会进化论进行过批判，但他的批判非但不够彻底，反而自己最后也退回到了社会进化论。他想用他的"不连贯性"理论取代进化论的阶段性理论，其实阶段性只能被超越，不能被取代。吉登斯没有意识到，在一个时空延伸的结构中，进化论是可以展开的，进化论的假设与时空延伸的假设是不矛盾的，是相一致的。到底吉登斯在时空概念上的局限性在多大程度上阻碍了他对社会进化论的批判，还需仔细研究，但这种关联性（如果不说因果性的话）恐怕是存在的。

实际上，发展中国家有大量的实例证明，在时空压缩的结构中，发展是采取了超越进化的方式。当然这不是说社会进化就不存在，例如，不是说发展就没有"阶段性"，更不是说在任何情况下都可以随心所欲地"超越阶段"。为了避免误解，先要说明的是，这里所说的"阶段性"是进化论意义上的"阶段性"，不是我们日常生活中所说的一件工作有开始阶段、中间阶段、结束阶段这样的阶段性，更不是指的像"社会主义初级阶段"这样的"阶段性"，这样的"阶段"是有特定含义的，是与大的理论、历史观相联系的，是一个专门问题。社会进化论所说的"阶段性"其实是指自生自发的秩序性。它与大家所熟知的"客观规律性"之类的提法很不同。

只要我们想一想，像海尔集团、联想集团这样的企业，像深圳市、珠海市这样的城市，像上海浦东、北京中关村这样的开发区，像信息产业、航天产业这样的产业，像千千万万乡镇企业，它们的发展过程其实都是超越进化的。超越进化好像是个抽象概念，但我们只要联想到上述那些实例，联想到自己身边发生的变迁过程，就可以概括出超越进化概念的一些基本含义。

（1）传统性、现代性和后现代性的统一。

就人与自然的关系而言，我们已经认识到了环境的脆弱性和对于发展的强烈制约，因此在发展的同时，尤其在工业化的同时高度重视环境保护和环境治理，就变成了共识。我们已经认识到了现有资源对于12亿人及其子孙后代的生存和发展是多么的珍贵，因此，节约资源，合理利用资源，尽量利用可再生资源，发展"循环"经济，也逐渐成为共识。按照这样的共识，我们必须相应地调整发展目标、发展模式和价值追求。我们实际上不可能把未来的富裕生活建立在美国式的高资源、高能源消耗之上，也不可能或者不允许以刺激无限制的消费需求来作为发展的动力。在我们还不富裕的时候就必须大力提倡适度消费、健康消费，建立起正常的消费结构，确立中华文化传统的那种与自然和谐共生的价值观，改变人对自然的无休止、无节制的占有关系，建立中国式的新型的人与自然相协调的关系。

就人与人的关系而言，中国传统不是以个人为本位，而是强调集体，重视人伦。随着市场经济的发展，个人的自主性必然逐渐增强，但与此同时，能不能防止个人至上、私欲膨胀，避免出现人与人之间冷漠无情甚至互相视为豺狼那样的状态？中国人传统的信任结构是按人伦亲疏关系建立起来的，而市场社会本质上是契约社会，是陌生人社会，熟人关系也是按陌生人关系来处理的。能不能把亲情和理性恰当地统一起来？家庭在传统上具有重要的社会功能，抚幼和养老、生产和消费、社会稳定、文化传承、社会的维系和发展都离不开家庭。在社会现代化的过程中，中国人在家庭观念、家庭结构方面势必发生重大变化的同时，能不能确立个人－家庭－社会的新型关系？家族主义历来被认为是与现代主义格格不入的，但在东方社会的现代化过程中，特别是在中小企业的治理结构中，家族关系被认为具有易于沟通、交易成本较低的优点，当然也有很大的局限性，能否恰当地吸收这份历史资源，使之与未来相统一？

如此等等，都表明在传统、现代性和后现代性的关系上，超越原有的二元对立，超越西方现代化过程中形成的固定模式，建立一种超越性的协调关系是可能的。

（2）连续性和非连续性的统一。

中国改革开放以来的现代化进程表明，一场深刻的社会变革是可以通过渐进方式实现的。或者说，连续性和非连续性是可以统一起来的。而在中国的实践中，强调这种统一尤为必要。例如，在产业的发展中，既要集中优势资源，突出发展高科技产业，争取在世界科技竞争中占有一席之地，又要从中国劳动力资源丰富的实际出发，大力发展劳动密集型产业。实际上，中国这样的地区差距较大、情况千差万别的国家，必须从实际出发，因地因时制宜，形成从传统、现代到后现代的连续性的产业链，以充分调动现有资源，实现稳步而代价较小的发展。

对发展中国家而言，发展的实质，是经济上的赶超、政治上的改革、文化上的更新。总而言之，发展常常表现为非连续性的社会变革。如果在经济上、技术上不能逐步缩短与发达国家的差距，所谓"发展"就不过是继续保持着自己相对落后的地位。谈论这样的"发展"（自己与自己纵向比较的"状态改善"）意义不是很大。所以，在连续性与非连续性的统一中，突出非连续性的特征，是发展中国家的所谓"发展"的应有含义。

（3）普遍性和特殊性的统一。

普遍性和特殊性问题是发展中国家面临的一个尖锐问题，许多矛盾和冲突来源于此。或则普遍主义，或则特殊主义，构成了一个很难摆脱的怪圈。开放，走向世界，就意味着接受普遍性的东西，但如果放弃了特殊性，导致民族利益受损，那么普遍化的过程也就可能走向反面。无可否认，普遍性与特殊性的关系问题，主要不是一个思维问题，而是一个实践问题，利益问题，甚至是意识形态问题。哪一些东西能够成为普遍性的呢？显然是发达国家已经有的或希望有的东西，是它们的规则和意向的扩散和推广。而落后国家，即使你的规则、你的见解、你的要求再合理、再恰当，只要是不符合发达国家的口味，那你也是特殊性的东西，没有普遍的价值。可见，普遍性和特殊性的关系与世界的权力格局密切相关。

但是，走出绝对普遍主义和绝对特殊主义的偏执，总是发展的必然逻辑。

（4）时空压缩与延伸的统一。

邓小平同志讲，要抓住发展机遇。机遇是什么？就是时间和空间的组合。不掌握时空特性，就不可能抓住机遇，想抓也抓不住。现在，全世界都在讲"知识经济""网络经济""网络社会"，这显然是巨大的发展机会，但谁能抓住这个机会？就连一向对自己的发展能力抱有强烈自信心的德国人都惊呼，只有美国人很好地利用了这个机会。"美国人冲进了信息时代。德克萨斯大学的研究者在上周取得的研究成果中指出，在因特网上销售产品和提供服务的美国企业的营业额从 1995 年的 50 亿美元上升到 1998 年的 3000 亿美元。美国人每年都把国民经济产值中的大约 4% 用于信息技术的投资，几乎是欧洲人的两倍。"（奥拉夫、珀佩，1999）其结果是美国经济连续增长已经超过 8 年，失业率降为 4.2%，达到 29 年来的最低点。经济增长造成了股票市场的不断上涨，将道·琼斯指数从 1982 年的 800 点提高到今天的 11000 多点，巨额财富从全世界汇流到美国。可见，"知识经济""网络经济"，是发达国家提出来的，首先是为了满足发达国家发展的需要。发展中国家怎么办？据悉，在非洲几乎每个国家都有因特网，但是上网价格却阻碍了因特网的大量使用。我国的网上业务发展很快，与因特网相关的商务活动迅速增多，截至 1999 年 6 月底，因特网用户突破 400 万人，在半年间增加了一倍。政府部门也开始积极支持网络业务的发展，把它作为新的经济增长点。但是"知识经济""网络经济"，正如那句口头禅：是机遇，也是挑战。搞好了，就是机遇；搞不好，就是陷阱。"知识经济""网络经济"即使作为客观趋势，也是在朝着有利于发达国家的方向发展，财富在世界范围内朝着有利于发达国家的方向流动和分配。对于发展中国家来说，关键是要认清自己所处的时空结构、时空特性。否则，富国搞的是"知识经济"、穷国只能搞"无知识经济"，成为"国际打工仔"；富国搞的是财富之"网"，穷国搞的是贫穷之"网"。"知识经济""网络经济"毕竟是"中心化"的话语，发展中国家在制定自己的发展战略时，如果只会人云亦云，亦步亦趋，那就是把只有在时空延伸条件下才有效的发展战略，错以为在时空压缩的条件下也会同样有效。历史一再证明，无视时空特性，是导致丧失机遇的重要原因。面向"知识经济""网络经济"时代，发展中国家必须重新考虑发展战略，而时空压缩是发展中国家必须正视的事实、由以出发的基点。离开这个时空特性，去想象发展，去谋求"延伸"，是不现实的，甚至是一种神话。

发展中国家要在时空压缩中，开拓发展空间，增强发展的可持续性（时间），也就是在压缩中求延伸，变压缩为延伸。但这种延伸，已经不是西方发展逻辑中的强行扩张、无限延伸，而是自我约束的、互利的、可以协调的延伸。这既是对时空压缩的超越，也是对时空延伸的超越。

如果说时空压缩是一种困境，超越进化就是摆脱困境的出路；如果说时空压缩是一种社会发展的结构，超越进化就是一种社会发展的逻辑。

参考文献

奥拉夫，格尔森曼、彼得·珀佩，1999，《全球富裕》，德国《经济周刊》6 月 17 日，参见《参考消息》8 月 15 日。

贝斯特、凯尔纳，1999，《诸种"后……"的时代》，夏光译，《国外社会学》第 2 期。

布罗代尔，费尔南，1994/1990，《法兰西的特性》（第 1 册，《空间和历史》），顾良、张泽乾译，商务印书馆，

陈淮，1999，《警惕实物过剩风险》，《经济参考报》3 月 17 日。

国务院发展研究中心市场经济研究所课题组，陈淮执笔，1998，《过剩：中国经济新挑战》，《人民日报》8 月 10 日，第 9 版。

哈贝马斯，J.，1998，《现代的时代意识及其自我确证的要求》，载《学术思想评论》（第二辑），辽宁大学出版社。

吉登斯，安东尼，1998/1984，《社会的构成》，李康、李猛译，生活·读书·新知三联书店。

吉登斯，安东尼，1998/1991，《现代性与自我认同》，赵旭东等译，生活·读书·新知三联书店。

科瑟，1990，《社会学思想名家》，石人译，中国社会科学出版社。

列维，M.，1966，《现代化与社会结构》，普林斯顿大学出版社。

曾培炎，1998，《积极推进国际合作，为改善全球气候状况共同努力》，《人民日报》11 月 12 日，第 5 版。

郑新立，1999，《积极启动消费市场》，《人民日报》6 月 17 日，第 9 版。

社会学笔谈

——两个研究领域将引起关注[*]

李汉林

一　关于中国单位社会的研究

随着对中国单位社会研究的深入，我日益感到，对中国单位社会的研究，不仅仅只是一个研究的课题，更是在逐步形成一个崭新的学科领域。从单位社会这个中国独特的社会结构的视角出发，人们既可以从宏观上探讨社会控制与社会整合的机制，把握中国目前社会的构成方式和运作方式，分析中国单位社会所特有的价值观念和行为规范；从中观层面上研究单位组织的分层，资源与权力的分配对单位组织行为的影响；也可以从微观的层次上观察单位人的社会行为和行为互动，从而从根本上理解中国的社会和社会结构。我和中国人民大学社会学系李路路教授在年内完成的专著《中国的单位组织资源、权力和交换》，就是试图从宏观和微观的结合上来探讨中国单位中的资源是怎样形成的以及又是怎样分配的，权力在资源的形成和分配过程中是怎样产生的，资源和权力是怎样制约和规范人们的社会行为的，以及在单位社会中人们的服从又是怎样与资源、权力相交换的。

二　关于失范研究

失范研究目前在理论和实证上都有所突破。和中国单位社会的研究一

---

　　*　原文发表于《社会学研究》1999 年第 6 期。

样，对失范的研究也正逐步形成一个社会学的学科领域。在理论上，中国社会科学院社会学研究所渠敬东博士所撰写的专著《缺席与断裂——有关失范的社会学研究》，从意义的缺席入手，细致地分析了意义的缺席如何造成关系的断裂和行为的紧张，而关系的断裂和行为的紧张又是如何导致制度的变迁的。这本专著一改社会学分析失范的传统，独树一帜，提出了一个从现象社会学的角度来构造失范理论的研究纲领，应该说这是一种研究的创新、一种理论的突破。在对失范理论的实证研究中，人们也一改从偏差行为的角度来理解和研究失范的传统，有意识地从社会变迁和社会发展的过程中把握、研究和观察失范。澳大利亚的 John Western 教授在其《亚太区域中的失范》的专著中所做的量表，就是有意识地把全球化、城市化以及大规模的移民现象作为社会结构性失范的前兆，并从实证的角度结合一个社会的变迁与发展来观察和描述失范。我和美国的 Judy Tannr 教授以及瑞士的 Peter Atteslander 教授所撰写的《寻找隐藏美的现实——失范与社会变迁》的专著，也是期望通过实证的数据，从不满意度、社会流动、相对被剥夺感以及地位的不一致性等诸角度，试图在微观与宏观的结合上去把握失范。我以为上述的这些实证研究对推动失范理论的实证思考与创新是很有益处的。

正是由于上述的这两个研究领域所展示出来的巨大的理论与实证魅力以及广阔的应用前景，也正是由于这两个研究领域还有待于更深入的发掘与研究，所以我以为，在今后相当长的时期内，这些领域将会不断地引起更多社会学者的关注。

2000 年

中国早期现代化：社会学思想与方法的导入[*]

李培林

一 群学与社会学

多数中国的学人都知道，社会学最初在中国被称为"群学"，其最主要的标志，就是严复在 1897 年把英国社会学家斯宾塞 1873 年著的 *The Study of Sociology*（《社会学研究》）一书翻译成中文时，译成了《群学肄言》，但问题是，"群学"这个学科名称，究竟是严复以其古文的功底和根据其信、达、雅的翻译标准杜撰的呢，还是中国当时已经存在"群学"这样一个研究领域，严复不过是为了翻译的方便而套用？如果当时中国已经有"群学"，那么当时中国学者思想中所理解的"群学"与斯宾塞对"Sociology"的解说是否一致？如果中国在严复翻译斯宾塞的著作以前并不存在"群学"这样一个研究领域，严复为什么没有选择"社会学"这个日本已有的译法而是选择了"群学"来翻译 Sociology？而严复在当时很明显已经知道了日本人把 Society 译作"社会"，他自己也在解说"群学"的同时，经常地使用"社会"的概念。

根据我所接触到的史料看，在严复之前，中国并不存在"群学"这样一个专门的研究领域，也没有人使用过"群学"的概念。换句话说，在严复引入"群学"之前，中国有关于"群"的思想（社会思想），但没有群学的思想（社会学思想）。

严复是中国最早使用"群学"这个专名的人，他最早使用"群学"一词的时间，大概是在 1894 年。早在 1881 年前后（"光绪七八

---

* 原文发表于《社会学研究》2000 年第 1 期。

年之交"），^① 严复就阅读到了斯宾塞的 *The Study of Sociology* 一书，当时他 28 岁（转自卢云昆，1996：127）。从发表的译作来看，严复较早的翻译作品是英国宓克（A. Michie）著的《支那教案论》（*Missionaries in China*）和赫胥黎（T. H. Huxley）著的《天演论》（*Evolution and Ethics*），这两本著作都是 1894 年后开始翻译的。但是，在翻译天演论之前或之间，严复似乎已经开始翻译社会学和政治学方面的著作，只是他最早的社会学翻译作品没有在当时发表。严复在《天演论》的"导言十三·私制"一节的按语中写道："人道始群之际，其理至为要妙。群学家言之最晰者，有斯宾塞氏之《群谊篇》，拍捷特《格致治平相关论》二书，皆余所已译者。"（严复，转自卢云昆，1996：321～322）可见在 1894～1896 年翻译《天演论》之前或之间，严复已翻译过社会学的著作，并开始使用"群学"的专名，只可惜目前笔者无法找到这两个译本，也未见有发表的记载。另外，严复早期曾试图翻译法国巴黎法典学堂讲师齐察理的著作，他译为《国计学甲部》，但仅译 3000 字左右，具体的翻译时间不详，但显然是其最早的译品之一，翻译时间应在 1894 年之前，这 3000 字左右的残稿中有两条按语，均与"群学"有关。其中一条原书的译文为："以群学为之纲，而所以为之目者，有教化学或曰翻伦学，有法学，有国计学，有政治学，有宗教学，有言语学。"一条按语为："群学西曰梭休洛克（Sociology——笔者注）。其称始于法哲学家恭德（孔德）。彼谓凡学之言人伦者，虽时主偏端，然无可分之理，宜取一切，统于名词，谓曰群学。"（王栻，1986：847）

对于 Sociology 这样一门中国"本无"的学科，严复为什么没有使用日本学术界"社会学"的译法呢？美国研究严复的汉学家史华兹（B. Schwartz）认为，严复反对日本用"社会"译"society"，而喜好用传统概念的"群"来译，因为严复认为"群"的意思更接近"society"作为一个社会集团而不是作为一个社会结构的概念，严复译文的宗旨是"最大限度地运用中国古代哲学的隐喻手法来表达西方概念，但具有讽刺意味的是，大多数由他创造的新词在与日本人创造的新词的生存竞争中逐渐被淘汰了"（史华兹，1995：881）。然而，严复所使用的"群学"的译法，显

---

① 严复在《〈群学肄言〉译余赘语》中说，"不佞读此在光绪七八之交，辄叹得未曾有，生平好为独往偏至之论，及此始悟其非"。

然不仅仅是对传统概念和中国古代哲学隐喻手法的偏好。严复对"群"的理解，当然首先是受到中国古代哲学家荀子思想的影响，他在解释斯宾塞"群学"的概念时，多次引用荀子的话，如在《原强》中说："荀卿子有言：'人之所以异于禽兽者，以其能群也。'"在《〈群学肄言〉译余赘语》中说："荀卿曰：'民生有群。'"（严复，转自卢云昆，1996：127）。严复援用荀子关于"群"的概念，自然由于"群"比较接近 society 的含义，但更重要的是，严复当时的翻译，具有强烈的实用急用色彩，他是在寻求富国强民的道路，而《荀子》中的"富国"、"强国"、"王制"、"礼论"、"议兵"和"君道"等诸篇的思想，恰好符合严复的思想取向，特别是《荀子·王制》中关于以群强国的思想，与严复当时悟出的富国道理以及他从斯宾塞的著作中读出的"微言大义"，都是一致的。如荀子在《王制》中指出，"人能群"在于人能根据不同社会地位"分"，而"分"之后能"行"，是因为有维持社会秩序的规范"义"，有"义"有"分"才能强胜（《荀子新注》，1979：127）。

在翻译《群学肄言》之前，严复在翻译《天演论》时，就已经引入了许多荀子的思想，如他在《天演论》那半是原文之意、半是他自己的阐释，并且在有选择地大大缩略了的译文中，就随处可见群论的语言，某些篇目的题名就直接意译为"善群""群治"等。其实严复真正看重的是斯宾塞的著作，翻译《天演论》不过是翻译斯宾塞著作的准备，因为斯宾塞的著作"数十万言……其文繁衍奥博，不可猝译"（王栻，1986：1327）。《天演论》在严复的心目中，是把生物学原理运用于社会人伦，是"保群"的理论，它就像是斯宾塞的群学理论的一个导言，也正因为这一点，严复首先翻译的是赫胥黎的《天演论》，而不是当时英国更著名的具有划时代意义的生物学著作——达尔文的《物种起源》，严复的心思根本没在生物学上，而是在生物社会学上。

严复把 Sociology 翻译成"群学"，还因为他自认为在斯宾塞的著作中，发现了与中国传统儒家学说中经世致用的思想相吻合的要义，也就是所谓格物致知、修身治国、内圣外王的道理，而斯宾塞不过是把这种思想发展成一门精致得多的学问。在《〈群学肄言〉译余赘语》中，严复指出："窃以为其书实兼《大学》、《中庸》精义，而出之以翔实，以格致诚正为治平根本矣。"在《原强》中，严复在谈到斯宾塞的"群学"时说得更加清楚：

> "群学"者何？……凡民之相生相养，易事通功，推以致于兵刑礼乐之事，皆自能群之性以生，故锡彭塞氏（斯宾塞）取以名其学焉。约其所论，其节目支条，与吾《大学》所谓诚正修齐治平之事有不期而合者，第《大学》引而未发，语而不详。至锡彭塞（斯宾塞）之书，则精深微妙，繁富奥衍。其持一理论一事也，比根柢物理，徵引人事，推其端于至真之原，究其极于不遁之效而后已（严复，转自卢云昆，1996：8）。①

对于西方社会学早期的代表人物孔德和斯宾塞来说，社会学是各门学科的科学女王，是包括其他一切学科的综合科学，至少也是社会科学和人文科学的总汇，各门学科按照统一的原理被置于社会学这个包罗万象的系统中。这与严复心目中格物致知、经世致用的大法，即作为"天演"之学和"群治"之学的"群学"，应该说是完全一致的，不存在误读的问题。严复明确指出，"群"是一个比人们一般理解的"社会"更宽泛的概念，他说："群也者，人道所不能外也。群有数等，社会者有法之群也。社会，商工政学莫不有之，而最重之义，极于成国。尝考六书文义，而知古人之说与西学合。"（严复，转自卢云昆，1996：8）

"群学"在中国的产生，自然是西学东渐和中外文化碰撞、融合的结果，可它一经导入和产生，就完全被纳入中国的文化话语系统和观念系统；但作为新的种子，它也在改变着这一话语系统和观念系统。

二　社会学改良思想与学术的制度化

社会整合的实际需要和思想情结是社会学思想产生的重要动因。在 19 世纪 30 年代孔德写作《实证哲学教程》并创立社会学的时候，正是法国 1848 年革命的前夜，经济萧条引起激烈的社会动荡和混乱，知识阶层和中

---

① 引文括号及其中的注词是笔者加的。严复把英国社会学家 H. Spencer 的名字较早译为锡彭塞，后译为斯宾塞尔，最后定为斯宾塞。

产阶级也出现道德标准的信仰危机。孔德一生经历了 7 个政权、无数的暴乱、骚动和市民起义，相对稳定时候很少。因此，寻求维护社会稳定和社会秩序的社会整合机制，以及通过社会改良实现社会进化和社会进步，成为孔德社会学的主要特征，也似乎成为后来社会学的整个学科的基本特征之一。斯宾塞从 1862 年发表《第一原理》到 1873 年发表《社会学研究》（《群学肄言》）这段时期，正是英国维多利亚时代（1815～1914 年）的中期。这是与孔德所处的动乱时代完全不同的时期，是远离革命和动乱的时期，但也是英国即将结束其工业霸主地位的时期，知识界普遍出现危机感，要求进行新的社会整合。斯宾塞的社会学是英国当时这种要求的反映。他的社会有机体学说，为实现新的社会整合和维护社会均衡的秩序提供了社会学理论基础。总之，社会学从它产生的时候起，似乎就与一种本质上属于社会改良的思想相联系，即通过渐进的、非暴力的、非革命的社会进化实现社会进步，通过社会结构的转型实现制度和观念的变革。法国的著名社会学家阿隆（R. Aron）在谈到社会学家与法国 1848 年革命的关系时曾说，由孔德设想和开创、并由迪尔凯姆加以实践的这种社会学，是以社会而不是以政治为中心的，甚至把政治放到从属于社会的地位，这就往往造成贬低政治制度的变革而重视社会基本现实的变迁。

孔德社会学的社会改良思想和维护社会秩序的思想，受到革命理论家马克思的激烈批判。而且，这种批判与马克思对亚当·斯密的经济学和黑格尔的辩证法进行的充满赞誉之词的继承性批判形成鲜明对照。马克思在 1866 年写给恩格斯的一封信中，表达了严谨的德国思想家对孔德实证主义的轻蔑："我现在在顺便研究孔德，因为对于这个家伙英国人和法国人都叫喊得很厉害。使他们受迷惑的是他的著作简直象（像）百科全书，包罗万象。但是这和黑格尔比起来却非常可怜（虽然孔德作为专业的数学家和物理学家要比黑格尔强，就是说在细节上比他强，但是整个说来，黑格尔甚至在这方面也比他不知道伟大多少倍）。而且这种腐朽的实证主义是出现在 1832 年！"（马克思，1866：236）到 1871 年马克思写《法兰西内战》初稿的时候，他专门写了"工人和孔德"一小节，他怒斥孔德派为资本统治制度和劳动雇佣制度辩护，并以非常严厉的语词批判道："孔德在政治方面是帝国制度（个人独裁）的代言人；在政治经济学方面是资本家统治的代言人；在人类活动的所有范围内，甚至在科学范围内是等级制度的代言人；巴黎工人还知道：他是一部新的教义问答的作者，这部新的教义问答用新的教皇和新的圣徒代替了旧教皇和旧圣徒。"（马克思，1972/1871：423～424）

西方社会学思想在产生的时候所具有的明显的社会改良特征，以及改良思想与革命思想之间产生的激烈冲突，在中国社会学产生和发展的过程中再次重演。梁启超和严复在19世纪末确立中国的群学思想的时候，正是1894年中日甲午战争之后，中国处于王朝衰落、内困外辱境况的时候，因此他们的群学具有鲜明的保群保族、富国强国的实用目的，以及由社会学的秩序和进化理论所决定的社会改良特征，就是非常自然的了。

与梁启超相比，严复思想的改良色彩似乎更加鲜明。严复早期为变革救亡大声疾呼，反对专制主义，主张君主立宪，倡导以自由为体，以民主为用；但到晚年，他在政治上逐渐趋于保守，对辛亥革命不理解，并为袁世凯称帝造舆论（张志建，1995：23～24）。不过，他的温和渐进改良思想，却似乎是一贯的，并不仅仅是一种应时政治态度，而是以其群学理论为基础的。他28岁时初读《群学肄言》，就认为自己"生平好为独往偏至之论，及此始悟其非"（严复，转自卢云昆，1996：1231）。他强调群学的主旨是反对盲进破坏，注重建设："群学何？用科学之律令，察民群之变端，以明既往测方来也……乃窃念近者吾国，以世变之殷，凡吾民前者所造因，皆将于此食其报，而浅谞剽疾之士，不悟其所从来如是之大且久也，辄攘臂疾走，谓以旦暮之更张，将可以起衰而以与胜我抗也。不能得，又搪撞号呼，欲率一世之人，与盲进以为破坏之事。顾破坏宜矣，而所建设者，又未必其果有合也，则何如其稍审重，而先咨于学之为愈呼！"（严复，转自卢云昆，1996：1231）。这也就是严复所自认为的"吾国变法当以徐而不可骤也"的道理。

梁启超与严复有很大的不同，他不仅是一位大学问家，也是实际参与和领导变法革新的风云人物。他对于自己介于改良与革命之间的思想，在1902年底发表的《释革》一文中，做了很细腻的界说。他认为，第一，中国的"革"字，兼具英语中的Reform（改革、改良）和Revolution（革命）两种意思，前者可译为"改革"，后者可译为"变革"，二者的区别是"Ref主渐，Revo主顿；Ref主部分，Revo主全体；Ref为累进之比例，Revo为反对之比例"。第二，"革也者，天演界中不可逃避之公例也"，不论是自然界还是人类社会，都服从适者生存的法则，不适应者就要被淘汰；淘汰分为"天然淘汰"和"人事淘汰"，人事淘汰就是"革"，包括改革和变革（革命）。第三，人们所说的"革命"，实际上也就是变革，革命不局限于政治领域，在宗教、道德、学术、文学风俗、产业等各个领域都可以发生革命；就是在政治领域，革命也不是就意味着王朝易姓更迭，王朝更迭也不一定就是革命，因为"革命"一词在英国1688年"光荣革命"后才使用，而此前几经王朝更迭，都不叫"革命"。第四，1789年的法国大革命使人们都认为革命就是暴力革命，就是王朝革命，从而对革命产生恐惧，而实际上国民变革也是革命，如1868年日本的明治维新，中国需要的就是明治维新这样的大变革，而不仅仅是废八股兴策论、废科举兴学堂的改革；中国面临生死存亡和"被天然淘汰之祸"，因此所谓革命，亦即变革，是"今日救中国独一无二之法门"，"不由此道而欲以图存，欲以图强，是磨砖作镜，炒沙为饭之类也"（梁启超，《释革》，载《饮冰室合集·文集》第4册第9卷）。所以，梁启超在政治上仍主张王朝集权下的变法（君主立宪），具有强烈的国家主义和民族主义特征。他曾是改良派的主帅，与孙中山的革命派对立，虽然为讨伐张勋复辟他撰写檄文，不惜与保皇的老师康有为撕破脸皮，但反对暴力革命、主张社会改良的倾向，可以说是他一生的思想烙印（孟祥才，1980：106~118、247）。

社会改良的思想似乎已经成了社会学整个学科的思想特征，而不仅仅是某些社会学家的学术思想特征或主旨态度。正因为这一点，它也注定被在马克思主义指导下武装夺取政权的革命思想家斥为非马克思主义的或反马克思主义的。苏联在20世纪30年代、中国在50年代，都把社会学整个学科作为"资产阶级的伪科学"进行批判，[1]并从教育和研究体系取消了这门学科，[2]直到被取消27年后的1979年，出现"改革开放"和实现现

---

[1] 中国20世纪50年代初期对"资产阶级社会学"的批判，到1957年与"反右斗争"也联系起来。参见胡绳《西方资产阶级社会学输入中国的意义》（1957年11月）、《关于资产阶级社会学的札记》（1957~1958年）、《争取无产阶级世界观的彻底胜利——在中国科学院召开的座谈会上的发言》（1957年），载胡绳，1978。

[2] 中国在1952年高等院校的院系大调整中，模仿苏联的做法，取消了社会学系的设置，财经政法等社会科学教育受到普遍冲击，如政治系科在校生占大学在校生的比重，从1947年的24.33%下降到1952年调整后的2%，财经系科招生占高校招生总数的比重，从1950年的16.03%下降到1953年调整后的2.9%。参见毛礼锐、沈灌群，1989：78~79。

代化的"建设"需要，中国社会学和政治学才在邓小平的倡导下而得以恢复名誉并随后恢复学科。①

社会学的社会改良思想，在中国 20 世纪上半叶的政治革命风云中屡试不果，名誉扫地，但社会学所孕育的社会改革家倡导的变法维新，却使得社会学作为一种学术，在渐进的潜移默化的制度变迁中得以实现制度化，并通过这种学术的制度化而得以实现学术的现代化。

变法维新的改良派学者的现代化理想，体现为对富国强国的渴望，而他们富国强国的方略，虽然首先是政治体制、经济体制和社会体制的改革，但最终又都似乎归结为一个民众教育的问题，从而促使他们积极参与和鼓动教育体制和学术制度的改革，这大概是学者的本性使然。

1895 年 3 月，严复在《原强》中说："海禁大开以还，所兴发者亦不少矣：译署，一也；同文馆，二也；船政，三也；出洋肄业局，四也；轮船招商，五也；制造，六也；海军，七也；海署，八也；洋操，九也；学堂，十也；出使，十一也；矿务，十二也；电邮，十三也；铁路，十四也。拉杂数之，盖不止一二十事。"他认为这些西方国家富国强国的制度，移到中国则往往"淮橘为枳"，难收实效，所以"今日要政"还在开民智、厚民力、明民德（严复，转自卢云昆，1996：17、29）。②

1895 年 5 月，康有为在他写的《上清帝第二书》（著名的"公车上书"）中，提出下诏鼓天下之气，迁都定天下之本，练兵强天下之势，变法成天下之治。关于具体的变法富国方略，他提出 6 条："夫富国之法有六：曰钞法，曰铁路，曰机械轮舟，曰开矿，曰铸银，曰邮政。"同时，他也提出改革教育，说"尝考泰西之所以富强，不在炮械军兵，而在穷理劝学"（康有为，转自郑大华、任菁，1994：14、24）。

1896 年 8 月，梁启超在《变法通议》的《论变法不知本原之害》一篇中指出："今之言变法者，必曰练兵也，开矿也，通商也。"但若没有这些方面的专门学校传授这些方面的知识和技艺，则铁路、轮船、银行、邮

---

① 邓小平在 1979 年 3 月理论工作务虚会上说："实现现代化是一项多方面的复杂繁重的任务，……我们面前有大量的经济理论问题，……不过我并不认为政治方面已经没有问题需要研究，政治学、法学、社会学以及世界政治的研究，我们过去多年忽视了，现在也需要赶快补课。"［参见《邓小平文选》（第 2 卷），1994：180～181］随后，1980 年南开大学首先恢复社会学系，中国社会科学院建立社会学研究所。

② 严复《原强》初于 1895 年 3 月 4～9 日发表在天津《直报》，这里所引的是根据该文修订的稿。

政、农务、制造等"百举而无一效"，因此"一言以蔽之曰：变法之本，在育人才；人才之兴，在开学校；学校之立，在变科举；而一切要其大成，在变官制。"（梁启超，《变法通议》的《论变法不知本原之害》篇，载《饮冰室合集·文集》第 1 册第 1 卷）

1898 年 12 月，《知新报》的评论《论中国变政并无过激》一文，历数中国开放海禁后受西方影响开始时兴的各种"新政"：变科举，变官制，变学校，许士民上书，许报馆昌言，去衰老大臣，派亲王游历，办民团，改洋操，汰旗兵，兴海军，开内地邮政，开海外学堂，立农务局，立工务局，立商务局，立医学，修铁路，以及免厘金，重官俸，废毒刑，免奴婢，徙游民，实荒地，禁洋烟，禁赌博，推广善堂，保护华工，开女学，禁缠足，开赛会，迁新都，开议院，立宪法，开懋勤殿，立制度局，免长跪礼，开太平会，置巡捕房，开洁净局，设课吏馆，立保民约等（康有为，转自郑大华、任菁，1994：289～306）。这些大多数今天已经融入"日常生活"的制度，20 世纪初都是标志着变法维新、富国强国的"符号"。

与这些新制度的符号融入日常生活体系一样，社会学融入中国的知识系统，并在中国的教育体系中获得一定的位置，这种不经意观察难以领略其"深刻性"的制度变迁，正是中国在剧烈变幻的政治风云中缓慢走向现代化的实际过程。

中国在洋务运动时期，洋务派领袖人士就建立了许多新型学校，主要是外语、工业和军事学校，如京师同文馆（1862 年）、上海广方言馆（1863 年）、广州同文馆（1864 年）、湖北自强学堂（1893 年）、福建船政学堂（1866 年）、上海机器学堂（1865 年）、天津水师学堂（1880 年）、江南水师学堂（1890 年）、天津军医学堂（1893 年）、天津武备学堂（1895 年）。但一般是除外文外，主要传授西方的理工科基础知识。

康有为是较早注重传授西方人文科学和社会科学知识的变法维新人士。1891 年春，康有为在广州设立"长兴学舍"，初时有学生 20 余人，后因学生不断增加两次迁址，1893 年冬迁到广州府学宫深处的仰高寺，易名为"万木草堂"。这是中国第一个把"群学"列入教学课程的学校。后来，梁启超在撰写《康有为传》时，生动地描述了作为大教育家的康有为，并根据康有为撰写的《长兴学记》，及其亲身所受的教育，精心绘制了长兴学舍（万木草堂的前身）的教学体系图。① 这个教学体系把学科分为义理之学、考据之学、经世之学、文字之学；义理之学主要是指哲学和伦理学，考据之学包括史学和自然科学，经世之学包括政治学和社会学，文字之学包括文学和语言学。这大体已经有了今天人文科学、社会科学和自然科学分野的影子。在这个教学体系和课程分类中，"群学"首次被列入其中，与"政治原理学"、"中国政制沿革得失"、"万国政治沿革得失"和"政治实应用学"一起列于经世之学门下。

康有为在广州长兴学舍的教书时间，主要是从 1890 年秋到 1894 年初，此后进京会试，其间也曾回粤讲堂，1895 年春康有为再次进京参加会试并发动"公车上书"。但他 1896 年上半年又"讲学于广府学宫万木草堂"，续成《孔子改制考》、《春秋董氏学》和《春秋学》，1897 年 6 ~ 7 月又曾最后"还粤讲学，时学者大集，乃昼夜会讲"（康有为，转自楼宇烈，1992：19 ~ 33）。"群学"不知是何时列入长兴学舍教学课程的；关于康有为所教的"群学"课程的内容，在康有为的《长兴学记》、《万木草堂口说》以及其他著作中，也都没有任何的记载；康有为仍属于不通西文的传统学者，很少涉及西学，因此康有为是否真正讲授过"群学"，实在有存疑之处。② 不过康有为当时的确大量购置西学译本，指导学生自学西学，上海制造局译印西书售出 1200 册，康有为一人就购 300 余册；同在万木草堂学习的梁启超的弟弟梁启勋回忆道："（学生们）要读很多西洋的书，如江南制造局关于声光化电等科学译述百数十种，皆所应读。容闳、严复诸留学先辈的译本及外国传教士如傅兰雅、李提摩太等的译本皆读。"③（转自林克光，1990：109）据此，长兴学舍所传授的"群学"，应是严复

---

① 该"学表"出自梁启超所著《康有为传》，载《饮冰室合集·文集》第 9 卷，亦载于楼宇烈整理，1992：245。

② 参见康有为《长兴学记 桂学答问 万木草堂口说》，中华书局，1988。梁启超所绘制的长兴学舍的教育体系图，基本上是根据康有为的《长兴学记》，但也有出入，其中"志于道"、"据于德"、"依于仁"和"游于艺"诸项及所属分项都是康有为文中所列的，而"义理之学"、"经世之学"、"考据之学"和"词章之学"各项，是康有为所列的中国传统的四门"通学"，其所属的具体科目以及部分西学内容（包括群学），全都是梁启超根据自己的解释增添的，并改"词章之学"为"文学之学"，最大的修改是梁启超略去了康有为原来所列的"科举之学"及所属的"经义"、"策问"、"诗赋"和"楷法"诸分项，可能是梁启超认为该课程设置不符合康有为的变法维新思想。

③ 参见张伯桢《万木草堂始末记》，稿本；梁启勋《万木草堂回忆》，《文史资料选辑》第 25 辑。

介绍的斯宾塞社会学，因为康有为在其著作中，并未留下他自己的有关群学思想的文字，甚至从未提到"群学"的概念。然而，最早引进西方社会学思想的严复，在1894年以前还未开始译书，他最早介绍斯宾塞群学的文章是《原强》，该文虽写于1894年春（"甲午春半"），[①] 但发表于1895年3月，所以万木草堂所设"群学"课程，只有两种可能性：一种可能性是，群学是在1895年以后设立的，这种可能性仍然很小；另一种可能性是，梁启超所绘制的这个课程体系只不过是指万木草堂的学生接触到的学科内容或读书和讨论涉及的知识，是梁启超根据康有为的讲学大纲精心"加工"了的教育体系，并非康有为所设的专门课程。因为康有为一人为师，承担这么多的课程难以想象，况且数学之类，非他所长，他的西学也只能依赖译本，所以所谓群学课程，不过是指万木草堂的学生在1895年以后接触到的对斯宾塞社会学思想的中国化阐释而已。

但是，至少梁启超头脑里的学科分类体系，已经与中国传统的由子学、经学、史学等构成的知识体系有了根本的差别，开始接近现代的知识体系。1902年，梁启超认为理论是实事之母，理论又可分为理论之理论和实事之理论，前者是指哲学、宗教等，后者是指"政治学、法律学、群学、生计学等"。同年在谈到创立新史学的问题时，他又指出史学与地理学、地质学、人种学、人类学、言语学、群学、政治学、宗教学、法律学、平准学（经济学）等学科有直接关系，而与"哲学范围所属之伦理学、心理学、论理学、文章学及天然科学范围所属之天文学、物质学、化学、生理学"等常有间接关系。20余年之后的1922年，他又提出不能把科学看得太窄了，以为只有化学、数学、物理、几何等才算科学，"殊不知所有政治学、经济学、社会学……等等，只要够得上一门学问的，没有不是科学"，科学就是"求真知识"，"求有系统的真知识"，"可以教人的知识"，不改变对于科学的偏见，"中国人在世界上便永远没有学问的独立"（梁启超，转自李华兴等，1984：354、287、794~797）。可见梁启超头脑里的"群学"以及中国社会学自身，也有一个通过逐步界定其在学科

---

① 严复在1896年10月写给梁启超的一封信中说："甲午春半，正当东事埠兀之际，觉一时胸中有物，格格欲吐，于是有《原强》、《救亡决论》诸作，登布《直报》……"可见《原强》写于甲午战争即将爆发之时，而发表在天津《直报》上的日期是1895年3月4~9日。参见严复《与梁启超书》，转自卢云昆，1996：521。

体系中的位置而得以"学科化"的过程。

在中国，"群学"易名为"社会学"，是由于中国人翻译日本学者介绍 Sociology 的著作时，直接采用了"社会学"这种日本学者的译法。辛亥革命之前，就有人以日本学者的著作为蓝本编译了几种社会学的著作，开始采用"社会学"的译名。如 1902 年，章太炎译岸本能武太介绍斯宾塞和吉丁斯（F. H. Giddings，1855～1931）理论的《社会学》，由广智书局出版；1903 年，吴建常转译市川源三的《社会学提纲》，而该书是吉丁斯《社会进化论》的日文易名译本；1903 年，马君武译出斯宾塞《社会学原理》的第二编《社会学引论》；1911 年商务印书馆出版了欧阳钧编译的日本学者远藤隆吉的《社会学》，而远藤隆吉的著作也不过是转手介绍美国社会学家吉丁斯心理学派的学说；此外，较有影响的还有 1920 年和 1922 年商务印书馆出版的美国社会学家爱尔乌特（C. A. Ellwood，1873～1946）的三本书的译本：《社会学及社会问题》、《社会心理学》和《社会问题——改造的分析》。与此同期，大学里开始设立社会学课程：1908 年，美国教会在上海办的圣约翰大学创设社会学课程，由美国学者亚塞·孟（Arthur Monn）讲授；1913 年，上海沪江大学也开设社会学课程，并于 1915 年由美国教授葛学溥（D. H. Kulp）创立社会学系，讲课的除葛学溥外，还有美国学者白克令（H. S. Bucklin）、狄来（J. Q. Dealey）等人；1917 年，北京的清华学校（后来的清华大学）设立由美国学者狄德莫（C. G. Dittmer）讲授的社会学课程；1919 年，燕京大学（美国教会在北京办的大学）成立由美国学者步济时（G. S. Burgess）任系主任的社会学系。除教会学校外，国立的京师法政学堂于 1906 年和京师大学堂于 1910 年，也都开设了社会学课。章太炎的门生、留学日本回国并在北京大学（1912 年京师大学堂改为北京大学）任教的康心孚，大概是第一位在大学讲授社会学课程的中国学者，他也是中国第一代社会学家孙本文的老师。①

对于中国的社会学来说，可与社会学创始人孔德相比拟的，无疑是梁启超，也许严复比梁启超更了解西方的社会学，但梁启超的"群学"的思想深度及其学术意识远胜于严复。那么，在中国，谁又是使社会学学科化

---

① 关于这段中国社会学早期的历史，有各种记载描述，但史料似乎都出自孙本文主编的《社会学刊》（1929～1948）第 2 卷第 2 期的《中国社会学运动的目标、经过和范围》一文。请参阅杨雅彬，1987：27～32 页；胡绳，1978：243～260。

的迪尔凯姆（E. Durkheim，1858～1917）呢？现在看来，在中国社会学的发展史上，无人可与迪尔凯姆相比拟，若一定要相比的话，大概应该首推陶孟和（原名履恭，1887～1960）。孙本文虽是早期社会学家中著述较多的人，而且对社会学在中国的传播贡献最大，但他的著作多属于思想和理论的二传手之作。陶孟和是中国最早留学学习社会学的人士之一，也是第一位用社会学方法分析中国社会并撰写出社会学专著的人，1915 年他与梁宇皋用英文合著的《中国乡村与城市生活》一书，由伦敦经济学院出版；他是最早在中国讲授社会学的中国教授之一，20 世纪 20 年代初就在北京大学开设社会学和人口学的课；他还是最早在中国组织社会调查的中国学者之一，是中国第一家社会调查机构的主持人，他在 1915 年写的京城人力车夫的调查报告可能是中国学者写的最早的调查报告。当然，就纯学术的比较来看，梁启超的渊博可能远非孔德所能比拟，而迪尔凯姆的精深又远非陶孟和所能比肩。

社会学在中国的学科化过程，反映的正是中国普遍的制度变迁的实际过程，而这种普遍的制度变迁，构成了中国现代化的洪流。社会学的学术制度，就像学校的制度、邮政的制度、铁路的制度一样，是一种现代化的"制度符号"，有了这些符号才能解读和延续现代化的"思想本文"。这些制度的酝酿、引入和建立，也许是渐进的、潜移默化的甚至不经意的；随着时间的磨蚀和它们融入"日常生活"，人们或许已经完全忘记了它们最初所具有的意义；但这些制度的形成过程，的确蕴含着观念的断裂、方法的创新和社会的转型。

三　学术走向生活及其反思

中国社会的现代化是一个漫长的社会结构转变过程，制度变迁是这个过程的组成部分。制度变迁虽不像思想观念变革那么充满着论战的激情和攻守转换的戏剧性，但相对于日常生活的基层结构变迁来说，它毕竟是显著的，具有思想符号和行为规范的普遍意义的，特别是政治体制的暴风骤雨般的变革，往往会成为划分时代的标志。在现代化的过程中，日常生活的基层结构的变迁，是最大量发生的、最不为人所在意的和最经常、最持久也是最根本、最深层的社会变迁。很多学者习惯于把思想观念视为比日常生活更深层的东西，而现代社会学方法的导入，将这一观念本身颠倒过来。

历史上的学者，似乎从来注重的都是从书本里寻知识，讲究师承关系，讲求思想源渊。学问的深浅，要看概念的锤炼功夫，要看能否从已有的知识体系中发现新的微言大义，从而建立自己的知识话语和观念符号。日常生活的油盐酱醋茶、食衣住行闲，大概应归于形而下的末流，不是学者们的思维值得关注的东西。现代社会学方法的产生，是把自然科学对"自然现象"的观察、比较、分析的方法移植到社会科学上来，它开辟了从对社会现象和社会事实观察中寻找学问的道路。做学问，要学会询问，这也许就是学问的本义。但在19世纪中叶以前，世界上还很少有人把今天社会学的所谓社会调查方法概括为一种做学问的路子。法国的社会学家、经济学家和工程师勒普莱（F. Le Play, 1806~1882），通过对工人家庭进行的实地调查和个案调查获得的资料，在1864年写了《欧洲工人》一书，从而使他成为开创社会学调查方法的先驱之一。而法国社会学家迪尔凯姆通过他在1895年出版的《社会学方法的准则》和1897年出版的《自杀论：一种社会现象的研究》，使社会学在做学问的路子方面完全从哲学的母体独立出来（李培林，1993：86~87）。① 革命的理论家为了理论的适用性，也很早就开始使用社会调查的方法，恩格斯在1845年他24岁时，就根据实地调查写了《英国工人阶级状况》；而马克思在1880年他62岁时还设计过一个长达100个问题的《工人调查表》（马克思、恩格斯，1963：第2卷，269~287，第3卷，250~258）。

社会学在中国的导入和产生，也使中国学者做学问的方法为之一变。中国的学者们这时才幡然省悟，原来学问（尤其是解释具体社会现象、解决具体社会问题的学问）也是可以来自对日常生活的观察的。社会学的社会调查方法在中国的运用，使中国学术的实践取向进一步强化了。中国最早的社会调查大概是北京社会实进会（1913年北京高校学生组织的社会服务组织）于1914~1915年对北京人力车夫的调查。此外，1923年，陈达指导清华学校学生调查了附近的成府村91户人家、安徽休宁县湖边村56户人家和学校雇役141人。1924~1925年，甘博、孟天培、李景汉在北京调查了1000个人力车夫、200处出赁车厂和100个车夫家庭。1926年，孟

① 在19世纪末20世纪初，由于西方帝国拓展和维护殖民地的需要，人类学受到刺激而快速发展起来，对土著社会的关注使许多人类学家赴非洲、澳大利亚和拉丁美洲进行实地调查，社会学的参与观察调查方法也因而进一步地发展了。

天培和甘博以北京几家粮店的账簿、行会章程为依据，以若干的家庭社会预算为参照，调查了北京 1900 至 1924 年 25 年的物价、工资和生活费用变化情况。1926 年至 1927 年间，陶孟和采用家庭记账法，对北京 48 个手工业工人家庭和 12 个小学教员家庭的生活费进行了调查，写成《北平生活费之分析》一书，于 1930 年出版。在中国教学的外国教授，也指导学生进行了深入的调查。1918～1919 年，沪江大学社会学教授葛学溥（D. H. Kulp）指导学生对广东潮州 650 人的凤凰村进行了调查，调查结果用英文写成《华南乡村生活》，于 1925 年出版。1922 年华洋义赈救灾总会委托马伦（C. B. Malone）和载乐尔（J. B. Taylor）指导 9 个大学的 61 个学生，对直隶、山东、江苏、浙江 4 省的 240 个村、1097 户进行了调查，并以英文写成《中国农村经济研究》出版。1923 年，在白克令教授指导下，沪江大学社会调查班的学生调查了上海附近 360 人的沈家行村，调查结果写成由张镜予主编的《沈家行实况》，于 1924 年由商务印书馆出版，这大概是第一个用中文写的农村社会调查报告（杨雅彬，1987：34、55～57）。中国早期社会调查报告的经典之作，当属李景汉 1933 年发表的《定县社会概况调查》。中国的革命理论家这时也开始运用社会调查的方法，较早的和具有代表性的就是毛泽东于 1927 年根据实地调查写成的《湖南农民运动考察报告》。我在此处不厌其烦地罗列这些中国早期的社会调查，只是为了说明，这种研究的方法，并非中国从来就有的，也并非从中国传统治学文化的土壤里自然长出来的，它像社会学在中国的产生和邮政、铁路、学校等新事物在中国的出现一样，也是中西文化碰撞的产物和中国走向现代化过程中观念断裂的标志。

制度的变迁，只在某些历史的时段表现得比较突出。尽管 20 世纪以来，中国的制度变迁（包括制度革命和体制改革）曾多次成为历史的主题，但制度相对稳定的时期仍然是更为经常的、更为长久的状态。制度本身的含义，就意味着它是相对稳定的行为规范，人们不可能永远在制度变迁中生活，就像无法驾车行驶在交通规则日新月异的道路上一样。制度的建立是为了降低人们行动的成本，制度具有这种节约行为成本的功能，因此制度变迁本身是要付出成本的，只有当制度变迁的收益大于成本时，这种制度变迁才是合乎理性的。但是，相对于制度变迁来说，日常生活的基层结构的变迁是每日每时都在进行的，它是由无数的、似乎司空见惯、习以为常但又实际上变动不居的日常社会现象构成的，这种持续的不间断的社会结构变迁是社会发展的常态，只不过有时缓慢得让人感到死气沉沉，有时又加速得让人感到变幻莫测。社会学所研究的、所关注的、所要通过社会调查获得的学问，实际上就是关于这种日常生活基层结构的变化规则的知识，这种知识除了来自对日常生活经验的分析综合之外，别无他途。

这种做学问的方法，并不只限于对"现实问题"的研究。在历史研究的领域，这一方法也同样有效。法国著名的历史学家布罗代尔（F. Braudel, 1902~1985）在研究 15~18 世纪物质文明、经济和资本主义时，就特别注重从最基层的日常生活结构的变化入手，他不厌其烦地从各种琐碎的关于衣食住行的资料中去发掘那些人们所不经意的东西，认为这样才能真正揭示市场经济和资本主义的形成。[①] 这样撰写历史当然不如研究重要历史人物和重大历史事件的传统历史方法简洁，甚至让人觉得把轰轰烈烈的历史写得那么平常乏味、那么枯燥烦琐，但这样撰写的历史也许才是更为真实的、更接近历史本来面目的。中国是史学大国，但对中国的历史，史学家更为关注的是正史（"二十四史"）和编年史（《资治通鉴》等），而不是各种历史档案本身，对中国的"二十四史"，史学家历来关注的也是本纪、列传以及王朝更迭等重大事件，近现代治史的学者，才把目光更多地转向考古发掘的和历史遗留的实物，注重引证和依据第一手资料，也更注意研究史书中反映日常生活的食货志、刑法志、地理志、礼仪志、乐志、艺文志、职官志、舆服志、选举志等。

所以，对于一百多年来中国现代化和社会结构变迁的历程，人们可以从不同的层面和角度来观察。人们比较习惯的层面和感到方便的观察角度，往往是划时代的历史事件、耳熟能详的代表人物和不同派别的社会思潮，而人们最容易忽略的重要层面就是"日常生活"。19 世纪末，中国"人多好之"的进口衣物、食物、用物，如洋布、洋缎、洋呢、毡毯、手巾、花边、纽扣、针线、伞、颜料、牙刷、牙粉、胰皂、火油、咖啡、纸

---

① 布罗代尔是法国年鉴历史学派第二代的代表人物，该学派是由费弗尔（L. Febvre, 1878~1956）和布罗赫（M. Bloch, 1886~1944）创立的，其研究方法受到人类学、社会学、地理学、心理学、经济学和语言学的影响，强调研究要"科学"和"客观"，注重依据经过缜密考证的第一手资料，尤其是档案资料，发掘个别、特殊社会现象之间的历史因果关系。布罗代尔对日常生活的关注，开历史研究的新风（参见布罗代尔，1992：第 1 卷）。

卷烟、洋酒、火腿、洋肉脯、洋饼、洋糖、洋盐、洋干果、洋水果、药水、丸粉、马口铁、钟表、日晷、寒暑表、风雨针、电气灯、自来水、玻璃镜、照相片、电线、显微镜、传声筒、留声筒、氢气球等,[①] 现在早已成为寻常之物，在生活中和人们的记忆中甚至难以留下它们改变生活方式的变迁痕迹，但它们的导入和融入中国日常生活的过程，就像制炮造舰等技术、学校、邮政、铁路等制度和物竞天择、适者生存等思想导入和融入中国社会的过程一样，反映的是中国缓慢走向现代化的社会结构变迁过程，而且是从日常生活的最基础层面昭示这一过程。

20 世纪初社会学在中国的导入和产生所推动的学术走向生活、走向实践的取向，以及外辱内忧之下学者所形成的富国强国的强烈使命感，形成了中国社会学介入生活、干预生活的传统，推动一大批学者走出书斋步入生活基层。但是，学术走向生活、走向具体和走向个别的惯性和偏好，也容易形成两个学术上的弊端：一是对理论的轻视以及由此造成的理论上的匮乏；二是在研究中国时过分地强调"特殊性"。

中国社会学在理论上的苍白，固然与社会学在中国大陆近 30 年的研究中断不无关系，但独坐寒窗者日少，短平快的研究日多；理论的反思少，观点的炒作多；长远的知识积累少，赶时髦的时兴之作多，成就和功利目标发生如此转向，也是至关重要的原因。现在做学问的，不仅具有"回头蓦见"功夫的人少，肯"独上高楼"和"终不悔"者也不多。[②]

关于"特殊性"的问题，起初似乎是由于学西方不见实效，焦虑之下反观中国现实，于是发现了中国不具有走西方道路的文化基础这个"理由"。开始也还只是涉及东方之于西方、中国之于外国在社会结构和文化上的特殊性，但后来关于这种"特殊性"的探讨被扩展到很多的学术领域，包括学科的理论、规则和方法。

梁启超是较早（1906 年）提出东西方社会具有根本差异的学者。他提出这种差异，不过是为了证明，欧美的经济社会"陷于不能不革命的

---

① 1895 年，康有为在《上清帝第二书》中，提出务农、劝工、惠商、恤穷的"养民之法"，这里所列的物品，是他在谈到劝工、惠商时列举的关系"民生国计"的外来工业品和引起严重贸易逆差的外来生活商品（转自郑大华、任菁，1994：19~20）。

② "众里寻他千百度，回头蓦见，那人正在灯火阑珊处！"一句，王国维引自辛弃疾《青玉案·元夕》，原句为"众里寻他千百度，蓦然回首，那人却在灯火阑珊处。"王国维，《文学小言》，载《教育世界》第 23 卷。

穷境",而中国的经济社会,只能"使循轨道以发达进化,而危险之革命手段,非所适用也"。他解释说:"我国现时之经济社会组织,与欧洲工业革命前之组织则既有异,中产之家多,而特别豪富之家少。其所以能致此良现象者,原因盖有数端。一曰无贵族制度。欧洲各国,皆有贵族,其贵族大率有封地……二曰行平均相续法。欧洲各国旧俗,大率行长子相继。……三曰赋税极轻。欧洲诸国,前此受教会重重压制,供亿烦苛,睃削无艺,侯伯、僧侣不负纳税之义务,而一切负担,全委诸齐氓。……凡此皆说明我国现在经济社会之组织,与欧洲工业革命前之经济组织,有绝异之点。而我本来无极贫极富之两阶级存,其理由皆坐是也。"(梁启超,载李华兴等,1984:502~503)梁启超在这里提出的,不仅是中国社会组织特殊论,而且是中国社会组织优越论。

陈独秀在即将就任北京大学哲学系教授的 1915 年,在其创办的《新青年》杂志上发表了《东西民族根本思想之差异》一文,认为第一,"西洋民族以战争为本位,东洋民族以安息为本位";第二,"西洋民族以个人为本位,东洋民族以家庭为本位";第三,"西洋民族以法治为本位,以实利为本位;东洋民族以感情为本位,以虚文为本位"。陈独秀所说的东洋民族,显然是指中国,而且他的阐述中褒扬西洋的民族性、贬斥中国民族劣根性的取向是明显的,他认为中国的宗法制度损害个人独立之人格,窒碍个人意志之自由,剥夺个人法律平等之权利,养成依赖性从而戕贼个人之生产力,所以"欲转善因,是在以个人本位主义,易家庭本位主义"。[1]

梁漱溟大概是近代以来中国学者中谈东西文化差异问题最多的人,1920~1921 年他就发表了《东西文化及其哲学》一文,除早期那篇使他以中学之学历而能持北京大学教鞭的《究元决疑论》[2] 和关于印度哲学的著作外,这个问题几乎贯穿于他所有的著作,而 1928~1933 年发生的"中

---

[1] 陈独秀,《东西民族根本思想之差异》,原发表在 1915 年《新青年》第 1 卷第 4 号,此处引自谭合成、江山,1995:129~132。

[2] 梁漱溟在北京上完中学后,再未接受正规教育,完全靠自学。1916 年他 24 岁时,在《东方杂志》上发表了谈印度佛学的《究元决疑论》一文,蔡元培看到后随邀他到北京大学哲学系讲授印度哲学课程,而此时在北大哲学系执教的基本上都是留学回来的,此事一时传为佳话,成为蔡元培不拘一格选人才的例证。参见梁漱溟的《我的自学小史》,载《梁漱溟全集》(第 2 卷),1989:659~698,以及他的《究元决疑论》一文的附记,载《梁漱溟全集》(第 1 卷),1989:20~21。

国社会史论战"，显然刺激了他在这方面的思考。梁漱溟认为，首先，中国是"伦理本位的社会"，中国已蜕出的宗法社会是"家庭本位的社会"，"西洋近代社会是个人本位的社会——英美其显例；而以西洋最近趋向为社会本位的社会——苏联其显例"，"团体与个人，在西洋俨然两个实体，而家庭几若为虚位。中国人却从中间就家庭关系推广发挥，而以伦理组织社会消融了个人与团体这两端［这两端好象（像）俱非他所有］"。其次，西洋"中古社会靠宗教，近代社会靠法律"，而中古社会"以道德代宗教，以礼俗代法律"。再次，中国是"职业分途的社会"，西洋是"阶级对立的社会"，西洋社会"中古则贵族地主与农奴两阶级对立，近代则资本家与劳工两阶级对立"。最后，中国社会只有周期性的治乱而无革命，西洋社会则既有工业革命又有社会革命。梁漱溟强调中国文化和社会的特殊性，大致是为了说明中国民族性的劣根性，而改造这种劣根性要从"乡村自治"开始，而不能走西方资本主义的道路。①

1947 年，费孝通在经历了他的实地社区调查阶段之后，开始用比较的手法从理论上分析乡土中国的特征。他认为，中国乡土社会的基层结构，是由"一根根私人联系所构成的网络"形成的"差序格局"，而现代西洋是"团体格局"，"在团体格局里个人间的联系靠着一个共同的架子；先有了这个架子，每个人结上这个架子，而互相发生关联"。他还认为，中国乡土社会是礼治社会，西洋现代社会是法治社会；中国乡土社会是血缘社会，血缘是身份社会的基础，西洋现代社会是地缘社会，地缘是契约社会的基础；"从血缘结合转变到地缘结合是社会性质的转变，也是社会史上的一个大转变"（费孝通，1985：29、48～49、77）。费孝通在论述中国乡土社会与西方现代社会的差异时，有时似乎是作为两种不同的文化类型，但更多的时候又似乎是直接受西方现代化理论的影响（特别是滕尼斯关于社区与社会的结构差别的理论），把这种差异视为传统社会与现代社会的阶段性差异。

---

① 关于中国社会与西方社会这几个差别，梁漱溟在他 1937 年出版的《乡村建设理论》（一名《中国民族之前途》）中都已提出，而据他所说，这种见地和主张，萌芽于 1922 年，大半决定于 1926 年冬，而成熟于 1928 年［参见梁漱溟《乡村建设理论》，载《梁漱溟全集》（第 2 卷），1989：141～573］。此处引自他的《中国文化要义》，该书内容曾在 1941年在广西大学讲演，1942 年开始写作，但到 1949 年才出版［参见《梁漱溟全集》（第 3卷），1990：1～305］。

　　近十几年，随着东亚经济的起飞成功，新儒家学说又重新提起东西方文化差异问题，但这次的命题似乎有所改变，中国人似乎不再有文化上的自贬和自嘲。1983 年，在香港召开的"中国文化与现代化"研讨会上，香港中文大学社会学教授金耀基宣读了《儒家伦理与经济发展：韦伯学说的重探》一文，质疑韦伯在《中国的宗教：儒家与道教》一书中关于儒家伦理是传统中国社会阻碍资本主义发展最主要原因的判断，要翻这个"长期以来几为学术界默然遵守的铁案"。金认为，东亚社会经济发展之谜，对韦伯的假设提出"经验现象的挑战"，而这种现象正可以按照韦伯《新教伦理与资本主义精神》一书的方法，以儒家伦理给予"文化的解释"（金耀基，1993：128 ~ 151）。1985 年，在第二次"中国文化与现代化"研讨会上，陈其南的《家族伦理与经济理性——试论韦伯与中国社会研究》一文，深化了这一探讨，分析了儒家的家族伦理对经济发展的贡献，凸显了儒家"光宗耀祖"的成就目标和精神动力（陈其南，1987：10、54 ~ 61、11、72 ~ 85）。1987 年，余英时发表了《中国近代宗教伦理与商人精神》一书，试图通过对中国长时段历史的研究来解决这个韦伯式问题，他认为在传统中国的价值体系中，也存在如新教伦理的勤、俭那样的工具理性，这是中国明朝中叶后商业蓬勃发展的原因（余英时，1987）。从此，这个话题似乎成为新儒家的主题，也几乎成为 1988 年在香港召开的第三次"中国文化与现代化"研讨会的主题。[①]

　　这种具有继承性的对中国社会结构或文化的"特殊性"的强调，是很有意义的，但在学术上也是有陷阱的，它有可能使人们把最终将汇入普遍性的特殊性，当作一种持久的特殊性。世界现代化的过程，尽管也是价值观走向多元化的过程，但从特殊性走向普遍性这一规律并没有因此而改变。如果像有些学者那样，进而把关于中国社会"特殊性"的命题扩展到中国的研究和学术的"特殊性"上，那就更进入误区了。科学是超越国家、民族、地域和文化的。社会学也只能有一个，它是属于全世界的，它可以有许多不同的学派、不同的观点和不同的思潮，可以有不同的理论发

---

① 参见这次研讨会后出版的论文集《中国宗教伦理与现代化》，黄绍伦编，1991，商务印书馆（香港）有限公司。请重点参阅其中两篇：张德胜的《儒家伦理与成就动机：事实与迷思》，62 ~ 76；G. G. Hamilton 的《父权制、世袭主义与孝道——中国与西欧的比较研究》，203 ~ 240。

展阶段，可以有对不同的社会和不同的文化的研究，但属于这个学科的基本逻辑和规则是相同的，没有国家的或东方西方的徽号。

参考文献

布罗代尔，1992，《15 至 18 世纪的物质文明、经济和资本主义》，顾良、施康强译，生活·读书·新知三联书店。

陈其南，1987，《家族伦理与经济理性——试论韦伯与中国社会研究》，载《当代》第 10 期和第 11 期。

费孝通，1985，《乡土中国》，生活·读书·新知三联书店。

胡绳，1978，《枣下论丛》，人民出版社。

金耀基，1993，《中国社会与文化》，香港：牛津大学出版社。

李培林，1993，《现代西方社会的观念变革》，山东人民出版社。

梁启超，1984，《梁启超文选》，上海人民出版社。

梁漱溟，1989，《梁漱溟全集》（第 1 卷、第 2 卷），山东人民出版社。

梁漱溟，1990，《梁漱溟全集》（第 3 卷），山东人民出版社。

林克光，1990，《革新派巨人康有为》，中国人民大学出版社。

楼宇烈整理，1992，《康南海自编年谱例（外二种）》，中华书局。

马克思，1866，《马克思致恩格斯（1866 年 7 月 7 日）》，载《马克思恩格斯全集》第 31 卷，人民出版社。

马克思，1972/1871，《法兰西内战》，载《马克思恩格斯选集》第 2 卷，人民出版社。

马克思、恩格斯，1963，《马克思恩格斯全集》，人民出版社。

孟祥才，1980，《梁启超传》，北京出版社。

史华兹著，1995，《寻求富强：严复与西方》，叶凤美译，江苏人民出版社。

谭合成、江山主编，1995，《世纪档案（1895 – 1995）》，中国档案出版社。

王栻主编，1986，《严复集》，中华书局。

《荀子新注》，1979，中华书局。

严复，1996，《与梁启超书》，载卢云昆编选《社会剧变与规范重建——严复文选》，上海远东出版社。

杨雅彬，1987，《中国社会学史》，山东人民出版社。

余英时，1987，《中国近代宗教伦理与商人精神》，台北：联经出版公司。

张志建，1995，《严复学术思想研究》，商务印书馆。

郑大华、任菁编选，1994，《强学——戊戌时论选》，辽宁人民出版社。

消费分层：启动经济的一个重要视点[*]

李培林　张　翼

摘　要：本文认为，在中国的经济结构转型和体制转轨的过程中，由于分配领域中双轨制和隐性收入的广泛存在，职业和收入作为社会分层的主要指标具有很大的局限性，而消费结构成为更能反映真实情况的分层指标。作者根据重庆市 1999 年的抽样调查资料分析了基本消费领域的社会分层状况，考察了消费分层与其他社会分层之间的关系，并发现在影响消费分层的各主要因素中，受教育程度是一个起显著作用的因素。通过刺激消费拉动经济发展必须针对不同消费阶层的消费取向，采取不同的政策。

关键词　社会分层　消费　结构转型

中国改革以来启动经济的一条重要措施，就是改变传统经济体制下"先生产后生活、重积累轻消费"的政策取向。20 年来，每一个经济增长高潮都与大众消费密切相连。值得注意的是，随着收入差距的扩大，消费的层级化现象也日趋明显，因此，要刺激经济和消费，就必须根据消费分层的实际情况采取有针对性的政策。

一　消费分层的意义和划分依据

关于社会分层的方法，无论是从结构转型的理论出发还是从个人地位获得的假设出发，目前在盎格鲁－撒克逊社会文化体系中，最广泛应用的就是各种不同的职业量表（Occupational Scales），而职业、收入和教育水平

往往是这些量表的最基本指标（Duncan，1961；Treiman，1970；Treiman and Yip，1989；Goldthorpe and Hope，1972；Erikson and Goldthorpe，1993；Bond and Saunders，1999）。中国社会运行的特殊情况是两个转变的并进，即在工业化结构转型（structural transformation）的同时，也进行着市场化体制转轨（institutional transition）。这就在职业和收入方面，形成了政府规范和市场规范两种体制。如国有企业的经理和私营企业的经理、国家机关的司机和出租车司机，就分属两种不同的收入体制和消费等级。为准确反映中国社会分层情况而进行的职业声望调查，也往往不得不加入所有制的差异指标（中国城乡居民家庭生活调查课题组，1994）。此外，由于中国的税收和财产申报等制度尚不健全，个人和家庭收入是各种调查中最难以厘清的领域。隐性收入和地下经济的大量存在，使得常规的收入统计和调查很难准确真实地反映实际状况。如根据国家统计局的城市家庭抽样调查，1996 年中国城镇居民家庭人均可支配收入为 4838.9 元，人均消费支出为 3919.5 元，人均积累 919.4 元，积累率仅为 19.0%；但 1996 年城镇居民储蓄存款余额为 30850 亿元，比上年增长 31.5%，人均增加 2050.92 元（国家统计局，1998：133～135）。虽说居民储蓄中存在着公款私存和私人资本金混存的现象，但隐性收入的大量存在是造成收入指标失真的主要原因。一般估计，隐性收入平均可占到个人收入的 30% 左右。在这种情况下，选择职业地位和收入水平作为社会分层的主要指标，就有很大的局限性。据此，我们在本文中选择更容易准确测定的消费指标作为社会分层的依据，在已有的社会分层研究成果中，消费分层的研究也提供了一个全新的研究视角（Bourdieu，1979；Rosenbaum，1999）。我们试图通过对消费分层的研究，来了解消费分层与职业分层和收入分层是否具有一致性，并对有效刺激最终消费的呼声做出解释性的回应。

本项研究依据的资料，是北京商情调查公司 1999 年 3 月对重庆市的入户抽样调查数据。[①] 此次调查共取得了 1251 个有效样本，调查采取分段抽样的方法，先在重庆市定额抽取街道，再在街道内定额抽取居委会，然后依各居委会所拥有户数的多少以一定比例随机抽取需要调查的户，最后才在户内以一定规则抽取年龄在 16～70 岁的居民做调查。1997 年，

① 在此，我们感谢北京商情调查公司允许我们将此资料用于纯学术的、非营利目的的研究。

重庆市在中国大陆 31 个省、自治区和直辖市中,人均地区生产总值排在第 19 位,职工平均工资排在第 21 位,城镇居民人均消费支出排在第 6 位。对重庆市的调查只是对一个城市的调查,消费水平并不具有推论中国总体的意义,但这并不影响其在消费结构分析上的代表性。此外,对重庆市的调查并不是专为消费分层研究而设计的,其中缺少消费象征符号偏好的资料,从而无法进行多方面非物质消费的分析,这是令人遗憾的。

在本文中,我们将国际上通行的衡量消费水平的恩格尔系数作为消费分层的划分依据。由于中国正处于体制转轨过程中,消费中的许多项目尚未完全实现市场化和货币化,如消费开支中的大项——住房,很大一部分还具有福利的性质,这就会使消费支出中食品支出的相对比例提高,从而增大家庭消费的恩格尔系数(李培林、丁少敏,1990)。考虑到这一点,我们在使用恩格尔系数(食物消费额/消费总额)对中国城市家庭进行消费分层时,参照国际流行的估计数值进行了适当调整,划分了 7 个消费阶层。具体采用的消费分层标准请参见表 1。根据在重庆市的调查资料,居民消费分层结构呈橄榄形,即中间大、两头小,从各消费阶层占被调查家庭的比例关系看,中间阶层占的比重最高(22.0%),橄榄形中间以下的部分要比中间以上的部分都大一些(见表 1)。

表 1　以恩格尔系数分类的各消费阶层占调查户数的百分比

单位:%

恩格尔系数	消费类型	占家庭百分比	累积百分比
0.29 及其以下	最富裕阶层	7.2	7.2
0.30 ~ 0.39	富裕阶层	10.6	17.8
0.40 ~ 0.49	中上阶层	17.7	35.5
0.50 ~ 0.59	中间阶层	22.0	57.5
0.60 ~ 0.69	中下阶层	19.7	77.2
0.70 ~ 0.79	贫困阶层	12.9	90.1
0.80 及以上	最贫困阶层	9.9	100

注:表中所列的恩格尔系数,是以食物消费支出额/消费支出总额的方式求得的。
资料来源:1999 年重庆调查。

二　各阶层的消费差异

1. 在饮食消费上的差异

中国是一个讲究"吃"的社会，故有"吃饱、吃好、吃草（野味）、吃药（药膳）"的饮食等级之说。目前饮食消费的差异，主要表现为饮食质量而非数量的差异。人们将饮食的主要目的是放在"满足基本需求"还是"饮食享受"上，代表着不同消费阶层的选择差异。从表 2 可以清楚地看出，在饮食偏好方面，阶层差异最大的是"吃饱就行"、"山珍海味"和"满足新奇感"3 项选择。最贫困阶层家庭对"吃饱就行"的选择最高，占 62.8%，随消费等级的递升，人们对"吃饱就行"的选择渐次降低，在最富裕阶层家庭达到 31.8%；而对"山珍海味"和"满足新奇感"的选择，变化是相反的，即伴随消费等级的降低，选择的比例也呈下降趋势，而最贫困阶层的这两项选择都为"0"。

2. 在服装消费上的差异

服装历来是标志消费水平的符号。在中国古代社会，封建制度专门规定了不同等级、不同地位人们的穿戴标准，故"黄色"属于皇族之色，而平民百姓则有"布衣"之称。现代社会虽然淡化了衣着穿戴方面的等级差异，但经济收入水平、职业特征和生活观念等，仍然可以在人们的衣着消费选择上得到反映。从表 2 可以看出，在"方便舒适"这种基本需求方面，消费分层的差异已经不明显。消费分层差异比较明显的是"体现个性"、"名牌时髦"和"保暖实惠"3 个选项。前两个选项的选择比例随消费阶层的递升而基本上呈增长趋势，后一个选项则随消费阶层的递升而基本上呈下降趋势。最贫困阶层和贫困阶层在"名牌时髦"和"做工讲究"方面几乎没有任何需求，而在"款式新颖"方面则出人意料地存在较大的消费弹性，似乎并不完全受消费水平的限制。

3. 在住房状况上的差异

目前，中国城市家庭多数居住在公房或按福利价（成本价）购买的公房，而公房的分配是以行政级别或技术级别为等级标准的，所以，无论是居住公房还是私房，住房状况上都存在着层级化的特点。这种层级化的特点可以量化为不同家庭人均居住面积的差异。从表 2 可以看出，自最富裕阶层到最贫困阶层，随富裕程度的降低，人均居住面积也呈规则的下降趋势。在最贫困家庭中，人均居住 10 平方米及以下的家庭占到 37.3%，而在最富裕家庭中，人均居住面积在 50 平方米以上的占 3.2%。由于公房的福利性质，同等富裕的家庭，居住公房的家庭人均居住面积一般来说会大大超过居住私房的家庭。表 2 中显示，最富裕阶层家庭中也有 58.5% 的人均居住面积在 20 平方米以下，从理论上说这些家庭应当是居住私房的，其居住面积一般来说是由于自己在消费、储蓄和投资之间的选择，而并不是因为经济上没有能力。

4. 在电子媒体与通信设施拥有率上的差异

从表 2 可以看出，有线电视似已成为中国城市家庭的"必需品"，已经不再具有层级标志的象征意义；中国家庭的有线电视拥有率，甚至达到了某些发达国家的水平。除了贫困家庭，在中等以上富裕程度的家庭中，电话和传真机也不再具有规则的层级化特征。在家庭电子媒体与通信设施方面，仍具有显著的规则性层级标志的是 BP 机、手机和因特网，如手机和 BP 机在最富裕阶层家庭中的拥有率分别高达 44.3% 和 59.1%，在最贫困阶层家庭中则分别是 2.5% 和 16.5%。这些层级化特征显著的家庭电子通信和媒体消费品，可能是目前城市家庭消费中增长最快的，如因特网的全国上网用户 1993 年还只有 2000 户，到现在已增长 587.5 倍。1998 年 6 月全国上网人数已达到 117.5 万人，有 7.1% 的城市家庭打算一年内上网，预计 2001 年上网人数将达到 700 万人（许欣欣、李培林，1999：36～38）。

表 2　不同消费阶层家庭及其成员（被调查者）的消费偏好

单位：%，人

		最贫困阶层	贫困阶层	中下阶层	中间阶层	中上阶层	富裕阶层	最富裕阶层
		121	154	236	260	202	124	88
服装偏好	方便舒适	46.3	55.2	61.4	57.7	49.5	50.8	44.3
	体现个性	4.1	6.5	7.6	8.5	11.4	16.1	11.4
	款式新颖	2.5	4.5	4.2	6.9	7.4	7.3	6.8
	名牌时髦	0	0	2.1	1.2	2.0	2.4	4.5
	面料质地	9.1	6.5	4.2	7.3	9.4	6.5	9.1
	保暖实惠	26.4	18.8	10.2	8.5	8.4	8.1	9.1
	价格合适	5.8	5.8	7.6	7.7	7.9	6.8	6.8
	做工讲究	0	0	0.4	1.2	0.5	0	1.1

		最贫困阶层	贫困阶层	中下阶层	中间阶层	中上阶层	富裕阶层	最富裕阶层
饮食偏好	吃饱就行	62.8	57.1	63.6	43.8	43.1	40.3	31.8
	讲究营养	28.1	33.1	27.5	44.2	41.1	33.9	40.9
	方便省事	4.1	5.2	4.7	6.2	5.4	10.5	4.5
	山珍海味	0	0	0.4	0.8	2.5	2.4	3.4
	饮食文化	0	0	1.3	0.8	1.0	3.2	1.1
	满足新奇感	0	0.6	0.8	0.4	2.0	1.6	4.5
	其他	1.7	1.9	0.4	0.8	0.5	0.8	5.7
住房面积	10平方米及以下	37.3	35.3	32.1	31.2	27.3	23.9	18.1
	11~20平方米	49	49	49.3	48.9	49.5	50.7	40.4
	21~30平方米	10.1	11.4	14.2	15.4	17.7	20.2	24.5
	31~40平方米	1.9	2.5	2.5	2.6	3.2	2.2	10.6
	41~50平方米	1.7	1.8	1.9	1.5	1.7	2.3	3.2
	50平方米以上	0	0	0	0.4	0.7	0.7	3.2
对交通工具的选择	私人汽车	0	0	0	0.4	1.0	1.6	2.3
	出租车	0	0.9	1.3	1.9	2.0	3.2	8.0
	单位班车	1.7	2.6	3.4	1.5	2.5	2.4	1.1
	小公共	0.8	0	2.1	3.1	1.0	7.3	2.3
	摩托车	0	0	0.9	0.4	2.0	0.8	1.1
	公共汽车	10.0	22.9	24.3	33.1	35.6	41.1	33.0
	步行	24.2	22.9	25.1	22.3	23.3	16.1	22.7
	其他	4.2	5.2	2.6	2.7	1.5	0.8	4.5
	不适用	58.3	45.1	40.4	33.5	31.2	26.6	25.0
上下班路途耗时	30分钟左右	8.4	9.4	10.6	13.6	12.2	10.4	11.7
	60分钟左右	8.3	10.2	17.7	18.7	25.2	25.5	20.0
	90分钟左右	8.3	16.8	10.8	14.3	9.0	21.5	13.8
	100分钟左右	57.7	55.7	44.8	30.0	28.8	25.2	26.6
电子媒体与通信设施	电话	56.2	63.0	69.5	74.6	72.8	79.0	76.1
	传真机	0	0	0	1.5	1.0	0.8	5.7
	有线电视	81.8	87.0	91.5	91.9	90.1	87.9	84.1

续表

		最贫困阶层	贫困阶层	中下阶层	中间阶层	中上阶层	富裕阶层	最富裕阶层
电子媒体与通信设施	卫星电视	24.0	26.6	25.4	33.8	27.7	24.2	30.7
	手机	2.5	7.8	8.5	15.4	22.3	33.1	44.3
	BP机	16.5	32.5	35.2	45.0	56.4	56.5	59.1
	因特网	0	0	0.8	1.5	3.0	2.4	3.4
	其他	9.9	7.1	5.5	3.1	4.0	5.6	4.5
闲暇消费	娱乐	66.4	65.4	64.6	71.6	60.9	64.2	53.5
	学习	10.1	10.5	11.1	10.1	11.8	9.0	18.5
	运动	3.4	3.2	6.4	4.5	5.5	5.2	7.6
	旅游	0.8	1.1	3.0	3.0	4.1	5.2	5.4
	社交	3.4	3.1	4.7	3.7	6.4	6.7	5.4
	其他	16.0	16.7	10.1	7.1	11.4	9.7	9.8

注：除"电子媒体与通信设施"是多选外，其他各类别都是单选。由于在有些项目中省略了"无所谓"项，所以其值相加有时不等于100。

资料来源：1999年重庆调查。

5. 在交通工具和上下班交通耗时上的差异

我们原来预期，在上下班交通工具上，会出现"私车族"、"打的族"、"公共汽车族"和"自行车族"等比较明显的层级特征，但调查结果显示，这种层级化特征并不是非常规则的。原因之一恐怕与重庆市的地理特征有关。它是一个山城，中国各大城市最通用的自行车，在这里很少见。对城市家庭的各个消费阶层来说，乘公共汽车和步行上下班仍然是最主要的交通方式。而使用私人汽车、出租车、摩托车作为交通工具的，即便在富裕阶层家庭中，也是很少的一部分。在最富裕阶层家庭中，乘私人汽车的也只占2.3%。在被调查者中，选择"不适用"选项所占的比重相当高，这一般是"非上班族"，可能是入户调查时，"非上班族"填写的较多。但从中也可以发现，越是消费水平低的家庭中，"非上班族"人员占的比重越高，这说明家庭的消费状况与家庭主要成员是否在业密切相关。

关于不同消费水平的家庭成员上下班路途耗费的时间，调查结果总体上并没有显示出消费水平越低的家庭成员耗费时间越多的层级化特征，这说明在城市家庭的居住位置上，离上班地点的远近与家庭的消费水平并不直接相关。但在上下班耗时需要 100 分钟左右的家庭中，明显呈现消费水平越低的家庭占的比重越高的层级化特征，这说明居住地离上班地点远而又没有快捷交通手段的家庭基本上都是消费水平较低的家庭。

6. 在闲暇时间消费上的差异

从调查结果来看，对于城市各消费阶层来说，目前"娱乐"仍是最主要的闲暇消费。从各消费阶层之间的比较来看，最富裕阶层把时间用于"娱乐"的家庭比重最低，而用于"学习"、"运动"和"旅游"的家庭比重最高；在"社交"方面，富裕阶层和中上阶层家庭进行这方面的闲暇消费最多。特别令人感到意外和值得深思的是，最贫困阶层中将闲暇消费用于"娱乐"的家庭比重也高达 66.4%，仅次于中间阶层而排在第二位。

三　消费分层与其他社会分层之间的关系

在经典的社会分层理论中，消费分层应当与职业分层、收入分层、教育分层等密切相关。但是，中国正处于结构转型和体制转轨的过程中，某些常规社会分层的指标由于种种特殊的原因而带有很大的局限性，从这次调查的结果来看，消费分层与职业分层的相关性较低，而与受教育程度、家庭人均收入以及家庭类型的相关性较高。

1. 消费分层在职业等级和所有制类型中的分布

表 3 中的职业分层序列，是我们参照其他职业社会地位调查的结果而主观确定的一个职业等级体系，它或许并不能完全准确地反映不同职业的社会地位，但并不影响我们对消费分层和职业等级关系的判断。从调查结果可以看出，消费分层序列与职业等级序列并没有呈现规则性的一致性：党政机关干部、工商企业管理人员、专业技术人员、商业服务人员以及自雇人员的消费分层结构基本呈正态的橄榄形，但其中党政干部在富裕和最富裕阶层中的人数占比较低（但却高于工人），而自雇人员的情况差异最大，其在最贫困阶层中占的比重也相当高；个体经营者和公司职员的消费分层结构是上头大的橄榄形，工人的消费分层结构是下头大的橄榄形，而失业人员的消费分层结构是一个倒金字塔形，处于最贫困阶层的人数高达 31.0%；比较出人意料的是下岗人员的情况，其平均消费水平明显好于工人，在富裕阶层中的人数占比甚至高达 17.0%，仅次于个体经营者，这可

能反映了目前对下岗人员的再就业统计和界定上存在着问题，某些下岗人员一边领取着下岗津贴，一边从事着其他职业。这也反映了一般职业分层体系在解释中国实际问题上的某些局限性。

从消费分层在不同所有制单位的分布来看，在"国有经济"和"集体经济"单位中，处在绝对贫困阶层和贫困阶层的人数占比较高；在"三资企业"、"私营经济"和"股份制经济"单位中，处在绝对贫困阶层和贫困阶层的人数占比较低，而处在富裕阶层和最富裕阶层的人数占比最高；"个体经济"的差异较大，其处在最富裕阶层和最贫困阶层的人数占比都较高，这是因为，目前个体经济和私营经济之间并没有一个明确的资产规模和收入规模的界限，只是根据雇工人数（7 人以下还是 8 人以上）而定。

表3　各消费阶层在职业等级和所有制结构中的分布

单位：%，人

		最贫困阶层	贫困阶层	中下阶层	中间阶层	中上阶层	富裕阶层	最富裕阶层	样本数
职业等级	党政机关干部	2.2	15.2	17.4	28.3	23.9	8.7	4.3	46
	工商企业管理人员	6.1	6.1	15.2	36.4	15.2	15.2	6.1	33
	公司职员	5.2	7.8	10.4	27.3	16.9	16.9	15.6	77
	专业技术人员	5.0	12.1	15.6	26.2	21.3	11.3	8.5	141
	个体经营者	6.4	6.4	8.5	23.4	17.0	19.1	19.1	47
	工人	10.2	16.2	25.7	20.4	16.2	8.4	3.0	167
	商业服务人员	8.7	7.2	24.6	21.7	15.9	13.0	8.7	69
	自雇人员	11.5	11.5	17.3	13.5	26.9	9.6	9.6	52
	下岗人员	9.1	9.1	25.0	23.9	13.6	17.0	2.3	88
	失业人员	31.0	20.7	13.8	13.8	10.3	6.9	3.4	29
所有制结构	国有经济	10.0	16.2	19.8	23.1	17.0	8.1	5.9	631
	集体经济	10.6	12.1	22.0	22.7	12.8	14.9	5.0	141
	股份制经济	5.1	10.3	17.9	20.5	17.9	20.5	7.7	39
	三资企业	0	0	7.7	30.8	30.8	15.4	15.4	13
	私营经济	6.4	10.6	17.0	14.9	14.9	21.3	14.9	47

续表

所有制结构		最贫困阶层	贫困阶层	中下阶层	中间阶层	中上阶层	富裕阶层	最富裕阶层	样本数
	个体经济	12.1	7.5	13.1	19.6	24.3	12.1	11.2	107
	其他	0	0	25.9	11.1	48.1	7.4	7.4	27

资料来源：1999 年重庆调查。

2. 消费分层与其他分层指标的关系

为了考察其他社会因素与消费分层之间的关系，我们选择了"受教育程度"、"职业地位"、"家庭人均月收入"、"人均住房面积"、"家庭类型"和"本人月收入"等，[①] 与"消费阶层"进行了偏相关分析[②]，其中职业地位是根据中国社会科学院社会学研究所"中国城乡居民家庭生活调查组"1993 年对全国 100 个职业的职业声望调查所形成的职业声望量表（中国城乡居民家庭生活调查课题组，1994：145～148）来确定的。分析结果显示（参见表4），"受教育程度"与"消费阶层"之间具有显著的偏相关关系；"本人月收入"与"消费阶层"之间的关系并不显著。在观照了"本人月收入"与"家庭人均月收入"的显著性关系之后，我们可以认为，"本人月收入"只有通过影响"家庭人均月收入"才能对其所处的消费阶层产生显著影响。"家庭类型"这一变量显著地影响了"消费阶层"，这预示着越是年轻型的家庭（如夫妻加未婚子女家庭或年轻无子女夫妇家庭），就越是具有较低的负担老年系数，其所处的消费阶层就越高；而越是负担老年系数比较高的家庭（如三代及以上同堂家庭和夫妻加父母或老年独居

---

① 虽然"本人月收入"、"职业地位"和"受教育程度"是个人变量，而其他变量为家庭变量，但个人受教育程度的高低，往往与家庭的消费水平具有这样或那样的关系；考虑到被调查者多数为户主，其职业地位在某种程度上也昭示着家庭的地位；另外，在经验之中，"本人月收入"的高低，并不能够完全改变家庭的消费状况，所以这一指标是有欠缺的。

② "消费阶层"的具体赋值为：恩格尔系数大于等于 0.80 =1，处于 0.70 至 0.79 之间 =2，处于 0.60 至 0.69 之间 =3，处于 0.50 至 0.59 之间 =4，处于 0.40 至 0.49 之间 =5，处于 0.30 至 0.39 之间 =6，在 0.29 或 0.29 以下 =7。"受教育程度"的具体赋值为：文盲或很少识字 =1，小学毕业 =2，初中毕业 =3，高中毕业 =4，中专或大专毕业 =5，大学本科毕业 =6，硕士研究生及以上毕业 =7。"家庭类型"的具体赋值为：1 = 三代及以上同堂，2 = 夫妻加父母或老年独居夫妇，3 = 夫妻加未婚子女，4 = 年轻无子女夫妇，5 = 单身；非以上各项者均被剔除。

夫妇家庭等），其所处的"消费阶层"就越低。当然，年轻型家庭的消费欲望可能要比老年型家庭为高，消费观念在某种程度上也决定着一个家庭的消费结构，并进而影响着家庭的消费层次。从"职业地位"和"消费阶层"不具有偏相关关系可以推知，其在很多情况下已经与消费分层发生了背离，即职业地位很高的群体，其所处的消费阶层并不高（如教授），而消费阶层较高的群体，职业地位却并不高（如时装模特）。另外，住房消费已经成为影响消费阶层的一个非常重要的因素，至少对城市家庭来说已不可忽视。从表4还可以看出，"受教育程度"虽然与"消费阶层"具有显著相关关系，但却与"家庭人均月收入"和"本人月收入"之间的相关关系并不显著，这表明其对"消费阶层"的影响具有独立性，由此我们可以说，受教育程度不同的人中间，存在着明显的消费差异。而"职业地位"的高低，仍然与人们的"家庭人均月收入"和"本人月收入"缺少同一性（偏相关系数不显著），这说明，以职业地位来预测消费阶层时，还需要其他变量的支持。

表4　消费阶层与其他各相关项的偏相关系数（控制变量为"家庭总人口数"）

	消费阶层	受教育程度	职业地位	家庭人均收入	家庭类型	人均住房面积
受教育程度	0.1339 **					
职业地位	0.0095	0.3605 **				
家庭人均月收入	0.2013 **	0.0425	0.0603			
家庭类型	0.1966 **	0.1431 **	0.0735	0.1012 *		
人均住房面积	0.1651 **	0.1541 **	0.1614 **	0.2563 **	0.0577	
本人月收入	0.0490	-0.0506	-0.0376	0.2033 **	0.0729	0.1150 **

** 表示 $P < 0.01$；* 表示 $P < 0.05$。

资料来源：1999 年重庆调查。

四　对不同消费阶层消费趋向的预测

我们知道，一方面，消费水平的提高依赖于收入水平的提高，但另一方面，消费结构的选择还依赖于人们的消费观念。也就是说，各个消费阶层所持有的消费观念，在一定程度上影响着他们的消费方式，并进而在总体上影响着整个社会的消费趋势。所以，对不同消费阶层的消费观念进行研究，有助于我们理解社会需求和消费的发展方向。

这里以"消费阶层"为自变量来预测不同消费阶层对因变量——"我赞成超前消费"的观念趋向。这里的"超前消费"具有双重含义：其一是指"超前于社会平均消费水平的消费"，也可以被理解为"引导社会消费的消费"；其二是指"超过自己现有消费能力的消费"。例如，在普通人以自行车代步时，有人购置了小汽车作为日常个人交通工具，那么对于平均消费水平来说这就是"超前消费"。另外，一些家庭在收入有限的情况下进行信贷消费，这也是一种"超前消费"。总的来说，超前消费者，都是消费水平较高者或消费预期较高者。

从表 5 可以看出，在预测模型中，虽然直线方程和二次曲线方程的解释度 R^2 都比较高，但其三次曲线议程的 R^2 为 0.798，是各种预测模型中解释力较强的，所以，我们主要以三次曲线来观照不同阶层的消费态度。

表 5　以"消费阶层"为自变量对"我赞成超前消费"的估计

因变量	预测方法	R^2	自由度	F 值	显著性	$b1$	$b2$	$b3$
我赞成 超前消费	直线	0.694	1246	2829.14	0.000	0.4694		
	二次	0.779	1245	2189.96	0.000		1.0675	-0.1171
	三次	0.798	1244	1640.07	0.000		1.8293	-0.4597

注：三次的 $b1$ 列值为 0.0352。

资料来源：1999 年重庆调查。

从图 1（根据表 5 三次曲线方程绘制）可以看出，随着消费阶层从"最贫困阶层"向"贫困阶层"的变动，不"赞成超前消费"的程度在逐渐地降低，由"很不同意"转变为"不太同意"，并向"一般同意"过渡。但到了"中下阶层"之后，不"赞成超前消费"的想法忽然变得执拗了，消费态度反而消极起来，以至于从"中下阶层"到"中间阶层"再到"中上阶层"，都处于"不太同意"和"很不同意"之间。一直到"富裕阶层"和"最富裕阶层"对于"赞成超前消费"的态度才重新变得积极起来——三次曲线重新开始向上倾斜。

这是一个很有意思的发现：在当前消费市场上，低消费阶层（最贫困阶层和贫困阶层）由于收入过低而空有消费的欲望；庞大的中等消费阶层（中下阶层、中间阶层和中上阶层）可能具有消费能力，但却没有消费欲望；而高消费阶层（富裕阶层和最富裕阶层）的消费欲望虽然并不受当前市场冷淡的影响，但他们的实际消费弹性很低。这种消费观念形态，大概可以部分解释当前市场消费疲软的原因。

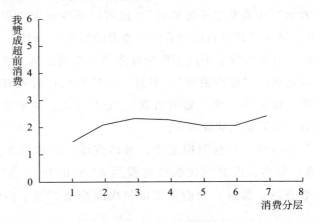

图1　消费态度随消费阶层的提高而改变的曲线估计

　　说明：图中自变量"我赞成超前消费"的赋值为："1" = "很不同意"；"2" = "不太同意"；"3" = "一般同意"；"4" = "比较同意"；"5" = "非常同意"。消费阶层的赋值为："1" = 最贫困阶层；"2" = 贫困阶层；"3" = 中下阶层；"4" = 中间阶层；"5" = 中上阶层；"6" = 富裕阶层；"7" = 最富裕阶层。

　　资料来源：1999年重庆调查。

五　结论性评论和政策建议

　　通过以上的分析，我们看到，由于目前职业等级和职业声望在某些情况下与收入分层的背离，以及隐性收入的大量存在使收入情况难以厘清，消费分层作为一个与社会地位密切相连的替代指标，更能真实地反映社会分层的实际状况。在食品、衣着、住房、用品、交通、闲暇等各个消费领域，目前消费分层体系都真实地存在着。消费指标的有用性，还在于它能够区别家庭代际社会阶层差异，我们常可以看到的现代城市家庭中父辈省吃俭用、衣着朴素，而子辈、孙辈则穿名牌、高消费就属于这种情况。当然，消费分层也有它的局限性，一方面，我们的分析限于资料的约束，没有对医疗、养老等社会保障消费的分析，而这些是家庭消费的大项，这会在一定程度上影响我们对消费分层判断的准确性。另一方面，不同收入阶层的消费边际曲线也是不同的，如低收入阶层的边际消费率可能是95%以上，也就是说多挣100元要有95元用于消费，而高收入阶层的边际消费率可能还不到20%。此外，消费观念也对消费分层具有重要影响。

受教育程度对消费分层显著的恒定影响这一点具有重要的意义，这说明在现代社会，教育在促进社会流动、调整社会秩序和整合社会阶层等方面具有明显的作用，受教育程度的分层越来越成为普遍公认的合理社会分层体系的参照标准。在知识经济时代即将到来的时候，通过提高教育水平来提高职业技能和消费潜力，就更具有直接的作用。

研究结果表明，高消费阶层和低消费阶层具有较高的消费欲望，而庞大的中等消费阶层的消费态度则比较保守。现在的消费不足，主要由庞大的中等消费阶层（约占各消费阶层家庭的60%，见表1）的"无消费欲望"所导致。其原因可以简单解释为：第一，目前一些正在出台或正在酝酿出台的改革措施（如医疗、养老、住房、教育等方面的体制改革），使居民未来支出预期增大，约束了当前消费，强化了储蓄倾向；第二，宏观市场气氛仍处于"不景气"中，居民等待物价的进一步下降，持有"买涨不买落"的消费心理；第三，教育、住房、汽车等家庭消费品相对于收入来说仍存在过高的消费门槛，抑制了需求和消费。

本文对不同消费阶层消费欲望的曲线预测结果，给了我们新的启发，据此可以在刺激家庭消费方面针对不同的消费阶层提出一些政策建议。第一，边际消费弹性较大的是低消费阶层，努力提高低消费阶层的收入水平，从而使其潜在的消费欲望得以实现，对于刺激最终需求具有直接的作用。第二，对于中等消费阶层来说，他们的消费抑制主要不是经济收入不足引起的，而是由于社会保障前景不明和通货紧缩形势下产生的"买涨不买跌"的消极消费心理和储蓄心理，要扭转中等消费阶层的这种心理，除了需要提供稳定明确的社会保障预期，重要的是运用经济杠杆逐步实现"经济景气"（如通胀率控制在3%之内）。第三，高消费阶层的边际消费弹性很小，他们收入的提高对刺激其消费不会有直接的作用，因此对这一阶层的人来说，重要的是，一方面，刺激他们把家庭储蓄转化为生产和经营性投资，如采取有力措施鼓励投资，降低投资税费和消除垄断行业的投资壁垒；另一方面，限制其把投资转化为家庭储蓄，如严格区分企业法人的账目和投资人的家庭账目（即便企业法人和家庭户主是同一自然人），对前者向后者的任何资金转移在已征收企业所得税的基础上再征收个人所得税。

参考文献

陈宗胜，1994，《经济发展中的收入分配》，上海三联书店。

《邓小平文选》（第 2 卷），1994，人民出版社。

李培林、丁少敏，1990，《评价农民生活水平的综合指标体系及其应用》，载《社会学研究》第 2 期。

李培林主编，1995，《中国新时期阶级阶层报告》，辽宁人民出版社。

李强，1993，《当代中国社会分层与流动》，中国经济出版社。

毛礼锐、沈灌群主编，1989，《中国教育通史》（第 6 卷），山东教育出版社。

许欣欣、李培林，1999，《1998—1999：中国就业、收入和信息产业的分析与预测》，载汝信等主编《1999 年中国社会形势分析与预测》，社会科学文献出版社。

赵人伟等主编，1994，《中国居民收入分配研究》，中国社会科学出版社。

赵人伟等主编，1999，《中国居民收入分配再研究》，中国财政经济出版社。

中国城乡居民家庭生活调查课题组，1994，《中国城乡居民家庭生活调查报告》，中国大百科全书出版社。

Bond, R., and Saunders, P. 1999. "Routes of Success: Influences on the Occupational Attainment of Yong British Males," *The British Journal of Sociology* 50 (2): 217 – 249.

Bourdieu, P. 1979. *La Distinction: Critique Sociale du Jugement*. Paris: Minuit.

Burrows, R., and Marsh, C. ed. 1992. *Consumption and Class: Division and Change*. New York: St. Martin Press.

Duncan, O. D. 1961. "A Socioeconomic Index for all Occupation," in A. J. Reiss (ed.), *Occupations and Social Status*. New York: Free Press.

Erikson, R., and Goldthorpe, J. H. 1993. *The Constant Flux: A Study of Class Mobility in Industrial Societies*. Oxford: Clarendon Press.

Goldthorpe, J. H., and Hope, K. 1972. "Occupational Grading and Occupational Prestige," in K. Hope (ed.), *The Analysis of Social Mobility*. Oxford: Clarendon Press.

Nee, V. 1991. "Social Inequalities in Reforming State Socialism: Between Redistribution and Market," *American Sociological Review* 56: 267 278.

Pakulski, J., and Waters, M. 1996. *The Death of Class*. London: Sage.

Rosenbaum, E. F. 1999. "Against Naive Materialism: Culture, Consumption and the Causes of Inequality," *Cambridge Journal of Economics* 23 （3）: 317—335.

Treiman, D. J. 1970. "Industrialization and Social Stratification," in E. O. Laumann （ed. ）, *Social Stratification: Research and Theory for the* 1970*s*. Indianapolis: Bobbs Merrill.

Treiman, D. J. , and Yip, K. -B. 1989. "Educational and Occupational Attainment in 21 Countries," in M. L. Kohn （ed. ）, *Cross-National Research in Sociology*. Newbury Park: Sage.

城市发展研究的回顾与前瞻[*]

王　颖

一　引言

在经历了十几年城市化模式的争论之后，社会学界乃至整个社会科学界对城市发展的关注，终于由城市的外向发展回到了城市自身的内在变革。

自 1983 年费孝通先生提出"小城镇，大问题"以后，以城市规模为取向划分城市化道路的讨论贯穿 20 世纪 80 年代，直到 90 年代中期，成为城市发展研究的焦点问题。然而 20 年的城市发展道路，使越来越多的研究者认识到：城市化的某些历史阶段是不可逾越的，城市化带来的人口集中现象也是不可避免的。人们不得不承认城市化自身的规律性，不得不面对由"隐性城市人口聚集"（城市外来人口）带来的大城市迅速膨胀、城市问题层出不穷的现实。于是一个新的研究领域——城市自身的现代化，逐渐成为研究者关注的焦点。

进入 20 世纪 90 年代中期，社会科学界开始把研究的重点转移到社区服务、社区建设和城市管理体制的改革上来，最重要的是对街居制改造的研究。社会学的理论视野也开始由城市人口聚集模式，扩展到社区文化、市民自治与参与、城市治理方式以及相关的价值观念更新。由经济体制改革引发的社会变革，最终向政治体制发起了挑战，特别是在错综复杂的城市内部组织结构领域。

在世纪之交的特别时刻，厘清城市发展研究的思想脉络，揭示理论工

***

[*]　原文发表于《社会学研究》2000 年第 1 期。

466

作者对城市发展所做的思想贡献，探讨城市发展研究的未来趋势，无疑对深化改革、加速城市现代化、促进社会变迁有着重要的现实意义。

二　城市外向发展研究：关于城市化模式的争论

1. 非城市化论

此种观点认为："城市化道路不是一切工业化国家的必由之路，工业化只有在资本主义制度下才必然导致城市化。而在社会主义社会，工业化却完全可以不走城市化的道路"；"继续走城市化道路的意见，将给我们的实际工作带来危害。因为既然把城市化视为我国的必由之路，也就必然按照城市化的标准来要求我国的城市建设事业。这样一来，就将导致错误"。他们认为"社会主义国家是完全可以走上工业农村化的道路的"（陈可文、陈湘舸，1982：27～32）。

陈可文等人提出非城市化道路以后，除20世纪80年代初期有过1至2篇附和性文章，以及陈的校友蔡德蓉（1983）写了一篇与其商榷的文章之外，学术界主流、政府、社会各界对此观点基本上没有给予关注。但是该文中关于"集镇不应纳入城市范畴"的观点，却与一些人的观点不谋而合。比如后来的"农村集镇化道路"，以及评价城市化水平时，将镇区非农人口排除在外的做法（朱剑红，1998），都是受计划经济残留的城乡行政性划分影响的结果。

这里我们不想过多地评论非城市化观点，因为它基本上是原有计划经济体制的思想残余，看问题不客观，意识形态色彩过于浓厚。

2. 以城市规模为取向划分城市化模式

关于中国城市化道路的讨论，一直存在着几种意见相左的争论，争论的焦点集中于：中国的城市化应以哪种规模的城市发展为重点。主要有这样几种观点：小城镇论、中等城市论、大城市论、均衡发展论。

（1）小城镇论

小城镇论的主要观点是，为了避免出现西方国家曾经出现过的城市发展、乡村凋敝，避免出现发展中国家大城市过度城市化的现象，中国城市化应大力发展小城镇，小城镇发展起来后，可以起到蓄水池的作用，将农村转移出来的人口留在当地，这样既可以减轻大中城市的人口压力、减少社会震荡、增强中心城市的辐射作用，还可以发展乡村的城市化、振兴农村经济，以此实现中国的城市化、现代化。①

关于小城镇的讨论，一直持续了十几年。在 20 世纪 80 年代，还曾出现了更极端的观点——集镇化论。其观点是"应建立起一个面宽量大的集镇网络，使农村地区数以万计的大批的农村剩余劳动力就地转移"（陈湘舸，1984）。"乡村集镇化是我国农村城市化的一条独特道路。"（任清尧，1985）作为小城镇观点的一种极端化的发展，可以说，这种观点在一段时间内还是有一定市场的，如邹农俭还撰写了《集镇社会学》（1990）。但社会学内部的主流学派，仍然是小城镇论占上风。小城镇论后期也针对乡镇工业"遍地开花"的情况，提出了乡镇企业发展要适度集中的观点，并为中央采纳。

（2）中等城市论

此种观点认为"中等城市是一定区域内的经济中心，数量多，分布均衡，是联系广大农村和大小城市的桥梁，起着承上启下的纽带作用，可塑性强，社会问题少，因此发展中等城市在我国具有重要现实意义"（《经济学动态》编辑部，1986：171～172）。宋书伟提出："走西方发展大城市的道路，一是客观条件不允许，二是容易出现'现代城市病'；在农村就地实现城市化，由于传统农业社会结构的惰性太强，阻力太大，同时自然条件也不允许。采取中间突破带两头的办法——直接有计划地建设和发展中等城市（20 万～50 万人），吸引广大农村和大城市的人力与物力向它转移集中，才能解决上述问题。（中国社会科学院社会学研究所，1989：102）此种观点，既反对小城镇论，也反对大城市论，在中国城市化道路的讨论中，独树一帜。

（3）大城市论

这种观点认为：人口向城市集中，尤其是向大城市集中，是社会经济发展的共同规律，中国也不能例外。不把大城市发展作为城市化的重点，就不可能带动中小城市和小城镇的发展。他们还认为以小城镇为主的城市

---

① 持此种观点的研究者很多，仅列举几篇有代表性的著作和论文：费孝通等，1984；杨重光、廖康玉，1984；江苏省小城镇研究课题组，1996；刘凌、戴进，1995；税尚楠、吴希翎，1995；东方明、刘凤彦，1984；张净宗、张占耕，1985；吴大声等，1988；赵昌，1990；李梦白，1990；朱通华，1990；费孝通，1993。

化道路只能使工业像一棵"长不大的小老树",农村中大多数剩余人口的出路也主要是农民自己兴建的大中城市。[①] 显然,这种观点是针对小城镇论而来的。其理由一是大城市发展是发达国家城市化的规律,中国不可能例外,其二是以小城镇发展作为中国城市化的主要道路或唯一道路是"危险的",不符合经济、社会发展规律,而且造成污染的扩散、工业经济的停滞不前。

(4)均衡发展论

均衡发展论也可以称作城市体系网络论。其主要观点是:中国的城市化应该建立以大城市为领导,以中等城市为骨干,以各类小城镇为基础的多层次多功能的网络系统(王颖,1985;方向新,1989;牛凤瑞,1995)。显然,均衡发展论与前几种论点有所不同,它是从城市体系的角度来讨论中国城市化模式的,而前几种观点的讨论,则是在城市化体系之下,围绕中国现阶段首先应发展哪种规模的城市为焦点展开的。而其相同之处在于,他们都是以城市规模作为讨论的出发点。

以城市规模为焦点的讨论,是因小城镇论的出现而引发的。在争论过程中,小城镇论在最初阶段占有绝对优势。积极发展小城镇不仅被写进中国城镇发展规划,而且变成了事实。从1978年至1996年的19年间,县级市成倍增长,由93个增加到445个,新增城市总量为473个,其中除少数为恢复性城市,其他绝大多数都是由县级以下的小城镇发展而来。在这473个新增城市中,有393个发展为拥有20万人以下的小城市,有80个成长为20万人口以上的中等城市。[②] 与小城镇论相比,中等城市论和大城市论在最初的十几年里,并没有得到学术界和政府的多少认同,但随着近年乡镇企业村庄化和工业污染的失控状态,以及乡镇企业在土地和经济效益上的不经济,引起了越来越多人士的注意。此外,近年来,大城市引人注目的快速发展、大规模吸引外来人口能力的增强,都使大城市论的声音明显增强。但与最初中等城市化论和大城市化论不同的是,人们在指责小城镇战略的同时,并没有局限于关于城市规模的讨论,而是向更深的城市

---

① 此种观点有代表性的文章有:胡兆量,1980;宋丁,1985;何维凌,1986;许善达,1985;李迎生,1988;张正河、谭向勇,1998。

② 数据引自国家统计局城市社会经济调查总队,1990:1;国家统计局城市社会经济调查总队,1998:13、30。

化的内涵、城市化的动力、城市化所具有的普遍规律等方面展开讨论。当然，这种讨论建设性的意见还不多、还不够成熟，更多的是寻找以往城市化失误的地方。但无论如何，关于城市化模式的讨论是越来越深刻了。

3. 从影响城市经济增长的内外部因素划分

陈彤在他的专著《城市化理论·实践·政策》（1993）中，根据影响城市增长的内外部因素，提出可以将城市化模式划分为三种类型，即内生导向型、外向刺激型和混合推进型。

与城市规模划分法不同，陈彤的划分法从一个全新的角度分析城市化的模式，这就是推动城市化的动力。陈彤的划分法认为各国城市化背景不同是十分重要的。先发展起来的国家，基本上是在相对封闭的情况下进行工业化和城市化的，其动力来源在本国本地区。而其后就有所不同了，日本比欧美早发达国家发展迟一些，但又比后发展国家早，因此，日本的城市化过程反映出半自主、半依赖的性质。对于后发展国家来说，经济的全球化趋势越来越明显，各国经济的互相依赖性越来越强，任何一个国家都不可能关起门来走工业化、城市化道路。因此，后发展国家应该充分认识自己城市化过程中的时代背景，寻找出最适合自己的发展道路。

4. 依照工业发展与城市化发展之间的协调性划分

1996年谢文惠、邓卫在《城市经济学》（1996：66~70）一书中，根据工业发展与城市化发展的协调性将城市化状态分为三种不同的模式：发达国家的同步城市化、逆城市化、发展中国家的超前城市化和滞后城市化。同步城市化是指发达国家的工业就业率与城市化水平基本上是同步增长的。逆城市化是指大城市的人口和经济活动部分地由城市中心向城市外围迁移和扩散，使郊区无限蔓延，并导致城市中心区和中心城市的衰退。超前城市化或曰过度城市化是指城市化速度大大超过工业化速度，造成城市化水平与经济发展水平的脱节。比如1990年阿根廷城市化水平高达86%，墨西哥、巴西等国的城市化水平也都在70%以上，与欧美国家持平，但其人均国民生产总值却比这些发达国家低很多。滞后城市化是指城市化水平落后于工业化进程的现象，从而使城市化水平不能真实反映经济发展的水平（彭明，1998：359；简新华、刘传江，1997）。

此种分类法的积极意义在于，通过分析比较一个国家或地区的工业化发展水平与城市化发展水平之间的协调性，来判断其城市化的状况，判定其城市化发展水平的适度性。我们以为,超前与滞后是一些国家在城市化过程中出现的阶段性特征,同步城市化是一种理想模式,是与超前、滞后相对而言的,而逆城市化则是后工业时期某些发达国家城市化出现的现象,与前三种阶段性特征不具有共同性。因此城市化阶段性特征不能称作城市化模式,它们不属于同一时段,其划分的标准不同。但我们仍然认为,这种分析问题的方法是很有意义的。

5. 以人口迁移的动因划分

中国农业大学经济管理学院的张正河、谭向勇根据世界城市化过程中人口集中的方式,提出职业转换先于地域转移,以及先地域转移后职业转移的两种城市化模式。他们指出,中国城市化过程中,农村劳动力转移是职业转移先于地域转移,也就是"离土不离乡,进厂不进城"的道路。虽然有数以千万计的乡村—城市的流动人口,但不稳定,呈准城市状态。而世界上出现过的农村劳动力向城市的转移方式主要有英国的圈地运动方式、德国容克赎买方式、美国农民自由迁移方式、苏联指令性迁移方式等,都是先地域转移而后进行职业转移(张正河、谭向勇,1998)。

他们提出了一个重要问题,即"中国离土不离乡,进厂不进城"式的乡村城市化道路,使我们背离了世界城市化进程中人口集中的规律,乡村工业化没有带来相应速度的城市化,也没有出现人们预期的乡村城市化,行政性限制减缓了中国城市化的步伐。

6. 小结:大胆走向城市化

长期以来,"先生产后生活"、"重生产轻消费"和"缩小三大差别"等一系列政治运动和政治思想强化教育,使惧怕城市化的思想根深蒂固。最先提出的小城镇论恰恰反映了这样一种思想意识。胡耀邦在1980年到云南视察时讲:"要使农村里面的知识分子不到大城市来,不解决小城镇问题就难以做到。"(费孝通,1984:7~8)小城镇论设计的"离土不离乡进厂不进城"的乡村城市化道路,将工业和人口留在了乡村,使小城镇第三产业因人口规模不足而得不到应有的发展,减低了小城镇的人口聚集效应。这不仅限制了小城镇自身的发展,也阻碍了中国城市化的进程,导致了中国城市化的滞后。另外,政府长期形成的对城市化的恐惧心理(认为城市人口是包袱),更加重了中国城市化水平落后于经济发展水平的状况。应当设市的不能设市(如12万人口的浙江省龙岗镇,因是乡级镇所以不能设市），应当纳入城市人口的城镇外来人口被排斥在外。结果造成城市发展体系和城市人口的失控，带来日益严重的土地流失（因乡村土地不受严格控制）和大量隐性城市人口所带来的种种社会问题，使城市管理陷入困境。

小城镇论期望的一步跨入乡村城市化阶段并没有成为现实。因为中国进行的"乡村地区城市化"与西方发达国家的乡村城市化不可同日而语。西方发达国家的乡村城市化是在城市化的高级阶段，城市先进的科学技术、生产方式扩展到农业和农村，对农业生产方式和农村生活方式加以改造，使城市与乡村在这两方面彼此接近，城乡差别逐渐缩小，乡村居民的组成不再是单一的农民，在城市工作、在乡村居住成为时尚，城市变成科技中心、网络中心、金融中心、信息中心，而非居住中心。城市形态也发生了变化，大城市演变为"大都市连绵区""都市联合区"，单一中心结构的城市"开始由一种规模更为庞大、布局更为松散、没有中心或多中心的复合结构所代替"（孙群郎，1998：126）。

与西方不同，中国的"乡村城市化"却是乡村地区城市化，尽管中国改革开放以来城市化的推动力量，很大程度上来自乡镇企业迅速崛起，但仍不能称作乡村城市化，而只能算作工业化推动的乡村地区城市化，从现在来看，仍属于城市化过程的迅速崛起期。这种计划外工业化带动的行政性乡村地区迅速的城市化，能否避免西方发达国家先集中、后分散的城市化道路，能否避免发展中国家过度城市化的问题，不能下简单的结论。中国之所以能够对大城市规模进行相对有效的控制，并不是因为"中国乡村城市化"多么成功，而是因为严格的户籍制度和严厉的行政手段。尽管如此，大城市紧闭的大门还是因市场经济的建立而被外来人口冲开了。

近期关于其他模式的讨论，基本上可以说是对最初阶段城市化的反思，是将中国城市化与世界城市化模式进行比较后，指出中国城市化存在的问题，以及对应当怎样改进的对策探讨。它们都有一个共同点，即认为城市化有其自身发展的规律，该走的路还要走，如果硬要用行政性命令强行阻止人口向城市、城镇集中，其结果只能是与城市化背道而驰，或延缓城市化的发展速度，出现"隐性城市化""乡村工业非城市化"等现象。

目前，关于城市化模式的讨论仍在继续进行之中，中国究竟应当怎样走自己城市化的道路，仍然是一个需要认真讨论的问题。我们认为，今后更值得人们关注的问题却是，打破对城市化的恐惧心理，大胆走向城市化，敢于直面城市化所带来的各种问题，积极主动地去解决。躲避城市化，以行政手段强行划分城市与乡村，只能使自己陷入更大的困境。

三　城市内向发展研究：社区建设与城市管理

社会学界对社区研究并不陌生，甚至可以说是相当熟识。因为是社会学首先将社区概念引入中国，并使之为社会所广泛使用的。但是，社区本身又是一个具有多重定义的概念，即使在中国社会学界也是如此。使社区与城市社会内部结构联系起来的研究，仅仅是最近三四年的事情，甚至可以说是近一二年的事。虽然时间很短，但近年关于城市社区与城市管理的研究，却已逐渐显现出社区研究正在摆脱纯粹描述性的调查，开始在社会结构理论的指导下，深入到社会实践中去，参与和指导社会实践的发展，并已取得显著效果。这也许是社会学在中国发展的又一特殊时期。

1. 作为社会调查单位的早期社区研究

中国社会学界关于社区的研究始于 20 世纪三四十年代。其特点是以某一村庄社区作为调查基地，开展就某一内容的详尽调查，极细致地描述该地区的社会经济状况。其代表作如费孝通的《江村经济》和张之毅的《易村手工业》。

1979 年社会学重建之后，社区研究被看作一个区别于社会学与其他学科的重要方法而被广泛采用。第一阶段是对"微观"社区——如以一个村庄或一个居委会为单位进行社会某方面状况或综合状况的描述和分析。比较有代表性的如 1981 年中国社会科学院社会学研究所对北京市宣武区椿树胡同就居民生活、家庭婚姻所进行的调查。第二阶段是就某一个社会现实问题对各种不同类型的地区进行调查和分析。比较有代表性的如费孝通领导的"江苏省小城镇调查"（费孝通，1984；张雨林等，1986）、李汉林领导的"城市发展模式"研究（李汉林等，1988）。第三阶段是以某一理论为指导，以某一地区为调查点，深入解剖该地区，努力寻找具有结构性变迁的要素和具有理论意义的问题。比较有代表性的如王颖、折晓叶、孙炳耀在浙江省萧山市进行的社团组织与社会中间层的调查（王颖等，1993）；折晓叶在广东深圳宝安县万丰村进行的村庄再造的典型调查（折晓叶，

1997）。

从中国社会学的研究史看，社区研究实际上是作为一种实证研究的方法，也就是将社区看作一个调查单位，而社区的概念也是小到居委会，大到整个城、乡乃至地区。这种研究方法与英国早期以社区为单位的社会调查一脉相承，但却不是我们现在要讨论的与城市内在发展有关的社区研究。我们所以要讨论早期的社区研究，其一是想让人们对中国邻里社区研究的源头有一清醒的认识，其二是想使人们通过社区研究本身的转变，看到社会学学术研究的飞跃，以及后来研究与先前研究的相关性。

2. 从城市内向发展出发的邻里社区研究

城市邻里社区研究，最早可追溯到 20 世纪 80 年代末中山大学何肇发、丘海雄等学者进行的香港社区与广州社区居民归属感的比较研究（丘海雄，1989；何肇发、丘海雄，1992）。紧随其后的是 1991 年王思斌从现代公民素质角度进行的城市居民社区参与意识研究（王思斌，1991），以及梁维平、李虹从社区发展的原则和手段入手进行的社区发展研究（梁维平、李虹，1991）。这些从纯学术角度进行的城市邻里社区研究，为后来社会学界站在更高理论境界，直接参与、指导城市发展、城市现代化和城市管理体制改革的邻里社区研究，奠定了基础。但这些研究毕竟与后来的社区研究不同。因此我们只能先对此作简单的勾勒，以便突出后来与城市发展同步的、从结构理论出发的社区研究。下面我们将依据 90 年代中后期社区研究的理论线索进行叙述。

（1）从社会保障出发的社区服务研究

进入 20 世纪 80 年代中期，北京、天津、广州、上海等大城市先后以居委会为单位，开展起以扶贫济残、尊老爱幼、教育失足青少年为内容的社区服务。1987 年民政部在武汉召开了社区服务工作座谈会，社区服务以各城市居委会为龙头蓬勃开展起来。在此基础上，社会学界和社会科学界以社会保障为理论指导的社区研究也开展起来。他们认为，经济体制改革引发了种种城市社会问题，使城市居民及其家庭同整个社会乃至政府，产生了一致的社会保障需求，这是城市社区服务迅猛发展的社会背景（唐钧，1992）。一些学者为衡量社区老年人服务、残疾人服务及优抚服务等建立了指标体系（孙金富、冯贵山，1992）。他们指出城市人口的急速老龄化，使老年社会保障、老年人的需求要社区来承担（周家振，1995；张锡康，1995；夏学銮，1996）。

这种从建立社区社会保障体系出发的社区研究，很明显是为了解决改革不断深入、城市迅速发展所带来的原有"单位保障制"瓦解后的问题。这些学者的看法是，由单位保障制下分解出来的社会保障职能，应该逐渐地转移到以社区为主体承担者的社区社会保障。至少社区可以在社会保障制度没有完全转变过来之前，担负起社会保障承担者的职能。即使在今后的发展中，社区仍然可以通过尊老爱幼等道德规范的培育，担负起满足老弱病残等特殊群体特殊需求和特殊心理需求的社会保障功能。这是其他组织形式的社会保障所不能替代的。

（2）社区建设与城市现代化研究

伴随城市社区服务由社会照顾对象向全体市民的转变，20世纪90年代中期，以社会保障为对象的社区服务研究逐渐由更具综合性的社区建设所替代，成为90年代中后期城市发展研究的主流。这时期研究者的理论视野渐渐扩展到城市现代化领域。

这些学者认为，要解决现代城市所出现的问题，要实现城市的现代化，就必须将社区——这个城市基础细胞建设好。最初的研究是从社区文化建设与城市文明社区开始的。他们认为，社区文化是社区建设的重要组成部分，也是社会主义精神文明建设的重要方面，它应该是社区居民广泛参与的、涉及文艺、科普、教育、体育、卫生等方面内容的地域性文化现象（龚学平，1995）。此外还要突出社区教育，培养市民的社区意识，以营造城市的文化氛围（王毅萍，1997；丁曦林，1996；课题组，1996；文军，1998；梁平波，1997；于海，1997）。

与社区文化研究同时期，还有一些学者从不同的角度研究了社区建设与城市现代化的关系。吴铎（1996）指出，城市社区被认为是现代化城市的基石，城市现代化程度愈高，基础越要坚实。王宝娣（1996）撰文从社区建设管理机制的角度，论述了社区建设对提高城市现代化管理水平的重要意义。任远（1997）指出，社区是中国社会经济协调发展的载体和体制。徐传德（1997）阐述了社区服务的城市现代化发展功能。

（3）市民社会与城市治理理念的研究

如果说前几个阶段的社区研究以纯理论性和对社会实践的总结为主，那么到了20世纪90年代末，城市社区研究者则开始在现代城市管理、市民社会、社会结构等理论的指导下，直接参与、指导社区建设的实践，使城市走上了理性化发展的道路。正如《解放日报》记者董宁所说，1997 年底，上海市的"部分专家、学者开始眼光向下，步出书斋，传播社区理论，与实际工作者共同研究解决实践中的重点、难点"。而半年后，这些学者的研究视野已经从最初政府在社区建设中的作用，渗透到社区建设的各个领域，到 1998 年中后期，居委会、居民议事会、业主委员会等市民自治、中介组织成为研究的新热点。这些学者除开设各种讲座外，有的还担任了社区建设的顾问（董宁，1998）。当前的社区研究，应当说已经发展到了一定的理论高度，社区研究已经进入一个全新的时期。归纳这一时期的社区研究，有如下几个方面。

第一，伴随"二级政府、三级管理、四级网络"城市管理体制的改革（向街道下放财权和人事权，以加强街道的管理职能，从下岗职工中招聘干部以提升居委会的办事能力），社区研究首先对城市管理体制的改革作出了反应。他们指出，随着城市社区管理在上海现代化城市管理中的作用日益突出，相应的行政体制改革与发展就显得更为重要（杨建荣，1998；刘君德、宋迎昌、方晓，1999）。

第二，在参与社区建设的实践过程中，社区研究者们又将眼光转向了更深层次的社会结构领域。他们看到居民从"单位人"到"社会人"的转变，因而提出应当以新的方式重建社区共同体，以社区作为城市社会的基础结构，重构城市社会。社区重建的新方式，就是加强民主，使我国政治组织制度和协商制度深入到基层社区，使基层社区成为党的主要政治资源（卢汉龙，1999；赵树国等，1999；时永福等，1999；庞玉珍等，1999）。

第三，在关注城市社会结构的同时，一部分社区研究者又将眼界转向了市民社会、国家与社会的关系、民主自治、城市治理等政治体制改革领域。记者开始报道"民主楼院""这里也有人民小会堂"，指出民主政治是我国保持社会稳定、深化改革、向现代化强国迈进的一大法宝（时永福等，1999）。孙洁怡（1998）开始深入调查社区居民的自治问题。王刚和罗峰（1999）在调查研究的基础上指出，现代化的进程是政府自上而下和社区自下而上的互动过程。社区参与的兴起不仅能实现社区价值融合，推动社区发展，而且作为基层民主的最广泛的实践，是社会进步和政治发展的结构性驱动力和生长点（王刚、罗峰，1999）。王颖在调查研究了现代大城市的社区发展之后指出，单位制解体，特别是住房制度改革和城市管理体制的改革，为具有真正意义的"市民"的出现奠定了基础。市民对自身利益的关心，以及街道、居委会主动变管理为服务，社区管理由单一管理者、自上而下的行政管理，向多元参与的协商式网络管理转化，使社区这个以往的纯居住单位变成了具有多种功能、提供全方位服务的社会利益整体，构成整个城市的基础组织单位和城市政府与社会新的组织整合点；并最终导致城市治理方式由"眼睛向上"的官本位集权式管理，向"眼睛向下"的人本位多元民主协商式的网络管理转变。城市政府工作口号由"一切以经济工作为中心"到"人民满意就是最大的满意"的转变，就是明证（王颖，1999a；1999b）。

四　小结：城市发展研究的走势

中国城市发展研究的思想脉络反映了中国社会学的发展脉络，至少是展示了社会学研究水平逐渐提高的清晰线索，以及社会学在城市发展问题上不同时期不同的关注视点、最新的研究方式和逐渐深入的理论探讨。

1. 理论视野的扩展

客观地说，从小城镇开始，社会学一直非常重视理论联系实际，注意用研究成果直接参与、指导社会实践。但是，如果我们仔细比较小城镇研究和社区研究——特别是后期从城市发展角度进行的社区研究，就可以发现两种研究的理论视野是不同的。前述研究的理论视野相对较窄、较陈旧，不承认工业化、城市化的客观规律，以 20 世纪 30 年代乡村手工业的理论来指导 80 年代初的工业化和城市化，因此虽然在最初市场经济没有建立的情况下，确有成效。但也给后来的城市发展带来许多问题。后期社区研究的理论视野显然更开阔。他们将经济、政治等学科的相关理论融入自己的研究之中，在继承社会学前辈参与和指导社会实践的基础上，广泛吸收世界上最前沿的学术思想，深入研究中国城市发展的现实，因而能够取得更好的指导社会实践的效果，同时在理论研究上有所突破，引起社会和学术界的重视。

2. 以现代意识指导社会实践

在指导社会实践的方法上，后期的社区研究有独到之处。以往在指导社会实践上，社会学者总希望走上层路线，以一篇文章被某领导看重为标准。而后期的社区研究则不同，他们是直接参与城市社区建设方案的制定，亲自向城市政府基层组织的干部讲授社区建设的知识，亲自指导社区民主建设，并在一系列参与社会实践中，发展社会学的理论。当然部分原因是政府工作方式的转变，以及社区研究本身的性质决定了它的研究方式，但同时也显示了社会学工作者走出书斋、走出经院哲学、走出官本位思想的历史性进步。

3. 理论与实际研究的有机结合

后期社区研究还表明，社会学者已经从照搬西方理论，从社会实践中任意抓取例证的做法，转变到深入中国现实，在一定理论指导下，参与指导社会实践，并根据实践的结果总结出适合中国自己的社会学理论。应当说，这种方法，并不限于后期的社区研究，许多其他有价值、有理论深度的社会学实证研究，也都具有这种性质。这说明，中国社会学研究水平已经有了相当大的提高。

4. 城市发展研究的思想脉络

从小城镇研究开始，城市发展研究始终没有脱离理论联系实际的实证研究轨迹，而且可以说，每一个研究成果都在不同程度上引起了社会的反响。但是正如我们上面所说，在以什么样的理论、怎样联系实际、引起怎样的社会反响、怎样指导社会实践等方面，各时期、各个不同项目的研究有着很大的不同。除此之外，从城市发展研究的思想脉络中我们还可以清楚看到，研究者对城市发展的研究是先从城市外部开始，经过了要不要城市化，应当优先发展多大规模的城市，中国城市化的道路究竟应当怎样走，中国不同地区城市发展模式的研究，城市邻里社区居民归属感研究，从社会保障的视角研究城市社区服务，从城市自身现代化角度和城市社会结构角度研究社区建设，从体制改革、市民社会和城市治理理念的角度研究城市社区的争论。沿着这条研究的线索，不难看出，社会学界对城市发展的研究，是由外及内、由浅及深的，理论指导越来越强，而纯描述性、不做任何解释、不具有任何理论意义的实证研究越来越少。这是非常令人欣慰的迹象。它说明了社会学研究水平的提高、社会学研究人员理论素养的提高。

但社会学对城市发展的研究仍然存在许多问题。在现代城市发展这个关系中国现代化前途的问题上，社会学界并未给予相当的重视，除小城镇和其他少数研究外，关于城市外向发展的研究，大多是其他学科的研究成果。而在后期的社区研究中，不重视理论指导和理论探讨的研究仍然很多。这都是应当注意的。然而无论如何，社会学对城市发展的研究是大大地向更高理论层次发展了，而且已经在具体指导城市内在发展上作出了看得见的贡献，不仅增强了社会学的社会应用性，同时在实践中充实丰富了社会学的理论。

5. 城市发展研究的未来趋势

从城市外向发展与内在发展两个不同方向的研究来看，在 21 世纪，城市发展研究将会沿着这样几个方向发展。

第一，城市化及城市体系研究，现在已经不必再争论城市化模式了，而是加强研究怎样消除以往计划经济下行政性划分城乡及城乡人口所带来的一系列观念及政策问题，建立新的划分标准，主动推进城市化而非农民的"就地城市化"（这种城市化带来的问题极大）。只有主动建立城市体系，将应该纳入城市的镇乡及其人口，纳入城市规划范畴，才能有效避免土地浪费、城市无序发展、出生人口控制不住等问题。主动建立自己的城市体系，比被动地应付许多"既成事实"要好得多。

第二，大城市、特大城市的发展问题。现在一些大城市已经出现了郊区化趋势、内城人口绝对减少以及城市区位上的两极分化问题，比如上海和北京。因此今后大城市研究将会成为城市发展研究的一个重点。

第三，城市内在发展，除社区建设与管理外，城市文化、城市组织、城市管理、社会治理方式、市民社会等将成为城市发展研究的新重点。

第四，城市内在发展的研究将会对大城市以外市、镇发展起指导作用。现代大城市管理体制改革，突破了几千年传统行政组织方式，不仅可以促进大城市自身管理的现代化，同时将对全国城市、城镇起到示范作用。因此，今后城市内在发展研究将不会仅限于大城市，还会深入中小城市及城镇。

第五，城市社会公平问题将会成为一个新的研究课题。因为在城市外来人口与城市原有人口之间、富有者与贫困者之间、"高尚社区"与普通社区之间的矛盾有可能会加深，两极分化在城市区位上的表现将会引起社会不公和社会冲突。因此社会公平也会成为一个新的研究焦点。

参考文献

蔡德蓉，1983，《略论我国城市化道路与城乡管理体制——与陈可文、陈湘舸商榷》，《求索》第 5 期。

陈可文、陈湘舸，1982，《论城市化不是唯一的道路》，《求索》第 5 期。

陈彤，1993，《城市化理论·实践·政策》，西北工业大学出版社。

陈湘舸，1984，《集镇化道路》，《中国社会科学》第 4 期。

丁曦林，1996，《社区，城市文明建设的载体——关于上海社区建设的讨论之一》，《文汇报》3 月 4 日。

东方明、刘凤彦，1984，《也谈农村城市化问题》，《农村经济问题》第 7 期。

董宁，1998，《上海社区理论研究有新发展——理论工作者与实际工作者紧密结合》，《解放日报》6 月 17 日。

方向新，1989，《我国城市社会化道路的抉择与城镇体系的建立和完善》，《人口学刊》第 6 期。

费孝通，1984，《小城镇 大问题》，载费孝通等《小城镇 大问题——江苏省小城镇研究论文选》（第 1 集），江苏人民出版社。

费孝通，1993，《中国城乡发展的道路——我一生的研究课题》，《中国社会科学》第 1 期。

费孝通等，1984，《小城镇 大问题——江苏省小城镇研究论文选》（第一集），江苏人民出版社。

龚学平，1995，《加强社区文化建设，推动社会文明进步》，《解放日报》10 月 22 日。

国家统计局城市社会经济调查总队编，1990，《中国城市四十年》，中国统计信息咨询服务中心、国际科技和信息促进中心有限公司联合出版。

国家统计局城市社会经济调查总队编，1998，《中国城市统计年鉴 1997》，中国统计出版社。

何维凌，1986，《城市、工业、土地》，《世界经济导报》7 月 7 日。

何肇发、丘海雄，1992，《香港社会问题的研究》，中山大学出版社。

胡兆量，1980，《大城市的超前发展及其对策》，《北京大学学报》（哲学社会科学版）第 6 期。

简新化、刘传江，1997，《从外国的城市化看中国的城市化》，《城市问题》第 5 期。

江苏省小城镇课题组，1986，《江苏小城镇建设的社会目标和基本经验——江苏省小城镇研究综合报告》，《社会学研究》第 4 期。

江苏省小城镇研究课题组，1996，《江苏小城镇建设的社会目标和基本经验》，《社会学研究》第 4 期。

《经济学动态》编辑部编著，1986，《1984 年经济理论动态》，人民出版社。

课题组，1996，《社区建设是创造现代都市文明的载体和依托》，《解放日报》1 月 24 日。

李汉林等，1988，《寻求新的协调——中国城市发展的社会学分析》，测绘出版社。

李梦白，1990，《中国城乡关系的发展方向——乡村城市化》，《平原大学学报》第 1 期。

李迎生，1988，《关于现阶段我国城市化模式的探讨》，《社会学研究》第 2 期。

梁平波，1997，《文明社区建设调查研究》，《浙江社会科学》第 11 期。

梁维平、李虹，1991，《社区的发展历程与当代实践》，《社会学研究》第 2 期。

刘君德等，1999，《上海城市边缘开发区的管理体制改革探讨》，《华东师范大学学报》（哲学社会科学版）第 2 期。

刘凌、戴进，1995，《人口大城市化是发展经济的前提吗?》，《世界经济导报》4 月 8 日。

卢汉龙，1999，《单位与社区：中国城市社会生活的组织重建》，《社会科学》第 2 期。

牛凤端，1995，《中国城市化应走大中小并举的道路》，《中国农村观察》第 1 期。

庞玉珍等，1999，《社会整合模式的转型与社区发展》，《吉林大学社会科学学报》第 3 期。

彭明，1998，《第四座丰碑 非赶超战略——中国发展新战略》，明报出版社有限公司。

丘海雄，1989，《社区归属感》，《中山大学学报》第 2 期。

任清尧，1985，《乡村集镇化与集镇建设》，《经济研究参考资料》第 3 期。

任远，1997，《论社区服务的城市现代化发展功能》，《南京社会科学》第 2 期。

时永福等，1999a，《民主楼院》，《中国社会报》3 月 17 日。

时永福等，1999b，《走出 "单位群落"》，《中国社会报》3 月 2 日。

税尚楠、吴希翎，1995，《试论我国的乡村城市化道路》，《经济地理》第 2 期。

宋丁，1985，《人口城市化与大城市发展》，《城市改革理论研究》第 1 期。

孙洁怡，1998，《社区组织与社区居民自治意向》，《社会》第 11 期。

孙金富、冯贵山主编，1992，《上海市社区服务与发展指标体系研究》，上海社会科学院出版社。

孙群郎，1998，《美国现代城市郊区化及其社会影响》，载王旭、黄柯可主编《城市社会的变迁》中国社会科学出版。

王宝娣，1996，《探索社区建设管理新机制，提高城市现代化管理水平》，《文汇报》3 月 28 日。

王刚、罗峰，1999，《社区参与：社会进步和政治发展的新驱动力和生长点——以五里桥街道为案例的研究报告》，《浙江学刊》第 2 期。

王思斌，1991，《我国城市居民社区参与意识探析》，《社会工作研究》第 2 期。

王毅萍，1997，《关于城市社区文化建设的思考》，《福建论坛》（经济社会版）第 6 期。

王颖，1985，《世界城市化模式与中国城市化道路》，《经济研究参考资料》第 149 期。

王颖，1999a，《谁来做小区的主人》，《中国社会报》3 月 8 日。

王颖，1999b，《市民自治与社区管理方式的变革》，10 月提交福特基金会的研究报告。

王颖、折晓叶、孙炳耀，1993，《社会中间层——改革与中国的社团组织》，中国社会出版社。

文军，1998，《我国城市文明社区建设》，《城市发展研究》第 3 期。

吴大声等，1988，《论小城镇与城乡协调发展》，《社会学研究》第 2 期。

吴铎，1996，《上海城市社会结构与功能现代化——城市社会学面向 21 世纪的思考》，《社会学》第 4 期。

夏学銮主编，1996，《社区照顾的理论、政策与实践》，北京大学出版社。

谢文惠、邓卫，1996，《城市经济学》，清华大学出版社。

徐传德，1997，《论社区服务的城市现代化发展功能》，《南京社会科学》第 2 期。

许善达，1985，《试论我国城市化新机制、城市系统结构与对策》，《经济与社会发展战略》第 3 期。

杨建荣，1998，《强化城市社区行政体制改革》，《解放日报》9 月 21 日。

杨重光、廖康玉，1984，《试论具有中国特色的城市化道路》，《经济研究》第 8 期。

于海，1997，《文明社区的文化内涵》，《社会》第 9 期。

张净宗、张占耕，1985，《新技术革命与小城镇及其对策》，《技术经济与管理研究》第 4 期。

张锡康，1995，《社区"银发工程"探析》，《社会学》第 2 期。

张正河、谭向勇，1998，《小城镇难当城市化主角》，《中国软科学》第 8 期。

赵昌，1990，《城市化道路问题反思》，《兰州学刊》第 1 期。

赵树国等，1999，《一个关系到城市社会重构的重要问题——对城市社区建设的调查与思考》，《山东社会科学》第 1 期。

折晓叶，1997，《村庄的再造——一个"超级村庄"的社会变迁》，中国社会科学出版社。

中国社会科学院社会学研究所编，1989，《中国社会学年鉴 1979—1989》，中国大百科全书出版社。

周家振，1995，《兴办社区老年保障事业初探》，《社会学》第 2 期。

朱剑红，1998，《改革为城市发展带来机遇——我国已有城市 668 个，城市化水平近
    18%》，《人民日报》10 月 6 日。

朱通华，1990，《小城镇建设与中国城市化道路》，《江海学刊》第 5 期。

邹农俭等，1990，《集镇社会学》，上海社会科学出版社。

中国社会阶级阶层研究二十年[*]

张宛丽

　　就一般意义而言，社会分层（Social Stratification）是社会结构中最主要的社会现象，因而被视为现代化社会变迁的焦点，也因此而成为社会学研究的一个核心领域。自 1978 年中国社会学恢复、重建以来，面临的是改革、开放引致中国社会结构的转型，其间，社会利益关系及其社会结构问题始终为社会学者所关注，并成为社会学研究的一大热点。由于社会利益结构在现实层面反映的是一个特定社会最基本的、最核心的社会关系及其制度性的演变；在社会学知识层面涉及的是社会学理论研究的核心领域；因而，这一研究"热点"亦成为当代中国社会学最具攻坚性的"难点"。

　　当代中国社会分层研究就研究行为而言，如同 20 年来中国社会学的整体发展，由前期的引进、模仿，到近 10 年来开始反思、探索。从知识积累形态看，近年来逐渐由描述层面向解释层面深化，并开始触及社会分层研究的方法论、西方分层理论及其对相关研究理念的反思（李路路，1999；张宛丽，1996；孙立平，1996）。分层研究者，一般以现代中国社会结构两次重大的社会变迁（1949 年中华人民共和国的建立和 1978 年开始至今的改革、开放）为宏观研究视点，分析单位由这两次重大社会变迁的宏观结构分析，逐渐下移到微观"地位行动"研究，认识触角扩展、深化到"民间社会"地位行动及其分配规则。

一　对改革前社会利益结构特征的认识

　　改革前的社会利益结构是以对社会资源的权力占有及"再分配"为基

---

　　*　原文发表于《社会学研究》2000 年第 1 期。

本特征的（孙立平，1996）。就社会分层结构及其利益关系而言，有三大特征。

（一）在收入、权力、声望等的社会资源占有及分配中获益最大者为领导干部

从收入上比较，以属于6类地区的北京为例，依据1956年规定的工资标准（大体上也是其后20多年间实行的标准），领导官员的工资区间是49.5元（行政23级）到644元（行政1级），知识分子的工资区间是26.5元到345元（相当于行政5级），普通职工的工资区间是23元至89.5元。领导官员的最高工资相当于普通职工最高工资的7倍与最低工资的28倍。在权力分配方面，知识分子与普通职工差别不大，领导官员则处于支配地位，他们控制和管理着国计民生以及日常社会生活的诸多方面。在名誉、声望方面，领导官员明显高于普通职工。知识分子（特别是高级知识分子）的声望在1949至1966年间也高于普通职工，但在"文革"期间，其声望受到严重削弱，名曰"臭老九"（王汉生、张新祥，1993）。

（二）社会成员的地位差异是由三种最基本的次级制度化结构所分割的结果

这三种次级制度化结构是"身份制"、"单位制"和"行政制"；它们之间相互交叉，共生共存，具有一定的系统性（李路路、王奋宇，1992：84～105）。

1. 身份制

身份制是指全体社会成员均依制度化的规则划分为不同的社会群体。这种地位规则界限明确，一般不能由个人根据个人意愿自由更改，甚至有的是与生俱来的，在人的一生中若无特殊情况不会变化。其社会表现即为所有社会成员都分别具有"干部"、"工人"和"农民"三种不同的社会身份。每个社会成员在若干地位特征获取上的差异，首先体现在身份上（李路路、王奋宇，1992：84～105）。因此使社会分层结构及社会成员的地位实现呈"刚性"特征（王颖，1994：140～174）。

2. 单位制

单位制即指我国社会中所有社会成员的地位差异在相当程度上取决于

它与不同类型、不同等级的单位的关系，包括社会成员的单位化程度及其所属的单位类型。所谓"社会成员的单位化"是指社会成员被组织到程度不同的单位之中，社会普遍单位化，社会资源的分配也随之单位化了，以致个人不可能大量占有重要的社会资源，而只有进入某一单位，将个人单位化，才有可能分享某些社会资源，才具有占用由国家代表社会控制的社会资源的合法权利。在这一制度安排的背景下，单位化程度（如单位级别）不同，必然会造成因个人单位地位上的差异而形成的个人地位差异。这种个人地位差异，不仅体现在作为单位人的个人的收入、福利、劳保、医疗、住房等的"生老病死"方面，而且连带涉及单位人的家属，如在子女入托、医药费等家庭生活质量上的地位差异。单位成为人们社会权力的重要来源，且由此形成的权力对人们的社会地位差异具有如此显著的意义，则是我国社会中"单位制"的特殊作用（李路路、王奋宇，1992：71、140）。

3. 行政制

行政制是指"行政关系和行政地位在相当普遍的社会范围内成为人们社会地位及其关系的结构性基础，致使权力成为标志人们社会地位的重要外显特征之一"（李路路、王奋宇，1992：71、140）。行政关系和行政地位成为一种普遍的社会关系，这是现代化社会结构及其科层制——权力依职能、职位分工和分层，并以规则为管理主体的管理方式和组织体系（李路路，1991）——的一个普遍性特征；但在我国社会中，单位与国家和社会资源的特定关系使科层制组织特有的行政关系和行政地位随普遍的单位化而泛布于整个社会。社会成员因其在行政关系和行政地位体系中的位置不同、与资源的关系不同而形成在社会地位方面的差异。"行政制"的普遍存在从三个方面体现出来。一是行政隶属关系。任何单位都有自己的行政隶属关系，并最终对口归属于国家行政部门，作为其行政管理的直接对象。二是单位行政级别。几乎所有的单位组织，无论其大小、类型及功能，都因其行政隶属关系而在国家统一规定的行政序列中被分配有一定的位置，即具有某种行政级别。三是个人行政级别单位成员地位的行政化，即社会资源与行政体系的紧密相关，使个人行政级别与其地位等级发生直接联系，个人得到了相应的行政授权，就获得了某种社会地位。行政授权的普遍化，将原本是狭窄的政治或行政权力扩大到全社会的范围，使之成为普遍的地位特征（李路路、王奋宇，1992）。

（三）产生"城乡分割"，城镇居民的社会地位普遍高于农村居民

"城乡分割"，即城镇居民的社会地位普遍高于农村居民并产生城乡二元分化（李强，1995：65～67；王汉生、张新祥，1993）。城镇居民和农村居民在社会地位上具有明显的差异，主要表现在以下方面。①政治权力的差异。农民在政治、经济和文化等各个领域接受政府的全面领导，而代表政府的各级官员以及办事人员全部属于非农业人口。②经济地位的差异。这主要表现为城市对农村的剥夺，具体做法有两点：一是对工农业产品实行"剪刀差"价格制度，为发展城市工业积累资金；二是垄断经济资源和发展机会，限制农村兴办工业。③经济收入的差异。以1978年为例，城镇居民中年均工资最高的行业与最低的行业相比，职工的工资相差66%（国家统计局，1998：131）。有的学者认为，如果把城镇住房和各种补贴包括在内，城乡收入的比例可能高达3∶1至6∶1。④福利待遇悬殊。在城镇居民中，大部分人是全民或集体所有制职工或国家干部，享受终生免费医疗和领取退休养老金的待遇。城镇居民还对基本生活物资享有稳定供应，包括粮食、食油和肉类等，旱涝保收。农民则不享有这些福利待遇。⑤社会地位的差异。城镇里地位最低的居民，其社会地位也高于农民（王汉生、张新祥，1993）。

城乡分割的结果导致农民内部的均质化和城镇居民内部的社会分化。①农民内部的均质化。乡村等级内部呈现准均质化。昔日的地主、富农和贫雇农之间的层次对照无影无踪，生产资料全部归集体所有。②城镇居民内部的社会分化。根据权力基础、物质收入、名誉声望和权力的互动关系，可以把他们划分为领导官员、知识分子和普通职工三个社会阶层。领导官员群体包括执政党和政府机构的各级官员，也包括企、事业单位具有行政权力的各级官员，他们的权力基础是作为中央集权体系之组成部分的各级领导职位。知识分子群体包括具有大专毕业以上文凭但是没有担任领导官员职务的人士，也包括在各个领域从事文职工作的非大学毕业生，如小学教员，前者是高中级知识分子，后者是小知识分子，他们的共同特点是从事脑力劳动。第三类群体包括工厂的工人、商店的营业员和办公室的勤杂人员等，也就是领导官员和知识分子以外的一切其他职工，均以体力劳动为主，可以视为普通职工，或称之为"工人群体"（王汉生、张新祥，1993）。

二 改革以来的社会资源配置与社会关系的演变

1978 年以后，中国社会结构逐步引入市场经济成分，在原有的计划经济体制之外，出现了市场经济因素，从而改变了由权力占有及"再分配"为基本特征的社会资源的配置关系（张宛丽，1996），出现了原体制外的"自由流动资源"与"自由流动空间"（孙立平，1993）；社会关系发生了自"文革"后期开始的"从一种以表达为取向的普遍主义的关系向以功利为取向的特殊主义的关系演变"（孙立平，1996：26）。

（一）当前的社会资源配置关系

张宛丽（1996）认为当前的社会资源配置关系主要有三种，即权力授予关系、市场交换关系、社会关系网络。

1. 权力授予关系

权力授予关系即社会资源由国家行政权力及其一系列制度安排所配置，不同社会群体及其地位实现均受到这种关系的支配和制约。这种关系被认为普遍存在于 1949～1978 年改革前的社会结构中，且为重要的关系要素（李路路、王奋宇，1992：97）。这种关系又被认为仍然相当程度地作用于改革以来至今的社会资源配置中。于此，一种认识认为，社会主义计划经济在向市场过渡的过程中，权力的作用并不会一下子消失（孙立平，1994）。也有人认为，随着中国市场因素的增加和扩展，权力授予关系（在此被称为"权力再分配"）将不再占据支配地位，虽然这种关系自然会一定程度地存在于向市场过渡的过程中（Nee，1989）。不仅如此，在对目前活跃于市场经济领域中的私营企业主地位状况的实证调研发现，正是目前市场经济的发展还未从根本上转变国家行政权力在资源配置中的主导地位，才使私营企业家群体在形成过程中，不仅注意经济资本的积累，而且格外重视并努力积累社会关系资本，通过钱权交换来满足其地位利益要求（李路路，1995）。

2. 市场交换关系

市场交换关系即社会资源主要依据商品交换及其市场规划进行分配，不同的社会群体成员的地位实现，主要依赖于市场交换关系手段。市场交换关系的制度安排结果，主要是基于契约关系的职业职阶系统及其地位评价。其主要特征是成员流动性高，结构呈开放性。一般认为，以这种关系为基础和主体的社会分层结构，普遍存在于现代化的工业社会（伦斯基，1988/1964）。在中国，这种分配关系则主要是在1978年以后的改革及其现代化的社会转型期，借助市场经济领域的出现及拓展，开始相对独立地发展和运作，即出现了"体制外"的市场交换关系。

3. 社会关系网络

社会关系网络在这里有特殊的含义，即指将人们之间亲密的和特定的社会关系视为一种社会资源，借助特殊主义的社会关系机制，作用于不同群体成员间的地位分配及其地位实现。以此视角分析中国社会地位现象及其社会结构特征，特别强调了具体社会中的特殊主义的社会关系网络，并且是以社会成员在社会生活中的"情景"需要为前提的。费孝通早在20世纪40年代后期就指出，中国人在社会互动中因此而形成的"差序格局"，恰是中国传统社会结构的显著特征（费孝通，1985/1947）。在现阶段，中国社会由计划经济向市场经济过渡的社会转型期，社会关系作为一种地位资源，对社会成员的地位实现尤其显得不可或缺（张宛丽，1996）。1992年一项关于现阶段中国私营企业家状况的调查表明，人们在进入私营领域时，一般倾向于进入那些自己拥有比较熟悉的社会关系的行业，特别是与自己原来的职业相关的行业，或与此有关的行业（李路路，1995）。另一项对现阶段中国包工头地位获得的实证调研结果也发现，包工头借占有关系资本而占有了生产方式，从而获得了较多的资源，也就获得了较其他农民工为高的地位。为了维持既得地位和进一步提高自己的地位，包工头努力谋求关系资本的再生产。关系资本是包工头地位获得的决定因素（彭庆恩，1996）。

（二）社会关系的演变

孙立平指出，改革开放以来，我国的社会关系模式又在发生一次深刻的变革，而实际上这场变革在"文化大革命"的后期就已经开始显露端倪（孙立平，1996：25）。他在总结、研究了一些学者（如傅高义，Vogel，Ezra，1965；沃德，Water，Andrew，1986；Oi，Jean，1989；高棣民，Gold，Thomas，1985；杨美惠，May sair Mei-hui Yang，1989；孙立平，

1996）对 1949 年前后及改革以来中国社会结构中社会关系演变进行讨论后指出，1949 年前后中国社会关系演变的基本趋势，是从特殊主义的表达型关系到同志这样一种独特的普遍主义的表达型关系的演变过程；而从 20世纪 50 年代以来，中国社会关系演变的基本趋向是以功利为取向的特殊主义的关系演变，及至改革以来形成工具主义人际关系（孙立平，1996）。然而，"很难说这就是向传统的人际关系的回归"；因为，"在传统的人际关系中，并不存在如此之强的功利主义的取向"（孙立平，1996：26）。

那么，改革开放以来工具主义人际关系形成的动力何在？孙立平认为至少有三个值得注意的因素。第一是从"文革"后期开始的向个人私生活撤退的趋势。个人生活的价值重新得到肯定。第二是经济主义话语的形成。从 80 年代后期的"官方"话语逐步向民间扩散，如关于"富裕"的话题。正是这种使官方话语与民间话语结合为一种具有极强支配力的社会话语，才使人们撤退到一个以经济为中心的日常生活中去。第三个因素是权力资本向经济资本转化的方便性的增强，如寻租行为的扩展。正是这三个因素的交织作用，构成了工具主义取向的特殊主义关系形成的基础（孙立平，1996：28）。

（三）社会资源的民间社会自行分配模式

社会资源的民间社会自行分配模式即相对于原体制的自上而下的权力"再分配"模式的一种自下而上的、以民间社会约定俗成的、非正式性的制度安排的社会资源分配模式，亦被有的研究者称为社会资源配置中的"非制度因素"（张宛丽，1996），如社会关系网络。

张宛丽（1996）认为，就广义而言，社会关系网络对社会成员地位获得所具有的社会资源配置的独特作用，反映的也是现代社会结构中的一种制度安排形式；所不同的是，这种民间社会自行分配的制度形式，不具有官方制度安排的正式性及合法性，而是以约定俗成的"民间权威"的非正式形态，确认其在社会成员地位获得中的合理性而显示出独特的社会资源的配置功能。张宛丽（1996）注意到并强调指出，被费孝通描述的、源于中国传统社会关系的"差序格局"及其地位行动经验，对现代中国社会成员的地位获得具有一种"熟悉性"及"方便性"。孙立平（1996）在强调社会中的稀缺资源的配置制度对人际关系形成的作用的基础上指出，"差序格局"实际上也是一种对社会中的稀缺资源进行配置的模式或格局。孙立平强调指出，社会关系资源的地位配置与当代中国社会结构演变的关系及意义。一是"再分配体制下的社会结构是由个人之间的相对稳定的社会关系模式构成的，而不是由社会群体之间的社会关系模式构成的"（孙立平，1996）。这就导致社会地位行动单位是个人而不是群体。但是，以往一些西方学者用多元主义的观点将社会群体作为分析对象，对中国社会主义再分配体制及其社会群体作出利益边界的群体界定及其社会分层的认识。受这种认识的影响，以往的一些研究，过多地强调了再分配体制与结构的僵硬性，"但实际上，这是一种明显的僵硬性与明显的弹性兼而有之的体制与结构"（孙立平，1996）。二是"从社会结构的角度来说，上下级之间的庇护主义关系①的存在，具有一种分裂社会结构的单元的作用"（孙立平，1996）。

三 现阶段社会群体地位分化及利益关系

改革以来，原由国家直接控制和支配的某些社会资源开始分散与转移（"放权让利"）。这使得社会群体及其地位结构发生了巨大的变化，主要表现两个方面。一是在原有制度结构之外新生出新的地位群体，且他们占有的资源大幅度增加，如个体经营者，自由职业者，私营企业主，合资、外资或私营企业中的高级雇员，非公有制内的企业家等。二是原有制度结构中的地位群体的地位状况开始变化。比如农民群体，尽管其在改革前就早已存在，但在改革后，他们在社会结构中的地位、资源和活动、生产方式等都发生了很大变化。此外，党政机关干部、工人、专业人员等群体，在改革后出现了内部分化，其地位特征也发生了很大变化。

现阶段社会分层结构中有几个主要社会群体，无论是原有的，还是新生的，其地位利益的演化与中国社会结构的走势具有紧密的关系，因而成为被研究的重点。这几个主要社会群体是原有的工人、农民、干部、知识分子四大群体，及新生的私营企业主群体及经营管理者（又称企业家）群体。对于这些群体现有的地位状态，研究者虽各有评说，但却形成了如下

---

① 庇护主义人际关系最早由沃德提出，指的是存在于中国社会主义"再分配"体制下的正式组织中的、将公共因素与私人因素结合在一起的、上级领导对下级"积极分子"的利益庇护的人际关系（Walder，1986；孙立平，1996）。

三点共识。一是这些群体都存在地位不一致现象，其中的任何一个群体的地位利益均不能被充分满足（张宛丽，1996）。二是改革前的城乡二元等级界限开始模糊，阶层分化不再局限于城镇等级的内部，而开始覆盖整个社会（王汉生、张新祥，1993）。三是各群体之间的经济收入差距拉大，农村收入的基尼（Gini）系数（基尼系数越大，表示收入差距就越大），由 1980 年的 0.2366 增至 1990 年的 0.31；城镇的基尼系数由 1980 年的 0.16 增至 1990 年的 0.24。全国的欧希玛（Oshima，又译奥希曼）五分位指数，由 1983 年的 4.68 倍增加到 1988 年的 5.67 倍。这种收入差距在 1988 年后仍在进一步扩大（李培林，1995）。

相当一部分研究者（包括笔者）认为，虽然改革、开放导致社会地位结构大分化、大重组，出现了如私营企业主、企业家、"白领"等新生利益群体，但由于转型期社会结构动态调整的过程性，及"民间社会"活跃的、多样化的、创造性的地位行动及其与国家关系的互动，尚未形成边界清晰、具结构性的地位群体及分层结构。因此，他们不主张硬性、简单的"归类"或"分层"，而是集中分析那些对社会利益分化产生趋势性、结构性影响的一些地位群体的地位动态及其利益关系。然而，确有政治学研究者在对现阶段社会利益分化的研究中，得出了当代中国社会分化过程中基本阶层类型的认识（朱光磊等，1998）。还有些研究者以"利益群体结构"置换"分层结构"，提出了社会结构的同心圆模式及社会利益群体的地位结构（于真，1995）。

（一）对现阶段几个主要社会群体地位利益的分析

1. 工人群体

按照国家统计局、劳动部的有关统计口径，研究者们习惯上以职工人数等同于工人群体人数。据劳动部 1997 年 8 月最新统计，截至 1997 年 6 月底，我国职工总人数达 14671.5 万人，比 1996 年同期减少 18.6 万人。其中，国有经济单位职工为 10849.4 万人，比上年同期增加 8.4 万人；城镇集体经济单位为 2876.9 万人，比上年同期减少 118.9 万人；其他各种经济类型单位为 945.2 万人，比上年同期增加 91.9 万人。①

---

① 《北京晚报》1997 年 8 月 1 日。

改革以来，工人群体的地位利益遇到了四大问题。

（1）经济地位下降

经济地位下降主要反映在经济收入上，特别是在与私营企业主群体的比较中最为明显。据赵人伟（1994）的研究，个体经营者的收入同全民所有制职工工资的差别是相当显著的，特别是在经济比较发达的地区，如上海，1988年个体经营者的人均收入为6000元，全民所有制职工的收入为2060元，相差近3倍（2.91）。

（2）内部层次分化

冯同庆等认为，改革以来，由于社会劳动分工的变化（特别是其复杂化和独立化），职工在经济利益、政治和社会权利，以及相应的思想观念上产生了新的差异，其内部结构出现了显著的分化和整合，产生出不同的阶层和群体。他们根据有关实证调查结果，认为现阶段中国职工群体内部存在着管理人员、技术人员、工人三个层次，并且阶层差异明显，其中管理人员和技术人员的地位高于工人（冯同庆等，1993）。

（3）雇工利益的被动状态

自20世纪50年代后期，对资本主义工商业的基本改造完成，至1978年改革开放前约20年的时间里，我国工人群体的成分始终是处于"领导阶级"优势地位上的全民所有制和集体所有制企业中的劳动者，其地位和利益受到了社会主义计划经济体制的最大限度的保护。然而，自改革开放以后，在引入市场经济体制过程中，出现了私营经济，随即产生了被雇于私营企业主、个体工商业主的雇工，从而使工人群体自1949年以来第一次结构性地分化出一个雇工阶层。实际上，雇工阶层横跨工人、农民两大群体，横跨城市、农村两大区域。从有关统计来看，1978年雇工人数为零，而到1991年底则已有232万人；到1992年，雇工已占当年职工总数的1.6%（李强，1993）。另据国家统计局的统计，到1997年，全国私营企业雇工人数已达1145.1万人（国家统计局，1998）。

雇工阶层的地位利益堪忧。《解放日报》1989年2月9日曾报道过上海市个体户雇工的情况，称之为"雇工的三无世界"：一是工作无日夜，日平均劳动时间在10小时以上；二是医疗无保障，雇工伤病，雇主概不负责；三是雇工进退无手续，约有半数摊店的雇工是未经工商行政管理部门审核批准的。另据《北京晚报》报道，北京市妇联调查的女雇工情况，大多数女雇工的合法权益受到侵害，有 78% 的雇工劳动在 10 小时以上，95% 没有休息日，雇主随意打骂、处罚女雇工的现象很普遍，有的还受到雇主的侮辱（陆学艺，1991：418～419）。更严重的问题是，雇工阶层在与雇主的劳资矛盾中处于自发的、无组织的被动状态，几乎无法有效地争得自身的合理利益。

（4）劳动生产能力弱化了的那部分职工的利益保障被忽视

当改革深化发展到企业经营管理体制及劳动用工制度层面时，受到利益威胁的首先是那部分劳动生产能力弱化的职工，如伤、老、病、残、孕者，其中有相当一批人是新中国成立以后曾为社会主义经济建设做出过基础性贡献的各级"劳动模范"，是工人群体的老骨干、我国现代化工业的奠基者。怎样评价、偿付他们的初期劳动价值，并保障他们今后的地位利益？这一问题日渐突出。

此外，在国营大中型企业改革中，包括青壮年职工在内，被作为企业"冗员"裁减下来的约有 3000 万工人，占国有企业中 1 亿工人的约 30%（杨帆，1995）。这是 1995 年的情况。近几年来，下岗职工人数有增无减。经济学者杨帆尖锐地指出，由于经济结构转换、国内外市场竞争、经营者行为个体化三个规律的作用，如果再无视企业经营者瓜分国有资产问题，"结果是国有资产被少数人占有，而把数千万工人抛向社会"（杨帆，1995）。

2. 农民群体

农民群体是改革以来分化最显著的一个利益群体。这种分化是在两个维度上展开的，一是改革引发的社会产业结构的变动，二是社会结构制度层面的变革。从对农民群体的传统身份界定来看，既是指其所具有的职业特征（农业劳动群体，户籍在农村的利益群体），又是指称其社会身份特征。据国家统计局 1998 年的统计，截至 1997 年底，乡村从业人员 49393 万人，农业人口 93415 万人，其中从事非农业的劳动者 2182.4 万人（国家统计局，1998：49）。

从动态角度看，改革开放导致的前所未有的社会流动界于城乡之间、不同产业之间、不同所有制经济关系之间，以及原不同身份、群体之间、代际等的流动，对于原体制下身份禁锢最严重的农民群体，无疑会触发其身份地位的大分化。对此，陆学艺认为："针对农民分化而形成的阶层定义是：在农民分化过程中，逐步形成的具有相同或相近的并且相对稳定的职业类型，对生产资料具有同类权力（即所有形式与经营形式）的个体的聚合"（陆学艺，1989）。依此定义，陆学艺将我国现阶段农民群体划分为以下8个阶层。

①农业劳动者阶层——由承包集体耕地，以农业劳动为主的农村劳动者所组成的社会群体。②农民工人阶层——以在乡、镇企业里从事非农业劳动为主的群体。他们对集体生产资料具有所有权、经营权与使用权。③雇佣工人阶层——由受雇于私营企业、个体工商户而提供劳动、获得工资收入的农村劳动者组成的群体。他们对所使用的生产资料没有所有权，但享有一定的择业自主权，可相对地自由流动。④智力型职业者阶层——由具有一定的专门技能，以及农村教育、科技、文化、医疗卫生、艺术等智力型职业的农村劳动者组成的群体。他们以其具有的技能、知识及智力能力为其他阶层服务。⑤个体工商户与个体劳动者阶层——由生产资料归劳动者个人所有、以个体劳动为基础、劳动成果归劳动者个人占有或支配，具有专门技艺或经营能力以及某项专业劳动，或自主经营小型的工业、建筑业、运输业、商业、饮食业、修理业、服务业等农村劳动者组成的群体，多为农村中的能工巧匠。⑥私营企业主阶层——由生产资料归私人所有、以雇佣劳动为基础的营利性经济组织的主要经营者组成的群体。他们的权力基础是对一定规模的生产资料的私人占有，在此基础上拥有对企业的人、财、物的支配权、生产经营决策权、指挥权与企业内部的分配权。⑦集体企业管理者阶层——包括乡、村集体企业的厂长、经理、会计、主要科室负责人与供销员。他们对企业的经营管理有决策权、指挥权，与企业职工（农民工人）是管理者与被管理者的关系，与村干部（农村社会管理者）是集体生产资料发包者与承包者的关系。⑧农村社会管理者阶层，包括村民委员会与村党支部委员会的组成人员与村民小组长。他们是农村政治、经济和社会生活的主要组织者，是集体财产所有权的主要代表者。他们具有双重身份，既代表国家的整体利益，行使行政职能；又代表农民的、局部的利益，维护社区权益。

3. 干部群体

据国家统计局1998年公布的有关统计结果，到1997年底，国家机关、党政机关和社会团体的职工人数有1080万人（国家统计局，1998：145）。至于其间的干部人数目前尚难找到有关统计。据李强于1990年的调查，其认为，当时中国领导干部总人数已达 1146 万人，占就业总人口的 1.77%；一般干部已超过 1000 万人，占就业人员的 1.69%（李强，1993）。

何为干部群体？历来有争议而无定论。李强认为，在中国，干部群体的定义有两种意义上的理解：一种是广义的干部概念，即泛指一切管理者和领导者。上自国家主席、总理，下至农村的村主任、小组长，甚至中小学的班组长，均可称为干部。一种是狭义的干部概念，是指在中国共产党、各级政府机关、社会团体与群众组织、国有的或集体的企业、军队、行政事业单位中任职的、依法列入干部编制的、从国家得到薪金的，并享受干部待遇的各种管理人员、办事员、公职人员等；这种狭义的"干部"，在中国，实际上是一种社会身份（李强，1993）。李强在分析了中国干部的基本情况后指出：①从人员及内部比例来看，人数膨胀过快，从 1982 年的 1490 万人上升到 1990 年的 2237 万人，9 年中净增了 747 万人；②从年龄结构来看，20 世纪 80 年代以来，平均年龄有所降低，单位负责人的平均年龄从 1982 年的 46.6 岁降为 1990 年的 43 岁；③从文化结构来看，干部的文化知识水平、受教育程度都有明显提高，其中大学毕业者的比例，从 1982 年的 5.8% 上升到 1987 年的 13.5%。据另一个调查，国家机关负责人大学毕业的比例更是高达 29%（李强，1993）。李强认为，中国干部的分层结构与中国的行政分层结构基本上是一致的。

一些学者则更多关注中国改革在向市场过渡的过程中，原来在计划经济体制下因享有权力资源优势的干部群体（亦称权力精英），其地位优势是否因市场资源的介入而丧失？由此，产生于东欧等的两种不同的理论——精英再生产理论（theory of elite reproduction）和精英循环理论（theory of elite circulation）——被运用来观察现阶段中国的干部群体的地位利益变动，并得出了不同认识（孙立平，1994）。精英再生产理论的具体观点认为，市场因素的介入并未使旧的精英失去存在的基础，官员在政府和企业都保留了对其组织的控制，并在经济中扮演一种能动的角色。奥伊（Jean Oi）、林南等人依据各自在中国所做的有关实证调查，得出了支持精英再生产理论的研究结果。与精英再生产理论的认识不同，精英循环论的一个假设是原来拥有政治资本的旧精英可能出现实质性的下向流动。"在向市场过渡的过程中，再分配者（指权力精英）并不能只依靠政治资本致富，因为从再分配经济向市场经济的过渡已从根本上改变了权力和特权的来源。"（孙立平，1994）"由于新的机会结构的出现，在原来的非精英群体中却形成了一批新的精英，这就是民间企业主，他们中的大部分人并没有什么权力背景。"（孙立平，1994）维克托·倪（Victor Nee）基于1985年在厦门农村的一项调查资料，在分别对现干部与前干部的家庭收入与其社会身份进行回归分析之后，得出结论说："干部身份以及在当干部期间建立起来的关系似乎并没有赋予他们在类似市场经济中的优势地位。"（孙立平，1994）另有两项有关实证研究支持了这种观点，即黄雅申1986年对中国国家官员的有关调查和沃德1989年在天津做的有关调查。

王汉生则以其所获得的实证资料，并综合分析他人的调查资料，以上述理论为参照，对改革以来中国农村精英构成的变化做了一番探讨（王汉生，1994）。她把农村精英界定为农村社区（行政村、乡和镇）的社区精英，即在社区中负有领导、管理、决策、整合功能的，有重要影响的人物。并按其所处社会系统的功能，将农村社区精英分为三类：党政精英、经济精英和社会精英。她认为，改革前中国农村社区的精英集团呈现类型单一化和结构趋同的特征。改革使得农村原精英集团过去所赖以生存和活动的社会环境发生了巨大的变化，精英们赖以发挥影响力的基础也因之而大大改变。改革前占绝对统治地位的政治资源在改革后相对下降，而文化资源、经济资源的重要性大大增强，与此相对应，精英的地位获得方式也发生了变化。改革前入党、提升几乎是进入精英集团的唯一途径，而改革后，聚集财富获取经济成功、掌握社会关系资源，或者加强自身技能也成为进入精英集团的可行渠道。这种变化，导致在原单一类型的党政权力精英之外，出现了大量的社会精英与经济精英。①党政精英，主要指社区的党政负责干部，即乡镇党委和乡镇政府的领导干部、村党支部和村民自治委员会的主要负责人，他们的影响力主要来源于上级党政机关正式授予的权力。党政精英亦称为权力精英。改革以来，原党政精英中的一部分转变为经济精英，一部分因退休、免职等转变为社会精英。而经过代际替代与类型替代，又出现了一种经济精英或社会精英向权力精英转化的情形。②社会精英主要指那些因个人品德、能力、经验、知识、背景等在国家、社区享有很高声望，从而对社区事务具有重要影响力的人。社会精英的核心，显然是类似于"退职官僚"的前干部的精英人物。这些人虽然不再有正式职务，但因当干部多年，以其在职期间的政绩、德行、能力及权威，持有一方威望；又以其社区内外广泛的社会联系及与现干部的密切关系而保持着极大的影响力。③经济精英主要指在经济活动中获得成功，并且其经济活动对社区发展有很大影响的人，如农村企业家，他们对社区事务的影响力主要源于其经济实力和经济成功。经济精英有三种类型：一是由原干部身份转化而来者，二是代际的精英替代，三是类型之间的精英由原干部身份转化而来者。由原干部身份转化而来者又分为三种方式：第一，完全放弃干部身份，自己筹集资本从事经营活动，变成私营企业主或个体工商业者；第二，通过个人承包或租赁集体企业的方式转变成企业主，他们是新兴于原党政干部队伍之外，由大量的"经济能人"转化而来者；第三，通过乡村地区政府的正式调动转而从事经济活动，成为受政府委托的集体经济的经营者和管理人，是从那些在乡镇企业工作的职工中成长起来的。目前中国农村社区精英，既存在精英转化，又存在精英替代。而精英替代主要有两种类型：一是代际的替代；二是经济精英对原权力精英的替代，或称类型替代（王汉生，1994）。

作为社会分层结构中的"精英"干部群体，自改革以来，其地位分化的焦点是其地位利益与权力资源的关系。陈烽在转型期干部阶层的地位变动和腐败的利益根源的一项研究中指出：改革以后，干部阶层的整体权力、地位下降，内部发生分化，失去原有利益平衡；个体、集团的自主性、独立性提高，局部性权力、地位上升。转型初期腐败广泛萌生的主要利益根源，是原有干部阶层成员对地位下降的变相反抗（利益补偿与利益转换），及新生社会力量对生长条件的畸形购买。转型中期腐败持续不止的利益根源，进一步演变为对转型期畸形既得利益的维护与扩张。转型期腐败是过渡性体制下干部阶层利益实现机制扭曲的恶性表现（陈烽，1997）。

4. 知识分子群体

知识分子群体究竟包括哪些职业？是些什么人？历来颇有争议。若依据一般经验，并参照国家统计局的行业分类，可指从事于卫生、体育、社会福利业，教育、文化艺术、广播电视电影业，科学研究和综合技术服务业的人员，据国家统计局 1998 年的统计，截至 1997 年底，约为 2046 万人（国家统计局，1998：257。）

黄平依据大量文献资料，对近代以来中国知识分子进行了系统考察，并对当代中国知识分子的基本类型提出了自己的独到见解（黄平，1993）。

他将知识分子定义为"是社会中那些通过频繁地使用象征符号系统，去创造关于人及其环境的思想，或表达对于人及其环境的理解，并以此为基本生活内容的人"（黄平，1993）。在此基础上，他把知识分子划分为三种类型。①体制内知识分子，即每一社会体制自身所必然包含的那些作为该体制有机成员的知识分子，他们对该社会体制之运行及其统治集团在政治与意识形态上的支配地位起着不可替代的整合作用。②体制外知识分子，即传统意义上被视为"真正的知识分子"的文人、学者、艺术家、哲学家等，他们生活在市民社会或类似的环境中，同现存社会体制没有直接的内在联系，而且由于他们的职业范围、生活内容及个性特征，常常被认作"社会历史遗产的象征"和"民族文化精神的代表"。③反体制知识分子，即那些由于特殊的社会与人文环境而聚集起来的、对现存体制持批判乃至否定态度的知识分子，他们致力于改变现存秩序，并常常因此成为社会革命或变迁的倡导者、组织者。至 1905 年中国废除科举制度以前，只有一种类型的知识分子，即体制内知识分子。此后，才出现了"漂游到了体制外"的体制外知识分子和反体制知识分子的类型分化。而反体制知识分子在中国 20 世纪初乃至那以后的几十年中，竟然成为中国知识分子中对社会影响最大的知识分子类型；甚至存在于共产党与国民党"这两个群体中的反体制知识分子构成了 20 世纪前二十余年中国知识分子的主体，也正是他们，发展成为现代中国的两大主要社会政治力量"（黄平，1993）。1949 年以后，"由于制度规范与话语转换的双重作用，中国知识分子在毛泽东时代经历了一个较为深刻的非知识分子化过程"。制度化规范对于这一非知识分子化的影响主要是经过"单位制""机关化"而施予的。在知识分子从制度上"包下来"的同时，以"思想改造"为基调，营造了一套稳固的"政治学习"的组织运作形式及话语环境，从而产生出新型的权力知识格局和行动规则。在这种格局中，有资格创立新知识包括政策、口号、文件和规则本身并对其进行阐释的，是握有一定权力的人，而那些并不具有立法权与阐释权的非体制知识分子，不论其文化程度与学术水平有多高，在很大程度上都成了新式的无知之人。如果从改革以后的社会话语的转换来看，早有学者指出"经济主义"话语取代了以往的"政治"话语，而且，体制改革的不断深化，已经出现了体制外"自由流动空间"与"自由活动资源"，那么，显而易见，现阶段知识分子类型的分化及其地位利益状态，必然会受如此社会条件的影响而演变、分化（黄平，1993）。

中国知识分子群体的地位归属自 1949 年至今，始终处于或明或暗之中。知识分子在当代中国社会分层结构中没有其地位群体的位置，是一个在社会生产关系中没有独立地位的特殊群体。改革以来，知识分子群体的社会地位评价问题日益突出、尖锐。主要涉及三个方面。①"知识"的社会资源属性。伴随着现代化、信息化的社会演进，"知识"的生产力价值及其社会文化价值愈益凸显，乃至成为最重要的社会资源。而与"知识"资源相联系的新型职业群体不断涌现出来，并正在逐步分化形成一些新的社会阶层，如从事现代企业经营、管理事务的"白领阶层"。②对"知识"价值的社会报酬。"脑体倒挂"已经成为人们对改革前乃至改革初期"知识分子"社会报酬低下状态的一种共识。近年来，社会分配开始向提高"知识分子"社会报酬倾斜。然而，"知识"价值及其相应地位群体的社会报酬的制度化水平仍待提高。③知识资源与权力资源的关系是提高"知识"社会报酬的制度化水平的核心。作为一种社会资源，知识资源在社会分层结构中具有自行分配的资源属性，而权力资源则往往是以其支配性为特征的。近年来所推行的使原干部群体年轻化、知识化、专业化的措施，在一定程度上诱发了知识资源与权力资源的交换行为，并促使"文凭热"升温。如此背景下的原知识分子群体的分化势在必行，而行将分化"沉淀"出什么样的社会阶层，则有待改革深化中的制度创新及社会结构的进一步调整。

5. 私营企业主群体

改革开放以来，私营企业主群体迅速崛起。从 1981 年 9 月，《人民日报》报道广东省一位农民雇工承包鱼塘到现在，私营企业主队伍日益壮大。截至 1997 年底，全国私营企业已达 96.1 万户，投资者 204.2 万人，雇工 1145.1 万人，注册资金 5140.1 亿元（国家统计局，1998：49）。

研究者一致认为，崛起于 20 世纪 80 年代初的中国私营企业主与存在于 50 年代的中国私营工商业者之间没有直接承继关系。80 年代中后期，研究者的兴趣集中于对这一新兴群体的内部构成、群体的阶级属性及群体特征的探讨，并认为，私营企业主是一个新兴的、既占有雇工的剩余劳动而又参加企业管理和劳动的阶层，其阶级属性，虽然带有一定的剥削性，但不属于纯食利性的资产阶级（贾铤、王凯成，1989）。进入 90 年代，一部分研究者开始转为研究私营企业主阶层崛起的社会结构因素，进而由统计描述转向解释性研究。于此，李路路从社会资源配置的诸种因素与功能入手，对私营企业主群体崛起与发展的机制及其与中国社会结构变迁的关系、意义，尝试予以系统性的解释（1995）。

李路路认为，现阶段中国市场经济的发展还未从根本上改变国家行政权力在资源分配中的主导地位，但形成了两种体制的长期并存。因此，私营企业主所拥有的社会资本，就成为获得资源和成功的重要渠道，社会文化传统和原有的社会结构体系（如"单位制"），是积累这种社会资本并将其转化为经济资本的深厚土壤。在上述基本假设基础上，他提出了三个具体假设，并经过 1993 年的一项抽样调查的实证结果予以验证（1995）。A. 机会假设：在一个市场将成为社会经济流动的另一条重要通道，但在自由流动资源相对短缺和市场发育不完善的经济环境中，私营企业主会更多地积累社会资本，以获得更多的经营和竞争机会。由此获得两个具体假设：①那些进入私营企业领域的人，因此有可能在经营和竞争中利用这些资本获得成功；②人们在进入私营经济领域时，一般倾向于进入那些自己有比较熟悉的社会关系的行业，特别是与自己原来职业相同的行业，或相关的行业。B. 资源获得假设：由于私营企业发展所需的自由流动资源（这些资源主要是指从金融机构获得贷款和较高质量的人力资源）的相对短缺，大量社会资源仍处于国家行政权力和国有单位的控制下。因此，如果私营企业家拥有更多的社会资本，他们的亲戚和朋友占据着较好的职业地位和权力地位，那么他们就应该比其他的企业家更多地从金融机构获得十分短缺的贷款和高质量的管理、技术人员。C. 企业发展假设：在一个因制度环境和传统而使特殊主义社会关系具有重要意义的社会中，企业家拥有更多的社会资本，会在资源获得，特别是从国有单位获得资源、生产经营管理、产供销环节及许多方面占有优势，可将社会资本转化为经济资本，使企业获得更大的发展。因此，①拥有社会资本的企业家在企业经营规模方面应高于其他的企业家，或者说在企业经营方面比其他人更为成功；②在私营企业内部，企业家也倾向于营造一个以特殊主义关系为主的社会关系网络，借此获得相对稳定和安全的内部经营环境，保持企业发展的力度。在此基础上，李路路解释道：①国家行政权力在全社会资源分配中仍占主导地位，是上述结果的一个重要原因；②社会正式制度安排失控是造成社会资本作用于私营企业主地位获得的另一个重要原因。在国家行政权力和市场体系之间存在许多无法有效控制的交换关系，这就提供了一种可能性，使得私营企业主通过地方、部门和单位中具有支配社会资源权力的人，获得发展条件；③不完善、不健全或不规范的市场体系，亦是构成私营企业主重视与"体制内"建立特殊主义社会关系的原因之一；④中国社会结构中社会关系网络的紧密性，以及借助于单位、业缘关系而运作的特点，使得私营企业家更熟悉和重视社会资本的作用；⑤中国目前的制度环境尚有许多莫测因素、矛盾之处，私营企业虽具吸引力，但风险很大，而借助特殊主义社会关系可以使私营企业主降低风险成本，以求稳定与发展（李路路，1995）。

（二）现阶段社会利益关系中的突出问题

现阶段突出并引起社会关注的社会利益关系问题主要是分配不公。从社会利益群体关系角度看，主要表现在三个方面：一是"高收入阶层"的出现，二是"新贫困阶层"的出现，以及与此相关的社会贫富差距的不断扩大；三是权钱交换的"寻租"行为及其暴富现象。

1. "高收入阶层"与分配不公

改革以来，出现了一部分"先富起来"的人，其个人收入及家庭消费水平远远高出一般大众。据中国社会科学院社会学研究所的有关调查估计，20世纪90年代初期，全国年收入在5万元以上的高收入户已有500多万户，约占全国总户数的2%；个人家庭资产在百万元以上的约有100万户（李培林，1995）。1994年，美国《福布斯》杂志中有名有姓地统计出中国大陆资产超过一亿元的有17人。四川某集团4兄弟拥有财富6亿元人民币，黑龙江某集团董事长拥有财富5亿元人民币，山西一位农民拥有3亿元人民币的资产（李培林，1995）。

据国家计委人力所"城镇居民个人收入分配状况典型调查课题组"的一项调查发现，现阶段中国社会经济收入最高的"富裕者"群体，主要由以下14类人员组成：股票证券经营中的获高利者；部分收入很高的个体工商户；部分私营企业主；出场费很高的歌星、影星、舞星等；部分新办公司的负责人；部分经营者与承包者；部分"三资企业"中的中方管理人员；发展市场经济中专业人才紧缺的某些职业的工作人员；承包开发科技成果的科研人员；出租汽车司机；部分银行工作人员；经济效益好的企业的职工；部分从事第二职业的人员；部分再就业的离、退休人员（李永翘，1995）。

"高收入阶层"的出现所反映出的分配不公问题主要集中在四个方面：一是各种以权谋私、贪污受贿、偷税漏税、挥霍公款、变相侵吞公有资产的非法致富行为；二是体制的空缺，通过权钱交易获取巨额价差、利差、汇差和租金而暴富的现象；三是收入分配的混乱导致的所谓"该富的没富，富了不该富的"问题，典型的民谣是"搞导弹的不如卖茶叶蛋的"等；四是"大锅饭"的衍生弊病，即一部分人享受着体制内的国家福利、赚着体制外的个人收入。

2. 收入分配差距不断扩大与"新贫困阶层"的出现

1996 年 3 月 5 日在第八届全国人民代表大会第四次会议上，国务院发布的《关于国民经济和社会发展"九五"计划和 2010 年远景目标纲要的报告》，在肯定了改革以来取得的各项成绩之后，提出了 8 个方面的问题，其中居第四位的就是社会成员收入悬殊。显而易见，社会分配差距过大，已经成为社会利益调整的一个较为严重的问题。

据中国社会科学院经济研究所"收入分配"课题组 1994 年的一项有关调查，社会各阶层、群体、区域的收入差别全面拉开，差距逐步扩大（赵人伟，1994）。其中，农民收入差距扩大可分为两类：一类是群体间的差距，一类是区域间的差距。农民不同群体间收入差距的扩大又有两种。一种是不同行业、不同部门间农民收入差距的扩大。从事种植业的农民与在乡镇企业工作的职工之间收入差距约 1 ~ 2 倍；与从事商业、服务业的人员相比，相差 2 ~ 5 倍；与从事个体运输和建筑业农工相比，相差 5 ~ 8 倍。另一种是雇主和雇工之间的收入悬殊。雇工规模在 10 ~ 30 人的，雇主与雇工之间的收入差距在 15 ~ 40 倍；31 ~ 50 人的，差距在 40 ~ 70 倍；51 ~ 100 人的，差距约 65 ~ 130 倍。区域间农民收入差距明显扩大。1980 年，全国农民人均收入为 191.33 元，东、中、西部地区农民纯收入之比（以西部为 1）为 1.39∶1.11∶1；1993 年，全国农民人均纯收入为 921 元，其中东部地区人均纯收入为 1380 元，中部地区为 786 元，西部地区为 604 元。东、中、西部之比为 2.28∶1.30∶1。

城市居民的收入差距也呈现全面扩大的态势。首先，区域间的差距在扩大。1983 年，中国东、西、中部的城镇居民人均生活费收入分别是 543

元、493 元和 458 元，而到 1994 年，此三地区的人均生活费收入已分别达到 4018 元、2402 元和 2805 元，分别增长了 6.4 倍、3.9 倍和 5.1 倍。若从收入的绝对差额来看，1983 年，中、西部城镇居民的人均生活费收入与东部差距分别仅为 85.50 元和 50.03 元，但到 1994 年差距已升到 1213 元和 1616 元，差额比原来分别扩大了近 32.3 倍和 14.2 倍。其次，不同行业的职工收入差距在扩大。1978 年人均工资收入水平较高的行业是电力、煤气及水的生产和供应业，为 850 元；到 1994 年，人均工资收入水平较高的行业为金融、保险业，为 6706 元；最高的金融、保险业已是农林牧渔业的约 2.4 倍，二者收入的绝对值差额更大，如再加上前者的难以统计的各种非工资收入，二者就更悬殊了。再次，不同所有制的职工收入差距持续扩大。1986 年三资企业的人均工资为 1527 元，是该年全国职工人均工资的1.14 倍，两者的绝对值相差 200 元，而到 1992 年，三资企业职工的平均工资已达 1903 元。到 1994 年 1 月至 2 月，三资企业等经济类型职工的人均收入又继续上升。当时，中国职工工资增长的平均速度是 26.3%，而三资企业的增长速度竟高达 92.2%，比其上年同期的增幅又高出 41.7 个百分点。现在，三资企业、乡镇企业等职工的人均收入已达到党政机关、科研单位等职工平均收入的 2 倍到 3 倍乃至更多。最后，企业内部不同群体间收入差距扩大。这又分为两种情况：一种是私营企业和三资企业中的雇主与雇工的收入差距，另一种是公有制企业中的厂长、经理和职工的收入差距。中国的外资企业的中方管理人员的平均收入已达 6600 美元，是普通员工的 10 倍左右。而公有制企业中的经营管理者与职工的收入差别已相当大，且企业的经营管理者从工资外获得多种利益，亦已经是相当普遍的现象（赵人伟，1994）。

与收入差距逐步拉大相伴而生的便是社会利益分配格局中出现的"新贫困阶层"。新出现的"新贫困阶层"主要是指企业改革中的下岗人员、隐性失业人员、停产半停产企业的人员、退休人员、部分吃财政饭的工薪人员及在城镇中流动的非城镇贫困人口等。1994 年全国职工中生活困难者的比例已由 5% 上升为 8%。而随着这两年物价上涨的过猛，加上有些企业不景气，城镇中收入下降的居民家庭已由 1992 年的 31% 增加到 38.5%，截至 1994 年，全国城镇已有约 2000 万人生活有困难，加起来，就约有 1 亿居民处于贫困状态，占我国大陆人口的约 8%（赵人伟，1994）。

3. "寻租"行为及其暴富现象

当引入市场机制以后，中国社会出现了"体制内"与"体制外"的结构性分化，对于社会成员的地位利益而言，获得了从未有过的"自由流动空间"与"自由流动资源"。如前所述，在此条件下，出现了谋取双重差价而暴富的"寻租"行为。据有关研究，这种双重体制下的双重价格差额（"租金"）在1988年高达3569亿元，约占当年国民收入的30%（胡和元，1989）。也就是说，这部分本应归国民所有的资产流入了"寻租者"们的个人腰包。

"寻租现象"不同于私营企业主的高收入现象，主要有两点：一是"寻租者"占据和持有的是商品货币，如有价证券、存款及高档生活消费品，而私营企业主的资产中有一部分是生产资料，这意味着，"寻租者"的收入全部为个人或家庭消费；二是"寻租"行为是以权钱交换的非公开、非正式的"非常规性分配"，而后者的行为则是以市场经济资本间的交换为原则的、公开的、正式的"常规性分配"，这实际上意味着，二者虽同为现阶段的"高收入"者，但是"寻租者"的收入显然具有很强的不合理性。"寻租者"行为可谓一种暴富行为。

4. 几个值得注意的问题

（1）工人阶级的利益损失及其地位评价

现阶段的社会利益关系从根本上说受制于体制改革及其现代化的社会实践。就体制改革而言，引入市场经济因素的一个直接结果，就是原计划经济体制下国有经济关系及其类型（包括享受"单位制"好处的国营、集体企事业所涵盖的那些社会经济关系）面临市场经济优势的竞争和挑战，反映到社会利益群体及其社会地位上，必然引发出原体制下享有利益优势的干部群体与工人群体的利益得失及其社会地位的重新评价问题。关于干部群体的利益及地位评价前面已经论及，于此不再复笔。原工人群体的利益损失相比较于原干部、农民、知识分子几个群体可能是更为严重的。原工人群体长期受原体制"铁饭碗"的庇护，程度不同地滋生出"准贵族意识"；所占有的权力资源、智力资源又较少；而转型期新的劳动、人事制度尚在摸索中，社会保障制度也很不健全。在这些因素的共同作用下，原工人群体，特别是被视为"领导阶级"中的原国营大中型企事业单位的职工群体及这一群体中的老工人，其利益损失便是较为严重的，其地位评价显著降低。

（2）社会利益分配的制度调控危机

处于显著的结构性分化状态中的现阶段中国社会利益群体，其地位利益被分置于两个层面上运作。一是组织层面，即"单位"。在这一层面，成员个体所处的"单位"的资源优劣及占有、支配能力，将直接影响某些群体、个体的地位利益。二是个体层面，主要取决于成员个体在正变得多样化了的社会资源配置关系中获取个体地位利益的能力。处于转型时期的社会资源分配，从制度安排上看是更为有限的。现有的社会资源配置，不仅继续受到"再分配"体制的影响和作用，而且受到"市场"因素的制度挤压，陷于制度安排上的"两难"处境；加之非正式制度因素的同步揉搓，更使之脆弱。一方面是社会利益需求日趋活跃旺盛，另一方面则是社会利益分配制度安排日见疲软乏力，而社会资源的有限性又是处于现代化起飞阶段的一种国情、一种无法回避的社会事实。社会利益制度调控的前景显然是危机大于机遇。

（3）女性利益受损在社会利益格局中成为一个新生的、特殊的社会分配不公问题

在原体制下，女性群体社会利益受到相应的关照和保护，社会地位受到社会主义制度及体制的肯定。然而自改革开放以来，这种被原体制安排所肯定、保护的社会地位受到新民主主义革命及社会主义革命以来前所未有的挑战。原体制无法满足女性中觉悟者们的发展及其相应的利益需求；而处于转型期的"市场经济"，又只看重女性劳动力的廉价利润，不会给予女性的社会发展以高投入。由此，女性群体总体社会地位下降问题日渐突出。

当前中国社会分层结构尚处于分化、调整中。原有的地位群体急剧分化，新生的地位群体仍在不断孕育。因此，地位群体边界模糊，群体组合具有一定的边缘性及自发性，这既为相关研究增加了难度，又带来了机遇与挑战。

参考文献

陈烽，1997，《转型期干部阶层的地位变动和腐败的利益根源及治理》，《社会学研究》

第 5 期。

邓肯·米切尔主编，1987/1979，《新社会学词典》，蔡振扬译，上海译文出版社。

费孝通，1985/1947，《乡土中国》，生活·读书·新知三联书店。

冯同庆等，1993，《中国职工状况、内部结构及相互关系》，中国社会科学出版社。

格尔哈斯·伦斯基，1988/1964，《权力与特权——社会分层的理论》，关信平等译，浙
　　江人民出版社。

国家统计局，1998，《中国统计提要》，国家统计出版社。

胡和元，1989，《1988 年中国租金价值的估算》，《经济社会体制比较》第 7 期。

黄平，1993，《知识分子：在漂泊中寻求归宿》，《中国社会科学季刊》（香港）第
　　2 期。

贾铤、王凯成，1989，《私营企业主阶层在中国的崛起和发展》，《中国社会科学》第
　　2 期。

雷，1988，《权力泛化论》，《社会》第 5 期。

李路路，1991，《官僚制》，《中国大百科全书·社会学》，中国大百科全书出版社。

李路路，1995，《社会资本与私营企业家——中国社会结构转型的特殊动力》，《社会学
　　研究》第 6 期。

李路路，1999，《论社会分层》，《社会学研究》第 3 期。

李路路、王奋宇，1992，《当代中国现代化进程中的社会结构及其变革》，浙江人民出
　　版社。

李培林，1995，《新时期阶级阶层和利益格局的变化》，《中国社会科学》第 3 期。

李强，1993，《当代中国社会分层与流动》，中国经济出版社。

李强，1995，《中国社会分层结构变迁报告》，载李培林主编《中国新时期阶级阶层报
　　告》，辽宁人民出版社。

陆学艺，1989，《重新认识农民问题》，《社会学研究》第 6 期。

陆学艺，1991，《当代中国农村与当代中国农民》，知识出版社。

彭庆恩，1996，《关系资本与地位获得——以北京市建筑行业农民包工头的个案为例》，
　　《社会学研究》第 4 期。

孙立平，1993，《"自由流动资源"与"自由流动空间"》，《探索》第 1 期。

孙立平，1994，《市场过渡理论及其存在的问题》，《战略与管理》第 2 期。

孙立平，1996，《"关系"、社会关系与社会结构》，《社会学研究》第 5 期。

王汉生、张新祥，1993，《解放以来中国的社会层次分化》，《社会学研究》第 6 期。

王思斌，1995，《社会组织与科层制》，载韩明漠主编《社会学概论》，中央广播电视
　　大学出版社。

王颖，1994，《社会转型的层级结构分析》，载陆学艺，景天魁主编《转型中的中国社

会》，黑龙江人民出版社。

韦伯，1997，《经济与社会》，林荣远译，商务印书馆。

肖鸿，1999，《试析当代社会网研究的若干进展》，《社会学研究》第3期。

杨帆，1995，《谁来为国有企业解除负担?》，《东方》第6期。

杨宜勇等，1997，《公平与效率——当代中国的收入分配问题》，今日中国出版社。

于真，1995，《社会结构的同心圆模式和社会利益图》，载顾杰善主编《当代中国社会利益群体分析》，黑龙江教育出版社。

张其仔，1999，《社会网与基层经济生活——晋江市西滨镇跃进村案例研究》，《社会学研究》第3期。

张宛丽，1996，《非制度因素与地位获得——兼论现阶段社会分层结构》，《社会学研究》第1期。

赵人伟，1994，《中国转型期中收入分配的一些特殊现象》，载赵人伟主编《中国居民收入分配研究》，中国社会科学出版社。

仲济根，1994，《城市居民消费补贴与收入分配以住房、医疗和食品为例的一次统计研究》，载赵人伟主编《中国居民收入分配研究》，中国社会科学出版社。

朱光磊等，1998，《当代中国社会各阶层分析》，天津人民出版社。

Bian Yanjie. 1997a. "Bringing Strong Ties Back in: Indirect Connection, Bridge, and Job Serach in China," *American Sociological Review* 62.

Bian Yanjie. 1997b. "Getting a Job Through a Web of Guanxi," Chapter 5, *in Networks in the Global Village*, edited by Barry Wellman. Westview.

Lin, Nan. 1982. "Social Resources and Instrumental Action," *Social Structure and Network Analysis*, edited by Peter V. Marsden and Nan Lin. Sage Publications.

Lin, Nan. 1990. "Social Resources and Social Mobility: A Structure Theory of Status Attainment," *Social Mobility and Social Structure*, edited by Ronald Breiger. Cambridge University Press, pp. 247 – 271.

Lin, Nan, Walter M. Ensel and John C. Vaughn. 1981. "Social Resources and Strength of Ties: Structural Factors in Occupational Status Attainment," *American Sociological Review* 46.

Nee, Victor. 1989. "The Theory of Market Transition From Redistribution to Markers in State Socialism," *American Sociological Review* 54: 663— 681.

单位成员的满意度和相对剥夺感 [*]

——单位组织中依赖结构的主观层面

李汉林　李路路

　　中国城市社会中的单位组织，其实质是国家进行政治统治的"组织化"形式和工具。它将行政的权力和财产的权力结合起来，依靠国家在行政权力和财产权力上的垄断地位，使个人服从和依赖于它。中国社会 20 年来所发生的社会转型，虽然在一定程度上削弱了这种统治结构，个人对单位组织的依赖性越来越多地带有了交易性的特征，但是，基本的统治结构没有根本改变，国家、单位组织和个人仍然存在着一个明显的单向依赖结构（布鲁斯，1989）。本文所要讨论的是，单位成员对单位组织的满意度和相对剥夺感，对他们在单位组织的依赖性具有什么样的影响？这种满意度和相对剥夺感又主要受什么样的因素影响？对上述问题的回答，将有助于理解中国城市社会中单位组织内的关系与行为结构。

一　理论和假设

　　单位组织将国家命令性权力和资源交换性权力[①]集于一身。即使是在中国社会向市场经济逐步转型的过程中，单位组织仍然可以主要依靠自己在资源占有上的优势地位，通过资源交换性权力，对个人形成一种支配性关系。个人利益或需求的满足，在很大程度上有赖于单位组织。这种依仗利益和资源所产生的依赖性结构，与依仗国家的命令权力所产生的依赖性结构，共同维持了国家对社会的统治。

---

　　[*]　原文发表于《社会学研究》2000 年第 2 期。

　　[①]　Max Weber 在其著作 *Wirtschaf tund Gesellschaft*（Tuebingen，1980）中，将统治形式区分为两种最基本的类型，即依仗行政性权力为基础的权威或命令式统治和依仗垄断性的财产权力为基础的交易性统治。

（一） 单位组织中的基本依赖性结构

华尔德（Andrew Walder）等曾围绕单位组织本身的特征，对单位内部的关系结构和单位成员的行动方式，以及单位和个人的关系进行了探讨，这些研究都涉及了"依附"、"交换"、"权力"和"资源"等概念（华尔德，1996；路风，1989；李路路、王奋宇，1992；李汉林，1993；吴晓刚，1994；李猛等，1996）。在改革开放之后，当单位组织依然作为国家进行统治的工具或手段而存在时，更多得到强调的机制是个人对单位组织的"资源或利益依赖"。在"混合体制"的制度环境中，相对于国家的行政性命令权力来说，个人对单位组织的资源或利益依赖已经成为国家实现统治的重要机制之一。使单位成员对单位产生依赖的机制是他们从单位组织中能够获得所需的资源。这种单方面的依赖是由于个人社会独立性地位的软弱。布劳曾经详细讨论过单方面依赖或者获得社会独立性的基本条件（布劳，1988：139～142）。

但是，应该特别指出的是，个人因资源而产生的依赖，除了取决于资源占有情况外，还受个人对资源提供者的满意度的影响。一般来说，一方面，人的行为会受到结构性因素的制约；另一方面，人的动机和行动所具有的主观意义，也会对人们相互作用的各种形式产生影响。在交换性的行为中，人们对交易物的满意程度或者喜欢程度，也将对交换行为产生影响。特别是在出现选择性和替代性资源时，人们对某种资源的依赖程度，要受到他们对这种资源及其获取方式的满意的影响，这种满意度有可能改变不同资源对交换者的相对价值，在这种情况下，个人的依赖程度"是服务的价值与可供他们考虑的第二个最好的选择方案之间差异的一个函数"（布劳，1988：140）。

在中国社会向市场经济转型的过程中，个人对单位的"满意度"成为影响依赖的更具意义的因素。韦伯在论及社会互动是一种交换伙伴的利益妥协的同时曾经指出过，这种交换经常是和理性选择的利益比较和理性选择的利益约束联系在一起的（Weber，1980：21ff）。在这种作为资源交换行为的社会互动中，人们常常期待着一种报偿，尽管这种报偿一般可能是在未来实现，而且实现的方式无法在目前精确的定义（布劳，1988：93）。

中国的改革所带来的自由活动空间和自由流动资源的发展，特别是非国有单位的发展，在一定程度上提供了可选择的替代性资源，因而国家和集体单位已不再具有唯一资源提供者的地位。个人对单位的主观态度，更加成为影响个人依赖行为的重要因素之一。人们对他们的工作单位越是"满意"或者"喜欢"，其他选择的价值就相对降低，就可能越依赖他们的单位。吸引力的减弱使得其他机会变得相对更有吸引力，减少了目前单位与替代单位之间的差别，因此也减少了单位成员对单位的依赖性。在这种情况下，国有和集体单位尽管向单位成员提供了必需的资源，但如果这些资源替代性程度比较高，且提供的方式和要求的回报令人反感，人们就可能转向其他的选择，对单位的依赖性就将增强。如果资源的替代性程度较低，尽管人们存在着"自由选择"的权利和可能性，但对单位组织的依赖仍然强烈地存在。

在上述有关讨论的基础上，我们可以建立单位中依赖性结构的基本模型，同时，这也是对单位成员行为乃至单位性质进行分析的基本框架。在这个模型中，包含有三个要素，即资源、满意度和依赖性，这个模型的基本假设是：单位成员在单位中所获得的资源，以及单位成员对单位的满意度，成为影响其依赖性行为的基本决定因素。

个人和单位的关系，基本上可表现为上述三个因素之间的相互作用。个人在单位中获得资源的多少将影响和制约着人们对单位的依赖性行为和对单位的满意度，同时，人们对获取资源的满意度，也会影响和制约人们的依赖性行为。因此，人们是否以及在多大程度上对单位组织保持着依赖性关系，主要取决于在单位中获得资源的多少和对此的满意度。

但是应该指出的是，人们的满意程度一般不是绝对的。当人们实际上对某种事物或事件作出满意或不满意的评价时，都有可能受到个人社会地位、环境、参照群体等各种外在因素的影响，因而是相对的。考虑到主观感受的相对性，在上面的基本模型中应该还有一个基本变量存在的意义，即单位成员的相对剥夺感。就其对现实社会行为的影响来看，也许这种被相对剥夺的主观感受有更为直接的影响。在基本依赖结构中，单位人的满意度和相对剥夺感是影响依赖行为的基本变量，人们对单位的满意程度越高，依赖性越强，对单位的相对剥夺感越强，人们对单位的依赖性也就越强。

（二）单位组织中的"客观地位"与"主观感受"

单位成员在单位组织中的满意度和相对剥夺感，一方面，会对人们的依赖性行为产生影响；另一方面，人们在单位组织中所获得的资源会对这种主观感受产生影响。但是，资源获得是一个综合性变量，它没有分析性地揭示出那些有可能影响主观感受的因素，特别是单位组织中那些"客观地位"因素对这种主观感受的影响。

按照社会学，特别是社会分层理论的解释，人们对社会资源的占有或者获取，是由其社会地位决定的，人们的社会态度在很大程度上也是社会地位的产物。因此，社会成员所具有的社会地位决定了人们对社会资源的占有以及社会态度。在组织中，包括在单位组织中，同样如此。

对客观社会地位的讨论，主要包括人口统计学特征和社会结构性特征两类（Blau-Duncan，1967；李路路，1999）。考虑到单位组织的政治统治特征以及单位成员的人口统计学特征，我们以下述变量为基础建立了进一步的分析模型。

1. 政治面貌

政治面貌指个人的政治党派身份，特别是是否为"中共党员"。我们的基本判断是，由于整个社会的统治体制没有发生根本的变化，因而人们的政治身份仍然会在单位组织中成为影响资源获得和主观感受的重要影响因素。

2. 权力

按照韦伯的理解，"权力意味着在一种社会关系之中，人们在具有反抗的情况下，仍然能够贯彻自己意志的任何一种机会，而不管这种机会是建立在什么样的基础之上"（Weber，1980：28）。权力在社会学中被认为是社会地位的主要标志之一。根据韦伯的定义以及研究的需要，我们在这里把权力主要理解为在占有、分配单位中各种机会和资源的过程中，能够顺利地贯彻自己意志的能力。由于单位组织是国家行政权力和国家财产权力直接、具体的结合，因而个人在单位组织中的权利可从两个方面进行分析。

一是个人的行政级别，主要是指单位中的个人，特别是那些在单位组织中拥有一定权力的单位成员在国家行政序列中的地位。由于在中国各种主要短缺资源的分配不是通过社会而主要是通过单位来实现的，因而在单位组织中，从本质上来说不存在单纯个人对资源的占有权利，个人是依靠国家赋予的一定地位，而实际上获得一定的支配或处置资源的权力。其中，个人在国家行政序列中的一定位置（行政级别）是这种权力的重要来源之一。对于单位组织中的领导人和管理人员来说，他们的权力和权威，取决于国家的认可和赋予合法性。他们的行政地位等级和单位组织的行政地位等级具有同等重要地位。

二是指个人的职位，这种个人职位当然也可包含行政级别，但为了区分的需要，职位在这里主要是指个人在单位科层结构中的位置，这种位置往往是和资源占有和影响他人的能力直接相联系的，对个人资源占有、满意度和行为方式等具有直接的影响。但是，这种权力地位不同于个人行政级别地位。前者是个人在单位组织中的实际地位，后者是国家赋予的、在国家统治体系里的一个等级位置。

3. 工龄

将工龄纳入到这一假设之中，是因为在传统计划经济体制下，对于几乎所有单位组织中的成员来说，工龄都是一个获得国家资源的重要因素。当国家在单位体制内统一进行资源分配、不存在其他资源分配的机制（例如根据财产占有关系）时，除去个人行政级别、单位内权力地位等制度化标准，工龄以及受教育水平等就有可能成为最具操作化的个人标准。

4. 教育水平

受教育水平一方面是经典的社会地位和社会流动的指标，另一方面，教育水平的作用又是分析社会结构类型和社会转型的主要变量（Nee，1989）。

5. 行动方式

在单位组织中，单位成员不仅通过正式地位和正式结构获得一定的资源，而且往往通过各种人际关系等社会支持手段获得各种社会资源。一个人占有的人际关系越多，一个人的社会网络中占有的资源越多，个人获得各种社会资源的可能性就越大（Lin，Dayton and Greenwald，1978）。在现实的组织生活中，单位中资源分配的结果，是组织结构和实际行动两者相结合的产物，因而是人们"建构"的产物。因此，个人在单位中争取地位和资源、利益的实际行动，对资源获得和满意度也有可能具有很大影响。最基本的行动模式可以区分为两种：其一是尽可能按照组织规范的要求去获取组织内的资源，其二则是不按照组织规范的要求去获取资源。前者是一种制度化的方式，单位成员的行动实质上是被动的，资源实质上是"分配"的；后者是一种非制度化的方式，单位成员在资源获取上有很大的行动主动性。非制度化的资源获取方式，主要形式被界定为那些特殊主义性质的社会关系，或"社会网络"。

在上述变量及其分析的基础上，我们在前述假设基础上提出进一步的假设，即单位成员在单位中所处的客观地位，将影响到人们在单位中的资源占有、满意度和相对剥夺感，这种资源占有状况和主观感受，成为影响其依赖性行为的基本决定因素。

二 样本与量表

（一）关于调查样本

我们关于中国单位现象研究的问卷调查，是在多年研究积累的基础上，经过比较充分的准备，于1993年初开始实施，于1993年下半年完成的。根据研究的目的和内容以及经济、有效的原则，我们在这次的问卷调查中，主要采用了多阶段分层整群随机抽样方法抽取"样本城市"、"样本单位"和"样本个体"。[①]

（二）关于量表的制作

为了检验研究的假设，我们主要制作了权力、满意度、获取资源的制度化方式和非制度化方式等六个方面的量表。对于资源、依赖、满意度以及相对剥夺感量表的制作，我们已在别的文章中做了叙述。[②] 这里，主要介绍权力、获取资源的制度化和非制度化方式的量表。

1. 权力

根据前面对中国单位中的权力的理解，为了制作权力量表，在调查问卷中设计了下列两个问题。"对单位内部以下各项事务，您的参与程度如何？""对单位内部以下各项事务，您期望如何参与？"我们列举了9类相

---

① 关于样本与抽样的具体描述，请参看李汉林、李路路，1999。
② 关于量表的制作，请参看李汉林、李路路，1999。

同的项目，分别让受访者判断在这些项目的决定过程中，自己拥有或期望拥有决定权或发言权的程度。这 9 类项目分别是：

1　单位发展的重大决策　　2　管理上的合理化建议
3　单位规章制度的建立　　4　各种福利奖金的分配
5　单位内的干部选举　　　6　工会工作
7　分房子　　　　　　　　8　涨工资
9　提职称

我们的设想是，单位中的权力可比较明确地通过我们设计的第一个问题反映出来，即人们在多大程度上对上述的 9 类项目具有或者是没有决定权或发言权。人们在上述项目中具有的决定权越多，其在单位中的权力就会越大；反之，权力就会越小。我们同时设想，单位中人们对权利的期望能够通过我们设计的第二个问题反映出来，即在上述的 9 类项目中，人们在多大的程度上期望着参与和决策。人们对这些项目希望参与的程度越深，希望决策的面越广，那么，人们对权力的期望就越高。通过 Alpha 的检验和计算，权力量表的 Alpha 值和标准 Alpha 值分别为 0.8936 和 0.8949；对权力的期望量表的 Alpha 值和标准 Alpha 值分别为 0.9380 和 0.9383。

2. 资源获取方式量表

根据前面对资源获取方式的界定，我们认为，人们对某些价值观念、行为规范以及行为方式发自内心的承认和反对，在一定程度上是能够，也是可以反映人们的行为取向的。正是基于这样的一种判断，问卷中设计了下列问题："您认为您单位里，一个人要想得到提升和重用，以下各项的重要程度如何？"共列举了 9 类项目，分别让受访者判断在下列项目选择过程中不同项目的重要性程度：

1　跟本单位领导关系好　　2　与单位的上级领导关系好
3　专业能力强　　　　　　4　群众关系好
5　任劳任怨　　　　　　　6　家庭背景好
7　学历高　　　　　　　　8　资历老、经验丰富
9　在单位中有一批有影响和有权势的朋友为他说话

我们设想，上述问题能够在一定程度上集中反映人们对单位中特定行为方式的认可或反对，进而能够反映人们对特定行为方式的取向。我们判

断，如果人们把"跟本单位领导关系好"、"与单位的上级领导关系好"、"在单位中有一批有影响和有权势的朋友为他说话"以及"家庭背景好"等认定为是个人在单位中得以提升和重用的重要条件，那么这些人在行为互动过程中具有很大的可能性会倾向于那些非制度化的行为方式；反之，如果人们把"任劳任怨"、"专业能力强"、"群众关系好"、"资历老、经验丰富"和"学历高"等认定为个人在单位中得以提升和重用的重要条件，那么，这些人在行为互动过程中具有很大的可能性会倾向于那些制度化的行为方式。因此，我们预期，上述的这些不同问题能够从不同角度来反映和测量人们对不同行为方式的取向。最后，通过 Alpha 的检验和计算，资源获取的制度化方式量表的 Alpha 值和标准 Alpha 值分别为 0.8438 和 0.8442；资源获取的非制度化方式量表的 Alpha 值和标准 Alpha 值则分别为 0.6599 和 0.6840。

三 单位组织中的基本依赖结构

我们在另一篇文章中，具体介绍了我们所做的单位组织中的基本依赖模型，即在对调查数据的分析中，我们采用路径分析（Path Analysis）方法，对前述基本假设进行了检验，并建立起单位组织中的基本依赖模型（模型 1）。图 1 显示了模型 1 中四个因素之间的基本关系（李汉林、李路路，1999）。表 1 显示了模型 1 中各变量之间的统计值。

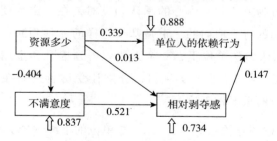

图 1 单位组织中的基本依赖模型

表 1 模型 1 中各变量之间的统计值

X	Y	Beta（显著度）
资源多少	不满意度	− 0.404（0.000）
不满意度	相对剥夺感	0.521（0.000）

续表

X	Y	Beta（显著度）
资源多少	相对剥夺感	0.013（0.526）
资源多少	依赖性高低	0.339（0.000）
相对剥夺感	依赖性高低	0.147（0.000）

这一模型包括了三个路径。当我们将资源作为自变量，将满意度作为因变量时，这两个变量可以解释16.3%的差异（Variance）；将资源、满意度作为自变量，将相对剥夺感作为因变量时，这三个变量可以解释26.6%的差异；将资源、满意度和相对剥夺感作为自变量，将依赖作为因变量时，这四个变量则可以解释11.2%的差异。这一模型显示出，单位中人们获得资源多少的状况可以对人们在单位中的满意度、相当剥夺感以及他们对单位的依赖程度作出有效的解释。

四　满意程度的分析模型和讨论

在模型1的基础上，以人们在单位组织中获取资源的两种不同方式为基础，建立模型2－a、2－b（见图2、图3），分别就上述因素对满意程度和相对剥夺感的影响进行分析和检验。表2为模型2－a中各变量之间的统计值，表3为模型2－b中各变量之间的统计值。

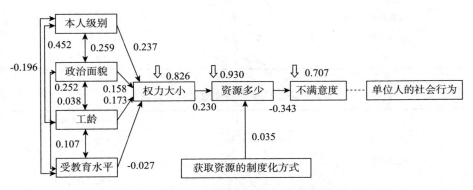

图2　不同行动方式下影响满意度的路径分析模型（2－a）

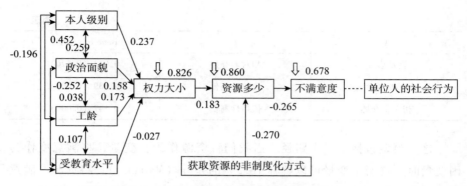

图3　不同行动方式下影响满意度的路径分析模型（2-b）

表2　模型2-a中各变量之间的统计值

X	Y	Beta（显著度）
本人级别	权力大小	0.237（0.000）
政治面貌	权力大小	0.158（0.000）
工龄	权力大小	0.173（0.000）
受教育水平	权力大小	-0.027（0.252）
制度化方式	资源多少	0.035（0.218）
权力大小	资源多少	0.230（0.000）
资源多少	不满意度	-0.343（0.000）
本人级别	政治面貌	0.259（0.000）
本人级别	工龄	0.452（0.000）
本人级别	受教育水平	-0.196（0.000）
政治面貌	工龄	0.038（0.034）
政治面貌	受教育水平	-0.252（0.000）
工龄	受教育水平	0.107（0.000）

表3　模型2-b中各变量之间统计值

X	Y	Beta（显著度）
本人级别	权力大小	0.237（0.000）
政治面貌	权力大小	0.158（0.000）
工龄	权力大小	0.173（0.000）
受教育水平	权力大小	-0.027（0.252）
非制度化方式	资源多少	-0.270（0.000）

X	Y	Beta（显著度）
权力大小	资源多少	0.183（0.000）
资源多少	不满意度	−0.265（0.000）
本人级别	政治面貌	0.259（0.000）
本人级别	工龄	0.452（0.000）
本人级别	受教育水平	−0.196（0.000）
政治面貌	工龄	0.038（0.034）
政治面貌	受教育水平	−0.252（0.000）
工龄	受教育水平	0.107（0.000）

在模型 2 - a 中，可以看到三组路径关系。首先，当我们以受访者本人级别、政治面貌、工龄、受教育水平为自变量，以人们在单位中权力大小为因变量时，这五个变量可以解释 17.4% 的差异。其次，当以受访者本人级别、政治面貌、工龄、受教育水平、权力大小和获取资源的制度化方式为自变量，以人们在单位中获取资源的多少为因变量时，这七个变量仅仅只可以解释 7.0% 的差异。再次，当以受访者本人级别、政治面貌、工龄、受教育水平、权力大小、资源多少和获取资源的制度化方式为自变量，以单位人的不满意度为因变量时，这八个变量可以解释 29.3% 的差异。

在模型 2 - b 中，同样可以看到三组路径关系。首先，当以受访者本人级别、政治面貌、工龄、受教育水平为自变量，以人们在单位中权力大小为因变量时，这五个变量可以解释 17.4% 的差异，其结果和模型 2 - a 一样。值得注意的是，当以受访者本人级别、政治面貌、工龄、受教育水平、权力大小和获取资源的非制度化方式为自变量，以人们在单位中获取资源的多少为因变量时，这七个变量则可以解释 14.0% 的差异，高于模型 2 - a 中相同路径解释力的一倍。其次，当以受访者本人级别、政治面貌、工龄、受教育水平、权力大小、资源多少和获取资源的非制度化方式为自变量，以单位人的不满意度为因变量时，这八个变量可以解释 32.2% 的差异，高于模型 2 - a 中相同路径的解释力近 3 个百分点。下面，对模型进行一些深入的讨论。

（一）权力地位与不满意度

权力地位与人们在单位组织中的资源获得有直接的相关关系。权力越大，人们获取和分配的资源也就有可能越多。而资源获取的多少，对人们对单位的依赖度以及不满意度都有直接的影响。因此，那些在单位中权力地位较高的人，或者说权力较大的人，对单位的不满意程度较低，他们是单位组织中资源的真正支配者和利益获得者。权力和资源的关系，势必造成权力和不满意度的关系（见表4）。在这里的 F 检验中，[①] F 值为76.03，远大于在显著度为0.001情况下的 F 值4.62。F 值的检定从一个侧面强有力地支持着关于权力越大，不满意度越低的研究假设。

表 4　权力与不满意度的关系

权力	很少	较少	中等	较多	很多
不满意度（n）	791	287	436	426	487
均值	52.68	50.07	48.27	48.88	44.04
标准差	9.95	7.77	8.69	8.17	9.17
95%的均值置信区间					
下限	51.99	49.16	47.46	48.10	43.23
上限	53.38	50.97	49.09	49.66	44.86

注：F 值（F-ratio）=76.03，自由度（df.）=4，显著度（Sig.）=0.000。

不满意度在不同权力地位之间的差异，在机会、工作条件和社会等三个方面基本上一致。F 值检验的结果都强有力地支持了研究假设（三者的 F 值分别为67.18、37.78和61.80），但是，不同权力的人在对机会的不满意度方面差异最为明显，均值之间的差异为3.16；对社会的不满意度的均值之间的差异为2.84；而对工作条件的不满意度的均值之间的差异仅为1.91。

（二）资源获取方式与不满意度

在模型2-a，2-b中，我们还看到了资源获取方式对满意度的重要影响：在包含制度化资源获取方式的模型2-a中，所有自变量对不满意度可以解释29.3%的差异（1-0.707）；在包含非制度化资源获取方式的模型2-b中，所有自变量对不满意度的差异的解释上升为32.2%（1-0.678）。

---

① 该数值计算的表格略。

也就是说，与制度化的资源获取方式相比，如果人们在单位中主要采取非制度化的资源获取方式的话，就可以更好地解释人们对单位的不满意度。同时，从模型 2 - a、2 - b 中还可以看到，虽然在制度化的资源获取方式因素下，所有自变量对不满意度的解释力下降，但资源多少与不满意度的关系却更为强烈，与在非制度化的资源获取方式影响下相比，其 Beta 值大大提高。但如果人们更多地采用非制度化的资源获取方式，则资源大小的直接作用就会降低。人们在单位中的不满，有可能一方面指向资源占有的多少，另一方面指向获取资源的非制度化方式。由此可见，资源获取方式仍然是影响人们在单位组织中行为，特别是影响依赖行为的重要因素之一。

对满意度和资源获取方式的分析表明，认为制度化资源获取方式很重要的人，他们对单位的满意度也是最高的，而那些认为不重要的人，是满意度最低的，两者之间的均值差异为 6.62。F 检定的结果（F 值为 53.97；显著度为 0.000）也强有力地支持着我们的上述结果。

但是，那些认为非制度化方式很重要的人，对单位的满意度是最低的；而认为非制度化方式不重要的人，其对单位的满意度则是最高的，在这里，F 值达到了 119.20（显著度为 0.000），二者之间的均值差异达到8.67，超过满意度与制度化方式之间的差异。非制度化的资源获取方式对人们的满意度有更大的影响。人们在不同方面对单位的满意程度与获取资源方式的关系基本上都是一样的。

需要特别指出的是，在我们的所有路径分析模型中，不同资源获取方式的影响完全一致，因而它对人们在单位中的资源获取、主观感受和依赖行为都是一个稳定的影响因素。这一结果提出了一个有意义而且重要的课题，即对单位组织中获取资源和追求利益的行动方式进行更为深入的研究。它也许可以从一个侧面更为深刻地揭示中国单位组织的独特特征。

（三）个人特征与不满意度

人们对单位组织的不满意程度，除了受资源、权力、获取资源方式的影响，还与个人政治身份、工龄和受教育水平有一定的关系。

不同政治面貌的人对单位的不满意度有显著差异。党员对单位的不满意度最低（均值 = 46.54），因为他们有可能在单位组织中获得更多利益。群众对单位的不满意度则相对较高（均值 = 49.99），因为他们在单位组织中的权力地位以及资源占有都可能是最低和最少的。

与不满意度和政治面貌的关系相似，那些无行政级别的人，对单位的不满意度最高（均值=49.43）；但不同于政治面貌的是，高级别者对单位的不满意度居第二位（均值=47.97），那些中等级别者（均值=45.25）、低级别者（均值=46.27）的不满意度则相对较低。分析人们在不同对象上的不满意程度，会对上述结果作出一定的说明：高级别的人对工作条件的不满意度是最高的，他们对与自己的级别相一致的工作条件有着更高的要求；而无级别人员在机会问题上的不满意度是最高的，因为没有机会就没有一切，尽管在这方面不满意度的差异相对较小；那些处于中间位置的人，则在态度上也永远是中间的一层，只有那些低级别的人在机会问题上表示了更多的不满。从 F 检定的结果来看，级别与人们对机会的不满意度以及级别与人们对社会的不满意度这两个方面的 F 值都远远大于显著度在 0.001 状态下的 F 值（5.42），表明这强有力地支持着上述的研究假设。但是，级别与对工作条件的不满意度之间的 F 值仅仅只能在显著度为 0.05 的情况下支持上述的研究假设（F 值大于 2.60）。

工龄越长的人，对单位的不满意度越低（均值=47.03）；工龄越短的人，对单位的不满意度越高（均值=50.19）。因为工龄越长的人，获得单位资源的可能性越大；而那些工龄短的人，会对工龄成为一个重要标准表示不满。在这里，F 检定的结果（F=13.54；显著度=0.000）同样有力地支持着我们的研究假设。不同工龄的人的不满意度，尽管差异表现基本一致，但进一步的分析表明，不同工龄的人的不满意度差别在"机会"问题上表现得相对突出。F 检定的结果表明，对机会的不满意度的 F 值为 30.54，远大于在显著度为 0.001 状态下的 F 值（5.42）。F 值的检验从一个侧面充分肯定了关于工龄越长、人们对机会的不满意度就越低的研究假设。

受教育水平越高的人（大学本科），对单位组织的不满意度越高（均值=51.69）；而受教育水平较低的人（初中），对单位组织的不满意度越低（均值=47.86）。这主要是因为较高的人力资本并没有在单位中获得相应的回报：一方面受教育水平和权力获得没有显著的关系；另一方面，不同受教育水平的人在资源获得方面也没有显著差异。在不同的满意度方面，都呈现不满意度有规律地依受教育水平由高向低逐渐降低的趋势，而且不满意度的差异程度也基本上保持一致。

五 相对剥夺感的分析模型和讨论

在建立相对剥夺感的分析模型过程中，我们将模型 2 - a 和模型 2 - b 做了一定程度的修改，主要是将收入变量引入到路径分析模型中来，以人们在单位组织中的政治身份特征（本人级别、政治面貌）、经济特征（收入多少、资源多少）、行为特征（获取资源的制度化方式和非制度化方式）和相对剥夺感等作为自变量，考察它们对不满意度的影响，建立了模型 3 - a（见图 4）和模型 3 - b（见图 5），从而推论对单位人的依赖行为的影响。表 5 和表 6 分别为模型 3 - a 和模型 3 - b 中各变量之间的统计值。需要说明的是，虽然在模型 2 - a 和模型 2 - b 中 "收入" 变量没有被纳入，但并不意味着 "收入" 在依赖结构中不重要，而是强调在单位组织的依赖结构中，资源和收入相对分离，从而凸显单位组织的特殊性。"收入" 是几乎所有组织中导致依赖行为的一般性变量。中国社会逐渐向市场经济转型，收入具有越来越重要的意义。

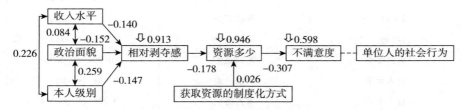

图 4 带有收入和相对剥夺感的路径分析模型 （3 - a）

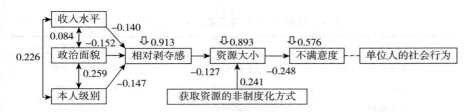

图 5 带有收入和相对剥夺感的路径分析模型 （3 - b）

从模型 3 - a 中可以看到，以收入水平、政治面貌和本人级别为自变量，以相对剥夺感为因变量，以此可以解释 8.7% 的差异；以收入水平、政治面貌、本人级别、相对剥夺感和获取资源的制度化方式为自变量，以资源多少为因变量，以此可以解释 5.4% 的差异。但是，如果其他自变量不变，将获取资源的制度化方式改为非制度化方式，则自变量对因变量的解释力将上升到 10.7%；以收入水平、政治面貌、本人级别、相对剥夺感、获取资源的制度化方式和资源多少为自变量，以不满意度为因变量，以此可以解释 40.2% 的差异，如果将获取资源的制度化方式改为非制度化方式，则对不满意度的解释力上升为 42.4%。无论是在模型 3 - a 还是在模型 3 - b 中，人们不满意的程度都直接影响到单位人的社会行为，例如依赖行为。同时我们注意到，模型 3（3 - a、3 - b）与模型 2（2 - a、2 - b）一致的是，获取资源的方式在模型 3（3 - a、3 - b）中，依然与资源多少有着完全不同的关系：制度化的资源获取方式与资源多少之间没有显著的相关关系，而人们越是采用非制度化的资源获取方式，获取更多资源的可能性就越大。

表 5　模型 3 - a 中各变量之间的统计值

X	Y	Beta（显著度）
收入水平	相对剥夺感	- 0.140（0.000）
政治面貌	相对剥夺感	- 0.152（0.000）
本人级别	相对剥夺感	- 0.147（0.000）
相对剥夺感	资源多少	- 0.178（0.000）
制度化方式	资源多少	0.026（0.355）
资源多少	不满意度	- 0.307（0.000）
收入水平	政治面貌	0.084（0.000）
收入水平	本人级别	0.226（0.000）
政治面貌	本人级别	0.259（0.000）

表 6　模型 3 - b 中各变量之间的统计值

X	Y	Beta（显著度）
收入水平	相对剥夺感	- 0.140（0.000）
政治面貌	相对剥夺感	- 0.152（0.000）
本人级别	相对剥夺感	- 0.147（0.000）
相对剥夺感	资源多少	- 0.127（0.000）
非制度化方式	资源多少	- 0.241（0.000）
资源多少	不满意度	- 0.248（0.000）
收入水平	政治面貌	0.084（0.000）

X	Y	Beta （显著度）
收入水平	本人级别	0.226 （0.000）
政治面貌	本人级别	0.259 （0.000）

（一） 不满意度、相对剥夺感与收入水平

在模型 3 中，收入水平作为自变量之一，成为影响不满意度、资源多少和相对剥夺感的因素之一。如果仅仅考虑收入和不满意度的关系，数据分析表明，在不同收入水平者之间，人们的满意度存在显著差异（见表7）。高和较高收入者对单位的不满意度较低，而中等收入及以下者，对单位组织的不满意程度都相对较高。因此，不仅资源获取多少是影响不满意度的重要变量，收入水平同样也是重要影响变量之一，并非收入水平在单位的依赖结构中丧失意义，而是收入水平需借助于其他变量对人们的依赖性产生影响。

表7 不满意度与收入水平的关系

收入水平	低	较低	中等	较高	高
不满意度 （n）	321	733	1060	571	102
均值	47.34	52.33	48.52	46.93	45.81
标准差	10.93	9.50	9.3	8.76	8.78
95% 的均值置信区间					
下限	46.14	51.64	47.98	46.21	44.09
上限	48.54	53.01	49.07	47.65	47.54

注：F 值（F - ratio） = 36.49，自由度（df.） = 4，显著度（Sig.） = 0.000。

在上述这组数据中，均值差异也达到了 6.49，这是一个比较高的水平。分析收入水平与各种不同满意度的关系，都具有上述这组数据相同的显著度和结果。这一结果与我们在前面对收入问题在单位组织中的意义所做的判断一致。

在模型 3（3 - a、3 - b）中，收入水平不仅和不满意度之间存在显著关系，而且与相对剥夺感之间也呈现显著的相关关系：人们在单位中的收入越低，其相对剥夺的感觉越强。首先这是因为，收入水平是一个比较敏感的指标，同样的人只要他们的收入相差一点儿，就会导致强烈的相对剥

夺感。其次，单纯收入水平本身可能没有直接的意义，只有在和单位内外的其他人相比较时，收入水平高低才具有意义。收入水平影响到人们的相对剥夺感，而相对剥夺感则对依赖性有显著的直接相关关系（见表8）。F检定的结果也表明，表8中的F值为44.40，远大于显著度为0.001情况下的F值（4.62）。说明关于收入水平愈低、相当剥夺感愈强的研究假设能够成立。事实上，随着中国向市场社会的转型，收入差距将对人们的行为产生越来越大的影响。如果可能再做同样调查的话，也许收入水平将直接对人们的依赖和选择具有显著的影响作用。

表8　收入水平与相对剥夺感的关系

收入水平	低	较低	中等	较高	高
相对剥夺感（n）	373	819	1147	613	107
均值	28.21	29.92	28.13	27.11	26.22
Sandard Deviation	4.85	4.66	4.27	4.27	4.35
95%的均值置信区间					
下限	27.71	29.61	27.89	26.77	25.38
上限	28.70	3.24	28.38	27.45	27.05

注：F值（F – ratio）=44.40，自由度（df.）=4，显著度（Sig.）=0.000。

（二）相对剥夺感与权力和政治身份特征

相对剥夺感与政治身份特征有显著的直接相关关系：非党员、团员身份的人，其相对剥夺感要强于党员、团员身份的人；本人的行政级别越高，其相对剥夺的感觉就会越弱（见表9－1和表9－2）。在这里，表9－1、9－2中的F检定的结果都强烈地支持着上述的研究假设。

表9－1　政治面貌与相对剥夺感的关系

政治面貌	党员	团员	民主党派	群众
相对剥夺感（n）	970	940	29	1066
均值	26.80	28.70	28.24	29.44
标准差	4.22	4.38	5.72	4.65

政治面貌	党员	团员	民主党派	群众
95%的均值置信区间				
下限	26.54	28.42	26.06	29.16
上限	27.07	28.98	30.42	29.72

注：F 值（F – ratio）= 62.59，自由度（df.）= 3，显著度（Sig.）= 0.000。

表 9 – 2　本人级别与相对剥夺感的关系

本人级别	高级别	中等级别	低级别	无级别
相对剥夺感（n）	21	171	557	1241
均值	26.90	25.47	26.94	28.52
标准差	7.49	3.94	4.21	4.33
95%的均值置信区间				
下限	23.50	24.87	26.59	28.28
上限	30.31	26.06	27.29	28.76

注：F 值（F – ratio）= 35.77，自由度（df.）= 3，显著度（Sig.）= 0.000。

　　政治身份特征与相对剥夺感的这种关系，与政治身份与权力大小和资源多少有直接的关系。政治身份"较高"的单位成员，其权力地位和资源占有都高于其他人，因而他们的相对剥夺感自然要低于其他人。而那些政治身份"较低"的人，在任何单位组织中，他们都可能无法获得较高的权力地位和较多的单位资源，虽然他们有较高的相对剥夺感，但他们依然依赖自己的单位，寻求资源替代的可能性对他们来说同样较低。如果他们离开自己所在的单位，就有可能丧失更多的既得利益。

　　与政治身份特征和相对剥夺感的关系类似，权力与相对剥夺感的关系也是如此。在单位组织中，政治身份特征与权力大小之间存在显著的直接相关关系（模型 2）。因此，虽然在模型 3 中没有直接引入权力地位的变量，但相对剥夺感在不同权力地位的人之间具有显著的差异性。那些相对剥夺感较低的人，一般是占有较高权力的人，或者说，那些在单位中拥有较高权力地位的人，其相对剥夺的感觉可能较低（见表 10），而且均值差异也较大，达到 5.62。权力是决定很多变量的重要因素。

表 10   权力与相对剥夺感的关系

相对剥夺感	较低	低	中等	较高	高
权力 （n）	521	498	472	495	627
均值	27.29	25.18	23.90	22.59	21.67
标准差	8.56	6.45	6.18	5.36	5.08
95% 的均值置信区间					
下限	26355	24.61	23.34	22.12	21.27
上限	28.03	25.75	24.46	23.06	22.07

注：F 值（F-ratio）＝65.26，自由度（df.）＝4，显著度（Sig.）＝0.000。

（三） 获取资源方式与相对剥夺感

对获取资源方式与相对剥夺感之间关系的分析表明，那些相对剥夺感低的人，倾向于制度化方式；而那些相对剥夺感高的人，则倾向于非制度化方式（见表 11）。

那些相对剥夺感较低的人，是那些政治身份"较高"、权力较多、获取和支配资源也较多的单位成员，他们的既得利益促使他们倾向于采用制度化的方式来维持已获得的资源，不希望被其他人采用非制度化方式予以剥夺。中国的一句俗话用来描述这种现象十分贴切，即"新官上任三把火"，在中国的单位组织中，人们常常看到的现象之一是：一个新的单位领导上任伊始，往往或明或暗地排斥前任的既定规矩，根据自己的需要制定新规矩，而这些新规矩又往往和自己与小集团的利益密切相关。

但是，对于那些政治身份"较低"、权力较小，因而获取和支配资源也同样较少的人来说，不仅单位组织的特性为人们以非制度化方式获取资源提供了可能，而且提高了成功采用制度化方式获取资源的难度，至少与非制度化方式相比，其"成本"和难度都可能提高。因此，他们更倾向于采取非制度化的资源获取方式。如果他们一旦获得了较高的权力地位，占有了较多的资源，又会变得倾向于制度化的方式。

表 11   获取资源的方式与相对剥夺感的关系

相对剥夺感	较低	低	中等	较高	高
制度化方式 （n）	544	527	496	499	660

相对剥夺感	较低	低	中等	较高	高
均值	8.99	9.03	8.55	8.08	9.50
标准差	3.21	2.95	2.88	2.85	2.71
95%的均值置信区间					
下限	8.27	8.77	8.30	7.83	7.30
上限	9.26	9.28	8.81	8.33	7.71
F 值					29.04
自由度（df.）					4
显著度（Sig.）					0.000
非制度化方式（n）	563	531	500	505	644
均值	11.68	12.32	13.05	14.06	14.37
标准差	4.11	3.99	4.11	4.61	5.34
95%的均值置信区间					
下限	11.34	11.98	12.69	13.66	13.96
上限	12.02	12.65	13.41	14.46	14.78
F 值					36.59
自由度（df.）					4
显著度（Sig.）					0.000

六 简短结论

满意度和相对剥夺感是一种潜在的行为可能性，就像孕育中的火山一样，一旦爆发，有可能引发更为激烈的行动。通过对满意度和相对剥夺感的分析，不同的单位成员在单位中的行为可能性或倾向性将得到阐述甚至预测。

单位成员会因自己获取和支配的资源较少而产生不满意感；人们对单位的满意度与人们在单位中的资源占有情况有密切的直接相关关系。资源占有越少，人们对单位的不满意度就会越高。资源获取和支配多少与相对剥夺感之间没有显著的相关关系，但人们在单位中的不满意度和相对剥夺感之间则有显著的相关关系。也就是说，人们的相对剥夺感主要直接受不满意度的影响，而不是直接受资源获取和支配多少的影响。不满意度通过相对剥夺感影响人们的依赖性行为。不满意度越高，其相对剥夺感就可能越强。相对剥夺感是满意度的比较结果。人们的不满意度，主要是通过相对剥夺感表现出来的。就其对行为的影响来说，相对剥夺感是更直接的因素。

人们在单位组织中的收入对人们的相对剥夺感具有显著的影响：人们在单位中的收入越低，其相对剥夺感就会越强。随着中国向市场社会的转型，收入差距将对人们的行为产生越来越大的影响。

人们对单位组织的不满意度和相对剥夺感等主观因素，对人们的依赖行为有重要影响。

除了在单位组织中所获得的资源和收入外，人们在单位组织中的其他社会地位对不满意度和相对剥夺感大多具有强烈影响。政治身份"较高"的单位成员，其权力地位和资源占有都高于其他人，因而他们的相对剥夺感自然要低于其他人。那些相对剥夺感强的人一般是那些政治身份"较低"的人；由于这些单位成员在任何单位组织中都很难获得较高的权力地位和较多的单位资源，寻求资源替代的可能性对他们来说也同样较低。因而，他们只能依然依赖自己的单位。如果他们离开自己所在的单位，有可能丧失更多的既得利益。

那些相对剥夺感较弱的人，是那些政治身份"较高"、权力较多、获取和支配资源也较多的单位成员，他们的既得利益促使他们倾向于采用制度化的方式来维持已获得的资源，不希望被其他人采用非制度化方式予以剥夺。但是，对于那些政治身份"较低"、权力较少因而获取和支配资源也同样较少的人来说，不仅单位组织的特性为人们以非制度化方式获取资源提供了可能，而且采用制度化方式获取资源也提高了成功的难度，至少与非制度化方式相比，其"成本"和难度都可能提高。因此，他们更倾向于采取非制度化的资源获取方式。如果他们一旦获得了较高的权力地位，占有了较多的资源，又会变得倾向于制度化的方式。

通过对于单位组织中的地位、资源、满意度、相对剥夺感和依赖性行为的分析，可以清楚地认识到，单位组织仍然强烈保存着国家统治工具的特征。单位组织中的资源分配和单位成员的主观感受，在很大程度上与国家的统治结构保持一致，因而仍然是国家统治的基础机构。

参考文献

彼德·布劳，1988，《社会生活中的交换与权力》，张非、张黎勤译，华夏出版社。

曹锦清、陈中亚，1997，《走出理想城堡——中国单位现象研究》，海天出版社。

华尔德，1996，《共产党社会的新传统主义》，香港：牛津大学出版社。

李汉林，1993，《中国单位现象与城市社区的整合机制》，《社会学研究》第5期。

李汉林、李路路，1999，《资源与交换——中国单位组织中的依赖性结构》，《社会学研究》第4期。

李汉林、李路路、王奋宇，1995，《中国单位现象研究资料集》，中央文献出版社。

李路路，1999，《论社会分层研究》，《社会学研究》第1期。

李路路、李汉林、王奋宇，1993，《中国的单位现象与体制改革》，《中国社会科学季刊》（香港）第5期。

李路路、王奋宇，1992，《当代中国现代化进程中的社会结构及其变迁》，浙江人民出版社。

李猛、周飞舟、李康，1996，《单位：制度化组织的内部机制》，《中国社会科学季刊》（香港）第16期。

李培林等，1992，《转型中的中国企业》，山东人民出版社。

路风，1989，《单位：一种特殊的社会组织形式》，《中国社会科学》第1期。

全国基本单位普查办公室编，1998，《中国第一次基本单位普查简明资料》，中国统计出版社。

孙立平，1995，《从市场转型理论到关于不平等的制度主义理论》，《中国书评》（香港）第7、8期。

孙立平等，1994，《改革以来中国社会结构的变迁》，《中国社会科学》第2期。

吴晓刚，1994，《从人身依附到利益依赖》，硕士学位论文，北京大学社会学系。

于显洋，1991，《单位意识的社会学分析》，《社会学研究》第5期。

W. 布鲁斯，1989，《社会主义的所有制和政治体制》，华夏出版社。

Bian Yanjie and John R. Logan. 1996. "Market Transition and the Persistence of Power : The Changing Stratification System in Urban China," *American Sociological Review*, Vol. 61.

Bian Yanjie. 1994. *Work and Inequality in Urban China*. Albany：State University of New York.

Bian Yanjie. 1994. " Guanxi and the Allocation of Urban Jobs in China," *The China Quarterly*, No. 140.

Bjork lund, E. M. 1986. "The Danwei：Socio-Spatial Characteristics of Work Units in Chinese Urban Society," *Economic Geography* 62, No. 1.

Blau, Peter M. and O. D. Duncan. 1967. *The American Occupational Structure.* New York: Wiley.

Cheek, T. and Saich, T. (eds.) 1998. *New Perspectives on State Socialism in China*, New York: St. Martin's Press.

Coleman, J. S. 1990. *Foundations of Social Theory*, Cambridge, Harvard University Press.

Curr, T. R. 1971. *Why Men Rebel*, Princeton University Press.

Day, B. 1992. *Dependency : Personal and Social Relations.* Ashgate Press.

Dittmer, L. and Lue Xiaobo. 1996. "Personal Politics in the Chinese Danwei under Reform," *Asian Survey* (March).

Eisenstadt, S. M. 1954. "Studies in Reference Group Behavior," *Human Relations*, VII.

Etzioni, A. 1961. *A Comparative Analysis of Complex Organizations.* Free Press.

Frank, A. G. 1969. *Kapitalismus und Unterentwicklung in Lateinamerika.* Frankfurt am Main.

Giddens, A. 1981. *Contemporary Critique of Historical Materialism.* Berkeley: University of Califormia Press.

Granovetter. 1974. Getting a job Cambridge. Mass: Harvard University Press.

Granovetter, Mark and Swedberg Richard (eds.) .1992. *The Sociology of Economical Life.* Westview Press.

Granovetter, Mark. 1973. "The Strength of Weak ties," *American Journal of Sociology* 78.

Hartmann, H. 1964. *Funktionale Autoritaet.* Stuttgart.

Henderson, G. E. and Cohen, M. S. 1984. *The Chinese Hospital : A Socialist Work Unit.* Yale University Press.

Homans, G. C. 1958. "Social Behavior as Exchange," *American Journal of Sociology* 63.

Kalleberg, Arne, and Ange B. Sorensen. 1979. "The Sociology of Labor Markets," *Annual Review of Sociology* 5.

Kelly, H. H. 1952. "Two Functions of Reference Groups," in: G. H. Swanson ed. al., *Readings in Social Psychology.* New York: Holt.

Li Hanlin. 1991. *Die Grunds truktur der Chinesischen Gesellschaft-vom Traditionellen Klansystem zur Modernen Danwei-Organisation.* Westdeutscher Verlag, Opladen.

Li Hanlin. 1993. "Das Danwei-Phaenomen und Die Chinesische Modernisierung," in: Peter Atteslander (ed.): *Kulturelle Eigenent Wicklung*, Campus Verlag.

Li Hanlin. 1994. "Soziale Kontrolle und Die Chinesische Danwei-Organisation," in: Horst Reimann, H. P. Mueller (eds.) . *Probleme Moderner Gesellschaften.* Westdeuscher Verlag.

Li Hanlin. 1999. "Power, Resources and Exchange in the Chinese 'Work Unit Society'," in Pei Changhong, Chen Zhensheng, et al. (eds.): *Current Trends and Thoughts-Perspectives in Some Fields of China's Social Sciences*, Beijing.

Li Hanlin, Qi Wang. 1996. *Research on the Chinese Work Unit Society*. Peter Lang Press.

Mayring, P. 1993. *Psychologie des Gluecks*. Koeln.

Merton R. K. and A. S. Rossi. 1968. "Contributions to the Theory of Reference Group Behavior," in: R. K. Merton, *Social Theory and Social Structure*. The Free Press.

Nan, L., John C, Vaughn, and Walter M. Ensel. 1981. "Social Resources and Occupational Status Attainment," *Social Forces* (June).

Nan, L., Paul Dayton, and Peter Greenwald. 1978. "Analyzing the Instrumental Uses of Social Relations in the Context of Social Structure," *Sociological Methods and Research* 7.

Nan, L., Yanjie, B. 1991. "Getting Ahead in Urban China," *American Journal of Sociology*, Vol. 97.

Nee, Victor. 1989. "A Theory of Market Transition: From Redistribution to Markets in State Socialism," *American Sociological Review* 54.

Nee, Victor. 1996. "The Emergence of a Marker Society : Changing Mechanisms of Stratification in China," *American Journal of Sociology*, Vol. 101.

Nee, V. and Stark, D. 1989. *Remaking Economic Institutions of National Socialism*. Stanford.

Opp, K. D. 1989. *The Rationality of Political Protest*. Westview Press.

Pfeffer, J. 1981. *Power in Organizations*. Pitman Publishing.

Pfeffer, J. and Salancik, G. 1978. *The External Control of Organizations : Resource, Dependence Perspective*. Harper & Row.

Powell, W. and Dimaggio (ed.). 1991. *The New Institutionalism in Organizational Analysis. Chicago*.

Robert M. Hauser. 1980. "On Stratification in a Dual Economy: A Comment on Beck, Horan, and Tolkert," *American Sociological Review* 45.

Runciman, W. G. 1966. *Relative Deprivation and Social Justice: A Study Attitudes to Social Inequality in Twentieth-Century*, London: Routledge & kegan Paul.

Sezeleny, I. 1996. "The Market Transition Debate: Toward a Synthesis," *American Journal of Sociology*, Vol. 101.

Sieg rist, J. 1996. "Adverse Health Effects of High-Effort/ Low-Rew ard Conditions," *Lournal of Occupational Health Psychology*, Vol. 1.

Simmel, G. 1968. *Soziologie : Untersuchungen ueber die Formen der Vergesellschaftung*, Berlin.

Stark, David. 1992. "Path Dependence and Societies Strategies in Eastern Europe," *East European Politics and Societies* 6.

Stark, David. 1996. "Recombinant Property in East European Capitalism," *American Journal of Sociology*, Vol. 101.

Walder, Andrew G. 1992. "Property Rights and Stratification in Socialist Redistributive Economies," *American Sociological Review* 57.

Walder, Andrew G. 1995. "Career Mobility and the Communist Political Order", *American Sociological Review*, Vol. 60.

Walder, Andrew G. 1996. "Markets and Inequality in Transitional Economies: Toward Testable Theories," *American Journal of Sociology*, Vol. 101.

Wang Qi. 1996. *Job Change in Urban China*. Peter Lang Press.

Weber, Max. 1980. *Wirtschaft und Gesellschaf.* Tuebingen.

Weinert, A. B. 1981. *Lehrbuch der Organisation Spsychologie*, Muenchen.

Whyte, M. K. and Parish, W. 1984. *Urban Life in Contemporary China*. University of Chicago Press.

Womack, B. 1991. "Transfigured Community : Neo-Traditionalism and Work Unit Socialism in China," *China Quarterly*, No. 126.

Wright, E. O. , Hachen, D. , Costello, C. , Sprague, J. 1982. "The American Class Structure," *American Sociological Review* 47.

Xiaobo, L. and Elizabeth J. Perry. 1997. *Danwei-the Changing Chinese Worklpace in Historical and Comparative Perspective*. New York: M. E. Sharpe, Inc.

Yang, M. 1989. "Between State and Society : the Construction of Corporateness in a Chinese Socialist Factory," *Australian Journal of Chinese Affairs* 22.

Zucker, L. 1987. "Institutional Theories of Organization," *Annual Review of Sociology*, 13.

中国贫困研究的社会学评述[*]

沈 红

贫困是一种与人类发展进程相伴生的社会现象。作为发展研究的重要部分，中国的贫困研究是在广泛的社会变迁背景中呈现其社会学意义的。中国社会学恢复重建以来，社会发展、现代性和社会结构变迁一直是社会学研究的主线索。和以发达地区为场景展开的大量研究成果相比，关于不发达和贫困的研究虽然数量不丰，却也初具形态。笔者尝试把这些工作粗略整理，受益颇多。在不同时间、地理空间和文化条件下，发展问题或者现代性问题可能呈现多元或多样面貌。发达和不发达各有自身的发展规律值得探求，关键要清楚研究者和研究对象是在学术体系的什么地方相遇。本文侧重社会学对于乡村贫困研究的贡献，同时试图以社会学的眼光来回顾融会着不同理论观点的贫困研究在以往不足 20 年发展中的大致轮廓。由于贫困研究与发展研究的重要关联，本文借用胡格韦尔特（A. Hoogvelt）《发展社会学》的叙述框架，把贫困发展作为过程、互动和行动，并从这三个方面进行分析。当然胡格韦尔特的语境是国外学者对发展中国家的研究，而本文使用这个框架来归纳中国学者所完成的工作。这个互相关联的分析框架是：

·作为过程的贫困研究，包括贫困发生学和贫困类型学，讨论中国贫困何以发生、何以再生，贫困的原因和机制；

·作为互动的贫困研究，用一种或多种互动关系来看待贫困问题，包括区域差距、群体差距、利益结构分析，发展主体的讨论；

·作为行动的贫困研究，包括扶贫方式、传递系统、瞄准机制和参与式扶贫分析。

---

[*] 原文发表于《社会学研究》2000 年第 2 期。

一　作为过程的贫困研究

作为过程的贫困研究，是指以贫困自身的特征和机理为目的的研究，主要包括贫困定义、贫困类型、贫困发生学，它的核心问题是贫困特征和类型界定，贫困何以发生、何以再生，贫困的原因和机制，贫困缓解和环境可持续性的关系。这些问题实际上构成了整个贫困研究的基础。类型学分析和发生学研究的不同之处是，类型分析较为静态，能够将复杂的社会事实简要地切割成若干平面，而发生学更注意发现社会事实若干因素之间的有机联系，对于贫困过程作出动态分析。其相似之处在于二者相互关联，都是对于贫困现象的综合概括，好的贫困研究必然基于两者的结合。这些工作经历了从简单粗略到比较细致"深描"的过程。

贫困研究通常从贫困定义开始，贫困现象以其丰富的社会含义，引起社会学、人类学、经济学、政治学、生态学的注目，人们从各自角度出发界定贫困，现有文献中关于贫困的定义非常多。学者们在引经据典考证的同时也承认，给贫困下一个科学的、规范的、公认的定义十分困难，为了便于测量，中国的贫困概念主要在绝对贫困意义上使用，依据最低生存需求来定义，贫困标准是基于对维持个人或家庭的生存所必需的食物消费和收入水平确定的（国家统计局农调总队，1989；世界银行，1992）。用一个根据"食品篮"计算出来的人均纯收入指标来识别含义驳杂的贫困，似乎过分简化和狭窄，所以一些课题旨在建立更科学的贫困定义和测量，增加社会指标或者构造复杂的测量指数（魏中海、王齐庄，1991；沈红、王念棋，1991；沈红、李伟，1992）。比较常见的是介绍国外的贫困测量方法的文章，介绍多于应用（周彬彬，1991；夏英，1995；吴国宝，1995；李强，1997；屈锡华、左齐，1997）。这方面研究常常因可比性、统计数据获得等方面限制而难以和其他分析有效结合，而贫困界定和测量一旦脱离贫困过程分析，本身的作用就受到限制。

国际上关于贫困类型的划分，比如绝对贫困和相对贫困、群体贫困和个体性贫困，很早就成为众所周知的概念；国外关于贫困原因的众多学说，也陆续介绍到国内。关于贫困成因的西方社会学观点主要有：马克思（K. Marx）等的贫困结构论、甘斯（H. J. Gans）的贫困功能论、刘易斯

（O. Lewis）的贫困文化论、瓦伦丁（C. Verlinden）的贫困处境论、约瑟夫（K. Joseph）的剥夺循环论、费里德曼（M. Freedman）的个体主义贫困观（周彬彬，1991；李强，1997）。此外，英格尔斯（A. Inkeles）的个人现代性、沃勒斯坦（I. Wallerstein）关于核心－边陲的世界体系理论、布劳（P. Blau）的不平等和异质性理论、撒列尼（I. Szelenyi）和维克多·倪（V. Nee）关于不平等的制度主义理论（萧新煌，1985；孙立平，1995）也或多或少对贫困研究产生过影响。关于贫困成因的西方经济学观点，被介绍和评述的主要有马尔萨斯（T. R. Malthus）的土地报酬递减论，纳克斯（R. Nurkse）贫困的恶性循环论，莱本斯坦（H. Leibonstein）的临界最小努力理论，舒尔茨（T. W. Schultz）关于人力资本、关于贫穷但是有效率的观点等（罗必良，1991；沈红，1992）。西方研究贫困的社会学观点对于国内研究有很深的影响，被国内文献广泛引用和使用。而本文仅仅讨论中国学者的贡献。

　　贫困的特征、类型划分常常和对于贫困原因的判断相联系，不同类型的贫困实际上经常交错分布，形成一定的组合。例如，根据人口的居住地分布，把贫困划分为乡村贫困和城市贫困。根据社会经济发展某方面的短缺和相关因素来划分贫困，例如收入贫困、素质贫困、能力贫困，资源贫困、生态贫困、文化贫困。根据贫困的效果界定贫困，例如生存型贫困（危及生命的贫困）、半饥饿型贫困（妨碍人体健康的贫困）、温饱型贫困（影响社会安定的贫困）（郭来喜、姜德华，1994）。根据生活质量的决定因素进行分类，如生产性贫困、社会性贫困、历史性贫困（原华荣，1990），又如结构性贫困、区域性贫困、阶层性贫困（康晓光，1995）。

（一）资源要素贫困观

　　姜德华等（1989）著的《中国的贫困地区类型及开发》是对中国区域性贫困类型分析的第一本书。作为中国科学院地理研究所的研究成果，它侧重从自然资源角度概括贫困的分布和特征，总结了山区资源不合理开发利用与自然生态恶性循环的过程，并概略地讨论了合理开发利用和自然生态良性循环方法。这项贫困研究量化了贫困地区发展基础的差异，根据自然条件、社会经济条件指标，把 664 个贫困县归纳为 6 个集中连片的区域类型：黄土高原丘陵沟壑贫困、东西部接壤地带贫困、西南喀斯特山区贫困、东部丘陵山区贫困、青藏高原贫困、蒙新干旱区贫困。为当时计划经济部门因地制宜、"分类指导"地制定扶贫规划提供了基础数据。1994 年郭来喜、姜德华（1994）根据贫困状况的变化，重新评定贫困地区的环境类型，把当时 592 个贫困县划分为三大类型：中部山地高原环境脆弱贫困带、西部沙漠高寒山原环境恶劣贫困区、东部平原山丘环境危急贫困区。这项研究完成了对于中国区域性贫困的分类和描述，首次量化了贫困分布的异质性。而从社会学角度来看，它对于贫困类型和影响因素之间的分析比较零散，这项研究更多是类型学而不是发生学意义上的描述勾绘，此后数量众多的专题性研究为贫困性质的判别提供了依据。区域性贫困（资源制约型贫困）的原因分析概括起来有两类观点：一类观点认为贫困是对于自然资源开发利用不足造成的，由于资金缺乏，交通、通信、能源等基础设施严重落后导致贫困；另一类观点把贫困归咎于资源状况先天性恶劣，土地资源和其他自然资源不足、资源结构不合理导致贫困。这类地区通常是生态脆弱地区，对它的过度开发或直接弃任不管，都有可能引起环境的恶化。

经济学者更倾向于从经济要素配置角度研究贫困性质，认为贫困是贫困者对生产要素——土地、资金和劳动力不能进行有效配置的结果。在贫困地区，资金和土地都是短边要素，贫困农户所能够控制的长边生产要素主要是劳动力，因此用人力投入替代资金、技术的投入，不断增加劳动投入来扩大或维持土地产出和物质再生产，以保证最基本生活消费需求，成为贫困农户经济行为的基本模式。由于贫困地区技术条件的限制，小农增加劳动投入的方法通常为延长劳动时间或者增加劳动人口。人口增加不仅直接降低生活水平，而且使得短边生产要素更短，达不到正常积累点，贫困无法缓解，贫困小农陷入生产要素流程的恶性循环或低水平资源配置均衡（沈红、周黎安等，1992）。

（二）素质贫困论

20 世纪 80 年代中期，王小强、白南风在《富饶的贫困》一书中率先把人口素质确定为贫困原因、落后的本质规定。作者认为中国的贫困地区存在着令人震惊的自然资源富饶和令人震惊的贫穷的矛盾现实，贫困的本质规定，不是资源的匮乏，不是产值较低，也不是发展速度较慢和收入较

少，而是"人的素质差"。"人的素质"指人从事商品生产和经营的素质
（1986：56）。作者进而把人的素质量化为"进取心量表"进行测量，包括
改变取向、新经验、公共事物参与、效率感、见识、创业冲动、风险承
受、计划性等 8 类指标。贫困的特征被描述为："创业冲动微弱，易于满
足；风险承受能力较低，不能抵御较大困难和挫折，不愿冒险；生产与生
活中的独立性、主动性较差，有较重的依赖思想和听天由命的观念；难以
打破传统和习惯，接受新的生产、生活方式以及大多数新事物、新现象；
追求新经历、新体验的精神较差，安于现状，乐于守成。"（1986：59）这
项研究超越了以往仅仅在经济要素范围内谈论贫困的局限，并根据中国的
现实发展格局讨论了贫困地区社会经济关系调整问题。与英格尔斯共同的
观点是，不发达国家应当改变人的行为方式和思想观念，提高个人现代
性，以适应工业化进程的要求。显然它在某种程度上是对刘易斯贫困文化
论和个体主义贫困观的综合。"素质贫困论"曾被广为接受，十年以来视
贫困者落后的观点在学界、政界和市民态度中仍流行（洪大用、李强，
1997：225～293）。与之相应的大众话语为，既然穷人懒、素质差，那么
扶贫是扶懒、保护落后。相应的政策话语是，扶贫牺牲了效率，对这部分
贫困人口进行开发性扶持，不可能产生好的效果。因此扶贫本身的合理性
值得怀疑。这种观点被进一步扩充和演变，改变其表达方式。比如：能力
约束导致贫困；文化素质低和科技意识差导致贫困地区农业对科技的有效
需求不足，严重制约着贫困地区农业生产的发展。

　　素质贫困论受到学者，特别是西部学者们的质疑。①作者采用一种单
线因果决定关系来分析社会、经济这样一个复杂的有机系统失之偏颇，应
该从历史的角度出发，同时考察人文生态环境和地理环境的制约和影响。
落后概念包括多个因素，素质差只是落后因素之一。②比如将贫困根源归
咎于人的素质差时，其原因又返回到了基础设施薄弱、经济要素水平低、
资源条件约束，陷入循环论证。各个侧面在一定条件下互为因果地存在于
系统之中。③这个判断混淆了东西部地区比较的参照系、混淆了表象和本
质的关系。不可以用这个社会的目的和手段，来衡量和判断另一个社会的
目的和手段（贵州机关青年编辑部，1988）。④这种个人现代性改变的必
要性不能代替其可能性。因为"个人现代性"是有条件的，尚未解决温饱
的小农很难自然地具备这种现代性，也很难有机会培养自己和后代的现

代性。

（三） 系统贫困观：自然生态和人文生态的贫困机理

把贫困归咎于自然生态条件、资金、技术，或者人口素质的观点都不具有完全的说服力，因为从贫困经济运行的不同侧面固然可以寻求出不同原因，但是各个单独侧面的原因都无法完整地概括贫困的综合成因。人们开始倾向于把贫困看成诸多因素系统运行的结果。借鉴系统论的词语，贫困的根源是由"陷阱—隔离—均衡"所构成的一个"低层次的、低效率的、无序的、稳定型的区域经济社会运转体系"，这个体系规定着贫困延续的轨迹（罗必良，1991：98～99）。区域放置是复合系统与其环境相互作用协同进化的过程，各种因素构成了一个错综复杂的因果关系网络，其中存在着众多反馈回路。所谓区域性贫困陷阱就是各反馈回路相互耦合形成的网络系统，它们共同作用的结果就是使贫困成为区域的持久性状态（康晓光，1995：110～119）。借用生态学术语，这种相互关联的贫困机制被概括成"选择性亲和"，用以描述各种贫困因素的逻辑一致性与相互支持的动机性影响。区域性贫困或不发达本质在于该区域社会在能动机制、资源基础与求变能力之间欠缺性因素的选择性亲和的互动作用下，未能参与整个外部区域的经济全面增长与社会持久进步过程。从发展的内在关系来看，三者之间需要构成一定的相互适应关系（夏英，1995：18～21）。贫困研究不仅走出资源要素稀缺的经济学模型，而且不满足于对某个时点上的平面、静态的描述，逐渐从更宽阔的社会科学视野对贫困和环境关系的历史机制作出刻画。

费孝通先生认为解决农民的温饱问题，可以概括说是人们对资源利用和分配的问题、人和人共同生存的问题，属于人文生态的层次。费先生从20世纪80年代开始倡导边区民族地区研究。针对赤峰的生态失衡问题，他从文化传统的背景寻求其根源，从历史上的移民实边、开垦草原到新中国成立后的地区开发政策，来探究人文因素和生态的关系。游牧生态具有非常精巧的平衡，而农耕生态表现为一种稳定的平衡，这两种生态体系在性质上有所差异。靠天放牧和粗放农业碰在一起是对牧场的一种重大威胁。在决策过程中，以办农业的思想去办牧业，忽视民族文化传统又不能找到现代科学方法，造成滥砍、滥牧、滥垦、滥采。"这一系列破坏生态平衡的因素，形成了恶性循环，引起了一般所说的'农牧矛盾'，在民族杂居地区又表现为民族矛盾。"（费孝通 1987：21~29）马戎（1996）的论文《体制改革、人口流动与文化融合：一个草原牧业社区的历史变迁》，就东西部关系对于牧业社区的影响进行了人类学研究。传统的游牧生产方式由于发源于农区的国家集体化政策而被转变为定居或半定居的牧业生产方式，并且在日常生活的各个方面出现转变。文章探讨了这些转变是在何种体制条件下发生的，导致社区人口流动和人口构成的何种变化。把西部的社区变迁放置在民族之间、城乡之间、农牧文化之间的互动关系中进行分析的方法，也体现在同期针对西部贫困地区的案例研究之中，比如色音关于蒙古族牧区的描述、徐平关于藏族村庄的调查、刘援朝关于苗族生活的考察，都是从宏观体制因素对于民族地区发展的影响角度进行的实证分析（潘乃谷、马戎，1996）。

尹绍亭（1991）的著作《一个充满争议的文化生态体系：云南刀耕火种研究》从文化人类学视角切入西南山区特殊生态系统中的贫困问题，解释了被视为穷人陋习之一的刀耕火种行为的人文生态学价值。同一时期，沈红（1993b）的论文《中国历史上少数民族人口的边缘化：少数民族贫困的历史透视》，从观察少数民族人口与贫困人口分布的空间关系入手，依据西北两个高原人口史、生态史文献资料，探讨历史上人口和环境关系的变迁和少数民族贫困的生态线索。作者认为，少数民族的经济边缘化的历史是在"自然资本折旧"力量的推动下，经济兴衰、人口资源格局重新配置的结果。文章描述和建构自然资源和生态衰退现象背后的人文发展关系，阐释区域性贫困，民族贫困的发生机制，是外生变量主导下的边缘化、生态恶化过程，而扶贫这种逆转性外部推动应与内生的民族传统相协调。

（四）贫困发生学：行为理性和贫困的代际传递

著作《边缘地带的小农——中国贫困的微观解理》是一项关于农户贫困机制的"深描"式的探索，通过探讨贫困者家庭内部行为和代际行为的关系，解释中国贫困在乡村家庭这一社会层面上何以发生、何以再生，以及贫困者的行为逻辑。沈红等基于不同贫困类型农户的调查数据，讨论贫困地区不同收入家庭的短缺要素配置、人力资本运行、家庭内部代际交换对于贫困的影响、贫困地区的环境承载容量与发展空间的内部线索。研究表明，贫困者每一种行为方式中，都存在一定的合理依据，但同时这种行为又对他们的贫困产生了直接影响。贫困小农经济行为的合理性要用家庭生活预期、社会生活的合理性来解释。贫困者行为理性体现在：每一个环节上的行为理性积淀，客观上导致了小农总体行为的"非理性"结果。每一种改善贫困、防御风险的行为最终却导致为贫困化。这项研究对此提出了一个解释力较强的新认识（周彬彬，1993：25）。

这项研究不仅对贫困小农的各个行为进行了横向剖析和相关分析，而且进行了家庭生命周期分析。研究发现，贫困小农发展了一种利用时间资源的特殊方法，即利用家庭生命周期来缓解贫困。随着家庭生命周期的世代更替，小农能够调整和控制的人口结构，即劳动力配置结构，发生了周期性变化，这也影响着家庭经济水平和贫困发生的周期性波动。因此延长家庭代际劳动力的共享期、调整家庭人口结构，是贫困小农特殊的缓解贫困的行为。小农的周期性贫困和周期性贫困缓解在结构上比较稳定，形成贫困微观循环。表现在以下几个方面。①人口增长的依据不是土地的人口承载力，而是小农家庭中代际交换对劳动力的需要，人口要素短期配置的合理性导致了长期配置的失衡，这种失衡表现为人均占有资产量的减少和长期持续加剧失衡的趋势，并且难以逆转。②压缩劳动力再生产周期，即早婚早育行为，其微观结果是降低贫困家庭的劳动力培养成本，加快人力资本的回收。但是这种行为的宏观结果却意味着人口数量对人口质量的替换，致使贫困地区的组织构造长期处于较低水平的配置状态。③贫困的周期性缓解不等于稳定地解决温饱，更不等于稳定地摆脱贫困。周期性小农贫困化，导致了小农经济的风险周期。相对于外部环境风险而言，这是一种内部的配置风险，在弱配置阶段最易陷入贫困。④封闭的运行系统。贫困与贫困缓解在一代人、数代人之间循环往复、周期性出现的现象，造成边缘地带小农经济的封闭性、技术的封闭性和社会组织等方面的封闭性。许多新的非传统的发展信号进入小农的感知系统时就可能失效。即便小农在某些阶段有可能获得改善，这种改善不仅是不稳定的，而且是以更大的环境压力为代价的，微观上贫困周期性缓解可能成为宏观范围内贫困的原因和扶贫的障碍。这项研究的社会学意义在于以下两点。其一，提出并且试图证明广义理性命题。发展理论中，理性被当作现代化的行为准则和文化内容，也被作为不发达社会所不具备的特征。贫困农户社会行为研究证明，贫困者不缺乏理性，但往往被误读。贫困研究既应考虑价值理性，又应考虑广义的工具理性。其二，以时间作为一种分析维度，利用分家析产和代际交换模型，分析贫困家庭内部资源的流动规律，分析贫困与贫困缓解在家庭生命周期中发生的周期性变化。家庭内部资源流动和周期性变化，在微观层面阐释了中国乡村贫困发生和再生的内在机制。书中提出的不少见解在今天仍有新意，有比较完整的解释力。

无论是素质贫困论，还是资源贫困论，因其简约概括，适合向政府和发展机构提出扶贫政策研究的要求。但是将任何一个方面或任何一个时段的特征抽出来规定为贫困的本质，用于概括贫困的总体特征或定义为贫困的根源，都是缺乏足够说服力的。相应的，贫困分析的系统论观点则从社区、家庭、个体行为几个分析层面建构着贫困发生学。贫困小农的家庭经济行为、社区行为和环境关系三个过程在自身逻辑的推动下相互渗透、长期积累和沉淀，在穷人求生存的内在驱动下不断内卷和恶化，导致了这部分人口群体的长期贫困。

二 作为互动的贫困研究

贫困作为利益主体之间相互关系的结果，表现为贫困区域和贫困人口群体未能分享主流社会发展所取得的成果。由于中国贫困是在两极分化的社会变迁格局中成为一个突出问题的，它引发了作为互动的贫困研究，其中数量众多的文献集中讨论区域不平衡格局、贫富差距和发展主体。如何真扶贫、如何有效地扶贫、如何解决公平与效率的矛盾、在市场经济条件下扶贫在宏观利益格局中的处境等，都成为学术领域关注的问题。

（一）发展差距和区域不平衡

发展不平等问题自 20 世纪 80 年代中期以来引起了学术界广泛讨论，是中国社会转轨时期的焦点问题之一。中国社会科学院各年度"社会蓝皮书"（江流等主编，1993～1999）、《中国居民收入分配研究》（赵人伟等，1994）、《1999 年中国人类发展报告：转轨时期与国家》以及大量文献对转轨时期中国社会发展，进行了不平衡程度的讨论作出了不同意义上的"两极分化"事实判断。人们认为在经济转轨之前，中国的社会发展在中央计划体制下取得了一些重大成就，如卫生保健状况改善和人均寿命提高、文化知识传播和妇女状况改善取得进展。但是改革以来，区域间和群体间的发展不平衡、区域性不平等状况自 80 年代中期起日益加剧。地区间、人与人之间、城乡间的差距相互重叠又相互关联，使当今的中国成为新中国成立以来整体收入分配最不平等的时期。90 年代，中国收入分配的不平等已超过了多数过渡经济国家和西方发达国家。最近一些分析指标显示了社会发展指数的地区差别的复杂性。

与基于统计数据的有关区域差距的大量研究不同，费孝通先生倡导的边区研究，采用社会学方法，研究宏观视野下东西互动、协调发展问题。自 20 世纪 80 年代中后期开始，他选取对现代化过程影响大并且比较薄弱的环节——农村和少数民族边区，置于全国一盘棋内考察。他称为全国一盘棋的区域发展格局要"做活"两个"眼"：一是发展乡镇企业和小城镇发展；二是边区少数民族地区开发。以全国论，西部和东部的差距包含着民族差距，东西部关系中内含着民族关系；而从局部地区看，民族关系实际上又是城乡关系。费先生在讨论边区开发中的自然生态和人文生态失衡的症结时，触及了民族矛盾和贫困地区二元社会结构问题（费孝通，1993）。多民族地区发展的研究经由潘乃谷、马戎、周星等北京大学学者的努力，完成了《边区开发论著》（1993）、《多民族地区：资源、贫困与发展》（1995）、《社区研究与社会发展》（1996）等一批研究成果。研究涉及草场生态、就业、生活方式、乡镇企业、工矿企业、政府行为、教育对于贫困分化的影响，着重强调西部的发展是包括边远少数民族在内的整个区域的协调发展，要充分兼顾各个利益主体的利益。

（二）宏观利益结构中的贫困

这种区域性发展不平等程度的加剧是否与政府行为、政策以及制度结构有直接关系，引发了宏观利益结构中的贫困问题意识。从互动的角度来看，关于宏观利益结构中的贫困问题讨论中比较突出的是梯度发展论和反梯度理论之争、公平和公正问题和利益群体分化格局讨论。

1. 梯度发展论和反梯度理论

梯度发展论出现于 20 世纪 80 年代初，夏禹龙等在有关梯度理论与区域经济的讨论中提出，地区各经济发展水平与潜力呈现由高到低的梯度排列。应先发展经济水平高的区域，再发展经济不发达的区域，遵循技术梯度推移规律。梯度发展论的支持者说，政府应当有意识地将各种资源集中在发达地区，使之成为经济总量增长的火车头。此论影响深远且被政府采纳，东、中、西三个经济地带划分和向沿海富裕地区倾斜的投资政策就是建筑在"梯度理论"基础上的。尽管如此，这个观点遭到学术界连续不断的反驳。反对者认为：（1）并不存在三大地带的梯度关系，所以不存在梯度推移的逻辑前提，"技术的梯度转移只是技术转移的一种方式，而不是规律"；（2）东西部应该相互依存、共同发展；（3）西部的投资效益差是在不合理的、扭曲的价格体系下和东西部巨大的产业结构差异下形成的。梯度理论在道义上比"涓滴理论"更糟糕。涓滴理论只是反对中央政府为了落后地区的利益而进行干预，而梯度理论则主张中央政府站在发达地区的立场进行干预，这种倾斜使贫富差距人为扩大。反梯度理论认为要设法帮助贫困地区发展经济，使之有机会赶超富裕地区（郭凡生，1988：16～22）。

2. 公平和公正问题

贫富差距、梯度理论的争论促使人们讨论和解释公平和公正问题。首先是对公平的判断。有看法认为，体制改革以前中国社会普遍贫穷而社会公平状况比较好，改革后经济增长但公平状况恶化。与之不同的观点认为，改革前城乡二元社会结构中贫富分化就很严重，已经存在相当严重的不公平，不要因"公平与效率"之争而进入误区（卞悟，1994）。其次是解释公平和公正。从经济学角度作出的说明是，计划经济时期在社会公平方面的成就是通过牺牲经济效率得到的。国家对经济的集中控制和产品平均分配导致资源不合理分配和缺乏激励，因此此策略对消除贫困的潜力有限。改革以来的沿海优先战略体现了效率－公平原则，所产生的不平等是公平竞争下的不平等。政治学者反驳说，发展战略向沿海倾斜使用了"极大原则"，这是最不公平的原则，违反了所有关于平等的标准（王绍光，1999）。卞悟把旧体制下的不公正主要是身份制壁垒与权力等级壁垒造成的非竞争性结果不平等称为"第一种不公正"。旧体制下的个人在受到共同体束缚的同时也接受共同体保护，改革的过程中个人将摆脱共同体束缚并同时失去共同体的保护。然而一些人在现实中失去了保护却并未摆脱束缚，另一些人摆脱了束缚却仍享受保护，这就产生了不平等。由公民基本权利的不公，即参与竞争的形式权利不公引起的不平等被称为"第二种不公正"。现在社会不平等和贫困问题是这两种不公正的共同结果，作者因而提出了宏观利益结构公正化的逻辑目标。

3. 利益群体分化格局

《中国新时期阶级阶层报告》汇集了社会学者对于转型时期中国社会出现的利益群体分化所给予的全景式描述（李培林，1995）。从宏观利益结构变动的角度，讨论宏观社会结构中各个群体的互动关系，分析市场经济这种外生变量的引入对于包括贫困者在内的各利益主体和发展政策的影响。论文《宏观利益结构中的贫困》的作者指出，利益是发展的杠杆、结构变迁的基础。利益主体从单一体制关系转变为多元体制并存的复杂关系。利益群体的分化、分层趋势形成了发展主体多元化的利益格局。贫富差距扩大和贫困缓解都是利益结构变化的结果。贫困地区虽然和发达地区都受益于宏观经济改革，但受益范围和程度不同。文章分析了宏观利益格局中不利于贫困者的一些重要因素，如发展起点、投资倾斜、物价上涨、责任误区、扶贫资金和管理、劳动力转移成本和城市歧视等方面，认为宏观利益结构的平衡不会自发产生，需要一系列逆市场规则而动的行动（沈红，1996）。

（三） 发展主体之辩

《富饶的贫困》一书在分析贫困原因时，率先提出"开发主体是谁"的问题，主体不仅决定着什么是所谓资源，而且决定着用什么手段去开发所谓"资源"。资源是社会－经济结构和人的素质的函数。对应不同的经营方式和开发手段，资源的含义不同。此后，对于贫困者在宏观利益格局中不利地位的认识，进一步引发了关于发展主体的研究。在近十年的贫困和反贫困研究里，绝大多数论述报告都是以政府为潜在对话主体的，根据政府的要求写作或者间接地为政府政策而写作。长期以来，贫困研究中隐含着仅仅视政府为发展主体的一整套权力关系。这种状况在 20 世纪 90 年代开始受到学术界和发展实践的反思和质疑。

1. 国家的扶贫角色

国家对消除贫困承担主要责任，政府应该谨慎处理分配不公平的问题，这一点是无疑的。而关于国家究竟在扶贫中扮演怎样的角色，出现了各种各样的观点。主要认为政府要保证宏观经济稳定，向贫困地区实行财政转移支付，提供社会服务和组织基础设施建设。从国家道义基础意义上强调国家扶贫角色的学者认为，中国作为一个社会主义国家，其政府的合法性是建筑在平等原则基础上的。但是，如果伴随着改革与发展的是不断扩大的不平等，贫富差距就会变得让人难以接受，政府的道义基础就会受到削弱，它的合法性就会遭到怀疑。如果不公平超过了一定限度，就会对发展造成政治上的威胁。因此他们强调国家能力建设，中央政府应当增强筹集收入、转移支付的能力（王绍光，1999：7~8）。但是，随着人们使用政府－市场－民间力量等社会结构关系框架来重新审视主体性，"国家是不是唯一的发展主体"就成为一个争论话题。

2. 政府和市场之间

扶贫应当以市场机制为主还是以政府干预为主？受新古典经济学影响的经济学观点认为，市场是解决一切问题的正常途径，只要允许市场自由运作，资本会从发达地区自动流向落后地区，廉价劳动力会从落后地区自动流向先进地区。扶贫资源的配置过分强调政府作用而忽视市场的作用，从而导致了扶贫效率低下。地区差距扩大是因为市场化还不够充分。反对者根据产权经济学里的外部性概念指出，反贫困是一种典型的公共物品，因为具有效用的非排他性和利益的非占有性不能由市场提供，只能通过政治程序或公共选择由政府提供，并由政府强制性地征收反贫困开支所必需的税款（康晓光，1995：18）。政治学者则指出，按照社会公正的原则分配资源根本不是市场的功能，市场本身如不加以限制只能扩大地区的不平等，应当强调国家的主导作用和有效干预。

3. 政府和穷人之间

以政府为主导的观点，认为政府是反贫困行动最大、最重要的主体，而贫困人口和家庭不是反贫困行动的主体。其一，扶贫资源的有效来源证明了宏观利益主体的分布和主体之间的关系。贫困地区的经济无力自我启动，扶贫的推动力量来自外部，扶贫资金大多是上级政府输入的，因此贫困地区的发展动力很大程度上取决于扶贫投资的强度和力度。其二，"正常"的贫困人口"单靠他们自己的努力实际上永远也不可能摆脱贫困状态"，作出这个判断的依据是所谓"现代化理论"，认为"劳动力的流动性的强化使传统的社会结构彻底瓦解，相应地，以前由家庭和地方性社区提供的'保障功能'也随之消失"。这就要求社会，即市场和政府来承担这种保障功能（康晓光，1995：16）。

但是 20 世纪 90 年代，随着联合国和国际发展组织在中国实施的扶贫计划，穷人参与的原则和理念被"嵌入"中国贫困研究中来。参与理论对发展中公平 – 效率的讨论作出新的正面回应，引导人们用一种或多种互动关系来看待贫困问题。穷人也是发展主体，公平的发展意味着接受多样化的、非线性的发展模式（王永庆，1988：259 ~ 270），贫困人群所认同的地方性文化、民族文化不应当被忽视。贫困是发展主体的发展权利实现不足的表现，每一个社会都有发展的权利，但是实现发展权利的基础与条件并不一致。1998 年"中国转型时期反贫困治理结构国际研讨会"的与会者认为，以政府为主体的反贫困战略，忽略了发挥贫困者自身能力和作用。市场经济条件下"政府与贫困人口的关系应该是平等的"。政府有责任保证宏观经济稳定，向贫困地区实行财政转移支付，提供社会服务和组织基础设施建设。同时，贫困人口既要分享扶贫资源也要承担责任和义务（王景新等，1998），主张建立政府官员、技术专家和贫困者之间的"伙伴"关系。新近问世的《谁是农村发展的主体？》一书，代表了北京农业大学农村发展学院等机构一批致力于扶贫和发展的学者在参与式"本土化"行动中的新见解。作者并非确立农民是唯一主体的命题，而是对忽视农民需求所导致的发展效率低下这一问题进行讨论。从重视农民的需求出发，探讨建立乡村发展中的新型伙伴关系（李小云，1999）。

这里不能不注意到西方哲学对于发展领域的影响，比如受"相互主体性"或"互为主体"概念启发，把发展主体或主体性问题置于相互关系中理解。人们相信摆脱发达世界和不发达世界文化的主从关系的途径，不是双方"你死我活"的生死搏斗，而是通过竞争、交流和沟通来实现文化主体重建。个人和民族的主体性的确立需要延伸到互动关系中，从相互关系中寻求主体重建的可能。在此背景下，具有哲学色彩的参与性原则从一种理念演变成扶贫行动的操作工具。

（四）性别分析

性别分析，特别是对于贫困妇女的关注在 20 世纪 90 年代成为扶贫研究的重要取向，1995 年在北京召开的世界妇女大会、孟加拉小额信贷扶贫方式的引进等事件都曾对贫困研究中的性别意识起过催化剂的作用。根据性别与发展理论，只有重视所有的性别角色，才能获得真正的性别平等和有效的发展。性别定位分析方法不是简单地定位于妇女，而是通过分析性别关系（女性和男性如何共同维持家庭、社区的生产和生活）来判别妇女在家庭和社区中的文化角色、社会地位以及妇女的自我定位，发现她们的问题和需求（林志斌、王海民，1999）。例如，妇女的疾病因为社会习俗而属于"沉默文化"，实际上生育疾病是妇女成为最贫困人口的重要因素。贫困妇女很难获得贷款的信息和贷款权，她们的信贷能力遭到普遍怀疑。即使是那些"覆盖"妇女扶贫项目，容易视妇女为廉价的劳动资源而成为"成本低利润高的创造剩余价值的'机会'，被'利用'性地纳入贫困地区发展计划"。社会学者认为，贫困妇女摆脱贫困是新的社会化过程，促使其精神和人格的独立化，是对传统性别角色的一次改造。运用如小额信贷这样的扶贫方式，以贫困妇女为目标主体，使扶贫成为一种赋权女性的过程（赵捷，1997）。不过，性别分析很有些舶来的色彩，因而被戏称为"洋奴买办事业"——几乎所有国际扶贫项目都强调性别取向，国内扶贫项目却截然相反（李小云，1999：259）。无论怎样，它的确说明两个事实：一是贫困研究和实践中存在着性别盲动或者完全缺乏性别意识的现象；二是长期以来贫困人口被假设为家庭均质或社区均质的人口群体，性别差异被忽略。

如果说 20 世纪 80 年代贫困研究中的多元发展主要是针对政府这个发展主体政策取向多元化而言的，那么到 90 年代，多元发展讨论已经转变为决策主体多元化的诉求。学术界关于宏观利益格局、关于贫困者主体性的反思和质疑，都是在作为行动的贫困研究中得以体现的。

三　作为行动的贫困研究

根据扶贫方式特征，中国消除贫困的行动分为两个不同的阶段：1985 年以前依靠总体经济增长缓解贫困，行动框架是以社会经济政策辅之以救济式扶贫。1986 年以来，转向依靠政府干预的开发式扶贫策略，以贴息贷款为主的信贷扶贫计划与区域开发计划相结合。20 世纪 90 年代中后期扶贫政策受到多元性、参与性发展话语的影响，更倾向于以人为中心的扶贫方式。

（一） 体制风险：扶贫目标的瞄准机制

中国的贴息贷款计划由于没有落实到穷人、资金偿还率低下而受到广泛的批评。针对扶贫系统识别机制失灵或者"瞄不准"问题，国务院扶贫开发办课题"中国贫困地区经济开发研究"、国务院发展研究中心课题"中国扶贫管理体制研究"（1993～1995），主要根据扶贫项目组织方式、运行流程、规模、结构和周期的调查数据，分析政府扶贫系统内部的运行机制、扶贫的组织成本和传递效率问题（周彬彬，1993；谢扬，1995）。如"扶贫开发的方式与质量"对西北区域的分析，把扶贫风险划分为自然风险和传递风险。从系统目标维持的角度，揭示了扶贫目标偏移的体制现象及传递风险在扶贫体制内部的生成规律。这种现象在后来的贫困社区自组织研究中，通过区别计划受益者和实际受益者，被进一步归纳为"扶贫目标置换"现象。另外，通过对扶贫保险机制的探索，寻求防范自然风险的体制方案，指出责任相关机制和利益相关机制在维持扶贫目标上的重要作用（沈红，1993a）。

（二） 扶贫传递与社区自组织

中国社会科学院课题"贫困社区的传递组织与自组织"（1995～1997），则从不同的社区层面研究了扶贫资源如何抵达最贫困人群和社区，如何提高传递效率，分析传递系统、社区组织系统和目标群体的相互关系、社区变迁历史、民间组织和社区自组织传统。沈红的论文《扶贫传递与社区自组织》（1997）提到，主要问题是外生性资源是否可能、如何可能转化为贫困社区的自我发展能力。①通过贫困社区外部、内部传递规则，判别传递组织在整合宏观社会系统和次级社会系统之间关系的作用，对社区体系理论、地方社会与大社会的关系研究提供了新角度。②社区自组织意即动力来自社区内部的组织过程，包括社区自我传递、复制、整合和推动。用这个概念分析贫困者的社区性互助行为、贫困者对稀缺资源的管理方式，并从政治区位、市场区位、生态文化探讨社区自组织的变迁。③提出注重贫困社区发展的内部动力，使扶贫成为增强社会资本的过程。王伊欢、林志斌等（1999）对于参与式扶贫项目进行社会学分析，以外部干预对于贫困社区的必要性为假设，研究了参与角色差异性、领导行为方式、组织安排与计划过程进行和项目效果之间的关系，证明这些因素都在不同程度上影响着扶贫项目的效果。管理机构并不需要有意追随参与式方法采用的模式把农民组织起来，而是需要培训农民的自我组织和自我约束能力，农民组织可以根据具体问题和需要"自然诞生于项目实施过程之中"。

（三）参与式扶贫

参与式方法是一种外部干预和内源发展相结合的行动方式，目的是有效发掘穷人作为发展主体的潜力，也是一种抵御传递系统目标风险的工具。参与式方法有别于过去使用的扶贫方法。按传统做法，扶贫工作主要靠政府支持，而贫困农民被动地等待救济。20世纪90年代中期开始，一些国际发展组织运用参与原则在中国的扶贫示范计划取得了显著的成果。参与式方法强调鼓励村民参加社区的全部决策过程。村民参与被视为摆脱贫困并获得长期发展的重要条件，贫困人口应该成为发展的真正主体，有权参与决定他们生活决策的制定。最终参与方法促使贫困人口，特别是贫困妇女达致其社会经济地位。采用性别分析方法，人们批评现有扶贫计划缺乏性别意识，提醒扶贫行动应当强调妇女参与、考虑妇女的特殊困境以及她们的心理健康、生理健康和社会适应方面的特殊需要（徐鲜梅，1997；林志斌等，1999）。穷人参与的真实性作为一个问题被提出来，扶贫行动过程是否真正提高了贫困者，特别是贫困妇女的自救能力？比较而言，贫困地区农民的参与能力远不如非贫困地区农民高，这种相对被动的"动员型参与"引起关注（王景新等，1998）。

（四）小额信贷扶贫

借鉴孟加拉乡村银行成功的信贷扶贫方式，中国于20世纪90年代引进小额信贷。国际与国内对小额信贷所表现出来的热情主要来源于过去贴息扶贫贷款的低效率和穷人得不到正式金融服务的状况。人们希望小额信贷带来"我国扶贫工作方针的一次革命性转变"。但是，小额贷款不是慈善捐款，其商业化经营方式引发了学术争论，比如穷人能不能支付像商业贷款那样高的利率？强调商业化经营方式是否和非营利性的扶贫目标相矛盾。经济学分析认为，小额信贷是一种相对完整固定的信贷组织和管理形式。它通过减小金融风险，增强穷人和微型企业的还款能力。社会学分析认为，小额信贷采取穷人自组织方式，其中关键是它在组织制度上的创新：小额信贷帮助穷人确立在改变自己命运中的自主地位，成为扶贫和发展的主体，帮助贫困者建立参与的信念。小额信贷方式表现出明确的性别取向，能够有效帮助贫困妇女获得自力和自信。扶贫资金直接到户，小额信贷的设计具有一种自动寻找目标的功能，把非穷人淘汰出去，保证资金自动供给穷人。

四　结语

从以上不够完整的回顾中，可以观察到中国学者对于中国贫困研究的大致路径。作为过程的贫困研究，讨论中国贫困类型、贫困何以发生和再生的机制。作为互动的贫困研究，把贫困放置于区域差距的利益结构变动中，导出发展主体之辩。作为行动的贫困研究，探讨扶贫体制风险机制、扶贫制度创新的路径和规则。贫困现象已经引起社会学、人类学、经济学、政治学、生态学、文化学的关注，贫困研究事实上成为跨越学科边界的研究题目。贫困研究展现了社会变迁的趋同性和多样性，促使学术界对制度化了的、不言而喻的发展模式进行反思。如同发展研究一样，贫困发生学、扶贫与社会结构的关系，发展主体研究以及扶贫体制研究，扶贫系统自身的行为方式、效率和风险机制，扶贫传递与社区自组织研究等工作，在运用社会分层、不平等、家庭行为、组织制度、社区参与等社会学理论的同时，也在汲取其他学科的有效方法。这些研究既需要在不同的分析层面之间建立联系，又不能拘泥于某种既定的范式。在这里，人们以现代化的和不囿于现代化的视角解读穷人的苦难。贫困研究因其多样的观察维度正在成为不同学科纵横的场域，这一现象本身就蕴含着丰富的社会学意义。

参考文献

卞悟，1994，《公正至上论》，《东方》第 6 期。

崔之元等，1999，《1999 年中国人类发展报告：转轨时期与国家》。

杜晓山、李静，1998，《对扶贫社式扶贫的思考》，《中国农村经济》第 6 期。

费孝通，1987，《边区开发与社会调查》，天津人民出版社。

费孝通，1993，《边区民族社会经济发展思考》，《东亚社会研究》，北京大学出版社。

费孝通，1995，《农村、小城镇、区域发展》，《北京大学学报》第 1 期。

高鸿宾、周彬彬主编，1989～1993，"中国贫困地区经济开发研究"课题系列报告，国务院扶贫开发办。

贵州机关青年编辑部，1988，《困惑中的思考：发展问题——东西部青年学术对话论文集》。

郭凡生等，1988a，《贫困与发展》，浙江人民出版社。

郭凡生，1988b，《东西部发展中的若干问题》，载贵州机关青年编辑部《困惑中的思考：发展问题——东西部青年学术对话论文集》。

郭来喜、姜德华，1994，《贫困与环境》，《经济开发论坛》第 5 期。

国务院扶贫开发办，1998，《小额信贷在我国扶贫工作创新与规范探索》。

何道峰、黄青禾主编，1993～1996，《中国扶贫管理体制研究》，国务院发展研究中心。

江流、陆学艺主编，1993～1999，"中国社会形势分析与预测"课题组系列报告。

姜德华等，1989，《中国的贫困地区类型及开发》，旅游教育出版社。

康晓光，1995，《中国贫困与反贫困理论》，广西人民出版社。

李培林主编，1995，《中国新时期阶级阶层报告》，辽宁人民出版社。

李强，1989，《中国大陆的贫富差别》，中国妇女出版社。

李强主编，1997，《中国扶贫之路》，云南人民出版社。

李小云主编，1999，《谁是农村发展的主体?》，中国农业出版社。

林志斌、王海民，1999，《小额信贷运作中的性别分析方法》，载李小云主编《谁是农村发展的主体?》，中国农业出版社。

刘文璞主编，1997，《中国农村小额信贷扶贫的理论与实践》，中国经济出版社。

罗必良，1991，《从贫困走向富饶》，重庆出版社。

潘乃谷、马戎主编，1996，《社区研究与社会发展》，天津人民出版社。

潘乃谷、周星主编，1995，《多民族地区：资源、贫困与发展》，天津人民出版社。

屈锡华、左齐，1997，《贫困与反贫困：定义、度量与目标》，《社会学研究》第 3 期。

全国贫困地区干部培训中心编，1998，《小额信贷的组织与管理》，人民出版社。

全国贫困地区干部培训中心编，1998，《小额信贷的理论与实践》，人民出版社。

全国贫困地区干部培训中心编，1998，《小额信贷案例集》，人民出版社。

沈红，1992，《经济学和社会学：判定贫困的理论》，《开发研究》第 3 期。

沈红，1993a，《扶贫开发的方式与质量》，《开发研究》第 2、3 期。

沈红，1993b，《中国历史上少数民族人口的边缘化：少数民族贫困的历史透视》，《经济开发论坛》第 5 期。

沈红，1996，《宏观利益格局中的贫困》，《社会学研究》第 3 期。

沈红，1997，《扶贫传递与社区自组织》，《社会学研究》第 5 期。

沈红，1998，"小额信贷导论"（第一章），载全国贫困地区干部培训中心编《小额信贷的组织与管理》，人民出版社。

沈红、李伟，1992，《贫困区域开发质量指数》，《经济开发论坛》第 7 期。

沈红、王念棋，1991，《贫困地区环境开发质量研究》，《经济开发论坛》第 1 期。

沈红、周黎安、陈胜利，1992，《边缘地带的小农——中国贫困的微观解理》，人民出版社。

世界银行，1992，《中国九十年代扶贫战略》，世界银行文件。

孙立平，1995，《国外社会学界关于市场化转型和收入分配研究的新进展》，载李培林主编《中国新时期阶级阶层报告》，辽宁人民出版社。

王景新等，1998，《中国转型时期反贫困治理结构国际研讨会综述》，《开发研究》第 4 期。

王绍光，1999，《正视不平等的挑战》，《管理世界》第 4 期。

王小强、白南风，1986，《富饶的贫困》，四川人民出版社。

王永庆，1988，《发展：从单线进化论到非单线进化论》，载贵州机关青年编辑部《困惑中的思考：发展问题——东西部青年学术对话论文集》。

吴国宝，1995，《贫困测量和样本农村地区的贫困》，《经济开发论坛》第 5 期。

夏英编，1995，《贫困与发展》，人民出版社。

萧新煌编，1985，《低度发展与发展：发展社会学选读》，台北：巨流图书公司。

谢扬，1995，《具有中国特色的"社会扶贫"》，《中国扶贫管理体制研究报告集》（4）。

徐鲜梅，1997，《论小额信贷扶贫对象主体问题》，《浙江学刊》第 6 期。

尹绍亭，1991，《一个充满争议的文化生态体系：云南刀耕火种研究》，云南人民出版社。

原华荣，1990，《生产性贫困与社会性贫困》，《社会学研究》第 6 期。

赵捷，1997，《提供机会与赋权女性》，《中国农村小额信贷扶贫的理论与实践》，中国经济出版社。

赵人伟、基斯·格里芬主编，1994，《中国居民收入分配研究》，中国社会科学出版社。

周彬彬，1991，《向贫困挑战：国外缓解贫困的理论与实践》，人民出版社。

周彬彬，1993，《贫困的分布与特征》，《经济开发论坛》第 2 期。

'99 中国社会学回顾与展望[*]

《社会学研究》编辑部

编者按：本文尝试对国内一年来社会学专业论文、专著进行分析和比较，并得出归纳性总结。在总结与分析的过程中，既注意把握过去一年来中国社会学界所讨论的热点与难点，也注意分析学术前沿和焦点问题。通过分析和总结，进一步强调进行学术反思的重要性和必要性：从社会现实中探索研究对象的本质问题，在知识脉络中推进研究，这样学术才能在不断反思中得以提炼。

告别了 1999 年，迎来了中国社会学重建 20 周年的历史时刻。在这个世纪末的最后一年里，中国社会学研究的特点似可概括为：有进展，无波澜，呈比较平稳的推进态势。其"进展"主要表现为：借鉴了一些新的研究视角和方法，如网络分析、生命历程研究；拓展了一些较新的研究领域，如对信任问题和单位组织的研究；同时，在理论、方法论和对策研究方面也都取得了一些进展。所谓"无波澜"，主要是指并没有出现较大的学术争鸣或引起普遍关注的学术讨论，总的态势是稳步地向前推进的。

在迎来中国社会学恢复与重建 20 周年之际，总结过去，展望未来，有必要从理论研究和经验研究两方面进行回顾和反思。一个是在理论层面上的"重返古典"，即不断回到基础和经典问题进行思考；另一个则是在注重前人研究成果的基础上开展更为深入的经验研究。这其中主要包括了三

---

* 原文发表于《社会学研究》2000 年第 2 期。

本文统稿人：景天魁、郭于华、罗红光；撰稿人：张志敏、张宛丽、谭深、郑菁、罗红光。此外，本刊编辑部于 1999 年 12 月 23 日召开了在京部分专家学者的座谈会，与会者对本论文的框架及内容提出了许多建设性的意见，在此一并表示感谢。在文字处理上，我们以"编辑部编"的形式取代与会者名单，只在引言处列出发言者姓名，特此说明。

方面的含义：其一，填补代际的空白，努力做到承上启下；其二，在扎实的经验研究基础上，探讨如何沟通理论与经验研究以及方法论的问题；其三，培养跨学科的对话能力。这些问题直接关系到中国社会学的学术建设。从目前国内社会学研究的发展状况来看，我们还面临着这样一些值得进一步探讨的问题：其一，实证性的经验研究与抽象层面的理论研究如何相互沟通、相得益彰；其二，中国社会学如何在面对自己社会的真问题的同时确定自身在学科共同体中的位置，如何在世界学科共同体中寻求发展；其三，如何借鉴不同风格和理论取向的研究成果，形成多样化的学术观点与流派，并建立学术积累的良性机制。总之，"中国社会学界在1999年试图提炼出一些社会学的真问题，不是用西方的理论来剪裁中国社会"（沈原，编辑部编，1999）。中国社会学的学术命题、问题意识、规范研究方法、加强理论与实证的结合等将是发展本学科所面临的重大课题。通过精细的经验研究，取得实证资料，从中提炼出有益于解析中国社会的概念，并建构能够反映中国社会实际、指导中国社会研究的基本理论，也将是推动中国社会学学术建设与发展的重要内容。

一 学术前沿问题研究

（一）重返古典理论

在《社会学研究》1999年第1期"编辑部报告"中，编者曾对当前中国社会学界所出现的一种浮躁现象提出过批评："在我们这个诸般新潮理论层出不穷、日渐繁多的时代，时髦话语爆炸式的传播，往往会使人'见木不见林'，而社会学真正应当面对的问题却往往被淹没掉了。""重返古典理论"包含了两个明确的学术目的：其一，就社会学自身而言，要为重建社会学学术传统夯实基础；其二，就整个社会科学而言，返回到"社会学经典大师"所揭示的那些命题当中，把握社会科学逻辑的源头。正如康德所说：人类不止一次地将已经建好的"思维之塔"拆掉，看一看地基是否牢固。随着中国社会学重建与恢复20年来的努力，中国社会学也初步形成了自己的学术积累，这种学术积累究竟是停留在整个人类知识体系中的个案水平，仅仅告诉人们"世界是多样的"那种罗列，还是能够形成共同得到启示的"对话"?(孙立平,编辑部编,1999)在社会科学的知识体系中可否共享和进一步切磋?其中最为基本的反思就是"返回古典理论"。它告诉我们,"重返古典理论"本身也是一个需要学者们长期不断思考的命题,也是参与建构人类"思维之塔"的学术建设过程。

1999 年在这方面的研究工作虽然不能说"轰轰烈烈",但继《经济学理性主义的基础》(汪丁丁,1998)、《传统中国社会政治与现代资本主义——韦伯的制度主义解释》(李强,1998)和《科层制与领袖民主——论 M. 韦伯的自由民主思想》(冯刚,1998)之后,《论"抽象社会"》(李猛,1999)和《涂尔干的遗产:现代社会及其可能性》(渠敬东,1999)等论文取得了相当的进展。渠敬东运用文献研究解析的方法,论证了在从形而上学向社会学的思想风格转变过程中,涂尔干的古典社会学理论为现代社会及其可能性在社会学的知识领域内的确立所做的贡献,以及他留给我们的关于现代性的两难课题。首先,作者论证了涂尔干对"失范"的论述的三重社会学意义,即它确立了从神性解放出来的社会生活的优先地位,在此基础上使个体获得了自我建构的开放性和可能性;然而由于涂尔干对常规化的知识形态和权力机制的强调又最终剥夺了个体的上述开放性和可能性。作者又通过对涂尔干关于"法人团体"之论述的考察,揭示出涂尔干力图阐述在逐渐多样化的社会生活中建构深度自我,从而使现代社会获得可能性的深刻用意。最后,作者通过对涂尔干及其追随者们对"类比和分类"的论述,向我们展示了涂尔干社会学理论所蕴含的一种意义深远的张力,即社会控制功能与建构自我控制和调节作用的过程中所产生的主体化力量之间的张力。对涂尔干理论中"失范"、"法人团体"以及"类比与分类"三个向度的解读,可视为作者对现代社会及其可能性所进行的一次"知识考古"式研究。作者的理论关怀是:在涂尔干理论给我们留下的有限的主体化可能性形式的基础上,能够勾勒出怎样的现代社会的理论图式,而这种新的理论图式是否能为崭新的社会存在形式提供理论依据。在这一点上,与更多地着眼于"未来"或"后现代"的当今众多西方的"现代社会"论者不同,李猛的论文发自对发展中国家的制度移植过程中出现的问题的关怀。正是这一立足点促使作者着眼于现代社会的复杂的理性化过程中的制度与价值,意识形态及其二者之间的相关逻辑,引申了

"抽象社会"这一批判性概念的分析性内涵。"抽象社会"的概念虽然最初见于 20 世纪 70 年代西方的文化社会学家对现代社会的批判性剖析,而李猛通过对西方世界的观念史与社会史的宏观分析得出结论,现代抽象社会的程序技术与价值理性之间有着"若即若离"的相关特性,即任何程序技术背后都存在不同抽象价值的冲突力量,另外,抽象价值虽然构成了程序性的基础,但它并不总是直接决定程序技术的运作,而是通过伦理实践,通过现代的"主体化"过程,间接影响程序技术运作的。作者提出在发展中国家的制度移植和渗透过程中,相关伦理实践的缺乏导致现代社会的各种程序技术难以真正实现其程序化的特性,因而造成缺乏价值支撑和空壳式现代社会及表面经济繁荣的问题。

"重返古典主义"的研究对我们现代人的经验研究也提出了值得进一步思考的问题。其一,对涂尔干社会学理论中所蕴含的社会控制功能与主体化力量之间张力的解析,是蕴含在古典社会理论中的关于"宏观与微观之链"(the macro-micro link)难题所进行的深入挖掘。然而,社会理论中的这一悬而未决的难题又是一切关于现代的社会理论所无法回避的古典课题。其二,对现代抽象社会程序技术与价值理性之间的"若即若离"的相关特性的论证是对社会变迁理论中的另一个古典课题的探讨,它所要克服的理论难题是:以往社会理论中的制度因素与观念因素之间的一元化还原主义。这一领域的研究进展关系到我们是否能够为理解现代的社会变迁机制提出更为令人信服的理论依据。

(二)组织分析和单位组织研究

近年来,西方组织理论出现了一些值得关注的发展动向。邱泽奇运用文献研究的方法,系统地梳理了社会科学领域内组织研究的发展脉络,回顾并评述了以工业化的现代社会为背景而发展起来的西方社会的组织理论。通过对现代社会中迅速出现的网络化特征及其向社会组织领域内的渗透现象的描述,他进一步指出,面对网络化社会的到来,既往的组织理论不仅面临着严峻的困境和危机,同时迎来了新的发展契机(邱泽奇,1999)。

周雪光在概述了 20 世纪 70 年代以来兴起的制度学派对组织与制度变迁的研究之后,采用文献评述的方法,对 80 年代以来西方社会科学界对中国改革开放中组织与制度变迁的研究进行了整理，概括了个案研究见长、理论假设明确的总体特征，并指出了现有研究中存在的理论解释与经验描述未能很好相嵌这一局限性。在回顾和总结的基础上，作者提出了在中国组织与制度变迁研究领域的未来研究方向，即重视市场与政治的关系、探索组织与制度变迁的机制、关注新兴制度形式（周雪光，1999）。围绕同样的问题，李培林从"拟市场核算体制"的企业运行机制角度，认为目前中国的单位组织是"一个企业两个法人"（李培林，编辑部编，1999）。可见，在围绕社会资源的问题上，"社会资本"（social capital）概念逐步地被纳入中国社会学研究领域。学者用它论证社团的发展有利于建立人际互信和互惠交换的规范之命题。有学者通过对中国广州市社团的调查，分析了当今中国社团亦官亦民的双重性，进一步提出了能够为社会提供上述有益的"社会资本"的社团发展的可能性和仍需要解决的问题（陈健民、丘海雄，1999）。秦晖针对目前国企改革难的状况提出了"依附与保障等量（捆绑式一体化）"的判断（秦晖，编辑部编，1999），其中我们可以领会到他对经济理性的批判和国企职工的组织心态。李汉林、李路路在对中国独特的组织制度研究中，选择了合理主义的交换理论（布劳，1988）为理论框架，运用定量分析的方法，从资源交换的角度分析了当今中国单位组织中的依赖性结构。研究发现，在中国城市的单位体制中，存在着资源、满意度和依赖性之间的相关关系。作者借用关于统治（Weber，1970）和关于社会主义所有制下的国家统治的学说（布鲁斯，1989），阐述了在当今中国社会，单位组织仍然是国家实现其统治的重要中间环节这一论点（李汉林、李路路，1999）。这一研究的重要特点是将分析对象的主观层面纳入分析框架，试图突破组织结构仅用力量关系来说明的单一性。

另外，对新制度学派的讨论仍可见于1999年的组织研究领域。如针对"嵌入性与关系合同"的研究（刘世定，1999）首先将新制度学派经济学家所提出的"嵌入性"视角引向关系合同的研究领域。进一步提出了约前关系导入、多元关系属性、对关系属性的有限控制这三个补充假设，以完善威廉姆森的合同治理结构的理论，并在此基础上深入探讨了合同治理结构和嵌入关系结构的不同对应关系及两者间的结构性摩擦。为了能够分析研究实践中更为复杂的合同关系的实施情况，作者更进一步提出经营代理人的"二次嵌入"问题，以及由此导致的不确定性和相应的制度和组织发展的可能性。最后以中国的乡镇企业的关系合同为例，说明了经过发展和完善后的关系合同理论在现实问题研究中的应用意义。

总之，上述研究恰恰说明"工人、企业、资源之间的关系并非只是经济关系"（黄平，2000）。无论是网络化社会、中国社会组织制度的特有形式（如单位体制和亦官亦民的社团组织等），还是当今中国组织制度的改革变迁过程中出现的新型组织形式与制度安排，都为组织理论提供了丰富的经验研究。这一领域的研究相对规范，这种经验与理论相结合的研究在今后一段时期内有望呈现活跃的学术趋势，进而推动组织理论的深入发展。

（三）关于社会网研究

社会网[①]研究已经成为西方社会学界的一个重要的分支。社会网研究亦称社会网络分析，是关于社会结构和社会关系的一种认识活动及其结果。它以视社会关系为相互交织的网络系统的认识为理论特征，[②] 在社会分层研究中，网络结构观以其动态认识之优势，弥补了地位结构观静态分析之不足，以其深刻性显示了更强的解释力。

社会学中关于社会网的思想可以追溯到德国社会学家齐美尔（G. Simmel）在 1908 年发表的《社会学：关于社会交往形式的探讨》中提出的社会为相互交织的社会关系的观点（肖鸿，1999）。20 世纪二三十年代，在英国人类学家关于社区发展的研究中产生了社会网分析。拉德克利夫－布朗（A. R. Radcliffe-Brown）首次使用"社会网"概念。巴恩斯在其对挪威渔村阶级体系的研究中，首次提炼了社会网的系统研究。而至今被美国社会学界视为英国社会网研究范例的是英国学者伊丽莎白·鲍特（E.

---

① 社会网的概念：米切尔（J. C. Mitchell）将社会网界定为"一群特定的个人之间的一组独特的联系（Mitchell，1969）；亦指由个体间社会关系构成的相对稳定的体系（张文宏、阮丹青，1999）。社会网的概念，在今天已经超越了个人间关系的范畴，一个网络行动者可以是社团行动者如商业公司，甚至民族或国家"。关系既包括把行动者连接起来的联系（不限于个人间的关系），也包括商业公司之间的交易关系，如领袖人物的共享、金钱、组织信息和群体成员的流动。今天的网络分析者把社会结构界定为网络的系统（Wellman and Berkowitz，1988，转自肖鸿，1999）。

② 社会网的研究对象：社会网的结构及其对社会行为的影响模式是社会网的研究对象。网络分析强调研究网络结构性质的重要性，集中研究某一网络中的联系模式如何提供机会与限制，其分析以联结一个社会系统中各个交叉点的社会关系网络为基础，强调按照行为的结构性限制而不是行动者的内在驱动来解释行为。

Bott）的著作《家庭与社会网》（肖鸿，1999）。社会网分析在早期社会研究中，仅限于微网研究，即小群体内部结构和人际关系研究，而目前已发展到大规模的宏网研究，从而使社会网分析成为结构性与概念性较强的理论研究的得力工具，并使微观研究与宏观研究有机地结合起来（钱江洪，1991）。如美国的社会网研究从两种不同的分析路径发展，并形成了两类研究群体。一类是以林顿·弗里曼（L. Freeman）为代表，并以计量社会学传统为分析手段的研究。他们使用矩阵方法，分析了"社会系统内部系统和分解的模式，系统成员中'结构上均衡'的角色关系，网络结构随时间的变迁和系统成员直接或间接联系的方式"（Wellman and Berkowitz，1988：26）。研究一个社会体系中角色关系的综合结构即整体网络，其研究领域是小群体内部的关系。他们在分析人际互动和交换模式时，产生了一系列网络分析概念，如紧密性、中距性和中心性等（L. Freemall，1979，1980，转引肖鸿，1999）。另一类研究承袭了英国人类学家的社会网分析传统。他们关注个体间关系模式，从个体角度界定社会网，研究个体间的自我中心网络。他们关心的焦点是个体行为如何受其人际网络的影响；个体如何通过人际网络结合为社会团体，该领域的代表性人物是马克·格兰诺维特（M. Granoveter）、哈里森·怀特（H. Whitte）、林南（Lin Nan）和罗纳德·博特（R. Burt）等（转自肖鸿，1999）。

1. 几种代表性的社会网理论

（1）网络结构观

网络结构观就是把人与人、组织与组织之间的纽带关系看成是一种客观存在的社会结构，并认为：任何主体（人或组织）与其他主体的关系都会对主体的行为产生影响。网络结构观不同于以往的地位结构观的主要特征在于，强调从个体与其他个体的关系来认识个体在社会中的位置，而非地位结构观将个体的社会位置归于个体的属性特征。因而，网络结构观对个体的研究，关心的是人们在社会网络中是否处于中心位置，占有网络资源的多寡、优劣及其摄取能力，分析人们在社会关系中的能动性、社会行为的"嵌入性"；而非地位结构观以个体属性特征认识人们的身份、归属感及社会地位，如阶级阶层地位、教育地位和职业地位等（肖鸿，1999）。

（2）关系力量和"嵌入性"理论

美国新经济社会学家格兰诺维特首次提出了关系力量的概念，并将关系分为强和弱,① 认为强弱关系在人与人、组织与组织、个体和社会关系之间发挥着根本不同的作用。虽然所有的弱关系不一定都能充当信息桥,但能够充当信息桥的必定是弱关系。弱关系充当信息桥的判断,是格兰诺维特提出"弱关系力量"的核心依据(M. Granovetter, 1973, 1974, 1995)。他从四个维度②测量关系的强弱,在研究市场经济中人们的就业过程时发现,他们在找工作时动用的个人网络更经常或更有效的是弱关系而非强关系(M. Granovetter, 1973, 转引张文宏, 1998)。这一概念的提出对社会网分析产生了重大影响,并对经济人类学家波兰尼(K. Polanyi)早在20世纪50年代《大转变》一书中提出的嵌入性(embeddedness, 经济过程嵌入于社会关系的命题)(K. Polanyi, 1957)有了一个很好的呼应。格兰诺维特于1985年在《美国社会学杂志》上发表了题为《经济行为和社会结构:嵌入性问题》(M. Granovetter, 1985)的论文,进一步发展了波兰尼的"嵌入性"思想,对经济行为如何嵌入社会结构,作出了进一步的阐释。他认为,经济行为嵌入社会结构,而核心的社会结构就是人们生活中的社会网络,嵌入的网络机制是信任;信任来源于社会网络,信任嵌入社会网络,因而人们的经济行为也嵌入社会网络的信任结构之中(M. Granovetter, 1985)。在嵌入性与强弱关系力量之间关系的问题上,肖鸿归纳说:嵌入性的概念隐含着强关系的重要性并与弱关系力量假设有矛盾。因为,嵌入性概念暗指经济交往发生于相识者之间,而不是完全陌生的人们中间。强调了信任的获得和巩固需要交易双方长期的接触、交流和共事;而弱关系力量假设强调的是信息不是信任(肖鸿, 1999)。

(3)社会资源理论

美籍华裔社会学家林南在发展和修正格兰诺维特的"弱关系力量假设"时提出了社会资源理论。他认为,那些嵌入个人社会网络中的社会资

---

① 强关系维系着群体、组织内部的关系,弱关系在群体、组织之间建立了纽带联系。强关系是在性别、年龄、受教育程度、职业身份、收入水平等社会经济特征相似的个体之间发展起来的;弱关系则是在社会经济特征不同的个体之间发展起来的。因为群体内部相似性较高的个体所了解的事物、事件经常是相同的,所以通过强关系获得的信息往往重复性很高。而弱关系是在群体之间发生的,因其分布范围广,它比强关系更能跨越其社会界限去获得信息和其他资源。

② ①互动频率:互动的次数多为强关系,反之则为弱关系。②感情力量:感情较强。③亲密程度:关系密切为强关系,反之则为弱关系。④互惠交换:互惠交换多而广为强关系,反之则为弱关系(M. Granovetter, 1973, 1974, 1995)。

源——权力、财富和声望，并不为个人所直接占有，而是通过个人的直接或间接的社会关系来获取。当行动者采取工具性行动时，如果弱关系的对象处于比行动者更高的地位，他所拥有的弱关系将比强关系给他带来更多的社会资源。个体社会网络的异质性、网络成员的社会地位、个体与网络成员的关系力量决定着个体所拥有的社会资源的数量和质量。为此，林南提出了社会资源理论的三大假设：①地位强度假设：人们的社会地位越高，摄取社会资源的机会越多；②弱关系强度假设：个人的社会网络的异质性越大，通过弱关系摄取社会资源的概率越高；③社会资源效应假设：人们的社会资源越丰富，工具性行动的结果越理想（Lin Nan，1982，1990）。

在早期对中国社会结构的社会网研究中，费孝通早在 20 世纪 40 年代便对中国社会结构中网络型之差序格局的特性有所涉及。他指出："在差序格局中……社会关系是逐渐从一个一个人推出去的，是私人联系的增加，社会范围是一根根私人联系所构成的网络……"（费孝通，1948：365；详见该文第一节）。林耀华也曾指出这一网络型结构特性，说："我们日常交往的圈子就像是一个用有弹性的橡皮带紧紧连在一起的竹竿构成的网，这个网精心保持着平衡……每一根紧紧连在一起的竹竿就是我们生活中新交往的个人，如抽出一根竹竿，我们也会痛苦地跌倒，整个网便立刻松弛。"（林耀华，1944：2）早期的这些相关研究，其实所描述的即为如今社会网研究中的强关系现象（张其仔，1999），并且是以人类学的方法所进行的研究。早期的研究只是对这种现象做了描述，并没有进行深入论证（孙立平，1996）。自 80 年代以来，一些研究中国的学者，包括国内学者在当代中国社会的社会分层、社会流动、企业管理、农村基层经济生活及工业化等调查中，均发现了社会关系的作用与意义（张宛丽，1996；李路路，1995；彭庆恩，1995；郭于华，1994；桂勇，1997；李培林，1996；孙治本，1995）。然而，这些研究都未展开对弱关系力量假设的检验，也没有对网络强度的差异效应展开研究，所以并不包含着与格兰诺维特弱关系力量假设的对话（张其仔，1999）。

（4）强关系力量假设

从"弱关系力量"假设出发，对中国社会进行首次实证研究的是边燕杰对天津就业问题的研究。他以社会主义国家政府的官僚制为背景，检验了工作机会分配中的弱关系力量，却得出了相反的结论，并提出了"强关系力量假设"（边燕杰，1999；转自张其仔，1999）。边燕杰指出，在中国社会主义计划经济的官僚制下的工作分配体制中，个人网络主要用于获得分配决策人的信息和影响，而不是用来收集就业信息。因为，求职者即使获得了信息，但若没有关系强的决策人施加影响，也有可能得不到理想的工作。对于大多数人来说，他们并不能和主管分配的决策人建立直接的强关系，必须通过中间人建立关系，而中间人与求职者和最终帮助者双方必然都是强关系。反之，如果中间人与双方的关系弱，中间人和最终帮助者未必提供最大限度的帮助。因此，强关系而非弱关系可以充当没有联系的个人之间的网络桥梁（Bian，1997a，1997b，转自肖鸿，1999）。

2. 进一步的验证及解释

张其仔利用其 1998 年在福建省晋江市西滨镇跃进村所做的社会关系的调查资料，检验弱网的力量对于就业之外的投资领域的实用性，以农民个人网络的方法进行探讨，发现了强网的强力，并对这种现象做出了不同于格兰诺维特 "IS" 模型的 "IS—TS" 模型解释（张其仔，1999）。①当信息分布与关系的强度不变时，网络的力量决定于信任与关系强度的关系。②不同的文化传统，关系的强度与信任的关系不同。信任程度高的社会，关系强度与信任的关系强度相对较弱。③信息过剩时，弱网的作用会增强。他强调指出，在强网与弱网的作用研究中，必须对其发生作用的文化与情景展开分析和梳理；并将其置于动态而不是绝对的位置上。不同的文化背景，其社会秩序的构成基础不同，并不存在一个普遍性的秩序构成基础问题。中国社会秩序的构成基础不同于美国社会，它的基础在于强网，而不在于弱网（张其仔，1999）。在方法上如何处理动态的和文化的问题，我们拭目以待。

（四）生命历程研究

有关生命历程（life course）的研究由于在方法和跨学科上的特性而构成了近年来实证和计量社会学派同时关注的一个重要领域。该研究对象的主要特征是区别于生物学意义上躯体寿命而特指人的社会生活的过程。由于生命历程被镶嵌于社会设置之中，被所处社会时间与社会空间所定义，所以生命历程的研究关注于这样几个维度：生命事件、生命跨度、生活史

（李强、邓建伟、晓筝，1999：1），其中生活史和生命历程在社会学研究中的运用基本相似。在文化人类学的研究中该思想比较早地出现在《过渡仪礼》一书中。由于这一研究注重人在社会生活的整个过程中通过社会仪式（事件）反映出的角色、地位变化，来研究人作为社会人、文化人的成长过程，因此研究者明确地提出"社会是一个过程"（Van Gennep，1909）的思想。这与把社会看成是一个"有机整体"的功能主义和把社会看成是"静态文本"的结构主义大不相同。这一思想对后来通过事件分析社会结构也产生过巨大的影响，我们可以从法国年鉴学派的研究中目睹这一动向。① 在中国，生命历程的研究目前已经被引用到了社会变迁、历史变动、口述史和事件－结构分析等领域（李强等，1999），但由于方法论上的要求，该研究缺乏真正意义上的积累，生命历程也只能在最近几年的研究中看到一些片断：如北京大学社会学系的"口述史"研究以及"'文革'事件对入学、升学模式的影响"（刘精明，1999）等，而这些研究都需要其自身的延续性。

　　尽管如此，生命历程的研究在方法与方法论上有着极为重要的意义。在分析单位上，他们采用"同龄群体"（cohort）概念，这在生命历程研究中占据着重要的位置。在同龄群体的调查过程中，对一代人进行长期的、连续性的追踪调查，每隔一定时间对同样的群体进行调查，从中发现他们的生命轨迹，并通过被调查对象自身的变化（地位、角色等）来分析社会的发展轨迹。由于生命历程的研究一反形而上的时间概念，侧重"生活史""生命周期"，动态地把握时间、事件②等变量，所以生命历程的研究是通过生活者的切身经历反证出来的一种轨迹。生命历程研究更加突出了一种纵向的社会分析，并且把人、事件和社会连接到一起来分析社会，它的历史也就体现在其中了。这种方法也因计算机技术的迅猛发展，进一步推动了研究者对人们社会生活中多重时间、事件变量及其复杂数据的技术性处理。它与以往的国内统计学方法不同的是，传统的计量社会学调查侧

---

① 如 Emmanuel Le Roy Ladurie，1975，*Montaillou：Village Occitan de* 1294－1324. Editions Gallimard，Paris.

② 如"结婚""生小孩""入党"等显示的那样，这里的所谓"事件"（events）并非仅仅是恶性的、事故性的事件，理论上首先应广义地理解这一概念，在具体的研究中它才拥有自身的狭义性。——笔者注

重于横向的比较研究，有关社会机制本身的分析则依赖于学术逻辑（方法背后隐含的理论）。生命历程的研究在解析社会的大骨架、减少以往那种植物人化和空洞无物的激昂口号、赋予技术性统计以灵魂，从而建立中国社会学与社会科学之间桥梁的"中级理论"等方面都将起到推动的学术作用。

（五）社会学方法与方法论

对于社会学方法与方法论的探讨，仍然围绕着以下几个方面进行。

1. 社会知识与经验世界间的关系

从第十四届世界社会学大会（14th World Congress of Sociology）的主题及关注的问题中不难看出上述研究趋势。① 本届国际社会学协会主席、著名的美籍社会学家沃勒斯坦（Immanuel Wallerstein）在大会开幕式致辞中指出，我们追求知识，知识的渊源究竟是什么？这种渊源有多长，又是如何建构的？正在以何种面貌出现？我们正视当前对知识渊源的挑战，这些挑战在过去20年中一直令人们生畏。挑战并不意味着抵触，挑战是一种对知识渊源提出的强有力的发问。我们将面临哪些挑战？哪些挑战将是我们预见的？我们能否将其与渊源紧密结合？或者说这些挑战会危及目前的学科基础吗？我们展望未来，然而问题不仅仅是哪些值得展望，而且如何展望？社会学是新型的智力创新和制度创新，社会学的边界和社会学的名称会维持将来50年不变吗？我们仅能通过评价社会学的渊源以及对这种渊源的挑战来探讨这些问题。加拿大法语社会学家与人类学家协会（ACSALF）主席达切斯特（Jules Duchastel）指出：我们的社会正处在全球化与分化并存的双向变革之中，此时的社会学也处在十字路口。假若这些转化在不同的社会显示出一些一般规律的话，那就是在不同的国家内部分化正在增长。社会学能否仍然作为知识统一体存在？社会学仍在社会运动和历史进程中扮演重要角色吗？这些问题值得社会学家深思（周长城，1999）。

2. 继续审视社会学知识的社会功能

以全球化、国际化、信息化背景下的社会分化与智力创新对社会学的

---

① 第十四届世界社会学大会于1998年7月在加拿大蒙特利尔召开，主题是"社会知识：渊源、挑战与展望"（Social Knowledge, Heritage, Challenges, Perspectives）（周长城，1999）。

挑战为焦点，语言、知识与文化多样性的关系倍受关注。选择一种语言经常预先给定了研究的结果。语言知识能够帮助学者们开阔思路，接受其他的组织知识的方法（沃勒斯坦，1998；周长城，1999）。一种语言的转化不仅仅是一种信息的传播，而且是一种思想的传播，如马克思、恩格斯在《共产党宣言》中所洞察的那样。纵然有时研究过程试图解释普遍的结果与概念，但分析与研究过程本身就是一种给定文化和知识渊源的一部分（周长城，1999）。

3. 进一步探讨社会学知识建构及其语言、知识与文化多样性间的关系

中国社会学研究存在着一种很大的张力，既要提高知识积累的规范性，处理好与西方社会学知识形态的关系，又要能够对中国社会现象做出独特的解释。西方文化历来重视知识生长、积累和知识谱系，中国学术界则总是企图回答最本质、最根本的问题，这与重视知识谱系的西方社会学的前沿距离就较远，这是个矛盾（孙立平，编辑部编，1999）。我们不应忽视中国现代化社会转型中的一些重大社会问题，而当我们转眼学术"前沿"时，既不能将某一看似适合的概念或理论、方法简单照搬（刘世定，编辑部编，1999），又要注意在社会学知识谱系中的学术定位，讲究基本的学科方法的规范——自律（沈崇麟，编辑部编，1999）。如提出和证明、证伪了哪些假设？如何证明？结论又是什么？（李汉林，编辑部编，1999）从而参与学术积累的人类知识工程。

二　社会热点问题研究

（一）　环境社会学研究

20 世纪 80 年代后期，环境问题迅速成为国际关系中的一个中心议题。各方面都在关注地球环境恶化问题并就如何解决这一问题展开激烈的讨论。环境社会学作为社会学的分支学科，最早出现于 20 世纪 70 年代初期，它是一门在环境与社会关系的基础上研究当代社会的环境问题及其影响的学科。关于环境社会学的理论研究在西方一直有两种倾向，即环境学的环境社会学研究和社会学的环境社会学研究。

环境学的环境社会学研究的特征是：①在研究主题上，它主要研究的

是环境与社会的关系，而且相对来说比较强调环境因素对于社会系统的影响；②在研究方法或分析框架上，主要采用自然科学的一些方法或分析框架，如生态学的分析方法和系统科学的分析方法；③在研究取向上，主要是一种宏观取向，试图发展具有普适性的、关于理解环境与社会关系的一般理论；④在与传统社会学的关系上，主要是一种对立和批判的关系。

社会学的环境社会学研究的特征是：①在研究主题上，主要围绕环境问题及其社会影响而开展研究，在这里，环境问题被视为一个相对独立的分析对象；②在研究方法或分析框架上，主要采用社会科学，特别是政治经济学和传统社会学的一些分析方法或分析框架，如社会冲突分析和社会建构分析；③在研究取向上，主要是中观或微观取向，试图发展具有一定解释力的、关于理解环境问题及其社会影响的特殊理论；④在与传统社会学的关系上，主要是一种结合和利用的关系。

实际上，这种类型的环境社会学研究，不仅采用大量的社会学理论和概念，甚至也直接运用社会学研究的一些具体方法，如统计调查和实地观察等。在某种意义上，这种类型的环境社会学更具有社会学分支学科的色彩，更容易为主流社会学所接纳（洪大用，1999）。

中国的环境社会学研究起步较晚，最早源于可持续发展研究，如人口与环境可持续发展研究，城市环境与可持续发展研究，经济、社会与生态环境协调发展研究等，目前研究专题主要集中在以下方面。

一是中国可持续发展指标体系研究。其研究方法主要有以下三种特点。①建立以现有统计资料数据为基础的评价体系，重点对发展结果进行评价。②对传统的 GDP、GNP 和 NI 等指标做重要修正，重新建立一些新指标。③重新建构新的可持续发展指标体系，以取代现行的 GDP、GNP 指标体系（国冬梅，1999）。

二是环境政策研究。有学者在分析影响中国环境因素的基础上，对中国现行的环境政策进行了分析：中国尚未从产业结构和生产工艺、环境问题的源头、防止环境问题产生这些角度来制定政策。这是中国环境政策中的一项主要失误。尽管迄今为止中国已颁布了 13 部独立的关于环境保护的法律，并自上而下地建立起一套环境管理系统与法规体系。但这些主要体现的是强化的行政管理，缺乏有效的鼓励环境控制与治理技术开发的政策。另外，虽然从建制上中国已经建立了一些环境保护和环境科学研究机构，如国家环境保护总局、中国环境科学协会、中国社会科学院城市发展与环境研究中心、中国社会学会人口与环境社会学专业委员会，但中国公民的环保意识还不强，而且至今尚未建立起有助于强化公民环境意识的教育系统（徐嵩龄，1999）。

三是环境规划与环境管理。主要有关于环境规划的定义、作用与特征分析（傅国伟，1999），有以行政手段、经济手段这两种普遍适用的常规管理方式为基础，分析中国环境管理现状及完善的对策研究等（赵勤，1998）。

一门学科走向成熟的标志之一是拥有逻辑一致的理论框架。严格地说，从目前环境社会学的研究来看，其还没有自己独有的理论内核，它的理论基础是社会学的理论基础，其理论的发展水平可由社会学基本理论引入或移植到环境领域中来的程度所表示。对此，有研究者从环境社会学未来发展的角度认为：环境社会学未来发展的深层制约，既不在于研究领域的宽窄，也不在于研究者持什么样的价值观，而在于确定适当的研究主题和研究范式，并在此基础上进行具有内在一致性的环境社会学理论建设。至于环境社会学研究的主题，研究者认为应当是环境问题的产生及其社会影响，其范式还是应当采取社会学的一些有益范式。对于环境社会学的理论建设目标问题，研究者认为不应是包罗万象的、解释环境与社会关系的宏观大理论。在现阶段追求这种目标，不仅不利于明确环境社会学的研究对象和研究主题，而且环境社会学作为一门小的分支学科，也不可能完成如此艰巨的任务。其理论建设应当朝着默顿所提出的"中级理论"方向努力。在某种意义上，环境社会学的未来发展取决于其中级理论的建设情况（洪大用，1999）。

（二）中国城镇贫困问题研究

多年来，中国的贫困问题研究主要是从绝对贫困的角度针对农村进行的。[①] 与农村贫困人口日趋下降的形势相反，随着经济体制改革的进一步深化、产业结构的调整、分配模式的变化和多种经济形式的形成与发展，

---

① 该研究作为一种政策性结果，1978～1998 年，中国反贫困战略的实施，特别是 1994 年开始的"八七"扶贫攻坚计划，使中国农村的贫困人口从 2.5 亿人减少到 4200 万人，农村贫困人口占农村人口的比重，由 30.7% 下降到 4.6%（江泽民，1999）。

社会成员间原有的利益分配格局发生了深刻的变化，不同群体间的贫富差距在迅速拉大，且呈现过快过猛的态势，使一些城镇居民的生活水平相对下降，城镇贫困人口数量日趋上升。从许飞琼研究的数字①来看，中国农村和城市的绝对贫困人口和相对贫困人口都有一定比例。就农村而言，两者比例在逐步降低，而城市无论是绝对贫困人口还是相对贫困人口，都在增加。②尽管从数量上看，中国城镇贫困人口远低于农村贫困人口，但其对社会发展和社会稳定的影响要远大于农村贫困人口。

沈红利用胡格韦尔特《发展社会学》的叙述框架，归纳了中国学者有关中国贫困研究的分析框架。第一，作为过程的贫困研究。包括贫困发生学和贫困类型学，讨论中国贫困何以发生、何以再生，贫困原因和机制。第二，作为互动的贫困研究。用一种或多种互动关系来看待贫困问题，包括区域差距、群体差距、利益结构分析、发展主体讨论。第三，作为行动的贫困研究。包括扶贫方式、传递系统、瞄准机制和参与式扶贫分析（沈红，2000）。综观近年来的研究重点，尽管对第一、二框架中的内容也有不少涉猎，但更多的是对第二框架中有关群体差距和利益结构分析的研究。

研究表明，影响贫困发生率直接因素有两个，一是经济增长，一是收入分配。经济学家从收入分配的角度，将20世纪80年代以来中国经济的增长划分为3个阶段，其特征是：第一，1981~1984年，中国经济改革初期，经济快速增长，居民收入大幅度增加，收入分配格局基本保持不变，全体居民共同富裕、共享改革的成果；第二，1985~1989年，通货膨胀开始出现，导致居民的收入只有较低增长，多种所有制形式的并存和发展，使收入分配状况发生急剧变化，表现为收入停滞、出现一定的两极分化倾向；第三，1990~1995年，国民经济和居民收入快速增长，差距进一步拉大。基尼系数由80年代初的0.288增至0.388（魏众、古斯塔夫森，1998）。可见，中国城镇贫困问题日益严重的现实与收入差距的不断扩大相伴生。对于收入差距扩大的原因，有学者把它归结为发展因素、改革因

---

① 许飞琼根据相关年度的统计资料估算，1993年中国农村的绝对贫困发生率与相对贫困发生率分别为9.40%与1.22%，城市的这一比例分别为4.00%与0.46%；到1998年农村与城市同类指标分别为4.60%与1.06%、5.30%与0.87%。

② 目前中国城镇有贫困人口1500万~1800万人，约占城镇人口的4.4%。

素和政策因素，同时把收入分配的变化分为有序变化和无序变化（赵人伟、李实，1997）。而许欣欣则通过多元回归模型分析的方法对影响城镇居民贫富差距变化的主要因素及其相关作用予以揭示。她指出，伴随着传统计划体制外从业者群体的成长，中国城镇居民中越来越多的传统计划经济体制内从业人员降级为低收入群体成员——尽管二者之间并不是一种简单的因果关系。一个地区的第三产业越发达、在传统计划经济体制外单位就职的人员越多，该地区的职工平均工资水平就越高。因此，所有制差异和地区差异是影响中国城镇居民贫富差距的重要因素（许欣欣，1999）。在对收入差距变动的一些经验分析中，一个值得注意的新现象是财产收入差距问题。城市居民财产收入增长很快，分布颇不均等。特别是自有住房估算租金在总收入中的份额大幅度提高与近几年住房体制改革有很强的相关性。这对城镇居民收入差距扩大的影响已起到不可低估的作用，且影响作用会越来越强，很可能会与总体收入差距一起构成一对相互作用、相互强化的影响因素（李实、赵人伟、张平，1998）。

从目前中国城镇贫困问题的基本走势来看，虽然经济增长是消除贫困最根本、最有效的途径，但在今后一定时期内，收入差距可能持续扩大，贫困线会持续上升，从而导致更多的人沦入贫困阶层。从构成上看，失业、收入水平下降等城镇新贫困人口正呈强劲上升势头；妇女、老人、儿童和残疾人等弱势群体将成为贫困人口中最受关注的群体。另外，城乡间流动人口的贫困问题业已引起有关人士的注意。关于这种收入差距扩大的价值判断，学者们普遍认为，收入差距的扩大是改革和矫正绝对平均主义分配方式自然的结果，水没有落差就不会流动，收入拉不开档次，社会就失去了必要的竞争机制。然而，中国在短短的十几年间，就从一个平均主义盛行的国家，变为超过中等不平等程度的国家是值得忧虑的（许欣欣，1999；赵人伟、李实，1999）。收入差距的扩大、收入高度集中化已在相当程度上增加了居民的相对剥夺感。严重的收入集中化强烈地（从物质和心理上）阻碍了公众对发展的参与，从而阻碍了健康的经济发展。从深层次上说，中国居民对收入分配方面的不满，实质是对机会不均等、对公共财富占有不平等的抱怨。因此，有学者提出，平等与社会公平问题应引起人们的高度警觉和重视（许欣欣，1999）。

社会网研究也被应用在对城镇贫困家庭的研究中。有学者根据对上海市的个案调查分析指出，中国城市收入极其有限的贫困家庭，除正式的社会保障网络之外，非正式的社会支持或社会互助也是其赖以生存的重要支柱（唐钧、朱耀垠、任振兴，1999）。有学者对中国城镇反贫困研究有所反思，并指出，近年来，城镇贫困问题日趋严重，业已引起有关部门的重视，相关的政策、措施也相继出台，但实施效果却不明显，造成这种状况的原因之一就是中国反贫困研究存在许多不足。①研究的滞后性。其研究多为针对具体问题的应急式研究，使理论研究与政策制定之间、政策制定与现实需要之间严重脱节。②学科的单一性。表现为研究内容单一、研究视角单一和研究层面单一。③贫困线的内涵不够清晰，贫困线的确定不够科学。④贫困者的确定研究比较薄弱。⑤反贫困原则的研究明显不足（王海玲，1999）。

（三）社会政策研究

围绕社会政策的研究，有关学者不断地寻找一条学术思想与政府行为之间的沟通渠道（戴建中，编辑部编，1999）。中国的社会政策研究始于20世纪80年代末期，时值今天，社会政策的重要性凸显，有关研究和实践也受到政府部门、社会团体的重视，同时政策的实施则受到公众的广泛关注。

1. 社会政策的理论研究

有学者认为，目前社会政策的理论研究在国内学术界尚处于未成熟的阶段。按照马歇尔（T. H. Marshall）的说法，社会政策是指政府采取的一系列透过提供服务或资金直接影响公民福利的行动，其核心包括：社会保险、公共援助、卫生福利服务和住房政策（熊跃根，1999）。还有学者认为，给社会政策定义的难点在于很难确定是否社会政策只关注社会（特别是经济）运行的失灵，或是总体上或逻辑意义上的社会福利，以及福利在多大程度上应作为国家的主要任务。事实上，对于不同的国家、不同的社会群体，甚至是同一国家、同一社会群体的不同时期，上述几方面都会有不同的解释。从广义上讲，社会政策研究的是国家与其公民福利之间的关系，研究的问题包括一系列与社会甚至与国家有关的个人福利问题。所谓国家或社会福利，其最终的落脚点还在于个人，而社会政策正是研究如何通过政策的制定与实施把国家、社会的作用纳入个人福利的组合。关于社会政策研究的特点，认为应该是理论研究的跨学科性、研究内容的区域性、研究对象及方法的实用性和研究手段的多样性（李秉勤，2000）的体现。

综观目前社会政策理论研究的现状可以看出，研究者大多致力于介绍国外较为成熟的社会政策研究成果，从而为中国开展社会政策研究提供参考和借鉴。如向中国介绍西方学者因对社会政策概念理解的转变而建构一个社会政策概念的构架，它也被用来分析福利制度背后的理念、制度安排、政策实施及分配结果。对此，中国学者基于经济改革下中国的处境，探索了中国福利制度发展所面临的问题及社会程序（王卓祺、获加，1998）。还有的研究以社会福利理念的三种主要思潮为线索，分析和解释了西方福利国家社会政策的概念演变，通过国家、市场和福利三者之间的内在联系，深入探讨了它们各自的角色和功能，并以西方社会政策的发展历程为启示，反思了社会转型时期中国社会福利制度的变化及未来走向（熊跃根，1999）。杨团重在阐明国际学术界研究社会政策的基本结构和主题（杨团，2000）。李秉勤在介绍社会政策的内涵及研究的特性、英国社会政策的研究和教学的基础上，还对在中国开展社会政策教学与研究的必要性和可行性进行了分析，并对中国社会政策的教研实践提出了几点尝试性建议（李秉勤，2000）。

2. 社会政策的经验研究

社会政策所涉及的领域非常广泛，研究对象多为具体的社会问题，从而在此基础上提出相应的政策建议。从中国的实际情况出发，目前有关政策研究集中在以下方面。

（1）住房制度改革

1998 年 7 月 3 日国务院出台《国务院关于进一步深化城镇住房制度改革加快住房建设的通知》，确立了取消住房实物分配、实行货币分配的政策框架。另外，国务院还颁布了《中华人民共和国城市房地产管理法》的第一个配套法规《城市房地产开发经营管理条例》以及一系列加快建设经济适用房的政策。这些政策从出台到实施，不仅有效地加大了城镇住房制度改革的步伐，而且使住房制度改革成为 1999 年最受社会关注的一大热点。郭建波等通过对中国住房政策的特点、问题的分析，指出了今后中国住房政策制定应遵循的原则，这些原则分为住房政策的基本原则、重点原则、可持续原则、综合性原则、效率与公平原则和地区性原则（郭建波、杨永增、刘小山，1999）。这一领域的研究还提出诸多政策性建议：如从社会公平的角度探讨取消福利分房与社会主义公平之间的关系；房改重大意义；房改与居民心态；房改与市民消费结构改革；房改与经济增长的关系；等等。对于今后住房制度改革应注意的问题，有研究者指出：要合理确定住房的补贴水平；要认真处理好企事业单位的房改问题；要确立市场价商品房和经济适用房的合理比例；要解决好房改、房上市的问题；要加强房改纪律，防止房改中的不正之风（姜万荣，1999：197～199）。

（2）社会保障制度改革

目前中国社会保障制度改革的重点是社会保险，即养老、医疗、失业、工伤和生育保险，而其中的养老、医疗和失业保险又是重中之重。从改革的成果来看，成功地确立了统一的城镇职工基本养老保险制度的基本框架；城镇职工统一的基本医疗保险制度也在1999年正式启动；失业保险制度在政府的强力推动下日趋完善。劳动和社会保障部的建立，标志着中国社会保险制度创新开始进入统一规划、统一政策的新的发展阶段。目前，从制度创新的角度需要明确的问题主要有：基本养老计划为什么要选择部分积累作为筹资模式；在基本医疗保险制度中如何划分社会统筹账户与个人账户的支付范围；谁来支付体制转换的过渡成本；如何确定现行社会保险制度中企业与个人的缴费率；如何确定现行制度中社会统筹账户与个人账户的分配比例；在现行的社会保险制度框架内给商业保险以正确定位；关于完善现行社会保险制度的政策建议：改造现行社会保险制度的管理体制，真正实现行政管理机构与基金投资营运机构、执行机构与监督机构的分设；逐步放松对社会保险基金特别是养老基金投资营运的政府管制；为企业补充养老保险的实施确立一个恰当的政策框架；通过多种方式偿还中央政府的隐性年金债务；合理确定社会保险的统筹层次；加快社会保险制度的立法进程；等等（中国社会保险制度课题组，1999）。

（四）妇女与性别研究

西方女性主义的社会学是20世纪60年代的社会运动所带来的学术成果之一。当时的社会运动揭示了存在于美国和其他西方社会的各种不平等和不公平，特别是民权运动自身也表现出的对女性参与者的排斥和歧视。

它引发了一些女性主义社会学家重新审视许多对西方社会的基本假定，对社会机制与个人的复杂关系提出质疑，在社会学领域展开了妇女与性别的研究。简单地概括这一过程，可以说经历了从"妇女研究"到"性别研究"的发展阶段。前一阶段的主要观点认为，传统学术对妇女的轻视和排斥使女性问题在学科领域消失了或被置于无足轻重的地位，因此需要"寻找"和"发现"女性，这是一个"以妇女为中心"的学术研究阶段；随着研究课题和观点的多样化，学者越来越多地注意到社会性别的"关系性质"，强调在与男性的相对性中研究妇女（周颜玲，1989，1998）。

妇女/性别研究是以女性主义理论为基础形成的研究领域。女性主义的一个鲜明特色，在于它既是理论又是实践（谭兢嫦、信春鹰，1995：129）。"实践"的含义包括，在西方，这一研究领域的产生源于20世纪60年代的新妇女运动，同时，不同的理论往往化作社会行动，直接推动社会变革。由于女性主义意识形态向各个领域不断渗透，以及随着具有女性主义思想和主张的个人在各种国际机构中人数的增加，女性主义的成果通过交流、传播，尤其是发展项目和国际公约等影响到第三世界。[①]

"社会性别"概念，是近一两年在中国妇女研究界特别盛行的概念。有人认为，它是女性主义的核心概念，它强调性别关系是一种社会构成，是表达权力关系的一种基本方式（谭兢嫦、信春鹰，1995：145）。在西方社会科学以及以西方话语为主流的国际机构中，社会性别已经成为一个全新的分析范畴。这对中国女性主义研究的影响是不言而喻的。但是有研究者指出，在面对具体对象时，社会性别的分析范畴应与其他分析范畴同时使用，否则会推导出荒谬的结论（谭深等，1998：97）。

无论怎样划分中国的妇女/性别研究，事实是，来自国外的女性主义与在中国有几十年传统的妇女解放理论相互并存，都在对现实发生着作用，并且两者之间也在相互影响。最近，许平提出"女性主义的本土化"和"本土的女性主义"的概念，说的是不只有将西方女性主义的分析框架用于中国实践（"本土化"）一种可能，还有形成中国本土女性主义的另一种可能（许平，1999）。由于涉及男性的女性主义思想，她的观点引起颇多争议。

---

① 有关妇女与发展的理论和发展项目对发展中国家的影响（李小云等，1999）。

换句话说，中国的妇女/性别研究，本质上就是"中国社会研究"的一部分。因为任何概念工具的出现都与其所在社会的逻辑分不开。[①] 西方女权运动和女性主义的崛起，正是发现个人权利中并不包括女性，所谓"平等"的理念实际上掩盖了性别间的不平等关系。从这个意义上说，尽管西方女性主义看起来是对西方文化和社会制度的全面审视和颠覆，但是并没有脱离其基本的哲学理念（王政，1995）。中国工业化的起点和进程与西方早期情况相去甚远。妇女在其中的位置也是另外的情况。就 1949 年以后的工业化与妇女关系来说，可分为三种类型。

第一种是 20 世纪 50 年代开始的国家工业化。由于其"内部积累"的模式将农村排除在外，但城市工业的扩张又需要劳动力，加上当时的社会主义"平等"的意识形态，城市妇女被大量吸纳进工业组织，但不是作为廉价劳动力。国家工业化的结果并没有带来公私领域的分离，相反在单位制的组织形态下二者相互渗透，这造成中国国有企业工人的独特个性。安德鲁·沃德（Andrew Walder）从企业与工人关系的角度，揭示了工人对企业的"制度化依赖"。平萍通过调查女工的生活经验指出，沃德的研究模式是"不见性别"的，女工的依赖结构与男工全面地依赖企业不同，是双向的，既依赖企业，又依赖亲属。这与企业的性别策略相关，也是女工自己的建构（平萍，1998）。

第二种特指改革后农村的工业化。颇具中国特色的"集体"性质的乡镇企业，其社区倾向及以血地缘关系为特色的社区劳动力市场，对农村妇女的就业是有保护作用的。而女性就业之所以不与男性冲突，原因之一是农村的"户平等"逻辑。这种逻辑认为男女都是分属于每一户的，所以户的平等也就是男女平等。但是这种"户平等"并不排除户内的性别等级制（笑冬，1999）。金一虹的同类研究也揭示出，当进入工厂、实现"非农"转移仍属稀缺资源时，社区采取了按户分配名额的做法。而家庭利益分配的原则，当地人只承认有一个，即"先长后幼"。但是调查却发现，实际的分配是先男后女，先长后幼，先内后外。其中某种"潜原则"，就是根据与父系制的亲缘疏密来区分的（金一虹，1998）。

[①] 比如关于工业化与妇女的关系，一般认为，资本主义早期工业化是以剥削女性的廉价劳动力进行原始资本积累的，它引发的一个直接后果是男性工人对女工的排斥。同时，工业革命带来社会生活的重要变化是公私领域的分离和个人本位的价值观。

第三种特指工业化与妇女关系的研究。它主要出现在改革后的沿海外资企业中。由于外资所在地的发展程度以及企业类型不同，所以女工的待遇差别很大。但是它们的一致之处在于，大量使用本地以外的年轻女性。[①]外来资本与外来劳动力的这种结合方式，典型地显现了全球化经济的特点。原来在主权国家内政府、劳方和资方的"三方结构"出现重组，优势明显向资本一方倾斜，这是世界劳工领域普遍遇到的难题（谭深，1997）。

无论是赞成改革开放的社会学者还是消极对抗者，面对这种发生在身边的"世界经济体系"、"依附理论"、"全球化"或"现代性"等社会现象都提出了许多亟待研究和值得中国社会学家进一步思考的问题（潘毅，1999；谭深，1997，1998）。要言之，在市场经济结构的条件下，妇女问题的热点是一个资源、地位变化、参与发展的可能性的研究。它在理论上的难点则表现为马克思主义的"妇女观"如何与"社会性别"对话的问题（刘伯红，编辑部编，1999）。然而在学术思想界妇女研究似乎被孤立化了，同时，它也面临着两大障碍：一是意识形态化（政治话语），二是面对西方知识的那种民族心理障碍（李银河，编辑部编，1999）。

（五）NGO 的研究

有关上述"亦官亦民的社团组织"的研究，在中国当属围绕 NGO（Non-government Organization，非政府组织）的研究。中国伴随体制改革出现的一个重要社会现象是：原有的国家二次分配体系中的社会福利和社会保障等公益事业，由于财力不足而趋于萎缩，二次分配系统内也出现了不平衡，取而代之的则是方兴未艾的民间公益事业。它使计划经济时代的那种围绕财富的宏大交换发生了巨大的变化，即按劳取酬以及富裕阶层的出现给民间社会提供了经济基础。目前在中国以 NGO 作为研究对象主要针对以下三个方面。其一是具有全球化色彩的环保组织。他们对因盲目工业开发带来的环境污染有一种批评精神，反对以人为本，反对单方面地向自然界索取资源，强调人与自然共生。其二是具有人道主义精神和道德主义色

---

① 因为她们是"廉价劳动力中的廉价劳动力"，这是目前新兴劳资关系在性别上的反映。由此可见，在那些处于创业阶段的工厂中，出现了类似早期资本主义的超长工作时间和年轻劳动力。其背后的逻辑是，女性只在婚前工作，因而可以充分利用她们精力最充沛的阶段。

彩的社会关怀的组织（如希望工程或传统的民间公益事业）。这种组织在当今中国又可划分为两种，即国家体系内的二、三级社会团体（如全国青联、中华全国总工会和全国妇联等①）和民间组织（如民间自生自长的民间互助团体）。其三是针对具备一定"市民社会"倾向的俱乐部、新兴宗教团体和因特网社会②的研究。

自 1991 年国家经贸委中国国际经济技术交流中心（IETEC）举办的第一届 NGOs 国际研讨会到 1999 年由中国青少年发展基金会和联合国开发计划署（UNDP）共同举办的"非营利组织（Non-profit Organization）发展和中国希望工程国际研讨会"，中国 NGO 组织的发展已经呈现两个具体的研究领域：一是新型社会组织的机制与既定社会制度之间的关系（包括社会资源、利益格局的研究），二是社会传播与大众文化领域。有研究表明，由于中国的社会组织直接与其社会制度相关，所以，它的 NGO 在很大程度上不是纯粹的西方的 NGO 组织，首先它要有"挂靠单位"，其次不能有违背国家、民族利益的活动。于是，中国的 NGOs 的特点集中地表现在如兴办教育、医疗卫生、植树造林、帮助老弱病残等具有社会关怀色彩的福利和援助活动方面（罗红光，1993），其意义就在于非营利的组织活动。国外对中国 NGOs 的评价是"亦官亦民"，或"小政府，大社会"。事实上 NGO 组织或多或少地具备跨国籍、跨文化的特征，它也拥有宏大的理念，并以此来作为他们行动的理论背景。从中我们可以看出，虽然 NGO 在中国尚属启蒙阶段，但围绕 NGO 成员所必备的奉献、义务精神等方面的研究同样将受到国内外学者的关注。

围绕 NGO 成员的奉献、义务进行讨论的学术焦点在于：有酬和无酬劳动的社会价值问题③。在古典经济学研究中，只有创造商品价值的劳动才被称为"社会劳动"（马克思，1972［1898］：171~172）。NGO 的社会活动所创造的价值并非单一的商品价值，其中有人和组织的存在价值，这一价值被当事人的生活理念、道德情操和人生观所支持（郑也夫，1999：75~

---

① 据 1998 年统计，中国像这样的机构已经超过了 20 万家。

② 因特网社会在中国一出现就表现出极大的发展势头。它与世俗社团不同，与其说它不受世俗社会等级、人际关系的约束，毋宁说它在资源的共享，克服世俗社会中的代际、性别、宗教、国籍等障碍方面，极大地促使人们在娱乐和社会批评等方面达成了共识，它反过来又给网民的世俗生活带来了巨大的影响。

③ 其中包括人的生活情趣、理念、国家的公共职能、人道主义的讨论。

82)，所以，围绕财富的生产与消费是一个相辅相成的社会运动，消费同样具备"社会劳动"的属性。传统上所说的"生产力决定生产关系"只是财富的社会运动的一个方面，随着信息的发展及其流通技术的发达，生活方式对商品生产结构的影响同样至关重要（黄平，2000）。作为人们社会生活的一个组成部分，民间组织成员的付出（奉献与义务：消费人力、物力和财力）也是通过交换来塑造一种价值体系（罗红光，2000：132～134）。然而，"剥削与被剥削"的所谓"不平等"交换在政治经济学意义上的贬义特征使它很难被广泛地、公正地运用于现实中，如家庭义务、民间公益事业、慈善机构、社会福利、公共事务等诸多义务关系领域，同时，它也将直接影响到我们对社会主义国家公共职能的一般性讨论。民间公益事业的研究表明：围绕财富的劳动与消费是具有人格的（罗红光，2000：2，134），正因为 NGO 成员的付出构成了 NGO 的基本资源，所以集团性消费及其对社会生活的文化建构也就成了 NGO 活动的一大特征。进而它也向我们提出了这样一类新问题：在围绕涉及社会基本结构的阶级阶层分析中，发达国家已经逐步地以支配财富的消费情趣（能够反映主观意志的集团性消费活动）来定义阶层、承认阶层等级的文化属性。而中国的学者仍习惯采用占有财富（埋没个性的商品）量来物化阶层含义，或者无视马克思当时分析社会结构的脉络，将代表社会分工的职业与阶级阶层直接画等号。① 这种学术距离并非因为中国人没有消费情趣或生活理念，如在把握 NGO 性质上透显出某种游移不定的倾向（沈原，1999：2）那样，而是由研究不同于体制的社会组织的制度性心理障碍所致。因此，目前在中国围绕 NGO 研究的特点并不在于社会组织本身，也不在于中国有没有"市民社会"这种本末倒置的讨论，而在于事实上它已经承担了本来属于国家二次分配体系应当承担的诸多公共义务，及在减少国家二次分配过程中的管理成本和通过该交换渠道所实现的付出方式的意识形态化等方面。

目前 NGO 研究所面临的应用问题除了研究如何提高被援助方的"造血功能"和生活质量以外，如何理解"异文化"也成为一个现实而又迫切

---

① 这种短路的做法是因为有关学者并没有真正地分析社会结构、社会成员之间的关系和社会意识而造成的。

的问题。援助方在项目实施的过程中，面临的最大困难并不是些技术上的问题，也不是仅仅谈论全球化的人道主义精神便能解决的问题，而是因为NGO活动同时要面临"草根文化"、"跨文化"和"人道主义"这三个层次上的不同社会制度、社会语言、宗教信仰的现实问题，他们要面对地方性知识的挑战，这实际上是不同知识体系之间的交涉。从社会政策的角度研究和引导民间公益事业，对国家与社会间的协调发展有着积极作用（杨团，编辑部编，1999）。在这个意义上，研究NGO实际上也是探索跨国籍、跨文化的协作关系和相互理解的一项课题。

三　结语

综上所述，在过去一年里，社会学研究领域中似乎并无重大的学术事件或抢眼的热点问题，新的话题似乎也不多。然而贴近来看则不难发现，已有的研究角度和相关课题大都逐渐深入和有所推进，一些长期性的研究显露出学术价值，呈现深度与广度上的开掘态势。一种更为平实与沉稳的研究心态和研究风格渐成趋势。对于这样一种总体趋势，可以表述为如下几个方面。

（一）在社会理论研究领域中，以重返古典主义为口号的对于社会学乃至社会科学经典问题和经典理论的回顾、重温与反思，成为1999年的重要话题

在这个新潮理论和时髦话语日渐繁多、你来我往的时代，社会学应当面对的基本理论问题和应当回答的中国社会的根本现实问题却往往被遮蔽。于是，人们看到的是一个新的概念接着一个新的概念，一个新的范式跟着一个新的范式，而一些"基本问题"却在这种对时髦的追逐中迷失。因而，返回古典主义，返回到"社会学经典大师们"所探讨和揭示的那些基本问题和理论化解方案，一方面将有助于我们把握社会科学的逻辑起点和渊源，为学术的薪火相传和发展创新打下坚实的基础，另一方面也有助于我们从历史的角度更有力度地把握我们面临的当今时代的问题，如现代性的问题。应当说，社会学作为一个成熟的学科，其问题意识亦应经常回到起点和基础，即确立自身经典性的命题，方能对经验研究的问题意识和学术意义发挥指导作用。

（二） 逐渐建立起比较规范的学科视角和学术视角，是过去数年比较明显的一种努力，也是 1999 年中国社会学的一个明显进步

自中国社会学恢复和重建以来，一直存在一种很不利于学术进步的倾向，即理论研究和经验研究之间人为的分野。搞理论研究的与搞经验研究的，成为人们公认的专业分工。理论工作者似乎并不太关心纷繁复杂的现实社会，而实证研究者从事的大量社会调查也常常无从体现社会学的学科背景，缺少学科取向和理论关怀。然而在近年来，这种人为的割裂正在出现一种融合的趋势。原来偏重理论的研究者越来越关注现实问题与经验材料，甚至开始从事深入的经验研究，而在深入细致的实证研究中也越来越多地开始体现出学术关怀和理论追求。从本刊一年来刊载的专题研究和诸多研究论文来看，大而无当、妄下断言的论文已经极为少见，而以具体、深入的叙述与分析见长、同时观照重大社会问题和理论问题的佳作则明显增加。① 我们固然不敢断言这一理论与实践的结合已蔚为大观，但至少朝向这一目标的努力是显而易见的。

（三） 在研究方法上，更为注重总结提高和追求方法的准确精当

在过去 20 年间，中国社会学深受美国社会学研究风格的影响，占据主流位置的是大规模问卷调查和追求精确的定量分析。从过去一年的时间来看，这种研究风格仍然是中国社会学的主流，而且我们可以看到其正在朝着更为科学、规范的方向发展，在建立大规模的数据库、问卷设计、抽样技术、统计分析等方面，专业化的程度不断提高，有质量的成果也在不断涌现。与此同时，另外一种迥然不同的、在理论上明显受到欧洲人文主义倾向影响的研究方式或称风格也在初露端倪，这种研究风格以个案性的、细致深入的访谈材料为基础，以深描和理解性的分析为叙述方式，强调对于中国社会生活中那些至为重要但又非常微妙的机制和现象的研究。在具

---

① 参见本刊《论抽象社会》（1999，第 1 期）；《中国人人际信任的概念化：一个人际关系的观点》（1999，第 2 期）；《开创一种抗争的次文体：工厂里一位女工的尖叫、梦魇和叛离》（1999，第 5 期）；《"文革"事件对入学、升学模式的影响》（1999，第 6 期）等论文。

体的研究策略上，则更为强调对于"过程事件"的理解和对意义的追寻，同时对普通人的日常生活表现出浓厚的兴趣。这样的一种努力开始于几年之前，但在 1999 年已经表现出一种更为明确和系统的努力，并开始在相关的研究领域产生初步的影响。在 1999 年夏季由香港科技大学社会科学部调查研究中心主持召开的"华人社会的调查研究：方法与发现"国际讨论会和北京大学社会学系主办的"农村基层组织建设与农村社会可持续发展"国际讨论会上，有关这种研究风格的方法论论文和经验研究论文（孙立平，1999；应星、晋军，1999；孙立平、郭于华，1999；马明洁、孙立平，1999），均受到广泛的关注。可以预见，这样的一种研究风格，可能在今后的一段时间内对中国社会学的研究产生重要影响。

（四）在与国际学术界的沟通与对话方面，学术共同体的意识明显增强

作为一个恢复和成长过程中的年轻学科，如何确立自己在国际学术共同体中的位置，如何在对本社会实质性问题的研究与跨越国界的学科发展之间建立起有机的联系，是一个需要不断探讨和摸索的问题。在社会学恢复和重建之初，明显存在自说自话、与国际学术界缺乏沟通和交流的倾向。进入 20 世纪 90 年代之后，努力与国际学术界对话，开始成为一种自觉的追求。但在这个时候，也明显存在着为对话而对话的倾向，每做一项研究便套用某种西方理论来验证或挑战，结果只能导致一种生硬的和浅薄的形式对话，并在一定程度上迷失了自己的问题意识。同时不能形成自己的基本问题使一些研究显得支离破碎和缺少连续性。而在最近的几年中，我们可以看到另外的一种努力，这种努力表现为把立足点建立在对研究对象深入理解的基础上，建立在对中国社会的真问题深入研究的基础上，同时关注国际学术界的最新进展，恪守学术共同体已经形成的规范，从而与研究中所涉及的问题进行实质的交流与对话。

（五）在围绕研究实践、方法与理论之间关系的讨论中，虽然学术争鸣、讨论不够热烈，但已初见成效

这集中地反映在本刊"学术争鸣"和"社会学笔谈"这两个栏目中。1998 到 1999 年期间，本刊特设上述栏目，为的是开展学术争鸣与反思活动。如在"学术争鸣"栏目中，如围绕阶级阶层的分层标准问题（米加宁、李强，1998：No.1，111～115）展开了讨论，与刘书鹤关于农村社会养老保险制度的商榷（唐晓群，1998：No.2，101～103），有关"九五"末期失业率的计算方法问题的修正意见（冯兰瑞，1998：No.4.124～125）。另外，在"社会学笔谈"栏目中，有许多关心社会学发展的同仁也提出了诚恳的意见（谢遐龄、风笑天、叶南客，1999：No.2.119～125）。这些讨论涉及对社会学理论、问题意识、社会学方法，或者直截了当地涉及社会问题的基本看法等。我们认为，讨论的焦点基本上仍局限在经验与方法的层面上，针对理论缺乏建设性的推敲。有许多问题实际上已被社会学家们发现，但未能做认真的解释分析（谢遐玲，1999：No.2）。在社会学中，方法被理论（或一种假设）所支持，形成了具有针对性的方法论。但是，理论是否被经验研究证实或者证伪，这一涉及社会学基础理论的学术意识往往被社会现象的罗列和平面描述所冲淡。研究不是在经验的层面上徘徊，就是用统计学的办法来表达其理论的代表性。从现象上看，我们的证实远远多于证伪，这又意味着什么？只有"改造这个世界"的人的理念——永恒的实践目的是正确的吗？我们的所谓范式（人为的思辨能力）不能在经验研究的过程中矫正吗？有关非营利组织、生命历程和市民社会（包括因特网）的研究向我们证明所谓的人类发展也是在反思基础上的一种社会运动。我们的研究并非单纯地为了方法而论，方法论上的规范并不应当成为研究思路上的桎梏、僵化思维的枷锁，而应当是提高实现经验和理论之间沟通的一种桥梁。在这个意义上，我们认为学术争鸣未能达到预期效果。一个浅显的现象而又基本的问题在中国社会学界长期困扰着我们——对"社会问题"与"社会学真问题"混淆不清。为了实现理论与研究实践的真正"对话"，也为了证明我们的所谓社会学理论是否具备指导社会实践的能力，我们诚挚地希望学术同仁能够参与争鸣与笔谈，同时，也欢迎从事具体社会工作的同志针对学者们的研究提出经验层面的宝贵意见。

在千年之交综观新时期中国社会学的历程，其探索的艰辛、进步的曲折和发展的希望都是有目共睹的。而由于各种学术的和非学术的原因，其薄弱之处也显而易见，主要表现在知识整理的缺少、知识积累的不足，对理论脉络和已有研究的梳理、综述和反思不够，良性的学术讨论与学术批评未能真正建立起来。由此有延续性和生成性的问题意识便无从形成，有潜力的研究也就无法深入。无纵深感，无递进性，必然导致在学术上没有发展的增长，这是制约学术进步的大障碍。

参考文献

彼德·布劳，1988，《社会生活中的交换与权力》，华夏出版社。

编辑部编，1999，"'99 中国社会学回顾与展望研讨会"发言记录，北京：12 月 23 日。

陈健民、丘海雄，1999，《社团、社会资本与政经发展》，《社会学研究》第 4 期。

风笑天、田凯，1998，《近十年我国社会学实地研究评析》，《社会学研究》第 2 期。

傅国伟，1999，《当代环境规划的定义、作用与特征分析》，《中国环境科学》第 1 期。

郭建波、杨永增、刘小山，1999，《中国住房政策的特点、问题及选择》，《中国房地产报》1 月 1 日。

国冬梅，1999，《中国可持续发展指标体系研究进展》，《上海环境科学》第 1 期。

洪大用，1999，《西方环境社会学研究》，《社会学研究》第 2 期。

黄平编，2000，《中国城乡居民的生活方式与消费观念》，浙江人民出版社。

江泽民，1999，《全党全社会进一步动员起来夺取八七扶贫攻坚决战阶段的胜利》，《长江日报》7 月 21 日。

姜万荣，1999，《1998～1999 年：中国住房建设与住房制度改革》，载汝信、陆学艺、单天伦主编，《1999 年：中国社会形势分析与预测》，社会科学文献出版社。

金一虹，1998，《非农化过程中的农村妇女》，《社会学研究》第 5 期。

李秉勤，2000，《英国社会政策的研究、教学及其对中国的借鉴意义》，《社会学研究》第 4 期。

李汉林、李路路，1999，《资源与交换——中国单位组织中的依赖性结构》，《社会学研究》第 4 期。

李猛，1999，《论抽象社会》，《社会学研究》第 1 期。

李强、邓建伟、晓筝，1999，《社会变迁与个人发展》，《社会学研究》第 6 期。

李强等，1999，《生命的历程——重大社会事件与中国人的生活轨迹》，浙江人民出版社。

李实、赵人伟、张平，1998，《中国经济转型与收入分配变动》，《经济研究》第 4 期。

李小云等，1999，《性别与发展理论述评》，《社会学研究》第 5 期。

刘精明，1999，《"文革"事件对入学、升学模式的影响》，《社会学研究》第 6 期。

刘世定，1999，《嵌入性与关系合同》，《社会学研究》第 4 期。

罗红光，1993，《中国のNGO》，《中国年鉴 1993 年：中国の环境问题》1（别册），株式会社大修馆书店。

罗红光，2000，《不等价交换：围绕财富的劳动与消费》，浙江人民出版社。

马克思，1972，《工资、价格和利润》，《马克思恩格斯选集》第 2 卷，人民出版社。

马明洁、孙立平，1999，《权力经营与经营式动员》，"农村基层组织建设与农村社会可持续发展"国际讨论会论文。

潘毅，1999，《开创一种抗争的次文体：工厂里一位女工的尖叫、梦魇和叛离》，《社会学研究》第 5 期。

平萍，1998，《国有企业的性别策略与女工的企业依赖》，《社会学研究》第 1 期。

邱泽奇，1999，《在工厂化和网络化的背后》，《社会学研究》第 4 期。

渠敬东，1999，《涂尔干的遗产：现代社会及其可能性》，《社会学研究》第 1 期。

沈红，2000，《中国贫困研究的社会学评述》，《社会学研究》第 2 期。

沈原，1999，《"制度的形同质异"与社会团体的发育——以中国青基会及其对外交往活动为例》，中国青少年发展基金会、联合国开发计划署发行。

孙立平，1999，《"过程事件"分析与对当代中国农村社会生活的洞察》，"农村基层组织建设与农村社会可持续发展"国际讨论会论文。

孙立平、郭于华，1999，《"软硬兼施"：正式权力非正式运作的过程分析》，"农村基层组织建设与农村社会可持续发展"国际讨论会论文。

谭兢嫦、信春鹰主编，1995，《英汉妇女与法律词汇释义》，中国对外翻译出版公司、联合国教科文组织。

谭深，1997，《珠江三角洲外来女工与外资企业及当地社会的关系》（未刊稿）。

谭深等，1998，《理论篇：问题与讨论》，载金一虹等主编《世纪之交的中国妇女与发展》，南京大学出版社。

唐钧、朱耀垠、任振兴，1999，《城市贫困家庭的社会保障和社会支持网络》，《社会学研究》第 5 期。

王海玲，1999，《中国城镇反贫困研究的不足》，《当代学术信息》第 1 期。

王政，1995，《女性的崛起——当代美国的女性运动》，当代中国出版社。

王卓祺、雅伦·获加，1998，《西方社会政策概念转变及对中国福利制度发展的启示》，《社会学研究》第 5 期。

魏众、B. 古斯塔夫森，1998，《中国转型时期的贫困变动分析》，《经济研究》第 11 期。

肖鸿，1999，《试析当代社会网研究的若干进展》，《社会学研究》第 3 期。

笑冬，1999，《一个基本的看法：妇女与农村工业化》，《社会学研究》第 5 期。

熊跃根，1999，《论国家、市场与福利之间的关系：西方社会政策理念发展及其反思》，

《社会学研究》第 3 期。

徐嵩龄，1999，《中国环境政策分析与建议》，《科技日报》3 月 27 日。

许飞琼，《中国贫困问题的基本规律分析》（待发表）。

许平，1999，《一个中国男人土生土长的女性主义观点》，美国"中国妇女研究的未来"会议论文。

许欣欣，1999，《中国城镇居民贫富差距演变趋势》，《社会学研究》第 5 期。

杨团，2000，《社会政策的理论与方法》（待发表）。

应星、晋军，1999，《集体上访中的"问题化"过程》，"农村基层组织建设与农村社会可持续发展"国际讨论会论文。

张其仔，1999，《社会网与基层经济生活——晋江市西滨镇跃进村案例研究》，《社会学研究》第 3 期。

赵勤，1998，《中国环境管理模式的总体评价及前瞻》，《中国环境科学》第 5 期。

赵人伟、李实，1997，《中国经济转型中的劳动力流动模型》，《经济研究》第 1 期。

赵人伟、李实，1999，《中国居民的收入变化分析》，《中国改革报》5 月 5 日。

郑也夫，1999，《人的本性：生物学的启示》，《社会学研究》第 5 期。

周长城，1999，《社会知识：渊源、挑战与展望——记第十四届世界社会学大会》，《国外社会科学》第 2 期。

周雪光，1999，《西方社会学关于中国组织与制度变迁研究状况述评》，《社会学研究》第 4 期。

周颜玲，1989，《社会学中国化与妇女社会学》（复印件）。

周颜玲，1998，《有关妇女、性和社会性别的话语》，载王政等主编《社会性别研究选译》，生活·读书·新知三联书店。

W. 布鲁斯，1989，《社会主义的所有制和政治体制》，华夏出版社。

A. ファン°ヘネップ，1977，《通过仪礼》，绫部恒雄等译，东京：弘文堂（by A. Van Gennep. 1909. *Les rites de passage*, Emile Nouny.

M. ウェーバー（M. Weber），1970，《支配の社会学》，创文社。

Bian Yanjie. 1997a. "Bringing Strong Ties Back in Indirect Connection, Bridge and Job Search in China," *American Sociological Review* 62.

Bian Yanjie. 1997b. "Getting a Job through a Web of Guanxi," Chapter 5. in *Networks in the Global Village*, edited by Barry Wellman. Westiview.

Granovetter, Mark. 1973. "The Strength of Weak Ties," *American Journal of Sociology* 78.

Granovetter, Mark. 1974. Getting a Job: *A Study of Contacts and Careers*. Harvard University Press.

Granovetter, Mark. 1985. "The Strength of Weak Ties: A Network Theory Revisited," *Social*

Structure and Network Analysis, edited by Petter V. Marsden and Nan Lin. Sage Publications.

Granovetter, Mark. 1990. "Social Resources and Social Mobility: A Structure Theory of Status Attainment," *Social Mobility and Social Structure*, editor by Ronald Breiger. Cambridge University Press, pp. 247 – 271.

Granovetter, Mark. 1995. *Getting a Job* (Second edition) . Chicago: University of Chicago Press.

Lin Nan. 1982. "Social Resources and Instrumental Action," *Social Structure and Network Analysis*, edited by Petter V. Marsden and Nan Lin. Sage Publications.

社会变迁比较研究中的主体行为分析[*]

郑　菁

一　社会行为研究的目的及其定位

在心理学领域，行为研究长期以来构成了该学科的主题，然而在社会学领域里，行为研究往往被隐含在一个更宏大的社会理论之中。其实这并非偶然，因为它反映了行为研究在社会科学领域中的定位。哈贝马斯将隐含在社会科学理论中的四种行动概念概括为：①目的论行动概念；②规范调节的行动概念；③戏剧行动概念；④交往行动概念（哈贝马斯，1994）。

现代社会中合理选择的比重逐渐提高无疑是韦伯社会理论中的重要命题。根据帕森斯的考察，韦伯行为类型论的建构暗含了行为的合理性这一出发点（Parsons，1937）。虽然韦伯并未应用其行为类型论对现代社会进行经验研究，但他建构行为类型论的初衷并不止于"对行为的经验理解"，从韦伯的理解社会学的整体来看，毋宁说与他希求更深刻理解现代社会特征的问题意识紧密相连。社会科学家根据各自对人类行动的基本概念的理解，分别对社会科学的理论作出了不同的解释。笔者希望通过对现代中日社会变迁的比较研究，揭示以往产业社会论和现代化理论所存在的问题，从而发展与完善现代社会变迁的理论。笔者希望，本稿着重介绍的主体行为类型论能为比较现代社会变迁的实证研究提供有用分析模式的同时，也为现代社会变迁理论提供基本的行为理解框架。

帕森斯的《社会行为结构》（Parsons，1937）是社会学领域中论述行为的最重要的作品之一。帕氏在他的书中阐述了如下立场：规定行为的要

---

[*]　原文发表于《社会学研究》2000 年第 3 期。

588

素间的区分，只是停留于方法论水平上的经验区分，而不是哲学层次上的。关于行为概念图式的唯一问题是，从研究所持的科学观点上看此概念图式能否成为"有用之物"，即依此图式分析事实时，是否有可能定立显示重要同一性的可检验的事实陈述（Parsons，1976）。我们通过帕氏的其他著作了解到，他的行为理论在他对社会结构功能的分析中成为不可或缺的一环，的确成为"有用之物"。关于行为理论的定位，帕森斯阐明的是一种近似模式论的立场。模式的建构是为了学术的目的：由现实将理论再构成的过程。模式与原物在一定范围内有相同性，因此有助于认识原物，比如理性选择理论作为与现实近似的研究法也曾被视为有益而被广泛应用。在社会学领域中，是韦伯以"理念型"（Idealty‐pus）的概念最早为我们指出了对社会历史现象的这一有效认识手段。

任何行为理论都无法避开的一个难题是，关于人的特定行为方式的决定要素的生物基础和社会基础之间界限的严密划分。只有坦率地承认社会科学与生物科学及心理学研究的共同进步，才有可能最大限度地接近该问题的答案。在此之前的任何行为分析，都只能停留在方法论的理念水平上。因此笔者认为社会行为研究的定位是：研究者为了达到对特定社会研究对象的更清晰的理解而凭借的理念或理论模式。

二 关于基本概念的探讨

本稿中的行为类型模式以特定的行为决定要素这一概念体系作为划分基准。它最重要的特征在于：当观察到特定的行为时，研究者并非凭自己的主观理解或感情移入，而是试图捕捉到行为主体所认知到的、引发其特定行为的直接决定要素。因为当社会学家试图理解社会变迁时，他的任务不应是恣意地对制度或实践进行说明，而需要深入其意义的体系中进行诠释，以揭示该制度或实践之本来面目。因此它必定是一个受限于文化脉络的理解过程，也必须转向一个重视行为主体的认知过程的视角。正如考林吾德在他关于历史的探讨中所指出的那样，原因对历史学家和自然科学家意义不同。对历史学家来说，事件的原因是行为者头脑中的一个想法，它不是事件之外而是事件之内的东西。在历史中人只能通过"合理说明"理解人的行为，即从行为者的视角或试图建构行为者的实际合理性，或建构对行为者来说可能的合理性来说明顺理成章的事实（Collingwood，1996）。基于以上立场，笔者对以往行为论中有关行为决定要素的主要概念进行了反思。

根据中文日常语义，以及社会科学论文中的应用习惯，本稿基本采用如下（安田三郎等，1980）用法来区分行为和行动概念。

行动（behaviour）：外部观察的人的活动；行为（action）：内省地把握的人的活动。

基于上述立场，在对行为类型模式进行界定和展开讨论时，比较一贯地使用了后者。然而文中行为以宾语形式出现或将这些人类活动置于宏观的社会变迁脉络里讨论时，也有按照一般的语言习惯使用行动一词之处。笔者以为如何抽象地界定以上概念并不很重要，关键是它们在特定研究脉络中的意义。因此题不妨大要，仅述至此。

关于行为动机，社会学家和心理学家根据研究对象和立场做过许多不同的解释（Lindesmith，1982）。在社会学领域里，试图以价值选择和欲望（need）的相关来表达行为的决定要因的代表人物是帕森斯。在他看来，动机（motivation）在某种意义上是行为者希图改善满足欲望与欲望剥夺之间的平衡的指向。面对行为的具体状况他列举了从赋予客体意义到认知、评价的三步动机指向。而对动机指向来说具有最重要意义的是被称为"文化型"（cultural pattern）的存在。通过文化型的内化，构成了行为者的指向体系（Parsons，1974）。以他构筑的独特的行为理论为基础，帕森斯指出，在不同的社会里，可较多地观察到由特定的"型变量"（pattern varia-bles）表达的、特定的价值指向的行为，如果用型变量组合表达则为：

> 普通主义业绩型：美国；
> 普遍主义归属型：德国和原苏联；
> 个别主义业绩型：中国；
> 个别主义归属型：中南美洲国家。

（Parsons，1960）

上述通过比较得出的特定的价值指向型的偏向值是停留在可观察到的现象水平上的，不可因此就认定该价值或者"型变量"本身就是行为者的行为选择的决定要素。布莱恩在论及以"逻辑关联"（logical-connection）

方法说明行为时指出，它的根本错误在于不区分作为行为原因的信仰欲望中的并非令行为发生的那一部分。行动有其原因与行为因该原因而发生是不同的。"原因说明"（reason-explanations）之所以能成功地说明，是因为它在试图说明该主体"存在"，该原因令其如是行为。布莱恩认为应努力发现主体实践的定因过程（reasoning processes）以说明行为（Fay，1983/1996）。笔者认为，帕森斯的行为理论虽然论及了从赋予客体意义到认知、评价的三步动机指向，然而由于他对动机指向中的"文化型"的存在意义的过分强调，即在他看来行为者的指向体系是通过文化型的内化而构成的，因此主体在实践过程中运用相应的资源与他所面临的制度、权力等要素的能动的交涉（negotiation）过程在帕森斯的理论中便被省略了。这种交涉处于行为者内心进行的讨价还价及选择的过程之中。而在帕森斯那里行为者只是按照已经内化、不打折扣的"文化型"作出选择而已。在实践中无论是个人的"文化型"的内化过程还是"文化型"或价值体系以及制度在社会变迁中的不断地再生产的过程，都是经过上述的"交涉"过程而实现的。因为在帕森斯的行为动机指向中缺少了行为者讨价还价地选择这一交涉的视角，导致其比较文化类型论停留在区分现象层次上的行为动机指向，从而未能准确地把握主体行为的真正动因。之所以如此，笔者分析，这与其将"文化型""型变量"等反映群体价值观念的概念直接应用于行为分析有关。泰勒在批评主流社会学家不重视常识意义（common meaning）和互为主体意义（intersubjective meaning）时曾经指出，它们会从主流社会学的网中漏掉。它们找不到自己的位置。因为它们并非合并了的一套主观反映（aconvergingset of subjective reaction）（Taylor，1971）。在社会变迁的比较研究中，"文化型"内化式的行为理解模式不仅妨碍对变迁机制的深入理解，也会引发文化比较研究中的"固定观念"的困境。这在层出不穷又很快销声匿迹的所谓的"某某文化论"、"中国人论"或"日本人论"中表现得尤为突出。如果同时联想不同的生活场景（工作单位、家庭生活、社交等）就会发现，"日本人论"或"中国人论"中所强调的任何一种"特有的价值取向"几乎都存在于无论是中国文化还是日本文化或是意大利文化的某一个角落。

除此之外，以型变量表示的价值指向的行为分析方法，使在行为主体选择过程中起到决定作用的资源、权力等重要因素因失去位置而从研究者的视界中消失。需要强调的是：在现代社会中，造成本质差异的并非选择本身，倒是行为主体在特定的实践环境中所表现出来的选择习性，以此习性为焦点建构的行为理解模式，不满足于对行为特征的现象层次上的事后说明，它将努力使行为主体在实践中所面对和利用的知识库存、相关资源及记忆、地位、权力等要素在研究中清晰地显现出来，从而加深我们对社会变迁机制的理解，揭示社会变迁不同轨迹存在的奥秘。这个模式有必要从反思以往行为理论相关的基本概念开始。

（1）"需求"（need）。这是社会学和心理学领域未能达成一致的概念。笔者认为这种现状恰恰反映了作为动物的人与作为社会历史存在的人的不可分性。"人的动物性在社会化过程中不断变化，但却不会因而消失。"（Berger & Luckmann，1990：306）经济学家和社会学家虽然也确认了生物个人的需求的存在，却并不热衷于对它本身的探讨，他们更关注于社会化了的人的需求。从 20 世纪威伯伦的"有闲阶级的理论"到布迪厄的对不同背景人的偏好的研究，无不如此。因为我们日常多数的所谓需求是习得的，如饭后中国人要喝茶而法国人则要喝咖啡。但如果考虑法国人要喝咖啡的需求，实际上是 18 世纪从阿拉伯人那里学来的这一事实，就会理解日常所使用的需求混在了多重的内容中。于是多数社会学家承认了这样一个难题，即从人类普遍的静止的需求开始的行为讨论几乎是不可能的（安田三郎等，1980）。心理学家如何呢？无论是强调性爱的主导性的弗洛伊德还是强调基本反应条件的狂怒、恐惧、爱的行为主义的心理学家华德逊，或是希望集大成的"需求阶段论"者马斯洛，虽然他们都在力图揭示作为生物的人所拥有的普遍需求，然而至今为止，我们除去能够从中确认在人的生物特性中的确存在某种心理学家称为需求的东西外，即使心理学领域内部，对需求的内容、关联结构等仍处于各抒己见的阶段。

在社会行为的理论模式中，首先需要考虑的是完全基于个体生物特性的需求，它与前述的心理学家所使用并试图描述的需求概念存在差别。首先，心理学家试图以此概念表现人类生物特性中的某个普遍性特征，他们虽然最终也关注个体间差异，然而作为概念的需求本身则是一个描述普遍性特征的概念。它并不表示基于形体、年龄、性别等差异所形成的需求方面的个体差异。在比较分析人的社会行为时，无视这种差异是不恰当的。个体的生物学特性也在一定程度上为人们对展现于前的社会可能性领域设定了界限。在多数情况下行为者不仅认识到而且会将此界限纳入他的实践选择的视野之中。其次，社会行为是在时间空间都不可重复的"场"中进行的，无论是性爱还是温饱需求都只能凭借给定的满足对象表现出来，而这种表现会因时间条件的限制而有很大区别。在心理学的需求存在的前提下可推论，个体在给定条件下对他得到的信息有相对稳定的需求选择倾向，基于这种选择倾向，行为者便因时因地地表现出他当时所谓的"要求"，它虽然是基于需求派生出来的，但并非同一概念。

要之，有必要使用替代的概念表述个体的基于他本身的相对稳定的生物特性而因时因地表现出的需求。笔者将其命名为"个体主观要求"①。

（2）"价值"。根据田宗介的整理，在社会科学领域内存在着几十个不同的价值的定义，笔者采纳田宗介的定义，即价值是"满足主体需求的客体的性能"（田宗介，1966：14~23）。在很多社会科学的文献里，都会发现价值是等同于日常的"社会价值"被使用的。而"社会价值"则在很强地附着于某种主导权力下取得了正当性的语义。实际上从行为者的视角来看，他们逐渐共有其中价值的"社会"可能是一个公司或黑社会团伙，也可能是学习小组或是一个现代的民族国家。在现实的社会实践中，行为者根据他所处的"小社会"中的利益关系和多种多样的目标，区别地认识和对待各自的"具有社会的正当性的"价值。即使是所谓的主导价值（dominant value），在行为者的眼中，也不单纯是社会化了的或未能社会化的一套主观反应。正如伯格所指出的"社会的世界……并不能获得从生出他的人的活动独立开来的存在论的地位"（Berger & Luckmann，1990：105）。为了重视在实践中行为主体的能动的解释和交涉的过程，在新的行为分析中笔者使用了代替"价值"的"共有意义认同"② 概念。

---

① 基于行为个体生物特性的相对稳定的选择倾向但可能随条件而有不同的表现形式。它既包括希望抵御干、寒、困、渴等生命体的基本需求，也包括基于他本人作为生物个体所拥有的特性而引发的、与文化无关的要求。如 A 先生特别强烈地希望被别人表扬；7 岁的 B 小姐特别想拥有一只猫，而她 5 岁的弟弟则特别想要一只狗；C 先生希望交一个大个子的女朋友，而他的孪生兄弟却想找一位弱小的女子做妻子。

② 行为主体通过互动所认知到并共有的对事物的特定意义解释。它小到对某个特定的亚文化的意义解释，大到对某个近代国家的统治价值体系及意识形态的能动理解，乃至跨越文化或国界的宗教等信仰体系中的特定意义认同。如，①玛丽认为只有白色的婚纱才能表现新娘的纯洁；李太太认为只有大红的绣衣才足以表现婚礼的喜庆和吉祥。②王小姐觉得自己在迪斯科里叼着香烟的形象"酷"（现代青年用语：潇洒、棒、带劲等）极了。③共产党员 C 认为坚持中国共产党的领导是最重要的。

（3）"社会规范"（social norm）。这是涂尔干以来用于理解分析社会行为的另一个重要概念。然而正是这一概念的概括性使其作为分析概念的功能大大减弱。关于规范的传统的定义为：当行为被制约在一定的框架内时，那些发挥制约功能的价值、习惯、制度、法律等（田宗介等，1988）。[①]在帕森斯的行为理论中，价值也被包含在规范之内，是规范不可或缺的一部分（Parsons，1956：102）。笔者在此希望讨论的是，价值与具体的行为指示相附着的"规范"概念在社会学领域的沿用，为理解社会行为的能动性设下了障碍。虽然帕森斯主张重视"主观视点"和从行为者的视点看现象，按行为者自身的意义理解分类组织化作用于行为的诸要素（Parsons，1976），但他还是经常被批评为社会决定论者。其根本原因之一是，虽然他也意识到行为分析中规范概念中价值混同的弊端，但在行为理论中并未致力于解决该问题。

在很多情况下，虽然人们牢固地掌握了行为的"正确的"或"恰当的"方式，包含在这种行为要求里的价值标准却早已被人们忘却了或并未受到关注。很多社会科学家如吉登斯、哈耶克等都注意过这一现象。哈耶克曾经指出，我们别无他择，只有遵循那些我们往往不知道其存在之理由的规则……由于我们很少能知道在特定场合对这些道的规则遵循所达至的具体成就（哈耶克，1997）。有趣的是，默顿关于"潜在功能"发挥的可能性的讨论恰巧从另一个侧面反映了上述现象（Merton，1961）。比如中国的成年子女有赡养老人的义务。很多家庭中都有子女主动将收入的一部分"孝敬给老人的习惯"。这一习惯背后所包含的早期的价值观是儒家的"孝"。按传统的规范理解，该行为规范要求"孝"价值指向的行为，并且因为一个规范总是与一个特定的价值相对应，所以"孝"是此规范背后的永久价值。然而问题是：行为主体对于规范并不总是或总能够"囫囵吞枣"。通常情况下，他们将一边与自己的"个体的主观要求"相对照，一边逐个认知并解释规范中关于行为方式的指示，从而决定遵从与否。即使社会学家从现象层面观察到同样遵从的行为，其动机也是多样的。A. 行为者认知到并认同规范所含的"孝"价值，自发地按习惯孝敬父母。B. 行

---

① "规范"，笔者希望以此传统定义为例，引出下面将要探讨的问题，即正是价值与具体的行为指示相附着的"规范"概念在社会学领域的沿用，为理解社会行为的能动性设下了障碍。

为主体判断遵守特定的规范会给他带来特定的个人利益，即遵守规范的行为将带来满足他个体主观要求的结果。如无论他对"孝"是否了解和认同，他预期赡养父母将会得到他所需要的相应的感情上或是经济上的回报。C. 他根本不知道何为儒家、何为"孝"，由于赡养父母的行为指示能够实现他所认同的其他价值，如仁爱、公平等特定的意义认同。D. 只是由于惧怕惩罚。当主体并不或并未认知和认同规范背后的价值，也不能找到其他合适的正当理由，同时由于行为指示以权力为依托与个体的主观要求相左时，该遵守行为是为避免惩罚采取的自我保护措施。

由此可见，在行为分析中应用的传统社会学的"规范"概念中"规范"与价值的不可分性定义必然导致行为理论或模式曲解或无视行为主体在相关实践中个体主观的要求、意义认同取向，因而也失去从行为主体视角分析理解社会行为动因以及社会变迁中人的行为可能性，陷入社会决定论的困境。走出困境的唯一方法是走出规范与价值不可分性的怪圈，建构一个替代"规范"的分析概念。

（4）规矩。"规"和"矩"都是中国古代用于测量区划的工具，前者画圆后者画方，因其以区划而设定范围框架，在现代日常汉语中转而意味社会生活之方方面面的规则、理应的做法，该规则背后的价值或意义认同往往与生活世界中人们的不同解释和理解密切相关。在新的行为分析模式中，笔者借用了"规矩"这一汉语日常用词以表达被约定或规定了的做法。它小到邻里间默契的共用场地的扫除规则，大到各种组织的规则纪律，乃至国家、国际的协议、法律规定。如：A. 在传统的日本人家做客吃饭，应将主人为您提供的饭菜全部吃光；B. 上班人员必须到考勤处签到；C. 成年的中国人必须赡养自己的父母（中国民法规定）。

以上基本概念之间密切关联，如"个体主观要求"与"共有意义认同"之间的界限。如本文开篇所述，在生物科学和心理学发展的现有水平基础之下尚很难划分，但这丝毫不影响我们承认它们各自在行为者认知层次上存在这一事实。更为重要的是，他们通过社会行为的反复建立了相互再生产的关系。至于对貌似传统主流社会学概念的"共有意义认同"以及"规矩"两概念的界定则关系到理解（Verstehen）社会学的认识论和方法论的大要和新的行为分析模式为比较社会变迁的实证研究和理论发展所带来的突破。

三　社会变迁研究中的主体行为类型模式

人的行为动机是复杂且多元的。当研究者透过行为主体的视角捕捉左右主体行为的要素，重视行为者在实践中的认知，解释过程时可列举以下作为理念型的 7 个行为类型。在社会变迁的实际场景中可观察到它们出现的不同频率及行为的多元性（郑菁，1996）。在此笔者将只列举出 7 个理念型的行为类型。

1. 类型 1：个体主观要求指向型行为

笔者在对中日两国精英进行比较研究时（郑菁，1996。以下例证除特别注明均出于此）发现，由于日本的战败，二战前或战争中已进入精英集团的日本青年大多数被迫放弃战争前的个人理想，寻求新的出发点。为此在二战后相当长一段时期内，他们经历了苦恼和迷茫的历程，在这一人群中，可见较多的"个体主观要求指向型行为"。

Y 出身日本关西大财阀家庭，曾任某企业集团的董事长。战争结束之际，作为一名前途有望的青年官僚，Y 将他在麦克·阿瑟指挥的占领军指挥部直属的物价厅价格调控部供职的 10 年描述成他人生的"黑暗"时代。

Y 的工作是按自己对政府制定的价格调控政策的理解，制定一些对恢复经济有必要的基础物资进行配给的方案，然而他的这些方案，经常由于有实力的大财阀不惜重金对美军主管少将的贿赂而被少将推翻。他说：

> 我一直感到非常屈辱。有一天，我气急了，感到再也忍受不下去了，便决心辞职。当时，我正好私下了解到某财阀已与该少将有了一个默契，便拟定了推翻它的方案。我先从因此而受益的相关行业中敛了一笔钱，用它对主管少将竭尽全力地款待了一番。因为是官员宴请官员，他没太介意，我百般劝说，让他答应了我所拟定的方案。然而翌日到他办公室请他正式审批时，他却翻脸说'不'。于是我说：'那好吧，我将把昨晚你吃了这些相关行业贿赂的事向报界曝光……'也就是说我把占领军指挥部的官僚有计划地推入了陷阱，此举同时也惹怒了那个财阀，但我早已辞职而去。

以上经历成为 Y 人生中的一个重要转折点。Y 所供职的部门为实现物价稳定的目标制定了操作规矩（简称 A′）。但现实中在高官与经济巨头特别是财阀之间又形成了以贿赂为中心的不成文规矩（简称 B′）。财阀之所求中有其价值取向及其圈内的共有意义认同（简称 B），日本政府与占领军指挥部之所望，也包含了特有的价值取向，即其圈内的共有意义认同（简称 A）。Y 在此面临多种选择。

A′—A 指向：按日本政府与占领军指挥部制定的规矩实现政府与占领军指挥部所望：从 Y 的言语中可见他个人的主观要求与此相吻合，然而大财阀的资源力量形成的另一种规矩却使 Y 的该行为方式无法最终实现。资源成为这里的一个重要制约因素。

改革：为实现 A，Y 需制定一种能与 B′抗衡的新规矩，然而 Y 做不到。因为在政府机关中立规矩，即建立新制度体系的成功与否不仅取决于与同事们的共有意义认同情况，更取决于订立规矩的人的职位所赋予的权力大小。在此，权力的大小则成为可能改变 Y 主体行为方式的重要因素。

Y 还有其他选择 3、4、5……然而他选择了 N，"个体主观要求指向型行为"，即 Y 最终采取的实际行动是，在尝试了多种选择并遭受挫折后，他决定逃避，将自己从痛苦的矛盾中解脱出来。他选择了从心理上解放自己这一个体的主观要求作为其最终的行为指向。在此我们虽尚不能给该个体主观要求下严格定义，但现有的社会心理学的研究提示我们，这是一种在认知不和谐情况下，人类可能产生的一种心理倾向和要求（Osgood and Tannenbaum, 1955；Heider, 1958；Festingger and Carlsmith, 1959）。

T 曾连任日本某大银行的行长，他在上海经历了日本的战败。当他看到以往曾经耀武扬威的日本海军高级将领在组织崩溃之后，低三下四地跑去求年轻人帮他们指点活命之路时，他突然强烈地感到自己绝对不想落个同样的悲惨下场。日本这个国家将来如何根本无法预测，无论在何种情况下，将来一定要使自己能够具备自食其力的能力。于是他从此开始了"自己决定自己工资"的人生。当对社会上人们信奉的共有价值观、道德法规等制度因素失去信赖之际，人们往往产生要具备自己主宰自己命运能力的要求。正是在这种强烈的个体主观要求的驱动下，在二战后初期的一段时期内，T 对为他安排的职务不屑一顾，开始了艰难的创业生活。

2. 类型 2：共有意义认同指向型行为

二战后初期大部分日本的青年精英经历了价值观的危机或转换，然而这种空白和混乱，不久就被目不暇接地展开的日本经济复兴政策和国家目标一扫而光了。"工作有意思""喜欢工作"成为他们用来解释自己废寝忘食工作的动机所最常用的句子，不只是精英集团，在老一代的日本人使用的日语中，"工作有意思""喜欢工作"几乎可称为常用句，听者也会感到非常自然。当一个人从小热衷于陶艺并在受奖大会上说"我喜欢这工作"时，与一位在接受面试时对上司说"我喜欢工作"时的话语相比，前者可被理解为"个体主观要求指向发言"，而后者在更多情况下则可被理解为"共有意义认同指向型的发言"。

经过二战后的经济复兴，许多日本人在回首往事时陈述以上话语，在某种意义上与法国人说他们爱吃长棍面包、德国人说他们爱吃土豆、中国陕西人说他们爱吃馍有共通之处，即日本这一代人对工作一般的评价及偏好，并非发源于个人的生物特征，而是带有更强的文化及社会的烙印，在各种条件及制度约束下拼命工作的几十年中，他们对工作的"共有意义认同"便逐渐形成并不知不觉地内在化了。

中国的年轻精英们的行为指向中，"共有意义认同"也占了很高比重。W 是一位科学家，在海外经过十年的苦心研究，他在某应用物理学科获得了国际发明奖。1948 年新中国筹备之际他正在该领域当时世界最领先的英国的某实验室工作。中华人民共和国成立初期中国政府的一个主要目标是促进工业化，他对此非常关注，当中国共产党的地下组织派人与他接触，要求他返回中国建立一所大学的技术物理系时，与同国民党一起逃亡海外及中国台湾地区的一些文化人和科学家相反，他选择了与中国共产党联手。他的解释源于两个基本信条：一是知识分子应不计个人的损益，具备社会责任感和奉献精神；二是中国落后了，要追上他国，必须多工作少索取。显然，这是 W 对他作为中国人以及作为中国的知识分子在长期的生活经历及特殊的文化熏陶中所不自觉地形成的带有强烈民族及社会背景的"共有意义认同"的一种表达。为此，W 放弃相对优厚的生活和科学研究条件，回国开始了白手起家的某大学的技术物理系的建设，他的这一选择，可谓"共有意义认同指向型行为"。

3. 类型 3：规矩指向型行为

N 是日本大藏省的高官，他写的人生简历如同日本同时代精英官员人生历程的样本。昭和时期的第一高等学校，东京帝国大学法律系，高等文官考试，大藏省官员，按部就班地晋升。当谈及他的人生首次抉择时，他做了如下解释："小时候我的周围都是些政府官员和公司的重要人物，另外我的父亲也是第一高等学校毕业以后进入东京帝国大学……我理所当然地认定自己也是一高、东大，倒是没有特意如此这般地去选择志愿。我一直认定那不过是一条给我铺好的轨道……"小时候你的祖母告诉你给客人沏茶不要倒满时，作为一贯守规矩的孩子，你毫无疑问地遵守了，可能直到现在你还遵守该规矩而从未想过也从未关心过为什么会有这样的规矩。也许你的祖母也根本说不清。

主流社会学中"传统"这一概念是学者们得以模棱两可的另一个便利工具，而日常生活中的人们，对于所谓"传统"却不如学者们掌握的那样完全和包罗万象。他们往往只认识到或者说只是被教会了一种执行方式。有些时候会对一些规矩背后的意义产生兴趣，并对其意义有所了解，他们甚至会对其意义产生认同感或抵触情绪，于是他们的行为性质就会改变。当然很多情况下，行为者在遵守规矩的实践中也会主动地赋予它与规矩产生之本源的意义毫不相干的特定意义，这将与本文的其他行为类型的讨论有关，故在此不作赘述。这里需要强调的是，当上面提到的 N 先生决定也走"一高""东大"之路时，他所见到的是他家族内的一条不成文的规矩。根据 N 的叙述，在他作出选择的时刻，N 对于该规矩背后的一些家庭成员以往曾经共有的意义认同或是价值观并未能清楚地认识到，也更谈不上"共有"与否，因此这里将其作为规矩指向型行为的一个例证。

4. 类型 4：个体主观要求和共有意义认同指向型行为

20 世纪 60 年代至石油危机爆发的 1974 年间是日本经济出现高速增长，以及公害、社会福利、城市人口过密、农村人口过稀等问题相继暴露的时期。此间的各届政府内阁虽然相继提出过"社会发展""经济社会计划"等理念，并开始着手解决出现的相关问题，然而高速经济增长始终是日本国家目标的中心。在此期间 K 曾将自己的人生比作"绘画"时期。不只是 K 一人，在这一时期，不拘陈规，以自己的所信和自己的想法创造性地改变现状，可以说是许多日本精英的行为特征。

由于患上"心病"，K 躲进了某山中的木屋。他在报纸上看到某电气铁道公司的子公司准备将风景如画的山地买下搞旅游开发。于是，他便与人联手先租了一片山林。他的计划是在周际钉上栅栏，里面放牧，栅栏四周建一些看不到里面的停车场。将其命名为"殖民地"。在可远眺日本"北阿尔卑斯山"日落的地方，建一座所有宗教信仰的人都能礼拜的礼拜堂。然而某电铁公司用旅行袋装来了一大包现金，还是把山地预定下了。他们收买了当地的地主。这惹怒了 K 及他的朋友们，于是 K 将对方公司告上了法庭。诉讼持续了 7 年之久，结果是那里被指定为不准任何人插手经营的公立自然公园。K 对结果的评价是："这次诉讼倒是使那里按原样保留住了，但我为了保留它而制订的计划却没有了。"K 提起诉讼争夺"殖民地"的权利有两个重要理由。首先他考虑到旅游开发将破坏那座山的自然环境。当时与他同住在山中小屋的朋友正好是一位反对现代生活方式，试图在大自然中发现并希望将自己的自然能力伸展到极限的有坚定信念的诗人。K 正是在那一片大山中，在他的这位诗人朋友的帮助下逐渐治好了自己强度的精神衰弱的"心病"恢复了健康。因此保护大山首先是出于 K 的"个体主观要求"。第二个理由与 K 的信仰有关。在他母亲的影响下，K 从小就对一个叫作"成长之家"的新兴宗教产生了共鸣。K 这样解释说"无论佛教还是基督教最后讲的都是一个道理。真理只有一个，富士山顶：只有一个，从各个方向都能攀登，而且在途中所看到的景色虽然不同，但最后所到达的终点是一个。"K 因被此教义深深感化，所以想要留住此山，将这座拥有美丽自然景色的山作为所有宗教信仰的人都能礼拜的场地。对山赋予的特定意义，显然源于 K 在社会化过程中所取得的一种共有意义认同，即"成长之家"的信仰。由此可见，K 对某电气铁道公司长达 7 年的诉讼基于他的个体主观要求和共有意义认同指向。

同样在许多中国共产党高级干部的青年时代，个体主观要求和共有意义认同指向型的行为也颇为普遍。H 在抗日战争中度过了少年时代，他说那是一段艰难的日子，无任何欢乐可言。由于重庆曾多次遭受敌机轰炸，他有一段时间必须每天多次躲进防空洞。有一次飞机和炸弹在他的头上飞过，他跑进了洞口，就在这时，他眼前，洞口前的一大群人倒在了血泊中。那年他 10 岁，他产生了改变现状的强烈愿望。这是改变自己生活境况的"个体的主观要求"。他进了重庆的清华附中读书，在那里由于受"美雨欧风"的影响，他曾经憧憬欧美的自由与民主并幻想今后到美国留学。然而 1946 年 12 月 24 日发生的美军士兵强奸中国女大学生沈崇一案及继之而起的全国抗议活动使青年 H 改变了对美国的感情。他说 1946～1948 年自己的想法有了很大改变，与特别进步的学生比如为民权而战的人，或加入了共产党的人以及对英美五体投地的人不同，他认为最重要的是要振兴我们的国家，我们的民族。为了改变自己的生活境况的个体主观要求和振兴自己的国家和民族的共有意义认同，H 为了报考医学或化学专业开始拼命学习。

5. 类型 5：共有意义认同和规矩指向型行为

在中国的抗日战争及解放战争时期，在已参加革命的年轻精英中间，此种类型行为比较普遍。Y 是国民党名将的长子，于 1937 年 4 月在北京的左翼学校中华中学加入了"中华民族解放先锋队"。他将自己决心要和日本军战斗的动机归结为"青年的爱国热情"。这种热情的来源除了在中华学校的熏陶下所共有的意义认同以外，还来自他个人的亲身经历。他的家庭曾经希望送他去日本留学，为了进日本的高中念书，1935 年的寒假他在中学二年级时，曾经游历日本全国，然而"因旅行途中时常碰到不愉快，自己就决定回国了"。在赞赏日本的交通设施及工业发达的同时，当时日本越来越强烈的排外气氛和国粹主义令他感到"窒息"，旅行途中的不愉快，包括自己未受到相应的尊重也是重要原因。马斯洛的关于人的动机体系的理论曾谈到，人们对于自己的稳定的牢固不变的较高评价的需要或欲望，即人有一种自尊和来自他人的尊重的需要或欲望（马斯洛，1987）。在中国出身名门的 Y 在异国突然感到他时常会得不到所期待的尊重，重新获得自尊无疑成为 Y 的一种强烈的个体主观要求。然而回国后日本军国主义在中国的种种暴行并未使他感到自己的自尊要求能够得到满足。在进步学生组织的影响下，他逐渐与周围的年轻人共有了民族要独立、要强大这样的"意义认同"。作为学生，他屡次无视学制学校规则，而且随意多次中断学业，在一般意义上讲，Y 的一大特征是很少采取规矩指向型的行为。然而这会根据情况而变。"七七事变的时候首先要听组织的意见，我当时接到命令，哪儿也别去，在北平支持 29 军抗日。8 月 8 日日军占领北平之后，接到组织命令从天津坐船辗转多次转移至西安。行军很苦，由于火车不通，在最热的季节早上 4 点出发由北平走到天津，路上没有水，也没有食品。"命令可以说是规矩的最极端的一种形式。这些命令是在民族独立和解放的大义名分下发出的。一贯不守规矩的 Y 由于赞同组织的大义，共有的意义认同便义无反顾地服从组织命令。这无疑是一种共有意义认同和规矩指向型行为。

在研究同时期加入共产党革命队伍的中国青年精英们的行为时发现，此类型的行为比较普遍。他们虽然来自不同的社会背景，所处的环境也各有不同，但从他们自己的陈述中可了解到，无论是基于"爱国"的热情还是出于"正义感"，最终他们都在共产党组织的熏陶和教育下，获得了作为中国共产党党员所应有的共有意义认同：将个人的生死置之度外，在敌后或敌占区严格按照党组织的命令或纪律，将生活的大部分时间用于革命工作。无论是命令还是纪律，都是规矩的极端形式。为了共有意义认同而不计个人的安危和艰难困苦，执行组织的命令和遵守组织纪律的行为，是共有意义认同和规矩指向型行为的典型。相比之下，同时代、同龄的日本的精英们的行为中，上述共有意义认同和规矩指向型的行为则较少被观察到。

6. 类型 6：个体主观要求和规矩指向型行为

在日本侵略战争中，军国主义者们不仅在国外，在日本国内也使用"大东亚共荣圈""亚洲人的独立"等口号为其侵略辩护。然而研究发现二战后成为日本各界精英的年轻人当中，真正从思想上与上述主张产生共鸣，即与战争倡导者们共有了意义认同而主动走上前线的人属于少数（郑菁，1996：34~66），即使这少数的人也逐渐在战争中改变了想法。多数人在亚洲的各个角落参加了战争并经受了战败，他们多数人的从军和战时的行为属于个体主观要求和规矩指向型。回忆起从军使用的是"没别的办法""被捉去的"等消极词语。无论他们各自的理想如何，"学生动员"法令并没有给学生们留下任何选择的余地。出征命令这一强硬的规矩和不至于受惩罚这一自我保护的个体主观要求成为主人公们行动的决定因素。至于出征命令动员背后的一些所谓战争的"大义名分"，即战争发动者们所极力鼓吹的意义和价值，在多数出身于中上阶层、满怀各自梦想的被调查的年轻精英中并未产生共鸣。正如通过调查了解到的，在"文化大革命"期间，虽然中国的大批精英也被卷入了此起彼伏的轰轰烈烈的群众运动，然而在更多的情况下，他们也是出于某种自我保护的目的或者某些特定的个人主观要求，并且在不容讨价还价的行政指令这一规矩的指导下加入到这场运动中去的。至于隐含在历次运动背后的，发动者们所极力宣扬的所谓那些运动的政治或文化意义或价值取向，精英们并未抱有认同感。

E 的父亲二战前是日本某银行的高层管理人员，在军国主义气氛非常浓厚的时候他进了旧制的第五高等学校。他回忆说，旧制的高等学校大都是反军的。然而由于军部掌握着政权，学校被派驻了军事教官，但是在军训时发生了学生们串通光脚出操的戏弄教官的事件。当时摆在我们面前的是文或武这两个选择。E 受此前所上中学①的影响，认为不应该选择军队系统的学校。这是在文民系统的中学校形成的"武的世界有点……嗯"的价值观的影响。"记得当时青年学生中流行戴破帽子留长发，我也留着披肩长发。因为父亲在银行工作，我倾向于学经济。至于法律，总觉得有些生硬不适合自己的个性，我又不属于关心政治的，当时我想着上大学后学习经济，关于前途想的也不过就是这些。然而刚上一年大学就被学生动员令征去入伍了……"

在中国"文革"初期，任国家某通讯社主要领导的 J 接到中央指示，调查"五·一六"专案，向进驻通讯社的中央文革小组上报黑名单。然而由于对"五·一六"指示中的意义和价值观并不认同，J 虽然接受了命令，却没有按"文革领导小组"的希望列出所谓当权派的黑名单。于是他自己成了受审查对象，从不直接反对中央指示而是接受任务这一选择可见 J 的自我保护的主观要求和行政指令这一规矩指向的行为。然而其后 J 不惜使自己陷入困境，采取了决不出卖同志的这一道德性的意义认同指向的行动，从一个侧面证明了在"五·一六"事件中，J 并未与"文革领导小组"共有其政治性的意义认同。由于 J 的父亲在革命的早期曾对"文革领导小组"中的某人有恩，J 虽然接受了审查，他未受到严重冲击，为了利用 J 的影响，"文革领导小组"曾不断给他重要的"革命"任务，于是 1968 年末到离职年龄的 J 提出了离职报告。为此直到现在还有人称呼 J 为"扶不起来的光绪帝"。提前离职无疑是 J 利用组织内部有据可循的制度资源，即有关离职的规定，亦即本模式中的规矩而实现自我保护和回避认知不和谐困境等个体主观要求的不得已的选择。这是规矩和个体主观要求指向型行为的又一例子。

---

① 日本的中学大致相当于中国的初中，是三年制，毕业后可报考三年制的高等学校，它大致相当于中国的高中。

7. 类型7：理想行为——个体主观要求和规矩及共有意义认同指向型行为

当一个为了满足个人的主观要求的行动，应用或者遵循了某种被社会承认的具体行为方式或规定即规矩，而这种行为方式或规定背后有某种行为者自己也认识到并共有的意义认同时，这种行为即可视为理想行为，也就是个体主观要求和规矩及共有意义认同指向型的行为。在这一行为过程中，行为主体的认知范围内并不存在个体主观要求和规矩及共有意义认同三者之间的张力或矛盾。三者在行为主体的心目中是和谐与互为实现的。由于我们的社会是由无数的亚团体和亚文化所组成的，因此本稿中的共有意义认同也必定由特定的团体或文化所界定。上述在特定规矩背后的行为主体所认同的意义内容有可能与其上位的社会或文化中的主导价值体系和谐一致，但也有可能与之相矛盾。在矛盾的情况下，行为者虽然认同并遵循了亚文化或团体中的意义和规矩，并能够幸运地对其上位文化或团体中的对立的价值认同和依此所形成和制定的规矩视而不见并回避，但是，存在于两者之间的矛盾冲突并不能因此得到解决，也不因特定行为者的意志为转移（它可能会因更多数行为者的行为而转移，因超越本稿论题不在此赘述），当行为者能够认识到这一矛盾的存在时，在他内心中便依然存在着一种冲突和张力，因此，特别相对于行为主体来说，所谓的理想行为是相对的。当然，这一行为类型的增加将关系到更为理想的社会实现进程。

在前述中日精英的比较研究中发现，无论是中国还是日本，有一些出身于中上层的青年，曾经希望通过精英学校的教育，这样一种当时社会的制度安排来按部就班地实现其"出人头地"（中国）或是"立身出世"（日本，成就功名之急）的愿望，这种愿望无疑是某些个体主观要求与特定阶层出身的青年人的社会化了的人生目标的稳定结合的结果。而在相对安定的历史时期，中日社会都为这些得天独厚的年轻人准备了使之得以实现的相应的制度性安排，其中包括关于入学条件的规定，升学及毕业考试规定等一系列规矩。作为这一系列制度安排受惠者群体中的一员，有些青年人深谙并共有着这种精英教育制度所包含的意义认同。因此他们刻苦攻读，或者通过其他手段加入和通过精英教育的规定程序的行为，可视为个体主观要求和规矩及共有意义认同指向型的理想行为。虽然上述的日本大藏省高官 N 的青年时代也通过了第一高等学校、东京帝国大学法律系、高等文官考试典型的精英教育程序，但他行动的不同之处在于，在他的抉择过程中，精英教育程序后面的共有意义认同并未进入他的视野，成为决定他选择的重要因素。因此他的行动被视为个体主观要求和规矩指向型。而当行为主体认识到并共有了制度中的意义认同而作出选择时，在主张纯客观主义的研究者看来，虽然他们的行动方式近似，行为指向却完全不同，在此应将其视为个体主观要求和规矩及共有意义认同指向型行为。

四　主体行为类型论与韦伯的行为类型

韦伯的理念型的社会行为类型（Weber，1972）广为人知，这里不再详述，笔者在此将概述它作为类型模式本身的问题以及与本文的行为类型模式之关联。

（1）韦伯的价值合理行为中的价值排除了个人喜好的社会的绝对价值，包括伦理的、审美的、宗教的价值等。由于现代社会个人的价值观出现了多样化趋势，特定的某些社会的主导价值凌驾于各种亚文化群体或集团之上的绝对地位正在逐渐动摇，对于越来越多的行为主体来说，他的小群体内共有的意义认同可能成为他最珍重的"价值"。它很可能与该主流社会的所谓伦理的、审美的或宗教的绝对价值毫不相干。如前所述，笔者采纳了"价值具有满足主体需求的客体的性能"（田宗介，1966）这一定义，为避免价值概念中可能包含的任何意识形态的意义，也为了排除该话语背后往往附着的权力指标，本文选择了"共有意义认同"以代替"价值"。它既包含了主流社会所承认的伦理的审美的宗教的绝对价值，也包含了非主流社会中得到甚至未被得到广泛认可的价值。因此，"价值合理的行为"可以视为本行为类型模式中"共有意义认同指向型行为"类型中的一个部分。

（2）传统指向行为中的"传统"，在社会学领域中可有多重解释，它既可是传承下来的价值观，又可是传承下来的老规矩。有时也将传承下来的价值观加上与之相应的传承下来的老规矩统称为某某传统。如果从行为主体的视角来看，他们有时会严格地遵循某个特定的老规矩这一传统，却不了解这一传统形成的原初价值取向，也会有人对传承下来的某个价值观抱有同感，却拒绝服从以它为基础形成并传承下来的老规矩。因此传统的行为这一类型不能避免歧义。另外，在上述的价值合理的行为中，韦伯并未对价值设定时间向度，亦即包含"传统价值"，故此"传统的行为"同时可能是"价值合理的行为"。

上述问题可能来源于用语问题。根据译本详细探究韦伯的本意，可见他是希望用传统的行为表达遵循传承下来的规矩的行为。然而规矩自然有传承下来的，也有临时或新近制定的，有正规和非正式之分。由于既规定了传承又不能严格界定时间向度，这不仅排除了现时的流行的规矩或法律规定指向型的行为，同时又因传统概念在时间向度上的不清晰特征，也会使一大批规矩在"传统"与"非传统"之间游离不定。无论是上述被排除的部分还是游离不定的部分，韦伯都未另设相应地表达它们的类型，本文所使用的"规矩"概念，将解决韦伯传统的行为类型中所面临的这一难题。参考规矩指向型行为的说明可知，韦伯的传统的行为可被视为规矩指向型行为的一个下位概念。

（3）韦伯将为直接的感情、心情所左右的行为列为感情型的行为，这是直接源于喜怒哀乐的没有解释过程的行为（Weber，1972）。如果没有心理学家的合作，社会学家根本不可能理解人类的感情。何谓感情及如何说明感情历来也是心理学的一个争论点。在心理学家那里，感情可以是：①主观体验；②一系列我们不可控制的心理变化；③与特定感情共生的行动，如哭和尖叫（Gross，1990）。从逻辑上看，上述"③"所指的又是某些心理学家所主张的感情的形态之一，即与感情共生的行为应该包含在韦伯的感情型行为之内。需要探讨的是，与悲痛共生的哭与恐惧共生的大叫是否没有经过解释的过程呢？除此之外是否还存在源于感情或感觉，而又不通过解释过程的行为呢？答案是不确定的，首先心理学家们曾经得出过不同的结论。感情本身与认知和评价的关系很复杂。有研究证明了感情可以不伴有认知和评价的过程（Zajonc，1980）；而威林斯却更早地证明了感情可不伴有任何心理唤起（Valins，1966）；然而在他们之前，什凯特和辛格对感情的经典研究则证明过无论是心理唤起还是认知评价都是感情发生的重要因素，两者缺一不可（Schachter and Singer，1962）。由此可见，感情的发生以及与感情共生的行为的发生是否经过了认知和评价的过程需要具体问题具体分析。

抗日战争时期 A 出于"民族感情"抵制他曾经非常喜爱的某些日货的行动可视为感情型行为。很明显这种"痛恨日本侵略者的民族感情"是经过了无数次认知和评价的反复在实践中积累起来的。只要行为主体对外界的某个刺激作出了认知和评价，个体的偏好乃至他所共有的意义认同便有了介入之机。因此这种感情型行为中夹杂着强烈的价值判断因素，同样在大部分所谓价值指向型的行为中，也会夹杂感情的因素。

如果说自然界一切动物的喜怒哀乐的感情都是其本能与外界刺激相互作用的结果，社会化了的成年人的喜怒哀乐则是未能完全社会化的那部分个体的主观要求和通过社会化而内化了的与部分他人所共有的意义认同和外界的刺激相互作用的结果。给狗一块骨头和给婴儿母乳，或者给人一块金奖牌都会给他们分别带来快乐。当然根据刺激的不同也会引起他们各自负面的感情。感情虽然有时表现为行为动机的规定要素之一，实际上它本身在很多情况下不过是由"其他的决定要素"左右的一种特定的行为。而这种"其他的决定要素"不仅引发特定的感情的发生，也往往左右着与之共生或与之具来的继发的行为。对于韦伯的感情型行为，即对夹杂着感情活动的复杂行为有必要更进一步地探讨他的原初的决定要素，以确定引起感情活动的初始原因，从而最终确定其行为的类型论。

（4）我们只能通过韦伯的补充解释确切地理解他的"目的合理的行为"。它是手段的、合理计算的、追求欲望的行为。实际上比起一个完整的行为类型论，在这里韦伯似乎更专心于解决经济合理行为的问题。因为由于补充说明中的条件是各自独立的，所以即使考虑他的补充说明也能轻而易举地指出这一类型与韦伯自己的类型论中的其他行为，如"价值合理的行为"的可能的重叠。由于韦伯并没有界定"欲望"，因此它即包含了本稿中的未经社会化的"个体主观要求"，也囊括了习得的文化及地位特征很强的欲望。因此韦伯的目的合理的行为与本稿的部分类型也会重叠。帕森斯认为韦伯的行为四类型并非被作为完全的类型而提出（Parsons，1937：648）。韦伯的方法论的立场促使他构筑了行为的类型。他的出发点是行为的合理性。最初从这一出发点开始将合理的行为分为两类，其后引发出来的"传统合理行为"是韦伯从他的社会学中的"传统主义"这一概念所联想到的，而"感情指向的行为"则有剩下的范畴的味道（Parsons，1937）。总之，韦伯的行为类型有助于我们理解某些特定的社会行为。然而作为一个完整的类型模式，可以说韦伯对概念之间的关联性及作为整体的严密性等并未给予很多的关注。

五 主体行为类型模式的应用意义

首先，主体行为类型为从行为者的视角理解社会行为提供了崭新的模式。虽然试图对行为进行合理说明的行为理论也是从主体的视角出发，然而作为社会行为分析模式的局限，对它提出挑战的学者则指出合理说明会无效，因为人们有并不很合理的观点（如 Lukes，1996）。而重视主体认知的个体和社会要素间"交涉"过程的行为模式，不仅仅超越了以目的合理化为方向的合理行为理论的局限，更为上述对"合理说明"的反思提供了新的支点和理论依据。其次，应用研究者演绎或归纳出的任何"价值"、"型变量"或"文化型"都将为比较社会变迁的研究带来灾难，因为研究者会以他熟悉的社会范式去诠释其他社会。在中日社会变迁的比较研究领域里，寻找韦伯"资本主义精神"替代物的诸多研究无不将社会变迁的研究领入歧途。重视"共有意义认同"，差别的行为理解模式则可以帮助研究者走出自设的怪圈。

由于在新的行为类型模式中，避免了沿用传统的价值、规范概念，又由于重视了行为者在实践中的认知、解释过程，因此应用该模式进行的实证研究，将在现实中起到重要作用，并使容易在行为分析者视野中消失的知识库存、相关资源、记忆权力、地位等重要因素重新回到研究者的视野中来。社会行为是连接微观的人类行为与宏观的社会变迁的重要环节。将个体主观特性与制度要素的共有意义认同与规矩有机结合起来的行为类型模式，首次为理解人的行为与制度间的再生产的关系提供了可能性和理论依据（郑菁，1996：140~141）。它进而为社会理论中的微观宏观联结之难题找到了新的解决方案，为更加深入地理解行为与制度的再生产之关系以及社会变迁与社会行为之关系提供了有效的分析框架。

参考文献

安田三郎、土盒原勉等编，1980，《基础社会学》（第 I 卷），《社会的行为》，东洋经济新报社。

哈贝马斯，1994，《交往行动理论》，洪佩郁等译，重庆出版社。

哈耶克，1997，《自由秩序原理》，邓正来译，生活·读书·新知三联书店。

马斯洛，1987，《动机与人格》，许金生等译，华夏出版社。

田宗介，1966，《"价值意识の理论"——欲望と道德の社会学》，弘文堂。

田宗介等编，1988，《社会学事典》，弘文堂。

郑菁，1996，《社会变动と人间行为——现代中国と日本のエリートの比较研究》，博士学位论文，上智大学。

Berger, P. L., & T. Luckmann, 1977（1990），《日常世界の构成》，出口郎译，新曜社。

Bourdieu, P., 1988，《构造と实践》，石崎晴巳译，新评论。

Giddens, A., 1989，《社会理论の最前线》，久枝敏雄等译，ハーベスト社。

Merton, R. K., 1961，《社会理论と社会构造》，森东吾等译，みみず书房。

Parsons, T. & N. Smelser, 1960，《行为の综合理论を目指して》，永井道雄等译，日本评论新社。

Parsons, T. & N. Smelser, 1974，《社会体系论》，佐藤勉译，青木书店。

Parsons, T. & N. Smelser, 1976，《社会的行为の构造》，稻上毅等译，木铎社。

Weber, M., 1962，《プロテスタンティズムの伦理と资本主义の精神》，大冢久雄译。

Weber, M., 1972，《社会学の根本概念》，清水几太郎译，岩波书店。

Collingwood, R. G. 1946/1996. "Human nature and Human History," in Martin, M. and L. C. Mcintyre（eds.），*Readings in the Philosophy of Social Science*. Third Printing, The MIT Press.

Fay, B. 1983/1996. "General Laws and Explaining Human Behavior," in Martin, M. and L. C. Mcintyre（eds.），*Readings in the Philosophy of Social Science*. Third Printing, The MIT Press.

Festingger, L., and J. M. Carlsmith. 1959. "Cognitive Consequences of Forced Compliance". *Journal of Abnormal and Social Psychology* 58.

Gross, R. D. 1990. *Key Studies in Psychology*. Hodder & Stoughton.

Heider, F.. 1958. *The Psychology of Interpersonal Relations*. New York: Wiley.

Lindesmith, A. R. 1982. *Social Psychology*, 5th edition. Hottrinehart and Winston.

Lukes, S. 1967（1996）. "Some Problem about Rationality," in Martin, M. and L. C. Mcintyre（eds.），*Readings in the Philosophy of Social Science*. Third Printing, The MIT Press.

Martin, M., and L. C. Mcintyre（eds.）. 1996. *Readings in the Philosophy of Social Science*. Third Printing, The MIT Press.

Ogburn, W. F. 1923. *Social Change with Respect to Culture and Original Nature*. Huebs.

Opp, K. D. 1982. The Evolutionary Emergence of Norm BJSP.

Osgood, C. E. , and P. H. Tannenbaum. 1955. "The Principle of Congruity in the Prediction of Attitude Change," *Psychological Review* 62.

Parsons, T. , & N. Smelser (eds.) . 1956. *Economy and Society I*. London and Glencoe.

Parsons, T. , & N. Smelser. 1937. *The Structure of Social Action*. McGraw Hill.

Parsons, T. , & N. Smelser. 1966. *Societies: Evolutionary and Comparative Perspectives*. Prentice Hall.

Schachter, S. , and J. E. Singer. 1962. "Cognitive, Social and Physiological Determinants of Emotional State," *Psychological Review* 69, 5.

Taylor, C. 1971 (1996) . "Interpretation and the Science of Man," in Martin, M. and L. C. Mcintyre (eds.), *Readings in the Philosophy of Social Science*. Third Printing, The MIT Press.

Taylor, C. 1971. "Interpretation and the Science of Man," *Review of Metaphysics*, Vol. 25.

Valins, S. 1966. "Cognitive Effects of False Heart-rate Feedback," *Journal of Personality and Scocial Psychology*.

Zajonc, R. B. 1980. "Feeling and Hinking: Preferences Need no Inferences," *American Psychologist* 35.

流动中的社会网络：温州人*在巴黎和北京的行动方式**

王春光

改革开放以来，"温州模式"一时为全社会所熟知。一提起这个模式，人们自然会想到费孝通教授的著名概括——"小商品、大市场"和"家庭作坊式生产"（费孝通，1998：196~216）。这一模式的运行是如何得以进行和维持下来的呢？我们觉得，对这个问题的探讨比对温州模式内涵的阐述更具有学术探讨价值，因为这个问题反映了温州人如何构建温州模式的机制，从更高的理论层面上反映了个人、群体与社会之间的动态建构关系。

温州模式中的"大市场"，不限于20世纪80年代在温州涌现的十大著名专业市场，而是指撒向全国乃至世界的经济交往网络，也就是我们这里所说的社会网络。这个网络的载体就是"挑担走四方"的温州人，社会上流传着这样一句话："哪里有温州人，哪里就有市场；哪里有市场，哪里就有温州人。"那么，市场怎样与温州人紧紧联系在一起呢？为此，作者分别对北京的"浙江村"和巴黎的"温州城"做了比较调查和研究，以探讨温州人在流动中是如何开拓和闯荡市场的。

---

* 需要说明的是，这里所说的温州人不仅指来自现温州市行政区的那些人，还包括那些来自毗邻温州市行政区的青田的侨民。我之所以这样做，是基于下面的理由。第一，青田现在虽然不属于温州市，但是20世纪50年代它曾是温州市管辖下的一个县，当时青田人出国，都由温州市公安局开具证明。第二，更重要的是，温州与青田有着悠久的文化、社会和经济的相近性、相似性和亲缘性。青田和温州同属瓯越文化，所说方言极其相近，许多青田人都能讲温州话（当然他们还有自己的方言），两地素有重商之传统，手工业相当发达。不仅如此，它们之间社会和经济交往非常频繁，温州市可以说是青田人的经济和社会交往中心，许多青田人倾向于迁移到温州市生活和工作，温州市是包括青田在内的浙江南部地区的区域中心。因此，为了表述上的方便，这里把来自温州行政区的人和来自青田县的人统称为温州人，这样说并不意味着作者有任何地区偏见。

** 原文发表于《社会学研究》2000年第3期。

一　基本情况和调查方法

北京的"浙江村"形成于 20 世纪 80 年代中后期，位于北京丰台区南苑乡大红门地区，覆盖 10 多个村庄，聚居着七八万温州人和少数其他地方来京人员，已经成为一个集经济活动、生活于一体的准社区，在那里既有生产加工作坊和工厂，又有大型的商场；既有自办的菜市场，又有自办的幼儿园、诊所、餐馆、理发店、运输代理服务；等等，"浙江村"内部形成了一个完整的自我生产、销售、服务网络（王春光，1995）。

远在地球的另一头，相隔万水千山的巴黎，也形成了一个多达十二三万人的"温州城"，既然叫"温州城"，自然里面居住的也是温州人。早在 20 世纪 20 年代，已经有温州人到了巴黎，到 20 世纪 60 年代，温州人逐渐在巴黎的三区聚居，"温州城"开始生成，真正成规模的"温州城"还是诞生于 80 年代以后，与北京的"浙江村"有着相近的时间背景，都是在中国实行改革开放之后。尽管巴黎的"温州城"没有北京"浙江村"那样完备的经济活动体系，但是也存在相对独立的一个经济活动系统，比如有生产与销售，雇用与被雇用，生活服务和融资等，相对独立于法国的主流社会和经济系统。

北京"浙江村"和巴黎"温州城"都是由温州人构成，形成时间相近，各自有着相对独立的功能体系和相近的经济活动内容（他们都生产加工和销售服装、经营餐饮业等，前者还经营服装辅料，后者则生产和经营皮包等，在当地经济结构上都处于边缘和补充性的地位，没有进入核心位置等），所有这一切为作者提供了很好的比较基础。作者于 1993 年、1994 年、1997 年对北京的"浙江村"进行长时间的调查，于 1998 年 9 月到 1999 年 1 月，对巴黎的"温州城"进行了 4 个月的调查。这几次调查基本上采用了相同的方法，即参与观察法和访谈法。这两种调查方法比之问卷抽样调查等其他方法，更为可行有效。之所以这样说，是因为这两个地方究竟有多少温州人，没有确切的统计数据，原因是都有一些温州人是以非法的形式存在的（尽管这两种非法状态有着很不同的性质），因此即使是政府管理部门也掌握不了准确的数据。在这种情况下，没法获得问卷抽样调查所需的总样数量，根本无法进行科学的抽样（当然这并不等于说问卷抽样调查没有不足之处，是最好的调查方法）。

　　不论是北京的"浙江村"，还是巴黎的"温州城"，它们都属于熟悉社会这一类型，内部有着很高的同质性。这是我们采用参与观察法和访谈法的另一个重要依据。北京"浙江村"的村民主要来自温州市管辖的两个县市——永嘉县和乐清市，分别占"浙江村"人口的 30% 和 60%，集中分布在北京丰台区南苑乡大红门地区一带的 10 多个村庄，他们中许多人都是相伴进京，在北京也集中居住，相互之间交往比较多，内部发生什么事情，彼此相对比较了解（当然永嘉人与乐清人之间相互了解少些，但彼此也不是完全没有交往和完全不了解）（王春光，1995）。巴黎的温州人大多数来自温州的瑞安市丽岙镇、文成县玉壶镇、永嘉县七都镇和桥头镇，温州市区和丽水地区的青田县（20 世纪 50 年代青田县属温州管辖），他们主要集中在巴黎三区的庙街（Rue du Temple）和博布尔街（Rue Beaubourg）之间的几条小街，十一区的伏尔泰街（Boulevard Voltaire），十九区和十一区及二十区交界的美丽城（Boulevard de Belleville）和十八区的拉沙贝尔（Rue de la Chapelle），其中在庙街和美丽城一带最为集中。尽管巴黎的温州人数量不少，相当于西方国家的一个小城市的人口数，但是他们由于居住和工作比较集中，基本上局限于温州人自己的圈子，彼此之间有着这样或那样的社会和经济联系（这也正是本文关注的重点）。他们的活动比较集中，彼此联系很多，相知程度较高，非常适合进行参与观察和个案访谈。

　　作者与北京的"浙江村"中的一些温州人建立了长期的联系，曾经与他们共同生活了一段时间。而在巴黎，作者借住在一个温州人家里（用温州人的话说，叫搭铺），与他们同吃同住，周围的邻居大部分是温州人，共有 11 家，其中 5 家是工场兼住户。另外，根据温州人的生产经营和社会活动范围，分别在庙街、博布尔街、十区和美丽城 4 个地方建立了 5 个观察点，它们分别是点心店、皮包制作和生产工场、旅游纪念品销售店、华侨俱乐部和进出口公司，每周至少去一次，每次都要待上三四个小时，有的观察点每周去三四次。在这些观察点，作者接触到不少温州人，观察到他们的生产经营、交往行为和社会关系网络，并从那里渐渐地认识了许多温州人，对他们进行家访和观察。

　　作者把社会网络作为调查研究的主要内容，关注温州人在流动、移民和融合过程中如何利用、更新和扩充社会网络。具体地说，主要调查了这样几方面的问题：温州人凭借和利用什么样的社会网络为其流动和移民服务？社会网络对他们的聚居生活究竟发挥什么样的作用？他们的聚居生活又是怎样更新和扩充其社会网络的？他们的生产经营又与社会网络发生怎样的关系？

社会网络研究强调人与人、人与群体、群体与群体之间的关系，不专注于对个人和群体本身的属性和品质的研究和思考，更偏向于把它们放在广泛的社会关系中来考察。作者在调查过程中发现，不论是北京"浙江村"的温州人，还是巴黎"温州城"中的温州人，从他们个人的综合素质来看，我们难以发现他们比中国其他许多地方的人有更多的特殊性和优势，在一些方面（比如受教育水平）还差些，但是他们为什么却满世界流动呢？靠个人的素质这一变量对此难以作出有说服力的解释，因此我们更偏向于从社会网络的角度来观察、分析和研究温州人的流动、迁移、生存和经营行为和方式。调查表明，确实有一张巨大的社会网络支撑着温州人的流动和移民行为。

二　流动和迁移过程中的人际关系链

温州人外出经商做生意不是改革开放以后才开始的，而是有着相当悠久的历史。费孝通教授在对温州与苏南进行比较分析后看到这一点："温州则是个侨乡。这地方的农民一向到海外去经营小商业，用侨汇补贴家用。解放后，国门封锁，外出受阻，大量人口到全国各地去卖工卖艺度日。"（费孝通，1996：89）即使在割资本主义尾巴最厉害的"文化大革命"时期，温州人仍是雷打不动、一往情深、想尽办法地外出打工经商。在历史上温州人都是在市场信息很不畅通和很不发达的情况下向外流动和迁移，也不是通过政府有组织地进行的，主要凭借他们的人际关系链，并且不断地将这一链条加以延伸，在国内外形成了一个信息传递、人员动员和援助网络。正如台湾学者廖正宏所说的："以前的迁移者可能提供有关的资讯，以鼓励以后的迁移而产生迁移过程的连锁反应。结构网络的范围很广，它与迁移过程的关系是双方面的：第一，经济与社会网络大大的限制迁移的类型。第二，迁移本身可改变或增强此网络。"（廖正宏，1986：150）

在历史上，温州地区的商业就相当发达，温州人凭借着临海条件，早在唐朝时就与海外有密切的商业贸易往来。发达的商业不仅使温州人养成了浓厚的经商意识和观念，而且使温州形成了特定的社会关系和结构——商人和手工业者具有很高的社会地位（在过去至少与农民具有相同的地位）以及拟家族化的师徒关系、家庭经营模式。这种关系模式与经商观念并没有因时代的变迁而中断，反而在现代经济活动中得到更好的保留和发挥。具体说，温州人务工经商，有这样一个特点：开始，先是少数人，也没有明确的务工经商目的地，一旦发现一个地方有钱可赚，就写信或派人回家，把亲戚朋友、左邻右舍带出来，或者是自己赚了一些钱寄回家，让周围的人知道了，从而也引来了一批熟人。北京的"浙江村"和巴黎的"温州城"基本上就是这样聚集起来的。在这个聚集过程中，社会网络既是他们传递流动信息的媒介，又是他们流动得以进行的机制。

20世纪初，大多数温州人还不知道法国的具体情况，但是温州人之所以较早就到法国务工经商，除了他们的外出经商传统外，还因为当时中国与国外的交往增多，温州濒临东海，许多人靠海为生，有的还是船员，经常来往于沿海各港口城市，特别是上海和香港等地，甚至有的人还给外国海船打工。一些人借给外国海船打工之机，到了国外（包括法国）。还有一些人学有一门手艺，并以此外出谋生，特别是青田人擅长石刻，他们先是到东北等地，然后有些人越出了国界，穿越西伯利亚和欧洲大陆，一路上靠雕刻小猴子卖给沿途老百姓为生，一路走来到了法国，发现法国这个地方还不错，就不再继续往前走下去了。他们在法国赚了不少钱，通过各种渠道把钱带回家乡，从而吸引了更多的人（先是亲戚朋友，后是左邻右舍）涌向法国。

RYS先生现年90岁，1933年到了法国，他对当年到法国前后情况仍记忆犹新：

> 我几乎没有念过书，在蒙馆读了三个月。12岁那年父亲生病去世，姐姐嫁人不久也生病去世，我和我母亲靠种地为生。20岁那年我妈让我成亲，结婚开支很大，欠下20多块大洋，要还清这笔账是不容易的。当时，我隔壁村有一个堂姐夫，刚从法国做工回家，赚了一些钱，穿西装系领带，很有派头，引起很大的轰动。我就与同村的5个

年轻人商量去法国的事，大家都表示赞同。我们就坐船到了上海，在那里每个人花了 450 块银圆，买到船票和护照。从上海坐船到马赛，整整走了 35 天。原来我们的真正目的地是葡萄牙，但船先在马赛码头停靠，那里有些华人接人，我们花了 200 法郎，他们就把我们带出马赛码头。当天我们就坐火车到了巴黎。在巴黎，头几年很苦。我们都不会说法语，也听不懂。找到一个先来的青田老乡，就住在他在巴黎里昂火车站附近开办的皮带店里，睡在阁楼上，4 个人睡在一个房间里。开头几年，我们几个人彼此相依为命，一起外出兜售裤带、领带和一些小玩意，挨家挨户地兜售，也赚了不少钱。

后来发生第二次世界大战，法国与中国之间的交通中断，他们就留在了法国。RYS 与一个法国姑娘结了婚。

CXP 先生现年 86 岁，1936 年到法国，他是这样来法国的：

我之所以到法国，主要是来赚一点钱。我有个姐夫早三年就来到法国，我与他有书信联系。当年我走的时候，曾经去征求几个刚回国的塘下人，想打听一下法国的情况，可他们都不愿告诉我。当时我已决定要走，我父亲已经把钱准备好了，所以告不告诉我，也没有关系。在旅途足足走了一个多月。与我同船的还有一个塘下人，他从意大利上岸，于是我也跟着上了岸。然后与先到的几个青田人一同，在那里找到一个从我们温州去的蛇头帮助，花了 300 块大洋，从意大利边境偷渡到法国。然后到了里昂，找到我姐夫，住在他那里。那时我们温州人不像现在那样办工场、开饭店，而是拎着一个包，徒步销售皮带、袜子、头巾等，条件好一点的是骑自行车销售。后来改在集市上卖衣服和皮带。本来我想赚一点钱，然后回家买一些田产。后来发生了卢沟桥事变，接着日本鬼子大规模侵略我们中国，就这样我就待在了法国，与一个番女结了婚。

总的来说，法国对移民的控制一直是相当严格的，早期的温州人主要通过偷渡进入法国。二战爆发以后一直到 20 世纪 60 年代初，中法之间的所有交往基本中断，因此也使温州人无法偷渡。二战后到 1975 年战争使法国损失了大量劳动力，加上马歇尔计划使欧洲得到快速的复兴，法国进入了快速复兴和发展的 30 年黄金时代，需要大量的劳动力，于是才采取了输入劳工的移民政策。而在这个时候，中国方面却严格控制外出移民，使得温州人难以借法国的劳工移民政策大量进入法国。但由于温州人在法国已经有一些社会关系，到了 1964 年中法建交，中国相对放宽了对外出法国的控制后，一些在法国的温州人又与国内的亲朋好友建立了联系，于是在国内的温州人再次借助这一联系网络，开始了出国移民的历程，一直延续到现在，有越来越多的温州人通过不同的方式进入法国。目前温州人主要采用这样三种方式：家庭团聚、劳工输入和偷渡。这三种方式都依靠他们的社会网络发挥作用。

家庭团聚是法国移民政策的核心内容，一直没有改变。早期进入法国的温州人在他们获得合法身份后，就开始筹划利用法国的家庭团聚政策，将他们的孩子（主要限于 16 岁以下的未成年人）和爱人移居到法国。RYS 先生在国内没有孩子，但有一个亲外甥女（叫 RMP），他就认她为自己的亲孩子，在国内办理认亲手续，然后于 20 世纪 70 年代向法国提出家庭团聚的申请，很快就得到批准。WMS 先生也是 30 年代进入法国，他在法国没有孩子，70 年代，也以与 RYS 相同的方式把他哥哥的一个未成年的儿子认作自己的儿子（叫 ZQQ），然后将他申请移居到法国。

早期到法国的温州人中有许多人虽然在国内有自己的孩子，但是到了 20 世纪 60 年代中期，他们的孩子都已长大成人，早已超出了法国家庭团聚政策的未成年人的年龄界限，于是他们主要利用 1975 年前的劳工移民政策进入法国。他们中还有一些人也是以输入劳务的名义把自己的亲戚带进法国的。当时，一些早期到巴黎的温州移民已经开办了餐馆和成衣工场，当上了老板，只要他们提出输入外来劳力的申请，就能得到法国政府的批准；而没有当上老板的其他温州人却可以借助于已经当老板的温州朋友、亲戚，也容易把自己在国内的亲人弄到法国。XCH 的父亲 60 年代在巴黎三区开了一家餐馆，当时他已经成家，有了两个孩子，于是他父亲向法国政府提出自己餐馆需要输入一名懂中餐的厨师，然后把他当作厨师弄到法国。YZZ 是由他伯伯托其他当老板的温州朋友，以输入劳工的名义进入法国，他说：

我三个伯伯都是 1929 年到法国的，有两个伯伯在法国待了五六年，赚了点钱，先回了国。1937 年最后这个伯伯也赚了一些钱，已起程回国，到了马赛，就传来日本侵略中国的消息，无法回国了。与他同行的一个青田人执意要上船回国，我伯伯把赚的钱托那人带给我爷爷奶奶。没想到这个人最终还是回不了国，而去了荷兰，把我伯伯托他带的钱据为己有。可这点钱是我伯伯好不容易存起来的。我伯伯一直在巴黎九十五区干苦力，干得很苦，赚得很少。他这辈子没有幸福过，好不容易存的一点钱被人贪占了，国也回不了，也没钱娶亲。我父亲生了好几个儿子和女儿，就把我过继给还在法国的这位伯伯。他虽然没钱，但人缘很好，60 年代他请一位开餐馆的青田人帮忙，以输入劳工的方式将我弄到法国。我是 1965 年从北京坐飞机，先到莫斯科，再转机到巴黎。到了巴黎，发现我伯伯还是很艰苦，他住在三区永嘉饭店楼上的一个小房间里，烧煤球，煤烟把灯泡熏得乌黑乌黑的。我一到，就住在旅馆里，没跟他住在一起，第二天就给保我出来的那家餐馆打工，主要是洗碗，月工资是 600 法郎，比我伯伯还高，他每月只拿 500 法郎的工资。

利用自己的社会网络进行偷渡，是 20 世纪二三十年代以及 80 年代以来温州人进入法国的主要方式。

在法国，早期（主要是 20 世纪前 40 年）的温州移民，除了应招参加战时劳工而后留在法国的以外，他们都是偷渡到法国的，可以说都是非法移民。上面的一些例子已经说明了这一点：他们先到上海，花钱找人买个护照和船票，有的目的地本来不是法国，而是邻近国家，他们或坐船经过法国马赛港时，乘机下船，当时专门有华人在那儿靠接待其他华人为生，如前面所说的 RYS 先生原本是到葡萄牙，后来当船停靠马赛时花了 200 法郎，通过在那里的华人的接应下了船；他们或者先到法国的邻国，然后再从陆路偷进法国，如 CXP 先生与一个同乡同船出国，那位同乡从意大利上岸，他也跟着上了岸，然后花了 300 块大洋找到一个华人蛇头，乘着一个月夜，越过了意法国界。还有一些人穿越西伯利亚，从比利时、德国等国家偷进法国。在法国，一开始他们依靠温州人自己之间的相互帮助，以散兵游勇的方式兜售皮带、领带来维持生计。有的人还没有自己的护照，为了不被法国警察抓走，花钱从那些有护照但准备回国的华人那里买下他们的护照，连姓名也改叫原护照持有者的姓名，WAO 先生的叔叔原本姓朱，后来买到一个姓王的华人的护照，因此也就改姓为王，一直影响到他后来亲属的姓（姓朱的一律改姓王）。

目前在巴黎的温州人大多数是 20 世纪 80 年代以来进入法国的，他们中只有少数人是通过申请家庭团聚进入法国的，大多数人却达不到法国的合法移民要求，于是就转向偷渡。在我们所重点访谈的 70 人中有 46 位是1980 年后到法国，其中有 34 位都是偷渡进法国的，占 73.9%。

从 20 世纪 70 年代末开始，原先中断来往的海外关系开始得到恢复和发展，多年漂泊海外的华侨得以返回故里探亲访友，寻根祭祖。尽管他们并非人人有钱，但是他们在海外的收入与刚改革开放才得以解决温饱问题的国内人相比，当然显得富裕得多，他们的穿着打扮以及消费水平更是当时国人望尘莫及的，令人羡慕不已，引起国人对去国外赚钱和生活的憧憬。这种情况在有海外移民传统的温州地区，表现得更加突出和明显。当时在温州，华侨亲属一下子从原来较低的社会地位，跃升为众人羡慕的对象，他们也要求海外亲属帮助他们出国。当然并不是人人都有合法移民出国的资格，然而，他们还是殷切期望出国，不断写信给在法国的亲戚朋友，希望帮他们出国。这对巴黎的温州人来说，是一种无形的道德压力，因为他们还是深受中国文化传统的影响，觉得每个人都应对自己的家属、亲戚和朋友应尽一定的义务，同时，这又是一种面子，这种面子是难以抹去的。于是，他们就想到偷渡的办法，先是在法国的亲戚朋友出具经济担保书和信函，邀请国内的人到法国旅游，刚开始这一办法还比较奏效，旅游者到了法国，就逾期不归。但是，法国政府很快就发现了这一变相的偷渡做法，就采取控制措施。与此同时，一些在法国的温州人发现，帮助他人偷渡，是一项在短期内迅速致富的无本万利"生意"，因此，蛇头由此涌现，使非法偷渡得以持续下去。

先是由在巴黎的个别温州人出来做蛇头，他们联络国内的一些人，在偷渡沿线打通各方的关节，疏通各种关系。一般程序是这样的：偷渡者一般在法国是有亲戚或朋友的，他（或她）要偷渡到法国，先由他（或她）在法国的亲戚或朋友出面，给他（或她）写一封信并附上经济担保书，然后他（或她）在国内办理护照，再把护照寄给法国的亲戚或朋友，而法国的亲戚或朋友拿着护照找蛇头，请他们帮助把国内的这些人弄到法国。蛇头的要价是这样的，20 世纪 80 年代的价格是每人 8 万元左右（人民币），90 年代初升到 10 万元左右（人民币），现在又涨到 12 万~14 万元（人民币），这笔钱包括偷渡者的路费和路上的生活住宿费。偷渡者的亲戚或朋友先帮他（或她）交给蛇头 2 万元左右（人民币），作为定金，蛇头把偷渡者带到法国后，会打电话通知偷渡者的亲戚或朋友，要求他（或她）的亲戚或朋友交完钱之后，才把人交给他（或她）的亲戚或朋友。一般来说，这笔费用是偷渡者自己承担的，如果他（或她）在法国的亲戚或朋友比较有钱，而且也比较慷慨，那么他们也许会先借给他（或她），等他（或她）赚到钱后再还他们，但大多情况是这样的：定金一般暂时由偷渡者的亲戚或朋友垫上，到了法国后，其余费用得由偷渡者自己直接付给蛇头，蛇头把偷渡者带到法国后，叫偷渡者打电话给国内的家人，将剩下的那部分钱交给蛇头在国内的联系人，蛇头确证钱已经交清，然后才准许偷渡者的亲戚或朋友将他（或她）接走。当然，并不是所有的非法移民都是通过蛇头的帮助来到法国的，有少数人利用去别国旅游或经商转机的机会到巴黎，由早在那儿等候的亲戚或朋友接到他们在巴黎的住处，得到很好的安顿。但是，蛇头在偷渡上扮演相当重要的角色，他们使亲缘关系和朋友关系在移民活动中发挥更大的作用，一方面使更多的巴黎温州人能将他们的亲戚或朋友弄到法国，另一方面使没有亲戚关系但有朋友关系的温州人得以来到法国，所以，到 90 年代，没有亲缘关系而到法国的温州移民在增多。WJO 先生、MFY 先生和 ZY 先生分别于 1989 年和 1991 年偷渡到法国，他们在法国没有任何亲戚，只有一些朋友，他们是在朋友的有限帮助下，通过蛇头来到法国的。例如，ZY 出国前在温州认识了一个女朋友，这个女朋友的一位亲戚在法国，ZY 在女朋友的鼓动下，通过蛇头，到了法国。但是他女朋友的亲戚不愿接待他，但幸好他记得有个好友在法国，于是他通过蛇头多方打听，毕竟温州人的圈子还是比较小，所以很快就找到了他的好友。幸好那天他的好友正好在家休息，便开车接 ZY 到他家，第二天帮助他租到房子，给他介绍工作。说到这一点，ZY 对他的好友深表感激，没有好友的热情帮助，他一开始就不会有这么顺利了。有些温州人对我说，在法国，亲戚还不如朋友好，可想而知，朋友关系的作用是显而易见的。

温州人的偷渡线路和方式五花八门，有的人以出国旅游的名义，到了香港或东南亚的新加坡、马来西亚、泰国等国家和地区，然后换成日本或韩国等国家的护照，坐飞机到德国或东欧一些国家，转乘火车或汽车，直奔法国。有的人从云南偷越边境，进入缅甸，再从缅甸步行，穿越泰缅之间的山林，进入泰国，再坐车到曼谷，在那里等蛇头给他们日本或韩国护照，然后坐飞机也到东欧或德国等国家，再坐火车或汽车到巴黎。还有的人办理到非洲国家的签证，然后坐飞机，在经过巴黎停歇的间隙，在巴黎的熟人接应下出了机场。再有的人办理到俄罗斯的签证，然后在莫斯科找中国人蛇头，帮他们坐上飞往巴黎的飞机。但是有许多情况是这样的：一是蛇头在中转的海关口买通了一些人员；二是使用了假护照，东方人长期相近，西方人一般都难以识别出来；三是一般都是有好几个人同行，蛇头还派个人一路带队，安排行程计划，还联络车辆和有关部门。不过，后来欧洲国家对假护照查得严厉起来，最近去的偷渡者就通过各种渠道申办真护照，如让国外的朋友或亲戚出具证明，在国内办到护照，然后将护照寄到巴黎，由他们在巴黎的朋友或亲戚找蛇头，让蛇头拿去搞签证，当然也有假签证，也有真签证，到时候由蛇头通知偷渡者的路程安排。

通过各种方式和各种渠道编织而成的社会网络，一批批温州人进入法国，巴黎的温州人从 20 世纪 80 年代初的一两千人增加到现在的 10 多万人，一个人带出几十人乃至上百人的现象相当普遍。ZCX 先生今年（2000年）50 岁，他父亲 30 年代去过法国，后回国，50 年代再次外出，先去香港，后去了巴黎，他自己从 60 年代开始申请到法国团聚，到 1979 年才获批准，以探亲的名义到了法国。他说："像我们这批人比较幸运，1979 年到了法国，1981 年就碰上了密特朗总统颁布的大赦令，很快就拿到了居留证，在法国的非法时间短，后来又加入了法籍。就可以开店、办工场，不需要偷偷摸摸地去打黑工。我们有了事业了，更有帮人到法国的资本。经我带到法国的人不下 100 多人，其中有我老婆的兄弟姐妹，我的外甥、侄子，还有我好朋友的孩子。我帮我的每个好朋友带一个孩子出来，大多是女孩，我先给他们垫付钱，到了这儿，他们慢慢地还我钱，大多数几年内都能还清，当然不计利息。他们到了这里，我都给他们安排工作，一般不安排在我自己的店里，因为我担心人家说我为自己弄来一批廉价劳动力。除非一时找不到工作，先在我的店里打几个月的工，一有机会就让他们找别的工作。当然都是在温州人那里打工。"ZCX 的兄弟姐妹也带出了好多温州人，据他估计，与他父亲直接或间接有关而来法国的人数不下三四百人。GLF 先生的家族也有两百多人在巴黎，他们都是由他的叔叔和他本人带出来的。目前 Z 家和 G 家在法国温州人当中成为两个最大的家族。其他温州人也有不同数量的亲戚朋友。

相比较而言，北京的"浙江村"里的温州人在流动上虽然也依靠他们的社会网络，但是，没有在巴黎的温州人那么复杂，这是由两者所面对的流动限制条件不同造成的。北京的"浙江村"在形成过程中也是依托他们的关系链。20 世纪 80 年代初期，"北京的市场让人们普遍感到衣服做不过来。人们写信回家，甚至专程跑回去，动员亲属来，或在亲戚网和村里物色合适的女孩子"（项飚，1998）。在从温州到北京的流动过程中不存在偷渡的问题，这里的关系链主要在于传递流动信息以及促进亲朋好友之间的商业合作，以更好地利用自己拥有的社会资源为他们自己服务。

三　作为生存和发展资本的社会网络

温州人通过人际关系链流动和迁移出来，又聚集在一起，那么这样的关系链对他们在移入地的生存和发展又起到什么样的作用呢？又是以怎样的方式延续其作用呢？作者在调查中发现，社会网络是温州人在他乡或别国生存、发展和融入的重要法宝和社会资本，而不是移民融合的障碍。格雷佛斯（Graves and Graves，1977：8）认为，国际移民"在适应周围环境时，个人会有不同的资源可供使用，其中有他们自身的资源、核心家庭的资源、扩大家庭的资源甚至邻居朋友的资源，或更宽广的社会资源。……在依赖族人的策略（kin-reliance strategy）中移民是利用核心家庭以外的亲戚资源以适应环境；依赖同辈的策略（peer-reliance strategy）则运用同辈及相同社会背景的人的资源进行调适；依赖自己的策略（self-reliance strategy）则依靠自己及核心家庭或外界非人情关系（impersonal）的组织资源"。对许多在北京"浙江村"和巴黎的温州人来说，个人自身的资源相当有限，不足以支撑他们的生存和发展，特别对巴黎的温州人来说，更是如此。他们更多的还是采用前两种策略，即依赖族人和同辈策略，于是就构建起他们的社会网络，或者说这样的网络为他们的进入和生存提供了支撑，反过来他们的生存和发展又进一步扩大了他们的社会网络。他们的社会网络主要由族亲、朋友、乡邻三者编织而成，为他们的流动和迁移、非法存在、就业、融资及情感沟通等活动提供了支持。

上面已经讨论了社会网络对温州人流动和迁移的作用，涉及温州人的偷渡等活动。由于许多温州人偷渡到巴黎，一开始他们的存在当然是非法的，不能马上获得合法化的认可，需要经历一段时间，少则一两年（这种情况只有在 20 世纪 80 年代初出现过，后来几乎不存在），多则十多年。在这段时间里，他们随时都要面临被抓的危险，他们的任何活动都是非法的，但是他们需要吃、住、行、用，需要生存，因而只能求助于他们的社会网络。

巴黎温州人是分阶段从中国迁移和流动出来的，使他们彼此之间在合法化和事业发展上存在一定的时间差，这种时间差实际上为他们在巴黎营构生存和发展所需要的社会网络提供了足够多的机会。

20 世纪 70 年代以来，巴黎温州人形成了一个族内劳务市场。由于有了一些早期移民办了餐馆、制衣工场和小百货商店，成了老板，自然需要雇人做工，他们更愿意转向雇用自己的老乡，因为老乡更值得信任，在语言上便于交流。YZZ 的叔叔就是给同期到法国的朋友做工，但是当时供雇用的老乡人数很少，因此更多的温州老板利用法国的劳工移民政策，借机把自己的亲戚或朋友迁移到法国。80 年代后，在巴黎，越来越多的温州人当上了老板，也有越来越多的温州人进来，前者为后者提供就业机会，后者为前者提供廉价劳动力，因而形成了一个供需相应的劳务市场。这个市场不同于通常的劳务市场的是，它不仅仅是个经济关系网络，更是一个以亲缘、地缘编织的社会关系网络。

一般来说，巴黎的温州人在就业上都要经历这样三个阶段：打黑工、当雇工和雇工人（当老板）。绝大多数巴黎温州人一开始由于没有合法的身份，在法国就不能取得合法的工作资格，只能偷偷地给人打工。他们不懂法语（也不懂其他国家的语言），不可能给来自其他国家的移民做工，更不可能给法国人打工，何况打黑工在法国是违法行为，要冒一定的风险，因此初来乍到，他们也不可能对其他国家的移民和法国人抱有信任（后者也不可能对他们报以同样的信任，因为雇黑工，在法国要受到严厉的经济和法律处罚，风险相当大）。在这种情况下，以亲缘和地缘编织成的社会关系网络则给他们提供了打黑工的机会和安全保护。他们主要通过这样三种方式获得打黑工的机会。

第一种方式在亲戚朋友开办的工场、小店（包括酒店、饭店、皮包店、杂货店、服装店等）打工。WAQ 的叔叔 20 世纪 30 年代到法国，他过继给叔叔当儿子，于 1978 年以探亲的名义来到法国，1981 年拿到居留证，先后将孩子、老婆、老婆的两个侄女和自己的 3 个侄子和他们的老婆、小姨子和小姨夫等人带到法国。他的亲戚一到巴黎，就在他开办的皮包加工场里打工，同时也住在他家里，尽管时间一久，亲戚之间在工作和利益分配上闹矛盾，但是 WAQ 的帮助无疑使他们在巴黎站稳了脚跟。目前，他们都获得了合法身份，有的已经当了老板。CZM 是 1989 年在他叔叔 CSZ 的帮助下到法国的，就在他叔叔的儿子（堂兄弟）开办的饭店里打黑工。

第二种方式是经亲戚朋友介绍到其他温州人那里工作。YSQ 偷渡到巴黎后，经他舅舅介绍到另外一个温州人开的饭店洗碗，每月赚 4000 多法郎。ZCX 把自己带出的上百人都通过各种关系，安排到其他温州人那里打工。尽管 XCH 的父亲早在 20 世纪 60 年代就开了一家中餐馆，但是，他到了巴黎不久，就不想在他父亲那里干了，他父亲将他介绍给另一个朋友，为后者打工。在巴黎美丽城的温州人杂货店门口的墙壁上挂满各种招工的中文字条，天天也有许多人围着观看，寻找打工信息和租房信息，只要不太挑剔，就可以在温州人那里找到一份工作可做，但是，更多的无证者都希望通过熟悉的温州人（特别是亲戚朋友）的介绍，去找一份工作，因为这样能最低限度地降低伴随打黑工而来的风险。一般来说，只要你有熟人朋友，就可以请他们帮忙，就能与很多的其他温州人联系上，很容易找到一份工作做。

第三种方式是在亲戚朋友帮他们租到的房子里干私活（又叫黑活）。在巴黎，有一些没有合法身份的温州人就在自己的住处做私活，他们从其他温州人开办的工场甚至犹太人开办的工场那里接受一批服装或皮包加工业务（来料加工），今天拿一批料子，加工完毕，送还，再拿一批料子进行加工，如果活找得到，这样做比到工场做工更赚钱，有的人因此一年就能赚几十万法郎。这两种情况都需要借助于其他有合法身份的亲戚或朋友帮助才行，因为租房子需要有合法的证件。一般来说，只有非常亲近的亲戚或非常要好的朋友才肯以自己的名义租下房子，交给没有合法身份的亲戚或朋友用作黑工场。也有这样的情况：少数温州人自己有合法身份，他们愿意帮没有合法身份的其他温州人代租房子，尽管后者与前者非亲非故，但后者需要给前者支付一定的酬金，一般是每月支付三四千法郎。当然主要还是亲戚关系在这里起作用。YMJ 和 HSF 夫妇尽管是 1990 年来到法国的，但现在还没有拿到居留证，YMJ 的妹妹和哥哥都有居留证，他妹妹以自己的名义给他们租了一套房子，给他们使用，这套房子约有 40 平方米的使用面积，他们买了两台缝纫机，摆在客厅里，挂上不透明的窗帘，还用一条很厚的被褥挂在大门后，防止室内声音传出去。他们每天分别从一个温州人的工场和一个犹太人的工场，拿回一批布料，在家里加工，一件衣服的加工费视复杂程度而定，少则 12 法郎，多则 30 法郎，有时一天一人就能加工 50 到 60 件，收入相当不错。ZGX 和 ZBY 夫妇也曾在家里这样做过黑活，不过他们是给一个温州人的皮包店加工皮包，他们的房子是由 ZBY 的外甥以自己的名义租下来供他们使用的，因为他们的外甥已经加入法籍。当时他们住的房子面积只有 30 平方米，白天当工场，晚上当卧室，他们还雇了两个黑工，大概持续了一年多时间，赚了不少钱。ZGX 对当时他们开黑工场的行为做了这样的解释：

> 当时我们还没有居留证，也不知道什么时候能得到居留证。就想着多赚点钱，于是选择了在家里开黑工场。当时确实很赚钱，赚了一点钱，就汇到国内，或者寄存在亲戚那里。一般来说，法国警察不太会跑到居民家里来的，所以我们在家里干活，不一定能被查到。不过有一次很危险，差点被抓住，当时有一个警察不知为了什么，跑到我们的楼道里来，我们比较大意，没有关上房门，那警察经过我们门口，往里面看看，当时我告诉其他人，别看他，只管做自己的活，我也显示出很镇静的样子，还同他打了一声招呼，说 Boujour Monsieur（您好，先生），他也回了话，便离开了。我担心他会折回，就告诉那两个黑工，叫他们赶快离开，叫我老婆收拾贵重的东西和现金，马上去她姐姐那里躲一躲。幸好那位警察没有折回。一般来说，法国警察不轻易进入住家的。不过当时我想，让我这样做一二年的黑活，赚一点钱，即使被警察抓走遣送回国，也没有关系。

虽然中国没有"黑工"这一法律界定，但是与此相似的活动并不是没有，比如外地人是不允许开办诊所的，但是在北京的"浙江村"，一些温州农村医生在那里开办了一些私人诊所，尽管经常受到"查封"，然而总是清不绝，只要其中的一个诊所受到"查封"，这个消息马上通过温州人自己的社会网络传到其他诊所，其他诊所的老板很快将仪器和药物转移到他们在"浙江村"的亲戚朋友那里，暂时关门避风，以对付"查封"。另外，由于北京管理部门按人头收取各种费用，为了躲避这一点，许多温州人不去登记，只要亲戚朋友中有一人办理暂住手续，其他人就可以利用这一点避开各种检查，这同样是他们的社会关系网络帮助了他们。

即使有了合法的手续和身份，在异国他乡，温州人还是充分挖掘和使用所拥有的社会网络资源，以更好地发展他们的事业。在巴黎，尽管许多温州人一旦获得居留证，就不想继续给亲戚打工而另寻工作，但是，亲戚仍然是他们事业发展的重要依靠力量。另一个重要依靠力量来自朋友。做老板和"呈会"活动充分地体现了这一点。

温州人喜欢做老板。在法国，他们一旦获得合法身份，就筹划着如何当老板，不过只有一年期居留权的移民是没有资格当老板的。一些急着当老板的温州人就找他们的亲戚或好朋友代为老板，MFY、CZX 和 CYJ 都是1998 年 2 月份才获得 1 年期的居留权，6 月和 7 月分别开了一家点心店和外卖店，当起了实际上的老板，名义上的老板还不是他们自己。因为他们刚获得合法身份，只有 1 年期的居留权，无权登记注册成为老板，但是实际上这些店是他们投资和经营的，所有的收益也由他们分配，大部分属于他们，他们或请亲戚或花钱雇有 10 年期居留权或法籍的人当他们的名义老板。MFY 与一位法国人关系很好，那位法国人愿意出面当他的点心店老板，MFY 每月付给他 2000 法郎，作为报酬。MFY 说："找个人当老板，不是很好找，需要相当可靠，否则以后会发生许多纠纷。我找的这个法国人，原来是我的一个好朋友的好朋友，我的好朋友将他介绍给我，我们交往了一段时间，发现他很不错，也很喜欢我的孩子，每到过节，都送礼物给我的孩子。当时找他当老板，他很爽快地答应，并说不要报酬。当时我想既然叫人家冒风险，就得给人报酬，也表示我的谢意。"CYJ 是请他的堂叔当老板，他堂叔已经加入法籍，他每月给堂叔 1500 法郎的报酬。CZX则以他的儿子名义开了一家外卖店，他的孩子比他早三年获得居留权，并且还是 10 年期，现在已经 22 岁，所以有当老板的资格，实际上还是他自己当老板，孩子仅仅是帮手而已。

在巴黎，温州人请人当老板，不是现在的事，以前就有过。1985年前，在法国，只有法籍的人才能当老板，不是法籍的人没有做老板的资格。那时许多温州人都没有加入法籍，但他们都有着做老板的强烈愿望，就得花钱请人当老板。正如GCJ先生所说的："我们温州人有个传统，就是人人想当老板。1985年前，即使拿到10年居留证，也是当不了老板的。只好花钱请人家当你的老板。比方，你想开一间店，就得请一个法籍的人当老板。这个人与你的关系应该不错，是你信得过的人，因为你赚的钱都归到他的名下，你想提取一点钱，须得经过他同意才行，他可以随时将你赚的钱，取出来自己花。因此，就出现这样的问题：有些人不讲信用，他们利用当老板的身份，将别人赚的钱拿去花了。从法律的角度讲，这些钱应该属于他们的，但实际上不是这样，赚钱的人只好自认倒霉，哑巴吃黄连，有苦难说。不过，在我们温州人圈子里，如果一个人不讲信用，就别想待下去了。因此这样做的人也只是少数。"1981年密特朗当选总统后，便着手修改这项政策，放宽对申请当老板的限制，允许获得10年期居留权的移民也可以当老板。这项修改后的政策直到1985年才开始实施。从此以后，有越来越多的温州人当上了真正的老板，也使只有1年期居留权的温州人能找到更多的亲戚朋友代当老板，从而使整个温州人群体获得了更大的经济发展余地和机会。有少数获得10年期居留权的温州人动脑筋，代人当老板，以此赚钱。如ZJS先生给其他11个温州人代当老板，仅此一项每月的收入在4万法郎以上，甚至还帮助没有居留权的温州人租房子，开黑工场，后来由他帮助开设的一个黑工场被查到，他的违法行为才得以暴露，他因此被取缔了居留权，随后被遣送回中国。

做老板，除了资格条件，还需要投入数量可观的资金。比如，买一间店面的经营权，少则需要四五十万法郎，一般的则需要八九十万法郎，除此之外，还需要一批流动资金。尽管许多温州人在打黑工或给人合法做工时，赚了一点钱，积攒了一些，但一下子要拿出上百万法郎投资当老板，对他们来讲，是比较困难的。但是，大多数温州人想做老板，一般都能如愿以偿。那么他们的钱是怎样筹集到呢？这里又离不开他们拥有的社会网络。有人说温州人有点像犹太人，在这方面也有一点相似。犹太人专门设了一笔基金，无息帮助缺钱但想经商的犹太人，凡是犹太人都可以向这个基金申请贷款。温州人没有犹太人那么超前，用现代的手段建立互助关系，但是，他们却有着悠久的互助互援传统：在温州，就有"台会"这样的民间融资方式。在北京"浙江村"经商的许多温州人或多或少通过台会获得了一定的资金。在巴黎，虽然没有完全采用台会的融资方式，但是，实行了一种近似台会但比台会较保险的融资方式——他们称之为"会"。

　　所谓"会"，是指巴黎的温州人借助朋友、亲戚关系建立起来的一种经济互助形式，但是它不是纯粹的友情互助形式，还兼有一些市场成分。朋友亲戚关系是前提，没有亲戚朋友，就建不了"会"，因为这种筹资形式是一种民间的非正式形式，没有现代法律契约的制约，因此如果没有可靠的信任保证，就没有人敢把钱交给他人使用。但是这种使用也不是无偿的，只不过利息比银行贷款低。在巴黎的温州人中间，盛行两种类型的"会"，他们分别称之为"干会"和"活会"。"做'会'，对我们温州人非常有帮助。温州人在巴黎干事业，需要钞票，主要靠做会，在朋友亲戚之间筹集。如果你等着钞票用，你就呈个'会'，告诉朋友和亲戚，请他们加会。有的人，朋友亲戚多，做一个'会'，就能筹到不少钱。一般来说，每个朋友和亲戚，一次拿出 1 万法郎入会，很少有人拿出 2 万法郎，因为每个温州人赚钱不多，存起来的钱更少，一下子拿不出 2 万法郎。'会'分两种，一种叫'干会'，另一种叫'活会'。'干会'，是这样一种情况：如果你急需一笔钱，就告诉朋友'我要呈个会'，比较好的朋友都会参加，每个人一般拿出 1 万法郎入会，然后大家参加抓阄，确定归还顺序和日期。如果你今天呈会，并抓了阄，三个月后开始依次每月偿清一位入会朋友的钱，第一个月还抓到第 1 号的朋友的钱，依此类推，直到还清所有入会朋友的钱。如果有 30 个朋友入会，你需要在 33 个月内还清他们的钱。'活会'的其他情况与'干会'是一样的，只是偿还方式上有所不同。从建会那天开始的第三个月，确定一个固定的时间，比如每月的几号下午几点钟，入会的朋友集中到会主家里，以招标的方式确定当月谁拿回入会款和有关利息。一般来说，最高标底是 600 元，如果你出标 100 元，恰巧这是最高的出标数，那么你就中标，其他会员当月都要再拿出 500 元，交给会主（或叫会首或庄主），会主把所有会员交来的钱（每人 500 元）收拢来，再加上你入会的那份钱（1 万元），一起归还给你。而你从下个月开始，每月得拿出 600 元，直到所有的会员都拿回自己的钱和利息为止。会主将你交纳的这笔钱交给下个月的中标者。下个月的相同时间，会主又召集会员进行投标，但是你已经没有资格参加投标，仅由其他没有拿回钱的会员参加投标。如果下个月张三出 80 元的标数中了标，那么该月其他会员要拿出520 元交给会主，但你却要交纳 600 元。会主会将你交的 600 元和其他会员交的 520 元，再加上 1 万元，一道交给张三。到最后一个月，会主分别从每个会员那里拿到 600 元，再加上 1 万元，交给一直没有中标过的最后一个没有拿回钱的会员。这样，这个会就宣告顺利结束。"（ZSG 先生的话，其他温州人告诉我们的情况与此没有差别，因此在这里不赘述）

一般来说，温州人倾向于采用"活会"这种呈会形式，尽管每个月都得去聚会招标，还要去送"会费"，但是这种形式从经济上看对每个会员来说都是比较合理的，因为他们投入 1 万元，但拿回的不止 1 万元，还有一定的相当于利息那样的补偿。对会主的经济帮助来说，"干会"和"活会"都是一样的，"活会"对会主来说仅多一层麻烦（每月召集会员招标、收会费等），但是，采用"活会"，更容易吸引朋友入会，而且从经济上对朋友有所助益，所以他们也乐于采用这一形式。"干会"则显得人情关系浓了些，因为加会的朋友纯粹是帮助朋友，没有经济利益可得，反而要损失利息，这就缩小了入会朋友的范围，降低了朋友入会的积极性。所以，现在"干会"很少被他们所采用。

但是，"活会"对会员来说，也不是很盈利、很合算的经济活动，这里就有人情因素在起作用了。同时，即使是朋友，也不是随便能入会的，这里还取决于这样的因素。一是会主的呈会目的，也就是钱的用途。如果会主纯粹是为了买住房、还债等非经营盈利活动而进行呈会的话，就不会有朋友响应参加，呈会必须是为了投资经营，比如开餐馆、办工场等。二是会主还应是个敬业、勤俭持家的人，吊儿郎当、不三不四、嫖赌成性的人要呈会，就不会有多少人参加。三是会主还会经营，以前做生意，如果一直亏本的话，想呈个会就相当困难，没人会对他还钱的能力有信心。所以，温州人对入会是相当谨慎的，非是朋友不行，甚至非是要好而可靠的朋友不行。但是，即使这样，也有倒会现象发生。所谓倒会，就是会主没有能力还钱。只有极少数、极少数会主为人不地道、不讲信用，卷款逃走，但大多数倒会的会主是因为经营不善、亏损造成的，他们根本还不起。"你作为他的朋友，只好自认倒霉吧。这也正是朋友发挥作用的时候，一般来说，对此，朋友们是理解的，不会硬要他还钱，是不现实的，反过来说你作为朋友，应该尽一定的帮助义务。假如他是真正讲信用、有情谊的人，等他以后赚到钱，他肯定会还的，只是时间问题。"（ZSG 如是说）

在巴黎，呈会的最明显作用是大大地加快了将更多的温州人扶上老板宝座的步伐，显示出非正式关系帮助温州人进入市场经济的力量。MFY 先生开点心店缺 30 万法郎、CZX 开外卖店缺 40 万法郎、ZSG 买皮包店缺 25 万法郎和 ZZX 买饭店缺 50 万法郎等，都是通过呈"活会"筹措到的。这样的例子是相当多的，也是相当普遍的。

总之，社会网络大大地有助于温州人降低生产和经营成本，减少他们在异国他乡所面临的生存、生活和发展风险。有了这样的网络，他们即使不懂当地社会的语言和习俗，也能找到工作，从而生存下来，甚至获得很好的发展。社会网络不仅仅是他们非法存在和行动的保护伞，更是他们借以开创、发展事业的有力手段和资源，还是他们社会交流和感情的依托。当我漫步巴黎的三区、美丽城和北京的"浙江村"，当生活在他们的圈子里的时候，我没有发现与在温州某个小城镇中生活有什么很不一样的感觉，一样的语言、一样的人情、一样的举止、一样的关系。

四　延续与变异

但是，社会和文化环境的改变，在一定程度上也改变了温州人的行为方式，他们并不完全搬用在温州老家的社会网络，特别是在构建和使用社会网络等方面有了适应当地社会和环境的变化。首先，亲戚关系范围有所拓宽。本来在温州老家几乎没有来往的许多亲戚关系（主要是指超过五服的远亲关系）在异国他乡得到重新认可和建立。其次，社会网络的地域覆盖面也得到极大的拓宽。这里所说的地域覆盖范围，是指这些在异国他乡的温州人在温州家乡的居住范围。他们在没有外出之前，由于在家乡居住的地理距离比较远，因此基本上没有什么交往，可是到了外地，聚居在一块，自然就有更多的交往机会，但是在选择交往对象上还是以家乡的居住地点为中心逐渐向周围延伸、扩展。如果放在家乡，他们中的一些人不会成为交往对象，正是从这一点上说，他们的社会网络的地域覆盖范围超出了原来在家乡交往所触及的地理范围。换言之，这种交往还是带有地缘性的，但是比起在家乡的交往地缘范围更广些而已。再次，城乡关系对社会网络的影响比在温州有了很大的减弱。在温州，除非是很近、很亲密的亲戚，否则城镇居民与农村居民的日常交往是很少的，更谈不上建立社会网络。但是在异国他乡，城乡居民身份的差别变得越来越不重要了，因为在那里，他们都是外来者，城乡居民的身份没有实质上的社会、经济、政治和文化意义了，因此他们变得亲近起来。那些原本是温州的城镇居民，不再用以前那种优越的态度看待周围原本是农民的温州人，后者也不再显得很自卑和低人一等了。最后，重要的共同经历在构建社会网络的过程中变得越来越重要。比如，一起偷渡出国，在偷渡的路上共过患难的人在异国他乡结成了生死之交的朋友；一起当过工人的人也较容易建立经常性的社会联系。

　　同样，巴黎的温州人与北京"浙江村"的温州人在构建和使用社会关系网络的方式上也有一定的差别和不同。在北京的"浙江村"，亲戚关系范围和地域覆盖范围的拓宽更受到重视，对他们的社会网络的作用更为明显。而在巴黎的温州人中间，这两个因素的影响却不是很明显，特别是亲戚关系范围的拓宽不但没有受到重视，反而受到冷落。与此同时，城乡居民身份的弱化和共同经历的加强则显得非常明显，对他们的社会网络的构建和使用发挥更大的作用，这一点在北京的"浙江村"就没有这样明显了。这些差别和不同与大的社会和文化环境的差别有密切的关系：尽管在中国城乡关系发生了很大的变化，城乡流动不是很困难的事，但是城乡差别仍然存在，甚至还有所扩大，城乡居民身份对一个人的社会交往仍然有着非常重要的影响，或者说是城乡居民之间交往的重要障碍，这促使进城的农村流动人口仍然转向挖掘他们内部的社会网络资源，那就是扩大亲戚关系和地域范围以建立生存、生活和发展所需要的社会网络，更好地保护自己的利益。在北京的"浙江村"也不例外。而在巴黎，像中国那样的城乡身份和差别并不存在，不论是来自温州农村的温州人，还是来自温州城镇特别是温州市区的温州人，对法国社会和居民来说都是外来移民，反过来对这些温州人来说也是如此，在实践活动中中国的城乡身份没有给他们带来好处或坏处，谁生活得好、发展得好，与他们在中国的城乡身份根本没有关系。在这种情况下，他们更注重人际交往中能否相互依托和信任这一点，只要能做到相互依托和信任，不管以前是不是城镇居民，都会建立起一定的社会网络。所以，在巴黎，共同经历重要的事件和活动，是温州人了解彼此能否相互依托和信任的主要机会和渠道，从而也影响到他们能否建立密切的社会联系。

在巴黎的温州人中间发生的另外一点变化，就是亲戚关系在社会网络中的影响和作用没有国内那么强，反而出现减弱的势头。尽管他们基本上是通过亲戚关系来到巴黎，但是许多人反映："亲戚还不如朋友好""亲戚之间经常闹矛盾"。这里的主要原因是亲戚之间的权利和义务的对等性没有朋友之间那样清楚和明确，这可从他们争吵的内容中得到反映。WAQ是ZGX的姨夫，前者于1978年到法国，在他的帮助下，后者于1990年到了法国，然后在前者开办的皮包加工工场工作，结果闹翻了。对此，ZGX是这样解释的："没错，没有AQ的帮助和携带，我是进不了法国的。但是我给他做了四年的工，工资拿的比其他工人低，干的活比其他人多得多，似乎我是他带出来的，理所当然应该给他做牛做马。这一点，我也没有什么怨言，给他多干一点，也不是给别人干，都是自己人。但是，他根本没有看到这一点，反而时时以老板的架势对待我。对此，我并不买账，我父亲都没有这样对待过我。我们还是姨夫关系呢！后来为一件小小的事情，闹翻了。"WAQ则说："我一直对GX相当好，帮他进了法国，来了就给他工作做，工资也没少发给他，吃住还在我家里。我是够意思的了。他反而对我有意见，天晓得！"在这一点上，WAQ觉得他带ZGX到法国，功劳很大，后者应该好好地报答他，不应该有什么怨言。而ZGX虽觉得WAQ对他有恩，也努力工作、少拿工资，作出相应的报答，但这种报答不应是无限期、无止境的。就这样，不同的想法终于因一个小小的分歧而演变成争吵和冲突，结果相互不往来。这种现象不是个别性的，在巴黎的温州人中间经常发生。亲戚之间发生争吵比较多的另一种情况是请求帮助而得不到兑现引发的。在我国民情习俗中，亲戚间的相互帮助虽然是有条件的，但不应该被计较的，只要可能，几乎是有求必应的。但是到了法国，温州人的生存条件发生了变化，同时法国文化中讲究权利与义务对等的思想观念对那些来法国时间比较长的人产生了一定的影响。但是，刚来的温州人受到的影响比较少，而碰到困难需要帮助的情况却特别多，所以他们一有困难，首先想到和求助的是进法国早一些的亲戚，也许头几回的请求帮助，都会得到回应和兑现，但是次数一多，就不行了，前者觉得到了外国人情突然变得淡薄、世态炎凉，而后者觉得前者太过分了。结果他们的感情渐渐趋于冷淡，有的人就断绝了交往。

这些变化在很大程度上是温州人为适应在流入地和接受国的生存、发展和融合的需要而出现的。在北京，"浙江村"居民不但要应付外部社会对他们施加的压力和排挤（如对外地人的清理、外地人无法与当地人享受同等的务工经商政策待遇），而且还要对付内部不同群体（比如永嘉人与乐清人、乐清的虹桥人与大荆人、永嘉的乌牛人与岩头人）之间的张力。由于在我国现行的属地管理体制下，外地人要受流入地有关部门的控制，难以享受到后者提供的管理服务，所以他们不仅要聚集在一块，而且要按照来自温州不同乡镇的界线分头相聚（如来自乐清虹桥的人集中居住在一块），以处理内外部的紧张和冲突。在这种情况下他们特别重视亲戚关系以及地缘关系的作用，扩大亲戚范围，强化核心地缘的亲密性。在巴黎，温州人当然也是外来人口，但是只要拿到居留证，就可以与当地人享受同等的管理服务和有关政策待遇，他们内部发生的许多纠纷关系也能得到有关部门的有效解决（尽管许多人更偏重于通过内部协商解决），使得他们没有必要按来自温州不同乡镇（或区域）的界线分头相聚，从而削弱了区域亲近性的作用。所以，他们在建立社会关系网络的过程中更加重视友谊、缘分和情感，使得共同的重要经历对他们营构社会网络的作用变得越来越重要。

参考文献

费孝通，1996，《学术自述与反思》，生活·读书·新知三联书店。

费孝通，1998，《从实求知录》，北京大学出版社。

廖正宏，1986，《人口迁移》，台北：三民书局。

王春光，1995，《社会流动和社会重构》，浙江人民出版社。

项飚，1998，《社区何为》，《社会学研究》第 6 期。

Cross, Malcolm. 1998. "Multicutural Policies and the State: a British Paradox," *Multicuturural Policies and the State: a Comparison of Two European Societies*, edited by Marco Martiniello. Oxford: Oxford Publishing Services.

Emirbayer, Mustafa & Goodwin, Jeff. 1994. "Network Analysis, Culture, and the Problem of Agency," *American Journal of Sociology*, Volume 99 No. 6.

Grave, Nancy B. , Theodore D. Grave. 1977. "Preferred Adaptive Strategies: An Approach to Understanding New Zealand's Multi-culture Workforce," *New Zealand Journal of Inolustrial Relations* 2 (3) .

Harg reaves, Alec G. 1995. *Immigration*, "*Race*" *and Ethnicity in Contemporary France*. Routledge.

Martiniello, Marco (etd.) . 1998. *Multicutural Policies and the State* : *a Comparison of two European Societies*, Oxford: Oxford Publishing Services.

Schnapper, Dominique. 1994. *Community of Citizens*. Paris: Gallimard.

从职业评价与择业取向看中国
社会结构变迁[*]

许欣欣

随着改革开放的不断深入，迈向 21 世纪的中国正在发生巨大变化。经济体制的转轨、产业结构的调整、分配模式的改变以及多种经济形式的形成与发展，造成了大量社会资源的重新分配与社会资源分配体系的重组。这种社会资源的占有、分配以及分配关系的变动，不仅引发了社会成员间原有利益格局的重大变革，而且导致了整个经济社会结构的深刻变迁。要揭示和把握这一变迁过程及其发展趋势，从人们的职业评价与择业取向着手无疑是最好的切入点。

一　中国城市居民的职业评价

职业声望作为工业化社会核心价值的一种反映，一直被社会学家广泛使用，以从社会层面测量社会结构分化的方向和程度。职业声望由个人声望引申而来，二者都是重要的社会现象。所谓个人声望是指在日常生活中，人与人之间的交往导致了对他人能力、品质、影响力等方面的评价，众人的综合评价即为被评价者的声望。声望高者受人尊重，声望低者则往往被人轻视。为此，声望提供了社会评价与社会分层的尺度。

在现代社会中，随着科学技术的进步，生产组织日益取代家庭成为人们最主要的活动场所，随着人们活动场所的扩大，诸多标志个人在生产组织中身份与地位的职业成了人们最主要的社会地位标志，由职业团体所构成的社会阶层在社会结构中的重要性与日俱增。可以说，在许多方面，职

＊　原文发表于《社会学研究》2000 年第 3 期。

业群体都具备了社会阶层的应有特征：群体内具有较高的同质性，而在不同的职业群体间则存在着较高的异质性，群体之间差异明显。因此，在现代社会中，职业声望便取代个人声望成为社会分层的重要尺度。

职业声望作为一种社会学研究传统，是以解释社会地位与社会分层关系为其主线的。韦伯是最早提出用声望作为社会分层标准之一的学者。韦伯以后的声望研究从理论上讲仍围绕在声望解释社会分层结构中的意义和功能方面，不过更深入了一层。具体来讲，一是对声望进行了经验研究和实际测定（Warner，1941）；二是将社会统计学方法运用到社会分层研究，发展出多种职业声望量表（North and Hatt，1947；Duncan，1961）；三是将声望研究的成果引入其他专门的社会学领域，其中最有代表性的是地位获得模型（Blau and Duncan，1967）和社会网络理论（Lanman，Blacburn，Plandy）；四是通过职业声望进行不同国家和地区文化差异的比较研究（Treiman，1977）。这些研究不仅在方法上更加规范，而且从理论上提出了一些新的看法和解释，丰富并拓展了社会分层的研究内容和领域。但总的来讲，以往的职业声望研究多着眼于静态的社会结构分析，本研究则试图运用职业声望量表与未来择业取向相结合的方法，揭示转型时期中国社会结构变迁的动态过程与发展趋势。

首先让我们来看中国的职业声望量表。为了了解即将步入 21 世纪的中国城市居民如何评价各类职业，笔者于 1999 年 7～8 月在全国 63 个城市对 2599 名 16 岁以上的城市居民进行了一次抽样问卷调查[①]（本文中除特别注明外，所有数据均来源于这次调查）。问卷中一共设计了 69 种职业，请被调查者根据各自的主观感觉对所列职业的价值进行评价。每一职业的价值均可分为 5 个等级，并采用美国社会学家诺斯与哈特的标准赋予一定的分数，依次为："最佳职业（100 分）"、"较好职业（80 分）"、"一般职业（60 分）"、"较差职业（40 分）"和"最差职业（20 分）"。将调

[①]　调查样本总体的基本构成情况。（1）性别分布：男性占 51.4%，女性占 48.5%；（2）年龄分布：16～29 岁者占 24.2%，30～39 岁占 27.2%，40～49% 岁占 25.3%，50～59 岁占 13.3%，60 岁以上占 10%；（3）受教育程度分布：小学及以下者占 5%，初中程度占 22.5%，高中程度占 21%，技校、中专、职高程度占 17.1%，成人高等教育程度占 15%，全日制大专、大学及以上程度占 19.4%；（4）政治面貌：中共党员占 33.8%，共青团员占 19.1%，民主党派占 1.4%，无党派群众占 45.8%。调查委托国家体改委社会调查系统具体实施。

查结果汇总后，求出每一职业的平均得分，据此作出中国的职业声望量表（见表1）。

表1　中国城市居民职业声望量表（N = 2599）

单位：分，位

排名	职业	声望得分	标准差	排名	职业	声望得分	标准差
1	市长	92.9	13.71	27	空中小姐	78.0	15.87
2	政府部长	91.4	13.85	28	工商管理人员	77.3	15.41
3	大学教授	90.1	13.39	29	电脑网络系统管理员	77.2	15.73
4	电脑网络工程师	88.6	14.08	30	国立中小学教师	77.1	14.38
5	法官	88.3	13.94	31	广告设计师	76.7	14.02
6	检察官	87.6	13.90	32	警察	76.2	18.00
7	律师	86.6	13.39	33	机械工程师	76.0	14.29
8	高科技企业工程师	85.8	13.50	34	国有小企业厂长	75.9	16.11
9	党政机关领导干部	85.7	16.60	35	运动员	74.7	17.09
10	自然科学家	85.3	15.12	36	大企业会计	73.4	14.54
11	翻译	84.9	14.62	37	党政机关一般干部	73.3	15.24
12	税务管理人员	84.9	16.15	38	私营高科技企业雇员	73.3	15.57
13	社会科学家	83.9	16.26	39	证券公司职员	72.4	14.75
14	医生	83.7	14.38	40	导游	71.7	14.10
15	计算机软件设计师	83.6	15.77	41	私立学校教师	71.5	14.92
16	作家	82.5	16.22	42	党政机关小车司机	70.1	17.70
17	记者	81.6	15.67	43	文化个体户	68.2	15.91
18	房地产经营开发商	81.5	15.72	44	保险公司职员	67.5	15.83
19	国有大中型企业厂长、经理	81.3	16.43	45	企事业单位政工干部	66.8	15.70
20	投资公司经理	81.1	15.79	46	工商个体户	65.7	16.64
21	歌唱演员	80.1	19.51	47	三资企业职员	65.4	15.05
22	编辑	79.7	14.33	48	护士	64.1	14.46
23	播音员	79.5	15.83	49	饭店厨师	60.6	16.73
24	银行职员	79.1	14.85	50	出租汽车司机	59.5	15.43
25	私/民营企业家	78.6	16.24	51	邮递员	59.1	15.55
26	影视剧演员	78.2	19.53	52	公共汽车司机	58.5	14.94

续表

排名	职业	声望得分	标准差	排名	职业	声望得分	标准差
53	社区服务人员	56.6	16.27	62	乡镇企业工人	44.3	18.04
54	股份制企业工人	53.2	15.76	63	饭店招待	43.5	16.67
55	殡仪馆工人	53.0	22.32	64	国有小企业工人	43.5	17.61
56	宾馆服务员	52.6	16.80	65	私/民营企业工人	43.2	18.31
57	商店售货员	50.8	15.84	66	集体企业工人	42.7	18.11
58	公共汽车售票员	48.7	15.52	67	个体户雇工	37.7	18.83
59	国有大中型企业工人	47.4	18.17	68	保姆	36.9	17.48
60	环卫工人	45.5	18.54	69	建筑业民工	34.9	17.86
61	农民	44.7	20.74				

注：①量表中所列69种职业在调查问卷中被分为A、B两部分，其中A卷与B卷各含35种职业。为进行比较，在A卷、B卷中均设计了一个相同的职业，即"私/民营企业家"。统计结果显示，被调查者对A卷、B卷中"私/民营企业家"的评分非常接近，A卷（调查样本1283人）中该职业的声望得分为78.62分，标准差为16.25；B卷（调查样本1316人）中该职业的声望得分为78.58分，标准差为16.22。故而，有理由在不经过加权的情况下将A卷、B卷合并构成此量表。

②本职业量表在设计时曾得到戴建中、李路路、李培林、李强、沈原的指点，特此致谢。

在职业的选择上主要考虑了四方面原则：一是保证所选职业与其他国内外有关调查具有可比性；二是应为大多数被调查者所熟悉；三是能够揭示出中国社会所独具的一些特征，如所有制类型；四是要使所选职业能够反映出鲜明的时代特征，如"电脑网络工程师"、"计算机软件设计师"和"电脑网络系统管理员"等。

表1显示，位于前21位的职业得分都在80分以上，且除"歌唱演员"的标准差（19.51）较大外，其余20个职业的标准差均在13.39至16.60之间，说明中国城市居民对这些职业的共识很高。概括这一组职业的特征，可以看到几个很明显的标志，即政治权威、科学知识、复杂的职业技能和较高的收入。除此之外，具有时代象征的新兴产业似乎也是这组职业的一个特征，如"电脑网络工程师"（88.6分）、"高科技企业工程师"（85.8分）和"计算机软件设计师"（83.6分），这3个具有明显知识经济时代特征的职业得分均远远高于"机械工程师"（76.0分）这一典型的属于工业经济时代的职业的得分，尽管其也需要复杂的技能方能胜任。

"市长"、"政府部长"和"大学教授"是声望最高的3个职业，得分均在90分以上。从这3个职业所具有的特征来看,政治权力、社会责任和教育水平似乎是中国市民在进行职业评价时最为看重的标准。不过,从"电脑网络工程师"这一自20世纪90年代以后才在中国大地上出现的职业竟能在量表所有69个职业中位居第4来看,中国城市居民对明显具有时代特征的新兴职业已表现出高度认同。

职业声望在60分以上、80分以下的职业共28个,可视为中等声望的职业。概括这一档次职业的特征,基本上为白领职业,其权力、知识水平和技能水平均较上一档次要低。值得注意的是,许多传统计划经济"体制外"的职业也在这一档,如:"私/民营企业家"、"私营高科技企业雇员"、"私立学校教师"、"文化个体户"和"工商业个体户"等。这说明,中国城市居民的所有制观念已经开始淡化,对于"体制外"从业者的歧视已明显减弱。

得分在60分以下的职业共20个,以从事体力劳动的蓝领职业为主。显然,人们对于较少专业训练、较低教育水平、较大劳动强度的职业一般评价较低。

不过,有一点在此需要特别注意,在表1的职业量表中列出了3个职业性质相同,而所有制形式不同的职业,即"党政机关小车司机"、"出租汽车司机"和"公共汽车司机"。三者的声望得分呈现明显差异,声望最高的是"党政机关小车司机"(70.1分),其次是"出租汽车司机"(59.5分),声望最低的是"公共汽车司机"(58.5分)。若论收入,三者之中"出租汽车司机"无疑是最高的,但其职业声望却远远低于工作在党政机关为首长开车的"小车司机";若论技术难度,开大车的"公共汽车司机"驾驶执照最难考,但其职业声望却位居三同行之末。显然,在这里,起决定作用的不是收入,不是技术水平,也不完全是劳动强度,而是接近政治权威的距离、工作的稳定性和晋升的机会。

二 中国不同时期职业声望量表比较

对不同时期调查结果的比较,有助于进一步了解中国社会结构的变迁。表2是4个不同时期由不同研究人员在中国不同地区所进行的职业声望量表的比较。其中,林楠与谢文的调查完成于1983年,整个量表含50个职业,全部调查样本均取自北京(Lin and Xie, 1988);中国经济体制改革研究所"中国社会分层研究"课题组（以下简称中国经济体改所课题组）的调查完成于1987年，量表共含85个职业，调查样本取自北京和沈阳两市（许欣欣，2000）；"中国居民家庭生活调查"课题组的调查完成于1993年，整个量表由100个职业组成（陈婴婴，1995），调查样本取自10个县（市）（折晓叶、陈婴婴，1995）。为便于比较，表2仅列出4次调查中所含相同职业的声望得分。

美国社会学家特莱曼（Treiman，D. J.）在对60个国家与地区的职业声望进行比较后发现，由于社会结构本身所具有的功能必要性（functional imperative）和组织必要性（organizational imperative），各国/地区对职业声望高低的评价非常接近，其相关系数约达0.80（Treimen，1977）。中国的情况亦不例外，4次调查虽然完成于不同时期、不同地区，但通过对各调查所含相同职业的比较可知，声望得分的相关度很高：1999年笔者对全国63个城市2599名城市居民的调查与1983年林楠与谢文北京市调查的相关系数为0.87；1999年笔者的调查与中国经济体改所课题组1987年调查的相关系数为0.90；1999年笔者的调查与1993年"中国居民家庭生活调查"的相关系数为0.92。

然而，尽管有着较强的相关，调查者对其中一些职业的评价却在不同时期呈现明显差异。首先，关于"党政机关领导干部"的评价。在1999年笔者所做的全国性调查中，这一职业声望得分为85.7分，高于"自然科学家"（85.3分）和"社会科学家"（83.9分）等要求专业知识水平较高职业的声望得分；而在1983年该职业声望得分为68.1分，1987年为77.7分，1993年为71.9分，均大大低于历次调查中"自然科学家"与"社会科学家"的职业声望得分，并且低于"国有大中型企业厂长、经理"和"国有小企业厂长"的声望得分。

表2　不同时期职业声望量表比较

单位：分

职业	笔者1999年在全国63个城市的抽样调查	林楠与谢文1983年调查	中国经济体改所课题组1987年调查	"中国居民家庭生活调查"课题组1993年调查
市长	92.9		87.9	81.3
政府部长	91.4		82.8	87.0

续表

职业	笔者 1999 年在全国 63 个城市的抽样调查	林楠与谢文 1983 年调查	中国经济体改所课题组 1987 年调查	"中国居民家庭生活调查"课题组 1993 年调查
大学教授	90.1	83.8	88.6	87.6
法官	88.3		80.6	
检察官	87.6			78.4
律师	86.6		84.2	70.8
党政机关领导干部	85.7	68.1①	77.7①	71.9①
自然科学家	85.3	83.8	84.5	75.5
翻译	84.9			67.1
社会科学家	83.9	82.7	83.5	79.2
医生	83.7	86.2	80.9	68.8
作家	82.5	81.7	87.4	67.4
记者	81.6	81.1	83.2	66.2
国有大中型企业厂长、经理	81.3		79.4	76.9
工商/税务管理人员	81.1②		68.3	63.0
歌唱演员	80.1			55.1
编辑	79.7		83.0	65.2
银行职员	79.1		68.7	
私/民营企业家	78.6		67.6	58.6
影视剧演员	78.2	57.7		60.0
空中小姐	78.0			56.9
国立中小学教师	77.1	66.4③	70.7	61.4
警察	76.2	43.8	65.7	66.5④
机械工程师	76.0			72.4
国有小企业厂长	75.9		73.6	
运动员	74.7	62.8		60.4
大企业会计	73.4	66.4		60.4
党政机关一般干部	73.3	63.0	65.5	
党政机关小车司机	70.1			59.8
文化个体户	68.2			48.5
企事业单位政工干部	66.8		63.9	67.6
工商业个体户	65.7		62.2	48.3

续表

职业	笔者 1999 年在全国 63 个城市的抽样调查	林楠与谢文 1983 年调查	中国经济体改所课题组 1987 年调查	"中国居民家庭生活调查"课题组 1993 年调查
护士	64.1	55.3	66.7	50.2
饭店厨师	60.6	43.5	68.8	
出租汽车司机	59.5		66.5	50.4
邮递员	59.1	46.3	63.0	42.3
公共汽车司机	58.5	63.2⑤	67.55	50.4
殡仪馆工人	53.0		50.2	27.1
商店售货员	50.8	42.1	59.9⑥	33.4
公共汽车售票员	48.7	42.1	53.9	41.5
国有大中型企业工人	47.4		64.8	52.4
环卫工人	45.5	25.9	54.6	28.5
农民	44.7		57.9	28.2
乡镇企业工人	44.3		59.3	43.2
饭店招待	43.5	39.0	58.0	33.2
国有小企业工人	43.5		61.4	
集体企业工人	42.7		59.5	35.9
个体户雇工	37.7			23.0
保姆	36.9	18.9	49.8	19.1
调查样本（人）	2599	1632	753	3012

注：①此处为原量表中"党政机关局级干部（或司局长、高级官员）"与"党政机关处级干部（或处长、中级官员）"两职业的平均分。

②此处为原量表中"税务管理人员"与"工商管理人员"两职业的平均分。

③此处为原量表中"中学教师"与"小学教师"两职业的平均分。

④此处为原量表中"公安人员"的得分。

⑤此处为原量表中"司机（或汽车司机）"的得分。

⑥此处为原量表中"大商店售货员"与"小商店售货员"两职业的平均分。

　　其次，"工商/税务管理人员"和"警察"的职业声望在 1999 年调查中也都有了较大幅度的提高：1983 年，"警察"的声望低于"运动员"、"大企业会计"、"党政机关一般干部"、"护士"、"邮递员"等职业；1987年，"警察"声望低于"国有小企业厂长"、"护士"、"饭店厨师"、"出租车司机"和"公共汽车司机"；即使到了 1993 年，"警察"的声望也还低于"机械工程师"和"企事业单位政工干部"。但是 1999 年调查则显示，

"警察"这一职业的声望已明显高于上述那些职业。不仅如此,从表 2 还可以看到,"工商/税务管理人员"的职业声望上升幅度也很大:1987 年时,"工商/税务管理人员"的声望低于"编辑"、"银行职员"、"国立中小学教师"、"国有小企业厂长"和"饭店厨师";1993 年,其声望低于"编辑"、"警察"、"机械工程师"、和"企事业单位政工干部";而到 1999 年,其声望已明显高于这些职业。

相对于其他职业来讲,在中国,"党政机关领导干部"、"工商/税务管理人员"和"警察"这 3 个职业均拥有较大的特权,前者是党政机关的任职者,后两者则是政府重要职能部门的任职者。这 3 个职业声望的显著提高,似乎说明人们在评价职业声望时对职业所拥有的权力特征以及市场机制下职业的稳定性更加看重。

另外,表 2 数据显示,与以前 3 次调查相比,职业声望在 1999 年有较大提高的职业还包括"私/民营企业家"、"歌唱演员"、"影视剧演员"、"文化个体户"和"工商业个体户"等。这些职业都属于近年来市场因素渗透较多、收入增长较快的职业。由此可见,经济收入与市场适应力在人们对职业价值进行判断时的作用有了明显增加。

此外,"国立中小学教师"的职业声望在 1999 年调查中也有较大的提高(与"警察"、"机械工程师"、"国有小企业厂长"相比)。显然,教育产业的发展、中小学教师收入的提高和中国特有的独生子女政策,以及由此产生的中小学教师调动家长权力与资源能力的增强都为这一职业增添了砝码。

相比之下,国有企业工人的职业声望则在明显降低。1987 年和 1993 年的调查显示,"国有大中型企业工人"的职业声望高于"工商业个体户"、"邮递员"、"商店售货员"和"公共汽车售票员"等服务性职业,"国有小企业工人"的声望也在"商店售货员"、"公共汽车售票员"、"环卫工人"、"乡镇企业工人"、"饭店招待"等职业之上。然而 1999 年调查数据显示,国有企业工人的职业声望在直线下降,已经掉到了这些职业之下。显然,近年来随着国有企业改革的深化和产业结构调整步伐的加快,国有企业下岗工人日渐增多,致使国有企业职工的经济社会地位显著下降。

通过比较不难看出,职业的社会经济特征是会发生变化的,人们对于职业的评价也会随之发生变化。在中国,职业声望的升降受制度变迁的影响颇深。

三 不同社会群体的职业评价比较

职业声望主要反映人们对某职业的主观看法，不同的人由于自身经历、环境、观念等方面的不同，对于相同的职业往往会产生不尽相同的看法。因此，为了进一步了解不同社会群体对各种职业的评价，下面分别从年龄、受教育程度、城市规模与发展状况等角度对调查样本进行了区分，借以找出不同群体在职业评价上存在的差异。

1. 不同年龄群体的比较

表 3 是不同年龄群体职业声望评价的比较，评分接近的职业未予列出，表 3 中所列只是差异较显著者。从表 3 显示的数据来看，16～35 岁这一年轻组与 36 岁及以上年长组相比，年轻组的政治权力取向似乎较弱，他们对那些象征政治权力的职业（如"市长""政府部长""党政机关领导干部"等）不像年长组那样看好，他们给予这些职业的声望评分均低于 36 岁及以上组。其次，年轻组对那些虽然有较高科学知识水平和较高技术复杂性，但收入较低的职业，评价也不像年长组那样高，如其对"大学教授"、"社会科学家"、"翻译"和"作家"的评分均低于年长组。此外，虽然社会舆论普遍认为中国的年轻人多是"追星族"，对此忧心忡忡者不少，但表 3 中的数据却告诉我们，他们对"歌唱演员"和"影视剧演员"的平均职业评分比 36 岁及以上年长组分别低了 7.40 分和 6.45 分，显然，对于这类主要凭天赋取胜的职业他们并不像年长者那样看好。

相比之下，年轻组对那些具有时代特征、需要高新技术的职业则颇为青睐。表 3 数据显示，他们对"电脑网络系统管理员"、"广告设计师"、"计算机软件设计师"和"私营高科技企业雇员"的职业评价均高于年长组。另外，他们对于伴随改革开放步伐而日渐壮大的传统计划经济"体制外"的非公有制部门职业似乎并无偏见，从表 3 的数据中可以明显看出，16～35 岁年龄组对"私/民营企业家"、"私/民营企业工人"和"私营高科技企业雇员"的评价均高于 36 岁及以上年长组。尤其是将他们对"私立学校教师"（72.36 分）和"国立中小学教师"（75.83 分）的评价与 36 岁及以上年长组对这两个职业的评价（前者为 70.89 分，后者为 77.93 分）相比较，更可看出他们对非公有制部门不怀成见：在年轻组的评价中，"私立学校教师"的职业声望只比"国立中小学教师"低 3.47 分；而在年长组的评价中，前者却比后者低了 7.04 分。这一结果无疑在向我们昭示，与年长者相比，中国的年轻人是一个较少传统观念、较少权力意识、较多市场取向、较多创新精神和较多风险意识的群体。

表 3　不同年龄群体职业评价差异比较

单位：分

职业	16~35 岁组职业声望评分（1）	36 岁及以上组职业声望评分（2）	（1）-（2）
市长	91.28	93.90	-2.62
党政机关领导干部	83.39	87.30	-3.91
政府部长	90.48	91.98	-1.50#
税务管理人员	83.45	85.86	-2.41
工商管理人员	76.13	77.99	-1.86
党政机关小车司机	68.01	71.58	-3.57
社会科学家	82.77	84.59	-1.82
国立中小学教师	75.83	77.93	-2.10
编辑	77.94	81.00	-3.06
大学教授	88.55	91.14	-2.59
翻译	83.82	85.69	-1.87
作家	80.20	83.92	-3.72
播音员	78.30	80.39	-2.09
影视剧演员	74.39	80.84	-6.45
歌唱演员	75.79	83.19	-7.40
银行职员	77.50	80.18	-2.68
殡仪馆工人	51.48	54.05	-2.57
电脑网络系统管理员	78.23	76.46	+1.77
广告设计师	78.07	75.78	+2.29
计算机软件设计师	84.68	82.84	+1.84
私立学校教师	72.36	70.89	+1.47#
私营高科技企业雇员	74.89	72.18	+2.71
私/民营企业家	79.56	78.01	+1.55#
私/民营企业工人	44.48	42.30	+2.18

续表

职业	16~35 岁组职业声望评分（1）	36 岁及以上组职业声望评分（2）	（1）－（2）
商店售货员	51.96	50.04	+1.92
保姆	38.16	36.03	+2.13
国有大中型企业工人	49.02	46.30	+2.72
集体企业工人	44.02	41.76	+2.26
调查人数（人）	1044	1544	2588

注：所有差异均在 0.05 水平上显著，除了那些带有 "#" 号者。

2. 不同受教育群体职业评价比较

表 4 是不同受教育程度被调查者的职业声望评价比较，其中高中以下组包括中专、中技学校毕业生，大专以上组包括接受成人高等教育者（如电大、夜大、函大）。

从表 4 显示的情况来看，总的来讲，受教育程度较低的高中以下组成员的职业声望评价普遍高于受教育程度较高的大专以上组成员。在调查问卷列出的全部 69 个职业中，高中以下组成员对 39 个职业给出了明显高于大专以上组的声望评分。

唯独例外的是对 "私/民营企业家"、"私营高科技企业雇员"、"证券公司职员" 和 "广告设计师" 这 4 个职业，大专以上组给出了明显高于高中以下组的评分。如果对这 4 个职业的共同特征做个概括，那么，第一，这 4 个职业都是自改革开放之后才涌现（或再现）出来的需要较高专业知识方能胜任的职业；第二，这些职业的任职者大都属于中国传统计划经济体制外成员。也就是说，在中国，受教育程度越高的人市场取向越强，对专业知识的偏好越强，受传统所有制观念的束缚越弱。

表 4　不同受教育程度群体职业声望评价差异比较

职业	高中以下组声望评分（1）	大专以上组声望评分（2）	（1）－（2）
国立中小学教师	78.09	75.15	+2.94
检察官	88.71	85.71	+3.00
文化个体户	68.98	66.95	+2.03
编辑	80.61	78.15	+2.46

续表

职业	高中以下组声望评分（1）	大专以上组声望评分（2）	（1）－（2）
党政机关领导干部	86.72	83.84	+2.88
社区服务人员	57.25	55.34	+1.91
殡仪馆工人	54.51	50.00	+4.51
银行职员	79.90	77.53	+2.37
国有小企业厂长	77.60	73.15	+4.45
翻译	86.32	82.47	+3.85
公共汽车司机	59.85	55.89	+3.96
宾馆服务员	54.15	49.91	+4.24
影视剧演员	80.48	74.12	+6.36
歌唱演员	82.08	76.84	+5.24
商店售货员	51.88	49.00	+2.88
机械工程师	77.41	73.33	+4.08
党政机关小车司机	71.50	67.56	+3.94
农民	45.54	43.06	+2.48
播音员	80.92	76.97	+3.95
法官	89.49	85.85	+3.64
警察	78.25	71.75	+6.50
大学教授	90.92	88.41	+2.51
作家	83.69	79.90	+3.79
护士	64.81	62.51	+2.30
工商业个体户	66.42	64.22	+2.20
集体企业工人	43.51	40.87	+2.64
党政机关一般干部	74.80	70.27	+4.53
个体户雇工	39.04	34.89	+4.15
乡镇企业工人	45.29	42.49	+2.80
市长	93.56	91.40	+2.16
大企业会计	74.09	72.06	+2.03
运动员	76.00	72.23	+3.77
私/民营企业工人	43.97	41.72	+2.25
企事业单位政工干部	68.66	62.71	+5.95

续表

职业	高中以下组声望评分（1）	大专以上组声望评分（2）	（1）-（2）
高科技企业工程师	86.35	84.71	+1.64
空中小姐	78.76	76.27	+2.49
国有大中型企业工人	48.30	45.42	+2.88
公共汽车售票员	49.72	46.68	+3.04
环卫工人	46.22	43.96	+2.26
私/民营企业家	77.82	80.29	-2.47
证券公司职员	71.47	73.70	-2.23
广告设计师	76.13	77.82	-1.69
私营高科技企业雇员	72.50	74.91	-2.41
调查人数（人）	1690	885	2575

注：所有差异均在 0.05 水平上显著。

3. 不同地区职业评价比较

表 5 是中国东、中部地区大城市及东南沿海地区部分开放城市（包括北京、上海、天津、广州、武汉、长沙、海口、厦门、大连、杭州、青岛、常州等 23 个城市）及重庆与其他 40 个城市（包括西部地区的一些省会城市在内）被调查者职业声望评价的比较。这一分析基于的假设是：中国的地区概念不是一个简单的空间概念，而在相当程度上是一个时间概念。东、中部大城市与沿海开放城市由于较早实行开放政策、较早引入市场机制，因而这些城市的居民对于改革开放带来的变化有着更多的认识与更大的承受力，其价值观念的转变较之西部城市/中小城市居民也更快。

表 5　东、中部大城市/发达城市与西部城市/中小城市居民职业评价差异比较

职业	大城市及沿海开放城市（1）	西部/中小城市（2）	（1）-（2）
私立学校教师	73.05	70.61	+2.44
私营高科技企业雇员	75.08	72.28	+2.80
私/民营企业家	80.34	77.56	+2.78
投资公司经理	83.94	79.49	+4.45
工商业个体户	67.17	64.88	+2.29

职业	大城市及沿海开放城市（1）	西部/中小城市（2）	（1）－（2）
乡镇企业工人	45.80	43.51	＋2.29
政府部长	92.44	90.80	＋1.64
党政机关一般干部	75.47	72.13	＋3.34
党政机关领导干部	86.93	84.96	＋1.97
饭店厨师	62.24	59.70	＋2.54
空中小姐	76.12	79.06	－2.94
公共汽车售票员	47.14	49.64	－2.50
殡仪馆工人	50.06	54.68	－4.62
公共汽车司机	57.28	59.12	－1.84
保险公司职员	65.49	68.59	－3.10
邮递员	55.48	61.24	－5.76
自然科学家	83.35	86.42	－3.07
社会科学家	82.72	84.54	－1.82[#]
国立中小学教师	75.46	77.99	－2.53
播音员	78.12	80.34	－2.22
导游	69.64	72.89	－3.25
调查人数（人）	945	1643	2588

注：所有差异均在 0.05 水平上显著，除了那些带有 "#" 记号者。

　　表 5 的数据说明分析所依据的假设基本成立。东、中部地区大城市及沿海城市居民职业声望评分明显低于中小城市的职业多为传统职业；而对于中国改革开放之后涌现出来的市场色彩较浓的新兴职业，东、中部地区大城市及沿海城市居民则给予了较高的评价，如他们对 "私立学校教师"、"私营高科技企业雇员"、"私/民营企业家"、"工商业个体户"、"乡镇企业工人" 和 "投资公司经理" 的评价均高于西部/中小城市居民。

　　不过，从大城市及沿海开放城市居民对 "政府部长"、"党政机关领导干部" 和 "党政机关一般干部" 的评分普遍高于中小城市居民来看，职业所拥有的政治权力以及控制社会资源的能量也是他们评价职业声望时较为看重的标准。这一点似乎颇让人费解，然而，它却从另一个角度再次揭示了中国地区概念中的 "时间" 内涵。中国的经济改革，从体制上来说是变计划经济体制为市场经济体制，其实质就是对社会资源重新配置，对各种利益关系重新调整。所谓"资源"可分为有形资源和无形资源两种：有形资源如土地、计划物资等；无形资源则是一些经营特许权，如房地产经营权、某类物品的进出口权、股票上市权等。在中国，代行资源管理与配置大权的是各级党政机关，转型时期中权力约束机制的不健全，致使部分变质的权力之手得以介入资源配置的全过程而从中渔利。这种权力市场化现象无疑在开放较早的地区表现得更突出、更明显，因此，这些地区的居民对此有着更深刻、更透彻的认识与体会，并在职业评价中反映出来也就是自然而然的了。

四 中国城市居民的择业取向

中国经济、社会结构变迁的过程与趋势不仅可以从人们的职业声望评价方面进行考察，而且可以从人们的择业取向上反映出来。1983 年林楠与谢文在北京市所做的职业声望研究结论显示，在中国，人们的最终目标是在国有或集体所有制部门中获得一个工作（Lin and Xie，1988）。那么今天，这一结论还能继续成立吗？在笔者 1999 年对全国 63 个城市居民进行的抽样调查中，所有被调查者都被要求回答这样一个问题："假如您能够重新选择，那么您将选择从事什么职业？"这是一道开放题，没有给出任何限定答案（虽然不排除回答者会在一定程度上受到问卷中测量职业声望时所列职业的影响）。根据回答者的受教育程度和政治面貌进行分组，可以得到如表 6 所示的结果。

表 6　不同受教育程度群体及不同政治面貌者未来择业取向

单位：%，人

择业取向排序	受教育程度				政治面貌	
	初中以下	高中/中专/中技等	成人教育（夜大/函大等）	全日制大专/大学以上	中共党员	非中共党员
第一位	党政机关领导干部 11.8%	党政机关领导干部 11.2%	党政机关领导干部 13.6%	党政机关领导干部 11.4%	党政机关领导干部 14.4%	党政机关领导干部 10.3%

择业取向排序	受教育程度				政治面貌	
	初中以下	高中/中专/中技等	成人教育（夜大/函大等）	全日制大专/大学以上	中共党员	非中共党员
第二位	工商/税务管理人员 6.3%	工商/税务管理人员 6.8%	电脑工程师 7.7%	电脑工程师 10.1%	工商/税务管理人员 6.6%	电脑工程师 6.3%
第三位	私/民营企业家 5.8%	法官 5.8%	律师 7.2%	私/民营企业家 6.5%	电脑工程师 6.1%	私/民营企业家 6.3%
第四位	法官 5.8%	电脑工程师 5.8%	工商/税务管理人员 6.4%	工商/税务管理人员 6.3%	律师 5.4%	工商/税务管理人员 5.6%
第五位	医生 4.6%	律师 5.5%	法官 5.1%	大学教授 5.5%	法官 5.3%	法官 5.3%
第六位	检察官 4.6%	私/民营企业家 5.3%	私/民营企业家 5.1%	自然科学家 5.1%	医生 5.3%	律师 5.0%
第七位	党政机关一般干部 4.4%	医生 4.6%	医生 4.8%	律师 4.9%	检察官 4.7%	医生 4.1%
第八位	律师 3.7%	检察官 4.0%	检察官 4.0%	记者 4.5%	私/民营企业家 4.4%	国立中小学教师及检察官各占 3.7%
调查样本（人）	655	944	375	493	830	1629

注：①表中"党政机关领导干部"包括选择"市长"及"政府部长"者在内。

②表中"电脑工程师"实为选择"电脑网络工程师"和"计算机软件设计师"两项之和。

③表中"私/民营企业家"包括选择"工商业个体户"者在内。

④表中"工商/税务管理人员"实为选择"工商管理人员"与"税务管理人员"两项之和。

表6是不同受教育程度被调查者与不同政治面貌被调查者未来择业取向居前八位的职业及所占百分比。不难看出，虽然在各群体的选择中，国有部门的职业仍然受到青睐。但是，明显属于传统计划经济"体制外"的"私/民营企业家"也开始被各群体看好。在"初中以下"、"全日制大专/大学以上"以及"非中共党员"这3个群体的未来择业取向中，"私/民营企业家"均排在第三位；而在"高中/中专/中技"和"成人教育（夜大/

函大等）"这两个群体的择业取向中，"私/民营企业家"被排在第六位；即使在"中共党员"这一中国有较高政治地位群体的重新就业选择中，"私/民营企业家"也被排在了第八位。显然，经历了 20 余年的改革开放后，人们已不再把谋职的最终目标锁定在国有或集体所有制部门。市场虽然充满风险，却也孕育着无限希望，对有志者来说，那已成为施展身手创一番伟业的理想所在。

不过，表 6 中最为抢眼的还是各群体未来择业的第一取向，无论按受教育程度划分，还是按政治面貌划分，排在首位的无一例外都是"党政机关领导干部"。不仅如此，在表 1 的职业声望评价中，"大学教授"（90.1 分）是得分仅次于"市长"（92.9 分）和"政府部长"（91.4 分）位居第三的职业，但是在表 6 展示的中国城市居民未来择业取向中，除"全日制大专/大学以上"群体将其列为第五位外，其他群体对其并不看好。倒是职业评价明显在其之下的"工商（77.3 分）/税务（84.9 分）管理人员"被人们普遍看好［在"初中以下"、"高中/中专/中技等"以及"中共党员"群体中，列居第二位；在"成人教育（夜大/函大等）"、"全日制大专/大学以上"以及"非中共党员"群体中列居第四位］。这一结果告诉我们：在中国，权力不仅是人们进行职业评价的重要标准，而且是人们重新选择职业时予以考虑的一个重要因素。

现代社会中，社会流动产生的条件大致可分为两类，一是社会结构的变化，二是社会开放性程度的提高。社会结构变化对流动有直接的影响，其变化所引起的位置增减将导致社会成员在不同社会位置上的新的分布；社会开放性的增加则会减少流动的障碍，从而为社会成员变换其社会位置提供更多的机会，对流动产生间接影响。改革的深入发展，不仅导致中国经济社会结构的巨大变迁，使从业者得以在经济发展与所有制结构调整所创造出的大量新的社会位置中进行流动，而且导致传统计划经济体制条件下种种限制人们自由流动的身份制壁垒（许欣欣，2000）的瓦解，为广大从业者重新择业提供了远较改革前更多的机会。然而，具体到"党政机关领导干部"这一职业来说，随着近年来从中央到地方各级党政机构的调整，其对任职者的需求量并未增多，而是在逐渐减少。因此，表 6 所展示的各群体均将未来职业的第一选择定为"党政机关领导干部"无疑与现实可能相悖，使我们有理由对其真实性提出质疑。尤其是"非中共党员"群体中也有 10.3% 的人将"党政机关领导干部"作为重新择业的第一取向，则更令人困惑不解。鉴于此，有理由作出这样的推断，即其中相当一部分人恐怕未必是出于真正的行为动机，或许只是一种逆反情绪或权力情结的反映而已。对这些人来讲，这一取向与其说是务实，倒不如说是在务虚。

那么，谁有可能是在真正务实呢？让我们把目光转向表 7。表 7 是关于不同年龄群体未来职业选择的排序。虽然从调查样本总体看，排在第一位的仍然是"党政机关领导干部"（见表 7 最右边一列），但是，当所有被调查者按年龄大小分成"16～30 岁"、"31～45 岁"和"46 岁及以上"3个组时，差异便显示出来了。从 3 个不同年龄群体的比较来看，16～30 岁这一最年轻群体的政治权力取向最弱，与其他两个较年长群体相比，他们的第一位选择不是"党政机关领导干部"，而是需要完完全全凭尖端科学知识和复杂技术水平、必须投入大量人力资本后方能胜任的"电脑工程师"（"电脑网络工程师"或"计算机软件设计师"）。不仅如此，在他们的前八位选择中，被其他群体普遍看好而位居第二或第三、无须付出太多人力资本的"工商/税务管理人员"竟然榜上无名。之所以会这样，根本原因恐怕在于相对来讲这是一个缺乏社会记忆的群体，他们从懂事起便开始接受市场经济——尽管尚不规范——的熏陶，因而更能感受到时代的脉搏，而较少传统观念的印痕与束缚。当今世界已进入信息时代，与工业时代不同，信息时代是一个变革的时代，生活在这样一个变革时代的年轻人，他们已经不能接受森严的等级结构、呆板的中层管理、僵化的论资排辈和循序渐进的升迁程序。因此，对他们来讲，"为官"不再可能是终极目标，他们梦寐以求的也许是凭借自身知识与能力成为中国大陆的比尔·盖茨①、乔布斯②、杨致远③……因为纵观人类历史，除了体育和表演艺术外，找不到一个领域可以像信息产业这样反复地让"少年选手"成为领袖和大师。这是一群刚刚进入或即将进入劳动力市场的生力军，应该说，他们的选择才最有可能是在务实，他们的择业取向才更能反映出中国未来经济社会结构变迁的趋势。

---

① 世界著名软件公司"微软公司"创始人，成为世界首富时不过 40 岁。
② 世界著名计算机公司"苹果公司"创始人，19 岁创办苹果公司。当其创办的公司上市后，股票价值达到近 18 亿美元，超过福特汽车公司时，年方 24 岁。
③ 世界著名网络公司"雅虎公司"创始人之一，成为亿万富翁时年仅 27 岁。

当然，这里无意否认 31~45 岁组和 46 岁及以上组这两个年龄群体未来择业取向的务实性。

表7　不同年龄群体未来职业选择排序

择业取向排序	16~30 岁	31~45 岁	46 岁及以上	样本总体
第一位	电脑工程师 11.1%	党政机关领导干部 12.2%	党政机关领导干部 14.4%	党政机关领导干部 11.8%
第二位	党政机关领导干部 8.4%	工商/税务管理人员 6.3%	工商/税务管理人员 7.0%	电脑工程师 6.1%
第三位	私/民营企业家 5.4%	私/民营企业家 5.9%	法官 6.0%	工商/税务管理人员 5.9%
第四位	律师 5.1%	律师 5.5%	私/民营企业家 5.7%	私/民营企业家 5.6%
第五位	法官 4.7%	法官 5.3%	医生 5.2%	法官 5.3%
第六位	国立中小学教师 4.4%	电脑工程师 5.2%	律师 4.7%	律师 5.1%
第七位	警察 4.1%	医生 5.0%	检察官 4.1%	医生 4.5%
第八位	检察官 3.7%	检察官 3.8%	国立中小学教师 4.1%	检察官 3.9%
调查样本（人）	701	1004	772	2477

注：①表中"党政机关领导干部"包括选择"市长"及"政府部长"者在内。
②表中"电脑工程师"实为选择"电脑网络工程师"和"计算机软件设计师"两项之和。
③表中"私/民营企业家"包括选择"工商业个体户"者在内。
④表中"工商/税务管理人员"实为选择"工商管理人员"与"税务管理人员"两项之和。

事实上，他们的选择在相当程度上反映出其真正的行为动机。这两个群体之所以将"党政机关领导干部"和"工商/税务管理人员"作为未来择业的第一二位取向，显然与其生命历程直接相关。长期生活在高度集权的计划经济体制下，受官本位的影响自然更多。另外，则反映出他们对转型时期的中国社会特征有着比年轻人更深刻的理解与认识，计划经济向市场经济的过渡不可能一蹴而就，漫长的转型过程中，由于权力约束机制的软化，部分变质的权力之手会介入资源分配。了解中国国情的人都知道这样的事实，20 世纪 80 年代，在价格双轨制的作用下，中国曾兴起过规模空前的"公司热"和"炒批文热"；进入 90 年代以后，中国又相继出现了几大投机行业：股票市场、房地产市场、期货市场。这几大"热"和几大投机行业的兴起，使一部分人可以依靠权力和资本的投入，进行社会财富的再分配，在这几次资本原始积累的高潮中，中国涌现了一大批百万、千万乃至亿万富翁，其持续时间之短，积累速度之快，集聚财富之巨，堪称世界之最。

五　总结与讨论

综上所述，可以看到，人们职业声望评价的变化和未来择业的取向反映出中国社会结构深层的变动过程。这种变动主要沿着两条轴线在运行。一条是市场化的轴线。在体制转轨过程中，一方面，市场适应力强的职业越来越被人们所看重。这一点既在人们不同时期对传统"体制外"职业评价的上升（如"私/民营企业家""文化个体户""工商业个体户"等）中反映出来，又在人们的未来择业取向中进一步体现，如"私/民营企业家"已成为各群体重新择业时普遍看好的职业。与此同时，随着市场风险的增加，有稳定保障的职业也比以前更受青睐。另一方面，随着计划经济向市场经济的转轨，中国社会开始了从"人治"社会向"法治"社会转型的过程。然而，由于传统体制的惯性作用，中国目前的市场经济体制只能称为"模拟市场经济体制"（何清涟，1998）。不同于真正的市场经济体制中资源配置的功能由市场这只"看不见的手"所承担，目前的中国由于种种无法规避的历史原因，资源配置的功能仍然主要由政府部门这只"看得见的手"在承担。转轨时期权力约束与监督机制的缺位或不完善，使得变质的权力之手得以方便地介入资源分配，致使中国社会至今仍处于"人治的法制社会"，而未真正成为"法治的法制社会"。因此，控制与管理国有资产的权力部门的职业（如"党政机关领导干部"、"税务管理人员"和"工商管理人员"等）迄今仍然被人们视为有利的资源获得位置。

另一条是产业结构的轴线。我们正处在一个世纪交替的时代。纵观历史，人类社会发展至今经历了三个文明的时代，若按产业结构划分，可以分为农业经济时代、工业经济时代和知识经济时代。农业经济是实物经济，工业经济是货币经济，知识经济是信息经济。今天，世界经济正处在工业经济向知识经济转变的时代。作为国际大家庭的一员，中国在经济全球化变革中表现得并不是太落伍。在世界性产业结构调整与升级的过程中，各种与知识和高新技术紧密联系的智能型职业已开始领导中国职业变迁与社会流动的新潮流。不仅反映时代特征的"电脑网络工程师"、"高科技企业工程师"和"计算机软件设计师"等职业得到了人们高度评价，而且在人们的未来择业取向中，这些职业也已成为许多象征中国未来的青少年的首选职业。

毋庸置疑，工业经济与知识经济有本质的区别。二者之间最根本的不同在于工业经济是迂回经济，而信息经济是直接经济。先进的技术必然与先进的工作方法和组织形式相联系。在以资本为核心的迂回经济向以信息（知识）为核心的直接经济转变过程中，伴随企业组织形式从注重严谨、规矩、规范的僵化科层制向以敏感性或应变能力（Sensitivity）为特征的迅速适应新技术与新环境的"学习性组织"（Learning Organization）和"活的组织"（Living Organization）的转变，"万维网前人人平等"的神话将使整个社会结构从单向链式联结的金字塔形垂直结构转变为多向联结的平行网状式结构。作为知识的载体，人在知识经济中的地位比以往任何时候都更加重要。随着社会的发展，知识将成为财富的源泉。恰如世界银行时任副行长瑞斯查德所云，当今世界，知识是比原材料、资本、劳动力、汇率更重要的经济因素（《参考消息》，1998）。知识与生产之间关系的改变，势必动摇旧有经济与政治生活的基础，政治权威将逐渐让位于知识权威。因此，可以预期，随着改革开放的继续深入，随着法制建设的逐步健全与完善，中国社会结构的变化将日益与时代变迁趋同。未来的中国，人们将更注重人力资本的投入，教育和收入在决定人们职业评价与职业选择中所起的作用将稳步上升，政治权力的作用将逐步下降。只有了解了这种变动趋向，才能在 21 世纪更好地把握住机遇，迎接时代的挑战。

附录 A

中国的社会经济地位指数

由于任何量表都不可能将所有职业囊括在内，于是，对职业声望的理解与测量还导致了社会经济地位、权威与权力以及其他有关地位测量尺度的发展。美国著名社会学家邓肯用诺斯与海特量表中 50 个职业的声望，配以每种职业的平均受教育程度与收入，求得职业声望、教育和收入三者之间的回归方程，据此得到可用于推算每一职业声望的社会经济地位指数（socioeconomic index，简称 SEI）（Duncan，1961）。在此不妨按照邓肯的方法尝试建构中国的社会经济地位指数。由于无法从国家统计局获得每一职业的平均教育水平和收入水平，权且以笔者 1999 年调查样本的平均受教育程度和被调查者接受调查时的上月平均收入作为替代，职业声望也以 1999 年的调查数据为准。由此求得中国"教育 - 收入指数"（education - income index，简称 EII）的回归方程如下：

$$EII = 5.622 + 15.816(教育) + 0.763(收入)$$

这一社会经济地位指数模型的解释力为 76.5%（R2 = 0.765），教育与收入的标准回归系数分别为 0.81 和 0.21。声望与教育和收入之间的零序相关系数分别为 0.85 和 0.37。邓肯关于美国社会经济地位指数（SEI）的解释力为 83%（Duncan，1961），其地位与教育的相关系数为 0.85，地位与收入的相关系数为 0.84。因此与之相比，似乎可以这样认为，在中国，人们对职业声望的评价受教育的影响大于受收入的影响。这一结果一方面反映出中国的收入差距是受到限制的，另一方面则可能是由于分析时所用的月收入这一预测指标未能将国家党政机关及事业单位任职者在收入之外享受的住房等福利待遇计入，尤其是未将许多人工薪收入之外的"灰色收入"计入，因而降低了收入的影响效果。

那么，只考虑教育与收入的作用就足以刻画出中国的职业地位吗？在前面的分析中，我们已不止一次看到了人们评价职业声望与重新设定择业取向时对职业的政治权力特征所给予的特别关注。中国是一个有着数千年"官本位"传统的国家。1949 年中华人民共和国成立后，为保证重工业优先发展战略的实施，国家选择了高度集权的计划经济体制。与市场经济要求"法治"相反，计划经济本质上讲属于必须靠"人治"来保证其有效运转的命令经济。于是，一套以行政序列为基础、纳各行各业于其中的"官本位制"得以在新中国推行。虽然改革开放以来，随着市场经济领域的扩大，资源获得渠道日益多元化，"官本位制"的资源再分配功能有所减弱，但是，由于历史的原因，中国现在的市场经济体制只能称之为"模拟的市场经济体制"，它和真正的市场经济体制并不相同，在市场经济体制中，资源配置的功能由市场这只"看不见的手"承担，而中国由于种种无法规避的历史原因，目前的资源配置功能却是由政府部门这只"看得见"的权力之手在承担。因此，在构筑中国社会经济地位指数时，需要将权力因素考虑在内。

如果将权力变量引入[①]，那么，根据教育、收入、权力（power）3 个预测指标重新构成的社会经济地位指数（PEI）的回归模型将如下所示：

$$PEI = 15.148 + 10.621（教育）+ 0.711（收入）+ 4.13（权力）$$

这一模型的解释力为 82.6%（$R^2 = 0.826$），与仅用教育和收入解释的 EII 模型相比，解释力提高了 6.1 个百分点。教育、收入、权力的标准回归系数分别为：0.54、0.19、0.37。不难看出，由于权力变量的进入，教育对声望的贡献明显下降。因此，"权力"不仅可视为影响职业声望的独立变量，而且有理由将其视为教育与职业声望之间的一个中介变量。教育水平为人们进入有权力的职业提供可能（教育与权力之间的零序相关系数为 0.80），而职业所具有的权力特征则决定该职业的声望。

相比之下，含教育、权力、收入 3 个因素在内的 PEI 模型更适于用作推算当前中国职业地位的社会经济地位指数。

附录 B

1999 年中国 63 个城市居民抽样调查问卷中
A 卷、B 卷职业类别明细

A 卷职业：法官、警察、大学教授、作家、护士、工商业个体户、政

---

① 分析中，权力变量的赋值通过专家调查法而确定。具体做法是：第一，选择 20 位对中国社会有较深了解的专家，专家的学术资格确定为博士或副研究员（副教授）及以上；第二，请专家分别就 15 个去除所有制因素的主要职业类别所拥有的权力进行评分，分值规定在 0—5 分，0 分表示权力最小，5 分表示权力最大；第三，将专家意见汇总后求各职业类别的权力平均值，得到如下结果："党政机关副处级以上干部" 4.9 分，"企业负责人" 4.4 分，"党政机关科级以下干部" 3.81 分，"企业一般干部" 3.2 分，"企业技术人员" 2.3 分，"其他专业人员（如卫生、文化事业）" 2.19 分，"大学教师" 2.06 分，"中小学教师" 1.94 分，"科学技术研究人员" 1.8 分，"退休干部" 1.63 分，"个体劳动者" 0.9 分，"工人" 0.75 分，"无固定职业者" 0.44 分，"退休工人" 0.44 分，"农民" 0.37 分；第四，将专家评议结果通过加权代入量表中各职业，据此构造模型。

府部长、集体企业工人、国有大中型企业厂长/经理、党政机关一般干部、出租汽车司机、记者、个体户雇工、工商管理人员、私/民营企业家、乡镇企业工人、市长、电脑网络系统管理员、保姆、大企业会计、运动员、建筑业民工、饭店厨师、证券公司职员、广告设计师、保险公司职员、社会科学家、私/民营企业工人、企事业单位政工干部、高科技企业工程师、空中小姐、国有大中型企业工人、公共汽车售票员、环卫工人、计算机软件设计师。

B卷职业：律师、国立中小学教师、检察官、私立学校教师、医生、文化个体户、编辑、党政机关领导干部、社区服务人员、股份制企业工人、国有小企业工人、饭店招待、邮递员、导游、自然科学家、税务管理人员、殡仪馆工人、银行职员、私营高科技企业雇员、国有小企业厂长、翻译、公共汽车司机、私/民营企业家、房地产开发经营商、电脑网络工程师、宾馆服务员、影视剧演员、歌唱演员、商店售货员、三资企业职员、机械工程师、党政机关小车司机、农民、投资公司经理、播音员。

参考文献

阿尔温·托夫勒，1991，《权力的转移》，刘红等译，中共中央党校出版社。

边燕杰、高家玉，1999，《走向21世纪的香港职业声望：大学生对职业的评价及分析》，提交"第二届华人社会阶层研究研讨会"论文。

《参考消息》，1998年6月30日。

陈婴婴，1995，《职业结构与流动》，东方出版社。

何清涟，1998，《现代化的陷阱——当代中国的经济社会问题》，今日中国出版社。

李路路、王奋宇，1992，《当代中国现代化进程中的社会结构及其变革》，浙江人民出版社。

马特拉斯，1990，《社会不平等、阶层化与社会流动》，台北：桂冠出版社。

许嘉猷，1986，《社会阶层化与社会流动》，台北：三民书局。

许欣欣，2000，《转型时期的中国结构变迁与社会流动》，社会科学文献出版社。

张华葆，1987，《社会阶层》，台北：三民书局。

折晓叶、陈婴婴，1995，《中国农村"职业—身份"声望研究》，《中国社会科学》第6期。

Bendix, R., & S. M. Lipset (eds.). 1953. *Class, Status and Power.* New York：Free

Press.

Blackburn, M. L. , & D. E. Bloom. 1987. "Earnings and Income Inequality in the United States," *Population and Development Review*, Vol. 13.

Blau, P. M. , & D. Q. Ruan. "Inequality of Opportunity in Urban China and America," *Research in Social Stratification and Mobility*, Vol. 9.

Blau, P. M. , & O. D. Duncan. 1967. *The American Occupational Structure*. New York : Wiley.

Duncan, O. D. 1961. " A Socioeconomic Index for all Occupations," in *Occupations and Social Status*, edited by A. J. Reiss. New York: Free Press.

Erikson, Robert & John H. Goldthorpe. 1987. "Commonality and Variation in Social Fluidity in Industrial Nations," *European Sociological Review*, Vol. 3.

Featherman, D. L. , & R. M. Hauser. 1978. *Opportunity and Change*. New York : Academic.

Featherman, D. L. ; F. L. Jones and R. M. Hauser. 1975. "Assumptions of Mobility Research in the United States," *Social Science Research*, Vol. 4.

Ganzeboom, H. B. G. ; R. Luijkx & D. Treiman. 1989. " Intergenerational Class Mobility in Comparative Perspective," *in Research in Stratification and Mobility*, Vol. 8, edited by Arne L. Kalleberg, Greenwich. CT : JAI Press.

Ganzeboom, H. B. G. , et al. 1992. "A Standard International Socio - Economic Index of Occupational Status," *Social Science Research*, Vol. 21.

Grasmock, Harold G. 1976. " The Occupational Prestige Structure : A Multidimensional Scaling Approch," *The Sociological Quarterly*, Vol. 17.

Grusky, D. B. , & R. M. Hauser. 1984. "Comparative Social Mobility Revisited," *American Sociological Review*, Vol. 49.

Hall, John & D. Caradog Jones. 1950. "Social Grading of Occupations," *British Journal of Sociology*, Vo l. 1.

Hatt, Paul K. 1950. "Occupation and Social Stratification," *American Sociology Review*, Vol. 55.

Hauser, R. M. , & D. B. Grusky. 1988. " Errors in Slomczynski and Krauze's Comparative Analysis of Social Mobility," *American Sociological Review*, Vol. 53.

Hazelrigg, L. E. , & M. A. Garnier. 1976. " Occupational Mobility in Industrial Societies," *American Sociological Review*, Vol. 41.

Hodge, Robert W. 1981. " The Measurement of Occupational Status," *Social Science Research*, Vol. 10.

Hout, M. 1988. " More Universalism, Less Structural Mobility," *American Journal of Sociol-*

ogy, Vol. 93.

Inkeles, A. , & Peter H. Ross. 1956. " National Comparisons of Occupational Prestige," *A-merican Journal of Sociology*, Vol. 61.

Jackson, E. F. , & H. J. Crockett, Jr. 1964. "Occupational Mobility in the United States," *American Sociological Review*, Vol. 29.

Konrad, G. , & Ivan Szelenyi. 1991. "Intellectuals and Domination in Post – Communist Societies," *Social Theory for a Changing Society*, edited by Pierre Bourdieu and James S. Co leman.

Lin, N. , & W. Xie. 1988. " Occupational Prestige in Urban China," *American Journal of Sociology*, Vol. 93.

Lin, N. , & Y. – J. Bian. 1989. "Status Attainment in a Chinese Labor Structure," Paper Presented at the Annual Meetings of the American Sociological Society, Atlanta (August 1988) .

Lin, N. , & Y. – J. Bian. 1991. " Getting Ahead of Urban China," *American Journal of Sociology*, Vol. 97.

Lipset, S. M. , & R. Bendix. 1959. *Social Mobility in Industrial Society*. Berkeley : University of California Press.

Lipset, S. M. , & H. L. Zetterberg. 1956. "A Theory of Social Mobility," *Transactions of the Third Would Congress of Sociology*, Vol. 3.

Mach, B. W. , & Wlodzimierz Wsolowski. 1982. *Social Mobility and Social Structure*. London : Ractedge and Kegan Paul.

Miller, S. M. 1960. "Comparative Social Mobility," *Current Sociology*, Vol. 9.

Nee, Victor. 1991. " Social Inequalities in Reforming State Socialism : Between Redistribution and Markets in China," *American Sociological Review*, Vol. 56.

Parish, W. L. 1981. " Egalitarianism in Chinese Society," *Problems of Communism*, Vol. 30.

Parish, W. L. 1984. " Destratification in China," in *Class and Social Stratification in Post – Revolution China*, edited by J. L. Watson. Cambridge : Cambridge University Press.

Rogoff, N. 1953. *Recent Trends in Occupational Mobility*. Glencoe, IL : Free Press.

Slomczynski, K. M. , & T. K. Krauze. 1987. "Cross – National Similarity in Social Mobility Patterns," *American Sociological Review*, Vol. 52.

Sobel, M. E. , M. Hout & O. D. Duncan. 1985. " Exchange, Structure, and Symmetry in Occupational Mobility," in *American Journal of Sociology*, Vol. 99.

Szelenyi, I. 1982. " The Intelligentsia in the Class Structure of State – Socialist Societies," *American Journal of Sociology*, Vol. 88.

Szelenyi, S. 1987. " Social Inequality and Party Membership," *American Sociological Review*, Vol. 52.

Treiman, D. J. 1977. *Occupational Prestige in Comparative Perspective*. New York : Academic Press.

Turner, J. H. 1984. *Societal Stratification – A Theoretical Analysis*. New York : Columbia University Press.

Walder, A. G. 1989. "Economic Reform and Income Inequality in Tianjin, 1976 and 1986," Revised Preprint of Paper Presented at the Conference, " Social Consequences of the Chinese Economic Reforms", Harvard University, Cambridge, Massachusetts (May 1988) .

Walder, A. G. 1995. " Career Mobility and the Communist Political Order," *American Sociological Review*, Vol. 60.

Walder, A. G. , Zhou Lu, P. M. Blau, D. Ruan, & Z. Yuchun. 1989. " The 1986 Survey of Work and Social Life in Tianjin, China, Harvard University," Center for Research on Politics and Social Organization. Cambridge, M. A. , Working Paper Series.

Weber, Max. 1958. *Essays in Sociology*. New York : Oxford University Press.

Whyte, M. K. , & W. L. Parish. 1984. *Urban Life in Contemporary China*. Chicago: University of Chicago Press.

Whyte, M. K. 1984. "Sexual Inequality under Socialism," *Class and Social Stratification in Post – Revolution China*, edited by J. L. Watson. Cambridge: Cambridge University Press.

Wright, E. O. 1984. "A General Framework for the Analysis of Class Structure," in *The Debate on Classes*, edited by Erik Olin Wright.

Xie, W. , & N. Lin. 1986. " The Process of Status Attainment in Urban China," Paper presented at the Annual Meeting of the American Sociological Association, New York (August, 1985) .

从现代性到"第三条道路"

——现代性札记之一[*]

黄 平

  吉登斯对现代性和第三条道路的论述，建立在他对两种理论路径的分析批评的基础上：一是"主体-客体"、"个体-整体"、"人类-自然"、"国家-社会"和"市场-政府"等这样的二元叙事，自启蒙以来统领着学术界、思想界的主流话语；二是启蒙话语中关于社会进化的理论，这种"进化"论把复杂的社会变迁看成是"社会内部"所发生的分阶段的自然演化和递进过程。

  和当代许多社会理论家的努力一样，吉登斯看到了这类二元论和进化论的困境，揭示了它们所造成的遮蔽，他力图要超越这种二元证的简单对立和进化论的"自然进步"，试图要展现被二元论、进化论所忽略的社会"巨变"（great transformation）的复杂特性和多维向度。

  但是，吉登斯对现代性的理解，仍然带着浓厚的一元论和欧洲中心论的色彩。比如，在他的叙述中，"现代性"只有一个（the modernity，而不是 modernities），其"大约在 17 世纪出现在欧洲，并且在后来的岁月里，程度不同地在世界范围内产生着影响"（Giddens，1990）。他对现代性的这种一元论、欧洲中心论的理解，使他很难看到欧洲以外的发展和变迁，

---

  [*] 原文发表于《社会学研究》2000 年第 3 期。关于吉登斯，我前几年写过一点"评述"（包括《吉登斯评传》），说是评述，实际上是述而不评。当时国内还没有出版他的论著，社会理论界除了古典，谈论较多的是哈贝马斯等，我觉得对吉登斯略作介绍而不是评论，是有好处的。这两年，情况已经有所变化，生活·读书·新知三联书店已经翻译出版了几本他的专著，我自己参与翻译校对的《现代性的后果》和《第三条道路》两本小书，也马上要和读者见面。在这种情况下，对他的著作做点评论，是需要的。在朋友们的催促和鼓励下，我写了这些文字，它们只是一些不成系统的"评论"，因为其不成系统，严格地说只能是札记。这里发表出来的，是这部分札记的摘要，更详细的文本将刊于《视界》2000 年第 1 期。

甚至也很难看到欧洲以外如何受到欧洲的现代性影响及如何对欧洲的现代性做出富有意义的反应（接受、融合、怀疑、反抗等）。所以，尽管近30年来，吉登斯一直致力于摆脱自启蒙以来的二元论和进化论的阴影，我们却又不断地在他的理论中看到它们的影子。

现代性的反思性

与如今许多人热衷于用令人目眩的概念（如"信息社会"、"消费社会"、"后工业社会"和"后资本主义"等）去描述我们所处的时代明显不同，吉登斯主张，与其宽泛地谈论和使用这种种新概念，还不如努力去探索和说明：我们为什么会对自身越来越迷惘，从而也越来越怀疑我们获得关于社会组织的系统性知识的可能性？为什么大多数人都被我们至今还不仅无法完全理解，甚至基本上都还在我们的控制之外的无数事件和现象所纠缠？吉登斯的立场很明确："为了分析这种状况是怎样形成的，仅仅发明一些诸如后现代性和其他新概念是不够的；相反，我们必须重新审视现代性本身的特性。"（Giddens，1990）

这里，吉登斯的路径还是某种变了形的"现代化"思路：一方面，他极力反对进化论（以及必然由此产生的阶段论），认为现代性是对于原有社会秩序的"断裂"（discontinuity），即现代的社会制度在一些基本方面是独一无二的，其把我们抛离了所有形式的社会秩序的轨道；另一方面，他又把现代性看作唯一的、由低向高演变着的对各种传统秩序的"超越"。关于"阶段论"问题，吉登斯特别强调现代性与过去所有形式的社会生活类型之间的"断裂"或非连续性，他也明确地将自己对现代性的理解区别于那种认为社会的变迁在于其"内部"所发生的一个阶段一个阶段的自然演化。但是他又费力地区分低级的与高级的现代性。

这里的问题，不仅在于现代性是不是有低级与高级之分，而在于评价它们的标准是什么：经济的还是也可能有别的维度？欧洲型的还是也可以有非欧洲型的？历史的变革如果不是按部就班地分阶段走，是否也是可以区分出类型的（例如吉登斯就区分过农业帝国与民族－国家）？如果可以，那么现代性是不是也可以（或可能）有不同类型？如果可能，它们只是欧洲现代性的变形，还是也有源自非欧洲的变迁因子？

十六七世纪到今天的三四百年，只是历史长河中的一瞬间，虽然在传统和现代之间还存在着某种形式的延续，"但是，这几百年来出现的巨大转变如此具有戏剧性，其影响又是如此广泛而深远，以至于当我们试图从这些转变以前的知识中获取理解它们的钥匙时，我们只能得到十分有限的帮助"（Giddens，1990）。

吉登斯的这个论断，和我们传统的知识论明显地有所不同：今天的知识难道不是在过去几千年基础上一点一点积累起来的吗？人类社会的变迁（如果我们不再使用"进步"这个概念的话）不是一步一步走过来的吗？是什么东西把我们推到了这样一个境地，在这里，过去的知识对于我们理解今天充其量只能给我们十分有限的帮助？

吉登斯的问题正好相反：为什么现代性的非连续性这么长时间以来居然并未受到社会科学应有的重视？为什么我们一直以为过去的知识还仍然十分有助于我们理解今天的处境？

这里，究竟是吉登斯太看轻了人类几千年（如果不是几万年，几百万年）的知识积累，还是我们太看重了传统的魔力？连极力主张与传统观念实现彻底决裂的马克思不是也说，"一切已死的先辈们的传统，像梦魇一样纠缠着活人们的头脑"（《马克思恩格斯全集》，1961：121）吗？如果过往的知识只能给我们十分有限的帮助，那么历史学（甚至，按照马克思和恩格斯的说法，"我们仅仅知道一门唯一的科学，即是历史科学"）对于我们理解今天和今后，还有多大意义？

马克思的理论本身也特别强调断裂或革命的重要性。但是长久以来，整个社会理论就一直存在着进化论的影响，连马克思也把社会变迁看作是有一个总的发展方向并受着某种具有普遍性的动力原则支配的"自然历史过程"。根据历史进化论的这种"宏大叙事"，历史的演变背后有一条"故事主线"，其把人类活动的变迁框定在一幅井然有序、前后相连的不间断的画面之中：历史从弱小而孤立的狩猎和采集文化开始，然后进入农业种植与畜牧社区，最后以现代社会在西方的出现为其终点。这样，剩下来的问题无非是"最高形态"的社会如何向世界其他地区伸延，是以殖民、战争的形式扩张，还是以其他更温和、更文明的形式扩展。

毫无疑问，如果想要解构社会进化论，就不能把历史看成一个统一体，或者，不应认为历史遵循着某种组织与变革的统一性或普遍性原则。

但是，这是不是说，世界万事万物都处于混乱或混沌之中，我们不但根本无法认识它们，甚至产生认识它们的企图也是不切实际的"理性的狂妄"？或者，人们是否能够任意书写、"建构"迥异的"历史"？

现在，我们对标识为"后现代"的理论的种种质疑，大都要么坚持进化论的基本立场，坚信人类确有某种"组织与变革的统一性和普遍性原则"（只不过不再是马克思所说的共产主义原则罢了，而是诸如理性原则、市场原则、法制原则等），并且，坚信这种原则的确是按照进化的程序，一步一步演变而来，既不可能在朝夕之间便得以实现，却又最终不可抗拒，要么固守连续性的原则，认为对过去的认识一定能够使我们弄清今天并通向具有确定性的未来。后现代理论的种种说辞，不过是在玩弄时髦辞藻的背后掩盖自己的虚无或空虚而已！

吉登斯当然比这两者都更具有"理性的狡猾"：他认为确实存在着历史变革的一些确定性事件和制度，人们能够辨认其特性并对其加以概括。

生活在 20 世纪末的人都能看见，现代性是一把双刃剑。吉登斯在他几乎所有的著作和演讲、谈话中，都明确承认，能够享受这数不胜数的安全和生活的机会的人，在经济－政治乃至地缘－种族的意义上，是极不均衡的。但是，他很少具体展示这种不均衡所包含、所带来的问题。换句话说，他比较不那么看重现代性造成的全球范围的区域、集团、性别和个人的不平等，而更倾向于乐观地假定，随着现代性的扩张、全球化时代的到来，初级现代性所包含的不平等会在高级现代性中得到解决。

吉登斯也重视现代性的阴暗面，但那是另一种意义上的：不论你生活在哪里，都不能逃避现代性所带来的风险，特别是战争。即使是在冷战结束后的今天，吉登斯对现代性的"阴暗面"的论述仍然是十分醒目的。下面这三个段落几乎完全援引自《现代性的后果》：

> 从总体上说，古典社会学的缔造者马克思、涂尔干和韦伯都极为重视现代性所提供的"机会"，都相信由现代所开辟的、使人获益的可能性超过了它的负面作用。举例来说，他们三位都看到了现代工业对人的不良后果，它迫使人去服从那索然无味的纪律和重复性的甚至是使人变得愚蠢的劳作。但是他们都没有预见到，"生产力"的拓展所具有的毁灭物质环境的潜力竟有那么大。在社会学的理论传统中，

环境－生态问题完全就没有被融入自己的视野之中。另一个例子是强力行使政治权力。对社会学的创始人来说，权力的专断似乎只是过去的岁月里才有的事情，"专制主义"似乎只是前现代国家才有的特征。但透过法西斯主义的兴起、对犹太人的大屠杀、极权主义，以及20世纪的其他事件，人们才恍然大悟，极权专断的可能性就包含在现代性的制度之中。极权统治以更为集中的形式把政治、军事和意识形态权力连为一体。权力如此紧密和高度的结合形式在民族－国家产生之前几乎简直就是无法想象的。

　　另一个更清楚的例子是暴力的扩张。没有任何社会学的创始人对"战争的工业化"（Industrialization of War）现象给予过系统性的关注。当然，生活在19世纪末和20世纪初的社会思想家，不可能预见到原子弹的发明及其后果，而工业创新与工业组织和军事力量的结合也会有一个过程。遗憾的是，社会学基本上没有对这一过程加以分析，而是坚定地相信，同以前的时代相比，现代性的秩序主要是和平！

　　但是，实际情况却是，人们所面临的不仅是原子弹威胁，而且还有实际的军事冲突，这两者构成了现代性在本世纪的最主要的"阴暗面"。实际上可以说，20世纪就是战争的世纪。本世纪到目前为止，已经有一亿以上的人在战争中遭到了屠杀。假设发生一场有限的核战争的话，生命的丧失将会更令人惊恐，一次超级大国的全面核冲突完全可能毁灭掉整个人类。我们今天生活于其中的世界是一个可怕而危险的世界。这足以使我们去做更多的事情，而不是麻木不仁，更不是一定要去证明这样一种假设：现代性一定会导向一种更幸福、更安全的社会秩序。

关于战争，过去的社会学家谈得太少，主要的原因之一是，在旧的学术分科的体系内，战争似乎应该是历史学、军事学以及政治学研究的领域。在二战后成长起来的社会学家中，吉登斯是首批将战争（与暴力）纳入社会学的基本分析框架的人之一。他不仅提出了战争与工业化、民族－国家与暴力之间的密切关联，而且把战争看作是现代性风险与不确定性的主要根源和基本形式。指出战争与现代性的这种关联，恰好意味着现代性绝不只是理性化的过程，或者说，在"理性化"的名义下也充满了流血的战争史，只不过有了理性化（或文明、进步）的旗帜，战争就可以（被进步论者）正当化和合法化。

不过，吉登斯仍然是在抽象层面谈论战争的。我们是不是还应该区分现代性过程中的对外殖民的战争与抵抗这种殖民化的民族解放运动？区分帝国主义的侵略战争和反对帝国主义的反侵略战争？正如我们谈到民族主义的时候，是否还要区分宗主国的民族主义和殖民地的民族主义、来自国家的民族主义和源自民众的民族主义？

现在，冷战已经结束了。吉登斯自己也开始变得乐观起来，他甚至提出假设：人类第一次有可能进入了"没有敌人"的时代！（Giddens，1998）然而，就在《第三条道路》出版不到一年的时间内，北约对南斯拉夫实施了轰炸"手术"，在几乎所有的报纸杂志电台电视上，不论其立场是什么，"战争"（WAR）都是一个经常用来描述北约轰炸的关键词。吉登斯可以说是社会学理论工作者中，最注重战争与现代性的关系的人之一，然而即使是他，也对冷战后的世界格局有如此乐观的认识。

说到认识，不仅又使我们回到了前面关于过去的知识在多大意义上是有所帮助的问题，而且涉及如何认识的问题。有两种不同的观点：一种观点认为社会学所提供的关于社会生活的信息，使我们能够对社会制度具有某种控制能力，就像物理科学在自然领域所做的那样；包括马克思在内的其他学者则提出了另一个问题，即怎样"用历史来创造历史"。

吉登斯认为，后一问题比前一观点更为深刻，但是它仍然是不充分的。"用历史来创造历史"，实质上只是一种现代性现象，而不是一个可以适用于一切时代的普遍原则，它体现的，是现代性的反思特性（Reflexivity）。社会学与其所对应的主题（现代性条件下的人类行为）之间的关系，必须用"双重诠释"（double hermeneutics）才能加以理解：一方面，社会学知识的发展有赖于作为所谓"外行人"（Laymen）的主体行动者们（Agents）自己的概念；另一方面，那些在社会科学的抽象化语言中被创造出来的概念，又不断地重新返回到、嵌入到它们最初由之提取出来并对其进行描述和解释的活动范围中去。社会学的知识或明或暗地、或强或弱地作用于社会生活的各个范围，这个"反馈"过程，既重构着社会学知识自身，也重构着作为该过程整体的一个部分的社会生活领域本身（Giddens，1990；Giddens，1984，1993）。

这是一个反思性的模式，而绝不是像传统的社会学认识论所主张的那样，一方面是我们关于"社会"的知识的日积月累，另一方面是铁一般坚硬并普世化地控制着社会发展的规律。社会学（以及其他同现存人类打交道的社会科学）并没有按照人们所说的自然科学那种方式来积累知识。从根本上说，所有人类活动都包含着反思性。不论具体做的是什么，人们总是与他们所做事情彼此"纠缠不清"，这样，人作为主体行动者本身就构成了他们所做事情的内在因素。在《社会的构成》中，吉登斯有一段著名的话：

> 主体与结构的建构并不是一种二元论的关于两种全然独立的既定现象的组合，而是一种二重化的过程。根据结构二重性的原理，社会系统的结构性特征，既是其不断组织的实践的条件，又是这些实践的结果。结构并不是外在于个人的，……它不应被简单等同于对主体的外在制约，恰恰相反，它既有制约性又同时赋予行动者以主动性。（Giddens，1984：25）

人作为行动主体对现代社会生活的反思存在于这样的事实之中，即社会实践在检验和改造各种关于它们的认识的同时，也总是不断地受到关于这些实践本身的新认识的检验和改造，从而又不断改变着自己。所有的社会生活形式，至少部分地正是由它的主体行动者们对社会生活的知识构成的。如维特根斯坦（Ludwig Wittgenstein）所阐明的那样，人们总是知道自己是该"如何继续行动"的，虽然作为当事人或"外行"，他们并不一定能够清晰地表述出来。在所有的文化中，由于不断展现的认识上的新发现，社会实践日复一日地变化着，并且这些认识上的新发现，又总是不断地反馈（"嵌入"）到社会实践中去。

但是，只是在现代性的时代，我们的习俗才会被如此严重地受到改变和再造，由此才会如此明显地体现在社会生活的各个方面，包括从技术上对物理世界的粗暴干预。人们常常说现代性以对新事物的追求为标志，但现代性并不是为新事物而接受新事物，而是对整个反思的设定，它甚至也包括对反思性本身的反思。

只是到了 20 世纪末，我们才刚刚开始意识到这种反思性的前景其实是多么不确定。现代性是在人们反思性地运用知识的过程中被建构起来的。在这个通过反思性地运用知识而建构起来的现代性世界中，我们似乎无处不在。但是同时，我们却永远也不敢肯定，在这样一个世界上，这些知识的任何一种特定要素不会被修正。卡尔·波普说过："所有的科学都建立在漂移不定的沙滩之上。"（Popper，1962：34）用吉登斯的话说，在似乎是绝对不容怀疑的科学的心脏，现代性是漂泊不定的。

另外，特别重要的是，在社会科学中，所有建立在经验之上的知识的不确定性还必须加上"破坏性"（甚至"毁灭性"）这一条，其根源在于：社会科学的话语都要重新再嵌入（reembedding）到它所分析的情境中去。由于启蒙运动和推崇理性之间的密切关联，人们通常认为，自然科学在把现代观念与过去的精神状态区别开来方面做出了令人瞩目的伟大成就。即使那些偏爱诠释型社会学而非科学型社会学的人，也常常把社会科学看成是自然科学的可怜巴巴的副产品。但是，社会科学实际上比自然科学更深地嵌入在现代性之中，因为对社会实践的不断修正的依据，恰恰是关于这些实践的知识，而这正是现代性制度的关键之所在（Giddens，1984：chapter 7）。

进一步说，所有其他的社会科学学科也都参与了现代性的反思过程。以经济学为例，诸如"资本"、"市场"、"价格"和"投资"等许多概念现在所具有的意义，构筑了"现代经济生活"的内在不可分割的部分。如果不是所谓的"外行人"事实上也按他们自己的理解掌握了上述这些概念（以及其他许多概念），现代经济生活就不可能是今天这个样子。如今我们许多人都在批评甚至抱怨"不规范的市场""黑市""假货"，却比较少地意识到，"完全的市场"只存在于某些经济学学派的理想的模型之中。这里所涉及的，还有话语实践和意识形态的问题。没有这些雷蒙·威廉斯所说的"关键词"（Williams，1976），没有千千万万作为"外行"的行动主体的人对诸如"资本""市场""劳动"等这些关键词的理解（不管这些理解是否"准确"），就不会有今天的市场；而今天的市场是什么样的，在很大程度上，是与作为外行的行动主体的人们对它的接受、理解一致的，既与他们是否接受、理解"市场"一致，也与他们怎样接受、理解"市场"一致。

在各门社会科学学科中，社会学也许在反思现代性的过程中处于关键的地位，这部分地源于它用最易被公众接受的方式去反思现代的社会生活。例如，由政府公布的关于人口、婚姻、犯罪等官方统计数据，似乎提供了某种精确研究社会生活的路径。对科学型社会学的先驱们来说，这些统计数据代表着硬性资料，凭借它们，现代社会的相关方面就能得到（比起缺乏这类数据的方面来说）更为准确的分析。然而，统计数据并不只有测定社会生活的意义，它们也会制度性地反馈到从中它们得以被收集并由它们所测量或描绘的社会生活领域中去。自有统计之日起，核对数据本身就成了国家权力和许多其他社会组织模式的建构因素。现代政府的行政管理，与对这些"官方数据"的每日每月的统计，是密不可分的。

我们比较熟悉今天各级各部门都往统计数字里"掺水"，却没有怎么意识到这里其实不仅是所谓"弄虚作假"的问题。再认真的统计员，也有他们自己对于统计指标的理解，再严肃的被统计者（"外行"），都有自己的千差万别的对于被问概念的"诠释"，而作为这个过程的结果的统计数字，每被使用一次，就会被其使用者再"创造性地转换"一次。现代社会（民族－国家）的变迁，在很大程度上，不仅是被统计数字体现出来的，而且是由于统计数字的嵌入而被建构起来的，在这个建构的过程中，"双重诠释"从来就没有停止过；但是，占支配地位的统计数据，背后也隐藏着占压倒优势的诠释理论，而当人们用占压倒优势的诠释理论再去"说明"统计数据时，这些数据本身也就又一次次被"反思性地"再编织起来了。

因此，我们不能简单地按照启蒙理性所确立的原则就坚信，人们对社会生活的知识（其实往往只是得到了部分经验支持的知识）了解得越多，就越能更好地控制自己的命运。这里，除了权力、价值的作用外，"未期望之后果"（unintended consequences）① 是一个关键。人们所积累的关于社会的知识再多，也不能完全涵盖它的对象的各种情况和可能。问题的关键，不在于是否存在着稳定的社会世界、它可否让我们去认识以及我们的

---

① 也可译作"与初衷不符的结果"或"始料未及的结果"，这个概念是美国社会学家默顿（Robert Merton）提出来的，但是他却（几乎是徒劳而自相矛盾地）试图在传统的功能主义框架下解释为什么会有这种现象。吉登斯把反思性引入分析，才（继现象学与阐释学之后）在社会学理论中比较清晰地阐述了为什么人类的社会活动总是会产生未期望之结果，并且这种结果又总是会反过来成为主体行动的未被意识到的条件。

认识是否"准确",而在于对这个世界的认识本身,就会使得这个世界不断发生变化。

但是,我们又不应该因此就认为:既然关于人类行动和社会运动趋势的系统性知识是不可能的,那么这种可能性也就不值得认真地思考。如果持这种观点,那么人们唯一可能做的就是完全拒绝任何智力活动,包括拒绝"游戏式的解构",剩下的只是从事健身、养身之类的活动(如果不是纵情声色或赌博的话)。解构启蒙话语,绝非否定任何认识活动的意义,而是试图揭示由于启蒙式的"宏大叙事"(如把历史看作是进化的、阶段的、整体的、被统一性所支配的,却没有作为"外行"的主体行动者不断卷入并不断反思的过程)所造成的可能的智力遮蔽和"理性狂妄"。严格地说,把"post—ism"译作"后××主义"本身就是误导性的。"后"在中文里所隐含的,正是当代这些理论〔既包括吉登斯等人所试图坚持并阐发的现代性理论,也包括李欧塔(Jean – Francois Lyotard)等人想解构的"现代性叙事"〕所批评的阶段论。

也许,具有讽刺意味的是,正是逻辑实证主义者,其长期以来致力于从理性化思想中清除所有传统和教义中的"废物"的结果,最直接地发现了现代性是不确定的。现代性,就其核心而论,是令人迷惑不解的,而且,似乎也没有什么办法使我们能够"解除"这种迷惑。我们在曾经似乎有过明确答案的地方又不断遇到新困扰和难题,而且,对这种困扰和难题层出不穷的现象的普遍意识慢慢地逼迫着每一个人进行反思,它渗透进了人们对现代性的忧虑之中。

这种忧虑的体现之一,就是欧洲和西方霸权日渐衰落。确实,自19世纪后半期以来,"西方衰落"一直是欧美许多思想家重点关注的课题。但是,吉登斯辩证地看到了西方对世界其他地区的控制的日渐减弱,恰恰是它们全球性扩张的结果。"西方的衰落"只是事情的一方面,另一方面则是现代组织制度在世界范围内的不断扩张!这里的问题在于:在欧洲的现代性之外,也许还有别的现代性,或许,还有超越 – 突破西方现代性的可能。

现代性的制度性分析

古典社会学的观点或理论倾向,是寻求对现代社会做某种单一的、占主导地位的制度性阐释，如现代性究竟是资本主义的（马克思），还是工业化的（涂尔干），抑或是理性化的（韦伯）。这种分析和争论的前提是有问题的，因为，它包含了一种化约论和还原论。吉登斯试图做的是综合各家之长，再填补各家之短。他建立了一种分析现代性制度的四维模式：资本主义，工业主义，国家的监督和对信息的控制，以及绝非不重要的军事力量、暴力和战争的工业化（见图1）。正是这四个维度的彼此关联和相互作用，才有了我们所说的现代性，也才有了我们熟悉而又不甚了然的现代社会。

吉登斯十分注意马克思的论点：在把现代社会生活从传统世界的制度方面分离开来的过程中，资本主义的企业扮演了十分关键的角色。按照马克思的诊断，资本主义所有的再生产都是"扩大再生产"。资本主义的经济，无论是在其外部还是在其内部，无论是在民族－国家范围的内部还是在民族－国家范围之外，就其本性来说，都是扩张性的，其经济秩序不可能像存在于过去大多数传统体系中的情形那样，维系在一种静态的平衡和地域性范围之中。

在 1998 年吉登斯同英国政治学家克里斯多夫·皮尔森（Christopher Pierson）之间进行的关于现代性的长篇对谈中，后者问吉登斯："马克思、涂尔干和韦伯中，你是否觉得韦伯的理论对今天更有说服力？"并且因此，"我们现在都是韦伯主义者了"？吉登斯的回答与他自己的多篇著作给人的印象有所不同（如果不是出人意料的话）：

> 我并不如此认为……或者说，我们不能认为韦伯的理论经受住了时间的检验而其他人（马克思和涂尔干）的理论却没有能够如此，……在70 年代初，当我写《资本主义与现代社会理论》的时候，那些不是马克思主义者的人（例如，帕森斯）忽视马克思并认为他的著作已经过时了。今天的情况又是这样，理由却似乎更充分了，那就是共产主义的失败。但是我对马克思的看法基本上没有改变。就资本主义企业的起源和性质而言，以及就围绕它们的更广泛意义上的社会而言，马克思对现代资本主义的发展所做的许多论述仍然是有效的。马克思关于资本主义的性质的论述是正确的：这是一种无休止扩张而无法停歇下来的体系，其毫无遏制的市场力量导致了贫富的两极分化，也导致了

极少数商人对市场的控制。马克思的问题（也是其被认为是最大的成就）在于：未来社会主义社会应该是个什么样子，以及如何去实现它。我们现在生活在一个全球化的资本主义文明之中，却并没有出现马克思所预见的社会主义去替代它。（Giddens & Pierson，1998：62 - 63）

由这四个维度编织起来的现代性正在内在地经历着全球化的过程，这似乎是显而易见的。如上所说，在传统的社会学中，所谓"社会"，其实就是指的现代社会，或者，更准确地说，就是现代的民族 - 国家。整个社会学（以及政治学、经济学），在很大程度上，是在民族 - 国家的框架内来提出问题并展开研究的。随着科技—经济—金融和文化媒体的全球化过程的出现，民族 - 国家范式正在受到极大的挑战。例如，当中国社会正试图加速自己向现代社会的艰难"转型"的时候，整个外部的发展环境已经不再简单地只是如何与其他民族—国家发生关联的问题了，而且也包括如何与越来越具有经济—政治—文化上的影响力的跨国力量或全球力量发生关联的问题。这种情势，迫使许多原有的社会学理论和视角都面临着改造或转换的压力。如何将社会学的研究在理论与方法上体现这种情势和压力，并实现"创造性的转换"，是至关重要的。但是，全球化究竟意味着什么？我们怎样才能更精确地从理论上概括这一现象？全球化意味着原有民族 - 国家的消解，还是民族 - 国家体系在全球范围的扩展？是现代性在全球层面上的扩张，还是多元化时代（甚至后现代时代）的到来？如果我们的确正在迈入全球化时代的话，那么，如何看待与此同时各地都正在出现的地方化趋势？它们是对全球化的抵抗，还是全球化的另外一种表现？有没有可能建立起全球化的社会学？或者，我们不过是把原来的古典社会学理论扩展到全球范围而已？

十年以前，当斯克莱尔发表他的《全球体系的社会学》（Sklair，1990）的时候，他特别强调跨国公司在全球化过程中的关键作用，这时连吉登斯也觉得离开民族 - 国家体系谈跨国化（全球化）实在没有多少说服力，甚至是一派胡言！

即使是在今天，在社会学的既有文献中，对全球化这一概念所展开的种种讨论，几乎都不能与今天变得如此重要的全球化过程本身相协调。但是，今天无论是谁，无论其在世界的什么地方研究城市问题，都会意识

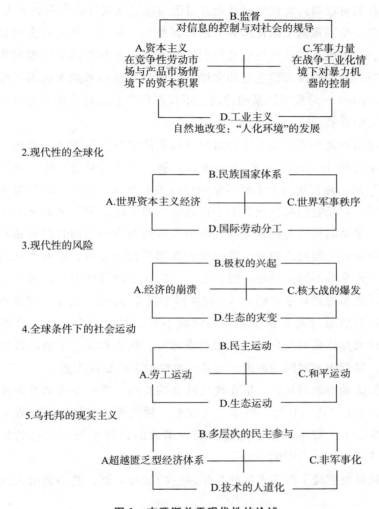

1.现代性的制度维度

B.监督
对信息的控制与对社会的规导

A.资本主义
在竞争性劳动市
场与产品市场情
境下的资本积累

C.军事力量
在战争工业化情
境下对暴力机
器的控制

D.工业主义
自然地改变:"人化环境"的发展

2.现代性的全球化

B.民族国家体系

A.世界资本主义经济

C.世界军事秩序

D.国际劳动分工

3.现代性的风险

B.极权的兴起

A.经济的崩溃

C.核大战的爆发

D.生态的灾变

4.全球条件下的社会运动

B.民主运动

A.劳工运动

C.和平运动

D.生态运动

5.乌托邦的现实主义

B.多层次的民主参与

A超越匮乏型经济体系

C.非军事化

D.技术的人道化

图 1　吉登斯关于现代性的论述

说明:英文字母 A—D 表示对应关系,线条表示交互作用。

到,发生于本地某社区里的某件事情,很可能会受到那些与此社区本身相距甚远的因素（如全球的货币和商品市场）的影响。其结果并不一定是在相同方向上的一系列综合性变迁,相反,甚至通常是彼此相悖的趋向。另一个例子是正在欧洲和其他地方兴起的地方 - 民族主义。全球化的社会关系的发展,既有可能削弱与民族 - 国家相连的民族感情,也有可能增强更为地方化的民族主义情绪。当社会关系横向延伸并成为全球化过程的一部分时，我们可以明白无误地看到地方自治与区域认同日益增强的势头。

吉登斯特别强调全球化所具有的辩证特性。例如，伴随着全球化，作为联盟、战争或各种政治与经济的变迁的后果，在某些国家或国家集团失去主权时，另一些国家的主权却在增强。他当然也越来越意识到沃勒斯坦（E. Wallerstein）对世界体系的论述，不仅在理论上而且也在经验分析上做出的巨大的贡献。[①]

沃勒斯坦绕开了社会学家们通常所热衷的"社会"概念，而更倾向于用全球化关系（Globalised Relationships）概念去分析问题。他所说的"世界经济"是一种在地理上不断延伸的经济关系网络，其先于现代时期就已经存在了，但是它们明显地有别于在过去三四个世纪中发展起来的世界体系格局。早期的世界经济通常以大的中央帝国为中心，而且曾覆盖帝国权力中心所能企及的周边地带。根据沃勒斯坦所做的分析，资本主义的出现展示了一种全然不同的秩序，因为它第一次在空间跨度上真正成了全球性的，并且更多的是建立在经济（"世界资本主义经济"）之上，世界性的资本主义经济是通过商业和工业的关联而不是通过政治中心而整合为一体的。现代世界体系因此分成了三大组成部分：核心地区、半边陲地区和边陲地区，尽管随着时间的流逝，这些区域性的定位也在改变。

根据沃勒斯坦的观点，早在现代社会的初期，资本主义就开始在世界范围伸延了："从一开始，资本主义就是一种世界性经济而非民族－国家的内部事务……资本决从不允许民族－国家的边界来划定自己的扩张野心。"（Wallerstein，1979：19）

沃勒斯坦摆脱了许多正统社会学理论的某些限制，其中最引人注目的

---

① 沃勒斯坦的《现代世界体系》（*The Modern World - System*）的前 2 卷已经在已故的罗荣渠先生主持下翻译成中文出版（高等教育出版社，1998）。但是，罗先生去世后，该书第 3 卷的翻译工作似乎没有继续下来，而由另外一位译者翻译完毕的全 3 卷，则由于版权问题而不能出版，这实在是很有讽刺意味的世界体系下知识－权力关系的体现。也许同样重要的是富兰克（Andre Gunder Frank）的《白银资本》一书的出版（中央编译出版社，2000），这本原名为 *Reorient：Global Economy in the Asian Age* 的著作 1998 年由加州大学出版社出版，1999 年获得世界历史学会图书奖头奖。富兰克在《白银资本》中试图对现代社会理论和世界历史研究中的欧洲中心主义做一次总的清算。包括马克思、韦伯、汤因比、波兰尼、布罗代尔和沃勒斯坦在内的学者的理论都在他的清算之列。该书出版后，引来沃勒斯坦和阿明等人的严厉批评（参见 Review, January, 2000）。

是，他摆脱了在对社会变迁的阐释中存在着的强烈的"内发型模式"倾向。但是，他仍然把现代社会转变归结为一种占支配地位的制度性关系——资本主义。由是之故，世界体系理论强烈关注经济的影响，却对民族－国家和民族－国家体系的兴起的现象很难作出令人满意的解释。与此形成对照的是，吉登斯把世界资本主义仅仅看作是全球化的四个维度之一。

另一个同样重要的维度是世界的军事秩序和战争秩序。几乎今天所有的国家都拥有大大超过了前现代文明中最强大的帝国的军事力量。许多第三世界国家的经济很弱，军事力量却很强。吉登斯甚至提出，在武器方面根本就没有什么"第三世界"，因为拥有原子弹已不再是发达国家的专利了。最近的印巴核试验，以及传说中的朝鲜的核能力，就是最清楚的说明，它们对"第一世界"（如果我们继续使用这个冷战概念的话）造成的忧虑，甚至并不亚于当年的苏联。我们今天生活在一个全球化的军事秩序之下，在这样的秩序下，作为战争工业化的结果，现在已扩散到全世界的核武器具有史无前例的毁灭性力量。核冲突的可能性所造成的危险，是以前世世代代的人从未面临过的。风险的全球化，今天已经成为一个不需要说明就能感觉到的问题。贝克指出，这种全球性的风险不论富人和穷人之间的区别，也不管世界各个地区之间的区别。"切尔诺贝利无所不在"的事实，意味着他所说的"他人的终结"：享有特权的人和无特权人之间的分界线的消失。某些风险的全球性强度超越了所有的社会和经济差别（Beck，1992）。

但是，我们绝不能对下述基本事实视而不见：与前现代世界中的情形一样，在现代性的条件下，许多风险在上流社会人士和下流社会平民之间的分布是极不均衡的。不同的阶层面临着不同的风险。例如，在食物、营养水平和对疾病的感染与治疗方面的风险，在就业、社会保障和医疗保险等方面的风险，是全球化条件下的不平等和不公正（"特权"和"无权"、包容性和排斥性）的主要内容之一。

所以，全球化，并不如一些人所想象的那样，仅仅是又一次带给我们希望的机会，倒不如说，它如同现代性本身一样，是一种悖论。我们现在需要回答的，不仅是"全球化的准确含义是什么"这样教科书式的问题，而且包括：它到底包含哪些内容？它可能导致什么样的结果？全球化仅仅是指经济的全球之间的相互依赖程度越来越高，还是也意味着在技术、社会、政治、文化乃至更多的领域里的全新格局？如果说，伴随着全球化过程的是南北、贫富两极分化的加剧，那么为什么反倒是右翼的政党和个人在起劲地反对全球化并主张排外和保护主义？

更进一步说，我们究竟在什么程度上能够驾驭现代性（包括它的全球化）这头看似不可驾驭的猛兽或怪兽？或者，我们是否能够引导它，从而降低现代性的风险并增多其所能给予我们的机会？我们怎么会生活在一个如此失控的世界上，它几乎与启蒙思想家们的期望南辕北辙？为什么那"甜蜜理性"（sweet reason）的普及并没有创造出一个我们能够预期和控制的世界？21 世纪的世界究竟是什么样子的？现代性和全球化究竟会带来什么能够预期的和不能预期的后果？对未来不做任何担保和许诺的社会批判理论，在 20 世纪末期应该以什么面目出现？除了必须具有社会学的敏感，它是否对内在的制度性转变也必须保持警惕？它是否必须意识到，在具有严重后果的风险环境中，道德的承诺和"美好的信念"潜在地也可能是很危险的？它在意识到现代性的风险与道德许诺的危险的同时，是否也绝不应放弃它的批判锐气和对未来的理想？如果还要继续保持这样的乌托邦理想，那么，它应该怎样看待和卷入过去的和现在的各种抵抗或反思现代性的阴暗面的社会运动？

如果我们只关注劳工运动，则只是片面地强调了资本主义是现代性的唯一的重要动力与维度。这里，值得注意的是，不论是以推翻资本主义为目标的早期工人运动，还是以建立资本主义为宗旨的当代市场运动，似乎都在认识论上犯了同样的毛病：把资本主义看作是现代性唯一的制度性根源，区别仅仅在于是否定它还是肯定它，是视它为万恶之源还是视它为幸福之本。吉登斯则试图说明，除了劳工运动外，民主运动、和平运动和生态运动也很重要，它们为我们显露了可能的未来曙光，而且，在某些方面，它们构成了通向未来的桥梁。

但是，女性运动在哪里？如果我们稍微仔细一点回顾二战后的过程，就会看到，西方出现的女性运动，不仅使性别与性的问题进入了学术的视野，成为对传统社会科学提出严厉挑战的重要资源，而且提出了更深刻的问题：过去的社会科学，都是以男权主义为中心的吗？或者，它们在研究阶级、民族、种族、地区的分化，探讨社会的工业化、城市化、市场化、全球化的过程中，是不是充满了男权主义的偏见和歧视？我们是必须重构现有的社会科学体系，还是仅仅加进性别的视角，就可以克服或避免原有社会科学的局限？男女平等或女性解放，除了妇女参加工作和选举等经济、政治活动之外，是否还有话语方面的革命性意义？我们在反思启蒙话语的时候，是不是意识到了，如果不从更深刻的层次上检讨整个体系的困境，而仅仅加进一点所谓女性主义视角，则仍然不过是改头换面的启蒙话语（不过更加精致罢了）？

未来是个什么样子？谁也不敢保证。苏式的社会主义虽然明显地与资本主义大相径庭，但它却型构了一种经济上低效、政治上集权的工业化的管理模式。当然，"社会主义"这个概念所涉及的东西差异太大，一个多世纪以来，这个术语简直就是无所不包，它甚至可以是任何特定思想家所希望看到的任何一种理想的社会秩序。所以，简单地谈论要不要"社会主义"也可以让人摸不着头脑。吉登斯认为，如果把社会主义只理解为按计划严密地组织生产（并主要在民族－国家的经济体系内按计划去组织生产），这样的社会主义肯定就会衰落。

具有对照意义甚至是讽刺意义的是，正像当初人们简直恨不得把一切希望都寄托在社会主义身上一样，冷战后的"共识"是：人类的一切问题（如果还不是一切罪恶的话）皆源于此。很多人在论述社会主义的历史的时候，总是带着某种潜台词："要是当初不是社会主义，那就……"一些自称是历史学家的人，在检讨苏联和东欧的痛苦经历和教训的时候，基本不考虑历史因素的复杂性，只是重复一个如同常识一样的东西：社会主义带来了那么多"人为的"破坏。然后，就马上转向曾经被诅咒了无数次的资本主义大本营，认定那里发生的一切都向来是"起点平等"的，甚至连屠杀印第安人和贩运黑奴的事实似乎也要么根本就没有发生过，要么就是"进步"的代价和"先进对野蛮的征服"。

如果允许我们暂时撇开别的问题不谈，单从经济和管理的角度来说，社会主义，特别是苏式的计划社会主义，确实严重忽略了市场；马克思的理论也曾经设想共产主义是没有商品和货币的。但正是被严重忽略乃至恨不得要尽快消灭的市场，提供了在复杂的生产—流通—交换—分配体系中发挥配置资源作用的机制。然而，我们也应该承认，正像马克思准确判断的那样，市场也积极维持着（甚或还疯狂生产着）主要的剥夺形式。超越资本主义不仅将意味着超越资本主义所带来的阶级划分，还将进一步超越用经济标准决定人类的整个生活状况和生活质量的制度环境。吉登斯在这里提出了他自认为是适用于全球范围的超越匮乏型体系（postscarcity system）的可能性。

但是，人们不得不问，在这个以国家和地区之间的不平等为标志的世界上，特别是在发达社会、发展中社会和不发展社会之间①的大量不平等仍然是主要问题的世界上，在资源不仅有限而且已经成了压力的情况下，超越资本主义还是一个有意义的概念吗？吉登斯的回答是：让我们反过来问一句，为了寻求一个不是沿着自我毁灭之路而行的世界，我们还有其他的选择吗？

追求资本主义的积累不可能无限制地进行下去。某些资源本来就很稀缺，但大多数资源原本并不少，所谓"匮乏"，除了保证肉体存在的基本需要之外，是相对于社会所界定的需求和特殊的生活方式，例如消费主义文化—意识形态所创造、所激发的"需求"和生活方式。现在，一方面，生活在经济发达地区中的许多人都患了"发展疲劳症"；另一方面，在欠发达或不发达地区的人还在为基本的生存条件而苦斗。越来越多的证据表明，无论是哪里的人们，都普遍意识到，无休止的经济增长并不是人们要追求的最高和唯一价值，除非增长能提高大多数人的生活质量（Miles & Irvine，1982）。

19 世纪以来，进步—增长—发展—现代化曾经一直主宰着或影响着社会学的研究范式和理路。中国社会也在近 20 年来进入了全新的高速发展时期。而正是这 20 年来，进步—增长—发展—现代化的社会学范式在理论和经验的层面上都受到了来自世界各地、各机构和各群体的怀疑、批评和批判。特别是由于 20 年来，在二战以来进步—增长—发展—现代化范式的指导下的发展规划与发展模式，无论是世界各国内部还是各国之间，不是导致了协调性与可持续性，而是贫富差距的扩大、社会不公的蔓延、社会安全与信任的危机，以及生态 - 环境的巨大风险。但是，来自批判学派的种种非难，如果不能提出什么可替代的方案和日程，则这样的批判将在很大

---

① developed、developing、underdeveloped 这些概念，严格地说都不是没有问题的描述性术语，它们本身就预设了发展主义的阶段论的假设。关于"发展主义"，我将在"发展主义的悖论——现代性札记之二"中加以说明。

程度上失去其理论和方法上的说服力和穿透力,并在实践上引发虚无主义或悲观厌世。中国社会正在经历前所未有的社会变迁,社会及其机构、组织、社区的再造,在什么意义上将不只是按照"丛林规则"进行?有没有可能在确保基本的社会公正的前提下实现社会经济、政治、文化的持续与人文发展?这是当代社会科学研究者不得不面对的大问题。

UNDP 最近发表的《1999 年人类发展报告》用大量的数据表明,在这个日益全球化的世界上,两极分化不是缩小了,而是拉大了:不仅南北差距拉大了,而且发达社会内部(例如美国社会内部)的差距也拉大了;其不仅体现在经济财富和经济收入方面,而且体现在性别、种族、区域、对技术的占有和使用等方面。拿计算机网络技术来说,只有世界人口 19% 的富国和经合组织成员国,却拥有全世界 91% 的网络用户。全球化已经在富国与穷国之间以及同一国家的不同群体之间制造了一条日益加深的鸿沟。"按人均国民收入计算,世界上最富的五分之一人口与最穷的五分之一人口之间的收入差距,已经从 1960 年的 30∶1 上升为 1997 年的 74∶1。"(*Human Developent Report*,1999)如果说,原来意义上的阶级概念至少在发达社会正变得越来越"不合时宜"(因为蓝领工人越来越少,投票所反映的越来越不是阶级取向而是其他类型的群体取向),在发展中社会(发展中国家,"第三世界"),阶级问题也越来越和诸如种族、性别、国家等问题纠缠在一起,越来越显示出复杂性,那么,这并不一定意味着,我们正迎来一个资本主义高奏凯旋曲并使得人人都受益的全球化时代。

第三条道路

吉登斯写《第三条道路》这本小册子的背景非常明显:直到 20 世纪 70 年代末期,在工业化国家仍然占据主导地位的"福利共识"的瓦解;80 年代末以来苏东社会主义体制的瓦解;与此同时,市场原教旨主义又并没有能够缓解全球化资本主义的两难困境。

冷战结束以后,社会主义的信誉受到严重质疑,而全球化的金融、资本、商品和文化正在席卷整个世界的每个角落。促使这一切发生的异常深刻的社会、经济和技术变化的原委是什么?人们应当怎样来回应这些变化?

"第三条道路"这个术语本身并没有什么特别，它在社会民主主义的历史上，已被使用过许多次。吉登斯自己也说过，叫"第四条道路""第五条道路"都行，关键是如何跳出不是福利社会主义（更不用说计划社会主义）就是市场原教旨主义（例如撒切尔主义）的二元论。

吉登斯从一开始着手理论研究，就特别明确地要超越主体与客体、结构与行动的二元论，这样才有了结构化的理论尝试。如果说，在理论的层面想要将二元论改造成二重性（Duality of Structure），那么，在政治的层面借用一句老话"第三条道路"，也没有什么奇怪的。特别是在今天，当欧洲的政治思想似乎已经失去了它们的鼓动力，公共讨论的主题成了各种各样的担忧（道德水准下降、贫富悬殊加剧、福利国家的压力等）的时候，就更可以理解。

"如果没有理想，政治生活就一无是处；但如果理想与现实的可能无关，它们就是空洞的。"（Giddens，1998）问题在于我们是不是真的能够超越左与右？结构与行动的二重性理论到底是折中主义还是理论创新？"第三条道路"是在探索一条新路，还是仅仅把自己摆在中间偏左（Centre-Left，或者，用左翼的话说，是中间偏右）的位置？吉登斯自己认为，冷战结束后，"已不再有极左了，但却有极右"（Giddens，1998）。

从20世纪70年代中期到苏联解体这一段时间，社会民主主义越来越多地受到自由市场哲学的挑战，特别是受到撒切尔主义或里根主义（更一般的称谓是新自由主义）的挑战。在此之前的一段时期，主张市场自由化的思想似乎已属于过去。自由市场的重要鼓吹者弗里德利希·冯·哈耶克（F. Von Hayek）以及其他站在自由市场的立场上批评社会主义的思想家们的言论，曾经一度被视为古怪偏执，那个时候似乎大家都成了福利社会主义者甚至计划社会主义者。哈耶克们20世纪在70年代中期以来，由于撒切尔夫人的大力鼓吹和推动，才又形成一股不容忽视的力量。

吉登斯告诉我们，撒切尔夫人刚刚上台时，并没有一套羽翼丰满的意识形态，这种意识形态是在她执政过程中逐渐发展成型的。撒切尔夫人非常明显地表现出对不平等现象的无动于衷，或者甚至是对不平等的积极支持。她认为，只有"天真的和不合情理的"人才会认为"社会不平等天然就是错误或有害的"。在撒切尔夫人眼中，平等主义的政策创造出一个单一的社会，而且，这些平等主义政策只能借助于专制力量才能推行。撒切尔夫人几乎是第一个把"资本主义"明显地作为褒义词使用的人。在她的口中，资本主义成了一种无比美妙的体制和意识形态。撒切尔主义以后，人们才渐渐习惯了大言不惭地谈论资本主义。然而，吊诡的是，倾向于自由主义的政策却又把机会平等看成是值得追求的和十分必要的。甚至更有讽刺意味的是，约翰·梅杰接任撒切尔夫人任英国首相后，学着模仿马克思的语气，宣布在他的保守党领导下要把英国建成一个"无阶级的社会"！

新自由主义的一个首要特征就是对"大政府"的敌视。英国保守主义之父艾德蒙·柏克（E. Burke）表达了他对国家的嫌恶，他认为国家的过分扩张会变成自由和自主的敌人。美国的保守主义则一直保持着对中央政府的敌意。撒切尔主义利用了这些思想，但它同时利用了对于国家角色所持的古典自由主义怀疑论，这种怀疑论的基础是关于市场优越性的经济学论证。使国家最小化的理论与把公民社会视作一种社会团结的自生机制的独特观点紧密相联。这种理论认为，必须有条件让公民社会的弱小力量得到发展，而且，如果没有国家干预的阻碍，它们就能凭着自己的力量逐渐发展起来。

有人说，如果任由公民社会来展现其自发秩序的话，它将具有如下诸种美德："良好的品格、诚实、义务、自我牺牲、荣誉、服务、自律、宽容、尊重、公正、自强、信任、文明、坚忍、勇气、正直、勤勉、爱国主义、为他人着想、节俭以及崇敬。"（Green，1993：viii）据说，国家（尤其是福利国家）对公民社会的秩序具有很大的破坏性，但市场则不会如此，因为市场的兴衰取决于个人的能动性与自主性。正像公民社会的秩序一样，如果任自由市场自行发育，它们将为社会创造出最大的利益。

关于公民社会（或市民社会）的讨论，在很大程度上，是和苏东体制的瓦解密切相关的。但是，在这种讨论中有一种几乎是天真而幼稚的假设：要是没有 70 年的社会主义实践，本来俄国和东欧也会像西欧和北美一样富裕和民主的。这种论调甚至忘记了，要是没有 70 年的社会主义实践，俄国和东欧甚至也还意识不到西欧和北美的体制下还会有那么多有价值的东西（而不只是效率）。不论历史是不是真的可以这样被简单地遗忘或干脆抹去，至少，在"1989 年，自封为'自由世界'的一方都沉浸在由于共产主义的瓦解而得到的狂喜之中。资本主义和民主政治似乎显而易见地取得了空前的胜利：冷战结束了，从今以后，人人都将过上无忧无虑的生活了"（Calhoun，1993；邓正来、亚历山大合编，1998：332～370）。这是新自由主义得以流行并占据主导地位的最重要的社会政治和社会心理背景，尽管无忧无虑的生活实际上并没有向哪怕仅仅是东欧和俄国的人们尽情展现出来，巴尔干的军事冲突不过是一例而已，各式各样的"民族主义"是更大更深的忧虑和麻烦。

需要注意且吊诡的是，新自由主义不仅主张"小政府，大社会"，而且还把不受拘束的市场力量对传统制度（特别是家庭和民族）的维护联系起来。个人的能动性需要在经济领域得到保护和发展，但责任与义务则应当在其他领域中得到保留和维护。在新自由主义思想家和政治家的声明中，仇外主义的情绪溢于言表，他们保留着自己对多元文化主义的最严厉的非难，"美国优先"仅仅是被布坎南（J. Buchanan）明确说出来的口号。

在吉登斯看来，一方面钟情于自由市场，另一方面又寄希望于传统的家庭和民族，是一种自相矛盾的处境。个人主义和自由选择应当在家庭和民族认同的边界上戛然而止。但是，再也没有什么比市场的力量更能消解民族传统的了。市场的动力机制削弱了传统的权威结构并瓦解了地方共同体（包括家庭），它也不断地跨越民族-国家的疆界；新自由主义制造了新的风险和新的不确定性，而它却要求公民们忽视它们而继续恪守传统；而且，它忽视了市场本身的社会基础，这种基础正是被市场原教旨主义无情抛弃的共存共生形式。

反对福利国家是新自由主义的另一个显著特征。新自由主义者把福利国家看成是当代欧洲一切问题（甚至一切罪恶）的源泉。"我们将带着轻蔑的嘲笑来回顾福利国家，正像我们现在会嘲笑地说奴隶制当然是组织有效率、又有动力的生产活动的手段一样"。福利国家"给它所设想的受益者——被它界定为弱者、贫穷者和不幸者的人——造成极大的损害……，它削弱了个人的进取和自立精神，并且在我们这个自由社会的基础之下酝酿出某种一触即发的怨恨"（Marsland，1996：197）。

那么，在福利国家垮掉之后，由谁来提供福利呢？答案是市场引导的经济增长。福利不应当再被理解为国家的救助，而应当被理解为最大化的经济增长以及由此带来的总体财富，而做到这一切的唯一办法就是放开让市场自己去创造奇迹。

新自由主义既是一种全球化理论，又是一种直接推动着全球化的力量。新自由主义把那些指导他们参与地方性事务的哲学运用于全球的层面。如果市场能够在不受干预或少受干预的情况下自由运作，那么这个世界最终将达到它的最佳状态。但是，正像他们也是传统民族观念的维护者一样，新自由主义者采纳了一种在国际关系上的现实主义理论策略：全球化社会仍然是一个由民族－国家组成的社会体系，在这个民族－国家体系的世界里，真正起作用的还是权力，包括军事权力。为战争做好准备并维持军事实力，是国际体系中的民族－国家的必要因素。因此，新自由主义同时又致力于维护政治－军事在民族－国家层次上的统一性。

现在，新自由主义似乎已经在全球范围内取得了胜利。毕竟，社会民主主义正陷入意识形态的混乱之中。如果说 50 年以前人人都主张计划的话，那么现在再没有人是计划的鼓吹者了。

但是，吉登斯还不甘心，也不愿意看到新自由主义意义上的全球化胜利：

> 150 年前，马克思写道："一个幽灵在欧洲徘徊。"这就是社会主义或者共产主义的幽灵。这一点在今天看来仍然是正确的，但我们说它正确的理由却不同于马克思的设想。社会主义和共产主义在欧洲作为制度已经消逝了，但它们的幽灵仍然缠绕着我们。我们不能简单地放弃推动他们前进的那些价值和理想，因为这些价值和理想中有一些是我们的社会和经济发展要创造的美好生活所必不可少的。目前我们所面临的挑战，就是如何在社会主义计划经济已经失信的地方使这些价值再现其意义。(Giddens，1998)

过去，社会民主主义总是与社会主义联系在一起。现在，在一个资本主义似乎已经高歌凯旋的世界上，社会民主主义者们又该向何处去呢？二战后的社会民主主义是在两极化的世界格局中形成的，社会民主主义者至少在某些观点上与共产主义者相一致，既然共产主义作为体制在欧洲已经垮掉，而更一般意义上的社会主义也已经普遍受到人们的怀疑，那么，继续固守左派立场（哪怕是中左立场）还有什么意义吗？面对这种情景，在欧洲寻求一条既不同于美国的市场资本主义，又不同于苏式的计划社会主义的独特的"第三条道路"还有什么可能吗？

当宣称左翼和右翼这种区分不再具有什么意义的时候，究竟意味着什么？左与右这种划分是否同过去一样涵盖了同样广阔的政治领域？欧洲是否仅仅处于左与右完成其自我重建之前的过渡时期？或者，是否左与右的含义已经发生了根本的变化？今天，面对大量宣称左和右的划分已经过时的著作，人们是否还要承认，左和右的分类一直在对政治思想施加着影响，虽然什么是"左"或什么是"右"可能发生变化，但在同一时间内，并不存在既左又右的观点？是否可以说，当政治意识形态多多少少呈现均势，就几乎不再会有人对左和右之间划分的适当性存有疑问，而一旦这两者中的任何一边变得强大起来，则更为强大的那一边，就会如撒切尔夫人那样，宣布你"别无选择"？

左和右的区分是围绕着对待平等的态度展开的。这里必须要提出的问题是：什么人之间的平等，比如，个人之间的还是集团之间的平等？在什么问题上的平等，机会的，结果的，还是过程的？在何种程度上的平等，是纵向（上下之间）的还是横向的？各种各样的政治机构以及越来越臃肿的官僚制是否已经偏离了正统的民主机制？如果某项政治纲领能够取得一致，又如何来贯彻它、操作它？

特别值得我们注意的是吉登斯对于全球化的态度。他认为第三条道路的政治应当对全球化（其范围是比新自由主义鼓吹的全球化市场要宽得多的一种现象）采取一种积极的态度，而极右派主张经济和文化保护主义，他们将全球化看成是对国家的完整性和传统价值的威胁。右翼思想家和政治家们说道，如果失掉传统和传统的各种形式，权威就会瓦解，人们就将失去分辨对与错的能力。这样一来，民主就永远只能是残缺不全的。吉登斯认定，保护主义既不明智也不合乎民意。即使它能够在实践中被采纳，也只能制造一个自私的、各经济集团之间很可能会相互敌对的世界。在一个传统与习惯正在失去其支配力的社会之中，树立权威的唯一途径就是民主。在今天的社会中，无责任即无权利，同样，无民主即无权威。

与其他的现代性批判者不同，吉登斯是主张全球化和现代化的，只不过不是线性的现代化，而是"反思的现代化"。在一个充满生态危机的时代，现代化不可能完全是直线型的，而且也绝对不可能仅仅等同于经济增长。现代化问题对于第三条道路政治来说，是一个基本的问题。生态现代化只是其中的一个视角，反思的现代化也只是说作为主体行动者的人对现代化的卷入是积极的能动的过程；但在其他方面，现代化究竟应当意味着什么？超越传统（posttraditional）？"超越左与右"（beyond left and right）？怎么超越？民主化家庭（democratizing family）？民主化民主制（democratizing democracy）？规约（regulating）经济、商业、金融与货币？这些都是吉登斯提出的方案，也都是未完成的议程。每一种概念都不是毫无问题的，恰恰相反，几乎所有的概念都有争议，并且也很棘手，能不能在哈贝马斯的意义上"完成"也是个疑问。

拿民主化民主制来说，如果说自由民主制度面临着某种危机的话，则这并不是因为它受到满怀敌意的竞争的威胁（就像一个世纪之前那样），民主制的危机根源于它不够民主。问题并不在于是要大政府还是要小政府，而是要认识到目前的治理方式必须适应全球化时代的新情况；而且，权威，包括国家的合法性，必须在一种积极的基础上得到重构。改革应当向什么方向发展？怎样才能使民主制度民主化？

民主本身的含义，绝不仅仅只是几年一度的代议制选举，它还包括对选举过程和选举结果的民主化（而不是金钱化）监督。在选举之外的领域（如经济领域）里的民主式参与，不同的阶级、阶层、种族、性别、群体在各种公共事务上的权利与权力的合理分布和相互制约，在传统的民主政治理论不曾涉及的领域中（如家庭中的男女、长幼之间）的平等对话机制和沟通机会的制度保障，在民族-国家范围之外（如国际事务和国际组织）的运作规则的公正性和公开性，几乎在所有这些领域，都存在着严重的问题与不足。我们不能只是在一般的意义上说现代性包含着内在的悖论和危机（例如"战争的工业化"），也不应仅仅注意到发生在那些虽然未经选举，却也属于现代的民族-国家里的暴行，而是必须看到，德国的希特勒法西斯，是被德国人民选举上台的，而日本对二战中的侵略暴行和滥杀无辜不做检省和公开道歉的历届政府，也是经国民选举出来的。在民主问题上，真正负责的理论，既不能采取自欺欺人的鸵鸟政策，也不能实用主义地搞什么"比坏"（"总比×××好"），更不用说，只有在具体的历史语境下进行多层次、多维度（包括长时段和跨区域）的分析，比较才有可能，也才有意义。

这里还有一个重要的问题，那就是平等。平等与个人自由当然可能会产生冲突；而且，平等、多元主义与经济活力之间也并不总是和谐一致的。欧洲和美国现在所面临的情况说明，结构变迁所导致的不断加剧的不平等，既有集团的，也有个人的；既有纵向的，也有横向的；既有阶级、阶层的，也有种族、性别的。这些不平等，在现有体系内能被有效地克服吗？吉登斯坚持认为，社会民主主义要想探索"第三条道路"，就绝不应当接受下述观点：高度不平等是经济繁荣的必然伴生现象，因而是不可避免的，是正当的。

许多人认为，当下唯一的平等模式应当是新自由主义的模式——机会均等与精英统治（meritocracy）。但是如果这种模式确实实现了的话，则彻底的精英统治的社会将造成收入上的严重不平等，并因此而威胁（而不是增强）社会的凝聚力。比如，在劳动力市场上，"胜者为王"或"赢者通吃"（winner-take-all）似乎是一种显而易见的规则和现象。如某个仅仅比别人稍微能干一点儿的人就敢要求比别人多得多的工资，一位网球明星或著名歌剧艺术家所获得的报酬远远超过那些比他们只是稍逊一筹的同行。这种现象正是由精英统治原则的运作所造成的。如果微弱的边际差异真的就能够决定产品的成功还是失败，那么，对于企业来讲，这种风险也实在是太大了。被承认为造成了这种边际差异的个人得到的报酬与他们的实际贡献是不成比例的。他们俨然成了一群"新贵"（Frank & Cook，1995；Robison & Goodman，1996）。

不止于此。精英统治的社会还会造成大量的向下流动。许多研究已经表明，范围广泛的向下流动（失业裁员下岗仅仅是一种表现形式，还有其他许多没有那么明显的形式，如隐性失业、实际收入下降和社会地位的边缘化）会产生无法预期的负面后果，并使那些受到这些后果影响的人产生疏离感甚至敌意。大规模的向下流动对社会凝聚力造成的威胁很可能不亚于一个充满敌意的被排斥的阶层的存在。事实上，完全的精英统治将制造出这样一种极端的阶层形态，一个与主流社会格格不入的等外阶级（underclass）。这不仅意味着有一些群体将生活在社会底层，而且意味着他们也认定自己在能力上的欠缺使他们命该如此。吉登斯问道：难道还有比这更令人绝望的社会图景吗？

平等之所以重要，是因为它关系到人们的生活机会、他们的幸福与尊严。正如穆罕默德·尤诺斯所指出的那样："如果我们知道还有人生活在没有尊严的环境中，如果我们不能保证他们的尊严，那么我们自己的尊严也会变得空洞和虚伪。"（富格桑雷、钱德勒，1998：4）

平等之所以重要，还在于：一个极度不平等的社会，由于未能使公民最充分地发挥天才和能力，会损害社会本身；日益不平等还会威胁到社会的凝聚力。一个制造出大范围不平等的"民主社会"，会产生普遍的不满与冲突。

那么，平等究竟意味着什么呢？第三条道路把平等定义为"包容性"（inclusion），而把不平等定义为"排斥性"（exclusion）。在最宽泛的意义上，"包容性"意味着公民资格，意味着一个社会的所有成员不仅在形式上，而且在其生活的现实中所拥有的民事权利、政治权利以及相应的义务，还意味着机会以及在公共空间中的参与。在我们的社会中，工作对于维持人的尊严和生活质量而言还是非常重要的，获得工作的可能性就理所当然地是"机会"的基本内容。

教育是另一种重要的机会，即使在教育对于获得工作来说不是那么重要的情况下，仍然是这样。如果从"包容性""排斥性"的视角来看教育，则不得不指出，按照精英统治的逻辑和规则搞出来的精英教育，是以排斥或剥夺许多人的受教育机会为代价来使少数人被"包容"进已有的教育体制的，从贵族学校到名牌大学，都是这种体制的产物。①

排他性这一概念所涉及的不是社会等级的划分，而是把属于某些群体的人排除在社会主流之外的机制。当我们大家都在谈论全球化不可阻挡的时候，我们是否想过，这个全球化所包容进来的是哪些群体，排斥出去的又是哪些群体？如果说全球化是一列飞驰而来的高速火车，那么它在使一些人搭上它从而迅速摆脱困境的同时，也在不断地甩下另一些人（竞争中的失败者，或已经退出竞争的老人），甚至干脆拒绝让一些人（例如 UNDP 报告中说的那些无力上网的人）上车。

---

① 甚至体育也体现着这种精英原则：少数人被包容进冲刺和金牌的圈子的条件，是多数人被排斥到健身的行列之外，或者，充其量，被宽容（"包容"）进观众和球迷的群体而已。

如今，有人认为，经济不平等已经太过火了：

> 全球范围内的自由放任型经济是世界经济史上升时期的一个瞬间，而不是它的终点……毫无疑问，把世界经济组织为一个统一的全球自由市场将会增加不稳定性。它迫使工人承受新技术和不受节制的自由贸易所带来的不利后果。它没有包含使那些危及全球经济均衡的活动受到制约的手段……实际上，它是把全球的未来作为赌注压在这样一个猜想之上：毫无拘束的逐利行为所导致的未曾期望之结果，将使那些巨大的风险得以消解。我们很难想象出比这更加不计后果的赌博了。（Gray，1998：199－200）

这样说来，一种"积极的福利国家"是可能的吗？答案部分地取决于具体的情景，部分地取决于人们怎么去行动。这就是为什么要提出"第三条道路"。与其说它是一种学术思想的框架，不如说它是某种行动的大纲；在这个大纲中，"第三条道路"政治要变匮乏为自主，变疾病为健康，变无知为终身教育，变贫困和悲惨为幸福，变懒惰为创造。

这就是吉登斯的乌托邦的现实主义吗？这种试图把乌托邦与现实主义结合起来的尝试，是不是也如现代性一样，包含着内在的不可克服的悖论呢？

参考文献

邓正来、亚历山大编，1998，《国家与市民社会》，中央编译出版社。

富格桑雷、钱德勒，1998，《参与和发展》，杜晓山等译，社会科学文献出版社。

《马克思恩格斯全集》第八卷，1961，人民出版社。

Beck，U. 1992. *Risk Society：Towards A New Modernity*. London：Sage.

Calhoun，C. 1993. "Nationalism and Civil Society," *International Sociology*，No. 4，December.

Frank，R. H.，& Cook，Philip J. 1995. *The Winner-Take-All Society*. New York：Free Press.

Giddens，A.，& Pierson，C. 1998. *Conversation with Giddens：Making Sense of Modernity*. Cambridge：Polity Press.

Giddens，A. 1984. *Constitution of Society*. Cambridge：Polity Press（中文版已收入生活·读

书·新知三联书店"学术前言"系列出版)。

Giddens, A. 1985. *A Contemporary Critique of Historical Materialism*, Vol. 2: *The Nation State and Violence*. Cambridge, Polity Press(中文版已由生活·读书·新知三联书店"学术前言"系列出版)。

Giddens, A. 1990. *The Consequences of Modernity*. Cambridge, Polity Press(中文版将由译林出版社"社会与文化"系列出版)。

Giddens, A. 1993. *New rules of Sociological Method*, Revised edition. Cambridge: Polity Press.

Giddens, A. 1998. *The Third Way*. Cambridge: Polity Press(中文版已由北京大学出版社、生活·读书·新知三联书店联合出版)。

Gray, J. 1998. *False Dawn*. London : Granta.

Green, D. 1993. *Einventing Civil Society*. London: Institute of Economic Affairs.

Marsland, D. 1996. *Welfare or Welfare State?* Basingstoke : MacMillan.

Miles, I. , & Irvine, J. 1982. *The Poverty of Progress*. Oxford: Pergamon.

Nordau, M. 1892/1968. *Degeneration*. New York : fertig.

Popper, K. 1962. *Conjectures and Refutations*. London : Routledge.

Raz, J. 1986. *The Morality of Freedom*. Oxford: Clarendon, Press.

Robison, R. , & Goodman, D. 1996. *The New Rich in Asia*. London: Routledge.

Sassoon, D. 1996. *One Hundred Years of Socialism*. London : Tauris.

Sklair, L. 1990. *Sociology of the Global System*. London, Harvester, Weatsheaf.

UNPP. 1999. *Human Development Report* 1999. New York: Oxford University Press.

Vattimo, G. 1988. *The End of Modernity*. Cambridge: Polity Press.

Wallerstein, I. 1979. "The Rise and Future Demise of the World Capitalist World System: Concepts for Comparative Analysis," in Wallerstein Immanuel (ed.), *The Capitalist World Economy*. Cambridge, England: Cambridge University Press.

Wolfe, A. 1998. *One Nation, After All*. New York: Viking.

社区服务型非营利机构面临的若干问题*

朱又红

中国的社会变革是从经济制度改革开始的，其最重要的结果之一是私营企业的出现和发展，它对中国的社会结构产生了极大的影响。第三部门的发展使今天中国社会结构的变化又发展到了一个新阶段。它意味着国家力量从社会的更多领域退出，或者说意味着中国市民社会的进一步成长。

国家力量对第三部门的影响是通过"事业单位制度"渗透的。当前事业单位制度正面临着深刻的改革，国家正在减少事业单位制度控制的机构和组织的类型和数量。对于那些完全靠国家财政拨款、人事编制制度受国家严格控制的事业单位来说，变革是会较为迟滞的，而那些仅仅部分接受政府的财政资助，机构人员中只有最主要的一些管理者被纳入事业编制范围的单位很自然地要成为事业单位制度变革的发端。在中国，绝大多数从事社会服务的机构都具有这样的准事业单位性质，它们有可能率先脱离事业单位制度，成为中国第三部门发展的先头力量。其主要包括众多的社区服务中心、养老院或社会福利院。

一 社区服务体制改革：中国非营利机构发展的机会

目前大多数社区服务机构不是独立的法人组织，一般隶属于基层政府的一个部门。这些机构基本是按下面的方式组织起来的：机构使用的土地、房屋建筑以及配套的服务设施由政府提供，机构的主要负责人也是承包管理机构者，其身份属于事业单位编制。负责人或承包者负责聘任机构的其他员工，聘任者工资在运营费用中解决。社区服务机构的运营费用来

---

* 原文发表于《社会学研究》2000 年第 4 期。

源比较多元，一部分是政府减免税费，另一部分是机构本身提供的服务收费，有的基层政府会提供运营方面的费用补贴。不过，一般的情况是，服务机构与政府部门签订数年承包管理协议，按照协议提供规定的非营利服务，在协议规定的服务之外经营一些营利性服务。社区服务机构靠两类服务的收费实现机构运营的收支平衡。这种社区服务机构体制具有一些弊病，最重要的是以下两个方面。

1. 缺乏志愿服务的理念

社区服务最重要的理念之一是志愿，这是由社会服务事业发展的历史决定的。社会服务是来自社会的一群人，根据当时的社会需要，志愿组织起来，为社会上某些特殊群体提供所需的服务，强调满足社会需求，对社会负责。目前的社区服务机构的构成和体制在以下几方面影响了志愿服务理念的发展。（1）尽管采取承包管理的形式，由于不具有独立的法人资格，机构在现实中是被当作基层政府的一个部门来对待的，政府的行政影响通过具有事业单位编制身份的负责人进入机构来实现，结果，机构的行为主要对政府负责而不是对社区居民负责。（2）机构人员的任用和聘任方式也决定了志愿服务理念难以在这样的机构中发展，负责人是上级任命的，基于上级指示，其他员工主要是聘任的下岗职工和退休职工，缺乏受过社会工作专业训练的人员。（3）由于有运营收支平衡的压力，又有经营部分营利项目的权利，许多社区服务机构存在增加营利经营项目、减少非营利经营项目的倾向。

2. 缺乏效率

目前的社区服务机构体制明显缺乏效率。（1）社区服务机构作为政府的一个下属机构，影响了政府体系的效率，跟"小政府、大社会"的理念背道而驰。（2）社区服务机构对政府负责，而不是对社区居民负责的态度，或者说缺乏志愿服务理念，使机构缺乏根据社区需求，合理设置服务项目、提高设施利用率、提高机构运营效率的动力。

缺乏志愿服务理念和缺乏效率使今天像社区服务中心这样的社区服务供给体制需要变革，变革的方向应该沿着推行志愿服务的理念和提升服务效率的路径进行。在此介绍一下上海浦东新区罗山市民会馆的例子。1995年，新设立的罗山新村小区的公共建设配套设施——罗山六村幼儿园因小区人口少而出现闲置。而作为一个迁建的新区，罗山新村还缺少一个能够提供社区公共服务的场所。浦东新区社会发展局决定将罗山六村幼儿园改建成市民休闲中心，命名为罗山市民会馆。社会发展局没有将罗山会馆的运营纳入原有的社区服务中心体制，而是委托上海基督教青年会管理，由此形成一个新的组织类型：政府提供土地与房屋建筑，基本服务设施由社会发展基金会捐助，运营费用由上海基督教青年会负责。这么一个社区服务机构独立于现行的社区服务中心体制，也就与政府脱离了隶属关系，机构文化中又具有志愿服务的传统，无疑给社区服务中心体制的转向提供了一种思路。

二 非营利机构发展的法律保障：产权关系确定与法人资格获得

罗山会馆脱离现行社区服务中心体制的案例越来越引起各方注意，其围绕着罗山会馆模式是否具有推广意义展开了热烈的讨论。否定的观点认为，罗山会馆采取了政府委托社团管理的方式，由于类似上海基督教青年会这样的具有社会服务传统和运营一个社区服务机构所需的人员与经费能力的团体为数甚少，因此这种模式没有推广的意义。这个意见的合理性在于：如果我们只是把罗山会馆作为一种模式，那么它的推广局限性就很大。但是如果我们能够提取这一案例中最富有创新性的内核——新的产权结构、新的资源动员机制、新的机构治理结构、志愿服务的机构文化等——那么我们就可以看到罗山会馆的案例对于社区服务中心体制转向的重要参考价值。新的从事社会服务的非营利机构并不必须由一个既存的社团来组建，最一般的情形可能是若干具有志愿服务理念和社会工作训练的人员，注册登记一个非营利机构，利用政府提供的土地、房屋建筑和服务设施、部分财政拨款（可以是以减免税、水电费补贴的形式提供），以及自筹的运营费用向社区居民提供其需要的服务。

显然，如果上面的设想要实现，首先要解决的是非营利机构在目前的法律框架内合法登记注册、获取独立法人资格的问题。与此相伴的问题是，社区服务型机构全部使用政府提供的土地、房屋和大部分设施，其中的产权关系如何确定。对于这两个问题，"罗山市民会馆调查评估"小组的专家们有过多次讨论，最终比较一致的观点认为，社区服务中心一类的机构可以由组建此机构的负责人援引《民办非企业单位登记管理暂行条例》向政府登记机关进行登记申请。根据条例的第二条，民办非企业单位是指企业事业单位、社会团体和其他社会力量以及公民个人利用非国有资产举办的、从事非营利性社会服务活动的社会组织。由于规定机构的资产必须是非国有的，因此机构对于其使用的、属于政府代管的公共财产可以从"零租金"或其他象征性租金方式租用。

在社区服务型机构转向民办非营利机构这一过程中还有几个问题需要解决。（1）未来非营利社区服务机构中的人员不再由政府任用，而应该是具有社会专业背景的、志愿从事社区工作的人们自行地组织。（2）政府仍应继续承担自己在社区服务中的责任，保证对社区服务类机构的必要补贴，补贴可以以减免税费的形式提供。（3）机构有权按照自己的章程独立运行，在服务提供、服务收费等方面，机构接受行业协会的指导而不是接受政府的领导。只有如此，才可与现行的社区服务体制相区别，才具有变革转向的意义。

三 服务收费、社区服务机构保证其非营利性 要解决的基本问题

探讨非营利概念以及运营中如何既保持机构的非营利性又保证机构运营收支的平衡或可持续发展，是一个很实际也是很迫切需要解决的问题，涉及社区服务供给体制改革的成败以及非营利机构在中国的健康发展。这需要很多操作层面的指导，这里只能谈一点原则意见。

讨论比较多、难度比较大的是非营利机构的服务收费问题，究竟如何确定服务收费范围和标准，才可以既保证机构的正常运营，又保证其非营利性？在这个问题上有两种观点：一是主张提高服务收费，或者在非营利主业之外增设营利性项目，以实现总体的运营收支平衡；二是对于提高服务收费和营利项目的增设持谨慎的态度，甚至坚决反对。

要恰当解决服务收费问题首先要准确理解非营利概念：非营利概念首先是从经营者动机出发的，经营者提供服务是出于公益精神，而不是谋利的动机，即追求服务满足社会群体的需要，而不是追求尽量多的营利；再者，非营利概念要考察经营的结果，即经营者不应该获得不当的营利，运

营产生的营利应该再投入服务的提供。因此服务收费标准拟定以及营利项目的增设应该符合非营利性的这两重原则。

那么是不是只要运营的盈利全部再投入服务的提供，就可以随意提高服务收费和增设营利项目呢？要解决这个问题应该注意到社会服务性非营利机构提供的服务可以进一步区分为福利服务与公益服务两类。福利服务的提供含有国家向特定人群再分配国民收入的含义，因此这部分服务收费的提升应该最为谨慎，至少需要考虑以下两方面：一是不可以提高服务门槛，使享受再分配的人群无力享受这些服务；二是需要考虑分配如何合理地分送到它的享受对象中去。公益服务没有再分配的使命，但是公益的本质是使尽可能多的人有享有服务的机会，这种努力的本身就是要淡化需要层次，即为收入水平不同的人提供水平一致的服务，因此以"需求分层"的理由来提高服务收费，或者设置服务项目时一定要十分谨慎，毕竟公益服务不是针对特定阶层的营利服务。

社会学大有作为[*]

李铁映

同志们:

我首先代表中国社会科学院,代表在座的所有学者、同志们、朋友们,感谢两位学界老前辈——95 岁的雷洁琼教授和 90 岁的费孝通教授到会讲话。他们一生对社会学钟情、执着,对学界后辈寄予厚望。我们一定要承继前辈在开风气、育人才方面的传统,开启今后中国社会学的发展之门。

今天,老中青社会学研究工作者在这里庆祝中国社会科学院社会学研究所成立 20 周年,这是一件在中国社会科学界有重大意义的事情。过去对社会学争论了很长时间。社会学到底是不是科学? 它应该研究些什么问题? 回答些什么问题? 正是由于"文革"10 年动乱的深刻教训,使我们清醒地认识到社会学是一门很重要的社会科学,应该重建它,补上这一课,很好地用这门科学来研究中国社会的实际问题。

社会学恢复和重建以来这 20 年,也正是中国改革开放的 20 年,是中国社会发生巨大变化、中国人民大踏步前进的 20 年。还很少有这样的历史机遇和历史巨变:中国在政治、经济、文化、社会、体制、思想观念以及生活方式等各个方面,都发生了前所未有的、人类历史上罕见的变化。正是在这 20 年,社会学恢复了、发展了,并在脚踏实地的深入研究中取得了丰硕成果,这就是中国社会学 20 年的足迹。

实事求是,一切从实际出发,是我们党的思想路线,也是社会科学研究必须要遵循的最重要的基本原则。用马克思主义的立场、观点和方法研究中国社会的实际,是我们党一贯倡导的。所谓有中国特色的社会主义道

---

* 原文发表于《社会学研究》2000 年第 4 期。

路，所谓实事求是，所谓马克思主义同中国实际的结合，就是要通过对中国实际问题的研究来提出解决这些问题的方法。

社会学研究的一个显著优点，也正在于它注重实地调查的传统。毛泽东同志 20 世纪 20 年代在深入调查研究基础上撰写的《中国社会各阶级的分析》和《湖南农民运动考察报告》，至今仍然是马克思主义社会学的基础文献，他所提出的"没有调查就没有发言权"，可以说是社会学研究的基本原则和前提。因为研究社会，只有从社会的实际调查入手，才能提出问题和回答问题。

早在改革之初的 1979 年，小平同志就向全党提出："四个现代化靠空谈是化不出来的。""政治学、法学、社会学以及世界政治的研究，我们过去多年忽视了，现在也需要赶快补课。"小平同志讲话后，中央决定迅速地恢复和重建社会学等一系列社会科学学科。

20 年来，通过老一辈社会学家的传帮带，在继承社会调查优良传统的基础上，我院社会学的研究人员进行了大规模的社会调查，获得了大量第一手资料和数据，也写出了一批很有价值的调查报告和学术文章，为中国社会学的发展做出了积极的、重大的贡献。

这里特别要提到的是，费孝通先生关于"小城镇"的研究，受到了中央领导的高度重视，也为推动中国农村的工业化和城市化发挥了很大作用。我在 80 年代读了费老的《小城镇大问题》这篇文章后，更加感到中国完全有可能在实现工业化、城市化的时候，走出一条不同于西方所走过的道路，也完全有可能依靠中国社会主义的优点和传统文化的优点，在小城镇的基础上集中乡镇企业和农村的一些传统优势，形成星罗棋布的、各有特色的小城镇这样一种结构和布局，来实现中国的工业化、城市化。也是在这篇文章的启迪下，我开始研究了一些城市学的问题，还参加了我国第一次城市学研讨会，也发表了一些观点和意见。在改革初期通过实行家庭联产承包责任制解放了农村生产力，农业生产得以迅速发展。在这种情况下，费老这篇文章极富远见地提出了小城镇发展在今后中国现代化道路中的地位和作用问题，发挥了社会学研究对社会发展的重要作用。

今天，对于社会学这门学科，对于它 20 年来取得的成就，对于社会学在促进社会发展与稳定中的作用，中央、社会科学院以及社会科学界，都是充分肯定的。我来社科院之前，在国务院分管了很长一段时间的文化、教育和体制改革等方面的工作，深感社会学的重要，并从社会学中受益匪浅。我十分看重这门学科。

中国目前正处在一个伟大的变革时期，经济体制和社会结构在 20 年中发生了极其深刻和巨大的变化，这在中国和世界历史上都是罕见的，这为社会学的发展和研究提供了难得的机遇，应当说，现在是中国社会学发展的黄金时期。社会学大有作为。

中国现代化所面临的问题，有许多是前人没有遇到过，也没有现成答案的新问题，需要我们的社会学研究人员去深入探讨，作出回答。中国经过几千年的绵延发展，今天第一次进入小康社会，虽然我们历史上有过盛唐，有过宋代经济和科学的发展，但还不能把那个时代看成是小康社会。中华民族作为一个大国，真正解决了温饱问题并进入小康社会是在今天。那么，小康之后的中国社会会出现什么样的问题？我们不知道，也没有现成的答案，可能西方的发达国家在一百多年前已经进入了小康社会，但对我们来说，这是在新世纪门槛上需要深刻认识和研究的新问题。在没有进入小康、温饱没解决的时候，首先讲的是吃的问题，那么在解决温饱和进入小康以后，会更多地想社会的文化精神生活的问题。

现在我们的现代化事业正在推向前进。我国的几亿农民怎样才能实现现代化？适合中国国情的城市化道路究竟是什么？中国实现小康社会后社会结构已经发生了哪些深刻变化？社区组织形式在新形势下会有什么样的特点？家庭在今后的社会发展中应该起到什么样的作用？这些新形势下的新问题，都是中国社会发展中不可回避的。

我这里还想特别谈一下家庭。中国进入小康社会以后，家庭问题将以新的形式提到社会学的面前。随着社会现代化程度的提高，家庭的一些传统功能是不是会被取代？是不是要发生一些变化？现在，在一些发达国家，家庭已经出现了一些值得注意的新现象，但现代化是否就意味着家庭的破碎？破碎的家庭里成长起来的孩子能否是幸福的孩子？没有幸福的孩子和幸福的家庭，会不会有幸福的社会？我们不是在讲人权、讲民主吗？不是在讲幸福、讲富裕吗？不幸的家庭可能制造多少不幸的孩子？将为社会带来多大的痛苦和困难？家庭是构成社会的基础和细胞，幸福的家庭是构成幸福社会的细胞与基础。

再比如，中国历史上人口的大迁徙，一般都是由战乱和灾荒所致，而现在出现的近亿人的民工流动，其原因是根本不同的。这反映了中国社会走向现代化、城市化的潮流和趋势。我们要花大力气引导它，使之有秩序、有步骤地沿着经济、社会可持续发展的道路前进。通过深化改革来调整城乡关系，推动我国的城镇化。当然，我们要认识到这样的问题不是一天两天形成的，解决起来也需要时日和相关的政策、制度、法规；并且，也不能只看到人口流动和迁徙的正面效应和正面意义，也应研究一下这样大规模的社会迁徙会产生哪些与之相伴随的新问题，特别是有哪些新风险，真正让它成为有利于而不是不利于社会稳定与发展的变迁过程。

中国社会学的历史任务以及自身学术地位的确立，就在于能够回答中国现代化过程中出现的这类重要问题。否则社会学就很难有它的地位和价值。中国的猫要能够抓中国的老鼠。只有能够回答中国现代化道路中的根本问题，只有抓住那些现实中的重大问题和学术上的前沿问题，集中力量，坚持不懈，长期跟踪，才能有所突破，才能形成社会学的中国学派。

社会学是一门综合性的学科，它要回答的问题正是其他单一学科难以回答的问题。社会学有其综合的优势，有其独特的视角，有其整体的维度；这就是它的地位和价值。有人问，中国的社会学和世界社会学是什么关系？有没有中国的社会学？我且不去说有没有中国社会学，但是中国的社会学家首先要回答中国的问题，这种回答就是形成社会学的中国学派的开始。

我们的社会学研究人员，一定要从中国的实际出发，做深入扎实的实地调查，建立一些观察点、调查点，跟踪几十年、上百年，这样才能揭示社会变迁的历史轨迹。

我们的研究还要有前瞻性，这就要求我们借鉴别人的研究成果。因为有些问题别的国家今天遇到了，我们可能明天也会遇到；也有些问题别的国家已经遇到过，对于我们可能还是新问题。

总结历史的经验和学术发展的规律，只有坚持百花齐放、百家争鸣的方针，才能保证科学和艺术的繁荣与发展。要想百家争鸣就要有学派，但学派不是宗派，宗派不搞团结，而持不同观点的学派和学者之间可以建立良好的友谊，不是"文人相轻"，而是"文人相亲"。我们要反复强调学术上要解放思想和百家争鸣，允许用不同的观点、方法去从事研究，要鼓励交流，互相取长补短。

我们要大胆地学习、借鉴和吸收一切科学的、现代的研究手段和研究方法，用科学的、现代的手段去进行社会学探索。这其实也是我们社会科学院现在面临的问题之一。目前我们的研究手段还比较落后，这与需要我们回答的极其复杂的当代问题很不适应。加快实现我们社会科学研究手段、研究方法的现代化，是站在新世纪门槛上的社会科学的迫切任务，否则我们就难以满足党和国家对我们的期望和要求。

我们也要继承一切行之有效的传统研究方法和调查技术，从不同学科，包括从自然科学借鉴其方法和手段。对于人类历史文明中积累下来的丰富成果，我们都要继承。我不认为文明之间"必然"要发生冲突，文明之间首先应该相互补充、相互学习、相互借鉴、相互融合。任何有生命力的文明形式一定是具有包容性的，具有较强的学习、借鉴他种文明的能力，一定是包含着社会进步发展的因素，朝向人类的光明未来的。即使一种文明形式消失了，它原有的合理内涵也会被其他文明所吸纳、所继承，而不是被彻底毁灭掉了。

当然，我们的社会科学研究是有原则的。对于一些探索性的问题，可以而且应当展开积极的讨论和争论，但是社会科学的研究也必须讲政治，因为社会发展本身就包含政治的内容。

我们提倡解放思想、实事求是，提倡严肃的学术研究和学术争鸣，就是要探索真理，为社会的发展与稳定提供保证，提供科学依据，提供精神动力，而绝不是相反。如果一种观点和理论导致社会的动乱，影响社会的稳定，延缓社会的发展，我们是不赞成、不接受的。社会学要为社会发展与稳定服务，为建设有中国特色的社会主义服务，为实现中华民族的全面振兴服务。

我们正处在一个大变革的时代，社会学研究也必须有敏锐而强烈的时代感。我们的社会学研究工作者，要敢于迎着时代风浪。这当然不是要大家去追风潮赶时髦，去充当什么"泡沫明星"，而是要敢于做时代的弄潮儿，敢于用科学的视角和眼光去正视大变革时代提出的种种难题，并且从广远的时空视野、以坚实的实地调查和长期追踪研究为依据，去回答这些难题。

让我们以中华民族特有的博大胸怀，热烈地拥抱新世纪，纳百川、采万花，创造新世纪中华民族的新文明，这就是我们的社会学者、社会科学工作者的理想和责任，也只有这样，社会学才能无愧于我们的伟大时代。

社会政策的理论与思索[*]

杨 团

引 言

"社会政策"一词为德国人首创。1873 年，德国的一批经济学教授为研究德国当时的社会问题，发起成立了社会政策学会。第一个给予社会政策以科学概念的是瓦格纳（Adelph Wagner），1891 年他在发表的一篇论文中提出，社会政策是运用立法和行政的手段，以争取公平为目的，清除分配过程中的各种弊害的国家政策（《西方国家法律制度社会政策及立法》，1998：165）。可见，社会政策概念从诞生之日起，就与社会行政、社会资源分配有着密不可分的关系。

从那时起一个世纪过去了，社会政策在适应社会变动的动态发展中，不仅形成了独立的研究领域甚至一门综合性的社会科学学科，而且成为近现代政治中的重要部分。特别是每当社会政治经济制度发生新的变革时，社会政策的重要性就凸显出来，其研究和实践受到政府部门、社会组织的青睐，其政策实施受到广大公众的特别关注。甚至可以说，在公众政治生活中，再没有比社会政策活动与他们的切身利益更息息相关，因而也更令他们关心了。所以，社会政策的研究和实践，决不仅仅是理论界或政界的事，它其实反映了一个国家政治民主生活的方式和水准。

中国对社会政策的关注始于 20 世纪 80 年代末期，正值经济体制改革向纵深发展，触发了潜在的社会问题之时。90 年代以来，这些社会矛盾的脉络更加清晰地展现出来。今天的国企改革，住房制度改革，社会福利社

---

* 原文发表于《社会学研究》2000 年第 4 期。

会化改革，安置下岗职工，建立社会保险、社会救助制度等，无一不属于重大社会政策的创设。甚至可以说，社会政策已经成为中国社会变革中重要的制度创设工具。这使得中国今天的社会政策实践实际上已经走在了世界的前列。而社会政策的理论研究相对落后。在未来世纪的全球化浪潮中，要保持中国社会经济可持续发展的势头，不可不重视对社会政策的系统研究。他山之石，可以攻玉。系统地学习和研究国际社会关于社会政策的理论与实践，对于建设中国的社会政策体系有着重要意义。本文重在阐述国际学术界研究社会政策的基本结构和主题，同时涉及对中国社会政策研究与实践的一些认识与反思。

社会政策的定义

迄今为止，各国的学者对社会政策的定义并未统一。甚至相当一部分人放弃从定义角度诠释这个概念，转而直接研究社会政策的基本主题。而笔者认为，从社会政策实践的历史发展角度，可以窥见其各种定义的内涵。

自 19 世纪下半叶，英国由于工业革命促进社会结构发生变迁，带来诸如失业和贫困等问题。当时英国的济贫法虽然已经颁布，但是其办法未尽妥善。由此，引发了适应社会所需的具有不同目标的慈善组织纷纷成立，募集捐款救济贫民。但是这些慈善组织之间缺乏联系、协调，形成混乱现象。1869 年，在一位英国牧师的倡导下，伦敦成立了世界上第一个以协调政府与民间各种慈善组织活动、有效地救济贫民为目标的慈善组织协会。1877 年，向英国学习的一位美国牧师也在纽约成立了美国第一个慈善组织协会。1884 年，英国牛津大学的讲师巴纳特（Canen S. A. Barnelt）在伦敦创设了世界上第一所社区服务中心，称之为汤恩比馆（Teynbee Hall），由此带动了自 19 世纪末到 20 世纪初席卷欧美各国的社区改良运动。这个运动对于现代社团组织及社区组织工作的创立和发展有着重大贡献（白秀雄，1981：84~87）。在社区改良运动中，由访问申请救济者和处理他们申请的需要，产生了最初的个案工作，这便是最早的社会工作专业化的雏形。这一期间，欧美各国以慈善协会推动各类民间救济机构，倡导慈善机构通过发现社区居民的需要，有的放矢地选择各个社区的主要问题，发动社区内的各种力量，以协调合作的方式解决这些问题。正是这一阶段的历史，开创了以民间组织体系的系统力量直接面对社会问题的行动目标和行动策略。笔者以为，这就是将社会政策定义为一种社会行动计划（1969）和对社会计划的不同选择（Rein，1970）的历史渊源。

由此可见，最早的社会政策发源于解决社会问题的实践，是一种中性的或趋于中性的功能化的工具，而并非政府的专利。这也是迄今为止，相当一部分学者坚持认为社会政策的主体和提供范围绝不能仅限于政府，而必须加入其他社会组织的原因之一。换言之，只要是能够对社会资源、地位、权力的再分配带来影响或改变的组织，均可列入社会政策的提供范围或关注范围（赵维生，1987b：80）。

国际公认的社会政策发挥重要作用的阶段，是从二战以后到 20 世纪60 年代的 20 余年间。这一阶段也可以说是费边社（The Fabians Defence）社会福利观的全盛时代。费边社是英国的一个社会主义派别，其传统重在务实的社会建设，倡导建立互助互爱的社会服务。尽管费边社本身并未创建一套完整的社会福利理论，但在他们的社会实践中，明显地贯穿着期望通过社会各阶层的平等，包括平等的财产、社会地位和政治权力的分配达至自由，由实现平等和自由的理念达至社会合作和互爱的人际关系理念。因此，费边社提出关于福利国家的建议，认为政府应该通过加强财政政策、立法等渠道去再分配财富和其他的权利，使人们在平等的基础上得以自由地实现自我。为使社会服务不因贫富差别出现两种不同的服务标准而导致社会分化，费边社提出要更积极地改善政府提供的服务，使之与私营服务的素质没有差距（赵维生，1987a）。从费边社的实践中，我们看到的是"为影响社会福利的一系列的政策活动"（Hill，1997）。这可称为社会政策的简要定义。在这个定义中，包含了社会政策的目标和基本特征。社会政策并非束之高阁的理论或观念，并非学术圈内的游戏规则或政府官邸里的打印文件，而是在社会实践尤其是影响社会福利的实践中发挥重要作用的具有政策指导性和政策倾向性的活动。甚至也可以说是"只能放在特定的社会环境中来理解的政治过程"（赖斯，1992：234）。

那么，这种活动或过程的本质是什么呢？

有学者认为从政治角度，社会政策是一种政治抉择，反映着社会不同阶层或不同团体间的权利，甚至"政治是权力关系的声明书"（赖斯，

1992：216）。这种声明背后的信念或所暗含的理念，即是政策的价值观念或者说福利哲学（赵维生，1987b）。自20世纪60年代以来，社会政策的理论研究（或称为社会政策的分析任务），就是对于影响社会福利的现存政策的理论基础——福利哲学的观念做出评价（Walket，1983）。

在20世纪80年代初，沃克（Walker）曾经提出，社会政策即为"关系到政府生产和分配的、影响社会福利的社会资源序列的原则和价值。这些社会资源序列包括收入、财产、安全、地位和权力等"（Walker，1983）。在90年代末，福利哲学再次作为社会政策学科的权威解释被提出来。艾斯汀（Erskine）提出，社会政策是"将我们在社会福利的生产、分配与消费中的社会的、政治的、思想的和制度的内容，放入到一个我们所期望达到的具有活力的道德与政治结果的标准框架中进行探索"。由此，社会政策又可以"分为对于社会政策性质的标准认识和有争议的认识这两个部分"（Alcock，Erskine & May，1998）。

从上述的诸种定义和诠释出发，可将社会政策研究分解为以下几类共性问题：①社会政策的背景；②社会政策的目标；③社会政策的范畴与内容；④社会政策行动的形式或行动策略；⑤社会政策的本质；⑥社会政策的信念。这六个问题均属社会政策理论研究的范畴。下面将简要阐述。

社会政策理论研究的基本问题

若依照是否见诸政策文件的记录，可将社会政策的理论研究划分为显性结构与隐性结构两部分（赵维生，1987b：73）。那么，除了社会政策的信念即政策背后的价值观念属于隐性结构外，其他均属于显性结构。

（一）社会政策的背景

社会政策的功能显然是满足社会需要和解决社会问题。而任何社会问题总是发生在一定的社会经济背景之下，具有其鲜明的历史和文化内涵。它导致不同区域及至同一区域不同时期的人们对于同一问题的期望和感觉的不同。由此对于问题的提出方式、解决方式以及满意的程度都有所不同。笔者认为，这是由社会结构不同所决定的。社会政策背景正是不同社会结构中时空特性的一种外在表现。

由于不同的背景可能引发对于社会需求的不同要求，从而导致以不同的政策目标和行动方式来满足社会需求，所以，研究社会政策的背景是整个社会政策研究的第一步，也决定着能否准确地抓住问题现象，提出具有本质性的问题。程式化的社会政策出台过程中，一个完整的政策背景是社会政策不可缺少的构成部分，也是一项政策讨论的基础。所以在政策文件中通常需要向大众交代政策制定或更改的基本背景。例如，英国1985年发表了社会保障绿皮书，在共三册（约150页）的政策文件中，差不多有一半篇幅关涉政策的背景，其内容包括英国社会保障的历史发展、现状、面临的未来的困惑，以及社会保障开支的过去增长率和预计的未来增长率等，使公众对政策的修订有全面的考虑。绿皮书即政策咨询文件。在决策之前，由政府某部门或委员会就所制定的政策，以绿皮书的形式公开发布，并在指定的时间内，邀请公民及有关团体发表其看法。咨询过程结束时，由政府机构整理从各阶层搜集来的资料，作为政策决策时的参考。

（二）社会政策的目标

一旦问题确定下来，下一个任务就是使用尽可能清楚的术语说明政策目标。政策目标可分为社会政策的行动目标与长远目标两类。作为行动的纲领与计划的社会政策必须明确清晰地列出各时期具体的社会政策行动目标，以其作为正确行动的依据。这些目标通常都是各项政策文件的必要组成部分。不过，它与具体操作行动的指标还有不同。政策长远目标体现了政策背后的价值观念和社会理想，需要通过系统和长远的社会发展规划予以制定。

（三）社会政策的范畴和内容

谈到社会政策的范畴，一个常常引起争论的问题是它与公共政策的区别。一般说来公共政策可以广泛地包含一切政府的活动和策略，如港口、运输、人口、移民、治安、国防，而社会政策通常被认为是政府所提供的社会服务政策，主要包括社会保险、社会救助、医疗卫生服务、房屋政策等（Marshall，1975）。如果我们将英国1944～1993年颁布的主要社会政策立法做一下归类分析，就可以从中看出英国社会政策在这一时期的范畴和重点。64件主要社会政策立法中，属于社会保障的有16件，婚姻家庭13

件，住房 10 件，地方政府、教育及雇员各 5 件，性别 4 件，儿童和法律各 3 件 （Glennerster，1995：238 – 239）。

近年来，越来越多的学者认为社会政策与公共政策只是用词不同，它们的发展趋向是类同的。例如，无论社会政策也好，公共政策也好，其范围不只是政府所提供的社会服务。因为在社会资源的分配与再分配中，给社会地位、权力的再分配带来改变和影响的不仅有政府的活动，也有其他社会组织的活动，包括以非营利组织为主体的第三部门的作用。因此，社会政策的关注范围必须扩展到政府以外。甚至英国伦敦经济学院的著名教授安东尼·吉登斯 （Anthony Giddens） 在 1999 年的一次讲演中指出，我们长期以来是以政府领域定义公共机构的，一谈到公共制度，它的所有者和控制者就都是政府。现在需要重新定义公共机构的概念，形成公共制度的新的方式。应该承认，这其中的许多内容是由创新的第三部门组织规划和实施的 （Giddens，1999）。

（四） 社会政策行动的形式或行动策略

社会政策行动的形式也称为行动策略，其最重要的存在形式是社会立法。其次是社会行政工作。由于目前多数国家的社会行政仅指政府举办的社会保险、社会救助及福利服务工作，所以社会政策行动的形式还必须加上由民间社会和民间社会福利机构举办的非政府的社会福利服务工作。

（五） 社会政策的本质

无论各国社会政策的理论与实践有怎样的不同，在其所讨论、决定、实施的政策的背后，一个不可避免的共同本质，就是探索在社会资源的分配与再分配中，政府、市场、第三部门各起了什么作用。一个社会如何通过选择公共的、私人的或是志愿的机构来满足其公民的需要 （Pagne，1991：93 – 105）。由此既可分辨一个国家不同时期的社会政策取向，又可比较不同制度、不同体制、不同文化背景的国家的社会政策。

从历史的角度探讨有助于深化对于社会政策本质的认识。如前所述，社会政策的实践和理论起源于工业革命以后社会矛盾、社会冲突激烈的英国。

尽管自 19 世纪下半叶至 20 世纪二三十年代流行于英、美、法及欧洲其他早发达国家的慈善组织协会及社会公社（Social Settlement，Settlements and Neighborhood Centers）运动，反映了来自既非政府又非市场的民间第三部门，为达到社会公平，努力推动社会资源公平分配的意愿和举措，尽管慈善组织协会在实践中哺育了最初的社会工作个案调查、规划等专业化的知识和方法，不过由于他们只相信自己，并不信任政府和其他任何公共福利机构，反对扩大公共救济，反对动用国库税收协助私人慈善事业（白秀雄，1981：83~88），而社会也未产生强化国民收入再分配的紧迫需求，所以，并未在当时依靠民间力量形成社会福利工作专业化和系统化的局面。直到工业社会所带来的日益增多的社会问题，已非家庭、教会、邻里和慈善组织所能应对，事情才起了根本的变化。特别是1929~1933年的世界经济大萧条，以及第二次世界大战期间普遍实行的战时经济政策，推动了以政府干预社会经济生活为特征的一个新时代的开始。其间，英国费边社的社会改良主张、A. B. 屁古（A. B. Pigou）的福利经济学、J. M. 凯恩斯（J. M. Keynes）的经济理论和贝弗里奇（Beveridge）的社会保障计划为福利国家制定新社会政策奠定了理论基础。这一阶段的社会政策特征，是通过扩大政府权力积极干预社会和经济，以高税收、高公债为目标实现社会资源再分配去改善社会福利状况。这一时期，尽管非政府的慈善机构和互助组织并未被取消，但却不可遏制地衰落下去。取代慈善组织协会的是一个充满政府色彩的概念——社会行政或社会福利行政。它或作为现代国家公共行政的一个部门，或作为政府所从事的有关社会福利的各种措施和活动开始流行。甚至在那一期间建立的大学系科或研究所，都在社会政策或社会工作后面缀上一个社会行政的名称（英国伦敦经济学院近年已将社会行政的后缀从社会政策系名称中取消）。从二战结束到整个20世纪60年代，经济持续增长支持了福利国家的高福利政策。但是自1973年起，高失业和高通胀同时并发，使福利国家的高福利政策陷入困境。自70年代下半叶起，欧美国家尝试改革福利国家的政策，减少国家干预，削减政府开支和福利项目，加强市场竞争，将国有机构私有化。"回到亚当·斯密"成为风行一时的口号。应该说，在西方，猛烈抨击福利经济学和凯恩斯主义，倡导重新回到市场的新自由主义思潮不仅是一场学术革命，甚至还是一场政治运动，它席卷了西方世界主要发达国家，提出了现代社会的种种市场失灵现象并不是市场经济运转的结果，而是由于国家权力太大，干预过多的观点。新自由主义学派以他们检查市场缺陷的方法来研究国家与政府的所有部门，提出了政府失败理论。那么，市场失灵，政府失败，新的出路在哪里呢？人们的视野又重新投向几乎沉寂了半个多世纪的，以非政府、非营利组织为主体的第三部门。第三部门过去又被称为志愿部门或公民社会，目前更流行的叫法是非营利部门。这个部门在近20年间重新活跃起来，而且显示了与以往不同的新特点。

首先，一些老资格的志愿者协会和慈善组织的社会地位较前衰落。与此同时，一些专业化的自助组织以及社区内的各种网络组织蓬勃发展起来。其次，发展中国家的非营利组织和机构有了长足的发展，从而出现了前所未有的世界性的非营利组织新结构。最后，以非营利组织为主体的第三部门正在形成各种各样全球化的国际组织网络，致使第三部门的活动领域超出了地区和国界的限制。在新的全球化的时代，一些人顾虑跨国的大公司将横行于世界的各个角落，肆意践踏那里居民的利益。而安东尼·吉登斯经过研究认为，大公司及其财政资本的全球化仅是全球化的一种现象，还有一种全球化来自第三部门和非政府组织。过去20年间这些组织在数量上急剧增长，他们拥有权力并能够使用权力，在增进公司责任的全球化创新中扮演了重要角色（Giddens，1999）。

安东尼·吉登斯提出，我们需要政府和公民社会之间的伙伴关系。为了拥有一个完善的社会，我们必须在政府、市场和公民社会之间寻求平衡。如果任何一方要控制其他一方，作为一个社会，就会遇到困难。在全球化的时代，真正需要的是找到三者之间的新的平衡（Giddens，1999）。

（六）社会政策的信念

所谓社会政策的信念，也即政策背后的价值观念。社会政策的取舍总是反映着社会上某种价值观念或者可将其称为社会信念。其中的几个问题一直成为社会政策争论的焦点。

1. 人民与政府之间的责任分界

社会福利作为公民的一种权利，是在二战后由马歇尔（T. H. Marshall）提出并广为传播的概念。而政府最重要的功能，应该是承担保障人民福利的责任，这正是"福利国家"的简单含义。以人民权利为基础的福利国家概念，自然受到人们的欢迎。因为一旦成为自己的权利，就有了享用的自由。不过，权利是与责任及义务对应的。公民在拥有接受社会福利服务的权利的同时，也就具备了参与和制定社会福利政策的责任和义务。另外，权利和责任是有限的。划清政府与人民之间在社会福利领域的权利、义务和责任，已经成为自 20 世纪 80 年代以来各国制定社会政策必须面对的基本主题（周永新，1990）。事实上，仅就这一点而言，西方发达国家在福利国家兴盛时期出生和长成的一代人已经与他们的上一代——更多地领受福利国家利益的一代人有了相当大的区别。他们具有自己的生活方式和人生哲学，他们明白政府可以做到的事情实在有限，不再那么信任政府，不愿意把改善社会福利和自我福利的责任更多地交给政府。笔者认为，这就是近 20 年来，传统的慈善观念、人道主义精神与现代的公民意识和志愿者精神能够相合相契，成为推动以非营利机构为主体的第三部门的意识形态的一个重要原因。

2. 社会服务提供原则是选择性还是普遍性

所谓选择性，是指对社会服务的对象要经过甄别，把那些收入低、患病、伤残、丧失工作能力，最需要别人帮助的人选出来予以帮助。所谓普遍性，是强调为符合公平原则，应该不分贫富，一视同仁地为全部有特定需要的人士提供服务。选择性的原则承认社会本来是不公平的，有很多人无法与别人公平竞争，所以必须得到额外的帮助。普遍性的原则强调享有福利是全体公民的权利，认为提供服务应该以需求来决定，而不应衡量个人是否有能力去支持服务的费用（Kathleen，John & Bradshaw，1987：77 - 100）。

选择性与普遍性的争论往往发生在两个层面上：在一个层面，它是一种由学者发起的公平与道德的意识形态层面的争论；在另一层面，它直接涉及哪一种资源分配方式最为有效。不过，无论政府持何种意识形态观点，当资源有限而又面临政策决定时，政策改革常常是选择性的（Kathleen，John & Bradshaw，1987：80）。

3. 政策取向是剩余模式还是制度模式

剩余模式的取向是基于社会的某些弱势群体有着特殊的需要，社会有责任发挥补救性的功能去安置他们，其背后的观念是"只为最不能自助的人提供帮助"。

制度模式的取向是以整个社会为主体，建立一个全面的社会福利制度，其背后的理念是每个公民都有接受社会照顾的权利而社会亦有责任去满足全体人民的需要（陈建强，1987：327）。

社会政策研究的方法

图 1 是笔者根据香港社会政策制定过程的有关资料绘制的。香港的政策制定、政策决定和政策执行分属于三个独立的部门。例如香港社会福利署只是执行社会福利政策的行政部门。而社会福利政策制定的职责由专门负责政策调研的香港卫生福利局履行，政策决策由立法局履行。这个例子证明：第一，社会政策的制定与实施是一个专业化、规范化的科学过程；第二，它是一个将各类社会资源——资金、物资、人力、信息、法律、制度——朝向政策目标的组合配置过程；第三，它的制定与实施伴随着大量社会行政事务，在某种意义上，社会行政工作的水准取决于社会政策的水准，社会政策的科学化必然导致社会行政工作的科学化。

由于社会的不断变化与发展，新的社会需求、社会问题层出不穷，从而不断地需要新的社会政策满足社会需求，解决社会问题。从这个观点出发，社会政策的实践及其对它的研究是永无止境的。

需要特别提出的是，社会政策是一门综合的应用性学科，它的理论研究和分析方法除了受到政治学、经济学、社会学、人类学、法学和历史学的支持外，系统工程学、系统管理学甚至信息学也是其重要的支柱。为此，在政策预决策过程中，科学的理性力量的体现应该是各学科综合作用的结果。

那么，社会学家和社会学工作者在社会政策领域中应该做些什么和可以做到什么呢？

社会政策研究代表着社会学实践的一种宏观形式。在这种实践中，社会学家利用自己的知识为社会进步和社会结构自身的人道主义变革而工作（赖斯，1992：235）。当今世界一些知名的社会学家，都在这一广阔的实践领域里贡献了他们毕生的精力。向社会传播社会学的观点和方法，使之成为大众和政策决策者手中的武器，正是社会学家和社会学工作者的责任。

在这种实践责任中，社会学的科学和理性的力量主要体现在以下方面。

（1）对特定的社会环境作出分析，以帮助决策人和参与的公众了解作为社会事实的政策背景。

（2）提供将复杂的社会问题分解为便于理解的要素和概念，并根据所得到信息构筑解决问题的理性模式，即从问题"投入"到政策效果"产生"的系统过程的逻辑步骤模型。

（3）搜集有关政策背景、政策实施方案和政策后果的定量和定性资料，包括运用社会学经验研究的程序方法和技术，进行必要的有关政策研究的文献收集、抽样和问卷调查及统计分析。

（4）发现社会问题之间的联系，并预见其政策后果，包括政策选择的潜在作用和可能的副作用。

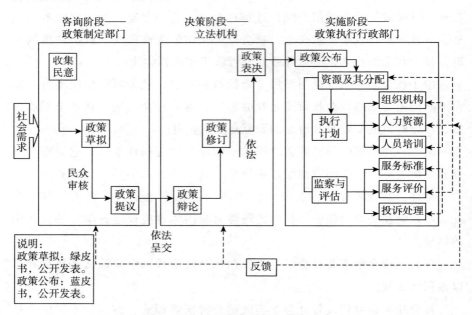

图 1　香港社会政策制定与实施过程

总之，由于社会学家所受的训练要求他们在政策研究过程中始终依靠资料来说话，而且以科学的态度依据事实，把握事实，做出对于政策的创造性反应；由于社会学家能够运用社会学的基本训练，对于存在于社会环境中的社会问题的动态发展、各种限制性因素的复杂性作出理性的解释，并帮助设计出应对可能的障碍和陷阱的执行计划（赖斯，1992：227），因此，笔者以为，有良好训练的、具有多学科知识结构背景的社会学家们能够成为社会政策预决策过程中体现科学的理性力量的主力。

社会政策决策过程中的另一主力是公众，首先，公众的关注和参与，往往对于一项政策的成败起着决定性的影响，在某种意义上甚至可以说，社会政策最基本的推动力来自公众。这是因为，社会政策的最终落脚点在于公众，政策实施的效果要依据在多大程度上缓解或解决了公众所面临的问题，给公众带来了多少实际的利益。其次，由于通过群体参与而得出的结果，基本上是大多数人愿意接受的，所以公众参与不仅可以提高决策的合法性，而且还可以减少政策执行中遇到的困难。从而也培育了公民的社会独立意识（莫泰基，1990：281～285）。最后，公众能否参与制定影响他们的决策，是提高其生活水平和推动社会有效发展过程中的一项关键内容（Word Bank，1999：8）。

不过，来自公众的社会政策推动力难以成为科学的理性力量。社会政策是对公众公共感情的直接反映（赖斯，1992：218），绝大多数公众的感性趋向在相当多的情形下是不考虑长远的，尤其当社会政策直接涉及未来和下一代利益的时候。另外，对有限资源实行有效控制是所有的权力关系结构自发的内在机制要求。政策发生改变之前，这种关系结构必先发生改变。例如，美国宪法中有 26 个朝向广泛的社会正义的修正案，都是在其倡导者获得足够的政治权力时通过的（Harrington & Rodgers，1981）。

可见，一项政策的出台，必然伴随着一个复杂的政治过程。这里既有公众的现实感性趋向与其长期理性利益的矛盾、不同社会阶层代表的不同社会利益之间的矛盾，又有围绕着有限资源而展开的"权力名流"即有权势的政治利益集团之间的矛盾。而这些矛盾都使得社会政策难以仅仅以科学的理性的知识为依据。另外，决策者们常常需要对实际问题迅即做出政策反应，而有根有据的科学研究却需要时间。还有，即便社会学家的研究成果与公众舆论及政府决策完全一致，他们对这种迹象的解释也常常是不肯定的。所有这些现象都反映了社会科学的方法与感性的、直观的乃至政治家的决策方法之间存在着内在的复杂矛盾。由此可以推断，社会政策的决策过程必然是一个大量的相互适应与调节的过程。其实，无数客观事实都与这一分析结果相一致。问题仅在于，在这种客观条件下，如何发挥科学的理性的力量。

在当前这个时代，笔者以为，社会科学家想涉足社会政策预决策过程，仅仅依靠其专业知识是不够的，更需要的可能是在专业训练的基础上，运用观察、判断、分析问题的能力和参与适应、调节具有不同观点的政策的能力，努力成为政府各部门之间，以及政府与社会公众乃至代表公众的非营利部门之间的协调人。如果坚持这样做下去，有可能走出一条在社会政策的制定与实施过程中体现科学、理性力量的实际有效的途径。

结 语

综前所述，笔者将社会政策概括为一定时期、一定区域内的各种社会力量为解决社会问题的协调的成果。从方法论的角度，它又是一个具有生命周期的社会过程。每一项具体的社会政策都有其独立的生命，有它产生的背景，有从萌芽到成长、成熟乃至衰落的过程，有它存在的理由和内在的发动机制。这一本质决定了社会政策与社会学、经济学，以至社会工作的区别，由此也导致了社会政策发展中的基本趋向。

笔者认为，当代社会政策在方法论上的发展有三个特点。其一为研究与实践中的拿来主义。无论哪一种理论、哪一种方法，甚至不论社会科学还是自然科学，只要对于解释社会政策有用，对解决社会问题有用，拿过来用就是。由此，社会政策必然成为迄今为止包容性最强、学科跨度最大的应用性社会科学领域。其二为各项社会政策的相互依赖性。社会政策研究与实施越来越不可能仅仅局限于某个单项政策。在各个单项政策的背后，往往存在着共同的背景和共同的政策利益，需要发展出一套具有综合性的政策和机构制度。其三为社会政策宏观研究的国际化。在 20 世纪末，世界发展格局受到许多新的力量的影响，包括技术上的革新、知识的传播、人口的增长及其向城市集中、世界金融一体化以及日益增长的对政治权利和人权的要求等。世界银行在 1999/2000 年世界发展报告中指出："这些力量如果加以驾驭，将有可能为发展和人类福利的前景带来革命性的变化。然而，同样是这些力量也能够造成不稳定和人类的苦难，单凭任何一个国家的力量是无法纠正的。"所以，变化着的世界发展格局要求社会政策在全球和地方两个层面上予以开放。在全球的层面上，要求以国际合作的方式作为影响全球各种变化的最佳途径；在地方的层面上，推动中央政府去关注地区和城市，以此作为驾驭国内各种变化的最佳途径。在开放的过程中，由于依靠协商、参与和具有透明度的程序制定出来的政策其结果更容易持久，因此，包含这种秩序的良好的治理结构制度，以及包括社会所有成员之间的合作伙伴（国家、国际组织、各级地方政府、私营部门、民间社团和捐助机构）关系，都对于政策的制定和实施起着关键的作用（Word Bank，1999：1-11）。

在中国走向现代化民主社会的进程中，必然伴随着社会政策决策的科学化和民主化。目前，有些省市的政府已开始采取政令公开的方式向公众直接提供工作状况和有关资料。也有的地方如北京市在 1999 年 11 月 9 日将《北京市见义勇为人员奖励和保护条例（草案）》公开登报征求市民意见，并由非营利机构与政府机构合办研讨会，请社会各界人士参与修改条例。再如上海市民政部门为研究社会福利社会化的政策，在 1999 年 10 月邀请了香港社会福利署、香港公益金（慈善募款机构）、香港社会服务联会到上海对口交流，同时参与交流研讨的还有中华慈善总会研究与发展委员会、中国社会科学院社会学研究所社会政策研究中心，以及来自上海社会科学院、复旦大学、同济大学等高校不同学科的专家。这些都反映了中国社会政策决策过程正在走向开放。社会政策不再是政府部门少数人关在屋子里冥思苦想的结果，而成为为大众服务同时也为大众所生产的真正意义上的公共产品。

参考文献

白秀雄，1981，《社会福利行政》，台北：三民书局。

陈建强，1987，《社会政策与公民权利》，载颜文雄、赵维生《香港社会政策回响》，香港：集贤社。

陈良瑾主编，1990，《社会保障教程》，知识出版社。

莫泰基，1990，《市民参与社会政策制订的初探》，载颜文雄、赵维生《香港社会政策回响》，香港：集贤社。

托巴斯·丁·赖斯，1992，《美国公共政策的形成与实施》，《应用社会学》，黑龙江人民出版社。

王思斌、唐钧、梁宝霖、莫泰基主编，1998，《中国社会福利》，香港：中华书局。

《西方国家法律制度社会政策及立法》，1998，哈佛大学行政管理学院行政教程系列，红旗出版社。

赵维生，1987a，《从费边改良主义看社会政策》，载颜文雄、赵维生《香港社会政策回响》，香港：集贤社。

赵维生，1987b，《社会政策概念探索》，载颜文雄、赵维生《香港社会政策回响》，香港：集贤社。

郑禀文，1993，《市场缺陷分析》，辽宁人民出版社。

周永新，1990，《社会福利的观念和制度》，中华书局。

Kathleen, J. John, B., & Bradshaw, J., 1987, 《社会政策要论》，台北：巨流图书公司。

Alcock, P., Erskine, A., & May, M. 1998. *The Student Companion to Social Policy*. Oxford: Blackwell Published Ltd.

Alfred, K. 1969. *Theory & Practice of Social Planning*. Russell Sage.

Giddens, Anthony. 1999. *The Role of the Third Sector in the Third Way*, CAF Focus Charities Aid Foundation, West Malling Kent ME 194TA Press, Sept.

Glennerster, H. 1995. *British Social Policy Since* 1945, Oxford: Blackwell Publishers Ltd.

Harrington, M., & Harrell Rodgers. 1981. *Unfinished Democracy: The American Political System*. Scott Foresman and Company.

Hill, M. 1997. *Understanding Social Policy*. Oxford: Blackwell.

Marshall, T. H. 1975. *Social Policy*. Hutchinson.

Pagne. 1991. *British Social Policy: A Guide for Overseas Student*. Bristol: Economic Printers.

Philanthropy and the Nonprofit Sector in a Changing America. 1999. Published in Association with The American Assembly. Columbia University.

Rein, M. 1970. *Social Policy*. Random House.

Walker, A. 1983. "Social Policy, Social Administration and the Social Construction of Welfare," *Sociology* 15 (2).

Work Bank. 1999. *Entering the 21ʰ Century World Development Report*, 1999/2000, Oxford University Press.

从实求知[*]

费孝通

各位领导、各位朋友、同志们：

  我很高兴今天能参加中国社科院社会学研究所 20 周年的纪念会。我想不到我还能参加，我这个年纪了，能够参加我感到很高兴，很光荣。20 年前这大楼还没有，我走的时候还没有造这个大楼，最早我们的社会学所从民盟借了一间房子，几个人就搞起来了，和现在不能相比。现在我感想很多，首先从我个人讲，我已经到了最后几年了，再有几年自己也说不定，可是我还是想多活些年，多做点事情。我退休之后，主要还是做学术工作。这几年主要做的工作，我自己叫补课，不是小平同志叫我们社会学要补课吗？社会学是一门学科，从整个学术界讲我们要补足它。从个人讲，我也要补课，因为我这一生同社会学差不多，坎坷得很。我从 20 世纪 50 年代开始，就差不多脱离学术界了，没机会念书了，一直到现在，50 多年了，1957 年开始也 40 多年了，差不多半个世纪了，最近 20 年，我才重新回到学术队伍。50 年前，新中国成立之后，李维汉同志把我调出来搞民族工作。我到了西南民族地区做深入调查，访问少数民族，到现在也还是有用处。这之后，大家都知道，我二十几年里不能看书了。十一届三中全会后，社会学研究所的建立又使我开始了学术生活。那时候乔木同志找过我，先把我放在民族研究所，因为我是从民族学院调过来的。后来，因为要开办社会学，所以乔木同志把我调到社会学所。从进来到现在 20 年了。今天是很值得纪念的日子，对我个人来讲也很值得纪念，是我恢复学术工作的第一步。我脱离了这么久，没有本领了，心里觉得很对不起国家，对不起党，恢复重建社会学这个任务没有好好完成。从社会学恢复第一天

---

  * 原文发表于《社会学研究》2000 年第 4 期。

起，我就开始补课，从头补起，从什么是社会学补起，补了一点，将来如果有时间的话，我希望还要补下去，尽力去补吧。其实大家也应该补这一课，我们的基础不好，我们从外国引进了这门学科，并没在中国生根。我是这么看，不知对不对。因为社会学要研究自己的中国社会，我们对中国社会还不认识，历史这么长，人又这么多，要理解中国人的生活，要费很大劲，不是一两个人可以做得到的。我们要大批人来做这件事情。现在刚刚开头，这是一门刚刚开始还没有长成的一个学科。现在这个学科我们还不能说出个道理来。说老实话，在座的应当能理解这一点，就像没准备的军队，要上战场去打仗了。大家吃了很多苦，吃的苦不是哪一个人造成的，是整个历史造成的。这门学科没有成熟，还要摸索总结，摸索中有人觉得很困难，而且不一定能做出成绩来，我是其中之一吧！20 年来我一直没有停止过摸索，我要继续看书、看人、看社会。我们搞调查，不能脱离实际，要"从实求知"，我自己身体力行的就是这四个字。从实际里面去求得知识，这是一个原则，对于中国社会我尽量地去参与，去研究它，动脑筋想，把我想到的写出来给大家参考，对不对，总是一瞥之见，一双眼睛看不出这么多啊。现在，我很高兴地看到了中国的经济建设一步步走上了繁荣富强的道路。可是走上这条路而且还要走下去并不是那么容易，需要大家认识它，出主意，想办法，持科学的态度对待它，解决我们的各种问题。这一点我已搞了多年，其实我到现在还没有停，昨天还在写，没有停，我还是写啊！能写就写。我讲话不行了，嗓子不行了，脑筋还可以动动，还可以想想各种问题，我想趁这个还能动脑筋的时候，把我想到的写出来。我已经老了，这是无法逃避的。一个人身体老化了，思想也老化了，要追上一个新局面，那是很困难的，总是比较落后吧。差一步，差不止一步，差好几步呢。看不到真正的问题在哪里。那么我们现在靠党的领导。昨天我们听到关于台湾问题的传达，我掌握事实不够是估计不出来的，一听就比较清楚了，一切要分析、要研究、要熟悉材料嘛。事情不知道，你怎么去瞎说呢。那么我们现在开始要把中国的社会讲清楚，我叫文化自觉。我的看法，社会是文化的一部分，一个人是一个生物体，生物体是要死的，我都 90 岁了，很不容易了，身体已经不行了，还能活几年不知道总是要死的。可是我们的文化、我们的社会是继往开来，它是不断的。现在我们每个人的任务就是继往开来，把以前集体创造的东西继续传下去，我们就是中间的接力棒。这个接力棒，我没有做好，跑得不快，没跟上时代。

我最近写了一篇文章在中国社会科学院的杂志上发表了，大概有的朋友看到了。我讲的是真心话，我认为，现在我们的社会学才刚刚开始，要建立中国自己的社会学。中国有它的特点，我们要能讲出中国的特点是什么。现在看来，时间很快，中国的现代化还没有完成，世界已经进入后现代时代，后现代现象已经进入到我们社会里来了，就像上网啦、计算机啦。我到广东的台湾一看，他们已经可以在网上做生意了。第一年我去看还没上网，第二年他们已经搞起来了。他们已开始跨入后现代的社会了。可是我们现代社会还没完成，这是一个很有意思的局面。我们大部分地方的人还生活在乡土社会、前工业化的社会中。我们在西北看到很多的少数民族地区还没有进入机械化时代呢，同我们沿海地区还差一个层次。可是呢，全世界已进入后现代化的社会了。现在我们一方面要懂得过去的社会是什么样的，而且是怎么变化的，而现在我们要跨过两个大的时代，一个是机械化的时代，从用体力劳动进入用机械劳动为主，这个时代再进一步叫信息社会。对于信息社会，大家不清楚，西方也不清楚，这个社会将来究竟怎样发展？现在我们都在猜想，实际情况看到的不多，还不能总结。现在，我们不能放弃现代化，又不能跑得太快，一下就去想后现代的问题。我们首先要完成现代化，可是完成四个现代化之前，后现代已经进来了。所以我们的处境是很困难的，不但我觉得困难，很多朋友，我替他们想也很困难。我总是说我们领导不容易，能做到这样真是很好啦。能应付这样一个大的变化的局面，那么只有一条，刚才景天魁同志讲得很对，我们大家团结起来，各种优势能集中起来，稳住阵脚，解决我们当前需要解决的问题，首先要解决的是四个现代化。当前四化还没有完成，我们还在初级阶段。初级阶段迈进一步之后，要先看到前面的变化，这一点我们这代人一定要做好。我呢，没有多少年了，在这一代人里边时间不多了，可是我很关心我们的后代，希望大家多做点事情，我也要多做点事情，为后一代人容易做事打下基础。我自己勉励自己，希望还有几年，还能继续做下去，脑筋能用的话我还是要用，还不断写文章。最近把我补课的一点体会写出来了，我今天早上才拿到，拿来送给大家。把我最近两年的想法写在里边。我还有一本书叫《费孝通九十新语》，讲旧的事情，话还是新写下的，实际也不是新的话，已是老话了，老人说的话嘛，请大家指教。我们这个没有完成的学科，在发展中的学科，要发展起来，还要请大家努力，不要脱离实际。我们的学科不是一个空想的学问，是科学，科学是从实际里边出来的，"从实求知"，从实际里面得到知识，把知识总结出来。一个人的看法不一定对，大家看，反复看，不对的就改，不要怕自己出错，我出的错很多，要把大家的看法集中起来。希望中国社会科学院成为最大的社会科学基地、大工厂，带头把中国的社会科学这件大事情做好。

　　谢谢大家！

"河南村"流动农民的分化[*]

唐　灿　冯小双

城市流动农民（又称流动人口、外来人口）已经出现二次分化。所谓二次分化，是指改革以后，在原来意义上的农民分化为若干职业群体后，作为其中一个统一身份群体的流动农民内部的再分化，即形成若干类别群体或等级群体的过程。我们的研究表明，在过去十多年的时间里，流动农民这一群体的内部结构已发生了深刻变化。一方面，在横向上，他们在不同职业位置间的流动相当频繁，新的职业位置也在不断被创造，如我们在调查中发现，缺乏保障的流动到城市的农民中，利用各种关系网络为他人提供灰色乃至黑色社会服务和支持的中介、掮客已相当活跃（唐灿、冯小双等，1998）；另一方面，在纵向上，其内部已出现了在资本占有、经济收入、社会声望、价值取向等方面有很大差异的等级群体，原群体内部的同质性已被打破。

有学者曾将中国的社会经济结构简约地概括为"双二元结构"（时宪民，1992），即城乡分割和计划经济与市场经济并存的社会结构。自 20 世纪 80 年代中期以来，在所有制结构方面，向市场经济体制转型的过程加速，与计划经济体制并存的市场体制已有了长足的发展，并受到国家立法形式的保护，成为整个社会中具有合法性的有机构成。而在城乡关系方面，虽然原有的严格的城乡壁垒已有所松动，但城乡之间仍保持着僵硬的户籍身份边界。迄今，城市虽已容留了人口达数千万之众的农民，流动农民在城市仍是受到排斥的对象，被限制在城市的边缘地带和边缘行业就业生活。如果说中国的所有制体制改革是由国家自上而下启动的，那么城乡身份体制的变化则仍处在自下而上的"侵蚀阶段"（Rona-tas，1994），尚

---

　　* 原文发表于《社会学研究》2000 年第 4 期。

未发生实质性的改变。这种双二元结构的反向运动，既向包括流动农民在内的社会成员提供了摆脱单一的计划体制束缚，通过多种渠道改善自身地位、获得成功的极大可能，也将流动农民实现这种可能的机会限制在一个范围相对狭小的空间里。流动到城市的农民的生存与分化就是在这样一个结构背景中展开的。

劳动力市场分割理论对用简单的模式分析复杂的社会系统的做法提出了不同看法。这个理论认为，"社会分层系统是由不同的、作用大小不一的分层过程所组成的。而不是由一个适用于全社会范围的单一过程来进行分层的"（李春玲，1997：58）。这一理论近年来被许多研究社会结构的中国学者所注意。实际上，在市场和城乡身份体制双重作用下，流动农民相对稳定地生活、就业于城市，其生存、适应和拓展、建构自己社会空间及社会秩序的行为，已经构成城市社会结构和分层体系变化的一个重要内容。

多年以来，在关于中国社会分化、分层的研究中，流动农民更多地被视为一个同质性群体予以认识。对流动农民群体冲破身份体制的约束、进入城市、努力拓展群体社会生活空间的创造性社会实践，以及在这一过程中产生的群体内部的分化，在原有的静态社会分层框架中鲜见深入的探讨。

于此，一些研究流动人口的学者曾或多或少地有过觉察和表述。如李培林曾指出，农民在分化为若干个职业群体后，每个群体中都可再分为若干个次级群体（李培林，1996）；王汉生等也曾指出，这个边缘群体是个"内部差异性很大的异质性群体"（王汉生等，1997）；等等。但总的来说，对这一群体独特的社会生活实践及再分化现象，以及其群体行为机制缺乏更深入的研究。我们在这里将要描述和探究的是：在市场和城乡身份制度的双重作用下，流动农民群体中出现了怎样的分化；在这一过程中起主要作用的机制是什么；哪些人容易获得成功；分化后这一群体内所呈现的新的社会关系和价值取向如何。以此从一个局部来透视流动农民群体和城市社会结构的变迁。

对流动农民二次分化的发现和观察，源于我们对"河南村"的调查。"河南村"是我们对位于北京市海淀区东升乡八家村以河南人为主体、以废品回收为主业的流动农民聚居区的称谓。其前身位于东升乡二里庄的河南人聚居地，1992 年因整治而被拆迁至八家村一带。时宪民在其博士学位论文中（时宪民，1992）、北京市有关部门及当地人也称其为"河南村"，亦有称其为"破烂村"的。八家村地处海淀区清华大学东侧，学院路以西，南临五道口商业区，北靠清河镇，面积 1.6 平方公里。由前、后八家村、大石桥村、东柳村 4 个自然村组成，农居混杂，常住人口 5188 人，其中农业户 2824 人，居民户 2364 人，是典型的城乡结合部地区。据 1995 年底的统计，该村有外来人口 5000 人左右，1993 年时曾达到 8000 多人，其中 75% 为河南人，河南人中又以固始县人居多。东升乡在八家村建有废品回收市场，主要由乡有关部门负责招租经营，其中外来人口中 65% 以上从事废品回收职业。[①]

自 1995 年底至 1998 年下半年，我们对"河南村"及河南农民的集中流出地固始县，以及他们的主要经营活动地区北京、河北等地进行了为期两年多的参与观察、访问和追踪调查。其间访谈个案共计 80 余人，观察到大小事件 30 余起。本文的全部材料均来自这些调查记录，以及有关政府、地方和公安部门协助提供的资料。

一 层级的出现

如果说以服装加工为主业的浙江人是流动农民中那部分拥有资金、技术、劳动力等综合资源的"经营型进入者"的代表的话，那么河南人则可说是进城之初"只拥有劳动力资源"（王汉生等，1997）的那部分流动农民的代表。我们所接触、调查过的河南籍农民进城初始的职业几乎无一例外的都是种地、装卸、拉货、蹬车、打小工等"苦力活"。与浙江农民相比，河南农民大多一无资金，二无技术，且家乡更为贫穷。于是，像废品回收这类又苦、又脏、又累，经营成本小、社会地位低下，不但北京人不愿干，"有点本事的外地人都不干"（一浙江人语）的边缘行业，相对于这样一批河南农民来说，却是改变其"乡下人"身份及地位状态的难得的机会。

但就是这样一群来自同一地域、同样贫穷、同样缺乏优势资源且同操一业，即同质性极强的流动农民，在加入到城市经济社会生活十多年之

---

① 资料由北京市公安局海淀分局外来人口管理处提供。

后，其内部出现了明显的等级分化。

社会分层最原初的动力在于劳动分工的需求。河南农民的分化亦不例外。首先，在他们加入到城市产业分工体系之中，并为之所分割之时，就产生了初步的地位分化。

早在计划经济时代，北京市的废品回收业便按变分散为集中以形成合理规模效益的行业需要，建立了点—站—公司三级产业分工制度，并根据不同分工位置资源支配能力的大小，赋予其行政等级关系。其中分布于城市街区的收购网点，是该系统的基层组织，直接隶属于所在辖区的上级回收站。收购点直接联系该产业链的前项——居民，收购零碎的、分散于居民手中的生活类废品，并进行初步分类后送收购站。收购站是该系统的二级机构，是废品的集散地，主要负责将各收购点回收的废品进行集中、初加工、分类和转运，以规模方式将废品作为原材料售至该产业链后项——工厂。回收公司则是这一行业的行政主管，握有从经营到分配等各个方面的调配控制权力。①

改革开放以后，随着工业化和城市化进程的加速，北京市国有废品回收业出现了大的结构调整和转移。大量资金、场地和人员从这一边缘行业流向新兴的、更有利可图的产业。原回收网点在 20 世纪 80 年代中后期出现急剧萎缩，除在政策上保留了国营收购站对工业废旧金属的专营权（事实上该专营权在很大程度上也已转租给流动人口）以外，民用废品回收的经营和管理逐渐被国有系统放弃，转向完全自发的劳动力市场。这就给流动农民提供了大量的在边缘行业就业的空间和位置。河南农民就是在这种状况下，于 80 年代中后期开始进入北京市废品回收业的。

废品回收业从分散到集中的经营规律，使原国有系统合理有效的分工模式在体制外得以延续，被现代产业分工制度加以重新组织的流动农民由此形成新的联系和秩序。占据不同劳动分工位置的人，因投入资本类型和资本量的区别而形成收益差别。按收入、资本、生产资料的拥有状况以及声望，"河南村"流动农民现已分化成有着明显等级关系的若干群体。

1. 沿街收购者

沿街收购者又称"蹬车的""跑车的""收破烂的""喝（吆喝）破烂

---

① 资料由北京市供销合作总社再生资源回收和利用办公室提供。

的"等。其职能类似原国有系统的收购点，处于行业下游的分工位置，主要将少量分散的废品从单位和居民手中回收后转售至集散地。与原国有系统的收购点相比，其经营方式更加个体化，经营范围和规模也更小，通常是一个楼区、一个单位便有一个收购者看守，这一分工位置更适合于流动农民分散、个体和低成本的运营方式。沿街收购者是行业内人数最多的群体，占到从业人数的70%以上。

"蹬车的"一般月收入为400~1000元。其中又分为"散跑"和"看楼"两种。"散跑的"没有固定的收购地点，往往一天跑下来还收不满一板车货，收益明显低于"看楼的"，属同类中收入最低者。"看楼的"通常相对固定地据守于某宿舍、机关大院或商店、饭店等处，其中又有"肥点""瘦点"之分。一般大的机关、饭店、报社、出版社等单位，废品，特别是利润较高的废品，如书本报纸、易拉罐等产出量较高的废品，是公认的"肥点"。较之大量如社科院宿舍这种日常消费水平较低的"瘦点"，收入能相差近一倍。据一位据守某大饭店的"蹬车的"自述，他最高时月收入可达1500元。

沿街收购者投入的生产要素除自身的劳动力之外，还要有少量的货币资本。货币资本主要用于两方面的支付。一是生产资料和准入资格，即购买必备的，也是唯一的生产工具——板车，一般为300~600元；办理营运证，每年又需100~300元。二是流动资金，主要用作货款，通常每人每日出门不过带200~400元，甚至更少，当日即可连本带利收回。这种少量的货币资本投入所带来的平均利润，在他们的收入结构中占有相当高的比例。与同行业中其他完全依靠出卖劳动力资源谋生的劳动者相比，沿街收购者的收入一般高出1/3甚至一倍左右，大致相当于流动农民中技术熟练的建筑工人的收入。

2. 货场主

货场主又称"开摊儿的""开点儿的""做买卖的""专业户"。这是主要从"蹬车的"群体中分化出来的经营者群体。其职能类似计划体制下的收购站，负责废品的集中、分类、加工和转运。与计划体制下国营回收站统一收售、站内分类、单个规模较大的经营模式有所不同，流动农民采用了以一家一户为单位，按品种分类分工收售的经营方式，有的专营废塑料，有的专营废报纸、可乐瓶……使之更加适合他们相对低成本、小规模的经营要求，并由聚集而形成联合式的规模效应。

与沿街收购者有所类似，"河南村"的大部分货场主在一定程度上带有自我雇用的色彩，仍从事看秤、收货、开车、送货等劳动，但与前者在资本构成、资本量及其收益上已有着极大的差别。首先，在资本量方面，成为一个货场主一般需要 3 万~10 万元甚至更多的启动资金，用于以下方面。①承租货场房屋（每年 1.5 万~3 万元）。②购置运输工具——卡车（约 4 万元），少数无车的货场主靠租车，每年此项开支也需 1 万~2 万元，有些大的货场主则有 2 部以上的货车。③支付工商、营业、卫生等项税费，还有作为货场主所必须预备的"交往费"，据几位货场主推算，在 1997 年，此项支出在 6000 元以上。④流动资金，主要用于货款，依专营废品的种类和价格、利润不同而有所区别，如经营旧报纸、易拉罐、废塑料油桶、工业废旧金属等，因价高利厚而需较大的"本钱"，一般"手头没个几万块"甚至更多不敢问津此类。而另一些经营废电瓶、废纸板、破布毛的则所需"本钱"较小，"兜儿里有个几千块也敢干"。⑤雇佣金，一般货场都雇有小工，少则 1~2 个，多则 5~7 个，忙时会雇佣更多的短工。

其次，从货场主的资本结构上看，他们的经营行为已同"蹬车的"大不相同，更具一般投资行为的特征。其劳动力价格在资本增值部分所占的比重显然只有很小的部分；货币资本，其中包括雇佣资本收益是其主要的收入来源。在"河南村"，货场主的收入一般高出"蹬车的"数倍、十数倍，甚至更多。因此，在"河南村"人看来，有没有个货场，是区别财力及"干活儿的"和"当老板的"的重要界限。

货场主内部又有财富和收入的差别。货场主们被以"大老板"和"就是个开点儿的"等称谓加以区分。这种差别主要因专营项目和投资规模不同而产生。如前所述，不同的经营项目需要不同的资金投放量，与之对应的是不同的资本拥有状况和不等量的资本回报率。一位现从事工业废旧金属收购的河南农民 Z 告诉我们，过去他刚刚开点儿时，专门回收装酸奶瓶的箱子，"本钱花差不多 3 万块，每年也就挣个几千块"；现改为回收废旧金属，所需本钱高出前项几倍，但"一年下来，怎么着本钱也收回来了，弄好了还能挣几万（块）"。较大的货场主往往同时经营着几个货点，或拥有多辆货车，经营方式也有别于小货场主，经常不是坐家"等货"，而是开车出外到自己熟悉的老乡等处去"敛货"，借别人的货场开辟货源，由此大大提高了资金的周转率。一位大货场主 L 自述，他每天要走 6 车货，"跟车队似的"。而大多数小货场主平均一周只能发送 1～2 次货。这种大货场主的经营方式被称为"关系硬的，财大气粗的才玩得转"。

在"河南村"，小的货场主一般自称有几万到十几万元不等，而大的货场主如 L，自称财富拥有量已达二三百万元，1996 年，光北京某造纸厂就欠他货款 100 万元左右。此外，他还拥有夏利车一辆、货车三辆，在"上地"信息产业开发区还买了一套价值 29 万元的三室一厅的公寓。类似 L 这样较大的货场主，在"河南村"至少还可数出 4～5 个。据北京市供销合作总社回收处提供的 1996 年的资料，"河南村"共有在册登记的货场主 130 多个，推算下来，其所占比例不足"河南村"该行业从业者的 10%。

3. 货场雇工

货场雇工又称为"小工""装车的"等，是完全靠劳动力资源谋生的群体，主要在货场从事废品的分类、粗加工和装卸之类的劳动，其工作在同行业内是最脏、最苦和最累的。他们大多受雇于货场主，其中又分机动雇工，如装卸工，一般并不受雇于某一雇主，而多以计件方式四处打工，收入略高于第二种雇工。另一类则专门受雇于某一货场主，大多与货场主有着亲缘和地缘关系。其居住和饮食由货场主提供保证，一般都与货场主一家同吃。月净收入多在三四百元左右，如遇货场主生意不好，拖欠工资的情况会时常发生。"河南村"的雇工人数大约为货场主的 2 倍左右。雇工的出现是货场主经营规模逐渐扩大的结果。

雇工是一个人员构成很不稳定的群体，其成员流动率最高，但向城市其他行业和职业流动者较少，大多流回原籍。雇工大多是城市的迟入者，既无城市生活经验，又无其他就业门路，进城给乡亲和亲戚"打小工"，常常是他们需托关系找熟人才能获得的就业机会。在固始县拥有货场主较多的某村，就有让"一个老板带领几个乡亲脱贫"的计划。

4. 捡拾者

捡拾者又称"捡破烂的""拾荒的""开扒拉公司的"等。其中又分为两类，一类是在居民区、街道和公共场所等处捡拾；另一类是在垃圾消纳场中捡拾。"河南村"中的捡拾者属前一类。

从业内分工的角度来看，捡拾者的存在是对已成网络状的个体回收系统的一种补充，许多已被丢弃在公共场所的废弃物，通过他们才被赋予了商品的属性，得以回收。但捡拾者这个位置的出现，与其说是分工的需要，不如说是由于捡拾者生存的需要。大多数捡拾者为老人、妇女和病人，部分丧失劳动力，往往是因为实在干不了和找不到别的事，家境又实在困难才勉强为之。他们往往兼捡兼乞兼偷，一个河南人这样对我们说："要是光靠捡，一天根本挣不了几个钱。"据捡拾者自述，他们的月收入大概在二三百元。

除自身并不具充足的劳动能力之外，捡拾者几乎再无任何其他资源，包括雇工拥有的可以依靠谋生的社会关系资源。通常一个编织袋、一支带钩的棍子便是他们全部的生产资料。生活条件极其恶劣更不待言。由于多数捡拾者的劳动带有很强的临时性，常常在农闲时出，农忙时归，从不办理任何居住和务工手续，每逢清理整顿又是最先被清除的"社会阴暗面"，所以我们很难对"河南村"捡拾者的全貌有确切的了解。据估计，大概不会超过从业人员的 2% ~ 3%。

捡拾者和雇工同属业内的社会下层，但后者名声却大大好于前者，这不仅因为雇工多与货场主有较紧密的社会关系，而且也因捡拾者多被认为是"最没本事"的，且其"偷摸""讨要"的恶名常被认为连累了河南人的名声。捡拾者在"河南村"几乎是完全被忽略、被视而不见的一群人，集各种恶名和轻蔑于一身。

二　谁是成功者

如前所述，"河南村"流动农民的分化是在沿袭城市产业分工制度的基础上形成的，而其更深层的原因则是由工业化、城市化进程加快而引起的产业和职业结构的变动以及就业层次的上升。这一结构变动为流动农民普遍提供了提升自己职业和收入地位的机会，同时，也把因职业位置、分工位置的不同而造成的社会性差异带入这一群体。那么，在进入城市废品回收业后，流动农民是按什么样的选择机制分配不同的劳动分工位置的？什么样的人能够占据最有利可图的分工位置和市场地位，成为货场主、大货场主？哪些因素在这一过程中起主要作用？

在地位获得理论中，最普遍的看法是把影响个人地位获得的因素分为先赋性和获致性两类。近年来的研究中，许多学者注意到了制度的"惯性"（又称为"延续性"）在中国经济社会变革时期对个人地位获得的影响。而个人在计划经济体制中的权利和地位背景被认为是这种制度因素的重要指标。与此同时，学者们也愈加注意到非制度因素在转型时期作用于个人地位实现的特殊意义（张宛丽，1996），特殊主义的社会关系被认为是这类因素的主要代表。

我们的调查结果首先排除了先赋因素和个人体制背景在"河南村"流动农民群体内位置再分配中的重要作用。据调查，绝大多数"河南村"人的家庭背景和个人体制资源状况都并无太大的差异，无论个人或家庭，都很少或基本不具有任何优势资源，如权力、职务、职业等，经济社会状况相似程度很高。在对流出地回访时我们发现，其实农村干部及其子女亲属极少有人外流，有的村干部承认，在外头发了财的基本都是他们没想到、在家乡不起眼的人。显然，在"河南村"中优势地位的取得，与所谓的家庭资本和个人制度资本的"延续性"并无太大关联。

此外，作为获致性因素中最重要内容的受教育程度，对"河南村"人的成功也没有十分显著的影响，除分工位置较低的雇工和捡拾者大都为低文化者外，货场主和"蹬车的"群体的文化构成并无明显区别，都是有高中文化者或初小文化者。关于教育的作用，"河南村"的人普遍认为，主要限于"文化高点儿的，脑子容易活泛点儿，心气儿高点儿"；但同时又认为，干得好与不好和教育"没啥大关系"，"文化高点更好，不高也能挣上钱"。

货场主们的经历虽各有不同，但在谈及现有位置的获得时，几乎无一例外地强调了以下因素的重要作用，即"有人"、"有关系"、"胆儿大"、"豁得出去"及"赶上了"等。根据大量的访谈和观察资料，我们发现以下几个变量与货场主位置的获得关系最为密切。

1. 社会关系

货场主Z曾对社会关系的地位资本含义做过这样形象的"诠释"："刚来时，（我们）谁跟谁还不都是一样，没人有钱！要说现在为什么不一样了，差（指差别）就差在有没有人，有没有路子。没人，怎么干也不顶用；要是有关系，特别是顶用的关系，不用多，一年就能弄个十万八万（块）的。"关系对于流动农民不再是纯粹的关系，而是成为一种赚钱、一种投资于地位利益的"本金"（项飙，1996）。因为有了关系资本的存在，并且有了其在质和量上的差别，所以"河南村"有了货场主和其他层级，以及大货场主和小场货主之间的差别。

如果以类型划分，有两类社会关系对货场主地位实现有重要作用：一是"亲哥们儿弟兄""把兄弟"等亲缘、地缘社会关系，二是"顶用的""能办上事的"互利型社会关系。

依靠亲兄弟当上货场主的例子并不少见，如货场主 R、L、Z、G 等都曾以资金救助的方式，帮自家兄弟积累资本。R、G 两人还各花 1 万 ~2 万元为亲兄弟租了一个货点，"赔了是我的，挣了算他们的"。Z 的哥哥甚至还长期借用过 Z 的一辆货车，两年后才还回本钱。依靠有实力的兄弟，受助者可以以快速得多的方式实现资本积累，这是通向成功的捷径。但是这种慷慨的资金互助的方式一般不会溢出亲兄弟等血亲关系范围。由这个"自家人"的小圈子向外推出去的其他亲缘和"哥们儿""把兄弟"等同乡关系之间，在实现地位利益方面，更多的互助方式是介绍和分享有价值的社会关系或其他机会资源，许多关系和机会就是通过这种方式获得的。这种血缘乃至亲缘、地缘关系内部的互助合作行为，除了基于纯粹的义务和情感的考虑，还有施助者扩大自身影响力等其他动机加入。Z 和 G 都曾这样说过："自己的哥们儿弟兄都有实力了，自己说话才硬，才有势力。""如果有一天我栽了，还得靠有实力的亲戚老乡帮忙。身边不能都是穷人！"所以，这种亲缘、地缘的社会关系，对于受助者固然具有直接的"本金"的意义，对于施助者也有以"己"为中心进一步扩大势力和获得风险保障等方面的意义，但双方在互动中都借此实现或扩大了自己的实际地位利益。

与亲缘、地缘关系之间的互助极少带有鲜明的功利色彩不同，"顶用的""能办上事"的社会关系则多半是源于明确的利益互求，以交换手段在行业内或居住地发展和建立起来的，具有一定的互利性。在货场主、"肥点"等有利位置的取得过程中，这种社会关系往往起着关键的作用。

大货场主 L 自述，在他 1985 年初到北京时，曾先后打过小工、拉过泔水，一个偶然的机会使他了解到，收破烂比拉泔水"更来钱"。在他改行收破烂后，过去拉泔水时结识的个别大饭店的下层管理人员令人羡慕地成为他的关系。他们把饭店每日产出的大量废品统统交给 L 收购，L 定期支付"管理费"。这种"肥点"的收益使 L 比一般河南人更迅速地完成了资本的原始积累，成为第一批河南籍货场主。

货场主 G，曾一度收购易拉罐等民用废旧金属，其间也夹带收购一些工业性废金属，因违规而多次被查抄罚款。后辗转托人结识了一个在行业内颇有影响的人，通过送礼、送钱，"关系"以预先透露清查的消息等方式给予 G 种种关照，使其避免了大量的财产损失。以后，G 又通过此人搞到"铁照"①，生意越做越大。

货场主 R，经营货场已有多年，但因"没过得硬的人"，所以在竞争中一直处于劣势，始终"没挣上什么钱"。1997 年下半年，他通过种种手段，甚至包括"苦苦哀求"等，终于"搞到了"一个关键性的社会关系——唐山附近某造纸厂的会计，此人又是厂长的亲戚。会计为 R 提供了优先收购废品和结清货款的便利，并以此按一定比例参与 R 的收益分红。在当时原材料市场供大于求、三角债普遍困扰企业、货场主大都生意惨淡的情况下，R 因这个关系竟迅速走出逆境，很快买了手机、汽车，经济实力大大改观。

此类事例还有许多，可以说，几乎每一个被调查的货场主的个人生活史都可提供关系改变命运的例证。关系对于"河南村"人的重要性，除了其在关键环节的关键性影响作用外，还广泛地体现在货场主大量的日常生活和经营活动中。1998 年春节前夕，货场主 Z 曾开列一份送礼清单，准备给关系户"意思意思"。其中包括的人物有：曾帮他搞到"铁照"的诸多中间人；可能为他在"河南村"被拆迁后，在其他地方提供经营地皮的某乡干部；曾为他安排较好地理位置货场的市场管理人员；帮他介绍过货源的某些行业内人士；欠他货款尚未结清的河北两家小造纸厂的管理人员；预先向其透露"上边"各种"清查动向"的某村干部；遇有各种摊派罚款时曾为他"说过话"的某基层公职人员；按本地人标准收其电费的当地电工（外地人电费远高于本地人）；另外还有他货车的名义车主——一个用北京户口为其上车牌照的当地人……数下来有一二十人之多。这些关系的获得方式，有的是靠直接送礼或金钱交易，有的是经常性的酒肉往来，还有的已经历了从"开始时互相利用"到"后来处的跟亲哥们儿弟兄似的"

---

① "铁照"是行业内对国有系统专有的工业性废旧金属经营许可证的俗称。因此项经营利润丰厚，故"铁照"成为稍有实力的货场主千方百计予以取之的资源。

演变。

从货场主的社会关系网络中，我们大致了解到，社会关系在货场主取得和维持现有分工位置的过程中至少发挥着以下两方面的作用。第一，联结优势资源以谋求更大利润和经营合法性。所谓优势资源不仅包括计划体制资源（最典型的为"铁照"），各种权力资源，而且还包括从事最一般的经营活动所需的城市身份资源。据我们所知，"河南村"货场主们的运输工具，几乎全部如Z那样，都是通过北京人的关系上了牌照才得以合法化的。他们的日常经营活动也大都需要依托本地一两个有影响的人物，或某个组织才能维持运行。此外，用电、用煤、用油等，也大都需通过当地人的身份以求降低成本。第二，非正式的风险保障。风险又来自三个方面。一是由于市场不规范，交易和产权等缺乏制度保护所带来的经营性风险，如普遍的拖欠货款。在这种情况下，"河南村"人普遍采用托关系催讨的方法。二是由超范围经营或违规经营所带来的行为性风险，其主要涉及那些无"铁照"但又私下夹带收购工业性废旧金属的货场主。利用关系变通不利的政策规定，或在"犯事儿"时予以搭救，是这类货场主的主要做法。三是因身份制度而带来的政策性风险。由于流动农民常常是城市乱收费、乱罚款和定期、不定期清理整顿的对象，这使他们处在一种极不稳定的生存环境中，特别是对那些未能办齐各类证件、手续的货场主，通过关系获得某种风险预警，或寻求一定特殊保护，对于抵御风险，减少损失，保证生存和经营的相对稳定，意义殊为重大。难怪在"河南村"，许多人最想结交的关系是警察。

2. 心理因素

心理因素对"河南村"人劳动分工位置的分配有着极其重要的影响。那些取得有利分工位置或在竞争中获得成功的人，几乎无一不表现出较高的改变自身地位的抱负水平和较强的不甘于人下的拼闯冒险意识，而那些缺乏这些心理素质的人则在竞争中败落。

在"河南村"，不同位置群体的人在个人抱负方面往往表现出很大差异。货场主，特别是大货场主大都有着很强的改变自身经济社会地位的冲动。他们几乎所有人都曾经历过"蹬车的"这个分工位置，但与那些和他们同期进城，现仍在"蹬车"的同乡们相比，这些人不甘于做个"卖苦力的""喝破烂的"，而要做老板的愿望更为强烈。L的抱负和追求便是经历了从一心要当个"破烂王"到决意改行干"体面的生意";从一心挣钱到不仅仅挣钱,还要在城市买房子、弄户口,挣出城里人的身份和地位的不断变化。"蹬车的"平均抱负水平远低于货场主,相当多数的人对现有分工位置的接受程度较高,虽评价其收入不高,但认为"自由自在,没人管,不操心",与当老板相比,"挣的钱都拿在手上,放心"。许多被访的"蹬车的"对与货场主和城里人进行比较缺乏兴趣,表示"他们是他们,我们是我们",主张安于本分。而雇工和捡拾者由于在城乡间相对频繁地流动,职业缺乏稳定性,改变地位的愿望更为淡漠。

不同的抱负水平还反映在对货币收入的支配取向上。货场主大都将大部分收益用于扩大再生产,有明确的"用钱生钱"的意识。而"蹬车的"以下的各层级群体,收入的支配取向主要在于温饱和消费等方面,如"蹬车的"大多表示挣钱主要用于"攒着""盖房"及为儿女婚嫁等。

冒险性这种心理品质对"河南村"人实现地位目标的重要程度,多少出乎我们的预料。许多货场主的成功经验,尤其是河南籍货场主与河北人在竞争中整体性的成功显示出,机会、关系和更有利的分工位置往往属于那些具备了"胆儿大""豁得出去"等冒险性心理素质的人。

在调查中,我们发现,流动农民中最早进入北京废品回收市场的是河北人。早在20世纪80年代前期,城市市场刚刚放开,河北人便凭借地利和与产业链前项——河北一些玻璃厂、造纸厂等的关系率先进入北京。1987~1988年,在临近卧虎桥的二里庄一带,聚居了数千河南人,"全是干喝破烂的"。"河北人开点,河南人蹬车",大体是当时市场中的地域性分工格局。但是从1993年开始,河南人大量转向租货场经营。L说,只两年多的时间,"河南人就把河北人挤垮了,不少都倒闭了"。到1995年底,在"河南村""开点儿"的人中,河北人只剩下15%~20%,除少数河北人,"干得火的都是河南人"。河南人是怎样挤占了原河北人一统天下的分工位置的呢?河南人普遍认为河北人"胆小、吃不了苦","没魄力,就会吃那点儿关系","要是全干硬的(指拼个人胆略、能力等),河北人就干不过河南人了"。被访的河北人也大多不否认这一点,甚至承认自己"比较循规蹈矩""不敢乱造"(指乱花钱、乱折腾)。与此相反,河南人认为自己胜就胜在"胆子大""有魄力、敢冒险、脑子转得快"。综合归纳起来,"胆子大""脑子转得快"又表现在两个方面:一是"舍得下本儿",

敢于冒险，甚至冒极大的风险，做赌博式的投资；二是敢于以各种方式创造机会，获取利益。有的货场主很自豪地对我们说："我们河南人敢把钱拍到×××（指政府部门）的桌上。"与河北人相比，河南人认为自己不死心眼儿，不小气，舍得在"关系"身上"下本儿"，"只要他（指关系）敢张嘴，要什么都给着"，"他得着你不是才得着"。包括 L、Z、R 等在内的几个货场主都承认，他们曾用各种办法"抄了河北人的后路"，"抢了他们的关系"。

社会心理学的决策理论认为，人们的冒险意愿是对收益和代价评价和选择的结果，它与财富的多少和性格、价值取向等有直接关系。社会心理学家乌科维茨还以调查表明，当人们拥有 10 美元以下的财富，同时有1/10的机会获得 10 倍以上收益时，人们往往选择冒险；而当人们拥有 100 美元以上的财富，同样也有以上机会时，人们往往会做出保守的决定（孙晔、李沂，1988）。这个理论在很大程度上能够帮助我们理解"河南村"人的成功行为和河北人的"败北"行为的差异及其意义。

"河南村"人无疑是转型时期不尽规范、投机性很强的市场环境的更大受益者。市场总是向个人素质和行为与之结构和特点相吻合的人提供更大的利益和优势的地位。不仅在 1993 年和 1994 年那个经济有些畸形发展的时期，即使在此后流动人口不那么合法的经济活动中，冒险对于把握机会，创造机会，直到获得成功都具有重要的意义。

3. 特殊时机

20 世纪 80 年代中期最早进入废品回收业的河南人，有许多已退出了这个行业，或境况依旧。但如今在行业中最具实力、最富有的河南人，大部分还是那个时期进城的人。在本文即将付梓时，我们得知，大货场主 L 已在"河南村"外开办了一个有二三十个货点的废品回收市场，从一个较大的个体工商户变为一个更具实力的较大规模市场的经营者和管理者，完成了他所说的从用力气挣钱、用钱挣钱至用脑子、用管理挣钱的三级跳。与这样一些市场的先行者相比，许多后到的货场主不敢说成功二字。在个人素质相差无几的情况下，时机是决定谁更成功、谁能获取更有利位置的重要变量。

"河南村"的货场主喜欢说×××"赶上了"，所谓赶上了，即是前面提到的 1993 年和 1994 年那段经济发展的特殊时期。这种特殊时期的非常规性，以及呈现的很强的投机性和种种不尽规范的特点，客观上成为对应着那些主要依靠非制度方式获取地位利益者的重要的机会结构。许多人描述说，那时候"物价上涨，满世界找你来要货，坐着不动就能挣钱。一个易拉罐，今天 1 毛 5（分），不出手，明天就 1 毛 6（分）。最高时卖到 2 毛 8（分）"。R 介绍说："1993 年以前，（河南人）手里有二三十万（元）的很少，凤毛麟角。1993~1995 年，经济放松，赶上了就发了。发了的，50 万元以上的，我们这片儿就有三四十个，南城北城都算上，不到 100 个也差不多，差不多都是那时候挣下的。"L 也介绍说，他所拥有的二三百万财产，"主要是在 1993 年、1994 年那两年挣的"。在那几年中，一些人迅速积累起巨额资金和许多社会关系，并扩大了对生产资料的投入，由此占据越来越有利的市场份额，到 1995 年前后，少数大货场主对部分市场的垄断行为开始出现。如 L 曾一度垄断了"河南村"占一半左右的废书本报纸市场，另一河南人曾垄断啤酒箱市场达半年，有时候，"一天就能挣 1 万（元）"。1995 年底以后，业内市场份额的配置格局开始初步形成，"有钱的人财大气粗，用钱挣钱"。小货场主则是"满世界跑着挣钱"。在 1997 年前后，"河南村"农民的分化开始趋于平稳缓慢后，虽然货场主群体还保持着人员的流出流入，但其中的大货场主群体已相对稳定，除少数例子外，人们很少有机会在紧缩和相对平稳运行的经济环境中很快达到暴富的水平。

以上"河南村"人的成功模式向我们揭示出，在"河南村"流动农民的地位获得中发挥重要作用的，主要是那些被俗称为"拉关系""钻空子""铤而走险"等的非正式制度、非常规因素。这种因素的作用机制显然与流动农民处于所有制和身份制的双重限定，及很少有机会通过制度资源按常规方式获取地位利益的生存背景有关。它从一个侧面展现了"流动农民"群体分化的结构形式和结构空间是通过怎样的方式孕育而生的；他们又是怎样在被严格限定身份的制度条件下，最大限度地改变自身的命运和地位利益的。

三　交往与价值取向

1. "河南村"流动农民的交往与认同

分化了的"河南村"流动农民在其社会认同和社会交往方面出现了以

下明显的变化。

第一，层级意识开始产生，交往的层级界限出现。在"河南村"，层级间的界限已经十分外显、清晰，这可从居住地及居住方式上反映出来。如货场主大都在村里的显要地点和集中划定的商业交易区内租用几间平房带一个货场的小院子，兼有居住和经营两种用途，房价平均每个月 1000～1500 元；雇工一般住在货场主为其在货场一角提供的简易房中；"蹬车的"多数租住八家村特意为外来人口集中修建的排房，或租用当地民房，一般一家租用一间，10 平方米左右，月租为 150～200 元；捡拾者则往往住在八家村的边缘地带，二三人挤住一间当地人临时搭建的极简陋的小房，面积不会超过 4～5 平方米，月租金按人头算，一般每人每月 40 至 50 元不等。不同的层级，不同的经济实力通过居住便大致可以区分出来，这使居住具有了一定的标志性地位的意义，又反过来强化了人们对层级的自我意识和交往界限。货场主往往用"住小房子的"指称"蹬车的"，或以"住街面上的"和"住下边的"等区分自己和其他层级。向他们询问其他层级的情况时，他们常常会这样回答，"跟我们来往的尽是开点儿的，他们（指'蹬车的'）住小房子里，跟他们没来往"。"我们认识人也是认识开货点儿的，和他们根本没关系。"在交谈中我们可以清楚地感到，"河南村"人对自己的层级归属已有了大致明确的意识，对不同层级在收入、经济实力、身份、能力等方面的差异普遍给予认同。租得起货场的人被其他层级称为"当老板的"，被认为是"有钱、有路子、有关系，和我们不一样"，"人家经济充足，能赚大钱，瞧不起我们，我们也不够他们"。捡拾者也常被看作是"住外边的"，一位"蹬车的"说："我们跟他们有什么关系？不来往！"口气中带有相当的鄙夷。

在交往上，各层级间的经济交往是开放的，没有亲缘、地缘和层级边界的，"谁的价钱好，东西就卖给谁"，"不分河南人河北人"。但是在内部的社会交往上，却按血缘、地缘组合和层级组合的交叉混合模式，形成了比较明确的边界。如是同乡，但处在不同层级即不来往；处在同一层级但不是同乡者也不交往。血缘、地缘因素和层级因素对形成新的社会认同都具有重要意义。对同出一村一乡的货场主，"蹬车的"这样看："除了做买卖，和他们没来往，人家也不想和你扯老乡，两路人！"而同为货场主，河南籍和河北籍之间也鲜有交往，一般的交往或互助共济行为，也主要发生在同乡内部。

第二，选择性认同得到发展，交往范围依层级序列由低向高，逐渐由血缘、地缘关系内部向外推延。随着经济、社会活动范围的扩大，流动农民得以对自己的交往对象和归属群体进行有意识的选择，建立在工具性目的和利益基础上的社会交往也由此产生。这种变化在不同的层级中有程度不一的表现。

由于雇工和捡拾者的交往范围主要限于"河南村"内部，因此，虽然在捡拾者内部，出现了不同村、县的一些社会联系，但其主要的生活圈子基本上仍未脱离原有的血缘、地缘关系网络。"蹬车的"和货场主的经济社会活动范围已延至城市社会和其他地区，异质交往开始活跃。据我们观察，大多数"蹬车的"在其据守的单位或楼区附近都结识有一两个或更多的熟人，如看门的、搞卫生的、饭馆的伙计等。在等货时，他们常常与这些人拉家常，一来二去便成了熟人，有事时便能相互帮衬，有好处也能彼此关照着。如"蹬车的"X，在收货时结识了所看楼区及附近几家单位的看门人和搞卫生的，其中包括安徽人、河北人，还有北京籍的退休工人等。这些人卖废品时，X会把价钱算高些，看门人等则会以不同的方式给予回报。如有的不准除X以外的人和其他收废品的在楼区附近滞留；有的把X引见给单位里负责处理废品的管理人员；还有的在X上楼收货时帮他看车、看秤，或在X与人发生争执时为其说话。没活时，X常与这些人聚在一起晒太阳、聊闲天，互称兄弟、大爷，相互交流信息。由于结识这些人，X的生活圈子得以在"河南村"以外得到扩展，在由血缘、地缘内部关系形成的圈子空间外，又形成一个商业利益相关、职业地位相近的新的交往圈子。但由于"蹬车的"在城市中经济活动的相对简单和有限，交往性的社会关系范围也相对狭小。

货场主的日常社会交往已大大越出了原农村社会关系边界。业缘关系、利益交换成为他们有意识地发展新的社会关系网络的基础。无论是当地村民、村干部，还是一些企业的管理人员或废品回收行业的管理者等，不论身份，都有可能被他们引为能"相互关照"的"圈里人"。在互利型交往关系增加的同时，情感的选择性也在增加。从前述货场主Z的关系网络中我们也可略见一斑。Z告诉我们，平时他"主要和两堆人在一块儿混"，"一堆是俺们老乡"（当然是指亲属和同乡货场主），还有一堆是

"生意上认识的那些人"。对后一堆人，Z说，"原来都是互相利用，后来有的人就处的跟亲哥们儿弟兄似的了"，"喜欢跟他们一块喝个酒、聊聊天，说得到一块儿，对得上心思"。和Z一样，我们注意到，许多货场主的情感选择都已越至亲缘、地缘关系以外。如L表示，凡有重大决定和心中烦闷时更愿意和北京籍熟人说说，因为"咱们处得好，他们也有见识"。"和老乡能说个啥？层次太低！"这样，在身份边界受到严格控制的城乡二元制度下，流动农民通过利益交往和情感选择，开始形成跨越身份边界的新的认同和群体关系的重新组合。

第三，身份认同的两重性：对内的差异性，对外的同一性。在城乡身份制仍起作用，而流动农民内部又发生分化的情况下，"河南村"人对自我社会身份的认同表现出明显的两重性。在内部，他们对自己的层级归属大多有比较明确的意识，特别是货场主、大货场主有很强的地位优越感，自称是"当老板的"，是同乡中"过得好的"，"都是手里有个几十万（元）的，算是比较成功的"，"现在回去给个村长（村主任）也不干了"，等等。但在对外交往，特别是与熟人圈子之外的城里人交往时，"河南村"人对自己外地农民的社会身份又保持一致的认同。城市的外来人口管理政策和城里人对农民身份的歧视与偏见，客观上是对这种身份认同感产生影响的强制性因素。"蹬车的"X对我们说："他们（指货场主们）有钱咋了，还不是农民，没啥太大的混头。"L也曾无可奈何地说过："我们怎么干成了，也抵不上你们。你们看我们就是个臭农民，收破烂的！"身份界限不分等级地横亘在流动农民面前，使这个出现了分化的群体既呈现差异性和利益多元化的一面，又保持着较高的内聚力。

2. "河南村"流动农民的价值取向

"河南村"人的价值取向表现为一致性和差异性的统一体。

在对成功和声望的看法上，各层级表现出高度的一致，即挣了钱的就是成功，有钱人就有地位和声望，"说话才横"，才让人羡慕和佩服。如Z就常表示"特佩服L"，"人家能挣下那么多，那就是本事"。大货场主的言行在"河南村"是有影响力的。他们的投资意向常成为另一些中小货场主分析市场前景的依据；遇有清理整顿，他们的动向也往往为众人所瞩目。

李培林曾撰文指出，"深刻的职业分化使原有的同一阶级内部出现了具有不同经济地位和利益特点的社会阶层，原来相对重合的收入、地位、声望三个社会序列发生了分离"（李培林，1995）。但是在"河南村"这个微观环境中，我们看到的却是这三个序列的整合。这种以财富为本位的价值取向，显然与流动农民群体所生存的制度空间有重要关联。

不同层级在价值取向上的差异体现在许多方面，但最重要的差异反映在不同的人生目标上。如雇工、捡拾者唯一的自我期待就是尽可能挣些钱，以满足基本的生存需要。"蹬车的"最实际的目标多是挣够钱回家盖房以光耀门面。城里挣钱、农村消费是这几个层级的主要消费模式；在家乡能否生活、能否活得体面是他们的主要关注点。而货场主的生活重心显然已移向城市，他们中有许多人现已有了多样的人生追求，挣钱已不再是唯一的目标，改变身份的愿望和冲动随着财富和城市生活经验的积累而日趋强烈。实现这个目标主要通过两个途径。其一是使自己的下一代成为城市人、北京人。货场主们深知，在自己这代改变农民身份、变为城里人是力所不能及的事，他们也不做这种无谓的梦想，而是把希望寄托在子女身上，花钱送他们在城里上学，以期能从根本上摆脱农民身份。L曾花近30万元在京郊买下一处公寓，连带着解决了一儿一女的北京户口，并且出高价让两个孩子在北京"上最好的小学"，以后又出赞助费让儿子上了重点中学。L的妻子说："只有上大学，才能出了这个泥坑（指农民身份）。"Z也曾多次推心置腹地对我们说："我现在就是为孩子活着，城里孩子能得着什么，我都想法让他得着。我这辈子还有什么（出路）呢？就是替孩子挣钱吧！"为此他一直以自己的孩子"生在北京，生在医院，打过所有的预防针"为自豪。他一心要让孩子上北京的"好幼儿园"，决不上八家村的幼儿园，表示"只要条件好，交多少赞助费也行"。想方设法让孩子接受城市的正规教育，使孩子尽可能融入城市主流社会，在货场主中是较为普遍的做法；与"蹬车的"把孩子或留在农村，或送到"民工子弟小学"，甚至早早辍学一同进城收破烂的做法相比，所反映出的差异不仅仅是经济实力上的，还有文化和人生追求方面的。其二是改行、转产，以改变"低贱的"职业身份。如果说，投资子女改变身份是一项着眼于长远的行为的话，那么转产、改行、改变更为下层的职业地位则是许多货场主日思夜想的切身追求。我们发现，或许是有了转产的可能，那些财富积累越多的人，对这个行业的厌弃心理就越重。前面曾提到，L经历过一心想当一个

"破烂王"到无论如何要转产改行的心理变化。Z 在有了几十万元积累后，如今也强烈地表示要改行。虽然他和 L 都承认，在经济不大景气的情况下，"干收破烂还是挺能来钱的"，但钱对他们已不再是唯一的追求，他们希望能有更为体面的职业背景，希望不再被看成个"收破烂的"。但在城市的边缘行业已日益呈现地域性格局的情况下，实现资本跨行业的转移并不是一件容易的事。许多人有过失败的经历，其中 L 改行搞歌舞厅的经历便几乎令他破产。

四　讨论

本文以"河南村"这一个案为例，描述并分析了流动农民在向市场转型和城乡户籍身份制度的共同作用下出现的二次分化。这一分化是农村劳动力流向大城市，并加入到现代产业分工体系后的结果。借此我们可以看到，自发地参与城市经济和社会生活的实践，可能对流动农民群体的内部结构产生怎样的影响。但在另一方面，这一分化的性质和进程等又受到封闭的城乡身份结构的有力制约，它表现在以下方面。第一，就其性质而言，他们的分化还只是群体内部的分化，其内部产生的多样性和差异性，并未改变其社会身份的同一性，跨越身份界限的流动仍有着强大的制度和社会心理阻力。分化的结果，主要是造成了一个在城市主体分层结构之外相对独立运行的流动农民群体内部的分层体系。第二，受政策影响，这一分化体系及独特结构具有不稳定性。在本文修改期间，"河南村"最终在一次大的清理整顿中被清除（虽然为拆或不拆，不同的利益集团已进行过多年的较量和抗衡），经多年分化而形成的这种独特结构被城市体制挤压而解体。这一事件使我们不能不对流动农民的分化做更进一步的思考。或许，在未被城市体制正式接纳的条件下，流动农民很难以制度化的形式真正定型其内部社会空间。

但是流动农民的层级化现象已是一个客观事实，这不仅反映在不同层级的人在其内部已具有了相同或相近的收入与财富状况，而且反映在他们对职业地位、声望以及价值观念和社会认同等方面表现出的某层级相似的选择性。在对"河南村"被清除后的进一步追踪调查中发现，绝大多数原"河南村"人尾随货场主们很快在城乡结合部的其他地点又开辟了大小不同的新市场，并基本按原有分工关系和等级秩序完成了新的聚合。Z 说："干老板的，走哪儿也能起来（指打倒了爬起来），实力摆那儿呢!"不同层级在分化过程中所形成的"定向地位目标"和"地位行为能力"（张宛丽，1996）以及他们对等级分工位置的相互需要和依赖等结构要素，并不会随着"河南村"的解体而失去，相反在"河南村"人的重新聚合中成为重要的组织资源。

流动农民主要通过非制度、非常规分配的方式获取地位利益。这种机制的形成与他们相对狭小且不尽合法的生存空间有关。如果通过制度的、常规的手段不能有效改善地位利益，那么相反的手段就可能被发展出来。社会关系对于在体制外，也在被城乡户籍身份制分割的市场中处于劣势的流动农民提高自身的社会地位更加具有重要性；而无视规矩、不惜代价的冒险精神，以及通过种种非制度的、冒险的活动发掘机会、把握机会的能力，对于处在城市社会最下层的流动农民获取更高的地位利益具有特殊的意义。在获取地位利益的广泛的经济和社会活动中，流动农民以自我表现建构的地位行动，事实上已跨越了城乡户籍身份边界，并借助城市边缘地带管理体制的弹性，与一些城市人口以某些利益需求互利互动，正在形成一种独特的"利益共同体"（唐灿、冯小双，1998）。由此，以城乡身份为界的群体关系格局正在被缓慢打破。

在流动农民中，由于行业的地域性割据，客观上形成了职业等级的地域化分类。北京有民谚，把流动农民分为五等，一等、二等是浙江、福建人，"当老板开商店"，四等、五等才是河南人。流动农民的地域性分割及其差异，将是另一个令人感兴趣的话题。

参考文献

彼德·布劳，1988，《社会生活中的交换与权力》，孙非、张黎勤译，华夏出版社。

戴建中，1995，《中国私营经济的社会状况与"市场过渡"》，《战略与管理》第 4 期。

费孝通，1998，《乡土中国 生育制度》，北京大学出版社。

格尔哈斯·伦斯基，1988，《权力与特权：社会分层的理论》，关信平等，浙江人民出版社。

黄平主编，1997，《寻求生存——当代中国农村外出人口的社会学研究》，云南人民出版社。

李春玲，1997，《中国城镇社会流动》，社会科学文献出版社。

李路路，1997，《私营企业主的个人背景与企业"成功"》，《中国社会科学》第 2 期。

李路路、王奋宇，1992，《现代化进程中的社会结构及其变革》，浙江人民出版社。

李培林，1996，《流动民工的社会网络和社会地位》，《社会学研究》第 4 期。

李培林主编，1995，《中国新时期阶级阶层报告》，辽宁人民出版社。

李强，1993，《当代中国社会分层与流动》，中国经济出版社。

李强，1996，《现代化与中国社会分层结构之变迁》，《中国社会学年鉴（1992.7 - 1995.6）》，中国大百科全书出版社。

彭庆恩，1996，《关系资本和地位获得——以北京市建筑行业民工包工头的个案为例》，《社会学研究》第 4 期。

乔纳森·H. 特纳，1987，《社会学理论的结构》，吴曲辉等译，浙江人民出版社。

时宪民，1992，《北京市个体户的发展历程及其类别分化——北京西城区个体户研究》，《中国社会科学》第 5 期。

孙立平，1995，《从"市场转型理论"到关于不平等的制度主义理论》，《中国书评》第 7、8 期。

孙晔、李沂主编，1988，《社会心理学》，科学出版社。

唐灿、冯小双等，1998，《谨防社会失控——外来人口与城乡结合部地区的利益一体化关系》，《中国国情国力》第 3 期。

王春光，1995，《社会流动和社会重构——京城"浙江村"研究》，浙江人民出版社。

王汉生、刘世定、孙立平、项飙，1997，《"浙江村"：中国农民进入城市的一种独特方式》，《社会学研究》第 1 期。

项飙，1996，《传统与新社会空间的生存——一个中国流动人口聚集区的历史》，《战略与管理》第 6 期。

张宛丽，1996，《非制度因素与地位获得——兼论现阶段中国社会分层结构》，《社会学研究》第 1 期。

折晓叶，1997，《村庄的再造——一个"超级村庄"的社会变迁》，中国社会科学出版社。

周敏，1995，《唐人街——深具社会经济潜质的华人社区》，商务印书馆。

Rona-tas, Akos. 1994. "The First Shall be Last? Entrepreneurship and Communist Cadre in the Transition from Socialism," *American Journal of Sociology*, 100: 40 - 69.

Shupe, Anson D., & Jr. Six. 1981. *Perspectives on New Religions : A Case Study Approach*. The Edwin Mellen Press.

产权制度选择中的"结构 - 主体"关系[*]

折晓叶　陈婴婴

一　引子

近 20 年来，村庄的经济变革几经推动，大都绕不开产权制度变革，创新的核心内容是产权建构。但我们却很难把发生在村庄中的这一变革，仅当作经济现象，而忽略其建构者的作为和他们所倚重的传统社区背景。同时，我们也发现，处于不同地区或发展模式中的村庄，即或是同一地区或模式中的村庄，在产权选择和设计上仍有可能存在相当大的差异。

我们不得不注意到下面这样一些基本的事实。首先，村庄在近十余年中的产权变革过程是一个极富动态的过程，这种动态性就要求我们不能只凭借社会结构的因素来解释变革结果，因为变革本身就是一个不断改造社会结构的过程，而村民正是改造村庄的基本力量。因此，本文把行动主体的许多主观因素也包括在分析的范围之内。

其次，村庄的产权变革是一种社会实践，但它不是个人行动的经验，而是社区总体实践导致的结果。在这种实践中，社区选择具有"建构"的意义。在同一个地方结构下，不同的社区选择行动造就出不同的村庄类型，每一种选择都有一个不同的结果。就像万花筒每旋转一下就会出现一个不同的图形一样，这每一种结果似乎都带有一定的偶然性，但在决定旋转的时间、向度和力量大小上，却包含有当事人的选择意向。这种选择意向却不是选择者随意的行动，尽管制度是由人选择的，但制度本身及其实际运行过程又规定了社区主体的行动方向。所以，在分析选择与结果之间

---

　　[*]　原文发表于《社会学研究》2000 年第 5 期。

的关系时，我们又不能完全忽视社会结构所包含的客观条件对结果的作用。

研究这一过程，在理论上将不可避免地涉及主体的选择行动和社会结构之间的关系。在如何解释二者的关系上，目前有三种理论倾向，其中"社会结构决定论"和"理性选择理论"是两种主要的解释模式，但却具有截然相反的解释取向。

"社会结构决定论"特别强调客观的、由历史延续下来的结构因素对于人们行为选择的重要性，因而导致解释上的简单化倾向，即把人们的行为与社会结构之间的复杂多样的关系，只看成是由结构决定的单一关系。它的"根本弱点就在于，将许多本来是'因人异事'的动态依赖现象纳入了'虚拟必然性'的框框，使其失去了在历史现实中屡见不鲜的互动性和多样性的光彩。结果往往是使形式上最具体的历史结构性描述反而变得远离历史的动态事实"（何高潮，1997：225）。特别是这一理论忽视了社会结构本身处于一个不断被改造和被再建构的过程中，而这一动态的过程将会导致人们在选择时出现多种可能性。

"理性选择理论"正是在这一点上与之发生了分歧，从而在方法论上否定了"社会结构决定论"。"道理很简单。第一，社会结构所允许的可行的行动，往往不是唯一的，而是常常有数个可行性方案。第二，更重要的是，在客观条件和主观认识之间有一条巨大的鸿沟，而在同样的条件下人们仍然可以产生不同的认识。所以，我们可以不断增加和改进我们关于主体与客体关系的认识，但却不能在它们之间简单地画一等号。"（何高潮，1997：228）理性选择理论，特别是在此基础上发展起来的博弈论分析，对功能主义的机械因果分析方法提出了更大的挑战，其中最有成效的是关于个人理性行为与集体非理性后果这一矛盾现象的分析，它使人们开始重新思考为什么理性的原因会导致非理性的结果这样一些重要问题。

对于复杂社会的社会变迁过程，特别是对于发生激烈变化的变革实践进程来说，仅仅使用选择性这个单一因素来解释，仍然有失欠缺，仍然难以解释问题的全部。这已经为许多学者所认识，特别是一些学者已经认识到社会结构与理性选择之间是相互影响的。如何在它们二者之间找到适当的分析概念、中介因素或结合点，目前正在成为另一种有价值的理论取向。提出"抉择构造"（何高潮，1997：22）即是其中一种尝试，特别是对解释中国革命历史进程的复杂性的一种有益的尝试。这一理论上的探索，试图通过对中国革命的历史过程的动态分析，解释结构和选择在具体历史过程中的关系。我们在本文中主要参考了这一分析框架，因而在理论上也同样面临着如何解释"结构和选择在具体的变革实践中的关系"这样的挑战。

本部分用"选择结构"来作为客观结构与主观选择之间的中间变量。所谓"选择结构"，即是指社区总体在选择中所遵从的规则和秩序，它强调的是社区既有的社会结构与社区成员面临变革时在主观上采用的选择策略之间，具有内在的联系，是不可分离、相辅相成的。

本文依据的资料，来自作者近些年来有关"超级村庄"（折晓叶、陈婴婴，1997）调查中的几个有使用价值的案例①，文中所用的村名，是我们为这些村庄所起的学名，其中北村、塘村、联村和星村位于东部长江三角洲地区，丰村和畔村坐落在南部的珠江三角洲和闽南晋江地区，而贾村和义村则地处中部山西的晋中南地区。

我们现有的研究尽管分类型增加了个案的数量，但这些案例相对于乡村社会体系来说，仍属于其中一个相同类型，分析的仍然是一个大的"案例"——"超级村庄"，只不过涉及了它的"内部变化"。因而，我们在描述中，对不同案例也只突出了它们各自的某些特点，而没有将它们每个部分都摆进一个整体的分析框架中去，只有将它们联系起来，才能构成这个大案例的相对而言的全貌。不过，上述案例已经包括了目前农村改革中出现的几种主要的产权类型，从中已可大致概括出农村社区的"选择结构"的几个基本要素。

二　案例中的选择结构案例

1. 案例 1：北村决定"不分田"

1980 年 9 月，中共中央召开了关于农业生产责任制的座谈会，发了"中发（80）75 号"文件，对是否实行包产到户问题，做了"区别不同地

---

① 本文所使用的六个案例及其中所引述的访谈资料，均来自作者 1993～1999 年在长江三角洲地区、珠江三角洲地区、闽南晋江地区和山西的晋中南地区的实地调查，文中不再另注。

区、不同社队采取不同的方针"的规定，小岗村搞起的家庭联产承包制经验被推上了中国农村改革的历史舞台。

1982 年春，北村所在的苏州地区的社队也开始实行分田到户。县委已经下发通知，有的公社正在丈量土地、打桩圈地，隔壁大队已经分完了土地，开始分生产队的耕牛和农机具，连拖拉机也分到个人家里……北村与全国无数个村庄一样面临一个重大的制度抉择：分田不分田。当村里大事的决策者——党支部和大队的 16 名干部在队部坐下来商讨时，他们面对着两方面的压力。一方面，如果随大流搞分田到户，似乎与北村当下的村情不相符合，村里的干部和村民对此没有表现出太大的积极性，反而顾虑重重；另一方面，如果不随大流，"分田到户是中央抓下来的"，全国全县都在搞，根据形势和舆论，不搞显然是不行的，北村恐怕不能特殊也无法特殊。村民疑惑，干部下不了决心，怕顶不住压力，做与不做显然都担有风险。最终的决心是由村书记下定的："我想好了。我去找县委领导反映，我们村不搞分田到户，生产队里所有财物都不分……这个责任我担着。我相信县委、县领导会实事求是的。"

村书记这个决心是十足理性的，首先来自他对村情的判断。北村与小岗是两个差别很大的村子。北村人多地少，全村耕地只有几百亩，人均不足八分田，在这八分田上无论做多少，也只能解决温饱问题；北村近年搞以副补农，以工养农，集体经济有所发展，村民的温饱问题正在解决。新的目标不是解决温饱问题，而是如何实现小康生活；北村地处长江堤下，年年发生水灾，以往与自然灾害做斗争靠的是集体财力、物力和人力，分田到户搞单干，个人的积极性虽然调动起来了，但集体的力量分散了，与自然灾害抗衡的力量就有可能削弱了；北村地处苏南平原，适宜机械化耕种，队里已经为此投入财力，买回了大型联合收割机，如果分田到户甚至连机械也拆分了，农业机械化是否还有望实现？村书记认为北村的村民已经看明了这些情况，所以才对分田到户没有表现出特别的兴趣。

村书记的另一种理性，来自他对中央政策和地方政府态度的把握。自从中央（1982）一号文件下发后，村书记"几乎每天都在一遍遍地逐句细看"，记熟了其中关键性的词句："目前实行的各种责任制，包括小包工的定额计酬、专业承包联产计酬、联产到劳、包产到户、包干到户（组）等都是社会主义集体经济的责任制。"认定中央并没有说"包产到户、包干到户"是农村唯一的生产形式，中央允许某些地区结合本地实际情况，实行其他形式的生产责任制。因而，北村的路可以由北村人自己走。村书记下决心时对地方政府的态度并没有多少把握，村民也认为他不听上面的，恐怕会被撤职。因为，当时正有"有个地委书记顶着不搞分田到户被调离，有个县委书记被撤职"的传闻；但是，村书记仍然决定担着"挨批"的风险，越级直接向县委书记反映情况。县委书记因事未见，他倒幸运地找到了素不相识但愿意认真听他倾诉的县长。

村书记陈述的理由是：

> 分田到户不太适合我们的实际情况哩。……我们想搞另外一个专业生产责任制，想搞多种经营，以副养农，以工养农。我们考虑过了，实行家庭联产承包制，当然可以调动农民的积极性，增强他们种地的责任感，不过像我们村人多地少的情况，一亩地就是打2000斤粮食，也很难富裕起来。我们算过了，我们大队有500多个劳动力，全大队的土地即使按照目前的耕种条件，也只需要一小半人（就）足够了。要是实行机械化耕种，顶多三四十人就忙过来了。这样，绝大多数劳动力就浪费了。这样做不利于我们的发展。我们想抽出一部分劳动力搞副业，余下的人都来搞工业。……这样一来，农业搞上去了，副业和工业也搞起来了。粮食产量提高了，经济收入也增长了。我们大队这几年搞副业挣了一点钱，耕田机、插秧机早已买了。耕种已经实现了机械化，最近又派人去桂林买回了联合收割机，全大队庄稼收种已经不成问题。再说，农忙的时候，搞副业和工业的劳动力还可以抽出一部分搞突击哩。

县长的允诺是：

> 实行家庭联产承包制是中央号召的，县委发了文件，全县农业都要搞。按说你们大队也不能特殊的。中央和县委要求农村搞家庭联产承包责任制，其根本的指导思想还是想尽快把农业搞上去，把老百姓的生活搞好。老百姓的利益就是共产党的利益。你刚才讲的情况也有些道理，我们共产党历来主张因地制宜，实事求是，归根到底要有利

于生产，既然你们已经有这个不搞分田到户的设想和理由，我建议县委同意你们试一试。好在全县也就你这个大队，影响不了大局。作为一种形式试验吧……

这段记载中的故事情节，在村子里不只有上述一个版本，但描述的基本事实大致相同。也就是这个故事发生之后，北村才真正不搞分田到户的。虽然后来一份地区内参材料上点了该村书记的名，列举出他违背中央家庭联产承包责任制的政策、全村不搞大包干、仍吃大锅饭、搞集体经济的罪名，但是北村仍然坚持了下来。据说，北村是全国数得出来的没有搞过分田到户的村，而著名的华西村、大邱庄、南街村都曾有过分田到户，不久后重又集中的经历。

北村在这一事件中的选择，显然不是决策者心血来潮、随心所欲的主观所为，而是基于一定的选择结构，即基于有权做出抉择的人对内外环境的了解和认识，对具体选择的一系列有关可行性和可能性的准确判断。

2. 案例2：丰村偏好"共有制"

丰村与北村在对待分田到户问题上做出了完全不同的选择，丰村人不但把地和农机具分了，就连大队的仓库也划分成无数小格子分给了农户，而且主张分田和决定分田的人首先就是村干部，他们很自豪地描述过当时的决策过程（折晓叶，1997：61）：

1979年冬天，大队从传闻中得到安徽凤阳县土地承包的消息，马上行动，在一个月内把近4000亩土地全部承包下去，农民积极性一度提高，在1980～1983年出现了专业户和万元户。1983年7月，正式撤销"政社合一"，改人民公社为区，大队为乡，1986年又改区、乡建制为镇、村建制，"集体制"正式结束。

丰村人做出这样一种选择实际上也不是随波逐流的结果。在这个村子按照改革政策实行家庭联产承包制之前，这种变革的内在冲动和小改小闹就已经存在了。一些小村的村主任说：公社时期社员没有干活的积极性，为了完成生产任务，有的时候（比如农忙时）就偷偷违背上级的指示把土地和产量包给更小的几个作业组，但这也只能解决一时的问题，没有制度化，也没有尝到多少甜头，不过这却促使生产大队推动改革要比其他地方更早、更快。

那么，村干部为什么会带头放弃集体制呢？老主任和村书记回答说：村集体在 20 多年的辛苦中没有留下多少集体财产，当干部的本来就没有什么权利，再加上村里人心背离，生产难搞，没人愿意再干下去。在这个村子里，村干部换过五轮，集体制也没能保住哪个干部不下台，当然，更重要的原因，还是干部们也想找到一个更好的共同致富的办法。

之后，分散经营没有维持多久，丰村最终选择了股份合作制。据记载，丰村是中国南部最早实行股份合作制的村子，它的新型组织体制带有原创性，起过示范作用。股份合作制最早在南部推行，又逐渐普遍开来，无不与这一地区引进来自香港等地的"三来一补"企业有关，明显带有该地区市场结构的特点，丰村的选择无疑也在这个结构影响之下。但是，丰村是第一个选择这种制度并做出示范的村子，"先吃螃蟹的人"在制度上的偏好无疑具有重要的意义。我们在分析丰村将工业化与新的合作体制嫁接，实行股份合作制的原因时，曾经对其客观因素作过较为充分的展示（折晓叶，1997），如果仔细对其选择过程加以考察，就可以进一步发现，这个村庄对制度的选择与其抉择人的制度偏好有着直接关系。

丰村的书记是农村干部中不多见的爱读书的小知识分子，读过邓小平、毛泽东的著作，也读过马克思的文章，还读过欧文的书。1979 年担任村副书记，1982 年升为正职。他参与过由村干部策划的解体村集体的过程，在掌握决策权后，他公开了自己的政治理想："我想当个新欧文，在村子里建立一个新乌托邦。"他由此得了"×欧文"的绰号。他的政治思想究竟根源于何处，我们可以不加细究，不过，丰村引进股份制，却是他到香港后带回来的"舶来品"；但是将股份制与以村集体为轴心的合作制相结合，进而改造成为人人都是股东的"共有制"，却是村书记实现自己政治理想的结果。村书记的实际想法是："像我们这样的村庄，搞股份制要考虑一个问题，就是让村民人人都成为股东，让股份制成为达到共同富裕的一种手段，这是我们作为村干部的责任，也是我们搞股份制与香港人最不同的地方。"

共有制显然是选择主体的制度偏好的一种结果。如果有人不喜欢"人人都是股东"这样的带有公平色彩的做法，对股份制做另一种形式的改造，那无疑产生的将是另一种结果，农村股份制改造在各地出现的种种差异就是最好的说明。对研究有价值的是，我们所观察的大多数超级村庄，差不多都像一块制度试验田，每个村庄都有自己崇尚的"小"政治意识形态，各自都在最大限度地利用基层自治权，进行着制度选择和体制试验，"一村一制"似乎正是中国农村改革多样性的生动体现。不过，值得注意的是，无论超级村庄中的制度和体制怎样"百花齐放"，我们都可以从中发现其共同之处：它们无一例外地恪守着"共同富裕"（在大多数村庄实则是提高"富裕"的绝对水平，保留相对水平上的差异）的基本道义，因而新的改革行动既受到村社道德认同的影响，又受到"大"政治意识形态的认可的影响，这正是它们得以成功地进行制度试验的基础所在。

3. 案例 3：畔村和义村要办私营企业

畔村和义村是我们在超级村庄中找到的另一种类型的村子，他们最终在经济所有权上放弃了集体制和合作经营，而选择了企业私有化制度。

在村庄的自然结构上，南部的畔村和丰村一样，都是单姓村庄，家庭集团的内聚力和功能都很强，但是在经济制度上却没有都选择集中程度很高的股份合作制度。虽然畔村在行政村一级上仍然存在很强的社区合作关系，但在经济制度上却寻求了分散化的私有方式。这说明，自然结构的紧密程度与集体化水平之间并不一定存在正相关性，所以，非紧密型自然结构的村庄如联村，才有可能选择集体化程度很高的经济制度。

畔村选择经济私有化，与其村落工业传统和地方市场类型有密切的关系。在畔村分布着大大小小 57 个家庭企业，大部分与制陶业有关，一村一品，是包括畔村在内的当地村庄的生产经营特色。当地有烧陶的传统，烧陶的历史最早就源于畔村，村里至今还留有古龙窑的旧址。陶土就产在村里，传统的烧陶工艺对场地、设备和人工需求不高，投资款项一般富余的农户都有办法解决，而镇区就是一个陶瓷产品的专业市场。因此，村内的企业绝大多数是由村民家庭或联户家庭举办的。村集体原先也曾办过两个厂子，一个生产建筑琉璃瓦，另一个生产外墙瓷砖，后来也都卖给个人经营。村干部认为这种转让很有利于村行政的发展：企业让有经验的村民去办，村里只要有稳定的收入来源，就可以集中精力去搞村子的建设，去办村民个人办不了的事情。目前，村集体名下没有一个企业，却与村内所有的私营或个体的家庭企业有着财政上的联系，每个企业都是村财政的当然

"纳税者"。在村里,村组织并不直接控制产业资源和劳动力资源,不但产业全都是家庭或联合体举办的,劳动力也由村庄内、外部的劳动力市场自由调配。但是,村组织却掌握着土地资源和村庄内、外部的人际关系资源,这些资源就是村组织与村民合作的真正资本。

在这个村子里,村集体聚财需要以一定数量的"村财"(也称"公共财",即村级财政积累资金)作为基础,村干部认为没有固定的村财收入,就不好与村民商量事情,有村财底数,每当村里办一项事业时,如果集体能出大头,各企业就会出小头,还有一些甚至愿意无偿捐助,这样,村里的事情就好办了。村民经过比较,只要由此付出的成本小于个人行动的成本,就会请求或者接受村组织的帮助并且支付应付出的费用,即使费用较高,村民也会因为办企业需要,或是因为捐助本村的公益事业而愿意为之。畔村的高压电网、中学和筹划中的医院都是通过这种办法办理的。这样,在积累村财的基础上,村政组织也有了充分的发展。

这个村庄的"公共财"不是村集体直接经营企业的结果,而是通过提供土地和公共服务而向企业征收类似税收的"费用"。这些费用上交村组织后,便公共化了——村庄设有专门的财政机构(在有的超级村庄已经出现了村级"财政所")来管理村财,有义务定期向村民公布收支情况。理财机构专门化后,进一步强化了聚财的功能。在畔村,修路、建校、造医院征集的专项费用,村财的银行利息,村组织的服务收益等,都可以并入库存,以作专用。村财的使用,主要是以"拨款"的方式支持村庄的公共事业,发展公共性消费;以再分配的方式提供村民福利,为村民提供基本的生活保障;以特殊补贴的方式,救助村里的老弱孤寡和困难户,奖励和资助上学进修等。我们在研究中发现,这种合作方式的存在,也打破了那种认为"高工业化,低集体化"的社区分化类型下,由于村组织缺乏可以直接控制的集体经济资源,因而丧失权威,难以整合,无力左右村庄的社会分化,难以发展社区公共事业的假说(阎肖峰,1991)。

如果说畔村只是一个案例,使我们难以对问题得出不同的结论,更难以说清楚究竟是社区公共性的发展导致了这种"村政"与"民企"的合作,还是单姓家族村的传统内聚力使然,那么,位于中部山西省晋中南的义村,则为我们提供了一个多姓村内部也同样可以发展出"村政"与"民企"合作的反证。

　　义村带有中西部村庄的一般特征，没有明显的家庭集团的力量，也是村落传统浓厚的社区。那些在村外办了工厂、企业的私人老板，成功之后仍不断向村庄投入财力，办医院，修公路，大举公益事业，言辞和行动中多少都表现出了他们对村庄的重视。他们有乡土社区情结，但却坚持分散化的经营制度，以至于这个村子成为当地有名的出"大老板"的地方，全县三大私营老板，这个村子就占了两个。甚至在这种情况的影响下该村对集体经营的企业也做了私有化的处理。村书记最终认为：企业还是由私人经营为好，这样更有利于聚集村级的财政，使村干部专心于村政事业。义村的工业以洗煤炼焦为主，这种工业在初始阶段，对资金要求不多，设备简单，十分有利于个人经营。虽然该县并不是产煤基地，村里也没有煤资源，但周边县的煤资源丰富，地方市场又非常活跃，产供销较易于连接，这些条件无疑都成为影响义村选择经济私有制度的客观因素。

　　不过，义村的这种选择并不完全是客观条件使然。因为，选择始终是在村政组织与民间经济能人的博弈中进行的，最终村政组织没有能够主导选择，而是采取了由否定到默认再到合作的态度。村组织和企业双方都不回避这个问题，因为现有的行政和财政格局正是博弈中产生的最好结果，受到双方欢迎。这可以双方各自的概述为据：

　　村书记说：

　　　　开始自己不赞成办私营企业，村里和私人企业之间还有些矛盾，但也挡不住人家。村里虽说也办了两个集体企业，却又折腾不过人家。后来看明白了，集体的厂子不好办，干脆也卖给私人了。他说，现在自己是"维持会长"，在私人企业之间周旋，每年也能给村财政要下几十万块，办村里的各项事业。

　　村里最大一家由私营转成股份制企业的一位副总经理说：

　　　　这个局面来得不容易。这厂子是他父亲办起来的。以前，他父亲是小队会计，办厂时，把小队队长和队里近200多人都带进厂来了，只有个别没来，搞个体户了。搞个体户的也是靠这个厂，给厂里送煤、养车。在村里，私人的厂办得比集体的厂好。和村子的关系，原来总是有些不好说。现在，作为村里最大的企业，他们厂给村里办了许多公益事业，除了每年固定给村里上交占地费外，还给村里修了一条路，建了一所中学，过年过节还捐助一些钱。

现在，义村形成了与畔村相似的合作财政和公益制度。村财政的主要来源是各私营企业上交的占地费和赞助费，年可收入40万～60万元。主要用于村政事业和公益事业。村集体组织也已经转型为财政和公益集体，执行着村政府的职能。

在义村的选择中，我们既看到地方市场的作用，也看到选择主体与社区政策博弈的结果，还看到，在村社区基础上的经济私有化，并不一定使社区解体，选择中的博弈过程有可能使村庄在新的经济基础上实现全社区在财政和公益上的合作。

4. 案例4：贾村的分合三部曲

贾村在制度选择上曾一波三折，反复尝试。早在20世纪50年代初，贾村就是合作化的典型村，60年代是全国全省农业战线的先进典型，被国务院命名为"全国农业机械化十杆旗"之一，70年代末再次受到国务院嘉奖。在村里的档案室里，我们看到了记录自合作化以来村中重大事件的各种资料，特别是那些"老照片"，一种历史感油然而生。贾村历史上的辉煌无疑与集体制经济有关，因而到了80年代初期农村实行家庭联产承包制时，对土地"下户不下户"，干部和群众举棋不定，议论纷纷，其中一个疑虑就是"老先进"过去干错了没有，不分是不是不听话、不改革。当时，贾村成为全县300多个村庄中少数几个按兵不动的村子。村干部在做出选择之前，决定走出去看一看。他们跑了全县几十个不同类型的村子，观察分析和比较哪种形式的责任制办法好，回来后又在村民中进行了"如何实行生产责任制"的讨论，最后定下了选择的基调："要改革，不乱来。"其实质是保留集体制的遗产，对其利弊做个取舍。他们选择了"三田到户，一集中，五统一"的经营管理办法。所谓"三田到户"就是自留田、口粮田、饲料田按人口平均分配，以户分散经营；"一集中"就是对大部分以生产商品粮为主的责任田实行连片种植，按能（力）承包经营；"五统一"就是对一家一户想办而办不好或者办不了的事情，诸如机耕、调种、排灌、植保、收打等五项农事作业，采取专业承包，实行统一服务。这些被后来人总结为"统分结合"。3 年后，又对土地经营做了更为集中化的调整，将口粮田和自留田合二为一，仍归农户承包经营；将饲料田收回并入责任田，由集体统一经营，承包给种田能手管理。

贾村对体制和制度的选择并未到此结束。"统分结合"毕竟给"分"开了口子，让各家各户都有了在土地上均等发展的机会。不过，让村里人意想不到的是，分的结果是村中出现了能人经营的私营经济，"分田到户，闲了干部"，村干部成为首先富起来的一批人。当时的情形是，党支部书记与一个副书记联合办起塑料厂，村委会主任成了个体经商户，另一个副书记自己办起农具修配厂，一个总支委员办起个体沙发厂，两位村委会副主任则成为种地的好把式，种粮、栽瓜、养牲畜。一年下来，村里几个主要干部户户都富裕，户均纯收入达到 1.2 万元，而村中除去 14 个经营理发、缝纫、小商品的个体户年纯收入近 3000 元外，大部分户的年纯收入在 3000 元以下，还有 30% 的户不足 1500 元，与 7 个村干部收入相差 8 倍。这种差别在当地和其他农村地区是一种比较普遍的现象，村干部在分散化后的市场经济中首先转化为新的经济精英，似乎成了一种规律。我们在不少村子都看到人们逐渐接受了这种差别，但在这个老先进村却引起了很大的非议。不仅村民对此"侃二话"，不满意这种"各人顾各人的世道"；村干部们也对自顾自地"带头致富"心有疑虑，干得不踏实，甚至觉得干部当得理亏。村书记决定再走出去看一看。这一回，他带着一个村民悄悄出村，直到了外县、外省，最后在一个发达村看到的集体大企业，让他觉得最对路子。回村后，书记把外面的见闻和自己的不安告诉了其他干部，他的新主意是"重新集中力量，发展集体企业"。他决定把自己的厂子和承包田归了集体，并提议其他党员干部也这么办，目的是让新的集体经济有个启动的力量，让干部们腾出手来，带领群众共同致富。书记称之为："断自己的后路。"破釜沉舟，背水一战。搞得好，全村人有吃有穿都过好日子；搞得不好，群众还有地种，干部们连家属一起都得挨饿受冻，丢人败兴了。其他村干部也决定到外地去看一看，学一学，回来后便商定把自己的厂子交给集体。村民们认为让干部们白交自己的产业不合适，最后议定以低价折给集体，暂不取折价款。同时，承包土地的干部全部退出了承包地，经商的干部也收起自家的摊点，无一例外地集合在新的村办经济实体"农工商联合公司"之下。

这一选择事件发生在 1986 年，与该村实行"土地下户"仅相隔不足 3 年。至此，贾村重又开始了"集体经济为轴心，个体经济作补充"的时代。目前，它在当地属于为数不多的集体化水平高、村政公共设施好、推行社区福利、缩小贫富差距、实现共同富裕的村庄。

在贾村的选择中，我们始终能够感觉到现实的市场理性与历史必然之间的默契。村干部们之所以放弃明显的经济利益，将正在发达的私营企业以低价交给集体，显然受到村庄集体意识形态的影响，集体制的组织遗产无疑在其制度选择中发挥着重要的作用。贾村人经过反复的选择，似乎集体和合作组织方式仍然让他们用起来得心应手。

5. 案例 5：联村和塘村"抓大放小"

我们在苏南地区观察的超级村庄，大多数在体制和制度上带有那一地区的特点，即在发展的初中期带有集体制的浓厚特征，许多村子甚至不允许在村域内办个体或私营企业。后来，在这些村子里大都又发生了小企业私有化，继而大企业股份化的事情。现时，人们称之为企业"转制"。其实，转制一类事件，也即对企业产权制度的重新选择和安排。在联村和塘村都不是近几年才有的，转的原因和办法也颇为多样。

联村和塘村都是苏南地区颇有名气的超级村庄，即使在这一地区的意识形态中十分强调集体经济不可动摇的年代，他们放手小企业的过程就已经开始了。早在 20 世纪 80 年代中后期，联村在将 8 个小企业关停并转时，就将个别尚有效益的企业卖给了村民个人，不过，卖的是个别，大部分宁停不卖；而转的直接目的是集中力量办好村办的主导产业轧钢，即实现企业集团的产业调整。与此相应的，为了解决因产业单一给村民带来的就业困难，村里开始允许个人在村域内办私营企业和个体商业；不过，其原则不是市场的，而是社区理性的，即所有的非集体企业均不能与集体企业在同一产业和营销上发生竞争。塘村的"抓大放小"，初衷与联村相似，也是为了将制鞋业发展成为村中的主导产业，因而将与之"不搭界"的油漆厂、调味品厂等几个企业转卖给了村民个人。他们的原则与联村略有不同，买卖的条件是这些企业要与村办的主导企业形成劳力上的互补，还要接受村组织对全村职工收入差别的调整和平衡。

在这种背景下转制的企业，在聘用职工、对员工利益及福利的考虑中仍然保留原有制度的特征。塘村一家转制后的私营企业厂长向我们说明了他的态度和做法。他在买断村里的一家集体小厂后，4 年中一直保持原有集体企业那一套管理方式，直到第 5 年才在机构上做了一些改革。当问及其原因时，他说这家企业就是在他手里形成规模的，原先那套管理方式也是经他的手建立的，只要企业效益还好，他和职工都认为没有必要"动手术"。一般来说，企业转制后，首先改革的就是用工制度，但是这家企业仍然沿袭原有制度，尽管厂长也认为人有的时候显得多了，但又解释说："为什么不改呢？最主要的是厂里职工都是我们村里的人，他们工作一直都很负责，只要厂子的效益比较好，我认为没有必要改。"

显然，在集体制企业转为私营企业后，在管理方式特别是用工制度上仍然沿用着过去的方式，不仅与这个厂长曾经作为集体企业创办人之一的经历有关，而且与这个村子的集体组织在主导企业股份化后仍然掌握有 60% 以上的股权，并且仍旧沿用集体制传统对全村企业的用工和分配进行干预和调整的制度有关。

如果说"放小"的选择与调整产业的经济政策有关，是经济理性发生作用的结果，那么"抓大"的政策和运作方式，则更多地反映了社区选择过程中决策者的主观意识和社区的社会结构之间相互运作的关系。

联村和塘村在抓大企业时，都陆续试行了股份合作制，也都是当地尝试较早的村子。这两个村子都没有像南部的丰村那样实行全体村民入股，而是实行职工入股，更多地强调对企业的贡献，而不是村民身份，因而更像是一种企业股份制，而不同于社区股份制。选择这种股份制形式，在两个村子都有其社会基础。联村是一个在 20 世纪 70 年代才组成的杂性移民村，曾有七届干部班子入主该村，主要干部均来自村外。这种干部组合上的开放性，使外来干部进入该村历来没有太多的障碍。现有领导班子中，不仅企业集团的领导人具有外来人或原镇级干部身份，就连村委会主任也由原任镇农工商总公司副总经理的外来干部担任，这是我们在其他一些村子所不多见的。

这些外来干部对该村的发展特别是对企业成就有很重要的贡献，因而，承认其贡献，给予其利益，留住其人心，成为选择股份制的一个重要原因。因为，只有实行企业股份制，才能打破原有的村社区所有制对他们的排斥，使他们在企业产权中占有属于个人的份额。

村民们对此做法没有大加反对。一是因为企业的股份化是以干部职工首先要各自拿出资金（实为在工资和奖金中扣除）入股，再由公司以配股的方式进行，对企业有投入，成为承认他们产权的理由；二是因为这些外来人并没有直接享受村社区的福利和奖励政策，在村民对产权的认知中，企业产权与村民权利并不是一回事。由于产业的局限，村民中只有一少部分在村企业中从事工作，大部分远离企业，对企业索求的只是那部分剩余产权和利益，要求用来补贴农业，建设村政，增加福利。他们已经将自己对村办企业的产权意识转化为对这部分具体利益的索求，因而才会对外来干部入股企业不加反对；相反，却对被兼并村的村民享受本村村民的待遇，分享企业拨给全村的利益，表现出十分不满。

塘村在对主导企业进行股份合作制改造的时候，之所以以职工为入股对象，不强调村民身份，是因为，一方面，该村90%以上的村民在村办企业里工作，从事力所能及的制鞋业；另一方面，这个村的企业集团与村委会，因为执掌者不同，在职能和财政上一直都是分开的。以职工为对象的股份合作制，既照顾到了绝大多数村民的利益，也维护了企业创业者的利益。可以看到，塘村在对企业实行股份化时，并没有让所有的村干部都成为企业股份的当然拥有者，不在企业任职的村主任和其他村干部没有股权证，他们也接受这个现实，并没有对此表示出太多的疑义和不满。这种股份和股权选择及设计，显然加入了选择者个人的产权意识，强调精英特别是经济精英的权利，实则是企业创办者在面临从基层政权中退位时对自己利益和贡献的索求。

联村和塘村"抓大放小"的经历，对"转制"这一制度选择做了部分诠释。我们看到，转制是制度选择的结果，不断地选择过程是制度创新的基础；转制并不一定意味着村庄产权制度发生根本性的变化，经济产权的私有化可能带来新的社区公共财政产权和公共物品产权；转制是社区选择结构成熟，认知产权进一步确立的产物。在现时第一代乡镇企业创办人即将退出社区权力中心时，它也是企业经营权与所有权合二为一，创办者个人对产权索取、对经营权保留的结果。

6. 案例6：星村转制的"底牌"

星村的富裕和公共事业的发展，在当地是十分有名的。据说党的"十五大"以前村里不准搞私人企业，主导产业由村集体经营了近20年。党的"十五大"以后，地方对于企业转制的鼓励性政策陆续出台，周围镇村的企业"大部分都卖掉了",星村开始时仅只对个体和私营企业实行"放开政策",首先让一个本村人回村办了一家私营服装厂,但是对村办企业只是做了有限的内部股份制改造。职工以现金投入的方式参与股份制改造,职工股只占总股本的25%,分红时也只分配总收益的25%,其余仍为集体股本。村庄经济的运作方式并没有发生本质性的变化。这种转制的方式,在我们所考察的"党政企"合一的公司化的超级村庄中颇为流行。

星村如此转制,出于以下几种现实的考虑。其一,掌握着企业命脉的、经营有方的村组织仍然偏好集体经营的方式,坚持认为村庄和村民受益于集体积累。因此,在地方推动转制的大形势下,他们在产权制度上的新的安排,更多地出于对政策的诠释:"对上面的政策你不听也不行的,听是要听一点,自己还是要根据自己的发展思路,搞好市场经营。"其二,新的产权安排没有动摇集体产权,仍然有效利用了村庄的制度性遗产,但他们再三权衡过村庄的实际利益,预期到如此转制可以改变与地方政府的经济关系:"股份制前,上面伸手,你不好不给,开支很大。现在股东拿税拿费,我们干部不好说了算的,上面也要考虑。"其三,职工的积极性,"自己是工人也是股东,比较积极"。如此考虑之下的转制,在相当程度上可能并不会削弱集体组织在股份制企业产权中占有的主导地位,却有可能改变村庄与地方政府的关系。例如,进一步削弱与地方政权在经济上的联系,促使地方权威更快,甚至更彻底地退出对村办企业原本就已微弱的控制。星村的例子说明,村级基层政权对于村企业的转制方式仍然具有强有力的影响,甚至在某种程度上说,转制是它们与上一级地方政权博弈中创造出的新的制度安排。

但是,这并不意味着地方政权在乡镇企业转制中失去作用。在星村所处的地区,转制甚至是地方政府主动推动的结果,特别是乡镇政府,以一如当年创办企业时的热情推动这些企业转制。这与人们想象中转制将迫使政府力量退出经营领域、削弱政府权力和收益似有不符之处。实际情况却并非如此。

在调查地,乡镇政府推动企业彻底转制的热情,起初似乎高于企业经营者和厂长,出现政府动员和说服厂长买断企业的情况,政府似乎正以主动的姿态退出企业。从访谈中了解到,乡镇政府推动企业转制出于几种实际的考虑:令乡镇干部最为焦虑的是,乡镇企业的"集体资产流失严重",

政府已经不能从企业得到满意的税费收益，政府对"企业究竟是谁的"，已经存有深深的忧虑。一些干部认为：企业漏洞太大，不停产是个铁筒，停了是个窟窿，谁都在吃企业，非转不可了，而且转得越快越好，再不转就什么也没有了。另一个实际问题是，政府自己办企业，内部出现注入资金和亏欠的恶性循环。特别是在村办企业中拖欠应上交村集体的利润已经成为一个难以解决的问题，而转制，则成为稳定税费的一项有效举措。我们在所调查的几个镇、村中，都请干部们就此算过一笔账，结论是，转制后政府和村委会的实际收益不但没有因为失去企业而减少，大部分反而有所增加。企业转制后，政府的稳定收益除去税收外，主要是征收企业租用土地和厂房的费用，这两项固定资产仍归地方政府所有，其收益按新的约定，不管企业效益如何，必须如数上交，政府与企业之间不再讨价还价。还有一个让地方政府难办的是，在地方大办乡镇企业初期，由政府直接经营企业的最大好处，是借政府力量解决融资问题，办厂的资金大多是由政府出面借贷和筹集的，"我办厂，你还钱"，成为政府经营体制下企业与政府关系的一种写照。今天，在许多地方，基层政府已经成为最大的债务人和风险承担者，即使在转制政策下拍卖企业时，对那些"资不抵债"企业的债务，也仍然实行"挂账"在政府的办法。摆脱这一困境，是乡镇政府放弃企业的又一重要原因。在这个过程中，政府作为"经济人"的角色没有减弱，反而格外地明朗化。我们甚至可以认为，转制是地方政府与企业重新分配经济利益的一种权变策略。

促使地方政府放弃经营企业的最为重要的原因，正如一项研究指出的，进入 20 世纪 80 年代末 90 年代初，随着市场的发育和国家经济体制在金融等领域的改革，乡镇政府和企业运作的环境发生了变化，地方政府在资本信用担保、人事信用担保、集体资产、制度安排等方面所控制的资源和能量减少，甚至失去（邱泽奇，1999）；乡镇企业实行改制已经成为农村改革的题中应有之意。

但是，政府退出企业经营，并不绝对意味着地方权威主义在乡镇经济中终结，或已失去效力和控制。乡镇企业的集体制方式多发生在行政力量强大、政府控制严密的地区；转制时，政府虽然主动放弃对企业的产权，但对转制企业仍具有行政控制。

首先，将转制企业出让给谁，多由政府直接控制。虽然出让企业时实行公开招标，但最终人选仍由政府选定。政府对企业人选的选择，偏好于那些与政府有深远关系的企业原创建者，其中有相当数量的人原来就是乡镇的各级行政干部，在村庄根本就是集党政企业权力于一身的干部，于是80%左右的企业实际上转到了企业原厂长手中。这样做，除去考虑保持企业经营上的稳定性，不致因更换企业主而使企业倒闭外，还考虑地方和企业的社会效益，比如保持地方政权的稳定性，给有贡献的企业经营者以"回报"，稳定企业职工队伍，等等。

其次，从镇、村两级来看，虽然地方政府或政权与转制企业之间的本质关系已发生了变化，但仍然保持"亲近"的关系，包括对这些企业的经济活动给予调节和间接控制。我们从一个乡镇农工商总公司的职能在大批企业转制前后的变化中，可以看到这一点。转制前，由镇农工商总公司负责全面经营和管理镇办企业。当60%以上的企业由集体转成私营和民营，30%的企业转为股份制、租赁制企业后，总公司的职能发生了变化：首先是取消和弱化了对所属企业的直接经营和管理，相应地对企业的投资和风险也不再承担责任；其次是强化了间接管理和服务职能，如审计、服务、企业改造、税费收缴等，企业与政府机构之间仍然保持有密切的关系。而在那些基层政权势力强大的超级村庄，也如塘村那样，虽然将村办的几个小厂子卖给了私人，但是村总公司和村组织与这些转制小厂的关系一直似"娘家"和"嫁出女"，村组织仍然以"联席会议"的方式，不定期地召集各厂一起商讨企业发展问题，干预企业用工制度，负责在企业之间统一调配村中劳动力，调整各企业收入差别等。可见，目前乡镇企业经营中地方政府的权威和控制并没有消除，而是以一种新的"政企合作"方式存在着。

三 几点讨论

从这里列出的几个案例中，已经可以大致概括出村社区的"选择结构"的几个基本要素：（1）选择主体的认知能力（包括对制度的偏好和对机遇的判断等）；（2）社区的认同感、内聚力和趋同倾向；（3）社区的组织和制度遗产；（4）地方社会背景和条件；等等。

让我们对其中几个关键问题逐一展开讨论。

1. 选择的"中间结构"

从上述诸多重要事件中可以看出,村社区的产权选择是一个处于"理性选择"和"社会结构"两极之间、"个人选择"和"群体选择"两极之间的一个中间层次的概念。任何两极中的单一概念,都无法解释选择的复杂性。虽然我们已经认识到两极之间是互相影响的,但是如何解释它们在具体事件中的关系,仍然是我们面临的难题。在对案例进行初步分析后,我们大致可以对此做出一点归纳。

由于选择结构中包含了选择主体的许多主观因素,同时将这些因素的影响置于社会的客观条件之下,因此,从理性选择与社会结构之间的关系来说,选择结构具有下面这样一些属性(何高潮,1997)。(1)它不是个人主观因素的随意发挥,而是个人在一定社区结构下的选择,既建立在选择者对自己所处社会经济环境特点的认识和了解的基础上,又建立在自己对社区合作者或外界力量的利益以及他们的策略行为能力的了解的基础上。即使选择者是自主权较高的个人或社区整体,在选择时也需要准确地把握上述问题。(2)选择是对即时即地的、必须做出决断的具体事件的可行性、可能性和可取性的一系列判断,这些判断带有主观性但受选择结构的制约。(3)选择结构的变化与社会结构的变迁并不一定是同步的,或者并不一定是以后者的完全改变为前提的;选择结构的变化与选择者对结构加以的主动关怀有关,因而往往具有建构的意义。(4)选择结构所具有的主客观双重性使它的改变有可能是有意识的,所以谁在村社区的重大选择中把握了选择结构,谁就能够对其他参与者产生影响,谁就掌握了选择的主动权和领导权。从案例中可以看到,在村社区中,这个权力往往是由社区精英掌握的,因而他们也就成为选择的倡导者和引导者。

从个人与集体选择之间的关系来看,集体选择并不是个人选择的总和,社区选择也并不等同于集体选择,即是说它不是一种预设中的人人都参与的或选择权力均等的选择。如果一个村子在面对必须做出选择的具体事件中,采取大家"一致同意"的集体行政方式,那么实际上就是不选择,至少在村民层面上并没有选择的意识和承担风险的准备。绝对平等的自由选择,实际上使村民处于无选择能力的状态;而在村社区这样小范围的、人们生活在相互熟悉的、社会生活公开程度相对较高的社区环境下,选择也不可能或者大多数情况下不是由权威人物独断专行的。在村社区里，那种不能引起社区普遍赞同的选择，并不是一种想做就能做的事情。实际上，大多数村庄选择了第三种方式，即一种介于个人选择和集体选择之间的方式，也就是创造出一种将个人和集体的能量都融入其中的选择的中间结构。

2. 农民对选择实践加入的主动关怀

从本质上说，选择就是对实践过程加入的人的主动关怀。从案例中我们可以看到，农民的主动选择似乎是一种本能，即使在完全相同的结构或是在最不具有弹性的结构中，不同的选择主体都具有选择的空间和内在动力。否则，北村就不会在地区一致选择"分田到户"的情形下，仍然根据本村情况坚持选择了"不分田"；丰村也就不可能在南部地区20世纪80年代初中期普遍私有化的趋势中，自行选择和设计出以村集体为轴心的股份合作制度。

农民主动参与产权制度的改革实践，使得选择过程中的"结构－主体"关系发生了动态性的变化。一方面，使社会结构处于一个不断被改造和被再建构的过程中；另一方面，这一动态的过程反过来又会导致人们在选择上出现多样化。案例中的"一村一制"，就是这种多样化的生动表现；即使在同类产权设计中，也有"因人异事"的多种可能性。比如，所谓产权明晰的形式，既有厂长"持大股"型转制，又有"职工广泛持股"型转制；在村庄的共有产权中，既有"村民人人是股东"的以村为重心的设计，又有"职工人人是股东"的以企业为重心的设计，等等。

人的主动关怀无疑有着强烈的"理性选择"意识，但其结果却不一定符合"理性人"的选择初衷。在这里，畔村和义村一类的选择结果有着特别重要的意义。一般来说，集体制或股份制合作体系中，由于奠定着较深的传统集体经济基础，其社区建设的结果带有"公共性"（我们称之为"共有性"），似在预料之中。但是，选择了私有经济的村庄，虽然具有典型的"经济理性"行为的特点，却也在实践集体经济"缺位"的合作中，同样产生出在规模和公共性上并不亚于其他几种产权体系的"公共物品"（我们称之为"共有物品"）和"模糊"的"公共财"产权。一种个人的"经济理性行为"导致了集体的"非经济理性行为"，这实在是与选择者的私有化初衷不相一致的"未预料之后果"（吉登斯，1998：2）；当然，这一后果并不是自然产生的，而是在村组织的"引导之手"作用之下产生的。

于是，我们从几种不同类型的产权选择中都看到了两个共同的社会结果：一是合作行动产生了很强的"一致性"，也就是说在合作的同等条件下，村民参与合作行动的成本和收益之比，以及他们所承担的风险等，虽然在不同主体之间具有差别，但是受益或受损是一致的和共同连带的；二是合作所创造出的结果一旦产生就具有公共性，由社区成员共享，享有时不计其身份、地位和其他差别，最为明显的就是那些建在村内的公共设施，办在社区的公益活动等。这个结果，无疑对村庄共有权的再生产具有重要意义。

3. 组织和制度遗产的继承性和延展性

前面我们曾以贾村为例提出了组织和制度遗产与产权选择之间具有重要关系的命题。尽管在村庄选择的诸多具体事件中，我们都能找到偶然因素的积极作用，比如联村办钢铁业，塘村制鞋，北村办宾馆，丰村引进"三来一补"企业……都有偶遇事件在其中起作用。但是说到制度选择，我们却从不同村子的不同选择中都能感受到组织和制度遗产的延续性。

这一发现与一项有关中国单位制在民营科技企业"再生"的研究结果（法兰西斯，1996，转引自周雪光，1999）有某些相似之处。该项研究强调了组织制度的继承性，发现海淀区高科技企业在企业福利、人际关系以及对企业依赖等方面"再生"了中国单位制度的特征。该研究从现有制度着眼，强调已有制度的稳定性、继承性和渗透性，认为大的社会环境塑造了内在的组织制度。我们的研究证明，中国的集体制传统在中国村庄的产权制度选择中也具有继承性和渗透性，并且即使在急剧的制度变革有可能发生矫枉过正时，这种继承性也依然有可能存在。

不过，另有研究指出，集体制和地方政府经营的方式，造成了这些乡镇企业的弱势性格，使其在市场竞争中必然走向改制；而改制则标志着地方权威主义的终结和公社制度性遗产的失效（邱泽奇，1999）。这一分析和判断是具有启发性的，但其基本指向偏向于市场，暗示着转制将改变乡镇企业的不利处境，给其带来新的市场效益，而未充分注意到转制行动者的团体行动或个人行动进入其中的意义；对制度遗产的持续性和渗透性，特别是它的隐蔽作用，也未给予足够充分的估计。我们的研究证明，转制的前因后果，特别是集体制组织和制度遗产的持续性作用，远比想象的要复杂得多。

传统集体制的组织制度包括两个主要部分：一是集体制经济组织方式——"三级所有，队为基础"；二是集体制政治控制方式——基层党组织建在村上。集体制解体后，这两种组织方式在村中都留有遗产，而它们被利用和被改造的程度，往往对村庄的制度选择有着决定性的作用。

集体制的组织遗产主要包括以下几个要素。

第一，村干部的任期和制度特征。村书记和村主任的任期长短，是一个重要的制度性指标。村干部在任期上有三种类型。第一种是有跨制度特征的"老书记"。他们一般是在集体制时代就有多年任期的老干部，他们的任期跨越村庄改革前后的两个不同时期，他们的留任往往是原有组织遗产得以延续和继承的组织载体。第二种是在村组织中有行政经历的下一代接班人。他们对村集体组织和老书记的业绩多有肯定，不会在制度选择上偏离太远；但他们并不像老书记那样对已有的组织和制度充满情感，而是多有创新精神，往往会在制度选择上寻找一种新旧制度相融的结合点，有如丰村书记一样，创新出股份合作制那样的新兴"共有制"。第三种是在市场经济中推举出的经营能人。这一类人物，如果入主集体化程度高的村组织，一般都会认同村庄既有的选择，放弃自己已有的私营企业家身份；或像贾村书记那样，将自己的企业折价交给村集体，或交由他人承办；他们在经营上多有新的贡献，但在制度选择上，往往会延续村庄已有的趋势。而如果入主私营化程度高的村组织，则私营企业家会在身份上两者兼而有之，在继续经营自己企业的同时，也掌管村庄事务；他们在任职的近期目标中，考虑更多的是如何发展村中的公益事业，既为村中的家庭农业也为私营工业提供更多的行政和公共服务。对村组织功能的这种选择和定位，不能不说与他们的私营企业家特征有关联，他们更愿意使村组织具有行政和服务职能，而不会着力去发展它的经济特别是经营的职能。

第二，党组织的权力及其在制度过渡中的作用。在我们所观察的这一类超级村庄里，不论村庄在集体制时期的内在权力结构如何作用，也不论集体制解体后其自治的程度有多高，党组织系统作为外来权威和意识形态的执行者，也作为集体制后的一种制度遗产，对村庄制度变迁中的影响和作用都是不可低估的。党支部体制的存在，是这些村庄从"行政的集体制"顺利过渡到"自治的合作制"的一种制度保障。

　　第三，原有的集体积累程度和集中化水平。在工业化和产业化过程中，村庄原来在"队为基础"上的集体积累是否保留，是否被转变成为工业化起步时期的原始积累，其数量是否足以成为"第一推动力"，显然影响到村庄的产权制度选择。这一因素与以上两种制度遗产有密切关联，因为它们的强弱多半能够在集体制解体时影响并决定着集体积累能否得以保留，以及这部分积累是否重新投入集体经营等重大问题。从超级村庄与其周边相对落后村庄的对比中可以看到，有没有原始积累，是村庄经济差异性的表现；而是否将积累保留下来，并且由村组织积极地进行运作，则在产权制度选择中具有特殊的意义和作用。

　　第四，地方行政深入村庄的程度。我们将地方（主要是乡镇）政府与村庄之间保持紧密的关系，也看作集体制组织遗产的一部分。农村经济体制改革之后，一般来说，政府与村庄之间原有的紧密关系普遍弱化了；村庄作为村民自治政权的功能强化，村务自治使村庄成为一个名副其实的选择主体。不过在各地区，地方政权与村庄之间的关系程度并不完全相同，尤其表现在干部政策和对村庄重大决策参与的程度上。在苏南地区的地方干部政策中，村干部政策一直占有一定的地位。地方政府的村干部政策涉及三大方面：其一是为村干部出村提升提供机会；其二是制定有明文规定的优秀村干部待遇政策；其三是直接管理村庄主要干部的任选并控制其收入水平。这就使他们与政府之间的关系虽然不同以往，但其密切程度并不逊于传统集体制时代。村干部与上级政府具有如此紧密的联系，无疑会使他们在制度选择中十分重视地方政府的意见。而地方政府也以各种方式参与村庄重大事务的选择，通过政府力量使其更具合法性。在其他地区，虽然也可以找到地方政府参与村庄事务的实例，但我们尚未发现有哪一个地区有如此完整的村干部政策，对村干部有如此的关注以及如此严格的控制。从比较可以看出，地方政府控制强的地区，村庄在制度选择中的一致性高于其他地区，例如苏南地区的村庄在过去十余年中都较为一致地选择了工业集体化体制，而这正是苏南官方意识形态在那十余年中的主导意识。在其他地区，如调查地的晋中、深圳、晋江等地区，政府与村庄的关系就相对松散一些，因而村庄在体制上的选择则更为多样化一些。显然，在村庄的产权选择中，权威人物在提议选择方案时要考虑地方政府的态度以及地方政府控制选择的能力。

从案例村的情形来看，导致集体制组织的制度继承性的主要原因在于：（1）在村社区中，产权的所有制形式并不是影响乡镇企业市场效益的决定因素，村社区内部具有多种创造合作预期，激发积极性和解决冲突问题的办法；（2）地方政权仍然有力地控制和主导着乡镇企业甚至转制企业的人事安排，使带有原来组织制度特征的乡村干部入主企业，随之也将原有的管理意识、方式和机制最大限度地加以延展；（3）村社区文化中固有的对合作、"公共财"和"共有物品"的期望引导农民寻求新的集体行动，而原有集体组织仍然具有借助的便利和合法性；（4）社会大环境对农民和村庄直接地形成压力、威胁和竞争，孤立无援的农民对外部世界充满不安全感和不信任，他们在如何对付外部压力和威胁上容易形成共同的看法和目标，并倾向于采取合作行动。

4. 多种所有制下解决问题的趋同性

改革开放以来的农村问题研究，无论从理论还是从历史经验的角度出发，都对产权特别是所有制改革给予了特别的重视和谨慎的态度，以至于容易忽视一些村庄现行的"集体制"与以往"集体制"之间存有的重要差别，也不易看到私有化和分散化情形下仍然存在再合作的可能性。

本文所涉及的超级村庄，在所有制方面各自采取了多样化的选择，却都同样取得了成功。虽然它们的成功是由多种因素促成的，但至少提醒我们，产权，特别是其要素之一的所有制形式，可能并不是问题的关键所在。我们的研究在一定程度上证实了这样一种看法：

> 所有制制度的一个主要功能是解决"合作"的问题，西方经济学的所有制理论认为，明确、稳定的所有制制度和法律制度为市场的发展提供了必要条件，但它却忽视了社会群体内部在没有明确法律和规则下自行解决内部潜在冲突的能力，而中国乡镇企业成功的一个主要原因正在于其合作解决问题的能力，而合作的基础即是"信任"（维茨曼、许成刚，转引自周雪光，1999）。

我们曾经指出（折晓叶，1997），在村社区新的产权合作体系内部，建立在信任结构基础上的"模糊产权"——在新的合作基础上形成的"共有产权"，并不一定重新造成内部的低效率、"搭便车"或积极性低下等

"外部不经济问题",反而有可能是一种积极的、有激励作用的因素。这种产权设计之所以能够在村庄里通行,并且受到村民的认可,有两个重要的原因。一个是经济利益的,因为在新的共有产权形成时承认个人投资的私有产权,使个人因投资不同而获取到不同的收益,对个人的积极性具有激励作用。另一个是社会利益的,因为在"熟人社会"的信任结构基础上重又形成的"公"意识,使村民在实现了对"私"利的索求之后,并不反对出让个人的一部分利益给集体或他人,而会以此作为与他人合作的一种"承诺",而这种承诺正是为村社区种种受感情、信任、责任以及其他文化价值观和道德标准约束的人际关系所支配的。

　　本文的研究使我们进一步看到,在超级村庄中,模糊产权是公共财产权存在的普遍方式,在许多村庄历来有之。即使在现时政府推动转制(在许多地区即私有化过程)的情形下,集体股虽然部分或者全部退出企业,但"公共财"并没有消失,只是不再以企业产权的形式存在,而是如畔村和义村那样转化成了社区产权,仍然以经济学上判定的不明晰的方式存在着,而且有增长的趋势。这不但说明,社区对公共物品和福利的需求决定着模糊产权存在的合理性乃至数量,也说明村庄的制度遗产、社区身份、信任结构和社会关系模式等社会因素决定着产权存在的方式,因为社区内部有可能在产权不明晰情况下,不断创造出对合作的预期,依靠合作自行解决内部冲突。当然,合作及其所赖以生存的"信任",即便是在"社区"的特定环境中,也不是自然产生而是被建构出来的。在这个建构的过程中,村庄的社会资本被充分地加以利用和强化,以至于,社会资本权利(如社区身份等)的明晰化和产权(或部分产权)的模糊化同时并存,相互配合,相互促进,共同推动着这些村庄在数十年的变革中保持着持续发展的势头。不过,这已是需要另文加以说明的问题了。

参考文献

阿道夫·A. 米尔斯·贝利、加德纳·C. 米恩斯,1932,《现代公司和私有财产》,商务印书馆,1961。

阿道夫·A. 米尔斯·贝利、加德纳·C. 米恩斯,1954,《二十一世纪的资本主义革命》,商务印书馆,1961。

阿道夫・A. 米尔斯・贝利、加德纳・C. 米恩斯，1959，《没有财产权的权力》，商务印书馆，1962。

财政部清产核资办，1998，《全国集体企业产权界定案例》，改革出版社。

崔之元，1999，《产权明晰重要，但更重要的……》，《读书》第 3 期。

傅英才，1996，《制度经济学》，武汉大学出版社。

郝思恭，1992，《乡镇企业的产权与发展战略》，山西人民出版社。

何高潮，1997，《地主・农民・共产党：社会博弈论分析》，牛津大学出版社。

黄少安，1995，《产权经济学导论》，山东人民出版社。

吉登斯，安东尼，1998，《社会的构成》，李康等译，生活・读书・新知三联书店。

科斯，1995，《社会成本问题》，载《财产权利与制度变迁》，上海三联书店。

勒施・奥古斯特，1995，《经济空间秩序》，王守礼译，商务印书馆。

李贵卿，1999，《对乡村集体企业产权制度改革若干问题的思考》，《中国软科学》第 4 期。

林毅夫，1994，《关于制度变迁的经济学理论：诱致性变迁与强制性变迁》，载《制度、制度变迁与经济绩效》，上海三联书店。

刘诗白，1999，《主体产权论》，经济科学出版社。

刘世定，1995，《顺德市企业资产所有权主体结构的变革》，《改革》第 6 期。

刘世定，1998，《科斯悖论和当事者对产权的认知》，《社会学研究》第 2 期。

罗泽尔（Rozelle，SCott）、李建光，1992，《中国经济改革中的干部经济行为》，经济管理出版社。

曼瑟尔・奥尔森，1995，《集体行动的逻辑》，陈郁等译，上海三联书店。

毛科宁，1993，《中国农村产权制度研究》，山西经济出版社。

南岭，1999，《私权的公权规制与公权的私权介入》，《开放时代》第 2 期。

诺斯・道格拉斯等，1994，《制度、制度变迁与经济绩效》，刘守英译，上海三联书店。

邱泽奇，1999，《乡镇企业改制与地方威权主义的终结》，《社会学研究》第 3 期。

汪丁丁，1995，《经济发展与制度创新》，人民出版社。

汪丁丁，1996，《在经济学与哲学之间》，中国社会科学出版社。

汪义明，1998，《新论产权清晰及其实现途径》，《贵州财经学院学报》第 6 期。

王元才等，1995，《乡镇企业产权制度改革》，重庆出版社。

魏杰，1998，《产权与企业制度分析》，高等教育出版社。

文建东，1996，《公共选择学派》，武汉大学出版社。

阎洪生，1995，《乡镇企业产权制度改革研究》，东北大学出版社。

阎肖峰，1991，《新时期中国农民独特的分化道路》，《农村经济与社会》第 5 期。

詹姆斯・科尔曼，1990，《社会理论的基础》（中译本），社会科学文献出版社。

张建国，1998，《集体股退出企业》，《中国资产新闻》5 月 20 日。

张克难，1996，《作为制度的市场和市场背后的制度：公有产权制度与市场经济的亲和》，立信会计出版社。

张乃根，1995，《经济学分析法学》，上海三联书店。

张曙光主编，1996，《中国制度变迁的案例研究》（第一、二集），上海人民出版社。

张晓山，1996，《走向市场：农村的制度变迁与组织创新》，经济管理出版社。

张晓山，1999，《乡镇企业改制后引发的几个问题》，《浙江社会科学》第 5 期。

折晓叶，1997，《村庄的再造——一个"超级村庄"的社会变迁》，中国社会科学出版社。

折晓叶、陈婴婴，1997，《超级村庄的基本特征及"中间"形态》，《社会学研究》第 6 期。

周其仁，1996，《市场里的企业：一个人力资本与非人力资本的特别合约》，《经济研究》第 6 期。

周雪光，1999，《西方社会学关于中国组织与制度变迁研究状况述评》，《社会学研究》第 4 期。

祝瑞洪等，1999，《关于苏南模式产权结构转型中的几个问题》，《镇江学刊》第 3 期。

邹宜民，1999，《苏南乡镇企业改制的思考》，《经济研究》第 3 期。

Burns, Tom. 1985. *Man, Decisions, Society: the Theory of Actor system Dynamics for Social Scientists*. New York: Gordon and Breach Science Publishers.

Burns, Tom. 1987. *The Shaping of Social Organization: Social Rules System With Applications*. London: Sage Publication.

Burns, Tom. 1992. *Social Decision – making, Democratic Challenges to State Technocracy*. Aldershot; Dartmouth.

Burns, Tom. 1993. *The Use of Memory*. London: Sheed and Ward.

Coase, Ronald H. 1960. *"The Problem of Social Coast,"* Joumal of Law and Economics 3.

Coase, Ronald H. 1937. *"The Nature of the Firm,"* Economic. 4. 3.

Commons, John L. 1934. *Institutional Economics: its Place in Political Economy*. New York: Macmillan, 1990.

Fairholm, Gilbert. 1994. *Leadership and the Culture of Trust*. Westport, Conmeeticut, London.

Gilbert, Michael. 1986. *Inflation and Social Conflict: Sociology of Economic Life in Advanced Societies*. Wheatshell Books, and Brighten.

Granovetter, Mark & Richard Swedberg. 1992. *The Sociology of Economic Life*. Westivew Press.

Laumann, Edward O. , & Frang U. Pappi. 1976. *Networks of Collective Action: Perspective on*

Comm unity I nf luence Systems. Academic Press, New York.

Lowlinson, Michael. 1997. *Organizations and Institutions: Perspectives on Economics and Sociology*. Macmillan Business.

Luhmann, Niklas. 1979. *Trust and Power. Chichester*: John Wiley & Sons.

North, Douglas. C. 1990. *Institute, Institutional Change and Economic Performance*. Cambridge University Press.

Sen, Amartya. 1983. *Collective Choice and Social Welfare*. San Francisco, Holder Day.

Smelser, Neil & Richard Swedberg. 1994. *The Handbook of Economic Sociology*. Princeton University Press.

Smelser, Neil J. 1963. *The Sociology of Economic Life.* Prentice – Hall, Inc. Englewood Cliffs, 1976.

Smelser, N. , & S, J. 1990. *The Economics and Sociology of Capitalism*. Princeton University Press.

Swedberg, Richard. 1993. *Explorations in Economic Sociology*. Russell Sage Foundation.

Williamson, Oliver. 1985. *The Economic Institutions of Capitalism*. The Free Press.

Williamson, Oliver. 1975. *Markets and Hierarchies: Analysis and Antitrust implications – A Study in the Economics of Internal Organization*. The Free Press.

Wisztat, Barbara. 1996. *Trust in Modern Societies*. Polity Press, Cambridge.

村庄内外[*]

——温州宜一村调查[**]

王晓毅

　　村庄无疑首先是农民居住的地方，农民聚村而居，从而形成了一个个的村落。正像费孝通所描述的："在中国乡下……大多数的农民是聚村而居。"（费孝通，1985：4）但是，村庄之所以引起人们的研究兴趣，主要不是因为它们是农民居住的地方，而是因为作为一种社会制度的村庄具有重要的社会功能，对农民的日常生活构成重要的影响。

　　但是，村庄是复杂的，一方面，村庄与外界的联系是很强烈的，这些联系并不仅仅是市场化作用的结果，导致村庄与外界联系的一些因素原来就存在于农村社会之中；另一方面，村庄又表现出很强的排他性，这些排他性也不仅仅是村庄内生的。一些学者面对越来越复杂的村庄，采取了相对主义的态度，将村庄区分出不同的侧面，如折晓叶所说的村庄边界的多元化，认为村庄的经济边界与社会边界是不统一的（折晓叶，1996）。王斯福在分析村庄时认为："基于不同的目的，或根据不同的制度，居民会对他们所居住的地方给出不同的边界定义。"（Feuchtwang，1998：46）。

　　对村庄采取相对主义的研究无助于我们真正深入地认识村庄，因为这样的分析似乎是全面的，但这种分析无法使我们清楚地认识村庄的内核是什么，也就是在现代农民生活中，村庄的作用是什么。我的研究试图说明，村庄在国家的作用下，不断形成一个封闭的整体。村庄并没有因经济

　　[*] 本项研究得到了美中学术交流委员会和福特基金会公共政策研究项目的资助。在调查中得到了苍南县政府黄正瑞的大力支持，宜一村党总支书记、全国人大代表杨成涛，会计杨艺苏和团支部书记陈从德为我的调查做了大量的工作，没有他们的支持，本项调查是根本不可能进行的。

　　[**] 原文发表于《社会学研究》2000 年第 5 期。

市场化和村民的对外交往而开放。

我的研究是在温州市苍南县的一个村庄进行的。宜一村与一般意义上的村庄可能有很多区别，在迅速城市化过程中，宜一村已经成为城镇的一部分；村庄没有自己的自然边界，因为随着村庄土地的被征用，村庄的农田已经所剩无几，而且随时可能被征用；村民也不再集中居住，他们分散在 27 个居委会中，几乎遍布在全镇。

但是，村庄仍然是一个管理单位，也仍然有自己的集体经济，在一定程度上，村庄还有一部分社会福利，更重要的是，村民仍然认同于村庄，并对村庄有许多要求，村庄仍然限制外来人口的进入。在这样一个比较特殊的村庄中，国家在村庄中的作用被更清晰地展现出来。

一　村庄的传统

村庄的研究者往往很重视传统，王斯福在分析村庄的时候关注了两个维度，一个是传统的，另一个是行政的。行政从上而下地建立村庄的认同，而传统的作用则在于自下而上地建立这种认同，他特别强调传统的作用（Feuchtwang，1998）。实际上，当人们谈到村庄的时候，无不将村庄与悠久的历史联系在一起。波普金在分析农民社会的时候，强调农民个人的理性，但他也同样重视村庄的传统。他认为现在世界上的绝大多数农民是居住在开放型（open）的村庄中，但他们都毫无例外地曾经居住在团体型（corporate）的村庄中，在这样的村庄中，有着明确的村庄界线，村庄内部有着一种庇护与依附的关系（Popkin，1979）。我们在分析村庄的时候，这种对传统的关注引导我们过于重视村庄在历史上形成的社会认同。

传统所强调的是村庄自然的形成过程，如费孝通所说的聚村而居。斯科特认为村庄是为了给农民提供最基本的保障。他说："如果提供最基本保障的需求在农民生活中是很强的动机，那么就可以预期在农民社区中有一种制度化的方式来满足这种需求。"（Scott，1976：40）在他看来，村庄就是这样一种制度，所以他认为村庄是保守的，村庄要为村民提供最基本的生存条件，而不是保持公正（Scott，1976：40）。

但是，波普金为我们提供了另外一种思路，他认为村庄的产生并不是如此浪漫，村庄产生于外在的力量，国家和领主为了征收赋税而建立了村庄。他认为村庄是处于不断变动的，特别是人口，因而征收赋税变为一件比较困难的事情，有了村庄，国家和领主可以把村庄作为一个整体征收赋税及转移其他负担，从而减少了征收赋税的成本（Popkin, 1979），这个过程很像我们人民公社成立的过程。

中国的村庄历史比较晚近，多数都形成于宋代以后（成汉昌、刘一皋，1992），特别是明清之际，在我们"当代中国的村庄经济与村落文化"课题组所调查的5个村庄中，有4个村庄形成于明代（陈吉元、何梦笔，1996）。明朝初年的移民对华北村庄的形成有重要的意义，华北地区的一些县市，甚至有50%~70%的村庄形成于这次移民的浪潮（乔志强，1998：50）。在这些村庄形成的时候，中国的国家政权已经发育得很成熟，国家在基层社会的机构已经完善（赵晓玲，1998）。在村庄的形成过程中，国家的作用是不可忽视的。尽管中国多数村庄都是建立在聚居点的基础上，但是从一个简单的聚居点转变成为一个村庄离不开国家的作用。宜一村的历史是很典型的国家构造村庄的例子。

宜一村的村民由两部分人员构成，一部分人是金家人，另外的一部分是下市尾人，据村民的回忆，至迟在推行保甲制度的时候，他们已经成为一个保的人，当时称为"第一保"。经过土改和公社化，他们一直是一个村庄。但是这两部分人是根本不同的两部分人，没有自然的联系。下市尾得名于这些人所居住的地方，至迟在清末的时候，宜山的工商业已经比较发达。在历史上，宜一村周围就是著名的纺织之乡，纺织业带动了整个工商业的发展。在抗战时期，这里已经有钱庄4家、当铺2家、银楼3座。据1953年末的调查，镇上的私营工商户在250家以上（刘文璞、杨勋，1996）。在镇上，有一条历史悠久的老街，现在这条长长的老街依然存在。这条老街在习惯上被分为三段，分别被称为上、中、下市，宜一村的许多人就是下市居住的人。据村里老人回忆，在土地改革时期，下市尾的居民大约有180户，主要是从事工商业的。在土改划定成分的时候，共有5户地主兼工商，2户工商兼地主，4户富农，此外都是生意人。

与此不同，金家农民却多是租种土地的农民，他们自己有的耕地很少。在土改的时候，金家欧姓人家大约有45户，全村没有地主，除了一户富农以外，剩下的全是佃农，耕地全部是外村地主的。据村中老人回忆，金家的人当时只在农闲的时候做一点商业，如卖甘蔗、九层糕，这只是农业生产的一种补充。在土地改革的时候，全村的耕地有 618 亩，金家有耕地 400 多亩，下市尾只有 200 亩左右。

此外，两地的人员构成也是很不同的。金家的人是同属一个家族的人，他们从福建迁来已经很多代了，有自己的宗祠和族谱，而下市尾的人则是从周围不同的地方迁移来的，不属于同一个家族。金家的人是比较团结的，因为在这个村周围没有同族的村庄，而下市尾的人因为是从周围迁移过来的，他们与其所迁移出来的村庄还有一些联系，尽管随着时间的推移，这种联系也在减弱。在宜山周围的地区有几个较大的姓氏，人多势强，如李姓、陈姓等，在宜一村居住的相同姓氏的人也可以得到一些声援。但是，这两部分不同的人在国家的作用下，被纳入到一个村庄中。与下市尾同在一条街上的中市和上市居民被划入另外一个村庄。

当然，仅仅通过行政手段将这两部分人合并在一起并不能使他们就成为一个整体，国家在这两部分人的融合过程中仍然起了重要的作用。

融合是从居住的混合开始的，过去下市尾的人全部住在街上，而金家的人则住在自己的村子中。他们的住房也很不同，下市尾的人一般居住条件要好一些，而金家的种田农民多住在草房中。土改的时候，一部分金家的农民开始搬到街上。当时有 6 户金家农民迁到街上。大规模的迁移是在 1958 年的时候，因为宜山办了公共食堂，生产队的稻草都归集体统一使用，金家农民的草房得不到苫盖房顶所需要的稻草，所以旧的住房就逐渐被废弃，许多金家的人逐渐搬到了街上。

村庄公共财产的建立是两部分人融合的最重要因素。在土改的时候，尽管金家的耕地数量多于下市尾，但在分配土地的时候，他们是作为一个单位分配的，种田的农民每人 1 亩田，小商贩每人 0.8 亩田，集体化的时候这些土地都收归了集体。据村庄老支书的回忆，1956 年建高级社的时候，有 5 个村庄被并入一个大社，但不久就分开了，宜一村还保留作为一个大队。

在人民公社时期，至少还有两个因素标志着金家和下市尾的区别，一个是生产队的构成，另一个是姓氏。在人民公社时期，宜一村的生产队合合分分，经历了许多次变化，过去是 9 个生产队，后来又分成 13 个生产队，但是村庄的两部分人一直没有完全统一在一起，在 9 个生产队的时候，第一、第二、第九生产队几乎完全是金家的农民，第四、第八生产队则是两部分人混合在一起的。在 9 个生产队分割为 13 个生产队的时候，这种基本格局也没有被打破。此外，金家的欧姓人家一直保有自己的宗祠，尽管现在看来这个宗祠已经年久失修，也不再有宗族活动了，但在过去的几十年中，欧氏家族每年都要祭祖。这种祭祖活动至少表示他们作为村庄内部的一个小团体的存在。

进一步打通这种村庄内部隔阂的是农村改革。首先是土地承包以后，生产队的作用越来越弱化。耕地是按照原有生产队的基础进行分配的，但因为过去每个生产队人均所有的耕地面积相差不多，所以在耕地的占有方面，村民之间并没有多少差别。同时，承包合同不再是与生产队签订，而是与村庄签订。在土地承包的过程中，由生产队所带来的社会认同正逐渐被打破。

迅速的城市化将原有的生产队完全打破了。随着城镇建设，村庄的土地被政府大量征用，但是土地征用款大部分被村庄留下来作为村庄集体经济发展的资金。土地征用款的分配原则是，生产队 1/3，"非产户" 1/3，村庄集体 1/3。非产户是这个地方特有的户口种类，他们的户口在村庄中，但不种田，而是到外地从事工副业，因此在土地承包的时候，这部分人没有承包到土地。据村庄的人口统计，这部分农户占村庄总户数的 60%，如 1982 年全村共有 455 户，农业户只有 157 户，非产户有 298 户，几乎是农业户的 2 倍。这部分人尽管没有参加村庄耕地承包，但也应享有土地的利益。但事实上，非农业户的 1/3 土地征用款并没有分配到个人。这种各得 1/3 的分配只是一个原则，每次耕地被征用以后，分配的办法都不相同。在 20 世纪 90 年代初期，一般是按照每亩 1800 元返还生产队。如 1992 年第五生产队的 18.6 亩耕地被征用的时候，村庄共付给生产队征地款 33480 元，未安置劳动力就业补助 130200 元，合计 163680 元，第五生产队的农民还需要付村庄新增加的地基款 35000 元，农民实际得到 128680 元。而征地单位付给村庄地价是每亩 2 万元，合计 37.2 万元。生产队所得到的征地款有两种分配办法，一种是在生产队所属的农户中统一分配，另外一种是全部交给被征地的农户。无论何种方法，这部分钱都被分配到农户，生产队不再有独立的经济。

在农村改革以后，生产队的职能迅速地消失了，同时，过去生产队的居住格局也被城镇化迅速打破。现在村民已经分散到全镇的各个地方居住，他们与后来进入城镇的外来人口已经无法分开。所以，村庄对管理区域进行了重新划分，1990 年开始，打破了原有生产队的界限，按照现在居住地重新划分了村民小组。现在全村共有 27 个村民小组，村民小组除了传达一下村里下达的指示以外，已经基本上没有什么作用了。如原来的第六生产队，现在已经分散居住到了 6 个村民小组。

在耕地被大量征用的基础上，村庄的集体经济迅速发展，并为村民提供一些福利。尽管金家的欧姓人家还有自己的祠堂，但比较村庄，家族的作用是很弱的，所以现在他们还没有去重新修建他们的祠堂。

在宜一村的发展过程中，我们可以清楚地看出，国家将两个不同的人群划定为一个管理单位，在以后的发展中，村民与村庄的利益越来越密切，从而这两个不同人群被建构为一个村庄。

二 村民生活中的村庄

在现实生活中，村庄在两个方面对村民的生活构成影响。第一，村庄集体是村庄资源的垄断者，在村庄中仍发挥再分配的职能；第二，村庄内部形成的村民利益要求和村民认同对农民的生活还有很重要的影响。

我在对村庄集体经济的研究中发现，村庄集体经济之所以形成，是因为村庄集体对村庄资源的独享（王晓毅，1999）。温州经济的发展主要依靠的是家庭或私营企业，村庄对资源的垄断程度比较低，但是，宜一村的村庄集体拥有较大的资产，是宜山镇上的一个重要经济集团。

据村庄公布的数字，1998 年全村的集体经济收入近 400 万元。这些收入首先来自村庄固定资产的收入，主要是土地及地上建筑物，应该说这部分收入还是土地收入；第二部分是企业收入；第三部分是村庄的各种收费。表 1 反映了宜一村 1998 年的收入构成。

从表 1 可以看出，每年村庄集体的资产为村庄带来很多收入。为了运作这部分资产，村庄在 1995 年成立了宜一集团。在集团下有 18 家具有独立法人资格的企业，其中包括一些在村域范围内的非本村企业。宜一集团下属企业分为核心企业、紧密层、半紧密层和松散层等，做这种区分是因为它们与宜一村的关系不同。核心层是温州宜一集团有限公司，也就是村庄的代表；紧密层是村庄的集体企业，如村办漂染厂、纺织布厂；半紧密层多是村庄租赁出去的企业，如塑料厂、停车场等；松散层则完全是外村人的企业。紧密层的企业由村庄直接管理，半紧密层的企业一般只收取租赁费，而松散层的企业一般只在形式上属于集团，实质上没有什么关系。

表 1　宜一村 1998 年收入构成

单位：元

总收入	3876405.32		
		投资收益	1804923.75
		针织厂	2348.50
经营收入	26162	合作社	36990.21
打字	7562	塑料厂	40000
绣花	18600	加工厂	16000
发包及上缴收入	775205.25	基金会	175027.04
客车场	15000	98 股息	120000
货车场	78750	各企业	994558
小车场	2400	幼儿园	200000
搬运组	28004	染色厂	220000
钢筋店	89918.60	公积金	996228.66
市场	12200	地基款	144000
基金会	38172.65	征地款	76750
其他	5180	屋款	540000
个人租赁	10000	设备	31500
租赁	495580	老人会	61386.93
其他收入	252795.66	其他	142591.73
存息股息	131579.36	公益金	21090
其他	121216.30	捐资	15050
		绿化费	6040

村庄集体企业是受村庄两委（党总支和村委会）直接领导的，村庄的党总支书记兼任集团的董事长，企业领导的任用由两委集体决定。在 1996 年制定的"村规民约"中，明确规定"村属各企业的厂长、经理、会计、出纳，由村领导班子集体研究招聘，科室干部由厂长、经理招聘，报村审

查备案"。近年来，村庄的部分企业在镇政府的支持下，采取了股份制的方式，与外村的一些同类企业合并，村庄通过自己的股权，还继续控制了企业。

波特在分析中国家族制度的时候特别强调公共财产对家族制度的影响，认为公共资产大大强化了家族制度（Potter, 1990）。宜一村的集体资产在近年来扩大得很快，尽管村庄的耕地在不断减少，但村庄所有的土地也在不断升值，村庄集体所有的房地产主要分布在一些繁华地段，在镇上可以很容易看到村庄的集体资产，如村庄的办公大楼在镇上是比较显著的；村庄办的幼儿园，在全镇质量是比较高的；村庄的基金会在全镇的融资能力也比较强。

现在，村庄集体企业对于一般的村民来说，越来越只具有象征意义，实际上越来越独立于一般的村民。首先，村民没有企业的决策权，因为企业管理越来越专业化，一般村民很少有能力和机会参与企业的管理。其次，企业为村民提供的直接福利也越来越少，首先村民在企业中就业的人很少。在企业实行股份制以后，企业一般管理人员的聘任是按照股份比例分配的，直接的生产工人基本上全是外省市的打工者。尽管企业的利润是村庄福利的基础，但是村庄福利是通过村庄组织进行再分配的，因此村庄福利与企业的效益并不具有直接的关系，也就是说，村庄收入中有多大的比例被用作村民福利分配，是由村庄两委决定的。但是，村庄集体经济所提供的一些潜在机会对于村民来说还有很大的吸引力，如村庄的工作人员、企业的管理人员。村庄投资兴建的幼儿园对于村庄许多受过幼儿教育的女青年就很有吸引力。这些机会尽管不是每个人都能够享有的，但吸引了多数村民的关注。

与全体村民联系比较密切的是村庄所提供的社会福利。村庄的经济是建立在村庄对土地资源的占有基础上的，因此村民希望他们在村庄集体经济的发展中能够得到实际的利益。在宜一村，许多村民引以为自豪的也是村庄的福利。一位村民的话很能说明问题，他说："我们村比其他村都好，因为许多费用都是村里替我们交了，这样我们的负担就减轻了许多。"村庄的福利有两个作用，其一是加强村民的认同，其二是明确村庄的边界。

宜一村现在的主要目标是发展经济，因而福利支出相对还比较少。现在村庄所提供的福利主要有如下几项。（1）统筹款。这是涉及村庄所有农户的福利，村镇应征收的各种统筹款都由村庄统一支付，据估计，这部分费用每年约为 10 万元，包括教育基金、兵役费、农业承包费、农业税、农田用水费。如 1998 年，每个农户要征收的 60 多元的水利设施建设费，都由村庄统一支付了。（2）老人补助金。凡年过 60 岁的本村老人都享有老人补助金。1996 年的规定是年满 60 岁的老人每月 20 元、70 岁以上的老人每月 30 元，并规定随着村集体经济的发展酌情增加。（3）补助和救济。规定军烈属的抚恤金、贫困户和意外灾害都可以申请村庄的补助和救济。1998 年村庄曾试行医疗保险，但到 1999 年停办，村民的大病医疗如果存在困难，村庄可以通过困难补助的方式提供帮助。（4）教育奖励。村庄规定，本村的学生考上高中的奖励 200 元，考上中专的奖励 500 元，考上大学的奖励 1000 元。（5）保险补贴。如独生子女的养老保险个人只交纳 100元，其余由村庄集体补足；村庄的主要干部和企业干部的养老保险也由村庄提供部分补助。1998 年，村庄支付福利约 15 万元，约占村庄总支出的15%。（详见表 2）

表 2　1998 年宜一村支出结构

单位：元

总支出	1060385.20
经营支出	119121.1
管理费用	506014.20
其他支出	164417.40
应付福利款	148718
困难补助	11400
计生费用	2134
老人补助金	57075
扶贫款	8991
社会贺礼	25790
房产保险	26148
拨医疗费	6000
奖学金	8600
补筑路	1000

续表

其他	1580
应付统筹款	5535
兵役费	4025
五保户	1510
公积金	116579.50

总支出中的福利支出和统筹款基本上是村庄的福利支出，尽管其中的个别项目不完全是。这部分支出虽然所占比例不很高，但涉及每一个村民，因而对村民很重要。

享有村庄福利是村民身份的一种表现。在宜一村，只有正式的村民才能享有村庄的全部福利。这不仅使村庄居民与外村人相区别，也使村庄内部的人员有所区别。村规民约中明确规定，"本村户籍分两种情况处理。一种是原来的本村农业户、非产户（已办理迁出除外）作为本村村民，可享受村民福利待遇。另一种是居住环城南路及暂住户口作为本村居民，不享受村民福利待遇。"

如果说村庄通过集体财产和村庄福利建构了一个村庄整体的话，村民对村庄的要求就主要表现为机会垄断、福利要求和与之相应的认同感。

机会垄断表现为村民依靠村民的身份，占有某些特定的机会。有一个典型的故事可以说明村民对村庄资源垄断的愿望。在 20 世纪 80 年代末，镇政府统一征用宜一村的耕地建立工业开发小区，邻村的一个人购买了地皮并在这里建立了一个工厂。当他从另外的一个乡镇购买了建房用的预制板并请当地人随船装卸的时候，宜一村的部分村民便堵住道路，不许外来人员装卸。他们的理由是祖先留下的土地被征用了，自己没有了田种，因此到宜一村来建厂，建材只能由本村人来装卸，而且他们提出的价格要比外乡镇装卸人员高出 60%。最后这件事情还是由派出所来解决的，尽管这种不合理的要求没有得到村庄组织的支持。但是，在村庄投资建立的两个市场、三个停车场中，装卸工作都被宜一村的人所垄断，因为装卸工作的收入很高。村民垄断了装卸工作，外人无法进入，现在一部分本村的装卸工甚至利用这种特权雇用外来的人员装卸，自己从中分 1/3 的收入。

这种情况在周围的村庄也同样存在。村庄的两个市场中的一个在甲底村，宜一村从镇政府购买了这个市场。购买这个市场以后，在搬运问题上，宜一村与甲底村曾发生冲突，甲底村村民认为市场的搬运应由甲底村村民来做，因为市场在他们的地盘上。最后双方协商的结果是，市场内的搬运由宜一村来做，因为宜一村已经购买了市场；市场外的搬运由甲底村村民来做，因为那是甲底村的地方。尽管村庄在迅速城镇化，村庄的土地被征用，村庄实际管辖的范围越来越小，但村民心理上的村庄边界还存在，村民希望垄断这个区域内的机会。

村民还希望减少村庄外来的竞争。随着宜山家庭纺织业的发展，宜一村建立了股份制的宜一针织品加工厂和宜丰印染厂，这两家企业主要产品是纺织品染色以满足当地家庭工业的需要。宜一针织品加工厂资产的 3/4 属村集体，1/4 是村庄的几个私人股东。宜丰印染厂的一半股份是村庄集体的，另外一半是个人股东集资。当外村的一个人要租用村里的地方建一家同样企业的时候，村里的领导班子开了几次会议，都没有通过，因为村里的领导认为这会给村内的企业带来竞争。当然最后这个企业还是在本村建立了，这也是村民对干部有意见的一个方面，他们认为村庄主要干部个人在其中得到了好处。

为了减少竞争，村民希望对外来的企业或人员做出限制。1998 年，在镇里的协调下，村庄内的三个同类企业与邻村的两家同类企业合并，组建了兴宜印染纺织有限公司，这个公司的诞生主要是镇政府运作的结果，因为要关闭小型污染企业，企业的规模就必须扩大，合并同类的企业是最简单的办法。但是村民也有许多意见，认为这种合并会损害村庄的利益。

村民希望村庄能够更多地提供福利，减少外来人员的分享。对于吸收环城南路的外来人口成为村庄的居民，许多村民也表示了不同的意见，他们认为尽管现在这些新来人口还没有取得村民的全部福利，但既然户口进来了，迟早有一天要取得正式村民的身份，从而也就会影响到现有村民的福利。

村庄新建的幼儿园是向全镇招生的，幼儿教师也是在全镇内公开招聘，村里一些人对此有意见，认为村庄的企业应首先满足村内人的就业要求。一些村民对村庄的意见集中在村庄经济发展以后村民得到的实际利益并不很多。

在农村工业化和城镇化过程中，村庄的公共资产在增加，村庄所提供的潜在机会也同样增加，村民则希望享有资产所带来的福利和垄断这些机会，并由此形成了村庄的界限和村民身份的认同。尽管农村工业化使村民个人与外部社会有了越来越多的交往，但是村民与村庄的关系还是高度封闭的。

三　外来的人口

在经典的农民研究中都强调外来力量的作用。道义农民的理论强调外来的市场化、殖民主义和国家的进入打开了村庄封闭的大门，造成了村庄的开放，并认为这种开放导致农民失去了村庄所能提供的保护（Scott，1976）。波普金也同意这个开放过程的存在，但他认为这个过程为村庄的农民，而不是领主带来了实际的利益。但是，波普金认为开放的过程不仅仅是外部力量作用的结果，在村庄内部也存在开放的要求（Popkin，1979）。米格代尔在著作中则描述了村庄内部的一些人如何率先向外发展，与外部世界联合在一起（米格代尔，1996），从而打破了村庄的封闭状态。

当我们对宜一村进行分析时发现，作为单独的村民个体，具有比较强的开放性，但作为国家建构的村庄，却是封闭的。外来人员增加以后，宜一村的村民与外来人员的交往在不断增加，但是外来人员是不能参与村庄事务的，所以外来人员的进入并没有改变村庄原有的结构。

在宜一村，外来人口群体大致包括了三类人，第一类是企业家，第二类是打工者，第三类是外来的居住者。

外来的企业家与村庄的经济有了很密切的关系，但他们游离于村庄的社会生活之外，他们与村庄的关系更多地表现为与干部个人之间的关系。在企业家面前，村庄仍然是一个封闭的整体。

花边厂是在村庄范围内比较大的一家企业，厂长是附近江山乡的人，他建厂房的地方是镇办的工业开发区。这里在工业开发区建立以前是宜一村的土地。现在他的企业属于宜一集团，他个人也成为宜一集团的董事会成员。但是，这些并没有使他与宜一村有更紧密的联系，他从不过问宜一集团的事情。村中的一些主要干部也告诉我们，尽管宜一集团包括了许多外来的企业，但是实际上这个集团没有什么作用。集团所属各个企业基本上是独立经营的，互相之间没有关系。

尽管从表面上看，这个企业的厂长与宜一村有很多关系，他的党组织关系在宜一村，他参加村里的党组织活动；他是宜一集团的董事会和监事会成员，在村庄建公园过程中还捐款 1500 元。但这些并没有使他真正融入宜一村。他的关系主要是在村庄外部，如他在宜山的投资是因为当时宜山镇的镇长和书记做了许多工作，所以他建厂的手续办得很容易。当宜一村村民要他多付60%的搬运费为他搬运水泥预制板时，他请来了派出所的民警。此外，尽管他的客户主要是在当地，但与外商有很多关系，如他第一台比较先进的印染机器就是通过一个香港商人进口的。

当然，这并不意味着他不重视地方关系，他认为在家乡建厂有许多好处，其中之一就是人比较熟悉，他的家乡在离宜山镇不远的江山乡，他开始建厂是在龙港镇，因为龙港的主要领导与他关系不错，所以他的货物往往都是本企业职工自己装卸①，不交纳或交纳很少装卸费。作为个人朋友，他在宜一村也有很多熟人，但是，他没有权力干涉村庄内部的事务，比如他很少参加集团的会议。

另外一种企业家是与村庄联合办企业的，最主要的是兴宜总公司的股东。兴宜总公司现有92股，其中宜一村集体股份22股（宜一村村民个人12.9股），宜二村集体股份8.8股，外村村民个人股份61.2股。宜一村的党总支书记为企业的董事长，最大的个人股东是一位外村的股东，他个人持股6股，并成为公司的总经理。企业的管理人员是基于股份额度分配的，每个股东都有权利向企业派出自己的管理人员，宜一村的集体股也同样向企业派出了管理人员。尽管宜一村是这个企业的最大股东，但企业是独立于村庄的，村庄不干涉企业的管理，企业成员也不介入村庄的事务。

外来的企业家与村办企业的管理者是不同的，村庄自有企业的管理者，如基金会、纺织布厂的经理和厂长，都是由村庄派出的，并在村庄中有相应的职务，参与村庄决策，但外来企业家只在企业内有决策权。

如果说企业家是现代社会中最具有影响力的一部分人，他们都不能参与村庄的事物，那么一般的外来人口融入村庄就更为困难了。从村庄角度看，所有非本村的人都是外来人，但是在村民的日常生活中，外来人被区别为本地人和外来人，本地人是周围乡镇的人，他们被形象地比喻为"坐三轮车不超过2元钱"的地方来的人。从20世纪80年代开始，随着城镇规模的扩大，有许多农村人口迁移到城镇上，这些人主要是当地人，这些

---

① 在龙港建镇之初，一些地方强人专以装卸货物为名敲诈，一般的货物都不允许自己装卸，或者自己装卸也要向他们交纳装卸费。

当地人无论是从社会关系还是从语言和生活习惯来看都与本村人没有什么太多的区别，主要的区别是村民的身份。在这之中，与宜一村关系密切的主要是两部分人，一部分是户口尚未迁移走的本村人，主要是一些外嫁的媳妇及其配偶和子女，但是这些人不能享受村庄的福利。在1996年通过的宜一村村规民约规定："本村户籍妇女出嫁，户口关系必须迁出，如特殊原因不能迁出的，只能作为本村暂住户口处理，不享受本村村民福利待遇。"另外还规定："女儿户村民允许其中一个女儿的男方到女方落户，并享受本村村民同等待遇。"所以，尽管有一些宜一村的妇女在结婚以后并没有迁出她们的户口，但在村民看来，她们已经不是本村的人了，在村庄的管理上也不再将她们作为管理对象，甚至在村庄的人口统计中也不再包括她们，如我们访问的一位欧姓妇女，她与邻近乡镇一个村庄的男子结婚，结婚以后他们在宜一村购买了住房，但男子的户口一直没有迁移过来，在宜一村只有该妇女及其子女的户口。尽管这位妇女参加了宜一村的选举，但是村庄的福利她已经不再享受了，甚至她的口粮指标，尽管现在已经没有实际的作用，也转移到了丈夫家所在的村庄。

在宜一村，近年来吸收了一些迁移进城的农民，这些人集中居住在环城南路，在村规民约中明确规定，这些人也不享有本村的福利，尽管这部分人也参加了村民选举。1999年村庄为这部分人支付了与其他村民一样的水利建设费，但是村民并不知道这件事情，因为这不符合村庄制度。村庄向镇政府要求将这部分进镇人员归属宜一村管辖，是因为他们认为由于迅速的城镇化，宜一村的自然边界在迅速消逝，村庄希望保留一块属于自己的地域，因此将靠近原村委会大楼的地域归属宜一村规划，这是村庄保留和重建村庄自然边界的一次努力。

尽管宜一村接纳了许多外来人员，如他们的党总支包括了外来的党员，也有一些外来人员转为本村的户籍，但这些外来人与真正的村民有很多区别，如村庄组织建造的老年公寓，对不同的人收费标准有严格的规定："户口在本村的老年人每个房间收押金4000元；本人户口不在本村，但子女户口在本村的收押金6000元；外村的老人收押金8000元。"

这些外来人口都属于本地人，与宜一村村民有许多交往，如兴宜总公司的一些股东在总公司成立之前就与宜一村的一些村民合作办厂，也有许多人与宜一村的村民是亲戚。在一份结婚礼单中，我们发现，记录下来的共有 91 人，其中亲戚有 27 人，非亲戚有 64 人，这里分成两个部分，一部分是父亲的关系，一部分是自己的关系。父亲的关系有 19 人，其中有 8 人是外村人；自己的关系有 38 人，其中超过一半的人都是外村的，包括同学、战友等。这说明，个人的交往世界已经大大超越了村庄的限制，但是，作为一个共同体的村庄对外还是封闭的，涉及村庄公共资源的时候，村庄被严格地区分为自己人和外来人。

本地人与本村人之间除了在与村庄的关系上有所区别以外，在其他的许多方面都是相同的。他们从事大致相同的职业，多数村民与外来的本地人一样，主要从事加工腈纶衣裤的工作，收入也大致相同。他们之间也有很多交往，但是，村庄的公共财产和福利将他们区别为两个不同的单元。

与本地人相对应的是外地人，这些人来自其他省份，如江西、湖南、四川等省的贫困地区，他们主要在企业中工作，其中甚至有一些已经出来工作 10 年以上了。但是这些人仍然被作为外地人，他们基本上是一个独立的人群。他们表现出几个典型的特征，第一是家乡认同，在 14 个被调查者中，有 10 人表示与家乡的联系很密切，而本地的 31 个被调查者中，只有 18 人表示与原有家乡联系密切。尽管外地人距离家乡更远，回家的机会也比较少，但他们始终是外地人。他们的配偶多是同乡，在我们访问的企业外来职工中，所有已婚人的配偶全部来自自己的家乡。这些外地人在企业中就业，他们与本村人交往的范围很小，主要是企业内部的一些人。与本村人的交往并不能改变他们是外来人的地位。如江西的一个打工者在到宜一村以前在福建打工，在那里甚至找到了一个当地人做女朋友，但他一直不认为他和那个女孩可能结婚，他说他不可能在外面成家，因为经济上根本不可能，他的父母在江西老家还在为他找对象。

第二是就业面的狭小。虽然多数的外来打工者都说他们认识本村人，但是他们也告诉我们，本村人不可能为他们提供帮助，比如在就业方面，尽管本地人在这个地方有更多的社会关系，但外地人找工作主要还是通过老乡的关系，他们几乎全部是企业就业。

外地人与本地人有很多区别，他们无论从语言上还是从生活习惯上都与本地人有很大区别，特别是在就业方面区别更大，几乎没有外地人从事家庭工业的。这些外来工人在村庄中只是一个过客，他们不得不随时准备离开。近年来由于纺织品市场的不景气，许多企业处于半停产状态，这些外来职工的工资多是计件工资，收入受到很大影响，但是这些外来职工没有办法离开企业，许多人认为如果他们一旦被企业解雇，唯一的办法就是回老家，有些人已经在考虑回老家以后的工作问题。

这些外地人与村庄几乎没有任何关系，他们的人口信息登记都在公安局的暂住人口管理办公室。不管他们工作多少年，他们在本村都没有积累到足够的社会关系，甚至也没有自己的任何有形资产，他们还居住在企业提供的简单住房中。企业如果想把一些技术条件好的人留住，也只限于提高他们的工资，实际上他们还是处于村庄之外。

在宜一村的地域内，外来人口的增加很快，本村人与外来人员的交往越来越多，但是，外来人员的增加并没有打破村庄的封闭状态，这些外来人员被排斥在村庄之外，他们不能享有村庄的福利，也不能参与村庄的决策。

四 简短的结论

宜一村的经验说明，随着外部社会的进入，村庄并不必然从团体型村庄发展为开放型村庄。由于国家在建构村庄中发挥了重要的作用，村庄被塑造为一个经济共同体，尽管村民的收入已经主要不依靠村庄，但是作为村庄的一个成员，村民身份是明晰的。

当然，判断村庄封闭与开放的标准不同，自然也会得出不同的结论，如米格代尔和波普金的标准不同，如果应用到分析当代中国农村，就会得出不同的结论。如果用米格代尔的三个指标，即现金使用、市场状况和劳动力流动来判断中国目前农村的情况，则可能会发现中国农村是高度开放的（米格代尔，1996）；但是如果我们用波普金的4个指标来判断，即土地的所有权、村民身份、村庄边界和赋税与负担形式，则现在的村庄是高度封闭的（Popkin，1979）。米格代尔更强调的是从村庄个人的角度考察村庄，而波普金所强调的是村庄的整体。

村民的对外交往也并不必然带来村庄的对外开放，尽管宜一村已经成为城镇的一部分，农业已经几乎没有，村民与外界有了越来越多的交往，但村庄仍然保留很强的独立性。

村庄作为一个共同体在形成和发展中，国家起了最主要的作用。

参考文献

苍南县地方志编纂委员会，1997，《苍南县志》，浙江人民出版社。

陈吉元、何梦笔，1996，《当代中国的村庄经济与村落文化》，山西经济出版社。

成汉昌、刘一皋，1992，《中国当代农民文化——"百村"调查纪实》，中原农民出版社。

费孝通，1985，《乡土中国》，生活·读书·新知三联书店。

李静，1996，《中国的移民与同化》，《中国社会科学季刊》（香港）第 3 期。

刘文璞、杨勋主编，1996，《中国国情丛书——百县市经济社会调查·苍南卷》，中国大百科全书出版社。

米格代尔，1996，《农民、政治与革命》，李玉琪等译，中央编译出版社。

乔志强主编，1998，《近代华北农村社会变迁》，人民出版社。

王晓毅，1999，《资源独享的村庄集体经济》，《北京行政学院学报》第 3 期。

王晓毅、朱成堡，1996，《中国的民营企业与家族经济》，山西经济出版社。

赵晓玲，1998，《中国乡里制度》，中国社会科学出版社。

折晓叶，1996，《村庄边界的多元化》，《中国社会科学》第 3 期。

Feuchtwang, Stephan. 1998. "What is Village," in Eduard B. Vermeer, et al. ed. *Cooperative and Collective in China's Rural Development.* New York: M. E. Sharpe, Inc.

Popkin, Samuel. 1979. *The Rational Peasant.* University of California Press.

Potter, S. H., & J. M. Potter. 1990. China's Peasants: *The Anthropology of a Revolution*, Cambridge University Press.

Scott, James C. 1976. *The Moral Economy of the Peasant.* Yale University Press.

中国社会保障制度改革：反思与重构[*]

"中国社会保障体系研究" 课题组

从 20 世纪 80 年代中期开始的中国社会保障制度改革，终于在世纪之交出台了《国务院关于建立统一的企业职工基本养老保险制度的决定》、《国务院关于建立城镇职工基本医疗保险制度的决定》、《失业保险条例》、《社会保险费征缴暂行条例》（以上为社会保险制度）、《城市居民最低生活保障条例》（社会救助制度）、《中共中央　国务院关于切实做好国有企业下岗职工基本生活保障和再就业工作的通知》（特殊时期的特殊制度）等一系列法规文件，构筑了一个以养老、失业、医疗三大社会保险制度和社会救助制度（最低生活保障制度）为骨架的中国城镇社会保障体系的雏形。

然而，由于社会政策和社会立法过程中的缺陷，这一制度体系既"先天不足"，又"后天失调"。从目前的实施情况看，效果不尽人意。尽管对问题的严重程度估计有所不同，但是现行社会保障制度体系未能满足社会需求，需要花大气力加以完善，则是无论政府部门还是学术界都已经达成的基本共识。

在历时 3 年的课题研究中，经过调查，我们惊讶地发现，与社会保障制度相关的三个方面——政府、企业和个人，从现行制度中获益都不多。老百姓对现行社会保障制度心存疑虑。据"2000 年社会蓝皮书"披露：有60% 以上的被调查者对"社会保障"表示不满。在调查中，公众最担心的家庭和个人问题依次是：生病住院、下岗或失业、家庭经济困难。1999 年的热点问题有内需不足等，其背后原因也与社会保障有关。企业在社会保障方面的支出仍在增加。仅此一轮改革，按新出台的法规规定，所增加的保险费用就在工资总额的 5 个百分点以上。这是在企业的社会保障负担已

---

* 原文发表于《社会学研究》2000 年第 6 期。

788

经达到或超过临界点的前提下的再度加码。政府原想通过这一轮改革，多少卸掉一些包袱，结果适得其反，反而每年数十上百亿地调动财政积累补亏。仅养老金一项，1998 年的缺口是 50 多亿元，1999 年是 100 多亿元。最后只能动用国家财政来填补窟窿。这种尴尬的局面难道不应该引起我们的深刻反思吗？

经过 3 年来的调查研究和深入探讨，反复听取政府有关部门和群众团体的意见，我们把值得反思的问题归结为二。其一，目前社会保障领域存在的问题究竟是制度设计问题还是实际操作问题？其二，目前社会保障领域存在的问题究竟是出在基本思路上还是具体方法上？我们的回答是前者。

对于我们的研究结论有不同的看法是很自然的。由于各种主观和客观的原因，我们对各项制度的效果验证和评估也还做得不够细致和缜密。此次将研究成果公之于众，希望引起争论。在社会保障这个有关国计民生的重大制度问题上，展开各种观点间的讨论是非常必要的。

一　问题在于制度设计抑或实际操作？

中国社会保障体系的问题在于制度设计抑或实际操作？我们认为，是制度设计问题。但是，要把这个问题说清楚却不那么简单。因为目前成为制度体系核心的养老、失业和医疗三大保险制度设计各异，再加上社会救助，所以我们还是分别来谈。

（一）养老保险的制度设计问题

养老保险制度的现行模式是"统账结合"。制度设计的目标是把现收现付制的社会统筹与储备积累制的个人账户结合起来，既体现社会共济，又体现自我保障。这样设计主要出于两个考虑：一是为了应付预计在 2025年前后到来的人口老龄化高峰；二是为了适应市场经济的需要，配合国企改革，在国家、企业和个人之间形成合理的责任分担格局。但是，这种制度设计存在着误区。

第一，国际上很多社会保障文献中都曾提到，虽然储备积累制"自己存钱给自己养老"的设想很诱人，但世界上绝大多数国家和地区现在还是在基本养老保险的制度模式上选择了"现收现付制"。这是因为在制度建立时，一个负责任的社会不能把已经进入老年的上一代人排除在外。这样，自然而然地就进入了下一代人养上一代人的现收现付制的循环圈。如果要从现收现付制转变为储备积累制，就必然会有至少一代人的利益受损，这在经济学上已经得到了证明（Fabel，1994；李绍光，1998）。因为这一代人既要尽供养上一代老年人的义务，又要为自己将来养老进行储备积累，这种经济负担是雇主和雇员都难以承受的。

然而，这个忠告恰恰在中国被忽视了。为了推行"统账结合"，中国实行了"老人老办法，新人新办法"。对已退休的老职工，仍沿用现收现付的办法给付养老金，并且保持原来的水平不变；对尚在劳动年龄的职工则要建立个人账户。这就使正在工作的这一代人，不仅要为已经退休的上一代人缴费，还要为自己未来的养老金向"个人账户"缴费。众所周知，中国企业在社会保障方面难以承受的超负荷、养老保险的缴费率节节增高是主要原因。究其原委，正是制度设计走进了这一"双重负担"的误区。

第二，中国企业养老金的平均工资替代率目前高达80%以上，几乎是世界上最高的。追根溯源，是因为中国的退休制度是在计划经济体制下形成的，城镇职工的工资只够吃饭穿衣。到退休时，为维持本来就很低的生活水平，退休金的平均工资替代率远高于国际上实施社会养老保险的国家是可以理解的。改革20多年来，中国城镇职工的工资早已超出了原先的"生活费"概念，但我们的社会养老保险制度却维持了计划体制下的高工资替代率。不断增长的企业工资水平、过高的工资替代率，加上企业职工退休前的工资突击升级，致使养老金实际支出远远超出预计值，这正是刚刚踏入老龄化门槛的中国，在新制度执行后不过一年，就爆发了养老金当年收不抵支危机的重要原因。

在养老保险制度的设计中，政府的承诺或责任的"度"在哪里，是个值得重视却迄今尚未在中国得到重视的问题。退休金水平高比低好，退休职工退休后的生活水平以不下降为好，这个动机无疑是好的。但是，以政府承诺的基本养老金来实现这个目标，政府的责任就可能超过政府可承担能力的"度"的界限。其实，在当今世界上，大多数国家和地区在养老保障方面实际上实行的是多支柱的复合制度。即养老保障制度是由政府负责的基本养老保险、由企业或工会负责的职业退休金计划和由个人或家庭自己负责的个人养老储蓄合成的。三个支柱叠加，保障职工退休后尽可能维持原有的生活水平。三个支柱中，政府承诺的基本养老保险一般都是低标准的、现收现付的，而二、三支柱的水平视经济增长和个人收入水平而定，这是国际养老保险制度改革的基本路子。

表面看来，中国的社会保障制度也在向"三支柱"的方向努力。其实不然。区别有三。一是我国政府承诺的基本养老保险目标过高，包揽过多，责任过大，甚至引发了兑现承诺的危机。二是养老保险总缴费率及企业缴费率过高。企业统筹部分的缴费已经高达工资总额的 20% 以上，还要给个人账户缴费，再加上强制个人为个人账户缴费的部分，总缴费率必定超过 30%，企业和个人实在难有余力再投保职业退休金和个人养老储蓄。三是职业退休金和个人养老储蓄缺乏立法保障，无法规范操作。所以，归根结底，中国现行的养老保障制度还是一个支柱——政府保险。

第三，近年来，"空账运转"实际上成了养老保险不尽人意的"替罪羊"。其实，反过来想一想，即使个人账户实施以来走的就是"实账"的路子，难道就不会出现目前的财政窟窿吗？按劳动和社会保障部的统计，近期在有关部门的努力下，企业保险费欠缴的问题已基本解决。

真正的问题在于养老金开支总额大大超出预期，迫使各地社会保险部门不得不动用原本准备存入个人账户的积累资金。以北京市为例，平均退休年龄降到 51.7 岁。1996 年人均月退休金为 400 余元，1999 年增长到 700 余元，增长幅度远远超过了经济增长和企业平均工资增长。退休人口和退休金水平增长过快两大因素导致北京市的退休金支出总水平 1999 年比 1996 年翻了一番还多，1999 年当年即出现收不抵支，比预期提早了 6 年。而北京市的收支情况在全国还算是比较好的。

上述问题，表面看来的确有操作方面的问题，不过破绽早在制度设计之初就埋下了伏笔。最近，有关方面又有了最新设计，即填平空账，建立事实上的个人账户，然后据此来建立和启动我国的资本市场。我们姑且承认资本市场对中国的经济发展有很大的意义，也假定以后的收费能够同时满足社会统筹和个人账户这两方面的需要，不会再出现新的空账。但是，在尚未做好必要的制度平台的现时期，由政府将强制积累的个人账户基金投入风险很大且无任何抵御措施的资本市场，一旦失算，后果难以设想。因为资本市场运作的成本很高，而且不仅有经济成本，还包括社会成本和政治成本。总之，中国的资本市场要建立，要启动，但是不能用老百姓的

"保命钱"——基本养老保险资金来冒这个风险。另外,积累基金的保值增值也不应该交给政府直接管理和操作,而应该由市场运作,政府只承担对制度架构的把握、制度平台的建立和对制度实施的监管。

第四,目前流传着一种说法,随着老龄化的进程,缴纳保险费的人会越来越少,领取养老金的人会越来越多,所以现收现付制的养老保险制度一定难以为继。这种说法在中国流传颇广,甚至被有些人当作一条"铁律"。

我们试图对这个论点在中国是否适用提出挑战,因为中国有中国的特殊国情。理由有以下几点。①中国社会之所以会迅速地踏进老龄化门槛,一个特殊的原因是计划生育政策。且中国又是一个二元社会,计划生育政策在城市和农村的执行情况大不相同。所以,中国的城市和农村老龄化高峰到来的时间是不同步的。②中国的养老保险制度在今后相当长的一段时间内仍只会在城镇人口中实施。庞大的农村剩余劳动力将成为这个制度缴费人的后备军,当城市因为老龄化而缺乏劳动力时,他们自然会向城市流动。只要政策措施得当,可以在很长一段时间内(譬如到 21 世纪中叶)维持养老保险金的领取人和缴费人之间相对稳定的比例,从而渡过中国的老龄化高峰期。所以,只要政府妥善地对此作出规划和安排,中国有可能避过缴费人越来越少的窘境。③随着从工业社会向后工业社会迈进,创造社会财富的决定因素将会从劳动力的数量转向劳动力的质量。同时,不管养老保险制度是现收现付制,还是储备积累制,一个社会在某一时间只能享受这一时间所创造、所拥有的社会财富。问题在于如何将社会财富合理地分配。

在揭示了中国养老保障制度改革中存在的误区后,我们认为,现行养老保障制度的设计确实存在着严重的缺陷。一是重收不重支,致使养老金支出膨胀。当初在进行制度设计时我们并非十分重视工资替代率的问题,也未曾料到因提前退休、退休前工资水平上涨这两大因素强化了已经过高的工资替代率在养老金支出膨胀中的作用。二是统账结合导致完全的现收现付,个人账户空账,为养老金支出膨胀大开方便之门。三是政府承诺的基本养老金比例过高,导致三支柱变为一支柱。

(二)失业保险的制度设计问题

相对而言,中国失业保险制度的现行模式是最"与国际接轨"的,即向所有的企业职工收取失业保险费,一旦遭遇失业风险,他们就可以领取

24 个月的失业保险津贴。然而，这种制度设计同样存在着误区。

第一，据《全球社会保障制度（1995）》一书记载，到 1995 年止，在 165 个国家和地区中，只有 52 个国家或地区实行失业保险制度，仅 1/3 多。众所周知，高失业率目前正困扰着世界上大多数国家，那么，为什么这么多的国家都没有采用这种现成的制度模式呢？究其原委，目前这种"国际通行"的失业保险模式本身的设计存在问题。该模式对领取保险津贴有时间限制，在国外通常为 6～18 个月。从这点出发来分析，这种模式应该是以这样的假设为前提的，即在 6～18 个月这样较短的时间内，大部分失业者是可以重新找到劳动岗位的。因此，在比较稳定而完善的劳动力市场前提下，这种失业保险制度模式用以对付常态的失业问题应该是有效的。然而，对于在产业结构大调整的背景下出现的大规模的结构性失业，这种失业保险模式的作用就令人怀疑了。

中国目前处于从计划经济向市场经济的转轨时期，一是产业结构大调整，二是隐性失业显性化造成了较大规模的结构性失业。据专家估计，1998 年中国城镇实际失业人口（指登记失业人员、下岗失业人员和农民工失业人员三部分之和）为 1540 万～1600 万人，实际失业率在 8% 左右，比登记的失业率（3.1%）高出 1 倍多。

另外，我们面临的现实是：失业（包括下岗）人员中，40 岁以上的男性和 35 岁以上的女性再就业的难度是很大的，而 45 岁以上的男性和 40 岁以上的女性几乎没有希望重新找到"正式"的工作。

因此，要以目前的失业保险模式来对付"近年来全国城镇突发性的、大规模的'下岗洪水'和'失业洪水'"是不可能奏效的。因为这种制度模式设计的初衷就不是为了对付类似中国目前所遇到的问题的。

第二，在中国，还有比失业更令人瞩目的下岗问题。两者的区别就在于是否"与企业仍然保持劳动关系"。

在 20 世纪 90 年代初，下岗问题初露端倪之时，中国社会并没有意识到它的严重性。因此，政府采取的也仅仅是逢年过节"慰问困难职工"的运动式工作手段，没有注重建立一个长期有效的制度。到 1997 年，下岗问题日趋严重，即以给下岗职工发"生活费"的方式应急，并由政府（中央政府、地方政府）、企业和当地失业保险机构三方面分担这笔费用。由于制度设计时就定位不清，这种"生活费"到底是下岗的抚慰费还是生活困难的救济费，概念不清楚，所以在具体执行中必然走样。

首先，沿袭福利人人有份的计划福利方式，表面的公允掩盖了事实的不公平，导致最该保障的真正困难职工未能得到充分的保障。例如，据重庆市的调查估计，实际上下岗职工中 1/3 的人收入水平高于下岗以前，1/3 持平，1/3 下降。可见下岗职工的生活费发放中至少有 2/3 的钱没能用到最需要的人身上。

其次，地方政府和企业这两个出资方常常不能兑现承诺，导致大多数地区不是动用失业保险基金发下岗职工生活费，就是对资金缺口视而不见，长期拖欠，结果真正困难的下岗职工的利益受到损害。有些地方为了保障这批基本生活有困难的下岗职工，启动了最低生活保障制度，收到了较好的成效。

总而言之，现行失业保险制度实际上处于投入颇多（一年收费 60 亿～70 亿元）、效率低下、收效甚微的尴尬境地，不为大多数专家所看好。因此，它不是靠修修补补就能够凑合着对付过去的，而是非改不可。

（三）医疗保险的制度设计问题

中国医疗保险改革的任务是建立城镇职工基本医疗保险制度，其基本原则是"低水平，广覆盖"，制度模式也是"社会统筹与个人账户相结合"。但是，这种制度设计也至少存在着两方面的误区。

第一，医疗保险制度的运行机制与养老保险显然不同。就每一个个人而言，老年保障的需求基本上是可预期的，只有在保险对象到了退休年龄时，养老保险的给付才会发生。医疗保险则完全是另外一回事，疾病风险是随时随地都有可能发生的，因此对于个人来说，医疗保险的给付是不可预计的。正因为如此，养老保险用"个人账户"的方式搞储备积累还可以理解，而医疗保险搞"个人账户"就令人费解了。

首先，就保险机制而言，医疗保险才是符合大数定律的真正意义上的"保险"，"统筹"和"共济"才是真正的题中之义。也就是说，在假设生病的总是少数人的前提下，用多数不生病的人的钱来帮助生病的人治病。这样做的经济成本和社会成本都是较低的。同时，又因为每一个人终究都会生病，所以即使结果不平等（看病吃药所花的钱不相等），但机会是均等的（有病就可以得到治疗）。就一个正常的人对医疗保障的心理期待而言，机会均等远胜于结果平等，绝大多数人至少是不希望自己通过生病来获得多花钱的结果的。

其次，既然疾病风险随时随地都有可能发生，那么，按现在个人账户的积累水平和医疗开支的支付水平，实际上从一开始就会有相当一部分身体不那么健康的人的账户总是"空账"，于是年年都刺激他们向社会统筹跑步冲刺。而另一部分身体健康的人账户中的钱却成了"死钱"（因为它并不能随意支配），还得有专门的机构和人员去管理。从经济成本和社会成本而言，无疑是增加了很多。

第二，新出台的城镇职工基本医疗保险制度提出了"低标准，广覆盖"的实施原则，这无疑是明智的。但是，新制度只适用于城镇职工，这又可能是个误区。它"名正言顺"地将原来享受"半劳保"的未成年人和无工作、无收入的老人排斥到制度之外了。所以，至少在这一点上，覆盖范围不是广了，而是窄了。而被排斥的这些社会群体恰恰又是疾病多发群体。

如果社会上只有一部分人得到某个方面的保障，就会产生在社会保障理论上称为"绿岛效应"的社会现象，就是说得到保障的人就像沙漠中的绿岛，而没有得到保障的人就像沙漠，沙漠是会不断侵蚀绿洲的。这在过去的劳保医疗制度和公费医疗制度的实施过程中已经成为一个严重的问题，新制度看来不但没有解决这个问题，反而加剧了"沙漠化"。可以预言，将来被排除在制度覆盖范围之外的人还是会千方百计地利用这个制度。在孩子生病时，至少是中低收入家庭会不由自主地向"绿洲"侵袭，而且这种行为还会博得社会的同情。

现行医疗保险制度的设计既不合情（社会排斥），也不合理（不符合保险的基本规律），因此，改革方案出台已近两年，但仍有 56% 的城市没有跟进制定实施办法，而真正开始实施的更是凤毛麟角。

医疗制度改革不仅涉及医疗保险制度，还涉及医疗体制、药品供应与管理制度、卫生预防与健康保障制度，涉及政府、企业和个人之间的关系、医患关系，以及医患和保险部门的关系，情况复杂，改革难度大。总的来说，多次的医疗制度改革，国家财政负担一直上升，个人和企业支付的医药费及保险费日益上涨，医疗服务水平的提升却跟不上，致使国家、社会、企业和个人都受损。得益的是一些药商和医疗器材公司，以及部分医院。

从国家来看，医疗费用增长过快，超出了国家的负担能力。据卫生部门估计，全国4000所综合医院1998年比1993年人均门诊费用增长3.3倍，人均住院费用增长2.1倍。与此同时，医疗费用支出上的浪费率约为20%。

从企业看，企业实际人均医疗费开支远远超过目前规定的医疗费缴费比例。据1998年对北京市城镇100家企业的调查，人均医疗费开支达到1720元，其中，医疗费开支占企业工资总额的比重超过10%的有58家企业，超过20%的有20家企业。效益不好、工资水平低的企业难以保证职工医疗费的正常开支。

从个人看，职工医疗费用的年增长率大大超出同期平均工资的增长速度。抽样调查显示，前者是后者的2~3倍。相当一批国有企业，不仅在职职工难以报销门诊医疗费用，离退休职工的医疗费也得不到保障，下岗职工就更加困难。低收入群体由于无钱而求医无门，小病积成大病，从而加剧了城市贫困问题。

总之，在社会保障方面，老百姓心中最没有底的就是"今后怎样看病"了。

（四）社会救助实施中存在的问题

近年来在社会保障制度改革中，制度设计基本合理的是社会救助制度（最低生活保障制度）。《城市居民最低生活保障条例》（以下简称《条例》）1999年9月出台，并且立即于10月1日正式实施。《条例》是一部很好的法规，它明确规定："持有非农业户口的城市居民，凡共同生活的家庭成员人均收入低于当地城市居民最低生活保障标准的，均有从当地人民政府获得基本生活物质帮助的权利。"遗憾的是，这条表意明确的法规条文，在实施中出现了相当大的偏差。

1. 偏差之一，发生在对社会救助对象的认定上

社会救助的对象除了"城市居民"之外，并不再需要其他特别的身份。这种制度认的就是"贫困"二字，具体而言，就是规定中所说的"凡共同生活的家庭成员人均收入低于当地城市居民最低生活保障标准的"。当一户城市居民的"贫困"被确认之后，他们就有资格享受他们应该享受的权利。

实际上，在实施"三条保障线"的过程中，一些部门认为前两条线没

有发生作用而造成的贫困问题不是它们的责任，所以对在职职工（包括"待岗"的职工）不管他们是否领到工资一律"视同"领到最低工资，下岗职工不管他们是否领到下岗生活费一律"视同"领到下岗生活费，这就剥夺了很大一部分对象的法定权利。

此外，现行最低生活保障线制度的单一结构也是一个问题。单一结构把贫困家庭的复杂情况简单化。不论贫困家庭规模和种类如何不同，均按照一个救济标准执行。制度设计中没能设计不同人口的贫困家庭人均最低生活费的不同标准，更没有进一步去研究例如单亲家庭，以及老人、儿童、残疾人等不同贫困群体最低生活救助的实际需要，这是导致制度操作过程中不少实际问题难以解决的主要原因。

2. 偏差之二，这种社会排斥的发生有其经济背景

目前最低生活保障制度所需的资金大多采取由市、区两级分担的方法，中央财政极少顾及。在大多数地区，省级财政能给予一点道义上的支持就算不错了。由于目前区属企业普遍不景气，区财政的负担能力极其有限。何况越是经济状况不好的区里贫困家庭就越多，区财政负担也就越重。因为对保障对象的审批是由区民政局掌握的，可以说，区财政困难对实施社会救助的影响是最直接的。所以"视同"的办法在基层也是很有市场的，其结果是在最后一道保障线上也造成了社会排斥。

这种社会排斥的后果是严重的。据专家们的保守估计，中国城镇人口中有 1200 万~1500 万贫困人口，但在 1999 年全国所有的城市和县镇都已建立最低生活保障制度后，这个制度保障的对象只有 281 万人，即不到 1/4 或 1/5。这给社会稳定埋下了隐患。

综上所述，现行各项社会保障制度的实施效果，有的问题相当严重，有的情况稍好些。总的看来，问题在于制度设计本身。实际操作方面当然会有很多问题，但这类问题一般不难解决，而制度设计的问题却有着更深刻的原因。

二　问题在于基本思路抑或具体方法？

以上对现行社会保障制度的分析是单项进行的。这样的考察，可以具体看到养老、失业、医疗、社会救助等制度设计本身的问题，但无法从宏观

上考察现行社会保障制度的整体。而单项制度设计的问题，往往是由整体思路上的偏差造成的。要从整体上分析现行社会保障制度，就要追溯到对目标模式、基本原则、主要功能、本质特征等的认识和选择。这是一些需要专门讨论的问题。这里，我们结合具体的制度设计提出几点商榷意见。

第一，社会保障是相对独立的社会体制。它包括经济制度，但并不限于资金筹集、发放、管理和运营，也就是说，不单单是现金保障，它还应该包括服务保障、权益保障、组织保障（老人和病人的协会等）乃至精神和文化保障。现金保障当然要做好，这是基础和必要条件，但不能陷入"经济主义"。因此，不宜简单地提社会保障制度是"市场经济体制的重要组成部分"，尽管有"重要"二字，但这不是重要不重要的问题。我们不说政治制度、政党制度、宗教制度是"市场经济体制的组成部分"，因为它们有自己的独立内容。尽管这些制度也是与"市场经济体制"相配套，甚至是为它"服务"的。社会保障制度中包含某些经济制度，也许在这一点上不尽相同于政治制度等，但它也有自己的独立内容，不能归结为"市场经济体制"。

由于上述原因，也不能一概而论地把"效率优先，兼顾公平"视为社会保障的内部原则。市场是讲竞争、讲效率的，但它必然拉大贫富差距，造成一部分社会群体在资源配置上的弱势和不利地位，以及基本生活上的无助和窘迫。现代社会需要社会保障制度，就是为了"弥补"市场原则的缺陷，通过对社会财富进行二次分配，实现相对公平，缓解社会矛盾，维持社会安定，这也就是对市场体制的补充和维护。当然，在社会保障制度中，也要讲"效率"，但这主要指的是资金发放要合理，让它真正起到解困扶贫的作用，以及严格管理、杜绝浪费等，而不是指望社会保障本身产生多少直接的经济效益。因此，对于社会保障本身，提"公平优先，兼顾效率"更为适宜。

第二，任何制度及其体系的功能都是有限的，社会保障制度当然也不例外，它作为长期的、稳定的、规范的制度，不同于针对特殊问题的对策和应急措施。

由于中国社会保障制度的设计和建设是在特殊环境中进行的，它伴随着从计划经济体制向市场经济体制的转变，也就不能不面对国有企业改革，以及下岗再就业等一系列特殊问题。于是，对社会保障制度的功能也就提出了种种要求：要能与经济体制改革相配套；要能应对未来老龄化危机的挑战；要能推动国企改革，解决下岗再就业问题；要能开拓国内市场，尽快走出通货紧缩困境；要能促进经济增长，要有利于资本市场和金融体系的形成；既能减轻国家、企业和个人负担，又能维持不低的保障水平；既体现公平，又提高效率；既有利于政治稳定，又推动社会全面进步……这串任务书和责任状还在继续延伸。这样的近乎万灵丹式的社会保障制度，当然是人人所欲，人人所求的。但在现实中却又不可避免地受到种种条件的限制，使它不但不能尽如人意，反而难免捉襟见肘。

制度和政策、措施应该相互支持，相互补充，但前提是明确各自的区别和界限。由于对社会保障制度提出过多、过高的功能要求；由于过分偏重现金保障，忽视了社会和文化性的其他保障内容，因而片面执迷于"工资替代率"，欲降不能；由于混淆了市场原则和非市场原则，因而也就无法把真正应该由政府承担的基础保障部分明确区分出来；以及由于其他一些相关原因，多年来尽管一直强调中国要建立的社会保障制度只能是"最基本的社会保障"，但实际上却偏离了这个目标。原因在于：在认识上，以为"最基本的社会保障"仅仅是由经济水平相对较低决定的，似乎将来经济发达了，社会保障的基础性（"最基本的社会保障"）就可以改变。其实，与其说社会保障的基础性与经济发展水平有关，倒不如说它在更大程度上取决于国家的职能、国家与社会的关系、国家与个人的关系、市场与非市场的关系，以及需求的多样性与保障的层次性关系。总之，取决于社会结构及其基础。即使将来中国发达了，经济发展水平较高了，一个结构良好、充满活力的社会所选择的社会保障仍然是基础性的。否则，就跳不出"福利国家"的思想窠臼。

第三，国际上很多相关的经典著作和文献都谈到，社会保障是一个整体。在这个整体中，资金保障与服务保障是相辅相成的，社会保险与社会救助是相辅相成的，养老、失业、医疗三大保障之间也是环环相扣的。

然而，以往的社会保障改革往往是单兵突进，相互之间不相往来，部门之间更是壁垒森严。仅举几例：一是成为当今一大难题的失业、下岗问题，最难解决的恐怕不是目前的生活出路，而是今后的养老、医疗问题难以解决；二是现在很多地方提早退休成风，为了缩小失业、下岗名义上的规模，把失业保障应该解决的问题扔给了养老保障；三是医疗保险改革又把无单位、无收入的老人划出圈外，使他们的生活雪上加霜。

一旦想到要整合，便在管理体制上做表面文章，好像把所有的保障项目归到一个政府部门管理，就万事大吉了。其实不然。就部门之间而言，以往的工作传统形成了各自的工作领域，如劳动部门在与企业打交道时更为游刃有余，而民政部门则长于协调基层社区和社会团体，如果把所有与社会保障相关的业务都往一个部门堆，效果恐怕不会好。

社会保障是一个整体，但这个整体不是各个部门的简单相加。

第四，参考当今世界各国的社会保障体系可以发现，大多数国家是在向福利多元化的方向发展。这种多元性表现为：行政手段与市场手段并举；政府与非政府组织、营利与非营利组织密切合作；个人和家庭、企业、社区和政府共同分担；等等。

然而在中国，社会保障改革仍然只有政府一家有积极性，企业和个人都还没有找到自己的位置，社会团体更是耐心等待政府的号令。但是，如果没有全社会的积极参与，则保障的社会化就不可能形成，所谓社会保障最终也只能是政府保障。

我们认为，适合中国国情的社会保障体系应该是基础—整合的社会保障体系。

三 基础—整合的社会保障体系特征与方案要点

（一）以民生为本的社会保障制度的基本特征

社会保障的本质是要保障人民的基本生活，这应该成为设计社会保障制度的出发点和最终评估的标准。

以现代社会保障的方式来解决基本民生问题，是伴随着社会工业化的过程而出现的。基本民生衍生了大规模的公共需求，从而推动国家着力组织大规模的、以公共供给为特征的社会保障。但是，这并不意味着社会保障要由政府全部包下来。政府机制只能在，也应该只在市场机制失灵的部分发挥作用。

迄今为止，尽管社会保障制度在各个国家有不同的模式，但是将其共同的本质抽象出来，仍然只能是为适应其本国民生需求而确定的民生目标的保障。在中国，以民生为本的社会保障制度具有三个基本特征：基础性、综合性和多元性。

1. 基础性

社会保障制度所要满足的民生需求应该是，也只能是基础的民生需求。基础性是政府对人民的承诺。因为有些保障需求是人民生活的最基本的要求，缺乏了就难以正常地自我发展和参与社会，这部分的保障需求就需要政府的承诺。它不可以降低。

基础性是公平的，是面向所有人的，而不是如保险制度那样是依据权利与义务对等的原则操作的。它体现政府作为社会组织的优点，为社会成员提供风险分担机制，保证每个成员都可以有基本的、平等的生活资源和发展机会，在社会经济发展的同时，每个人的发展都能得到基本的保障。这种保障是人民作为社会成员的权利的具体表现。

基础性必须是长远、可持续发展的，是在国家的社会、政治、经济环境不同变化和各种风险情况下都可以维持的。基础性也要考虑到政府财政、企业发展和不同情况的个人的承担能力和需求，确保社会面对重大挑战时，每个人都能够满足基本的生活需求。

基础性原则同时要求所设置的方案是精简易明的，其行政架构和组织也相对地简单易行，节省行政支出，更重要的是可以使公民广泛参与和监督，以确保基础性目标能够真正实现。

2. 综合性

首先，体现在新制度体系中资金保障与服务保障的综合。如前所述，社会保障制度的设计要以保障基本民生为出发点。而民生的需求是多方面的，有些需求以直接提供服务更为适当。以民生为目标的社会保障体系，在设计方案及组织时，在提供保障的方法上，势必注意到现金援助制度与社会服务制度的相互协调和配合。将现金发放和服务供应有机地结合，甚至以部分服务替代资金保障的功能，可以走出一条使这两类资源互补、提高社会保障资源利用效率的途径。

其次，综合性体现在以目标为核心的各种保障制度的整合上。只要以人为本，从不同人群的需求出发考虑提供保障的内容和方法，就会产生出新的社会保障制度的整合。社会最需要保障的困难人群和脆弱群体有老年人、残疾人、贫困者、失业者等。例如以老年人的需求为中心，可以将属于基础层次的基本养老金、社区全科医生、社区健康服务、社区福利服务等制度，属于发展层次的养老储蓄、职业年金、互助养老保险、住院医疗服务、商业保险和社区综合服务等制度整合为一个整体——老年人保障制度。以失业者为中心可以将基础层次的社区全科医生、社区健康服务、最低生活保障、廉租房、失业补偿、就业辅导、社区就业服务、社区福利服务，属于发展层次的住院医疗服务、商业保险和社区综合服务等制度整合为就业保障制度体系。在这些新组成的制度整合中，需要围绕目标，把相关的项目集中起来解决问题。强调不同的社会保障制度可以互为资源，互相依存，经过综合治理，可以形成制度与制度之间的跨制度融合。

3. 多元性

多元性把社会保障分为两个部分。一部分从属于基础性的要求，同时限制了基础性的范围。多元性要求社会保障在满足基础性的前提下，以多元的主体提供保障。另一部分要求社会保障制度在基础性以外，应该多元发展。多元性鼓励和组织各种团体、非营利组织、社区组织以至市场等社会力量满足基础社会保障以外的民生需求。

多元性是在个人自愿的原则下运作。体现多元性的社会保障制度具有两个部分，一是由政府承诺满足的基础性社会保障，二是由多元主体提供，自主选择参与的社会合作制度。基础社会保障制度必须由政府承诺满足，这部分的多元化性原则要在政府承诺提供足够保障的前提下运作。但在基础以外，包括充分分享发展成果等发展性社会保障目的，是应该通过多元性、非政府承诺来实现的，是由社会多元主体包括个人自主选择提供内容、方式以及参与与否的。

多元性是承认多元主体在提供基础保障以外的优越性，同时满足社会多元发展要求，社区、社会力量、市场建设以至个人自主选择权利。它也反过来论证了基础性的必要。

（二）基础—整合的社会保障制度体系

我们将新的社会保障目标模式称为基础—整合的社会保障体系。在这个体系中，"基础"表明了它的出发点，"整合"表明了系统的多元化和综合性。新体系的设计从保障基本民生出发，构筑了一个——既包括资金保障，又含有实物和服务保障的大系统；既有政府承诺保证的基础性保障，又鼓励社区、团体和个人的积极参与；既有政府直接提供的实物和服务，又在适合的项目中提倡社区的非营利与市场的营利共同发展的——新的社会保障与社会发展模式。

在这个新体系中，可以形成或分化出以下几种系统整合（见图1）。第一种，是按照传统的社会保障含义形成的整合。例如养老保障将基本养老金等5项具体的要素制度整合为一个制度子系统。医疗保障将社区健康服务等3项要素制度整合在一起。按照这种方式整合的制度子系统还有失业保障和社会救助。第二种，由相关的制度子系统和综合子系统共同构成的新的跨制度的资源重组系统，以具体的需求人群作为中心。例如，以失业者的需求为中心，可以将失业保障、社会救助与社会服务3个子系统构成一个资源重组系统。同样，以老年人需求为中心，以需要医疗救治的贫困者为中心，可以分别将养老保障、医疗保障、社区服务、社会救助、医疗保障、社区服务构成两个跨制度的资源重组系统。第三种，按照要素制度满足民生需求的不同层次，可以将其分解为基础层次和发展层次的保障系统。基础层次的要素制度有基本养老金、公营化一低廉收费医院服务、社区护理及健康与预防服务、廉租房制度、失业补偿、创造就业计划、社区就业服务等；发展层次的要素制度有企业退休金、个人养老储蓄、社区服务等。基础层次的保障以政府的责任为主导，是社会保障体系的主体，发展层次的保障需要多元化的社会主体共同参与，发挥辅助、补充及丰富的作用。将两者放在一起来理解，可以对民生需求的层次、国家责任的界限有更清晰的图像。

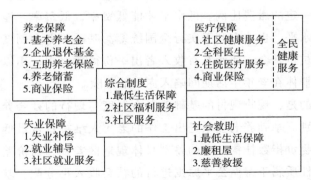

图1　社会保障的系统整合

第四种，我们也可以找出与所有的制度子系统都具有相关性的独立系统，我们叫它综合子系统。社区服务就是与养老、医疗等相对独立的制度子系统均有相关关系的综合子系统，通过社区可以提供包括养老、医疗、就业、最低生活保障等方面的服务。

总之，以上 4 种系统组合方式揭示了对于社会保障要素制度所进行的资源性开发和整合。在社会保障体系中，资源的可整合性对于资源的有效配置起着至关重要的作用。

1. 养老保障制度要点

基础—整合体系中的养老保障制度由资金保障与服务保障两部分组成。资金保障制度模式的框架分为三部分。第一部分是基础养老金制度，水平划一，用于保障起码的老年生活。第二及第三部分是政府鼓励、自由参加的职业年金及个人养老计划。不过，严格意义的社会养老保障在于第一支柱，即国家承诺及直接管理、全民统一的基础养老金，以及为所有老人提供的服务。这些作为养老保障的必要组成部分的服务包括社区医疗、社区护理、为老人特别设计的廉租房等，可为老人提供以有限的现金满足全面的基本需要的可能。有关资金保障三个支柱的具体方案如下。

（1）设立现收现付式的广覆盖、低水平、可持续、强制性的基础养老金制度

该制度的设计目标在于使社会所有人群在老年期间都有一个生活的最低保障。因此它的付费水平以最低生活保障线为参照系。设想以两户人口的最低生活保障金——大约相当于社会平均工资的 30% ——作为向全体缴费者进行等额支付的基础养老金。这部分的费率应该低于 7%，其中，个人仍该保持一定的缴费比例。低水平才能低费率，低费率才能广覆盖和保证缴纳总体水平，也才有利于实行全国统筹。基础养老金制度是以聚沙成塔的思想动员全社会，使所有有收入者出一份微薄之力，用以免除一部分社会低收入群体在老年生活期间陷入赤贫的危险。

要说明的是，现收现付的基础养老金制度与现行的社会养老保险模式有着根本区别。基础养老金系退出工作的老年人维持日常最低生活所需的现金。它与物价指数挂钩，它的差别只体现地区差别、物价差别而非工资差别，它的性质属于遵循公平原则进行的社会收入再分配。基础养老金的资金来源于劳动者的收入缴费，有组织机构的由单位代缴，包括政府机构也须由财政将这笔费用缴纳出来。自由职业者和个体工商户自行缴纳。缴费水平按照以支定收的原则制定，由于给付的水平低，所以缴费率也可以

大大低于现行社会养老保险缴费率。至于缴纳是否采取以税代费的方式，还需要仔细研究。

基础养老金的缴纳和给付都要统一，由于各地的人口老化程度不同、经济发展水平不同，基础养老金的缴纳和给付的现金流量也不同，为方便调整，需要由一个政府部门进行统筹安排、统一管理。

基础养老金应该覆盖全体有收入的劳动者，包括农村有现金收入的农民。可以采取与最低生活保障制度并行的方式，逐步从城市、城镇职工过渡到包括进城农民的常住人口，甚至愿意缴纳基础养老金的非常住人口的农民。农民加入基础养老金制度，可能会较大幅度地降低缴费人口和赡养人口的比例，使基础养老金处于相对良好的财政状态。这也是从现行高缴费率的社会统筹养老保险制度过渡到低缴费率的基础养老金制度的一条重要思路。

对于老年人来说，基础养老金只起防止因退休生活无着陷入赤贫的作用，而如果不在住房、医疗等方面同时提供基础保障，则无法确保他们的生活，所以，必须在基础养老金之外，综合考虑其他的基础保障内容，包括基础性的服务保障。

（2）设立职业退休金计划

职业退休金和差额拨款事业单位、民办非企业单位职工的退休金采取非强制方式，缴费与给付计划由雇主和雇员共同商定。政府退休金采取强制方式，由政府确定交费与给付比例。全额拨款事业单位视同政府部门。政府退休金即便由政府全额供款，也必须先作计划，从财政账户中提出另户存储。与基础养老金不同的是，这部分的资金储蓄采用完全积累制记到每个人的账上。总体而言，这部分在退休后的所得大约占到社会平均工资的40％，要高于基础养老金的总水平，是支持退休后老年生活的第二根支柱，也是最重要的支柱。它的目的是为在职职工退休时，保障他们的生活水平不至于因为不能工作而降低得太多。这项制度目前被称为补充养老保险。不过，对基本养老而言，它是补充，对保障个人老年生活水平而言，它起着决定性的作用。

第二支柱与第一支柱设计的不同点主要在于这是一个完全市场化的制度体系。基础养老金制度尽管也需要雇主和雇员双方缴费，不过它的给付要由政府承诺。因为，政府在这个制度中需要承担的责任是，没有人因老年期间没有收入而无法生存。所以，与其说这个制度的目标是社会养老保险，还不如说是预防性的老年生活救助。

由于第一支柱定位在预防性的老年生活救助，因而为第二支柱让出巨大的发展空间。第二支柱的职业年金计划与一般的企业养老金不同，它与一整套完善的社会化、市场化运作的基金管理架构系统相联系，老年人是这套体系中主要的服务需求者。一个多世纪以来，由传统信托功能发展而来的信托与投资既分开又连通的现代资本市场的运作制度，为降低资本运营需求者的投资风险开辟了道路。

政府在第二支柱中的作用与第一支柱不同。政府的责任是制定整个制度运营的基本框架。这个框架应该包括资本运营服务的需求者——企业和职工，资本运营服务的提供者——信托公司、基金投资公司、中介咨询服务公司，资本运营服务的监督者——信托公司及基金投资公司的行业工会、证券监察委员会，以及专门为职业退休金计划成立的监管机构。

政府需要为这个框架的正常运作制定法律，明确基本的运行规则。而这部法律也就是政府监管的主要依据。政府监管的对象是法律所规定的制度和规则，并不是具体的某个公司、某个机构。按照法律，政府不能直接涉足具体业务，不能直接投资，因此，也不对投资的风险负责。政府没有义务承担第二支柱的投资风险，但是要对整个制度设计的框架负责。

采用完全积累制模式的第二支柱运作成功与否，不仅取决于制度设计框架的完善程度、运作主权国资本市场的成熟程度，还取决于国际资本市场在未来的涨落。因此，它的不定数太多，难以像基础养老金制度那样，在运作中有较大的把握。

（3）以个人养老金为第三支柱

该支柱包括人寿保险、养老储蓄等制度。在制度设计中，这个部分在退休后的所得大约占到社会平均工资的30%。属于完全市场化的个人经济投资制度，由个人决策，政府可以采用信贷、税收杠杆鼓励等政策。

养老保障在整个基础—整合社会保障制度系统中，与其他项目的保障有着密切的关系。对于退休老人来说，养老金定在什么水平，要看他们的基本生活需要得到怎样的照顾。如果退休老人在住房和医疗方面得到充分的保障，他们会乐于接受比现行现金水平为低的养老金。住房方面，可以建设专门的社会保障住房，分给无房的老人。医疗由国家管理医院，通过节省医疗资源避免医疗资源大量浪费以及建立有效的成本控制机制，可以做到以小额费用乃至免费提供医疗服务。这样做既可以有效提升医疗质量、控制医疗成本，避免医疗保险刺激成本上涨，又可以将养老金以及最低生活保障金的水平下调，以减轻各方的负担。同时，它也能够减少人们为健康风险所要预留的储蓄，激发消费欲望。

2. 就业保障制度要点

制度设计拟废除失业保险制度，代之以以就业服务为主，以现金保障为辅的一系列新制度，并更名为就业保障制度。它分为三个在执行程序上首尾相接的制度，即雇主赔偿制、就业服务制度、最低生活保障制度。就业，而不是失业，是整个制度的重点。制度的整个设置是以积极地创造就业的政策，配合就业培训及培训津贴制度，消除失业，提高人力素质及社会生活的素质等。

（1）雇主赔偿制为现金保障制度

对于雇主主动解雇的职工，根据法律规定由雇主发放遣散费。这个雇主不仅指企业，也包括政府机构和事业单位。以这个赔偿费作为失业者被迫中断工作期间的补偿。但是这种补偿的周期一般很短，如何解决失业者在找到工作之前的必要的生活费来源问题，是新就业保障制度的一个难题。以最低生活保障制度为失业者提供最低的社会保障津贴，固然可以解决失业者的生活津贴问题，但是，考虑到失业者的实际生活水准可能一下降到很低，另外，只以津贴提供生活保障而不同时帮助和鼓励失业者找工作，不是一种积极方式。所以，就业保障制度的重心在于就业服务制度。

（2）就业服务制度包括培训津贴制度及职业培训基金、职业介绍和信息服务、社区就业服务等一系列的制度

培训津贴制度是指失业职工在获准参加就业培训期间，有权向职业培训基金申请培训期间的生活补贴。这种补贴可以按照社会平均工资的一定比例核算，应高于最低生活保障费，一般也低于雇员在职领取的工资。

职业培训基金是由失业保险基金转化而来的，可以设置成为一个半官方的非营利机构。它的主要任务是接受培训项目申请，支持项目的培训；接受并核准发给失业者在培训期间的生活津贴。该培训基金由各地设置，自行运营。凡失业下岗职工太多、基金入不敷出的省份，先由本地政府从地方财政中拨款解决，不足部分向中央财政申请。接受培训项目的申请，

需要建构一个能够激励扩大就业市场的项目选择机制。为此，一是需要成立一个以专家为主导的项目评审小组，二是对于所有可能扩大就业市场的项目，无论主办机构的性质如何，都应一视同仁地给予评审和支持。

职业介绍和信息服务目前已经有了一定的发展，但是，政府办的这类机构效率低、信息流动慢，民办的机构趋利现象严重，缺乏管理。可能的办法是鼓励一些企业和事业单位转向这个领域，办成非营利的公司。以企业的精神追求效率，以非营利机构的精神为需要者提供服务。

社区就业服务制度是将培训基金制度、以工代赈制度、社区创业制度、社区服务机构的孵化制度与最低生活保障制度进行整合的一个系统制度。其基本性质属于为失业者提供积极的就业保障。在当今的中国，社区责无旁贷地成为就业保障的主要提供者。这主要是因为中国的第三产业或称服务产业的比重过低，与中国经济发展的水平太不相称，而社区是这些服务产业发展的主要场所。社区服务特别是社区福利服务，本身具有对于现金保障的可替代性，也就是本身具有现金价值。因此，如果将这一类项目发掘出来并组织成规模化、市场化运作的社区服务机构，不但有可能解决相当一部分下岗职工的就业问题，还可以造就新的服务行业，发挥社区所蕴含的创业作用。至于创业所需要的资金，考虑到找不到工作的下岗失业者，只能依靠最低生活保障制度领取生活费，所以，将这笔资金集中起来，可以解决社区服务机构前期的启动资金问题，从而可能开创一条将下岗失业职工的生活救济费转化成劳动工资的道路。从目前看，只有社区服务中心这类组织可能承担这类职责，也许在政策明确之后有些公司愿意进入这个领域。总之，这是个市场化的领域，需要推动既有企业家精神又有志愿者精神的非营利公司参与进去。这项工作是值得开展试点的，它将社区就业服务与社区发展和建设的目标相结合，无疑将增强社区的凝聚力。

将社会保障作为一个体系去考虑，整个完善社会保障体系的工程可以创造大量的就业机会。譬如改造医院、兴建保障住房、提供社区护理、开展社区健康预防等服务，不仅可以大大提高人民的生活水平、生活质量，真正保障民生，而且可以带来数以千万计的新就业岗位。这些新的就业岗位正反映了社会保障制度综合性的特征，以及由综合性产生出来的协力效果。这些就业岗位并非为小部分人积累财富，而是直接为具有最需要满足基本民生需求的人提供服务。这种创造就业的再分配效果显然更为平等。

3. 最低生活保障制度要点

最低生活保障制度是社会保障制度的最后一道安全网。在基础—整合社会保障体系中，它处于特别重要的位置，是因为这个制度体系以它作为"基础"的参照系，又在其他社会保障制度的整合中强调它的影响作用。

可以说最低生活保障线是一条基准线。如前所述，基础养老金要以最低生活保障线作为给付水平的参照系，社区就业服务制度要将发给下岗职工的最低保障津贴（最低工资）通过开发项目转化为上岗者的劳动工资。因此，完善最低生活保障制度就成为事关社会保障制度整体设计的一项重要工作。

完善最低生活保障制度的设计，首先需要厘清设计思路。以往中国在这个领域里的研究往往注重确定最低生活保障线的方法探讨，而忽视针对实际发放中的问题进行科学的制度设计。一种设计思路是根据同类人群在不同方面的需要，设立一个不同类型救助金的结构，以满足不同方面的需要。例如，将救助金分为"基本生活救助金"、"特别需要救助金"和"酌情发放的救助金"3个部分，以分别对应生存的需求、特殊需求和耐用物品的需求。另一种设计思路是根据救助对象的家庭特征或者本人特征，设计可以体现特征区别的、有差别的救助金标准系统。例如，区分有劳动能力和没有劳动能力，督促有劳动能力的人尽快找工作上岗；区分一口之家与两口、三口之家的最低生活费标准；等等。这第二种思路有利于发挥社会救助制度公平分配的社会效用，有利于节省开支，同时能够对其他社会保障制度起到互补的作用。

4. 全民健康服务制度要点

医疗保障牵涉人的基本生存权利，是社会保障基础性特征的体现。我们的制度设计不选取医疗社会保险，而采用全民健康服务的新模式，这是为了真正体现社会保障制度的出发点和基本目的。在我们的设计中，全民健康服务制度的资源提供者和管理者主要是政府，政府需要为包括基本医疗和大部分的住院服务提供保障。通过政府规划和统一管理的医疗服务体系，可以从机制上扭转由于供需双方信息不对称，众多利益主体包括医院、医护人员、不同风险的人的趋利行为，乃至医疗保险公司的道德风险等因素带来的诱发医疗成本上升的局面，从而得到包括经济效益在内的社会效益。

新制度以供方控制需方，因而可以大幅减少现行医疗保险制度下病人只承担部分费用而产生的浪费；以政府或政府委任的法定机构控制供方，利用专业管理专业，以及建立有效的病人监督机制，可以充分利用有限的成本提供高效的医疗服务保障。

医疗保障应该不局限于医疗服务，而是走向健康服务，结合社区预防和健康教育、居住和工作环境，以及社区老人和长期病患者的护理服务，以达至社会保障制度综合性的目标。医疗服务的基础性体现在，在社会整体经济发展和社会目标的约束下，通过整体规划和平衡，维持全民（城镇）参与，但限制部分医疗服务的供应，以体现基础性原则的公平性和所承诺的基本保障的性质。

具体而言，政府或指定的法定机构将所有医疗资源集中，再将大部分医院纳入公营医院服务网络。这些医院各负责某一个地区，对于所有求医的病人收取同样且低廉的按日而非按病种或治疗手段等计算的服务费用。而这些医院从政府那里所获得的资源将根据服务的人口结构、发病率等参数进行调节，也会每隔一段固定时间，根据实际的工作量等进行调整。这些医院不允许创收，提供给它们的资源包括工资等全数的开销。药品、仪器等由政府统一购买及分配，以达至更强的议价能力及更有效的资源配置。医院人员的工作是提供尽量好的医疗服务。同一医院以及不同医院间的竞争是专业服务上的竞争，通过这种竞争首先形成一种同伴间的监督。把医疗过程透明化、公开化，不但有益于良性竞争，也有益于建立有效的病人投诉监督制度。唯有建立病人投诉监督制度，使它们对医疗服务的提供者进行有效约束，才可以使新制度真正保障市民的医疗需要。

与此同时，公营医疗服务体系需要在社区建立第一道防线。社区的健康及预防服务可以大量减少医院医疗服务的需求，这一点已经被国内外的许多专家所公认，认为这是中国卫生事业和人民健康20世纪50—80年代不单在城市，甚至在农村也取得巨大成就的主要原因。不过，目前在医疗制度改革的方案研讨中，人们竭力关注医疗保险制度，在这个方面却出现了盲点。基本的健康及预防与治疗同样属于基础性的民生需求。在社区建立护理网络，照顾老人、长期病患者等，可以大大减轻医院服务的压力，全科（家庭）医生也可以担任把关人的角色，以更灵活的方式和低成本的服务协助减轻医院的压力。另外，社区护理同时是养老服务的一环，而它也可以提供大量的社区就业机会。

公营医疗及健康服务体系所提供的服务，受制于社会分配给医疗保障的资源。这种限制主要体现在治疗手段未必求新、求最好、需要较长轮候时间等。新制度鼓励私营医院提供更昂贵但可能更有效、更快捷的服务，也留出空间让企业及个人参加各种商业医疗保险，从而在贯彻基础性原则的同时也体现多元性的原则。

5. 社会保障制度的资金来源

政府。直接来源于政府的有：政府设立的公立医院的全部成本，包括药品的成本；基础养老金当年收不抵支的部分；以社会救助的方式，援助最低生活保障线以下的贫困人群；为保障最低生活需要的住房；满足社区服务最低需求的设施；以就业培训方式，资助失业下岗人员进行转岗培训，并以培训期间生活补助金的方式，资助受训人员的生活费（这笔费用可能会大大超过企业缴纳的失业保障费）；以合约形式，支持部分甚至大部分承担社区服务功能的非营利组织的服务成本。间接来源于政府的有：基础养老金随物价增长的部分。

企业。直接来源于企业的有：按法律规定的比例缴纳基础养老保险费；按照法律规定的比例缴纳就业培训费和失业救济费。间接来源于企业的有：以纳税方式偿付医疗健康服务的部分社会成本；以纳税方式偿付政府支持社区服务的成本。

个人。直接来源于个人的有：以税管所代缴方式，强制扣缴私营企业、个体工商户的基础养老保险费；以付费方式抵偿各项社区服务的部分成本。间接来源于个人的有：以纳税方式偿付医疗健康服务的部分社会成本，以及政府支持社区服务的成本。

非营利组织。直接来源于非营利组织的有：以志愿服务精神保障社区和谐、稳定、健康发展，保障脆弱群体精神健康；以良性运行机制保障社区服务机构长期维持可持续发展所节约的社区服务成本；从社会各界筹措的支持资金。间接来源于非营利组织的有：按照规定的收费价格收取的服务成本。

政府、企业、个人、非营利组织：在最低需求水准以上的社区服务设施；在最低需求水准以上的非营利性的社区服务。

本文作为课题组近 3 年工作的成果之一，只是铺陈了我们对现时社会保障制度的一些反思，以及对与目前主流的意见方向殊异的社会保障体系构想的一个概述。其实这些想法已经酝酿了很长的时间，由于需要琢磨和完善，更需要理论论证和数据分析的支持，因此迟迟未能面世。

我们目前的构思肯定有很多欠缺之处，限于篇幅，我们也来不及提出衔接新老制度的过渡模式和操作性方案。出于社会责任感，现将我们的构想发表出来，期望得到来自任何方面的批评和意见。

我们相信，只有认真的学术交流，才能使我们对事物的认识更加深入，由此而增加为国家和人民找到较为满意的社会保障制度的可能。

参考文献

景天魁、杨团，2000，《人民生活和社会事业发展调研报告》（未发表）。

李绍光，1998，《养老金制度与资本市场》，中国发展出版社。

莫泰基，2000，《深化中国养老保障改革的新视角：个人账户与现收现支的剖析和重整》（未发表）。

汝信等，2000，《2000 年：中国社会形势分析与预测》，社会科学文献出版社。

孙炳耀，2000，《医疗保障体制改革》（未发表）。

唐钧等，2000，《城市贫困问题与最低生活保障制度研究报告》（未发表）。

王东进，1998，《中国社会保障制度》，企业管理出版社。

王思斌、唐钧、梁宝霖、莫泰基主编，1998，《中国社会福利》，香港：中华书局。

杨团，2000，《养老保险十大问题》（未发表）。

杨团、杨体仁、唐钧，1996，《中国社会保障制度的再选择》，中央广播电视大学出版社。

中国社会保险研究所，2000，《香港老年退休金精算测试报告摘要》，香港社会保障学会《五合一社会保障方案》。

Allen, F. , & Gale, D. 1995. "A Welfare Comparison of Intermediaries and Financial Markets in Germany and the US," *European Economic Review*, Vol. 39.

Atkinson, A. B. 1995. "Is the Welfare State Necessarily an Obstacle to Economic Growth ?" *European Economic Review*, Vol, 39.

Blake, David. 1992. "Issues in Pension Funding," London and New York: *Routledge*.

Davis, E. Philip. 1995. "Pension Funds: Retirement – income Security and Capital Markets, an Inter National Perspective," Oxford: Clarendon Press.

Fabel, Oliver. 1994. " The Economics of Pensions and Variable Retirement Schemes," John

Wiley & Sons.

Leimer, Dean R. , & Selig D. Lesnoy. 1982. "Social Security and Private Saving : New Time, Series Evidence," *Journal of Political Economy*, Vol, 90, No. 3.

Reynaud, Emmanuel. 1995. "Financing Retirement Pensions, Pay – as – you – go and Funded systems," in the European Union, *ISSR*, 48.

Singh, A. 1996. "Pension Reform, the Stock Market, Capital Formation and Economic Growth: a Critical Commentary on the World Bank's Proposals," *ISSR*, 49.

Uthoff, A. W. 1993. "Pension System Reform in Latin America and ……", in Y. Akyuz, G. Held, ECLAC, UNCTAD, UNU (eds.), Finance and the Real Economy, Santiago, Chile.

World Bank. 1994. "A World Bank Policy Report: Averting the Old Age Crisis, Policies to Protect the Old and Promote Growth," Oxford University Press.